U0593580

国家自然科学基金重大项目课题（71790602）
国家社科基金重大项目（20&ZD111）
教育部人文社科基地重大项目（16JJD790032）

资助

上 册

CULTURAL INFLUENCE ON
ACCOUNTING & AUDITING BEHAVIOR

文化影响与会计审计行为研究

杜兴强 等 著

厦门大学出版社
XIAMEN UNIVERSITY PRESS
国家一级出版社
全国百佳图书出版单位

图书在版编目（CIP）数据

文化影响与会计审计行为研究 / 杜兴强等著. -- 厦门：厦门大学出版社，2022.11
ISBN 978-7-5615-8756-0

Ⅰ. ①文… Ⅱ. ①杜… Ⅲ. ①会计行为－研究②审计行为－研究 Ⅳ. ①F230②F239.0

中国版本图书馆CIP数据核字(2022)第185526号

出 版 人 郑文礼
责任编辑 江珏玙
特约编辑 李瑞晶
美术编辑 李嘉彬
技术编辑 朱 楷

出版发行 厦门大学出版社
社 址 厦门市软件园二期望海路39号
邮政编码 361008
总 编 办 0592-2182177 0592-2181253(传真)
营销中心 0592-2184458 0592-2181365
网 址 http://www.xmupress.com
邮 箱 xmupress@126.com
印 刷 厦门集大印刷有限公司

开本 787 mm×1 092 mm 1/16
印张 73.25
插页 4
字数 1646千字
版次 2022年11月第1版
印次 2022年11月第1次印刷
定价 199.00元(上下册)

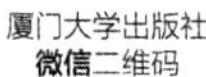

前 言

一

毋庸置疑,正式制度(formal instituions)安排如法律法规、公司治理规则与会计审计准则虽然能够对会计审计行为产生至关重要的影响,但是却无法解释为何不同公司的会计信息质量与审计行为方面会存在差异。实际上,正式制度是一回事,正式制度的执行则往往是另一回事;在正式制度之外,非正式制度(informal institutions)对正式制度最终的执行效果起着非常重要的影响。为此,绝不应忽视非正式制度,它可以通过持续影响利益相关者的行为影响正式制度的执行效果,从而影响会计审计行为。

非正式制度是一个多维概念(Williamson, 2000),而文化是其非常重要的一个维度。中华文明源远流长,文化代际传承。自2011年始,我和博士生们就基于中国情境、持续地发掘中国文化及其不同维度对会计审计行为的影响。我们已经关注的文化维度包括但不限于:(1)儒家文化(Confucian culture);(2)"尊尊原则"下的论资排辈、敬语、外来的和尚会念经等;(3)"亲亲原则"的宗族关系、方言关联、姓氏关联等;(4)关系(guanxi)文化,如政治联系(political connectedness)、潜规则(hidden rules)、发审委联系、审计师—券商的绑定关系、审计师—CEO关系、审计师团队内部关系等;(5)学校文化;(6)组织(企业)文化;(7)吸烟文化、酒文化、投机(博彩)文化(西方文献中统称有罪文化);(8)饮食文化,包括茶文化、嗜辣倾向、大米/小麦文化等;(9)社会文化,如科举制度、婚姻文化、幸福感、女性社会地位等;(10)宗教社会规范等。

在关注文化影响与会计审计行为的过程中,我和合作者(多为我所指导的博士生）已发表或出版了一系列的前期成果。我们在 *Journal of Accounting and Public Policy*，*Journal of Business Ethics*，*International Journal of Accounting*，*Asia Pacific Journal of Management*，*Management and Organization Review*，*Journal of Management and Organization*，*Asia Review of Accounting*，*China Journal of Accounting Studies*，*China Journal of Accounting Research*，*China Accounting and Finance Review*，及《会计研究》《审计研究》《金融研究》《中国工业经济》《审计研究》等知名学术期刊上发表了一组具有内在联系的论文，系统探讨非正式制度与文化因素如何影响公司治理、会计审计行为与公司社会责任。此外，我们还出版了相关的研究著作如《上市公司高管政治联系的会计审计效应研究》（东北财经大学出版社，2010）、《关系与中国上市公司会计行为研究》（东北财经大学出版社，2013）、《儒家文化与会计审计行为》（厦门大学出版社，2020）与 *On Informal Institutions and Accounting Behavior*（Springer，2021）等。

《文化影响与会计审计行为研究》一书是我们之前研究的延续，特别是对《儒家文化与会计审计行为》（厦门大学大学出版社，2020）的拓展，体现为进一步丰富和挖掘了文化的不同维度——包括但不限于儒家文化及其不同维度，学校文化，组织（企业）文化，烟、酒与投机文化，饮食文化，关系文化，社会文化等，并分析了不同文化维度对会计审计行为的影响。

值得指出的是，近年来我获得了国家社科基金重大项目（20&ZD111）、国家自然科学基金重大项目课题（71790602）、教育部人文社科基地重大项目（16JJD790032）的资助[①]。我（与合作者）前期相关的论文与著作也多次获得了教育部人文社科优秀成果奖与福建省社科优秀成果奖。此外，前期研究成果也被学术界较为广泛的引用：（1）入选 Elsevier 中国高被引学者（2020）；（2）入选“2016—2019 人大复印报刊资料重要转载来源作者”（2020/2021）；（3）2011—2020 年英文论文他引得分为 1.64（高于 64%的国外同行；www.scival.com/benchmarking/analyse）；（4）*On Informal Institutions and Accounting Behavior*（Springer，2021）一书被国际知名学者 Michelle Hanlon，Kelvin Yeung 与 Luo Zuo 发表于 Contemporary Accounting Research 杂志的综述性文章“Behavioral Economics of Accounting：a Review of Archival Research on In-

---

① 这好比是“内生性”——无法分清究竟是较好的前期研究使得我连续获得国家自然科学基金重大项目课题、国家社科基金重大项目与教育部人文社科基地重大项目的资助，抑或是上述几项重量级的国家级与省部级课题的资助，使我可以集中精力、心无旁骛、相对聚焦于特定领域，由此发表了一组主题相对集中的文章。

dividual Decision Makers"所引用。如上前期研究成果、多项科研奖励、充足的科研经费,以及学术界较为广泛的引用,激励着我继续在"非正式制度、文化影响与会计审计行为"领域持续进行深耕细作①。实际上,我对中国文化如何影响会计审计行为的兴趣与日俱增。作为研究的延续,探讨中国文化对会计审计行为的影响是本书的研究重心。

二

每次去纽约参加学术会议或短期学术交流,我都会选择住在中央公园附近的西门酒店②。正是在这个酒店的多次住宿,使我得以修正对正式制度与非正式制度(文化)关系的认识。

第一次入住酒店时,因时差关系,早上天蒙蒙亮时我在酒店外散步,发现酒店服务生逐个敲击停在酒店外等待载客的的士的窗户;紧接着,窗户缓缓打开,司机递出一张或几张(小面值的)美元。这让我惊讶不已!此前,我曾天真和错误地以为只有中国各大城市的机场、酒店周边,才有此种现象存在。随后几天和之后多次入住该酒店,我都不止一次地观察到了类似现象。可见,纵使在美国这样"号称"正式制度非常完善和完备的国家,收取"保护费"(protection money)或"润滑金"(grease money)的现象依然存在。最关键的是,据我所观察,这种现象好似纽约的"法外之域",不但无人干涉,而且双方或多方对此均习以为常,保持着心照不宣的默契。这说明,无论一个国家或经济体的社会发展程度如何,正式制度的完善程度如何,都不可能事无巨细地对社会的各个方面、领域和细微之处进行规定。在正式制度之外,非正式制度仍有可能发挥着非常大的、难以想象的作用。

同样,在中国情境下,正式制度如法律等,往往只在离散的情况下才起作用(或者有人将之理解为,正式制度已经内化为中国人行为的一部分了)。譬如,谁能背出某部法律或条例如刑法、婚姻法、治安管理处罚条例的哪怕任何一条?或者说出其大致的内容?再譬如,我从小学、初中、高中、本科、硕士到博士与博

---

① 厦门大学与管理学院亦未对我提出一定要发表特定级别文章的要求。实际上,在国家自然科学基金重大项目课题与国家社科基金重大项目的执行期内,我被聘任为厦门大学"南强重点岗位教授"(类似特聘教授,2020年),管理学院相应地聘任我为"群贤计划 A^+ 岗教授",旨在鼓励我在"冷门"或"非主流"的领域内进行深入研究。

② 纽约西门酒店(Westgate Hotel)的地址为 New York Grand Central 304 East 42nd Street。

士后，前后求学23年，但迄今为止我无法记得某个阶段的学生守则哪怕任何一条的具体内容；我从教亦超过20年，我同样无法准确记得教师守则的某一条。这说明，正式制度可能并不总是持续地影响着我们日常的行为；相反，连续地影响我们日常行为的，往往是非正式制度（文化）因素。打个不恰当的比方，若一个人当众吐痰，正式制度如法律很可能并不能惩罚他（成本效益问题），唯一能够约束他不这样做的可能是，“头顶的星空与心中的道德律”；甚至，路人鄙弃的目光也足以阻止一个人当众表现不礼貌行为，犹胜于具体和明确的规定。

当然，上述例举的目的并非想说明正式制度不重要，而只是想通俗地解释，虽然正式制度的重要性是毋庸置疑的，但是正式制度不可能做到事无巨细，也不可能面面俱到，更不可能是“制度”的总体。事实上，由于正式制度的制定与实施往往伴随着较高的成本，且正式制度具有演进性（evolution）与动态性，这给非正式制度（在人类社会或资本市场中）留下了一定的空间。此中，非正式制度与文化因素往往发挥着极为重要的作用①。

文化是非正式制度的一个重要维度。文化有时犹如氧气，存在的时候人们感受不到它（或它的可贵性），但是，当人们爬上高山、呼吸困难时，顿觉氧气的弥足珍贵！那么，如何捕获文化对会计审计行为的影响？如何度量文化影响？这是摆在不少学者面前的难题。

文化既可能是一个整体概念，又可以细化为不同的具体维度。就文化的整体性而言，的确难以捉摸；我们之中很多人虽然每天沐浴在中华文化里，但可能实际上正是中华文化的“缺席者”。譬如儒家文化，若说它不重要显然不对，它就在你我身边，无论是论资排辈还是宗亲关系，都那么真实；若说它极端重要，中华民族在儒家文化方面的优良传统却正在外来文化的侵袭下日益褪色，必须在全社会予以及时提倡和弘扬……那么，产生于千年之前的儒家文化如今是否影响中国人的行为，以及如何影响中国人的行为进而影响公司行为？这显然是一个经验研究的问题。现在的问题是，如何构建经验研究所需的变量与如何搜集相关的数据。第一，基于数据挖掘的、以地理近邻性为基础的儒家文化变量（geographic-proximity-based Confucianism variables）。关于基于地理近邻性为基础的儒家文化变量如何在一定程度上捕捉到儒家文化的影响，这一点本书将在第一章进行阐述。第二，以孔子学院的开办作为儒家文化传播的替代变量。

文化的具体性扎根于我们每天所看、所吃、所喝、所触摸、所感受的客体。为此，基于数据挖掘、力图对具体中国文化的维度进行较为科学度量，进而分析

---

① 这意味着，并非所有的非正式制度都可以被有效地内化为正式制度。

不同文化维度对会计审计行为的影响，是一件重要的工作。在这个过程中，我和我的博士生们对众多的儒家文化具体维度进行了开拓性的度量(至少进行了较大程度的拓展)，在一定程度上促动和引领了部分相关(国际期刊与国内期刊)研究。这方面的例子包括但不限于儒家文化“尊尊原则”下的论资排辈、敬语、学而优则仕(学者董事)、外来的和尚会念经(外籍董事/国际化董事会)，儒家文化“亲亲原则”下的CEO—审计师方言关联、CEO—审计师姓氏关联等。

除了关注儒家文化对会计审计行为的影响，近年来我也一直关注，并在前期文献基础上系统性地将吸烟、饮酒与投机(博彩)文化，饮食文化，关系文化与社会风俗文化等引入会计审计领域，系统分析和经验研究了不同的文化维度对会计审计行为的影响。在这个过程中，立足于中国制度情境、以CEO(董事长、董事、高管、审计师)为主要研究对象，我们对吸烟相关的烟盒文化嵌入性作为有罪文化掩饰、酒文化、投机文化、茶文化、嗜辣文化、审计师—券商绑定关系、发审委联系、科举文化、婚姻文化等文化子维度进行了系统性的挖掘，提供了诸多较为新颖的度量方式。

三

本书(上、下两册)包括12章，内容涉及“文化影响会计审计行为”的总体分析框架，儒家文化对会计审计行为影响的整体研究，儒家文化中“亲亲原则”的不同维度(如姓氏关联、方言关联、老乡关系)对会计审计行为的影响，儒家文化中“尊尊原则”的不同维度(如论资排辈、敬语、学者董事、国际化董事会)对会计审计行为的影响，吸烟、饮酒与投机文化对会计审计行为的影响，饮食文化(如茶文化、嗜辣文化、大米/小麦文化)与会计审计行为，关系文化(如独立董事返聘、审计师—券商绑定关系、发审委联系)对会计审计行为的冲击，社会文化(如科举制度、婚姻文化、女性等)对会计审计行为的影响。实际上，虽然本书各个章节均围绕着文化对会计审计行为的影响，但本书各章的每一节又都可视为一篇相对独立的学术文章。

分章节的框架安排会导致两难。若不分章节，则可能导致胡子眉毛揪在一起，不利于阅读；若分章节，则不可避免地会产生胡子和眉毛能否各就其位的困惑。实际上，由于本书各个章节多数属于交叉研究的范畴，归类和区分章节有时的确大伤脑筋。譬如，“论资排辈”既是一个公司治理现象，好似属于正式制度的范畴；但隐藏在论资排辈现象之后的，则主要受中国儒家文化的“尊尊原则”的深度影响，为此，论资排辈在本书中被归类为儒家文化框架下、“尊尊原则”下的一个重要体现（而非一个公司治理问题）。再如，女性董事对会计审计行为的影响，本书并未将之视为一个公司治理问题，而是从更深层次上理解，将之视为一个儒家文化相关的社会文化问题，并据此分析了女性高管对会计审计行为的影响。此类例子在本书中并不鲜见。

“每个正直的人都应对自己出版的著作负责；因此，我在封面署上自己的名字，并非想占为己有，而是必须对它承担责任。”[①]基于此，我需要明确指出每章、每节的贡献者，包括主要贡献者与其他贡献者。本书由厦门大学会计系杜兴强教授主笔，负责整体框架的确定与各章节的内容安排，提出各章节的研究问题、厘定各章节的研究设计，并主导了大部分章节的写作和最后内容的确定。具体的，第一章与第十二章为杜兴强教授独立完成，并作为第一责任人（第一作者或通讯作者）参与了第二至十一章[②]。其他相关章节的参与者情况为：赖少娟，参与第四章第二节（陈峰教授与乌丽芝教授亦有贡献），第六章第一、三节，第九章第二节，第十章第二、三节，第十一章第三节；殷敬伟，参与第二章第一节，第四章第一、三节，第五章第四节，第十一章第一节；曾泉，参与第二章第三、四节；张颖，参与第二章第二节、第十章第一节、第十一章第二节；林峤，参与第三章第一节，第七章第一、二节，第八章第一节；肖亮，参与第三章第二节、第九章第一节；侯菲，参与第三章第四节、第五章第五节、第九章第三节；谭雪，参与第五章第一、二、三节；常莹莹，参与第二章第三、四节；彭妙薇，参与第三章第三节；谢裕慧，参与第八章第二、三节；章永奎，参与第六章第二节。

限于主题与我们的研究进展，本书各章呈现出详略不一的情况。某些章节相对成熟，因此其篇幅实际上已经不亚于一本传统意义上的学术专著（＞20万字）；少数章节则因为相关的深入研究尚在进行中，篇幅相对较短。即便如此，本书大部分核心章节的字数大多超过了10万字。为此，每一章的开头都有类似于导读的部分，以帮助读者初步了解相关章节的内容。

本书各章节大多相互独立、各有架构，大多均包括实证研究的基本要件——引言、文献综述、理论分析与研究假设、描述性统计与实证分析、敏感性（稳健性）测试与内生性控制、结论与进一步的研究方向，以及参考文献。也正是基于此，本书各章节均提供了内容摘要，借以更好地概括所研究的内容。此

① 引自：卢梭.2010.新爱洛漪丝[M].北京：商务印书馆，序言4-5.

② 感谢诸多论文合作者慷慨地允许我将合作的论文在进行增删和修改之后纳入本书。

外，出于内容独立性的考虑，部分章节可能存在局部内容的些许重复，必须指出的是，必要的重复是为了更好地说明问题，避免前后各个章节交互参阅所引起的不必要的麻烦。

此外，由于每个章节主题的差异，本书并不强求其所涉及的时间区间与样本范围完全一致。因此，本书各个章节的样本观测值可能存在较为明显差异。不过，需要说明的是，样本时间区间和样本规模的大小并不是判断研究价值的依据。

最后，本书研究的核心数据均来自人工搜集，工作量极大；因此，部分章节的样本范围并未更新到本书出版前的年份。实际上，实证/经验研究中的核心问题在于研究问题是否具有重要理论意义且有趣，变量选取是否相对有效，研究设计是否基本合理，是否能够发现主要的解释变量与被解释变量之间坚实而一致的相关关系(最好是"因果关系")，研究是否具有实务应用价值。至于样本期间是否需要更新到最新，则是一个仁者见仁、智者见智的问题。实质上，如果实证研究结果比较稳健，则不应、也大概率不会受到样本区间长短与观测值多寡的严重影响。

四

《文化影响与会计审计行为研究》是国家自然科学基金重大项目课题(71790602)的最终成果之一。基于研究主题的相关性，教育部人文社科基地重大项目(16JJD790032)的资助对本书研究亦非常重要。本书部分内容亦与国家社科基金重大项目(20&ZD111)相关。

我要感谢和我一起合作、围绕"非正式制度与会计审计行为"与"文化影响与会计审计行为"进行深入研究的博士生们。受西方学术研究范式"侵蚀"已久的国内学术界，往往更喜欢寻找"自然实验背景"(an natural experimental setting)，并基于此采纳 DID(difference-in difference)进行研究设计，借以规避审稿人惯常都会指出的内生性诘难。这意味着，此类研究往往侧重于制度变革对会计审计行为的影响。但正如 Williamson(2000)指出的，文化与非正式制度往往在千年的时间内基本保持不变，即使有变化，也只是微调，仍保持总体上的稳定；若此，研究"非正式制度与会计审计行为"和"文化影响与会计审计行为"所面临的、典型的来自审稿人的诘难包括：(1)尽管我们已采取 2SLS、Heckman 方法，倾向得分配对、公司层面的固定效应方法，甚至断点回归等多种方法控制内生性，但仍被质疑“为何不采纳 DID 方法”。显然，在文化影响与会计审计行为的研究领域内，要求采纳 DID 在多数情况下属于吹毛求疵！文化影响如此稳定，一个较短时窗的研究如何能寻找到合适的制度背景——文化维度的变化，然后设计出采纳 DID 控制内生性的方案？(2)如何能够能够证明曾在千(百)年前存在的文化因素仍能对今天的公司(会计审计)行为施加影响？(3)为何使用数据挖掘的二手数据，而不采纳问卷调查？

于我而言，自 2004 年被厦门大学破格晋升为教授，特别是 2010 年获得“长聘”合同(2010—2034 年)后[①]，我的研究领域和主题就逐渐变得“飘逸”，甚至“不合时宜”与“非主流”[②]；纵然如此，即便我连续几年没有文章发表，亦不会影响到“饭碗”和“聘任”问题[③]。但是，博士生则不同。现行体制下，他们必须发文章，按照规定动作、在规定期刊上发表学术文章才能满足毕业的“必要而非充分”条件。在这样的背景下，和我一起从事飘逸、新鲜和“意料之外、情理之中”研究的博士生，则面临着如下的尴尬：我们的研究论文往往难以在英文期刊上发表，中文期刊也常常对我们的研究主题“不买账”；为此博士生们颇有点“苦不堪言”的味道。如上描述的情况似乎很可能会造成我和博士生之间、因效用目标不一致的“代理问题”；但是，即便在如此艰难的学术市场与审稿制度下，我指导的博士生虽屡受打击，但仍矢志不渝地和我一起，坚信围绕“非正式制度与会计审计行为”和“文化影响与会计审计行为”的研究是有意义的，有可能管窥到资本市场上市公司会计审计行为的本质。这一份坚持和信任，使得我作为指导教师有时倍感骄傲，但有时也倍感煎熬，既要做“连长”(负责业务指导)，又要做“指导员”(负责必要的思想疏导)；直到博士生们发表的学术论文达到毕业的门槛，我才会长出一口气……

本书用到的主要基础数据均源自人工搜集。人工数据的搜集者主要是我

---

① 国内的“长聘”合同与国外高校的“tenure”制度还是存在较大的差异的。在国内，即使获得了“长聘”合同，并不能够豁免每三年(四年/五年)一次的考核，更不能免于发表学术论文，而且学术论文必须发表在规定期刊上。

② 我没有从事行政职务的禀赋，也无意于从事行政职务，所以也“只好”醉心于一些有趣且重要的研究问题。

③ “时代的一粒尘埃，落在每个人头上都是一座山。”近年来，教育部的“破五唯”行动亦在厦门大学得到有效的贯彻实施，学界也开始全面反思“唯发表”给科学研究带来的禁锢。

指导的博士生，也包括部分勤奋好学、希望了解学术研究过程的硕士生[①]。对于博士生而言，烦琐和枯燥的人工数据搜集过程亦非一无是处，反而具有一些意想不到的“优点”：一则锻炼了他们的耐心，使他们更能“坐”得住；二则使得他们的研究更具特点、研究与写作过程也更加从容，不需要因担心“撞车”或“拥挤”而惶惶不安；三则使他们的学术成果发表在中英文高质量学术期刊上的概率大大提升。此外，通过数据的搜集及随后力所能及地参与研究过程，硕士研究生们一则了解或管窥了学术研究的基本过程，从而更可能理性地选择日后究竟是从事会计实务工作还是理论研究工作；二则提早为硕士学位论文做好文献积累、研究方法与计量软件，乃至选题方面的准备，从而在写作硕士学位论文时相对更为得心应手、匿名送审与答辩过程也较为顺利；三则在透过（资本市场）现象看本质方面出现了显著的进步——无论是和参与学术研究之前的自己相比，抑或是和没有尽早参与学术研究的同学（peers）相比，可以在就业市场上找到心仪工作的概率显著提升。

尽管如此，我还是要不厌其烦地感谢近年来参与手工数据搜集的研究生们，包括但不限于曾泉、杜颖洁、赖少娟、常莹莹、谭雪、熊浩、裴红梅、彭妙薇、侯菲、殷敬伟、周俊婷、肖亮、张颖、谢裕慧、林峤、张乙祺、蔚锐、张心舒、陶和锌、韩嘉予、陈晨、林圳钦、黄海群、蒋佳宁、罗百灵、邱电、徐丝雨、刘颜、王祺滢、熊帆、陈丹丹、陈晓宇、黄兆丰、可黎明等。这些博、硕士研究生在手工数据搜集方面付出了艰苦的努力，对整个团队最终的产出贡献良多。

感谢我指导的研究生张颖、林峤、肖亮、谢裕慧、张乙祺、蔚锐、张心舒、陶和锌、洪婧、李睿宁等不厌其烦地对本书初稿及清样进行了多轮的校对。没有他（她）们的努力，本书的错误和疏漏将无法降至最低。

最后，我必须对厦门大学出版社的江珏玙等编辑表示感谢。本书内容庞杂、属于“大部头”，江珏玙编辑和其他相关编辑的敬业和细致，是本书得以顺利出版的保证。

五

写一本书、发展一个理论就犹如建房子，建房之前建筑师已然胸有成竹。

① 虽然我有充足的研究经费为搜集数据的研究生支付合理的劳务费，但研究生的时间和精力付出、对结果的期望，乃至对未来的憧憬，才是更值得珍惜的。因此，在手工数据搜集的漫长过程中，我经常夜不能寐，担心万一所选择的研究主题有瑕疵导致研究生辛苦搜集的数据无法支持我的想法，该怎么向研究生们进行“交待”？实际上，每一次的手工数据搜集过程，都无异于一次“冒险”；好在我们搜集的绝大多数手工数据，最后都能开花结果。每当这个时候，我似乎选择了与我自己的内心达成了某种“和解”。

但本书的写作，我却没有这种把握。写作过程中，我和合作者往往是先有一鳞半爪、三砖两瓦，再有一两根柱子，凡此积累，因材顺势，边思考、边修改、边完善。即使书稿已交给出版社，我仍不敢妄言“文化影响与会计审计行为研究”已“完工”；时至今日，我仍不断地在积累材料和构件[①]。建房子如此，一本著作亦如斯，透彻理解中国文化及其对会计审计行为的影响也不外乎如此。

由于作者们的时间、精力、知识结构与学术水平的限制，本书难免存在一定的错漏。为此，若《文化影响与会计审计行为研究》一书有不足之处，责任主要在我；如若本书有优点，我则不能也不想把荣誉全部归于我。作为专业性比较强的著作，本书并不希冀能够在学术界广为流传，而是希望对会计审计专业的学者与研究生提供有价值的参考。更深层的，我希望本书的出版能够促动学术界，特别是年轻的博士和硕士研究生，关注和深入了解中国文化，在正式制度之外，倾心于分析不同文化维度对会计审计行为的影响。既然如此，本书只是先行为“文化影响与会计审计行为”这一大厦增砖添瓦，不成熟也就不成熟吧！

我欢迎任何有益于本书改进的建议，以便我进行反馈和在本书修订时进行致谢！您的任何有益的修改建议，都将鞭策我们继续进步。

杜兴强

2022 年 2 月 18 日

于厦门亿力百家苑“且住屋”

---

① 譬如，就本书篇章结构而言，儒家文化（包括儒家文化整体、“尊尊原则”及其不同维度、“亲亲原则”及其不同维度）与会计审计行为的研究相对而言丰富，有罪文化（烟、酒、博彩文化）与会计审计行为、饮食文化（茶、嗜辣、稻米或小麦文化）与会计审计行为、关系文化与会计审计行为、社会风俗（科举制度、人口婚姻结构、女性与城乡出身）与会计审计行为等亦日益丰富，但学校文化与会计审计行为、组织文化与会计审计行为的研究则还处于摸索阶段（相对而言）。

目 录

第一章　文化影响与会计审计行为：一个分析框架

本章提供了一个文化影响与会计审计行为的分析框架。本章借助 Williamson(2000)的制度分析框架，在对正式制度与非正式制度的关系进行阐述的基础上，首先讨论了文化作为一种非正式制度可以对会计审计行为产生重要的影响，概括了"文化影响与会计审计行为"的研究内容框架。然后，本章围绕"儒家文化与会计审计行为：总体影响""'尊尊原则''亲亲原则'与会计审计行为""学校(教育)文化与会计审计行为""企业(组织)文化与会计审计行为""吸烟、饮酒与投机文化对会计审计行为的影响""饮食文化与会计审计行为""关系文化与会计审计行为""社会文化与会计审计行为"等八个文化的重要维度，对各个文化维度及其影响公司行为的文献进行了综述，讨论了各个文化维度对会计审计行为影响的机理，提供了各个文化维度影响会计审计行为的分析框架。最后介绍了本书的篇章结构安排，并从整体上讨论了本书研究的主要贡献(具体的各个章和节还会进一步针对研究贡献进行详细讨论)。

第一节　为什么文化对会计审计行为会产生重要的影响？

一、正式制度与非正式制度

Williamson(2000)提供了一个包括四个层次的社会制度分析框架(见图 1.1.1)。其中，第一层次为社会嵌入性制度(非正式制度)，包括宗教、传统、风俗等，非正式制度是多维的概念，文化及其不同的维度是非正式制度的主要内容；第二、三、四层次可以称为广义的正式制度。当然，正式制度与非正式制度是动态演化的，在一定时间和空间范围内是共存的[①]。

非正式制度通常是自发形成的，往往在千年的时间内保持(基本)不变(Williamson，

① 此处较多地参考了 Du(2021)关于正式制度与非正式制度共存性的讨论。

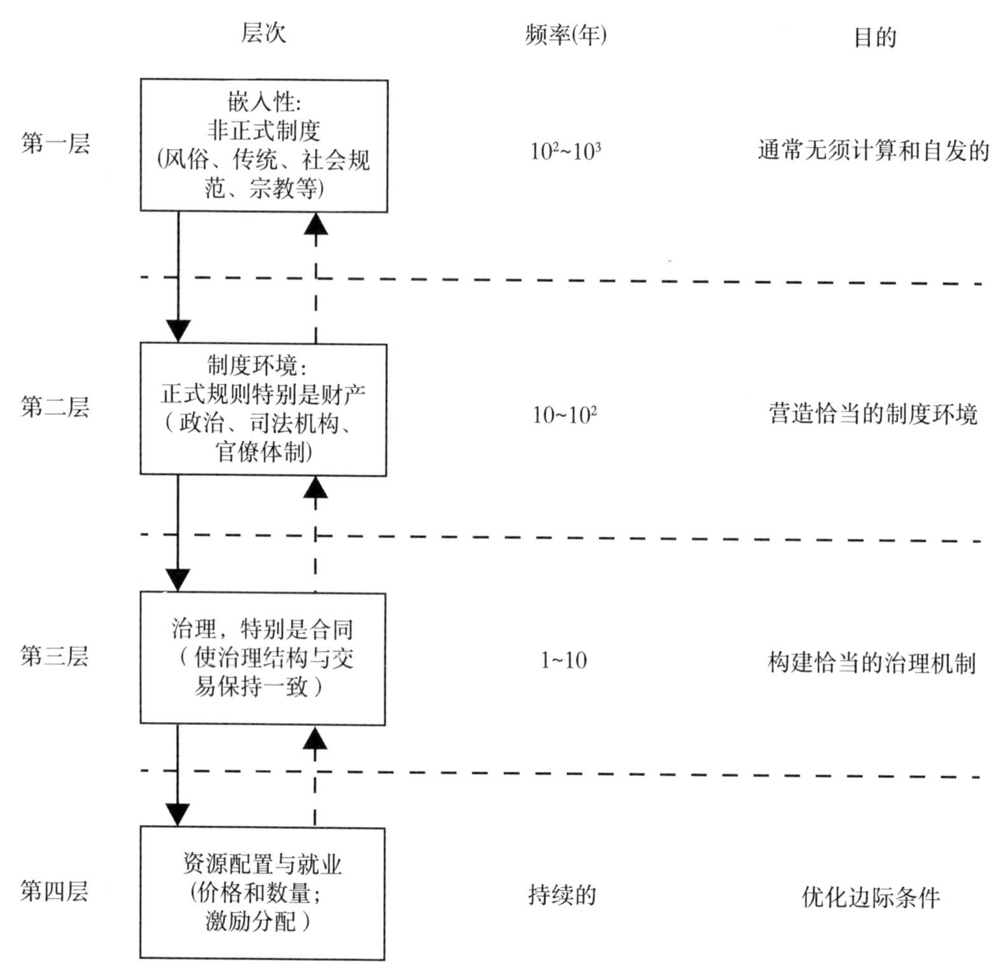

图 1.1.1　社会制度分析框架（Williamson,2000）

2000;Du et al.,2016)。为此,非正式制度往往被视为事前(ex ante)因素。而正式制度往往是事后的(ex post),部分是演进过程的“产品”。正式制度与非正式制度的共存性与相互演化过程可以概括为图 1.1.2。

图 1.1.2 将制度的总体(包括正式制度与非正式制度)定义为一个边长为 1 的正方形,该正方形的面积(制度总和)为 1。正式制度可以用圆(圆点)代表,非正式制度是正方形除了圆之外的部分(或领域)。

在初始阶段(阶段 1),正式制度收敛于一个实心的圆点,处处皆为非正式制度。初始阶段为一种计算状态,此时“正式制度与非正式制度的比值”为 0。

在阶段 2,伴随着社会演进,越来越多的非正式制度被“内化为”(internalized)为正式制度。此时，阶段 1 中的“点”的边界开始不断向外扩展，“正式制度与非正式制度的比值”不断增加。

阶段 3 展现了正式制度与非正式制度关系的另一种极端状态。在阶段 3，代表正式制度的圆与正方形四边相切。此时，圆的面积的极大值为 $\pi/4$，揭示了正式制度的制定和实施需要大量的成本，不可能事无巨细，不可能覆盖所有领域的所有方面。相应地，非正式制度的极小值为 $1-\pi/4$。这说明无论正式制度如何演进，都会给非正式制度留下一定的空间。

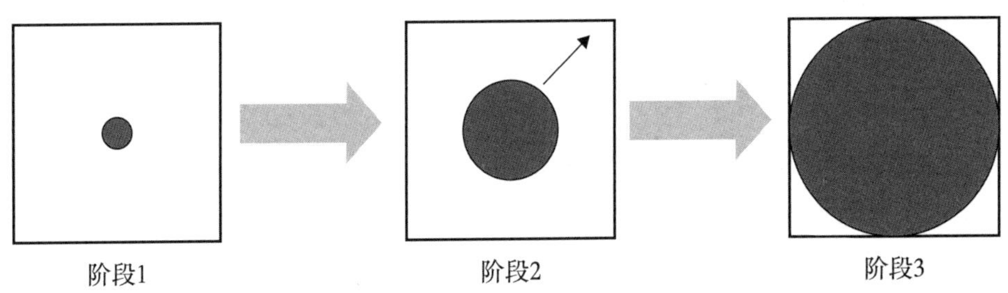

图 1.1.2　正式制度与非正式制度相互演进图（Du,2021）

图 1.1.2 关于正式制度与非正式制度动态演进的描述还揭示了如下方面：

第一，正如 Williamson(2000)所指出的，在不存在正式制度的领域，非正式制度起着重要的补充或替代性作用。但是，当公司决策或个人行为同时受到正式制度与非正式制度影响时会如何？这存在两种竞争性的观点。其一，根据 Williamson(2000)的框架，非正式制度影响和支配着正式制度，甚至相当一部分正式制度脱胎于非正式制度，因为非正式制度位于第一层次，它影响甚至决定了第二至第四层次的正式制度。其二，另一种可能性是，一个地区(国家)的正式制度可以追溯到非正式制度。

既然正式制度与非正式制度长期共存，那么就应该分析正式制度与非正式制度如何交互影响公司决策与个人行为？换言之，正式制度(非正式制度)如何调节非正式制度(正式制度)对公司决策的影响？实际上，正式制度既可能强化非正式制度对公司行为的影响(强化效应，the reinforced effect)，亦可能产生挤出效应(the crowding-out effect)。强化效应认为，若正式制度禁止某些行为(例如偷盗、挪用)，将会强化人们关于偷盗将受到严厉惩罚的认知，从而人们会将正式制度内化为他们道德准则的一部分，进而强化偷盗属于不当行为的认知(Elias, 1994;Foucault,1995)。挤出效应则认为，若某种行为(如偷盗、挪用)被正式制度禁止，人们就会将惩罚偷盗挪用视为正式制度，久而久之人们将逐渐忽略了道德因素对偷盗挪用的影响；从而，正式制度弱化了非正式制度对个人行为或公司决策的影响(Lowes et al.,2017;Tabellini,2008)。

二、非正式制度对会计审计行为的影响

会计审计行为在很大程度上受到法律、会计准则/制度、公司治理等正式制度的影响，为此学术界形成了基于正式制度到会计审计行为的“top-down”的分析框架(Wong,2016)。

尽管如此，近年来学术界日益注意到非正式制度对会计审计行为的影响不容忽视（Du，2021）。非正式制度对会计审计行为的影响体现在如下方面：

第一，由于成本—效益原则（或交易费用）的制约，正式制度不可能事无巨细，亦不可能面面俱到，所以必然留下一定的公共领域（public domain）；在缺乏正式制度的公共领域中，非正式制度将起到非常关键的作用。

第二，正式制度在很大程度上涉及的是会计审计行为应该是什么；但是，正式制度是一回事，其执行往往又是另一回事。正式制度要起到其应有的作用，必须以坚实的执行效率为基础，否则正式制度将只能停留于纸面（on the paper）。正式制度的执行效率既取决于"若未被执行的事后惩罚机制的威慑"，亦在一定程度上取决于执行正式制度的人的行为因素；进而，人的行为因素在很大程度上受到非正式制度的影响；为此，正式制度的执行不可避免地受到非正式制度的影响（Du，2013，2014，2015，2016，2019a，2019b，2021）。

第三，一些正式制度涉及"禁止性"的规定，这往往意味着酌定性和存在某些临界值（critical mass）。只要未曾逾越临界值，正式制度的禁止性规定将难以发挥其作用；而此种情况下，发挥作用的往往就是非正式制度。康德所指出的"头顶的星空和心中的道德法则"，就是一个典型的例子。从这个意义上讲，正式制度的"禁止性"规定通常是离散的，但此时非正式制度的约束则是连续的。

第四，正式制度与非正式制度之间在满足一定的约束条件时，往往是可以相互转化的。一方面，人类社会早期并无正式制度，最早的正式制度发轫和脱胎于类似风俗习惯等非正式制度。而实际上，纵观人类社会发展史，不难发现正式制度脱胎于非正式制度的例子比比皆是。另一方面，某些正式制度则可以内化为非正式制度，形成占主导性的社会氛围。

三、文化及其不同的维度是非正式制度的重要组成部分

文化是非正式制度的一个重要维度（Du，2021），属于 Williamson（2000）的社会制度分析框架中的第一层次。文化通常是指"种族、族群和社会群体代代相传的习俗信仰与价值观念"（Guiso et al.，2006）。显然，文化能够在相当长的时间内保持相当稳定（fairly unchanged）的状态，并在代际之间得以传承。此外，广义的文化包括了风俗、习惯与社会规范（图 1.1.1 中第一层次的三个主要内容）。从上述两点进行审视，文化可以被归类为非正式制度的一个重要组成部分。

文化并非单一概念，而是一个多维的概念（Du，2021），具体到中国制度背景，文化更加多姿多彩、内涵丰富。实际上，文化作为一项重要的非正式制度，是民族的灵魂，也是民族的血脉。文化的价值在于传承，中国文化是中华民族区别于世界其他民族并长期屹立于世界民族之林的关键所在。文化体现了人群的性格和行为模式，必然对人作为行为主体的企业经营管理和会计审计工作产生深远的影响。伴随着社会经济的快速发展，会计审计行为的诸多环境基础不断快速变化，但是文化始终是其中变化较慢的元素之一。在某种程度上，文化是民族在观念、精神、价值观、行为方式等方面一致性的体现。因此，关注文化如何影响会

计与审计行为，对构建具有中国特色的会计审计理论体系具有重要的理论价值和实践意义。文化范畴涉及多个层面，限于知识结构，本书的文化维度主要包括儒家文化（“尊尊原则”的敬语、论资排辈等，“亲亲原则”的老乡关系文化、宗族文化、方言关联文化等），学校（教育）文化（如校训文化），公司（组织）文化，吸烟、饮酒与投机文化，饮食文化，关系文化与社会风俗文化等。

四、文化影响与会计审计行为研究的重要性

会计审计的发展是反应性的（Chatfield，1974），密切依赖于其所处的环境。其实，文化因素及其营造的社会氛围与环境特征在很大程度上影响着会计的发展。譬如，复式簿记得以出现并获得长足的发展，与彼时意大利沿海城市的文化环境与社会氛围存在着密切的关系。利特尔顿（Littleton，1933）概括了复式簿记出现的七个前提（前置）条件（antecedents）：（1）书写艺术（the art of writing）；（2）算术（Arithmetic）；（3）私有财产（private property）；（4）货币（money），即货币经济；（5）信用（credit）；（6）商业/贸易（commerce）；（7）资本（capital）。其中不难观察出社会文化环境与复式簿记之间的关系。文化因素对会计审计行为的影响主要体现在如下几个方面：

第一，文化潜移默化地影响人的行为。幼时的家庭文化教育、成长后的学校文化教育、从业后的组织文化等，都会在一个人身上留下深深的烙印（参见印记理论，imprinting theory），从而影响其后期（follow-up）职业生涯中的价值观、信仰、决策方式等。换言之，文化因素通过影响人的行为，进而影响公司决策。

第二，正式制度会影响会计审计行为，但正式制度对会计审计行为的影响一方面取决于正式制度制定的合理性和规范性，另一方面还取决于正式制度能否被高效和不打折扣地执行。在这一点上，非正式制度持续地影响正式制度被执行的效率和能否被恰当地执行，并通过这一渠道影响会计审计行为。

第三，非正式制度与正式制度交互影响会计审计行为，并可能对正式制度与会计审计行为之间的关系产生强化效应或挤出效应；究竟会产生哪种效应，往往取决于具体的情况。

“文化影响与会计审计行为”围绕“儒家文化与会计审计行为”、“学校（教育）文化与会计审计行为研究”、“公司（组织）文化与会计审计行为”以及“吸烟、饮酒与投机文化对会计审计行为的影响”、“饮食文化与会计审计行为”、“关系文化与会计审计行为”、“社会风俗文化对会计审计行为的影响”等七个重要方面展开研究。这一研究将有助于厘清文化如何通过影响公司高管（董事/CEO/董事长）与签字审计师的行为影响会计审计行为，最终为建设中国特色的会计审计理论体系提供重要的理论支持和经验证据。

图 1.1.3 概括了本书研究的基本框架。随后第一章的其他各节围绕此提供一个文化影响与会计审计行为的分析框架。

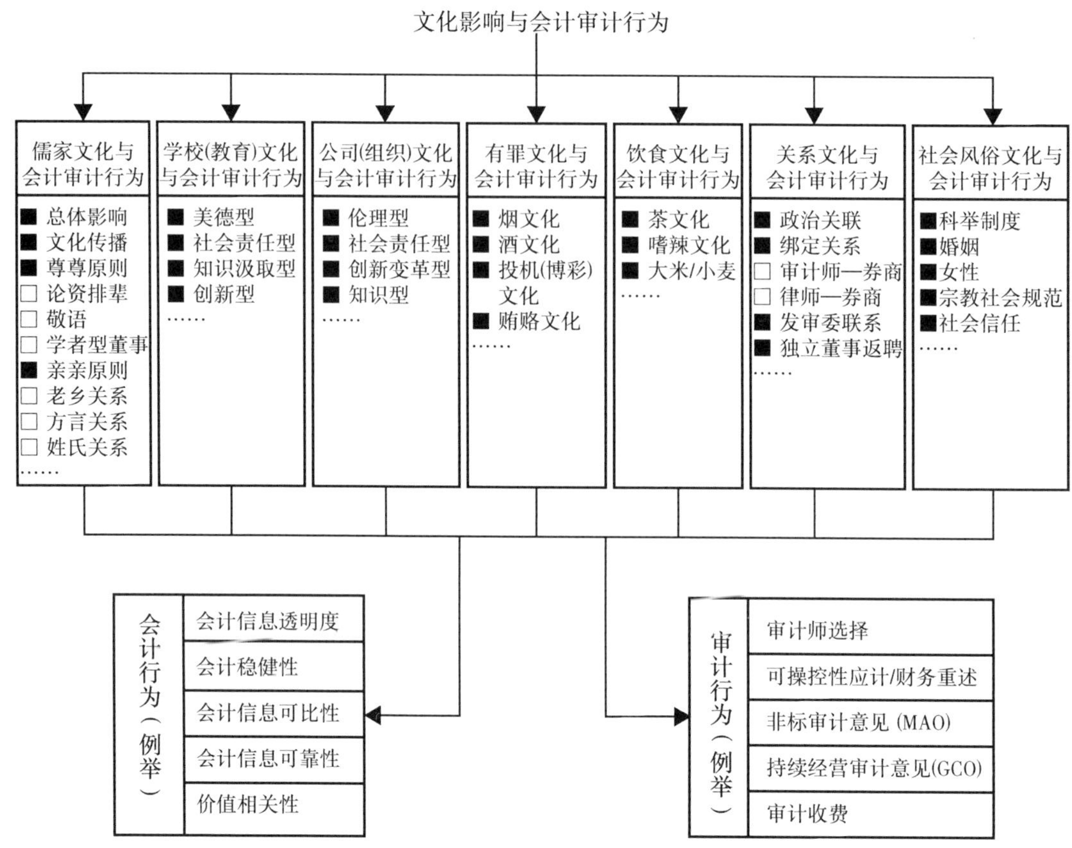

图 1.1.3 “文化影响与会计审计行为”的总体研究框架

第二节 儒家文化与会计审计行为：总体影响

一、儒家文化相关研究的扼要综述

随着人类社会的发展，我们在取得巨大物质财富的同时，切切实实感受到精神文明缺失、生态环境日益破坏、人与人之间出现信任危机等不和谐画面不断地出现在我们的生活中。近年来，我们的国家领导人多次提出要研究孔子和儒家文化的优秀思想，习近平总书记在孔子诞生 2565 周年国际学术研讨会发表重要讲话，指出“中国共产党人始终是中国优秀传统文化的忠实继承者和弘扬者，从孔夫子到孙中山，我们都注意汲取其中积极的养分”。

著名经济学家 Williamson(2000)认为，宗教、文化和风俗习惯等社会规范是人类社会制度的最高层次。“仁义礼智信”是儒家文化所倡导的“五常”，也是儒家思想的核心内容，对建设健康有序的社会主义市场经济具有重要的启示和意义。企业是市场经济的微观主体,企业的会计信息质量和审计行为也是各个利益相关者关注的焦点。在目前我国的相关法律制度不够完善、法律执行不够有力的情景下,社会伦理文化的建设就成为公司治理的重要途径和动力。因此,本部分以上市公司为研究对象,拟分析和探讨儒家文化对会计信息质量和审计行为可能存在的影响。

中国一直都非常重视对外的经济与文化交流。古代丝绸之路的开通不仅促进了商品贸易,还极大地推动了沿线国家(地区)的文化交流,是中国和其他国家(地区)相互了解的第一个窗口。近年来,随着中国"一带一路"倡议的实施,以儒家文化为代表的对外交流日益活跃。孔子学院作为中华文化"走出去"最集中的表现,自 2004 年 11 月在韩国首尔首建,现已广泛分布于世界各国。毫无疑问,孔子学院已成为世界各国人民了解中国文化(特别是儒家文化)关键的途径之一。那么,孔子学院通过传播儒家文化是否会对被传播国(地区)民众的认识和行为方式产生影响?进而作用于被传播国(地区)企业的会计信息质量和审计行为?孔子学院设立的决定因素又有哪些?

儒家文化前期研究可以用图 1.2.1 进行概括,主要侧重于关注儒家文化的文化内涵、儒家文化对社会经济增长和微观企业行为的影响。具体而言,涉及文化传播、社会经济增长、社会责任、经营理念、风险承担等。近年来,学术界已经逐渐注意到儒家文化对会计审计行为的影响。

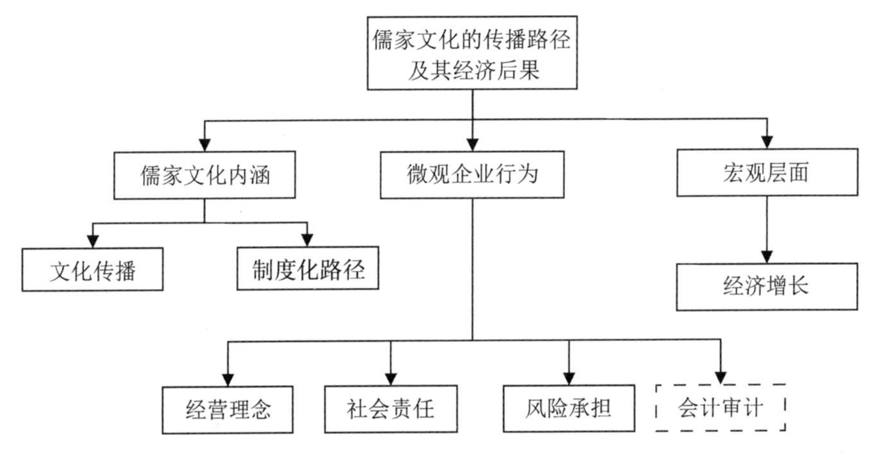

图 1.2.1 儒家文化相关研究领域图示(杜兴强 等,2020)

(一)儒家文化的内涵

儒家道德社会化是指在政府、儒学界等的倡导和推动下,通过自身学说的不断完善和各种外部手段的运用,使社会各个阶层认同和接受儒家文化所蕴含的思想观念和礼仪规范的过程。值得指出的是,本书将不对儒家道德、儒家思想、儒家文化、儒家学说等概念做严格的区分,原因在于儒家思想是以道德为本位的思想。作为学习儒家思想的入门书,《大学》开篇为"大学之道,在明明德,在亲民,在止于至善",即弘扬人内心本有的光明的道德,并向民众推广，最终达到至善的社会理想，反映出儒家思想崇德向善的道德学说的特质。《论语·颜渊》中孔子对经济、军事、道德三者的价值进行排序，最终将道德排在最重要的地位。此外，也有学者谈及在儒家思想的影响下中国文化是重视道德的德性主义文化（梁漱溟，2011；韦政通，2003）。梁漱溟先生在《中国文化要义》中指出道德气氛是中国文化的重要特征，具体地，他说道："融国家于社会人伦之中，纳政治于礼俗教化之中，而以道德统括文化，或至少是在全部文化中道德气氛特别重，确为中国的事实。"韦政通（2003）则认为："在中国文化中，有'一本万殊'的理念，于是坚信一切文化都有一个共同的基础，这基础就是道德。中国传统讲道德，不像西方人讲道德只限制在人生的范围内，而是弥漫在文化的一切领域。因此，中国的政治理想是'德治'，文学理想是'文以载道'，经济的理想是'不患寡而患不均'，其他如教育、法律，也莫不以道德为基础。"基于此，本课题将对儒家道德、儒家思想、儒家文化、儒家学说等概念交叉使用。

长期以来，儒家文化的研究大多在儒学内部进行，多为阐释性工作，即使有所创新也要从经典内寻找依据。近代以来，传统社会在外力的逼迫下发生了翻天覆地的变化，儒学自身的命运也几经沉浮。为回应一系列的现实危机，儒家文化的研究终于出现了多元化的趋势，突破了经学时代的研究范式，研究视角不再局限于儒学内部，出现了许多卓有成效的研究成果。总的说来，儒家文化研究近年来大致呈现出以下三个方向：

一是史学的研究，对儒家文化学说发展做思想史或学术史的研究，以考订史料、重构儒家文化思想史的历史演变过程，解释儒家文化思想本身为依归，重构历史过程，展示儒家文化本来面目（郭尚兴，2011；汤一介，李中华，2011；杨世文，2015）；

二是哲学的研究，以"现代新儒家"为代表，承续儒家文化"第三期"或"第四期"的发展，其主要理论包括新内圣外王之道、良知自我坎陷说、儒家道统说、返本开新说等，意在开创新的社会条件下的"新儒学"（陈鹏，2006；韩星，2016；李翔海，2010；余英时，2012）；

三是价值的研究，视儒家文化为解决现实问题的思想资源，对儒家思想进行意义的探寻，发掘其当代价值，研究儒家文化的现代意义与传统儒家文化的现代化、传统儒家文化的现代解释、儒家文化的现代重构以及儒家文化的复兴等问题（葛楚英，2012；蒋庆，2009；邵龙宝，2010）。

儒家文化传播的研究是近年来儒家文化研究的新方向。傅永聚、韩忠文在其主编的《20世纪儒学研究大系》一书中，将20世纪儒家文化研究分成21个研究专题，以儒家文化传播研究专题收尾，全面回顾了一个世纪以来儒家文化传播研究的概况，汇集了这一时期该领域的代表作。总体来看，儒家文化传播的研究成果不在少数，但与儒家文化其他领域的研究相比，则略显单薄。而且，儒家文化传播的研究存在畸轻畸重的现象，根据对现有文献的整理，儒家文化传播研究的主要范围有如下几个方面：

一是儒家文化在空间上的传播。儒家文化发轫于春秋时期，在空间上表现为从中原向边远地区、从中国向周边国家的逐步传播，以及近年儒家文化的国际传播。整体而言，学界对儒家文化在中国本土的传播研究不足，研究成果仅有论文十数篇、专著数本，如夏增民著《儒学传播与汉晋南朝文化变迁》。目前的研究成果体现在儒家文化向少数民族地区尤其是西南地区的传播，如彝族、吐蕃、琼州以及贵州、云南等地区，主要研究方向为传播动机、传播过程、传播方式和传播效果等（张立文，2005）。儒家文化的境外传播以越南、朝鲜、日本、新加坡等周边国家为重点，相关研究一般比较关注其在该地区的传播过程和传播效果，所依据材料大多是中国的史籍，也有一部分是流布于当地的汉籍和该国本土史料，如日本的《日本书纪》《古事记》和朝鲜的《三国史记》《三国遗事》等，其中还有些史料是以汉文记载。东亚和东南亚同属“儒家文化圈”，因此此类研究更偏重于儒家文化在东亚、东南亚传播的社会影响、文化意义等方面（沙莲香，1990）。近年来儒家文化在西方国家的传播也逐渐进入学者视野，如儒家文化在俄罗斯、意大利、美国等地的传播。由于这些国家不属于传统的儒家文化辐射区，经典的传播必须经过翻译，因此这方面的研究主要集中在儒家经典的翻译，以及由此带来的传播准确度等问题上。

二是儒家文化在时间上的传播，包括儒家经典文本的流传和儒学学派的传授谱系。这是最传统的儒家文化传播研究，在儒家文化尚处于经学形态时就已得到充分的重视。20世纪以来，儒家文化转换为现代学术形态，以新的方法、新的理论、新的视角研究，儒家文化文本流传和学术传承的成果同样层出不穷。

综上所述，学界对儒家文化传播已有一些研究，但是无论是对儒家文化在时间还是空间上传播的研究，都缺乏对儒家文化传播的具体机制或路径的系统而全面的考虑，基于此，本课题试图在既有研究的基础上，结合对儒家经典著作的考据，对“儒家道德的社会化路径”这一问题展开研究。因此，围绕“儒家道德社会化路径”，下文主要对儒家文化传播观念、传播方式、传播制度、传播结果等方面的相关研究进行梳理。

（二）关于儒家文化传播思想的研究动态和现状分析

历史学家柳诒徵（2010）认为：“自孔子以前的数千年之文化，赖孔子而传；自孔子以后数千年之文化，赖孔子而开。”孔子继往开来，成为他那个时代文化的集大成者和中国文化传播的先驱，吸引众多学者对他甚至是以他为代表的儒家学说蕴含的传播思想进行研究。

王振业（1992）对“言以足志，文以足言；不言，谁知其志！言之无文，行而不远”（《左传》）中包含的传播思想进行了分析，他指出，孔子以准确地整理、传承古代丰富文化遗产为宗旨的同时，提出了“辞达而已”和“言之无文，行而不远”。这两条相互联系的表情达意的标准。儒家思想能够长久流传，成为中国封建社会的主导思想，讲究在准确表情达意上注意文采，不能不说是一个重要的原因。黄星民（1999）正式打破了大众传播史以古登堡印刷机为划分界限的旧有观念，而将大众传播的历史大大拓展到“非机器媒介”时代。这样，以孔子及《论语》为代表的儒家文化便被纳入大众传播的研究范围。在此基础上，黄星民（2000a）从“5W”模式对儒家文化中的礼乐活动做了新的观察，以富有洞见的思维得出中国古老的礼乐活动因为“固定化的音调和程式化的仪式”表现出“高度的传播智慧与道德”。陈力丹（1995）对吴予敏《无形的网络——从传播学的角度看中国传统文化》一书进行了补充。他认为，儒家的传播思想以伦理为基础，对已存在的社会秩序赋予合理的灵魂，实现了权力伦理化，通过灌输最终成为封建社会老百姓的道德自觉，“身—家—国—天下”的社会生活传播结构因而被建立。樊葵(2004)则指出，先秦儒家学派的传播控制思想是其传播思想的重要方面，它是以掌握传播话语权为核心、以控制传播内容与受众反馈等为主要方式、以引导社会舆论为重要环节而构建的。类似地，陈燕和张文彦(2003)发现，孔子在编著《春秋》时试图将偏离社会规范的公共道德的行为公之于众，唤起普遍的社会谴责，将违反者置于强大的社会压力之下，从而起到强制遵守社会规范的作用。马腾(2005)对各种非语言符号的表意功能进行文化解读，进而表明"象、意统一的整体传播观"是孔子传播思想的核心。除此之外，阳海洪(2012)一反全盘肯定的常态，重估儒家尤其是孔子及《论语》传播思想的价值，认为儒家传播思想放弃了权力设计和求真目标，致使"中国民主、平等资源极为稀薄"以及"科学思维弱化与迷信权威意识盛行"。

(三)儒家文化传播方式

在中国长期的封建社会时代中，儒家思想能够在人们的思想道德领域中确立根深蒂固的统治地位，除了它本身适应了封建统治的需要和一般民众的心理、习俗外，对它的宣扬传播是一个十分重要的原因(马玉山，1993)。

在儒家文化整体传播效果的原因分析方面，廖声武(2000)认为先秦时期儒家的传播方式在当时的背景下是首开先例、卓有成效的，包括游说诸侯、办学授徒、编辑整理古籍和著书立说等。陶雪玉(2009)把儒家文化能够传播下来的原因归结为内省式的人内传播、中庸式的人际传播以及重德式的组织传播。侯东阳(2000)则提出儒家文化不仅在中国近两千年的历史上妇孺皆知、老少皆诵，而且被封建统治者在政治运作中加以实践和推广，其成功的根源在于：(1)传播方式上注重教化的作用，通过游说与辩论、讲学与著书跨越时空保存下来；(2)儒家文化内容根据政治需要不断地丰富和发展，适合了现实需要，因而未被时代淘汰；(3)儒家思想已物化成礼，更容易为人们所理解、实践和传播；(4)历代封建统治阶级都将儒家文化奉为官方哲学，并采取创立官学、统一经学、以功名利禄驱动等措施予以支持和推行。此外，李军林(2006)认为，儒家文化拥有一套特殊的文化传播机制，包括教育考试的选拔机制、排斥异端邪说的抑制机制、以注经为主线的损益机制、儒道佛互补机制等。

在儒家文化具体传播方式的深入解析方面，马玉山(1993)把"家戒""家训"比作圣人之学通向民间的桥梁，经由这座桥梁，儒家思想才达到了深入人心的境界。伴随着儒家文化独尊地位的确立，儒家文化经典也被一层层神秘的面纱笼罩起来，甚至那些专门以解说经典为生的经学博士一生难以穷通一经，妇幼童稚也就更加搞不清这些经典的底蕴。他认为，"家戒""家训"便是在这样的背景下诞生的，集中体现了儒家文化的仁义思想和中庸之道的行事总则，对于儒家思想向民间普及传播都起到了不可忽视的作用。房锐(2007)指出，蜀郡太守文翁是汉代最早兴办教育事业的地方政治家，他通过选拔基层官吏到京师向博士学习以及修建学馆、招收学生入学两项措施，大力推广儒家文化，从而成功改造了与中原文化异质的巴蜀文化，体现了学校教育在儒家文化传播中的重要作用。类似地，于祥成(2014)指出书院是清代儒家文化传播的最重要途径之一。具体地，日常讲学承担了书院的主体教育职能，无疑成为书院最主要的儒家文化传播途径；藏书、刻书是书院的重要特征，也是儒家文化传播的重要途径；祭祀作为书院规制的重要组成部分，是确立儒家道统的重要载体和途径，从精神信仰层面传播儒家文化；此外，书院还通过命名题额、嵌碑立石、匾联语录等多种环境熏陶途径将学生纳入儒家文化的精神世界中。此外，黄星民(2000b)追溯了大众传播中非语言符号传播形式的演化过程，并对礼乐传播做了宏观考察，指出“孔子修订、演习、解释、传授礼乐，把‘仁’‘中庸’为核心的儒家政治道德观念与礼乐的形式成功结合起来，礼乐被改造成儒家的传播工具。”

除此之外，不少学者特别针对儒家文化在少数民族地区的传播方式进行探究(敖以深，2011；何成轩，1995；唐建荣，2002；杨甫旺，2009；杨志玲，盛美真，2007；赵君，2016)。其中，杨志玲和盛美真(2007)研究发现，儒家道德在云南少数民族地区的传播主要是通过政治权力、民族间的交流及交往、学校教育、家庭及村寨组织、宗教、大众媒介及文学作品、乡规民约及谚语等七种不同的方式。赵君(2016)指出，唐代时期儒家思想通过吐蕃统治者派遣贵族子弟到唐朝官学学习、唐蕃之间政治联姻、频繁的政治和军事活动、部分落蕃官入仕吐蕃等途径传入吐蕃，并对吐蕃的政治产生了重要影响。

(四)儒家文化传播制度

在传播制度研究中，一些学者从制度上概括了儒家文化的特点。干春松(2002)认为，制度与儒家思想的传播是相互影响的，制度能够保障儒家思想的传播，儒家思想也会影响制度。因此，他提出儒家的制度化和制度的儒家化这两个概念，认为二者的相互作用共同促成了儒家思想在我国的广泛传播。儒家文化的制度化，是指以儒家的学说为基准，建立起一套法律和实践系统，并通过传播逐渐深入习俗之中(即通常所谓的移风易俗)；制度的儒家化，指的是社会政治架构和具体的政治法律制度逐步依照儒家的设计并体现儒家的理想。

余英时(1998)在其著作《现代儒家文化论》中提出：“在传统中国，儒家文化全面地安排着人间秩序，由于儒家文化本身就重‘述而不作’，身体力行，以‘立德、立功’为上，是一种实践的学说，而且，儒家文化自汉以后被定为正统一尊，并建制化加以推行，在两千年的传播、积淀中，儒家文化深入国家制度、社会习惯之中，全面地构建了传统中国人的思维体系与思想模式，深刻地影响了人们的社会生活与行为方式。”

解丽霞(2013)和干春松(2002)都认为，儒家文化制度化是通过孔子的圣人化、儒家文献的经学化和科举制度等一系列制度设计来保证儒家的独尊地位及其与权力之间的联系。作为制度化儒家文化最基本和最核心的制度性设计，科举制成为儒家观念和经典传播的基本渠道，完成了儒家文化与选官制度、教育制度和普遍意义上的文化制度的联姻，形成了一个相对独立的体系。科举制所催生的儒家文化化的士大夫阶层，充当着沟通大众文化与儒家思想的载体，完成了儒家文化的进一步泛化和下移。就汉代而言，儒家文化仅仅取得了权力的认可，起着“以经术润饰史事”的作用，很难说儒家文化在事实上已取得了“定于一尊”的地位，直到宋代科举制的出现，儒家文化才完成了整个民间的普遍儒家文化化，被接受为普遍的社会约定与社会认同。

随着科举制度的废除、封建王朝的崩解等，儒家文化渐次失去了其制度上的凭借。于是，大批新儒家学者展开了一系列探索儒家文化再制度化的研究。杨子飞（2016）在研究中指出，"儒家文化在现代"所面临的最重大问题是如何处理儒家文化与政治的关系，或者说如何处理新时期内圣与外王的关系。"政治儒家文化""制度儒家文化""儒家（甚至儒教）宪政""康有为研究"已经成为当代儒家文化研究的新的增长点。在这股潮流中，蒋庆及其"政治儒家文化"观念是最典型的代表，姚中秋（2013）认为，蒋庆提出"政治儒家文化"可以被称为中国政治思想的根本转向，标志着中国政治哲学的诞生。

（五）儒家文化的经济后果

1.儒家经济伦理与社会经济增长

一个国家的文化对于该国经济的发展的重要作用是不言而喻的，那么儒家文化是促进商业经济发展，还是阻碍经济发展？马克思·韦伯（1987）发现一个国家的文化对于经济发展有着非常重要的影响，并且认为新教伦理积极地推动了西方资本主义的产生和发展，但是他认为中国的儒教（儒家文化）和道教阻碍了社会经济的发展，因为这两种文化没有为商业经济发展提供思想的源泉和动力。在此之后，很多西方学者对中国甚至东方国家的经济研究，大多认为儒家文化阻碍了社会的经济发展。

20 世纪后半叶，东亚地区商业经济发展突飞猛进，让学者们开始重新审视儒家文化和经济发展的关系，如韩国学者金日坤（1991）提出，儒家文化的中央集权式制度为社会发展提供了稳定的秩序，并且成为社会经济发展的重要保障。余英时（2001）认为儒家文化同样能够促进商业经济的发展，因为它同样包含了新教伦理中的积极创造财富、勤俭节约、诚实守信、爱岗敬业等商业精神，并且提出马克思·韦伯是根据不全面的中国的资料作出了错误的判断。再如，日本的"资本主义之父"涩泽荣一同样认为儒家思想对于商业经济发展有着重要的作用，他象征性地形容日本式经营的成功就在于——"一手着算盘，一手着《论语》"。Mac Farquhar（1980）指出了儒家文化对于经济发展有积极作用的方面主要有：（1）重视教育，进而使得人力资源得到最大限度的开发；（2）强调社会纪律和集体主义，如忠诚、服从和孝顺等关系，有利于现代化大工业的发展；（3）提倡勤俭节约，高储蓄率为经济发展提供了重要条件。杜维明（2002）认为，相对于西方资本主义强调个人存在，东方文化（儒家思想）更强调集体意识，但这并不忽视个人存在的意义，相反，人们对于个人在集体中的相对地位有着强烈的关切。杜维明同时指出，儒家思想重视教育、礼仪和责任义务等，使得人们注重自我约束和修养，培养相互之间的信任关系，这些精神对商业经济的健康有序发展有着积极的意义。

张世平（1994）认为，中国城市缺乏自治地位（政治中心在首都），缺乏理性的会计制度与企业组织，富有的人将资金用于购买土地而非投资商业，士阶层"反商业"文化等，都在一定程度上阻碍了经商和创业精神的发展，阻碍了经济的增长。郑克中（1987）也提出，儒家文化内含的、相互依赖的社会关系不鼓励自强自立精神，以仁、礼、中庸为核心的儒家思想将人束缚在等级制下和宗法关系之中，不鼓励思想开放，压抑了中国人的进取精神，重义轻利妨碍生产流通等。

制度在国家或地区经济的增长中尤为重要，然而制度分为正式制度与非正式制度，正式制度是法律、行政法规等人为设计并加以保障实施的，从而保障经济活动的正常运行；非正式制度是诸如伦理道德规范以及地方习俗、文化等。正式制度由人来执行，而非正式制度可以潜移默化地内化到人的行为中，我们不能忽视非正式制度对经济运行的影响，因此，理解文化的作用，有助于理解经济增长背后的原因。受儒家文化影响的亚洲多国和地区（包括中国台湾、中国香港、韩国、新加坡）在20世纪出现了经济的腾飞。中国在经历了30余年改革开放后的2010年，成为超过日本的世界第二大经济体，促使众多学者对儒家文化与经济增长这一关系进行重新审视。儒家文化所倡导的集体主义、以人为本、重视教育、纪律秩序、勤劳敬业等精神是企业持续健康发展的必要基石，儒家文化对促进社会主义经济发展、助力中国由大国走向强国具有积极的作用。

2.儒家经济伦理与现代企业价值观研究

儒家思想是我国传统文化的重要组成部分，其中的"仁爱""忠恕"等思想是建设现代化企业文化的丰富源泉，有助于增强企业凝聚力，为企业可持续发展营造良好的文化氛围，如"天人合一"与企业社会责任意识、"敬业乐群"与团队精神、"以义取利"与群己文化、"信以立身"与企业诚信精神建设等。美国学者克劳德·小乔治在其所著的《管理思想史》(1985)中，提到儒家文化中蕴含着丰富的管理思想，对于企业管理职能的计划、组织、指挥和控制都具有重要的启示。日本企业家涩泽荣一将儒家思想和企业管理实践活动进行结合，提出"论语＋算盘"的管理理论。伊藤肇(2001)系统分析了儒家思想在日本企业管理中的应用，提出一系列企业管理原则和方法体系。近年来，我国社会经济快速发展，社会主义市场经济制度日趋成熟，许多学者和企业管理者在学习西方管理理论的同时，深入研究我国传统文化中蕴含的管理哲学，如韩中谊(2010)研究了儒家思想中"权"的观念，认为企业在经营过程中，可以在一定原则的基础上根据具体的时间、空间和对象进行适时的调整，以达到双赢、共赢。黎红雷(1993)提出现代企业管理应该学习儒家思想中"执经达变"的方法，即在不变的管理目的和原则下，适时应用不同的具体操作方法。目前已有研究发现的儒家管理思想主要有以下几点：(1)"经权"思想，即坚持权变和适度原则；(2)"仁爱"思想，即管理者要实施"仁政"，提高员工的忠诚度和团结精神，实现"以人为本"的管理；(3)"义以生利，以利取义"的观念，即以合法合规的方式获取利润，并且积极承担企业社会责任。

（六）儒家文化与微观企业行为

在企业社会责任方面，Li(2012)认为儒家文化中"重生命、重人类"的生命关怀观、"天人合一"的和谐宇宙观形成了生态保护的基本理念。杜维明(2013)同样提出，"天人合一"就是要求与自然和谐相处，注重保护环境。周秋光与曾桂林(2005)强调，儒家文化中的"仁者爱人"的仁爱思想是道德感情与伦理规范结合的结果，可以为企业的社会责任行为提供解释。Wang 和 Juslin(2009)发现西方的社会责任理念并没有在中国得到很好的应用，中国企业社会责任的和谐理念就是尊重自然、关爱人民，并阐述了儒家的人际和谐、道家的天人和谐与企业社会责任的关系。么桂杰(2014)基于北京市居民调查数据发现，儒家文化会影响个人价值观，促进个人对环境保护的积极行为。因此，从现有研究来看，儒家文化形成了企业社会责任行为的内在动力，对企业社会责任决策产生影响。

对中国社会而言，儒家文化影响深远。儒家提倡的德化社会、德化人生的思想对中国社会的发展产生了积极的影响，儒家文化对企业家精神塑造与中国企业的现代化发展有着巨大影响（杜维明，1997，2002）。以往对儒家文化的研究主要是规范研究，近年来有学者采用基于地理位置的儒家文化氛围来研究儒家文化的经济后果。Du（2015）关注了儒家文化对大股东资金占用的影响，发现儒家文化能够显著抑制大股东资金的占用，揭示了儒家文化作为中国文化哲学体系的一部分能够促进公司伦理氛围的形成，约束大股东侵占上市公司资金的不道德行为以及对小股东利益的侵蚀；此外，儒家文化对大股东资金侵占的抑制作用相较于民营企业，在国有企业中作用较弱。儒家文化倡导“以义取利”，Du 等（2017）利用上市企业与商帮的地理距离构建商帮文化变量，研究发现“义利”文化传统会约束管理层的不道德行为，诸如在职消费、行为短视化。古志辉（2015）发现，儒家伦理能够降低代理成本，提高代理效率。儒家文化能够展现好的一面，但也有负面影响。Du（2016）发现，儒家文化“男尊女卑”的传统思想降低了中国上市公司中女性在董事会中所占的比例，但是在人均 GDP 高的地区，市场发展更加成熟，弱化了儒家文化对女性董事比例的负面影响。此外，金智等（2017）发现，企业受儒家文化的影响越大，风险承担水平越低；高市场化程度与对外开放程度以及民营企业属性会削弱儒家文化对企业风险承担水平的影响。

现有的文献主要探讨文化的经济后果，诸如个体主义文化、宗教文化（佛教文化）等，但直接探讨儒家文化对企业会计、审计行为影响的研究并不多见。Shao 和 Guedhami（2010）发现，股利政策不仅取决于对公司内部代理和信息不对称问题的客观评估，还取决于管理层和投资者对这些问题的主观看法，进而这些看法取决于其民族文化，民族文化会影响对代理和信息不对称的感知和反应。个人主义文化强调个人自由和自我实现，然而低个人主义文化氛围强调群体凝聚力；不确定性高、规避风险的文化厌恶模棱两可的情况，更喜欢明确的行为准则，而较低可能规避不确定性的文化氛围则喜欢新奇的事物和价值创新；注重和谐的文化强调接受事物的本来面貌，而不注重和谐的文化强调自我对促进个人或群体利益的重要性。Li 等（2012）发现，个人主义文化氛围与企业风险承担之间存在显著正相关关系，而对不确定性的规避与和谐文化和企业风险承担之间存在显著负相关关系。个体行为决策受到经济因素影响，同时受文化的影响。基于非正式制度的角度，Hilary 和 Hui（2009）研究发现，宗教信仰会加大对风险的厌恶，地区宗教氛围越浓厚，企业的风险承担水平越低。Dyreng 等（2012）研究发现，上市公司位于宗教地区，其财务报告的盈余管理程度更低。Du 等（2015）发现，宗教信仰氛围可以抑制盈余管理。具体地，Du 等（2015）基于地理近邻的宗教变量，发现宗教与盈余管理程度显著负相关，表明宗教可以作为一种社会规范来减轻企业的不道德行为。Du（2014）使用上市公司注册地一定半径范围内寺庙的数量作为宗教影响的替代，发现佛教可以抑制大股东的掏空行为。

Williamson（2000）将制度分为四个层次，并且较高层次的要素决定和影响着低层次的要素。第一层次为非正式制度，包含宗教、文化、风俗、社会规范等；第二层次为制度环境，包含司法体制、产权保护以及其他正式制度；第三层次为治理规则，诸如契约等；第四层次是资源的分配与使用。其中非正式制度作为影响中国千百年来不变的要素，对人的行为产生着深远影响。基于 Williamson(2000)的分析框架，儒家文化是中国影响最深远的非正式制度，在很大程度上影响着第三、第四层次要素。张维迎和邓峰(2003)认为，正式制度，比如法律，其执行的好坏程度取决于文化相关的社会规范在多大程度上能够为正式制度提供支持。因而，儒家文化影响着个人行为与资源的分配(金智 等，2017)。儒家文化会对企业成员的价值观念产生潜移默化的影响，包括有益的和不道德的。对于管理者、监管者、外部投资者而言，识别儒家文化对企业的微观行为的影响，尤其关于会计、审计的影响，对资本市场的有效运行是有积极意义的。从目前研究来看，儒家文化与会计审计行为的研究主要涉及公司代理问题(Du，2015；Du et al.，2017；古志辉，2015)、企业风险承担(金智 等，2017)与女性董事比例(Du，2016)。儒家文化的经济后果方面的理论分析与经验研究涉及会计行为、审计决策的相对较少。儒家的集体主义、以人为本、创新自强、纪律秩序、勤劳敬业，以及义利都会对企业管理者行为产生影响，而会计师、审计师依旧如此。以儒家文化所构建的"和谐""人情""关系""地缘""血缘"为基本特征的社会网络关系，对社会成员的人格与心灵塑造产生冲击。儒家文化所倡导"尊尊原则"下论资排辈、学而优则仕、学者型董事等，以及"亲亲原则"下的社会关系(如老乡关系、方言关系、姓氏关联等)究竟会对会计审计行为产生什么影响?

二、儒家文化与会计审计行为：研究框架与问题

当前，中国的经济增长和企业经营正处在关键的转型期。对于上市公司而言，如何保证高质量的会计信息披露、如何有效地发挥外部审计对会计信息的监督作用，都是尤为重要的研究命题。相比于欧美发达国家，中国的资本市场起步较晚，相关的正式制度依然未臻完善，投资者保护相对较差，法律规章制度的效率相对较低，审计师道德意识也很薄弱，声誉效应和诉讼效果只能起到有限的作用(Allen et al.，2005；Du，Lai，2018；Dunfee，Warren，2001；He et al.，2016)。Williamson(2000)曾经将人类社会的制度分成四个层次；其中，文化、风俗、社会规范等位于第一层次，并且他们对正式制度、公司治理、产权制度等具有深远和持久的影响。近年来，习近平总书记不止一次地在公开场合强调儒家文化对于中国当代社会的影响和重要作用。

基于 Williamson(2000)的框架与逻辑，儒家文化作为对中国影响最为深远的文化因素，将在很大程度上影响上市公司高管、董事以及审计师的个人行为，进而作用于会计信息质量和审计行为。以往的研究发现，儒家文化能够对控股股东、管理层的行为造成影响，进而改变企业的经营决策(古志辉，2015；金智 等，2017；Du，2015，2016)。古志辉(2015)认为，儒家文化强调"修身"和"忠信"，使得管理层即使在缺乏外部监督的情况下也能够在一定程度上严于律己，而不是谋求私利；此外，儒家文化促使管理层勤勉工作而不是偷懒懈怠，最终导致代理成本降低。Du(2015)指出，儒家文化主张"己所不欲，勿施于人"，有助于提高商业伦理水平，具体表现为在儒家文化氛围浓郁的地区，控股股东不道德的掏空行为显著较

少。不难看出，既有的研究仍未深入分析儒家文化对会计信息质量和审计行为的影响，并且大部分前期研究只是关注儒家文化的整体影响，并未进一步分析儒家文化的不同维度可能产生的不同影响。

经过几千年的积淀和发展，儒家文化形成了丰富的内涵。总体而言，儒家学说的核心是德政、礼治和人治，强调道德感化，也就是"仁义礼智信"等。儒家道德的教化需要一定的依托，儒家中心、孔庙（文庙）和儒家学校不仅是尊孔崇儒的殿堂，也是宣扬儒家道德的重要场所（古志辉，2015；骆承烈，2007；Du，2015，2016）。此外，孔子学院在全球范围内的建设已经初具成效，孔子学院对儒家道德的国际传播至关重要。因此，基于地理近邻性的儒家变量和孔子学院设立的背景为理论界研究儒家文化的整体影响创造了机会。具体到儒家文化的不同维度，Hwang（2001）曾经根据"庶民理论"将儒家倡导的处世规则分为两大类——"尊尊原则"和"亲亲原则"。"尊尊原则"强调位尊者的地位凌驾于位卑者之上，享有优先权利，论资排辈以及位卑者对位尊者需要使用敬语都是"尊尊原则"的具象化。"学而优则仕"的入世精神一方面倡导专家学者应当将自己的才学付诸实践，另一方面也蕴含着对专家学者的尊崇和敬重，是儒家文化"尊尊原则"的又一体现。儒家文化"亲亲原则"强调的是关系的亲疏远近，人们应当亲其所当亲。中国社会是"关系本位"的社会（费孝通，1948；黄光国，1988）。

"儒家文化与会计审计行为"领域的研究具有如下特点：第一，将儒家文化纳入会计和审计影响因素研究框架中，分析儒家文化对会计审计行为的总体影响以及儒家文化传播对跨国会计审计行为的影响。第二，基于儒家文化的两类人情法则（"尊尊原则"和"亲亲原则"），关注论资排辈、敬语、学者型董事、老乡关系、方言关系以及姓氏关系等多个维度的儒家传统文化对会计和审计问题的影响。上述研究在一定程度上拓展了目前会计和审计领域的研究路径。第三，在构建研究变量中提出新思路、新方法，如依据年度财务报告中董事排序构建论资排辈，依据年度审计报告中敬语的使用构建敬语变量，依据身份证信息构建老乡关系、方言关系以及姓氏关系等公司层面的数据。这有助于拓展现有研究的思路和方法。

儒家文化对会计审计行为的影响包括公司（会计师事务所）儒家文化氛围对会计信息质量的影响（见图 1.2.2）。儒家文化传播研究的主要内容涉及：(1)儒家文化对会计审计行为的整体影响；(2)儒家文化传播的决定因素、儒家文化传播对被传播国家（地区）会计行为的影响、儒家文化传播对被传播国家（地区）审计行为的影响；(3)儒家文化的"尊尊原则"，包括但不限于论资排辈、敬语、学而优则仕（学者型董事）、外来的和尚会念经（境外董事、国际化董事会、CEO/审计师的境外经历）等维度对会计审计行为的影响；(4)儒家文化的"亲亲原则"（包括但不限于方言关联、老乡关系、宗族关系/姓氏关联等）对会计审计行为的影响。

第一和第二个问题属于儒家文化对会计审计行为的总体影响，第三和第四个问题则属于儒家文化的两个核心部分("尊尊原则"与"亲亲原则"①)。第一和第二个问题在本节讨论,第三和第四个问题将在本章以后分节阐述。

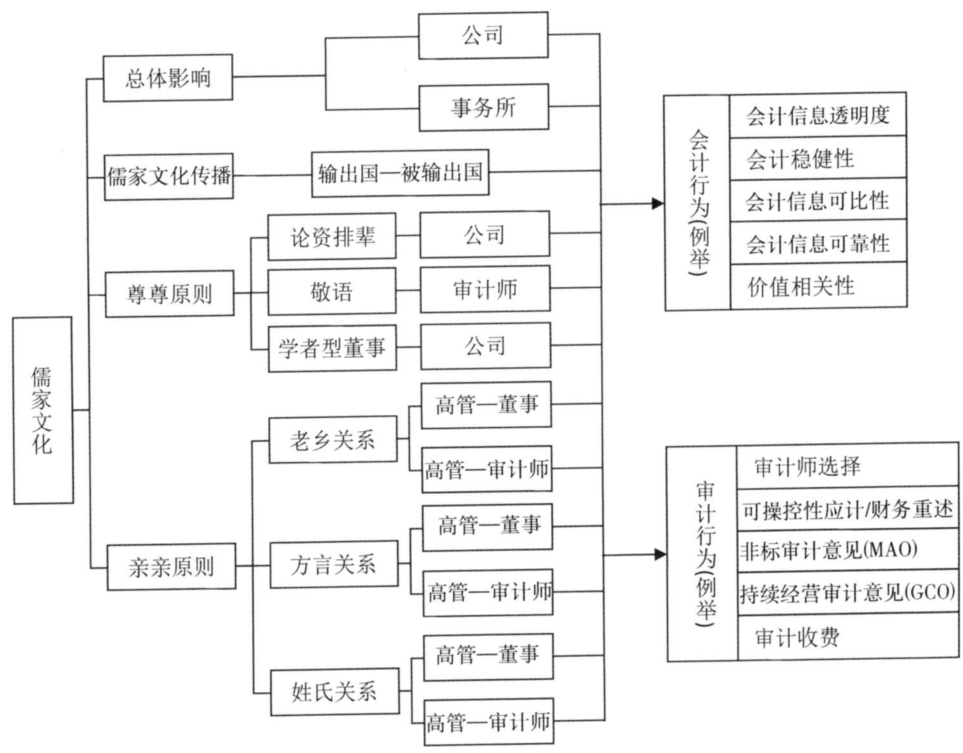

图 1.2.2 "儒家文化与会计审计行为"研究内容的框架图示②

三、基于地理近邻性的儒家文化度量③

显然,要探讨儒家文化整体上如何影响会计审计行为,则必须首先解决如何从整体上度量儒家文化。

---

① 根据费孝通(1948)提出的"差序格局",中国人的关系不是单一层次的,而是一圈圈推出去的波纹,中国人(自我)处于关系的中心,自我与其他人的关系体现为由里及外的不同层次的圆圈,由里及外依次是家人、熟人、生人和陌生人。值得注意的是,差序格局下不同层次关系之间的界限并非泾渭分明,而是不同关系之间可以相互转化。陌生人之间可以通过"拉关系"发展成为熟人甚至更加亲密的关系,中国传统上的"九同"——同学、同事、同乡、同姓、同好、同行、同年、同袍和同宗——就是拉关系的典型方式。因此,有着老乡关系、方言关系和姓氏关联的个体之间互相帮衬、互惠互利可以看作是"亲亲原则"的具体表现。

② 该部分综述较多参考了《儒家文化与会计审计行为》(杜兴强等著,厦门大学出版社,2020 年)的第一章。正如本书前言所指出的,它是《儒家文化与会计审计行为》的有机延续。

③ 因为基于地理近邻性的儒家文化变量与基于地理近邻性的宗教变量从原理上是一致的,所以本处的阐述较多参考了:杜兴强,常莹莹,曾泉,2020.宗教影响与公司行为综述[J]. 财会月刊,(22):12-25.

(一)基于地理近邻性的儒家文化度量的具体方法

孔庙又称文庙，具有“庙学合一”的特点。中国绝大多数孔庙因立学而建，这使得祭祀和学校功能在孔庙中相互结合。书院是中国古代民间教育机构。孔庙和书院成为学习文化礼仪、开展儒家教化以及传播儒家思想的重要场所。值得指出的是，地区内儒家文化的影响力与兴建孔庙和书院之间存在互为因果的关系。换言之，只有儒家文化氛围浓厚(重视儒家文化和儒学教育)的地区才有可能考虑兴建孔庙和书院，当然孔庙和书院则可能进一步弘扬和宣传儒家文化。因此，孔庙和书院无疑发挥着一种文化象征和文化符号的作用[①]。此外，孔庙和书院在促进儒家文化的传播和弘扬儒家文化方面也发挥着积极的作用。

作为儒家文化的发源地，中国人均或多或少受到儒家思想的影响，差异在于程度不一。基于此，很难通过问卷调查捕捉特定的对象是否以儒家哲学作为自己行为和处世的基本原则，也无法调查他们受儒家文化影响的程度；这一点在国有企业的高管、董事及 CEO 身上体现得更为明显[②]。前期研究表明，距离不仅仅是一个地理概念；事实上，地理距离有丰富的信息内容(Du，2013，2014)。

(1)通过 CCER 数据库获取上市公司分年度的注册(办公)地址信息。

(2)通过中国孔庙网(www.chinakongmiao.org)、《盛世遗存：全国孔庙的分布和保护管理状况》以及《中国古代书院保护与利用现状调查》等，查找 140 座列为全国重点文物保护单位的孔庙和书院的地址信息。

(3)通过谷歌地图获取上市公司注册地(办公地)、孔庙(书院)的经纬度数据——设公司注册地(办公地)的经纬度坐标为(α_f,β_f)，孔庙(书院)地址的经纬度坐标为(α_c,β_c)。

(4)按照如下的公式计算 θ：

$$\cos\theta=\sin\beta_c\times\sin\beta_f+\cos\beta_c\times\cos\beta_f\times\cos(\alpha_c-\alpha_f)$$

(5)计算单位劣弧长度 RAD 如下：

$$\text{RAD}=40\,075.04/360\times180/\pi$$(40 075.04 代表地球赤道的周长；单位：千米)

(6)计算上市公司注册地与孔庙和书院之间的距离：

$$\text{DIS}=\text{RAD}\times[\pi/2-\arctan(\cos\theta/\sqrt{1-\cos^2\theta})]$$

(7)统计公司注册地方圆 $R(R=100、200、300)$公里内的孔庙和书院数目用以衡量儒家

---

① 文化符号通常指人们通过语言和非语言等形式来表达文化内涵的一种标识，具有很强的抽象性，是文化的重要载体和形式。

② 原因可能在于：(1)随着中国经济的快速发展、中国人自己的信仰和哲学正在经受着较大的嬗变，再加上外来文化的冲击，使得问卷调查得出的、关于是否秉持儒家哲学理念的结果，往往具有暂时性的特征；换言之，特定时间的调查结果并不意味着该结果一定可以稳定地持续下去；(2)国有企业的 CEO、董事长、董事、高管可能并不愿意披露个人的信仰或处世哲学；(3)问卷调查固有的局限性与中国文化固有特征，使得调查者往往并不能够通过问卷上的答案明确问卷填写者是否将儒家文化作为其处世哲学。尽管如此，问卷调查数据可以作为基于地理近邻性儒家文化变量的补充。

文化的影响。

根据上述步骤(1)～(7)，可以衍生出如下从总体上度量儒家文化的变量：

第一，直接用公司与孔庙(书院)两者之间的距离来度量儒家文化的影响，包括公司的注册地址(办公地址)与最近的一个孔庙(书院)之间的距离，或者公司的注册地址(办公地址)与最近的 N 个孔庙(书院)之间的平均距离，从而形成第一组(类型)的儒家文化变量(逆向变量；距离越远，儒家氛围强度越弱)。如果直接采纳该种方法，由于任两个公司的注册地址(办公地址)重合的概率不高，因此基于绝对距离度量变量极为接近，从而可以类似地被视为公司层面(firm-level)的儒家文化变量。该方法不仅可以系统分析儒家文化如何从整体上影响公司决策与会计审计行为，而且还有一个重要的优点，那就是可以直接用来进行差分模型的分析。

第二，根据公司注册地址(办公地址)与孔庙(书院)之间的距离，事先设定一定的半径 R (R 可以取阈值 20 千米、50 千米、100 千米、200 千米)，然后计算公司注册地址(办公地址)一定半径 R 范围内有多少家孔庙(书院)，从而获取第二组(类型)度量儒家文化(或儒家氛围)的变量(正向变量)；一定半径范围内孔庙(书院)越多，儒家氛围强度越强。该变量属于准公司层面(quasi-firm-level)的儒家变量，因为围绕公司的注册地址(办公地址)R 公里范围内的所有公司受儒家文化影响的强度都被设定为是相同的。这显然与现实并不完全相符，至少没有考虑公司的异质性及不同公司高管(董事)行为的异质性。

第三，从上述两组变量中衍生出的儒家文化变量，包括公司的注册地址(办公地址)与最近的一个孔庙(书院)的距离的倒数，或公司的注册地址(办公地址)与最近的 N 个孔庙(书院)之间平均距离的倒数，从而形成第三组(类型)的儒家文化变量(正向变量)。

第四，标准化的儒家文化变量，计算为“$(\text{Max\_DIS}_t - \text{DIS}_{i,t})/(\text{Max\_DIS}_t - \text{Min\_DIS}_t)$”，从而形成第四组(类型)的宗教变量(正向变量)。其中，$\text{DIS}_{i,t}$ 代表 i 公司的注册地址(办公地址)与最近的孔庙(书院)的距离；Max_DIS_t (Min_DIS_t)代表 $\text{DIS}_{i,t}$ 在 t 年的最大(最小)值。

(二)基于地理近邻性的儒家文化度量的基本特点

准公司层面的儒家文化度量方法近年来在儒家文化与公司行为的研究领域得到了广泛应用。首先，该方法本质上是基于地理邻近性构建的儒家氛围变量(geographic-proximity-based Confucian atmosphere variables)构建的，既有利于克服缺乏相关统计资料的局限性，又在度量上考虑了地理临近的分布不均匀可能引起的区域差异。其次，该方法最大的优势在于可以为每个公司赋予一个几乎独一无二的儒家文化氛围变量值，从而将儒家文化影响从行政区域(州/省、市、县)层面拓展到公司层面，至少是准公司层面，从而可以有效避免截面自相关问题带来的困扰。最后，该方法可以解决两(多)个行政区域交界处的公司的儒家文化的度量。

准公司层面的儒家文化度量方法可能面临的困境在于：第一，公司的儒家氛围和高管(董事)的儒家哲学之间被假设具有很高的拟合度，但两者是否可直接通约需要进一步的经验证据的支持。为此，研究者需要针对特定的研究背景，采用类似Du(2015,2016)和杜兴强(2020)的方法，事先确认准公司层面的儒家文化度量与高管（董事）个人是否遵从儒家哲学之间的关系。第二，准公司层面的儒家文化度量方法很大程度上依赖于公司的注册地址（办公地址），但注册地址（办公地址）的选择并非纯粹外生，而属于多种因素如交通便利条件、税收、当地的法律与营商环境等综合作用的结果。为此，如何尽可能地排除其他更重要的影响，确认儒家文化对公司行为的影响，以及研究结果并非上述其他与公司选址相关的因素所导致就十分重要了。换言之，研究者必须尽可能地确认儒家文化对公司行为的影响是最主要的因素(first-order factor)。

（三）基于地理近邻性的儒家文化度量的合理性

文化的传承和发展是需要一定依托的，文字记录和学校教育是确保儒家文化的继承和传播的重要方式。但是，儒家中心（学派）和孔庙也是弘扬儒家文化的一种形式。孔庙不仅是尊孔崇儒的殿堂，也是传播儒家文化的场所（骆承烈，2007）。基于此，从统计学意义上讲，距离儒家文化中心、孔庙抑或儒家学校遗址越近，个人、企业与组织受到儒家文化的影响就越大。

根据公司和儒家中心（孔庙）的地理近邻性或地理距离来构建儒家文化变量的合理性在于：若公司所在地有较强的儒家文化氛围，控股股东和高层管理者（董事长、总经理等）更容易受儒家文化的影响。也许儒家文化（哲学）或许不是控股股东或高层管理者的伦理哲学，但他们必须考虑"影响员工、客户、雇主和供应商的儒家理念"，因而注定会受周围将儒家文化作为伦理哲学的公众的影响。

目前，已有研究采用相关的计量方式对中国上市公司受儒家文化影响的程度进行度量。例如，Du(2015,2016)分别采用中国上市公司与7个儒家中心（学派）、52个孔庙（国家级文物保护单位）的地理距离，构建了一系列基于地理近邻性的儒家变量，分析了儒家对大股东资金占用、董事会女性董事的比例的影响。古志辉(2015)以中国上市公司和儒家学校遗址的地理距离作为儒家文化的替代变量，考察了儒家伦理对股东—管理层代理问题的影响。以上研究为我们采纳地理距离或地理近邻性度量儒家文化提供了最为直接的证据与支持。此外，前期关于宗教影响与公司行为的学术论文，为基于地理近邻性的儒家变量提供补充与支持性的证据。例如，Du(2014)利用佛教寺庙和道教道观到中国上市公司的地理距离衡量宗教氛围，探讨了宗教对大股东—中小股东代理问题的影响。陈冬华等(2013)以佛教寺庙与中国上市公司的地理距离为基础构建宗教影响变量，研究了佛教对公司治理的影响。El Ghoul等(2013)在衡量企业面临的金融环境时，采用的是上市公司与美国六个金融中心（波士顿、芝加哥、洛杉矶、纽约、费城和旧金山）的地理距离；DeFond等(2011)、Kedia和Rajgopal(2011)以美国证券交易委员会(Securities & Exchange Commission,SEC)的分支机构（华盛顿、纽约、迈阿密、芝加哥、丹佛和洛杉矶）到上市公司的地理距离衡量外部监管强度。以上文献表明，即使身处21世纪这样一个电子信息化时代，地理距离在研究中仍然是不可忽视的因素，市场经济主体之间的地理距离对其经济行为有着重要影响。

四、儒家文化的核心内容对会计审计行为的影响

“五常”是儒家文化的核心之一,包括仁、义、礼、智、信。这些儒家教义塑造了几千年来华人社会推崇和强调的忠诚、诚实等美德(Tan,Snell,2002)。实际上,儒家思想强调将善行推广到整个社会,而非仅仅强调个人美德(Du,2015;Koehn,2013)。根据儒家文化,一个没有善行或美德的人应该感到羞耻,且一个缺乏羞耻感的人不配为人(Chang,2010)。进而,儒家教义告诉众人,何为羞耻、如何避免羞耻。概而言之,儒家文化的这些内核将影响到管理层的行为,从而降低或抑制管理层对会计信息的操纵。具体地,下面可以结合“五常”中的“仁、义、信”来简单分析儒家文化对会计信息质量的促进作用。

“仁”是儒家文化中最基础的美德,它强调慈悲和利他,而非自利(私)。“仁”意味着互惠的道德与对他人的爱,它起源于儒家文化的黄金法则“己所不欲,勿施于人”。若委托代理关系中的管理当局利用信息不对称操纵会计信息,掩盖其机会主义行为,则明显背弃了“仁”的基本要求。“义”是儒家思想的另一核心美德,它确立了一套公认的行为准则,这些行为准则甚至一度成为中国几千年来的社会规范和古代中国法律的组成部分(Liu,1998)。“义”强调一个人应该能够明确地辨别特定情况下什么行为是正确的。按照“义”的核心观念,管理层为了一己私利(如更多奖金、股票期权计划)进行会计信息操纵的行为并非君子所为,因为儒家文化和“义”强调“君子爱财,取之有道”。“信”意味着人应该信守自己的承诺,言行一致(Tan,1967)。管理层接受股东的委托经营企业,应如实向股东报告受托责任的履行情况,若为了私利捏造会计数据或操纵盈余,属于典型的不守“信”行为。实际上,会计信息操纵行为与儒家文化的其他思想内核如“君子”等是相矛盾的。

儒家文化作为一种社会规范,曾影响着几乎所有的中国人。即便在今天,儒家文化仍然在某种程度上影响着当代中国人及其思考问题的方式、行为与决策模式。因此,一个公司周围的儒家文化氛围越浓厚,管理层受到儒家文化的影响就越强,其实施机会主义行为的概率就越低,操纵会计信息的动机相对越弱,会计信息质量也就相对越高。

类似地,“五常”中的“仁、义、信”也有助于阻止审计师的非伦理行为:首先,当审计风险较高、被审计客户的财务报表存在重大错报的可能性较大时,儒家“仁”的思想使得审计师对投资者的利益和损失感同身受,敦促审计师投入更多审计努力,利用审计专长尽可能提高审计质量。其次,儒家“义”的观点禁止审计师通过不合乎道义的方式攫取利益,在一定程度上能够防止审计师牺牲审计独立性以谋取超额审计收费。

五、儒家文化传播对会计审计行为的影响

(一)儒家文化传播的度量

随着中国在国际舞台上经济实力的不断提升,文化传播逐渐成为继资本输出以外,“走

出去”发展战略的重要内容之一。作为文化传播的主要载体，孔子学院致力于开展汉语教学和中外教育、文化等方面的交流与合作，在向世界传播中华文化的过程中发挥着不可替代的作用。截至2017年年底，孔子学院的建设已经颇具规模，全球共建立525所孔子学院和1113个孔子课堂。具体地，孔子学院分布在138个国家（地区），包括亚洲33个国家（地区）118所、非洲39个国家54所、欧洲41个国家173所，以及美洲21个国家161所、大洋洲4个国家19所；孔子课堂则分布在79个国家（地区），包括亚洲21个国家101个、非洲15个国家30个、欧洲30个国家307个、美洲9个国家574个，以及大洋洲4个国家101个。

孔子学院是中外合作建立的非营利性教育机构，致力于适应世界各国（地区）人民对汉语学习的需要，增进世界各国（地区）人民对中国语言文化的了解，加强中国与世界各国的教育文化交流合作，发展中国与外国的友好关系，促进世界多元文化发展，构建和谐世界。在汉语推广过程中，介绍孔子生平和儒家思想的《孔子卡通传记》《孔子卡通故事精编》两套图书是国家汉办（孔子学院总部）的推荐教材。此外，各个孔子学院也对儒家经典进行直接翻译或者改编，从而拥有了自己的教材。这方面的典型代表是蒙古国立大学孔子学院使用的《论语（蒙文版）》与《大学（蒙文版）》。因此，从一定程度上讲，当地孔子学院的数量可以在一定程度上反映出人们接触儒家文化的可能性以及受其影响的程度。我们拟通过各个国家（地区）孔子学院以及孔子课堂的数量度量儒家文化在当地的影响程度，以此作为儒家文化传播的替代变量。具体地，我们将会逐一查阅国家汉办（孔子学院总部）官方网站披露的各个孔子学院以及孔子课堂的详细信息，记录每一个孔子学院以及孔子课堂设立的时间及其所在的国家（地区），基于此整理出相关变量。

（二）儒家文化传播对会计审计行为的影响

“实施‘走出去’战略是对外开放新阶段的重大举措。鼓励和支持有比较优势的各种所有制企业对外投资，带动商品和劳务出口，形成一批有实力的跨国企业和著名品牌。”自此以后，中国企业对外投资的比重不断上升。根据商务部发布的《2017年度中国对外直接投资统计公报》，2017年末，中国对外直接投资存量达到18 090.4亿美元，占全球外国直接投资流出存量份额的5.9%，分布在全球189个国家地区，存量规模比上年末增加4 516.5亿美元，在全球存量排名跃升至第二位，较上年前进4位。然而，以往的研究发现企业在国际化的过程中，并不是对所有的国家（地区）一视同仁的，而是有选择性地着重投资于部分国家（地区）（Buchanan et al.，2012；Jude，Levieuge，2017；刘晓光，杨连星，2016；王金波，2018）。具体地，刘晓光和杨连星（2016）指出，东道国（地区）和中国的外交关系对中国对外直接投资具有重要的影响；王金波（2018）发现东道国和中国的制度距离、文化差异都会影响中国企业对外直接投资的区位选择和偏好。

近年来，文化传播已经成为“走出去”发展战略的一项重要内容。借鉴前期文献，我们认为东道国（地区）和中国之间的国别差异很可能是儒家文化传播的决定因素之一，并且归纳出五点影响儒家文化传播的国别差异：（1）文化差异。Hofstede等（2010）将文化分为六个维度，包括权力距离、不确定性规避、阳刚主义和阴柔主义、集体主义和个人主义、长期导向和短期导向、放任和约束。随着文化差异的增大，当地民众很难理解和认同儒家文化，知识传递的成本也会随之提高，不利于孔子学院的办学效果。(2)地理距离，即东道国和中国在地理上的距离。地理距离越远，国家汉办(孔子学院总院)在一定程度上越难管理东道国的孔子学院。(3)经济差距，它反映了民众对于产品(服务)质量和成本的不同要求(Pankaj，2001)。如果孔子学院在经济实力远高于中国的国家(地区)办学，其可能无法满足当地民众对于教学质量超高质量的要求；相反地，孔子学院在经济实力远低于中国的国家(地区)办学，学费在当地消费者眼中或许是过于昂贵的。(4)制度距离。制度距离指的是东道国和中国在政治、法律和经济制度等方面存在的差异，反映了制度环境和治理方式的不同(Campbell et al.，2012)。当东道国和中国制度距离较大时，孔子学院在当地将会面临和中国相差较大的(甚至是完全不同的)社会规范，不利于孔子学院的长期发展。(5)外交关系。如果东道国和中国关系亲密，当地政府很可能大力扶持孔子学院，鼓励民众到孔子学院学习；反之则不然。基于上述，东道国和中国的国别差异(文化差异、地理距离、经济差距、制度距离和外交关系)越大，儒家文化传播的可能性越低。

文化的持续传播潜移默化地影响着被传播国(地区)民众的思维方式和价值观念(Williamson，2000)。语言是文化的一个维度，根据其是否要求使用者在语法上严格区分现在和未来，语言可以分为强、弱将来时态表述两类(strong versus weak future-time reference)。当一门语言特别强调将来时态时，会导致使用者更多地关注当下和未来的差异，不停地暗示他们未来是遥不可及的，从而负面影响他们对将来的重视程度。相反地，人们则会觉得将来是近在咫尺的，更愿意为了长远的收益而抵制眼前的诱惑(Chen，2013)。再比如，Du(2016)指出儒家文化会导致人们形成“重男轻女”的价值观念，Du(2015)和古志辉(2015)则发现儒家伦理有助于提高人们对于“仁义礼智信”等良好品德的重视程度。

包容性是儒家文化区别于其他文化的重要特征之一，《论语·述而》指出，“三人行必有我师焉，择其善者而从之，其不善者而改之”。正因为儒家文化具备较强的包容性，对其他文化尽可能地包容和吸收，所以当儒家文化传播到世界其他国家(地区)时，往往能够比较容易地被当地民众接纳，潜移默化地影响当地民众。如果管理层曾到孔子学院学习，儒家文化将对财务舞弊产生直接的抑制作用；如果管理层不曾在孔子学院学习，儒家文化也能够改变社会公众的价值观念，进而降低社会公众对于舞弊行为的容忍程度。制度理论认为，任何组织都只是社会系统的一部分，组织行为会受到其所处社会环境的影响(Miles，2012)。一个组织存续的关键在于其必须能够获得合法性地位。管理层的行为必须合乎社会的价值规范，否则可能负面影响企业的存续(陈炳辉，1998)。换言之，儒家文化通过影响被传播国(地区)社会公众的价值观念也可以间接地约束管理层的财务舞弊。下面从三个方面分析儒家文化对被传播国(地区)财务舞弊行为的抑制作用。

第一，儒家以“仁爱”思想为核心。“仁爱”是儒家学说的核心，樊迟曾经向孔子请教什么是“仁”，孔子的回答是“爱人”，可见“仁”就是要关心、爱护他人(《论语·颜渊》)。进一步，儒家文化还提出践行“仁”的两条具体路径：(1)《论语·颜渊》提出“己所不欲，勿施于人”，即自己不希望承受的痛苦也不要强加在别人身上。(2)《论语·雍也》推崇“己欲立而立人，己欲达而达人”，也就是说，自己如果想要有所建树，就要帮助他人有所建树；自己想要达成梦想，也要帮助他人达成梦想。管理层捏造会计数据、操纵会计信息等舞弊行为，不利于投资者作出科学合理的投资决策，将导致投资者蒙受损失。遵照儒家“仁爱”的价值观念，追求个人财富的管理者追求的应当是投资者利益最大化，而不是自身私利。

第二，儒家提倡以义取利。儒家文化的代表人物孔子在《论语·里仁》指出，“富与贵，是人之所欲也”。《论语·述而》指出，“富而可求也，虽执鞭之士，吾亦为之”，只要能够获得财富，孔子甚至愿意去做最底层的小吏。尽管儒家文化认可财富的不可或缺，却指出财富的重要程度要让位于社会正义。《论语·里仁》强调“不以其道得之，不处也”；《论语·述而》强调“不义而富且贵，于我如浮云”。孟子甚至把社会正义看得比生命更加重要。《孟子·告子上》指出：“生，亦我所欲也，义，亦我所欲也，二者不可得兼，舍生而取义者也。”在儒家“义利”观念的持续影响之下，中国历史上出现了大量儒商并且形成了十大著名的商帮。Du 等(2017)利用上市公司和商帮遗址的地理距离构建商帮文化变量，以此探究它对股东和管理当局之间代理问题的影响，研究发现“义利”的文化传统能够约束管理当局不合道义的行为，例如在职消费、为短期业绩而牺牲企业的长远发展等。管理当局不公正地行使权力、进行财务舞弊显然有悖于“义利”的要求。

第三，儒家文化强调“克己复礼”。一方面，儒家文化主张通过“修身”加强自律能力，从道德约束的角度修正个人行为(古志辉，2015；Du，2015)。财务舞弊是一种典型的不端行为，违背了儒家“义利”“仁爱”等道德要求。另一方面，儒家思想尊重“礼”，强调个人对制度的遵循，孔子在《论语·颜渊》中就说过，“非礼勿视，非礼勿听，非礼勿言，非礼勿动”。舞弊行为凌驾于正式制度之上，通过破坏规则来谋求个人利益，显然和儒家的价值观念相悖。综上可知，儒家文化传播对被传播国(地区)的财务舞弊行为具有抑制作用，从而提高了会计信息质量。进而，基于事务所儒家氛围对审计质量的影响机理、儒家文化传播对被传播国(地区)会计信息质量的影响机理类似，为此，可以预测企业所在国家(地区)孔子学院的数量越多，会计信息质量与审计质量越高。

第三节 “尊尊原则”“亲亲原则”与会计审计行为

一、“尊尊原则”与会计审计行为

文化是历史积淀的结果。文化通过塑造人们的认知方式和价值观念，潜移默化地影响着人们的经济行为(Hofstede et al.，2010；Jaggi，1975)。例如，语言是文化的重要组成部分，Chen(2013)发现不同语言在未来时态表述方面存在差异，弱未来时态表述语言的使用者更愿意从事储蓄、锻炼、戒烟等着眼于未来的活动。原因在于，弱未来时态的表述使得人们认为未来和现在是没有差别的，未来是近在咫尺的。儒家文化在中国有着两千多年的悠久历史，尽管新文化运动等历史事件使得儒家文化受到了一定的抑制和破坏，但是在党的十八大“建设文化强国”战略指引下，一些学者发现儒家文化在当今社会依然会对人们的行为产生影响(古志辉，2015；金智 等，2017；Du，2015，2016)。古志辉(2015)认为，儒家文化强调“修身”和“忠信”，使管理当局在缺乏外部监督的情况下也能够在一定程度上严于律己，而不是谋求私利；此外，儒家文化促使管理当局勤勉工作而不是偷懒懈怠，最终导致代理成本降低。Du(2015)指出，儒家文化主张“己所不欲，勿施于人”，有助于提高管理当局和控股股东的伦理道德，具体表现为儒家氛围浓郁的地区，大股东资金占用水平显著更低。

Hwang(2001)曾经指出儒家倡导的处世规则主要包括“亲亲原则”和“尊尊原则”。“尊尊原则”强调位尊者的地位凌驾于位卑者之上，享有优先权利，论资排辈以及位卑者对位尊者需要使用敬语都是“尊尊原则”的具象化。论资排辈主张人应该恪守自己的位置，不能逾越等级，体现了儒家文化的等级观念。论资排辈的传统可以追溯到周朝王位继承采用的“嫡长子继承制”，而西汉时期董仲舒的“三纲”更是强调臣子对君主、子女对父亲和妻子对丈夫无条件的服从。照此，当公司内部存在论资排辈文化时，论资排辈及其蕴含的等级观念容易影响公司员工，因为这和他们所受的教育、形成的价值观念并不矛盾。杜兴强等(2017)指出，作为公司聘请的外部专家，尽管独立董事在公司工作的时间较短，但是他们的行为也依然不可避免地受到公司内部论资排辈文化(等级氛围)的影响。沿用上述逻辑，论资排辈营造的等级氛围和等级观念是否会对会计信息质量产生影响呢？类似地，审计师使用敬语(贵公司)称呼被审计客户反映出审计师潜意识里认为自己和被审计客户之间存在等级差距，并且其处在较低的地位。审计报告中敬语的使用又是否会损害审计独立性呢？

此外，“学而优则仕”的入世精神一方面在倡导专家学者应当将自己的才学付诸实践，另一方面也蕴含着对专家学者的尊崇和敬重，是儒家文化“尊尊原则”的又一体现。2014 年，全国政协十二届二次会议提案建议高校科研人员去企业兼职，发挥市场配置科技资源的决定性作用，释放科研人员的创新活力。中国上市公司同样热衷于聘请科研机构的专家学者担任独立董事，学者们已然成为独立董事的主力军。中国证监会 2001 年引进独立董事制度的初衷是期望独立董事成为上市公司董事会中的监督者，抑制管理者滥用职权以及控股股东肆意侵占巨额资金等机会主义行为，缓解公司治理中的代理冲突，保护投资者尤其是中小投资者的利益。但由于种种原因，独立董事或沦为“花瓶”或成为“内部人”，无法发挥出应有的监督作用，深入探究学者型董事的作用具有十分重要的实际意义和政策价值。那么，学者型董事是否能够对会计信息披露过程进行有效监督？是否更倾向于选择高质量的审计师或者愿意支付更高昂的审计费用？

(一)论资排辈与会计审计行为

儒家文化推崇集体主义，造就了尊卑有序，至今仍然在一定程度上潜移默化地影响着中国人的思考和行为方式。欧美以个人主义文化为主体的国家中，上市公司年度报告中的董事排名往往以英文字母为序；但在受儒家文化影响、崇尚集体主义文化、比较强调论资排辈的中国上市公司的董事会中，绝大多数将董事长排在第一位，随后根据职位的高低以此类推进行排序。Zhu等（2016）通过访谈发现，上市公司董事会成员的先后次序往往具备一定的信息含量，独立董事排列的位置反映了他们的受重视程度和地位；位次靠前的独立董事在董事会会议中投反对票的概率显著更高，他们所在的公司盈余管理的程度显著更小、公司价值显著更大。杜兴强等（2017）基于论资排辈的文化传统，分析了论资排辈对独立董事发表异议意见的影响。根据杜兴强等（2017），由于公司是否以论资排辈为标准进行人才选拔、资源分配往往具有隐蔽性，难以被观测，所以鲜有学者对论资排辈的经济后果进行实证检验。幸运的是，在中国制度背景下，学者可以关注数名独立董事之间的排序方式，借此判断特定公司是否存在论资排辈的现象。

具体地，通过逐一翻阅上市公司年度财务报告的"董事、监事、高级管理人员及员工情况"部分，可以确定独立董事间的排序标准，从而手工搜集论资排辈的数据。借鉴以往的文献，杜兴强等（2017）一共列举出11项可能的排序标准：笔画、拼音、英文、国籍、性别、年龄、任期、政治联系、专长、职务、其他。参考杜兴强等（2017），年龄、政治联系和职位被用来判断论资排辈的标准，其余各类则界定为非论资排辈的标准。

论资排辈强化了管理者操纵会计信息的动机。伴随着经济全球化，日益增强的竞争压力和瞬息万变的市场都给公司的经营带来了巨大的挑战。为此，提高决策质量不仅要依靠管理者的智慧，还必须广泛地听取来自员工的建议（Mesmer-Magnus，DeChurch，2009）。然而，论资排辈文化经常导致中国企业的员工知而不言。陈文平等（2013）认为，等级观念是阻碍中国员工积极为公司出谋划策的文化根源之一。周建涛和廖建桥（2012）发现，员工的等级观念和建言行为呈现出显著的负相关关系。对于管理者而言，等级观念则会使他们更加注重自己的权威地位，更多采用独裁的领导方式，在决策时不愿意听取下属的意见，从而形成"一言堂"的局面（Earley，1999；Wade-Benzoni et al.，2002）。兼听则明，偏听则暗，等级文化可能导致公司内部不同声音的弱化，乃至消失，显然不利于公司的决策过程。在现代股份有限公司中，因为管理者和股东之间的信息不对称，管理者可能基于自利目的或出于维持职位等动机，往往不披露公司经营过程中的负面信息（Jin，Myers，2006）。实际上，当公司决策失误过多或投资项目频繁亏损时，管理者若如实向投资者披露相关信息，则很可能会因为经营不善而无法获得年终奖金，甚至面临被辞退的风险。为了防止投资者知晓企业财务绩效不佳及决策失误等真相，管理者会倾向于刻意地隐瞒相关的不利信息。Bleck和Liu（2007）指出，管理者隐藏坏消息的行为，将会导致投资者无法在第一时间识别出净现金流为负的投资项目，进而无法及时地约束和敦促公司退出这些项目，避免损失继续扩大。江轩宇和许年行（2015）发现公司过度投资（通常意味着投资于净现金流为负的项目）的程度越严重，未来股价崩盘的风险也相应越高，这意味着管理者在经营不善的情况下操纵会计信息，借此隐藏不利消息的动机更加强烈。

论资排辈亦弱化了公司治理结构对管理者的监督。在等级社会中，在位者为了巩固等级结构、维护自身的地位，通常会选择对信息进行严格把控。长此以往，人们也就逐渐习惯了低水平的信息披露，而不会对此感到不满（Gray，1988；Williams，2004；Zarzeski，1996）。

相反,在崇尚平等文化的国家,如果在位者在制定决策的过程中没有向公众披露决策有关的信息,则可能招致公众的不满(Lind,Tyler,1988)。沿用这一逻辑,Gray(1988)认为,高权力距离国家的投资者对会计信息的要求较低,他们普遍尊重管理者的权威、依赖管理者来解决公司遇到的问题,因而当地公司的会计信息透明度较低。Zarzeski(1996)利用涵盖法国、德国、中国香港、日本、挪威、英国和美国等 7 个国家(地区)的跨国数据检验,支持了 Gray(1988)的观点。Williams(2004)基于全球各地公司在 2000 年前后普遍遭遇信息技术和通信问题的制度背景,发现公司所在国家权力距离越小,公司对信息技术和通信问题的披露越详尽。李虹和霍达(2018)发现权力距离不利于公司环境信息披露质量的提高。进一步,受到等级观念影响的员工对他们和领导之间权力、地位的差距更加敏感,不愿意和领导发生冲突;当他们和领导意见不一致时,往往会选择服从领导的指令(Kirkbride et al.,1991;魏昕,张志学,2010)。Chow 等(1999)对比了中国台湾和澳大利亚员工的行为模式,发现高权力距离的文化下(中国台湾),员工认为他们和上级之间存在着不可逾越的等级差距,因而很少质疑上级的决定。Brockner 等(2001)还指出,低权力距离国家的员工在无法向上级表达自己的不同意见时,往往会产生不满的情绪;但是,高权力距离国家的员工在这种情况下却不会有任何怨言。杜兴强等(2017)发现论资排辈显著降低了独立董事发表异议的概率和数量。基于此,在论资排辈的公司中,无论是内部员工还是独立董事都很难在管理者怠于履行信息披露义务时起到督促的作用。从这个角度来看,论资排辈及其蕴含的等级观念对公司信息披露质量的影响是负面的,将会导致相对不透明和低质量的信息披露,从而导致会计信息质量降低。

(二)敬语与会计审计行为

西方社会尊崇"平等",强调人与人之间无论身份地位,在伦理道德、法律地位等方面存在平等关系。因此,在语言运用上通常只做书面语和口语(正式和非正式用语)的区分,而不因交谈对象而采纳不同的用语。中国人深受儒家文化的影响,在人际交流中更多地强调人与人、人与团体乃至团体与团体之间的社会地位差异。中国上市公司的审计报告中存在着两种截然不同的称谓选择,一个是"贵公司",另一个是公司简称。鉴于我们无法直接观测到注册会计师在审计工作中如何称呼被审计客户的管理者,我们将根据审计报告是否使用"贵公司"称呼被审计客户构建相关变量。

社会语言学理论认为语言是说话者潜意识的投影,一定程度上反映了说话者和对话对象之间的社会关系(Bernstein,1958; Luckmann,1975)。语言中特定的用语(例如书面语和口头语)可以作为人们认知过程的中介,有助于人们判断和厘清对话发生时的社会环境(Schatzman,Strauss,1955;Ervin-Tripp,1969)。尽管前期文献已经关注到社会和文化因素对审计质量的影响(Kaplan,1987),但是只有为数不多的几篇文献运用社会语言学理论来解释会计、审计问题(Belkaoui,1980;Olson,Wootton,1991)。使用实验设计,Belkaoui(1980)引入社会语言学理论来解释会计人员对会计概念的感知差异。Olson 和 Wootton(1991)定性地分析了整个审计历史中标准审计报告的术语,在此基础上指出了一些对术语变化至关重要的社会、经济和政治因素。Duh 等(2014)剖析了审计准则中大量专业术语的内涵，却没有将这些术语与其社会语言学根源联系起来。大部分关于审计和语言学的研究，关注点都放在审计报告使用者对审计报告内容和用语的感知，很少探究审计报告用语的影响。

此处的研究聚焦在审计报告的称谓选择。根据社会语言学理论，实名的使用代表着对话双方拥有相对平等的权利和地位(Brown，Gilman，1960；Brown，Levinson，1987)。相反地，敬语的使用则意味着对话双方在等级上存在差异。中国古代的儒家文化将社会等级和社会秩序的内涵灌输到敬语的表达之中，每个中国人乃至海外华人都或多或少地受到儒家文化的影响(Lew，1979)，所以上述现象在中国特别突出。作为儒家文化的重要组成部分之一，“礼”要求社会地位较低的一方应该使用敬语称呼社会地位较高的另一方。因此，敬语在中国具有特别强烈的社会地位和权利内涵(Scotton，Zhu，1983)。无论是在口语还是在书面语中，敬语通常表现为在人名或者公司名称之前加上表示尊敬的称谓。例如，当审计师使用敬语来称呼被审计客户时，最常用的称呼是“贵公司”。不同于美国的审计师统一采用实名来称呼被审计客户，中国的审计师可以选择使用或者不使用敬语。可以合理地相信，等级差距是中国的审计师在审计报告中使用敬语的关键决定因素，我们认为敬语的使用不仅说明了审计师相对较低的地位，还表明审计师缺乏和客户就关键会计处理据理力争的能力。

先前研究指出，审计师和被审计客户的管理层之间不平等的社会地位有损于审计独立性，会导致审计质量下降(Bennett，Hatfield，2013；Koch，Salterio，2017)。Koch 和 Salterio (2017)发现，审计师承受的、来自客户的压力越大，审计独立性受损越严重，他们对客户单位激进的会计处理越不可能进行调整。Bennett 和 Hatfield(2013)通过问卷调查和实验设计都发现，社会地位低于管理层的审计师缺乏动力去搜集审计证据，以质疑或调整管理层的会计选择。反之，审计师相对较低的社会地位直接增强了管理层进行盈余操纵的可能性，因为只有拥有社会地位才能被他人敬畏，审计师缺乏社会地位则意味着管理层行事可以不需要顾忌审计师(D' Aveni，1990；Pollock et al.，2010；Badolato et al.，2014)。审计质量被定义为审计师在客户的会计系统中发现错报并予以披露的联合概率(DeAngelo，1981)。个体被感知到的能力和社会地位密切相关(D' Aveni，1990；Pollock et al.，2010)，社会地位较高的管理者往往会被审计师看作是某一领域内的权威专家，因而不大可能受到审计师的质疑和挑战(Badolato et al.，2014)。换言之，社会地位较低的审计师很可能缺乏胆量去质疑会计处理，这将削弱他们发现并且纠正财务错报的能力，从而导致审计质量降低。

(三)学者型董事与会计审计行为

中国古代的儒家文化从政治抱负、伦理规范到人生哲学都体现着积极的“入世”精神。实际上，儒家的积极入世思想始于修身，而后齐家，终于治国、平天下。因此，《论语・子张》就强调“学而优则仕”的观点；《孟子・尽心上》也指出“穷则独善其身，达则兼济天下”。现今，诸多专家学者在上市公司担任独立董事的职务并且参与企业管理实践活动。统计资料显示，来自高等院校或科研院所的专家学者在全部独立董事中所占的比例高达 54.30%(沈

艺峰 等，2016）。上市公司董事会确实也存在部分非独立董事曾经在高等院校或科研院所任职，例如从高校离职以后进入企业担任执行董事，但学者型董事主要为来自科研机构的独立董事。

Jensen 和 Meckling（1976）提出代理理论。该理论认为，所有权和控制权的分离导致企业所有者和管理者的利益发生冲突，进而引发股东—管理层之间的代理问题。以董事会为核心的公司治理机制是缓解代理问题的主要手段，董事会的主要功能或作用就是代表企业所有者对管理者进行监督，从而使管理者的行为与所有者的利益相一致。董事会的监督职能主要体现在以下几个方面：监督管理层战略和计划的实施、业绩考核和薪酬激励、选聘或解聘管理层等。那么，为什么董事会会尽责地进行监督？或者说，什么因素促使董事会自觉地进行监督？致力于代理理论的学者认为（Fama，Jensen，1983；Williamson，1983），独立性和专业胜任能力是董事会进行监督的关键因素。如果董事会成员依赖于企业管理层而不独立，他们就不会有动机监督管理层；如果董事会成员无法识别出管理层打造商业帝国、在职消费以及财务舞弊等不端行为，他们仍然起不到监督作用。因此，独立董事作为外聘专家在董事会履行监督职能中发挥着关键的作用。根据代理理论，董事会的主要作用就是监督管理层，董事会越独立并且能力越强，一方面自身能够对管理层形成有效的监督，有助于提高企业的会计信息质量；另一方面他们也会更加重视外部审计可能发挥的作用，例如聘请高质量的会计师事务所、愿意支付更高的审计费用。

相比于其他董事来讲，学者型董事在独立性和专业胜任能力方面具有以下特征：（1）高等院校或科研院所的工作人员普遍拥有较高的文化素质。从高管内部特征垂直差异的角度来看，教育程度的高低是导致高管变动的原因之一（张龙，刘洪，2009）。何威风和刘启亮（2010）发现，平均学历较低的高管团队更有可能发生财务重述行为。不难看出，学者型董事高学历的特征对公司治理水平是有所裨益的。（2）学者型董事大多拥有博士学位，在攻读博士学位期间往往经过系统的训练，长此以往学者型董事遇到问题时往往可以进行独立思考，他们会理性地坚持自己的观点，不会人云亦云（Jiang，Murphy，2007）。（3）高等院校或科研院所的教授一般具有较高的社会地位，影响力也相对较大。再加上中国历来有着尊师重教和注重专家的传统，学者型董事大多享有较高的学术声誉（特别是国内外知名的学者型董事），他们会珍视自身来之不易的学术声誉而坚持在董事会中的独立地位。（4）学者型董事以学术研究为主要职业，绝大部分收入源于其所在的科研机构，他们与企业以及企业的管理层不存在重大的利益关联。此外，相比于实务部门，高等院校或科研院所明显更宽松和自由一些，学者型董事在这样的环境下容易形成较强的人格独立性。（5）基于学者型董事的教师身份，相比于其他董事而言，他们被认为拥有较高的道德和社会责任标准（Cho et al.，2017；Jiang，Murphy，2007）。（6）学者型董事通常是某一个领域的专家，他们拥有比较系统的、扎实的理论功底，掌握了特定领域比较完善和全面的专业理论知识，这使得他们在专长的领域内对关键问题有更广泛、更全面的认识（Francis et al.，2015）。（7）学者型董事一般具有较强的信息处理和分析能力，以及解决问题的能力，还有较严密的逻辑思维，掌握较多的科学研究方法，能够更敏锐地发现企业经营管理过程中存在的问题。基于上述，我们可以合理相信学者型董事拥有天然的独立性以及足够的专业胜任能力，可以对会计信息的生产过程以及会计师事务所的选聘起到监督作用，从而提高会计信息质量（审计质量）。

关于学者型董事的度量，需要补充如下几点：

延续杜兴强（2020）、章永奎等（2019），我们通过查阅上市公司年度财务报告披露的独立董事个人简历，借以确定上市公司是否聘请了学者型董事以及聘请学者型董事的数量。进一步，我们基于以下五个方面的因素对学者型董事进行评分：（1）学者型董事是否担任行政职务。学者型董事在高等院校或科研院所担任行政职务可能导致其与外部企业高管建立私人联系，削弱学者型董事的独立性（Francis et al.，2015）。White 等（2014）指出，学者型董事因校友关系受 CEO 或董事长邀请任职董事，很大程度上削弱了学者型董事发挥监督控制职能的有效性。另外，担任行政职务的学者型董事还会因过于忙碌而疏于对企业的关注和监督（Fich，Shivdasani，2006；Hoitash，2011）。（2）学者型董事的专业类型。董事会通常不参与企业日常经营，对高管的监督很大程度上依赖于对财务数据的分析判断，受过财务会计专业训练的学者型董事比其他独立董事更能够发挥财务监督作用（Huang et al.，2016），因为财务会计相关领域的学者型董事拥有完善的财务会计专业知识和扎实的财会理论功底，在履行董事监督控制职能时能够对企业的财务数据进行准确的分析判断，敏锐地察觉出企业可能存在的财务信息问题，进而有效发挥财务监督控制作用（Huang et al.，2016）。此外，财务会计领域的学者型董事可以利用自己的专业知识在审计委员会担任重要的职位，有效监控财务报告流程和审计流程，提高财务报告质量。（3）学者型董事的个人职称，包括教授或高级技术职称、副教授或副高级技术职称、副教授或副高级技术以下职称。（4）高等院校是否入选“985 工程”或“211 工程”。中国一共 39 所高校同时入选“985 工程”和“211 工程”，具备较强的综合实力；此外，一共 73 所高校入选“211 工程”但未入选“985 工程”，社会威望和关注度相比于同时入选两个项目工程的 39 所大学略低一些；其余高校则两个项目工程都未入选。（5）隶属单位的行政级别。中国重要的科研机构都由政府出资设立，科研机构的隶属单位可以划分为中央政府和地方政府两类。中央直属科研机构是指国务院或其他平级单位出资设立的科研机构，譬如大部分“985 工程”高校隶属于教育部，中国科学院、中国社会科学院和中国工程院隶属于国务院，国家会计学院和财政科学研究所隶属于财政部等。地方政府科研机构则是各级地方政府出资设立的科研机构，它们与中央直属科研机构之间存在着明显的差异。

二、“亲亲原则”与会计审计行为

儒家文化中的“亲亲原则”强调的是人与人关系的亲疏远近，人们应当亲其所当亲。中国社会是“关系本位”的社会（费孝通，1948；黄光国，1988），关系是中国人建立信任的主要机制（彭泗清，1999；李伟民，梁玉成，2002），这一点不仅为大量研究所证实，而且是人们日常生活的真实体验。然而，有两个与此相关的问题需要探讨：第一个问题，这里所说的关系究竟是指什么？显然，关系可以是亲戚关系，也可以是朋友关系，究竟存在哪些种类的关系？第二个问题，不同的关系对应的信任法则是否相同？如果不同，分别为什么？

中国人的关系究竟包含哪些内容？关于这一问题，费孝通（1948）的“差序格局”是到目前为止最能反映中国传统社会关系和社会结构特征的理论观点。所谓差序格局，就是说中国人的关系不是单一层次的，费孝通（1948）指出：“我们的格局……是好像把一块石头丢在水面上所发生的一圈圈推出去的波纹。每个人都是他社会影响所推出去的圈子的中心。被圈子的波纹所推及的就发生联系。每个人在某一时间某一地点所动用的圈子是不一定相同的。”这“一圈圈推出去的波纹”就是中国人不同层次、差序格局的关系。中国人（自我）处于关系的中心，自我与其他人的关系体现为由里及外的不同层次的圆圈。中国人差序格局的关系有五个层次：第一个层次是中心的圆圈，即自我；第二个层次是家人，也就是血缘关系；第三个层次是熟人；第四个层次是弱关系或者说“生人”，可以理解为点头之交；第五个层次是陌生人，也就是完全不认识的人。可以看到，中国人差序格局的社会关系呈现出一种由亲及疏、由近及远的结构，这也是儒家文化“亲亲原则”的社会基础。

差序格局下不同层次关系对应的信任法则是不同的，也就是亲其所当亲。罗家德和叶勇助（2007）在借鉴 Granovetter（1973）和黄光国（1988）等的观点的基础上，对此进行了精彩的总结。家人适用需求法则，指的是家人之间“各尽所能、各取所需”，家人之间的信任是无条件的、义务性的，当家人需要时，他知道其他家人肯定会满足他。熟人处于家人和弱关系之间，例如亲密的朋友、同学、同事、战友、邻居等。熟人适用人情法则，其具有双重特性。一方面，人情法则实质上是一种以获得回报为目的的工具性交换，比如人们常说的“人情账”，实际上意味着这种交往是需要回报的，只是回报不必马上获得，而是可以在较长的时间内通过间接的方式获得。另一方面，人情法则又隐藏在情感关系的烟幕之下，也就是说尽管人情交换需要回报，但它又表现为情感行为。人情法则下熟人之间的交往不像一般的经济交易那样可以“一手交钱、一手交货”，也不能讨价还价，它表现出一种“咱俩谁跟谁”的情感关系，但实质上熟人的交往不是义务性的，它仍然需要对方的回报，这种对回报的要求不能明说，同时又心照不宣，是一种隐藏在情感关系下的互惠交换。差序格局的最外面两层分别是弱关系和陌生人，适用公平法则，即普遍社会规范（法律、习俗、道德等）要求的行为方式。

差序格局下不同层次关系之间的界限并非泾渭分明，而且不同关系之间可以相互转化。陌生人之间可以通过“拉关系”“套近乎”“一表三千里”发展出弱关系甚至更近的关系，中国传统上的“九同”——同学、同事、同乡、同姓、同好、同行、同年、同袍和同宗——就是拉关系的典型方式。而弱关系“一回生、二回熟”，通过长期和频繁的交往就有可能转化为熟人连带。从熟人发展为家人，则可以采取联姻、认养、结拜等方法。经济活动不是在真空中进行的，经济活动总是嵌入社会关系之中（Granovetter，1985）。中国人的经济活动深刻地嵌入差序格局的关系网络和信任结构之中，社会关系对经济活动的影响至关重要、不可不察。我们选取老乡、方言、姓氏这三种在中国社会普遍存在且影响深远的社会关系，探究其对上市公司会计信息质量和审计行为可能存在的影响。

（一）老乡关系与会计审计行为

我国幅员辽阔，不同地区间文化差异较大，基于此，中国人对“老乡”关系存在着较大程度的认同。为了构建上市公司高管—董事、高管—审计师老乡关系数据库，我们首先需要确定上市公司高管、董事和审计师的籍贯所在地。因为籍贯信息不是强制披露的信息，以往的研究大多通过上市公司每年披露的高管和董事名单列表以及相关个人信息来确定他们的籍贯所在地，并且通过网络搜索进行补充（戴亦一 等，2016；陆瑶，胡江燕，2014）。这一方法具备合理性，但是往往只能搜集到省级层面的籍贯信息，存在一定的瑕疵。我们注意到部分上市公司的招股说明书和审计报告公开披露高管、董事和审计师的居民身份证号码，它是每个公民唯一的、终身不变的身份代码。根据中华人民共和国国家标准（GB11643—1999）中有关居民身份号码的规定，居民身份号码是特征组合码，由17位数字本体码和1位校验码组成，排列顺序从左至右依次为：6位数字地址码、8位数字出生日期码、3位数字顺序码和1位数字校验码。前六位数字地址码对应上市公司高管、董事和审计师出生地所在县（县级市、旗、区）的行政区划代码。值得注意的是，前六位数字地址码不会随着户口迁移而变更，极大地提高了该数据来源的可靠性。然而，中国的行政区划每年都会进行一些微调，很可能导致部分地区的行政区划代码产生变化。例如，福建省宁德地区及其下辖的县级宁德市在1999年11月4日被撤销，设立地级宁德市和蕉城区，在此之前出生的当地居民身份证前六位数字地址码是352201，在此之后出生则变为350902。考虑到上述情况，我们在匹配高管—董事、高管—审计师的籍贯信息之前，将对行政区划代码进行调整、保证同一地区行政区划代码的一致性。

中国是一个典型的以关系为基础的社会（Li，2003；Xin，Pearce，1996），中国的企业、中介服务机构乃至监管部门在开展业务或工作时都不得不面对并考虑纷繁复杂的社会关系。在众多社会关系之中，老乡关系（家乡情结）深深扎根于中国传统文化中，并在很大程度上影响着个人行为。古时候受到户籍制度和欠发达交通运输条件的制约，多数人一生都居住在一个较小的区域内，几乎与外界隔绝。即便在当今社会，人们也只有在外出求学或务工时才离开自己的家乡。因此，中国人通常有着深厚的家乡情结（费孝通，1948；姜永志 等，2012）。宗族长期以来一直是中国古代社会的基本构成单位（Hamilton，1990；Sangwha，1999），为了更好地在恶劣的环境和低生产率下生存，宗族成员必须互相帮助（如农场工作、婚姻以及葬礼）。实际上，家乡情结也可以看作是宗族关系的延伸，这意味着老乡会自发地为彼此做好事。当人们离开家乡以后，来自同乡的个体将不自觉地聚集成一个团体，例如海外华人的会馆组织就是在老乡关系（或称为家乡情结）的基础上建立的。

总经理—董事长（总经理—审计师）老乡关系一方面有助于个体之间的信息沟通，另一方面也会损害董事长（或审计师）作为监督者的独立性。McPherson等（2001）认为，具有类似特征和经验的个体在相处的时候，往往享有更高的舒适度并且能够更好地相互理解。Kalmijn和Flap（2001）发现社会关系可以促进经济主体之间的信息传递，从而提高决策的科学性。此外，个体之间更多的互动和更高的舒适度还使得具有社会关系的经济主体能够更好地传达细微和敏感的信息（Granovetter，2005）。以往的研究还发现社会网络提高了共同基金投资（Cohen et al.，2008）、分析师评级（Cohen et al.，2010）、风险资本投资（Hochberg et al.，2007）、企业投资和融资决策（Engelberg et al.，2012）的准确性。具体到总经理—董事长（总经理—审计师）老乡关系的情境之下，总经理更加积极地与董事长（或审计师）沟通公司的战略和具体业务模式、特殊的交易事项以及内部控制的薄弱环节。老乡关系甚至可让董事长（或审计师）更深入地了解管理人员的个人情况，包括管理能力、风险偏好和人格特征，从而使他们能够更好地评估错报或财务舞弊的风险。从这个角度来看，总经理—董事长（总经理—审计师）老乡关系有助于改善会计信息质量（审计行为）。

然而，具有社会关系的个体通常被认为应该相互关怀和帮助（Silver，1990）。如果有人违背这一行为规范，不仅自己会感到内疚和自责，还要遭受他人的谴责并造成不良的声誉（Elster，1989）。以往研究发现社会关系削弱了监督机制（董事会）的作用（Bruynseels and Cardinaels，2014；Hwang，Kim，2009）。由于代理问题的存在，管理者普遍有着强烈的动机进行盈余操纵，以满足短期业绩考评的需求，他们倾向于与董事长（或审计师）合谋。基于这一观点，总经理—董事长（总经理—审计师）老乡关系显然不利于提高会计信息质量（审计行为）。那么，总经理和董事长（或审计师）是合作抑或者合谋？

针对总经理—董事长老乡关系，信息优势的正面影响大于独立性丧失的负面影响（也就是合作）。根据费孝通（1948）的差序格局观点，熟人关系适用的人情法则强调的是互惠交换。董事长通常也是上市公司的股东或者股东的代表，总经理谋求自身私利的行为往往会导致公司价值降低，如果董事长选择协助总经理掩盖其有损于公司价值的机会主义行为，董事长的个人利益就会受到损害。相反地，如果董事长积极利用掌握的信息对总经理进行监督，他可以通过提高总经理的薪酬水平来达到双赢。基于上述，总经理—董事长老乡关系与会计信息质量正相关。

总经理—审计师老乡关系导致的、审计师独立性丧失的消极作用可能大于信息优势的积极作用。根据群内偏袒（群外歧视）和互惠原则，若审计师与总经理合谋，审计师能从被审计客户那里获得超额的审计费用，以作为其默许更高程度盈余管理的补偿。此外，中国审计市场的竞争异常激烈（Choi，Wong，2007；Wang et al.，2008），审计师对被审计客户有着较强的经济依赖。审计师与总经理合谋的成本主要包括声誉损失、诉讼损失及审计失败导致的审计市场份额减少（He et al.，2016）。但中国的正式制度依然未臻完善，执法效率较低，投资者保护较差，审计师道德意识也很薄弱，声誉效应和诉讼效果只能起到有限的作用（Allen et al.，2005；Du，Lai，2018；Dunfee，Warren，2001；He et al.，2016）。基于上述，总经理—审计师老乡关系与审计质量负相关。

（二）方言关系与会计审计行为

方言具有身份认同功能。中国人在人际交往中很容易根据说话者的口音判断出彼此的家乡，正如唐代著名诗人贺知章在《回乡偶书》写到的“少小离家老大回，乡音无改鬓毛衰”。我们通过商务印书馆 2012 年出版的《中国语言地图集（第 2 版）》（下文简称《地图集》）确定上市公司高管、董事和审计师说的方言类型。《地图集》精确地统计了中国 283 个地级城市、2500 多个县级城市方言的使用情况，并标记出了不同层级的方言，即方言大区、方言区、方言片、方言小片。《地图集》一共将汉语言分成 10 个方言大区，分别是官话区、晋语区、吴语区、闽语区、客家话区、粤语区、湘语区、赣语区、徽语区以及平话和土话区。随后，10 个方言大区被细分成 17 个方言区。17 个方言区一共涵盖 98 个方言片（如晋语包括并州片、五台片、大包片、张呼片、志延片、吕梁片、上党片、邯新片）。进一步，98 个方言片还可以拆分成 167 个方言小片（如上党片包括长治小片和晋城小片）。

Williamson（2000）概括了四个层级的制度分析框架：（1）嵌入性，包括习俗、传统、社会规范和宗教等非正式制度；（2）制度环境，也就是政治体制、司法和官僚机构等正式规则；（3）治理机制；（4）资源分配和人才选拔。正如 Williamson（2000）指出的那样，作为非正式制度重要组成部分之一的文化影响是根源性的，且能够持续长达数个世纪之久。由于中国缺乏完善的法律和正式制度（Allen et al.，2005；Pistor，Xu，2005），非正式制度在中国社会发挥着极其重要的作用。因此，中国总是被归类为一个以关系为基础的社会，而不是一个以规则为基础的社会（Li，2003；Xin，Pearce，1996）。Granovetter（1985）认为社会关系通过“嵌入性”影响着经济活动。Uzzi（1997）认为嵌入性是“促进世界经济、一体化协议、帕累托改进以及对于复杂性适应的交易逻辑”。借鉴 Granovetter（1985）和 Uzzi（1997）的观点，中国问题的研究应当重视社会关系和其他非正式制度的嵌入性。

在关系导向的社会之中，社会关系在很大程度上影响着个人和企业行为。因此，大多数交易和经济活动都受到社会关系和隐性合同的影响（Li，2003；Li et al.，2004）。事实上，Jacobs（1979，1982）构建了一个关于中国关系的基本模型。根据 Jacobs（1979，1982）的观点，关系源于相同或相似的价值观、成长环境和身份，它通常是通过以下方式形成：（1）共同的经历（如同学、校友、同事和师生关系）；（2）共同的出生地、方言、血缘和姻亲。显然，我们关注的方言被纳入了 Jacobs（1979，1982）的框架，将会影响中国关系的形成。中国幅员辽阔，民族众多，根据方言的使用范围（从最窄范围到最广范围），中国一共有 167 个方言小片，98 个方言片，17 个方言区和 10 个方言大区。方言是文化的重要组成部分（Jiang，Zhang，2010），因而方言总是嵌入文化之中，并进一步影响群体行为。也就是说，说着同一种方言会促使陌生个体产生强烈的文化认同感（Tajfel，1970；Tajfel，Turner，1979）。同一种方言之所以可以被视为文化认同的载体，原因在于方言和家乡口音为人们（特别是远离家乡的人们）提供了温暖、安全和信任感。可以合理地相信，文化认同在很大程度上受到人们方言关系的影响（Jiang，Zhang，2010）。根据不同的情境，方言关系将使得个体联合起来一致行动，进而导致合谋或合作两种截然相反的经济后果。类似于总经理—董事长老乡关系对会计信息质量、总经理—审计师对审计行为的影响机理分析，因此我们预测总经理—董事长方言关系与会计信息质量正相关，但与审计质量负相关。

（三）姓氏关系与会计审计行为

中国姓氏起源于伏羲皇帝，他为了进行人口普查而开创了姓氏。从那以后，姓氏经历了从母系基础到父系基础的转变（An，1988）。几千年来，很大一部分中国女性没有正式的名字，但是她们都从她们的父亲那里传下了姓氏。因此，中国古代的一些女性通常被称为“某氏”，“某”就是她们的姓氏。Grilli 和 Allesina（2017）指出姓氏已被用作遗传相关性和人类迁徙的指标。世界各地都有根据姓氏来编写族谱或记录家族史的传统，因为姓氏相同的人通常被认为拥有共同的祖先（Kendler et al.，1991；So，Walker，2013）。正因为如此，具有相同姓氏的个体之间很容易产生信任感，共同姓氏是人们之间减少社会距离和增强社会认同的重要渠道（Charness，Gneezy，2008）。特别是在中国，与姓氏密切相关的宗族文化构成了中国古代社会秩序的基础。对于中国人来说，姓氏是由他们的共同祖先赋予的，代表着家族的尊严（或称为“面子”），对姓氏的尊重就等同于尊重祖先和他们自己。姓氏相同的人会团结在一起互相帮助，合作维护整个群体的利益，为此甚至不惜牺牲其他人（Chan，1997；Richard et al.，2009）。

中国是世界上最早使用姓氏的国家。受儒家文化影响，中国人强调“行不更名、坐不改姓”，为此同一姓氏的人很可能在可以追溯的时间和空间范围内具有共同的祖先或姓氏起源地（Bai，Kung，2014）。与语言相比，姓氏的传承较少受到政治等外在因素的影响，更能反映人群间的血缘关系[包括血缘的远近（杜若甫，袁义达，1993）]。中国人宗族观念根深蒂固，传统宗族社会中所形成的差序格局和人情法则，在注重人情关系的中国社会仍起到重要的作用。姓氏可以加强同姓人群的凝聚力，促进群体间的信息交流和资源共享。在遗传学研究中，通过姓氏来度量基因距离已得到普遍认可和应用（Bai，Kung，2014；袁义达 等，2000）。宏观经济学领域，学者们也借助遗传学的度量方法，考察根据姓氏计算的基因距离对经济交换、收入差异以及技术传播的影响。Bai 和 Kung（2014）使用中国宋朝（960—1279）和元朝（1271—1368）的姓氏分布数据来度量基因距离，发现人群之间的基因距离与同时期的生理差异和文化差异都显著正相关。我们拟采用国泰安数据库（CSMAR）披露的审计师名单以及董监高个人特征数据，根据上市公司高管—董事、高管—审计师之间姓氏是否匹配以及匹配的比例来构建姓氏关联的虚拟变量和比例变量。

几千年来，宗族观念深深植根于中国社会，人们对血缘关系有着强烈的认同感。姓氏关联在加强同姓人群的凝聚力、促进信息交流以及促进群体间资源共享方面发挥着至关重要的作用。根据社会认同理论（Jacobs，1979；Tajfel，1970；Tajfel，Turner，1979），人们会有意识地确定其他人是否可以与自己一起被归类为同一群体，这种行为被称为“分类”或心理学文献中的“识别”。相同姓氏、文化和第一语言都是人们“分类”和“识别”的重要标准（Brewer，1979；Du，2019a；Hogg，Terry，2000）。相反地，人口统计特征（例如宗教信仰、种族和国籍）的显著差异则会导致较低的社会凝聚力、误解、歧视、冲突甚至战争（Crane，Ruebottom，2011；Hogg，Terry，2000）。鉴于相同的姓氏标志着共同的血统，姓氏关联往往会使得人们对陌生人产生一种说不清道不明的好感，有助于建立或者加强人与人之间的社会关系（Du，2019b）。基于相同姓氏而演化出的“本家”（同一个宗族的成员）一词在中国甚至被发展为一个专有名词。不难看出，姓氏的确是一种方便可行的、可以让一个人迅速进入特定群体的方式。值得注意的是，姓氏关联（作为人群中最主要的人口统计特征）可以从公共信息中直接获得，进一步加强了它在个体“分类”和“识别”过程中的作用。上市公司董事长（或审计师）很容易根据相同姓氏将自己和总经理归类为同一个团体。正如 Ahmed（2007）指出的那样，在社会认同理论下群体活动普遍存在着群体偏袒和群外歧视。出于团体内部相互偏袒，当上市公司董事长（或审计师）和总经理姓氏相同时，自然的亲密关系将导致他们和总经理一起做或者不做一些事情，并最终影响会计信息质量和审计行为。由此，我们预测总经理—董事长姓氏关联与会计信息质量呈正相关，但总经理—审计师姓氏关联与审计质量呈负相关。

第四节　学校（教育）文化与会计审计行为

一、中国学校教育的发展现状

百年大计，教育为本。教育是实现民族振兴、推动社会进步的重要基石，是功在当代、利在千秋的伟大事业。2017 年，习近平总书记在中国共产党第十九次代表大会上明确提出："建设教育强国是中华民族伟大复兴的基础工程，必须把教育事业放在优先位置，深化教育改革，加快教育现代化，办好人民满意的教育。"在当今多极化格局下，一国对世界的影响力不能仅仅体现在其"硬实力"上，更需延展到其"软实力"上，教育始终是提升和增强国家"硬实力"和"软实力"的重要手段和根本途径之一。因而，发展教育对中华民族的伟大复兴具有深远的战略意义。"科教兴国"不能简单地停留在一句响亮的口号上，更需化成中华民族的共识，在实践中使其方针政策不断得到落实和强化。2018 年，习近平总书记在北京大学考察时发表重要讲话，提出"教育兴则国家兴，教育强则国家强"，进一步彰显教育在国家发展战略中的重要地位。教育的目的在于，对受教育者的心智进行培育，形成受教育者的一种相对成熟或理性的思维模式和行为规范，从而有助于指导实践工作。从个体层面而言，教育是提高个人综合素质，促进人的全面发展的根本途径。

随着中国综合国力的持续提升，中国的教育事业（在此主要指学校教育事业）取得了快速的发展和长足的进步。以习近平同志为核心的党中央，统筹规划推进"五位一体"的总体布局和"四个全面"战略布局，对教育工作作出诸多重大部署。中国教育事业始终围绕着贯彻习近平总书记系列重要讲话精神和治国理政的新理念、新思想、新战略，立足于创新、协调、绿色、开放、共享的新发展理念，坚持发展抓公平、改革抓体制、安全抓责任、整体抓质量、保证抓党建，加快推进教育现代化。近几年来，国家财政性教育经费支出占国内生产总值的比例始终保持在 4%以上，公共财政优先用于保障教育，为教育事业全面发展奠定了坚实的物质基础。据教育部发布的《2017 年全国教育事业发展统计公报》（以下称《公报》）显示，2017 年，中国各级各类学校共计 51.38 万所，各级各类学历教育在校学生高达 2.70 亿人，专任教师共计 1 626.89 万人；其中，全国各级共有普通高等学校 2 631 所，各类高等教育在学学生规模达到 3 779 万人。具体来说，改革开放 40 多年来，中国在学校教育方面取得的成就主要体现在以下几个方面：

第一，教育普及率获得大幅提升，特别值得关注的是九年义务教育的普及率显著升高。

1982 年，中国农村适龄儿童入学率仅有 62.60%。甚至到 2002 年，全国文盲人数仍然高达 8 507万，其中 2 000 万是青壮年文盲。然而，据《公报》显示，2017 年，中国学前教育毛入园率已经达到 79.60%，小学教育的净入学率甚至已经超过 99%，九年义务教育的巩固率高达 93.80%，高中阶段毛入学率也已经达到 88.30%，高等教育毛入学率达到 45.70%。《公报》进一步显示，中国义务教育阶段的学校总数达到 21.89 万所，在校学生高达 1.45 亿人。从国际可比数据看，中国教育的普及程度已经超过中高收入国家的平均水平①。

第二，从全国范围来看，各级各类教育均实现了跨越式和超常规的发展，教育深度获得一定程度的优化。改革开放之初的 1978 年，中国小学升初中的比例只有 60.50%，中等职业教育学生人数占高中阶段教育在学学生总人数的比例不足 6%，高等教育的毛入学率更是低于 5%，仅有 1.55%。1977 年，全国普通高等院校招生考试的报考人数达 570 万，但只有其中 27 万人能够“幸运地”进入大学，高考录取率不到 5%。然而，到 2014 年，高考录取率已经达到 74.30%，换言之，当年全国 939 万高考考生中有 698 万可以进入高等院校继续深造。据此而言，中国高等教育已经接近普及化水平，就业人口中具有高等教育学历的人数已经位居世界前列。此外，在高等教育方面，中国通过对西部和人口大省高教发展的倾斜支持，以及“211 工程”和“985 工程”的实施，高等教育的整体水平得到提升。高校在积极参与国家经济社会发展、创新体系建设等方面作出了突出贡献。当然，在此期间，高中教育（包括普通高中、成人高中、中等职业教育）也经历了突飞猛进的发展。高中教育招生人数从 1980 年的 640 万人增加到 2016 年的 1 396.20 万人，高中在校学生人数从 1 721 万人增加到 3 970.06万人。随着高中阶段教育在校学生规模的扩大，入学机会快速增加，高中阶段教育毛入学率从 1990 年的 26.0%大幅提高到 2017 年的 88.3%，提高了 60 多个百分点。

第三，教师队伍建设无论从数量上来说还是从质量上来说都迈上一个崭新的台阶。据官方统计数据显示，截至 2015 年，中国各级各类学校共有专任教师 1 539 万人，其中学前教育阶段 205 万人，义务教育阶段 918 万人，高中教育阶段（含中等职业教育）254 万人，特殊教育 5 万人。从教师队伍的质量上来说，中国基础教育的教师素质有了大幅度的提高，教师的学历层次不断提升。从 1998 到 2015 年，具有专科以上学历的小学教师比例由 12.80%显著提高到 93.79%，具有本科学历的初中教师比例由 11.40%提高到 82.50%。在高等教育方面，教师职业的从业人数和学历均明显获得大幅度提升。从 1994 年到 2014 年，中国高等学校专任教师数量从 39.64 万人增长为 153.45 万人，涨幅高达 287.12%；拥有博士学历的专任教师人数从 8 691 人增加到 31.30 万人，所占比例从 2.19%增长到 20.41%；获得硕士学历的专任教师人数从 7.70 万人增长到 55.30 万人，所占比例从 19.50%增长到 36%。

俗语说，十年树木，百年树人。教育的价值在于培养具有道德高尚、崇高信仰、博学多才的人才，为社会传播科学知识、创造物质财富，推动经济增长，推动人类发展。

---

① 详情请参看新闻报道《教育部长人民日报刊文：优先发展教育事业》，http://mini.eastday.com/a/180108062533485.html。

二、学校（教育）文化

（一）大学校园文化

大学文化是一所大学赖以生存发展的基础，它是以教师和学生为主体，教育者与被教育者以学校空间为背景，围绕教学活动与校园生活精心创造和长期积淀形成的，积极作用于全体师生思想与行为的观念与规范。大学文化源于自身历史的沉淀，受限于内外部环境与现实条件（谈毅，王琳媛，2013）。大学文化主要提倡科学精神与人文关怀，具有融合性与排异性。通过不同的文化相互接触、相互交流沟通进行学习、吸收，最后融为一体（蔡红生，2010）。谈毅和王琳媛（2013）认为，大学文化的内涵包含精神文化、制度文化、物质文化、行为文化。精神文化是一所大学区别于其他大学的价值规范体系，是大学在长期办学中所尊崇的办学理念的倡导、实践、发展、凝聚，最终所形成的价值判断与价值追求，并且是大学文化中最深层次与最高表现形式，有着价值导向的作用。“自由独立”“追求真知”“崇尚人文”“创新”“科学”“严谨”“卓越”等是大学精神文化最常见的表现形式。李延保（2002）认为，现代大学精神应是学术自由、民主办学、民主办校。在制度文化层面，约束大学的办学行为，同时又为师生员工的发展提供制度保障，制度文化是师生成员共同意志的体现。大学章程、领导结构、教学、科研、服务、组织机制等都是制度文化的表现。大学的物质文化是指大学精神文化的外在表现形式，包括师资、教学设备、学科专业、校园环境等，行为文化则是指大学精神文化、制度文化、物质文化的外在体现，是大学校园文化的表层体现。

蔡红生（2010）对比中美两国的大学校园文化后发现，影响中美大学校园文化发展差异的主要因素包含主流文化、宗教信仰以及社会发展。主流文化是一种主流意识形态，以国家权利为基础，表达国家倡导的主流意识文化形态。美国涵盖“独立”“平等”“民主”等价值观的共和文化和以自由主义为核心价值观的个人主义文化占据主流（许士密，2002）。中国的大学校园文化受马克思主义中国化的中国特色社会主义文化影响，并不断丰富校园文化内容。此外，政治、经济、文化的发展会影响大学校园文化的不断更新、发展与进步。

（二）大学校训与文化传承

韩延明和徐愫芬（2013）认为，大学校训是“一所大学独立思想、传统精神与办学特色的集中表述，是一所大学所锤炼的对全校师生员工具有导向性、规范性、勉励性的训示、号召与要求，是一种赋予大学以生命、品格与规范并深刻体现了其办学宗旨、治学传统、文化底蕴、团体精神、社会责任和学校个性化特色的校园精神文化形态”。大学校训产生的影响主要在于对大学理念、大学精神、大学校风的影响。大学校训是大学校园文化的重要组成之一，它是一种对大学文化的核心浓缩与表现，是大学精神的核心；它贯穿了整个大学的教学制度，通过大学校园文化得以彰显；它是校园文化中被师生员工所共同接受的，会被发扬并升华，并影响在校学生的价值观、世界观，亦代表学校整体追求的大学精神。

优秀的文化会被传承，深入人心的学校文化，其包含的价值取向、办学传统、校园风尚是学生共同的追求。扈卓然(2013)认为，大学文化传承的主要内容在于精神文化，包含自由、独立、创造、批判、包容等，是经过学校师生所一致认同的深层次的校园文化主体，表现出了内在价值观与精神取向。其次是道德文化的传承与发展，道德文化背景的差异，会导致不同的道德行为。以“情”为本重“忠孝”，以“礼”为本重“克己”，以“心”为本重“修身”，是中国传统文化的核心，学校文化在此基础上发展才能走得更远；加强爱国主义文化教育，提倡节俭美德，进行诚信教育，培养艰苦奋斗精神是道德文化建设的重点。至于教育文化，主要培养科学与人文素养，树立正确的世界观、人生观、价值观。同时需要注重教师文化的传承与发展，教师文化是教育活动中形成的价值观念与行为方式，具有巨大而无形的影响力，具有导向性、示范性与凝聚性。刘军等(2013)研究发现，辱虐型指导方式会破坏师生之间的交流，降低学生的主动性，该方式的存在是学校文化缺失的结果。学校文化传承的问题在于忽视大学精神文化建设、缺乏大学文化建设的培育机制、大学文化建设内容内在不统一、文化建设含义指向不明确(鲁宏飞 等，2007)。

(三)校友文化的经济后果研究

个人在学校的成长史会影响个人的人生观与价值观，塑造不同的行为标准与道德规范。学校不仅是一种客观的存在，还是一种精神的存在，学校精神的存在具有超越物质存在的历史价值(鲁宏飞 等，2007)。个人的人生观、世界观与学校精神境界追求、价值追求有关，对整个大学生群体形成示范和导向(谈毅，王琳媛，2013)。因为有学校的培养，中国有“滴水之恩，涌泉相报”的文化道德传统，大多数学生会怀着感激之情，将学校精神与价值导向在工作生活中发扬。而校友关系存在着特殊的文化，共同拥有一段人生，拥有相同的母校印记，是现今社会获取认同、联结情感的支点之一，形成特殊的校友文化(申宇 等，2017)。校友具有的文化烙印体现出的不同的学校个性，而不同学校之间特色不一，学校也有着自己的历史与文化沉淀(申宇 等，2016)。曾经在同一所学校上学，因为同校或者同窗之谊，会形成亲密的关系网络，是进入社会之后信息沟通互换的渠道，更可能会形成利益共同体(Fracassi，Tate，2012)。校友关系对企业而言是重要的社会资本，可以帮助企业获取资源，获取外部信息。

从学校毕业进入社会之后，如果有相同的教育经历(如校友、同学)，则往往有着相似的价值观、行为标准，会产生情感纽带联系，有助于更好地沟通、提升沟通效率(申宇 等，2016)。从社会认同的角度，个体会通过社会分类对自己所属的群体产生认同感，同时产生群体内部的偏好与群体外的偏见(Tajfel，Turner，1986)。申宇等(2016)研究发现，校友关系的广度深度会对基金业绩产生正向提升，校友关系存在“小圈子”，并且只有关系密切的校友才能显著影响基金业绩。黄福广和贾西猛(2018)认为，由于信息不对称的存在，在风险投资中，若创始人和投资人存在校友关系，能够建立信任关系，提高沟通效率，降低信息不对称与交易成本，风险投资人投入企业实践更早，更倾向于首轮融资企业。申宇等(2017)进一步发现，高管校友网络的广度与深度会显著地影响企业的创新绩效，主要在于校友关系网络帮助企业缓解了融资压力，同时加大了信息共享的程度，提高了企业专利授权的概率。

校友文化的经济后果也存在消极的一面。Guan等(2016)研究发现，审计师与公司高管存在校友关系，即双方曾在同一个学校内学习过，会显著提高审计费用，但降低了审计质量；吴伟荣和李晶晶(2018)认为，注册会计师与高管的校友关系建立的信任与关照促进了审计师与客户的共谋，降低了审计质量。此外，闫焕民和廖佳(2018)研究发现，CEO与CFO之间存在校友关系，由此带来的"亲近感"与"认同感"可能会影响二者的行为，最终表现为公司避税效应显著提升。

（四）小结

目前关于学校文化的研究主要以理论分析居多，侧重于讨论学校文化的含义、结构、类型（余清臣，卢元凯，2010），少有学者关注学校文化的经济后果。校友文化作为学校文化的一个分支，近年来备受关注。前期文献主要研究了校友文化对基金收益（申宇 等，2016）、公司避税（闫焕民，廖佳，2018）、公司创新（申宇 等，2017）、风险投资（黄福广，贾西猛，2018）、审计质量（Guan et al.，2016）等方面的影响。学校文化的核心是学校精神，倡导的精神与主流价值观影响着个体价值观、世界观、道德品质以及个体行为。然而，现有学者较少关注到学校文化（学校倡导的精神、价值观）对会计审计问题的影响。

三、学校（教育）文化对个体行为的影响机制

现代学校具备的重要功能之一就是将历代人类活动所积淀的文化内容经过价值批判去粗取精、去伪存真，教授给当代人，使其形成特定的文化特质。为达成教育和传播文化的功能，学校需要充分地利用各种资源，形成自身独特的价值观、信念、方式、语言、环境和制度等文化特质。教育不仅是立国之本，还与个人命运息息相关，教育如何影响个人行为一直受到社会各界的高度关注。教育在形塑人格、传播知识以及引导行为等方面发挥着极为重要的作用。那么，学校文化通过何种方式内化为个体特征呢？这一研究试图借鉴组织文化的认同机制，来探究和解答这个问题。这个机制通常可以分为两个层面：个体层面和群体层面。个体层面的机制侧重于关注组织文化通过何种途径内化为个体意识形态元素，从而完成文化认同过程（Ashforth et al.，2008；Harquail，1998；Tajfel，1982）。前期文献指出，文化熏陶可以通过聆听、观看、感受、参与、模仿等方式和手段来潜移默化地协助形成三层次的文化认同，即认知层认同、价值观认同以及情感认同[①]（Ashforth et al.，2008；Hall et al，1970；Har-

---

① 认知认同是指个人对文化内涵的认知，对相关物理范围内的归属关系的了解。文化认同从认知开始，认知有助于明确个人的身份特征，并产生对文化内涵的初步见解（Hall et al.，1970）。价值观认同是指，个人逐渐受到文化蕴含的价值观的影响形成自己的价值观（Hall et al.，1970）。价值观认同是认同过程的核心内容，这个过程从认知发展而来，是对认知认同的升华（Hall et al.，1970）。情感认同是指个人对文化产生某种情感，如骄傲、兴奋、自豪、愉悦等（Hall et al.，1970；Harquail，1998）。在认知和价值观趋同的过程中，不可避免地掺杂着个人情感因素的影响（Tajfel，1982），同时认同过程也很可能促成个人情感的产生（Ashforth et al.，2008）。个人情感的投入往往是认知和价值观融合的一种结果（Hall et al.，1970；Harquail，1998）。

quail，1998；Tajfel，1982）。上述三层次认同之间存在递进关系。特别值得关注的是，在教育阶段，文化熏陶对个体的人生观、价值观、审美观、道德标准、行为规范以及行为方式等的影响可能更显著（魏则胜，李萍，2007）。具体而言，学校文化影响的媒介主要有以下几种形式。

第一，教学是传播文化的重要手段之一。教学本质上是教师有目的、有计划、有组织地引导学生学习掌握文化知识和科学技能，传播教师认同的价值观、理念和信仰等文化要素，进而培养学生的文化认同。教学是学校必不可少的一项工作，可以借助不同的方式来实现（魏则胜，李萍，2007）。在教学过程中，学生通过聆听讲解、观看演示、感悟知识、模仿行动来学习传递出各类文化要素，从而润物细无声地将这些要素内化为自我的价值观、人生观、道德准则和行为规范等（魏则胜，李萍，2007）。

第二，校园活动（如文艺、竞赛、体育、讲座、仪式等）是校内人员认识、理解及升华文化要素的重要手段之一（魏则胜，李萍，2007）。举行何种活动、活动的形式以及活动的内容传递出学校作为主办方具有的理想、观念、精神和价值观等文化要素。校内人员声情并茂地参与到这类活动中倾听、观看、感触以及实践表达出的文化要素，有助于强化这些要素对个体的意识形态的影响，最终促使个体行为融入学校文化的内涵。

第三，校训、校歌是承载和传播学校文化的另一重要载体。一般来说，校训、校歌浓缩了师生共同认可的行为准则与道德规范，反映了学校的办学宗旨、办学理念、治校精神和历史传统，体现出学校精神的核心内容（曾山金，2005）。背诵校训、传唱校歌可以使传递出的精神和理念深深地印刻在学生心中，逐步生根发芽，从而影响学生的价值观。校训、校歌因其朗朗上口、寓意深远在师生和校友中广为流传，它们的文化传播功能不拘泥于时间和空间（曾山金，2005）。从时间来说，在学习期间和毕业之后校训常诵、校歌频传都有助于激发文化认同，从空间来说，校训、校歌在校园内外都能引起师生和校友的共鸣。

第四，学校的人际环境、学风、校风等隐性元素是校园人文环境的重要组成部分，对传播学校文化具有重要的影响。毋庸置疑，这些隐性文化元素具有重要的德育价值，体现了一所学校整体的精神面貌，是师生凝聚的思维模式、伦理价值、观念思想、审美情趣等的综合呈现（曾山金，2005）。在校园环境中，个体最直接的人文感受通常来源于上述隐性文化元素。对这些元素的认识和理解，有助于了解学校的历史和现状，从而协助个体形成认知层的认同。进一步地，这些隐性元素透过潜移默化、旷日持久地影响校园内个体的生活、学习和工作，浸润和雕琢个体的灵魂（曾山金，2005），对完成价值观认同和情感认同具有加速作用，从而有助于促进个体行为与学校文化的融合。

第五，学校的正式规章制度体现了学校文化中的规范性和约束性元素，是学校文化的内在治理机制，提供了必不可少的保障系统。从文化传播的手段来看，仅通过强调精神层面的文化内涵是远远不够的，还需执行和落实文化内涵的各种规章制度。它们维系着学校内正常的秩序，有助于规范师生的行为。学校制度为学习提供了一种强制和约束，从而有助于创造良好的氛围。师生通过制度执行可以了解和认识制度中体现的文化元素，进而生发出个体的理念、精神和价值观。

第六，学校建筑、环境布置、标志等显性物质元素蕴含着精神层面的文化内涵（魏则胜，李萍，2007；曾山金，2005）。一方面，人创造和构建了物质化的环境要素，并通过持续的活动在物质环境上烙印上人的文化内涵；另一方面，个体在特定的物质文化中受到长期的熏陶和感染，是物质文化的受用者（魏则胜，李萍，2007；曾山金，2005）。校内人员身临其境感触到校园中的雕像、建筑、环境等物质文化，可能受到传递出的精神、观念、历史传统、价值、审美等激励，开始学习和实践过程，从而逐渐形成个体的思维模式。

群体层面的机制侧重于从社会规范的视角来研究群体共同认可和遵循的文化如何驱动个体行为并最终内化为个人行为的准则、规范和方式。人类社会中广泛存在着集体的概念。个人不是孤立存在于社会中，在集体中总需要与其他人进行交流和交换。组织（如学校等）就是一个典型的由人构成的集体，具有一套成员共同认可并遵循的观念、精神、价值观、行为方式等文化元素，从而内部形成了一定的社会规范（Cialdini，1993；Elster，1989；Kohlberg，1984）。社会规范理论（the social norm theory）强调，社会规范和由此形成的社会关系对成员的行为具有约束力，符合社会规范被视为衡量成员行为的一项重要准绳（Cialdini，1993；Elster，1989；Kohlberg，1984）。社会规范的强制性具体表现在两个方面：一方面，当个体的思维图式符合社会规范时，个体很可能获得其他成员的鼓励和赏识，这有利于强化个体遵从社会规范的意愿（Cialdini，1993；Elster，1989）。Cialdini（1993）指出，社会规范可以通过社会认同来得以传播和强化，个体意识到其行为获得支持时，往往选择模式化其个人行为。另一方面，集体成员之间进行交流和交换，是以获得集体成员的认可和支持作为前提条件的（Dyreng et al.，2012；Elster，1989）。当个体的思维图式背离社会规范时，他/她很可能在组织内部被孤立，甚至受到处罚，进而身份认同受到质疑（Elster，1989；Kohlberg，1984）。因此，个体需要通过遵守社会规范获得集体成员的认同和支持。受上述两方面的长期影响，个体将逐渐接受并认同社会规范，进而按照社会规范的要求规范化和模式化自己的行为。

在现代社会中，绝大多数人都经历过学校教育的沉浸和洗礼。因此，随着教育普及率的进一步提升，学校文化对社会的影响范围越来越广。学校中蕴含的文化元素在很大的程度上会对塑造个人的经验、性格、价值观等特征因素发挥重要的作用，从而很可能传递到个人的决策和行动上。基于此，这一研究侧重于关注学校的文化元素如何通过教育经历影响公司管理者（或审计师）的决策，进而影响公司（或审计）的行为。

四、学校（教育）文化与会计审计行为

教育的价值在于发现、形成、引导、传播文化，值得注意的是，教育本身颇具文化的内涵。学校是教育的重要手段和方式之一。学校不同于其他社会组织，其追求的目标在于育人，而育人的根本在于学校文化（余清臣，卢元凯，2010）。学校文化是整个文化体系的重要组成部分。教育对个人的意义在于通过知识、能力和品德的教育形成人的精神价值，从而影响人的行为模式。在现代社会中，绝大多数人都经历过学校教育。因此，学校教育对个人行为的影响更加广泛。就目前的研究现状来看，前期文献以传统文化、宗教文化、风俗文化作为切入

点，关注非正式制度对会计和审计行为的影响（Du，2015；Du et al.，2017；杜兴强 等，2016）。然而，少有学者注意到学校文化作为重要的文化维度对会计和审计行为的影响。此外，在关于教育经历与公司行为的前期研究中，学者们主要关注学历、校友关系等方面与公司行为的关系（Firth et al.，2012；Guan et al.，2016；Gul et al.，2013；Ittonen et al.，2013）。鲜有学者以学校文化作为切入点研究教育经历与会计审计行为之间的联系。基于此，本部分试图以校训作为切入点，探究学校文化是否以及如何影响会计和审计问题。

"学校（教育）文化与会计审计行为"领域的研究具有如下特点：第一，将个人教育经历中的学校文化纳入会计和审计行为影响因素的研究框架中，有助于拓展相关研究领域的内容。前期文献主要从学历、校友关系的视角出发讨论教育经历对会计和审计问题的影响。鲜有学者从文化视角关注学校文化对个人行为，进而对会计审计行为的影响。第二，文化存在多个维度，前期研究主要从传统文化、习俗文化的视角讨论文化的经济后果，但是前期文献却忽视了对教育文化的讨论。显然，教育对个人的成长起着举足轻重的作用，"学校文化与会计审计行为"领域的研究将为教育文化的经济后果提供一定的经验证据。第三，对学校文化进行分类，分别讨论学校文化的不同内涵对个人行为特征的差异化影响，有助于认识和理解学校文化的复杂性，为相关研究提供新的思路。第四，文化既是抽象的，又存在具体的形式。本部分研究选择校训作为学校文化的一种体现形式，通过对其进行数据挖掘构建学校文化的变量，这一研究思路为相关领域的研究提供一定的借鉴。

"学校（教育）文化与会计审计行为"的基本研究内容和框架如图 1.4.1 所示。具体而言，我们拟通过专家访谈、实地调研和文献研究相结合的方法识别出学校（教育）文化的不同类型，并判断各类型学校文化的关键词。进一步，我们采用对校训（学校文化的主要载体之一）进行数据挖掘的方式构建学校（教育）文化在公司层面的变量，包括虚拟变量、评分变量，比例变量等。根据已有文献的研究设计，拟选用会计信息透明度、稳健性、可比性、可靠性、价值相关性作为衡量会计信息质量的替代变量。此外，我们计划选用审计师选择、审计质量、审计意见、审计收费等多个维度来测度审计行为，进而构建审计行为的一系列替代变量。

学校教育是人生中所受教育最重要的组成部分，对人的成长起到了至关重要的作用。行为学研究表明，个体早期经历能够直接影响个体行为，早期经历是价值观与思维方式形成的重要时期（Elder et al.，1991）。Bernile 等（2017）研究发现，CEO 早年的严重灾害经历对企业风险承担产生影响，具有严重灾害经历的 CEO 就职公司会更保守。许年行和李哲（2016）发现，CEO 出生于贫困地区，其所在企业慈善捐赠的数额显著更多；CEO 早期经历过"大饥荒"，则其企业的慈善捐赠水平显著更高。学校教育经历是个体经历的重要组成部分。个人在学校里接受计划性的指导，系统地学习文化知识、社会规范、道德准则和价值观念，在很大程度上，个人的行为方式、观念、价值观、习惯等思维心智都是在教育阶段逐步建立并发展成熟的。学校教育具有目标明确、时间相对集中、专人指导以及群体生活的特点，这些特点决定了学校教育对人的社会化进程具有显著的加速作用。从某种意义上讲，学校教育决定着一个人的社会化水平和性质，是人进入和融入社会的重要基础。学校教育对个

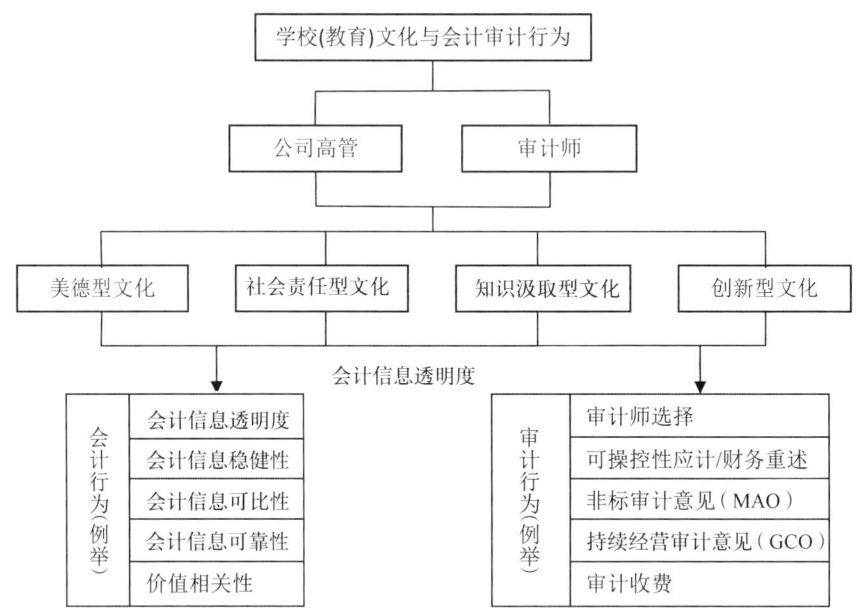

图 1.4.1 “学校(教育)文化与会计审计行为”的研究总体框架图示

人成长的影响不仅具有即时的价值,而且具有延时的价值。对个人的发展而言,学校教育对人的需求水平、自我意识和自我教育能力的提升作用具有更为长远的意义。高阶理论认为,人存在认知的局限性,公司高管(审计师)亦是如此,高管(审计师)的个人背景特征很可能通过高管(审计师)的个人决策行为传导到公司的决策和行为上(Hambrick,Mason,1984;DeFond,Francis,2005)。人是会计审计工作的执行主体,个人的背景特征直接影响着人在会计审计工作中作出的判断和行为。在教育阶段,高管或审计师接受的文化熏陶对其行为模式产生了何种影响?又如何延伸影响会计审计问题?此外,前期文献主要从学历背景的角度来研究高管或审计师的教育背景对会计审计行为的影响(Gul et al.,2013;King et al.,2016;Keller et al.,2007;陈小林 等,2016;王福胜,程富,2014;张兆国 等,2011)。Keller 等(2007)认为学历与品德要求之间存在正相关关系,学历可以体现道德信仰的坚定程度,学历越高,道德决策水准也越高。Gul 等(2013)、King 等(2016)、陈小林等(2016)以及王福胜和程富(2014)指出,学历差异体现为个体在知识、经验、性格、认知方式等方面的差异,因此,学历的高低可以对会计审计工作产生重要的影响。然而,学者们很少从教育文化的视角来研究高管或审计师的教育背景对会计审计行为的影响。

(一)美德型学校文化与会计审计行为

弘扬和传承美德是党中央治国理政的新理念、新思想、新战略的重要组成部分,对新形势下加强社会建设具有重要指导意义。美德具有深厚的内涵和时代价值。比如,“讲仁爱”对于当今社会强调的团结友爱、社会和谐具有促进作用,“崇正义”同当前强调的社会主义公平正义是一致的。传承发展美德,对当代人和当今社会发展具有积极作用。由计划经济向市场经济的变革实质是一场全面而且深刻的社会转型，既提供了发展的契机，又提出了改革的挑战。如何保障市场经济快速、有秩序、健康地发展一直是社会各界重点关注的话题。市场经济离不开伦理道德的保驾护航，会计审计工作更是如此。随着中国经济长期快速的增长，会计和审计充满了生机和活力，也取得了丰硕的成果，然而会计审计丑闻也持续增加，从业人员职业道德的缺失责无旁贷地要对造成这一现象负一定的责任。

个人的道德品格与会计审计工作的执行效果之间存在直接的、天然的联系，最终将影响执行的结果(Du et al.，2015；Kim et al.，2012)。北宋著名政治家司马光曾经对才与德之间的关系作出精辟的论断："才者，德之资也，德者，才之帅也。……，古昔以来，国之乱臣、家之败子，才有余而德不足，以至于颠覆者多矣。"由此可见，道德品质在实践工作中的重要意义和价值。职业道德是会计审计职业的基石，也是会计审计教育关注的重点内容。会计审计工作中存在着大量依靠职业判断的情况，选择何种会计政策、采用何种会计方法不仅依赖于专业素养，还需要从业人员作出价值判断。在这个过程中，个人的道德品质对作出怎样的价值判断发挥着举足轻重的作用。对品格、道德、伦理、价值等深层内在因素的关注有助于提升管理者的素质，进而有利于形成良好的管理氛围和塑造优良的道德品质，从根源上遏制机会主义行为、提升会计信息的质量。

哪些因素影响着个人的道德品质和职业伦理呢？答案并非唯一。然而，可以肯定的是，教育经历在形成个人的道德品质和职业伦理方面发挥着十分重要的作用(Belsky，Fearon，2002；Sanchez et al.，2001；Waters et al.，2000)。在教育阶段，德育主要以"文化模式"的方式构建教育的文化环境，进而塑造人的道德品质，并影响道德体系的形成与发展(宋晔，牛宇帆，2018；魏则胜，李萍，2007)。美国文化人类学家本尼迪克特指出，人类存在多种多样的行为模式，然而一种人群只选择其中一种模式，进而演变为符合自身价值观的观念、礼仪、精神、风俗以及行为方式，这一系列的选择构成了人群的"文化模式"。该模式由物质文化、制度文化和精神文化三者相互融合、相互关联形成稳定的文化结构所组成(魏则胜，李萍，2007)。个人通过接受教育、自我学习和社会交往等途径在文化结构中获取文化认知、形成文化认同，从而使得文化蕴含的道德观念内化为个体的道德思维。个体的道德主体性，就是在个人与文化环境的交互作用过程中不断被建构或重构的(宋晔，牛宇帆，2018；魏则胜，李萍，2007)。学校文化中蕴含着许多美德内涵，如诚实、忠诚、正直、守信、修身等，而学生，在求学教育阶段旷日持久、潜移默化地受美德型文化内涵的熏陶，很可能形成相应的文化认同，从而内化为自身的道德修养、行为准则和行为方式。Kim 等(2012)指出，管理者诚实、守信的品格有助于减少盈余管理行为，提升会计信息的质量。

在求学阶段，审计师也可能受到学校文化的冲击和影响，从而其个人的品质和道德方面很可能融入相关的文化内涵。高尚的品质和崇高的道德能够减少审计工作的机会主义行为，从而提升审计质量。

(二)社会责任型学校文化与会计审计行为

人类社会不是独立个体的简单集合，而是一个相互关联的有机整体。尽管每个人都是以一个独立的人格身份生活和发展的，但是没有人是以纯粹独立的形式存在的。在当代社会中，个人总是需要与其他人进行交流和联系。每个人都需要对其他人负责，承担对社会整体的责任和义务。社会责任体现的是社会整体的利益，强调个体与社会前所未有地紧密联系。个人行为影响着社会秩序和社会公益，涉及其他人的利益和生活方式。因此，社会责任意识强调，正确处理个人与集体之间的关系，主张国家至上、社会为先的原则。本质而言，社会责任意识是在集体利益优先的基础上谋求个人的私利，它的存在有助于个人自觉地将自我选择与社会需求结合起来，在实现自我价值的同时创造社会价值。教育是社会责任感形成的重要手段之一。换言之，在受教育阶段，学生不仅学习专业知识，更在教师、学长的教育帮扶下树立和强化正确的社会责任观。

企业的本质是利益相关者缔结的一组契约集合。利益相关者提供了企业生存和发展所需的各种资源。会计信息是反映企业财务状况、经营成果以及现金流量的信息，是记录会计核算过程和结果的重要载体。受限于能力和经历，利益相关者不可能事无巨细地参与到企业的经营中，因而需要依据会计信息做出决策。会计信息实质是一种社会“公共产品”，高质量的会计信息体现为以公正、客观为前提的利益相关者需求的均衡。沿用上述逻辑，社会责任感有助于提升公司管理者对社会效益、社会价值的关注，从而提高会计信息质量。

审计作为一种监督机制，其提供的鉴证服务具有重要的经济价值。审计信息有助于增进财务信息的可信，进而有利于增加会计信息的社会价值。Dedman 和 Kausar（2012）基于英国公司样本发现，公司选择进行自愿审计，其债券市场评级越高。Kim 等（2011）以韩国公司为样本研究发现，与未采用审计的公司相比，选择自愿审计的公司，其贷款的利率显著更低。高雷等（2010）发现聘请国际四大或国内十大事务所进行审计的公司，其短期贷款额度显著更高、担保费用比例显著更低；被出具标准无保留审计意见的公司，其获得银行短期贷款和长期贷款的总额显著更高、提供的担保费用比例显著更低。胡奕明和唐松莲（2007）研究发现，被出具非标审计意见的公司，其银行贷款的利率显著更高，表明审计行为影响着银行贷款的定价过程。由此可见，审计质量的高低影响着众多社会群体的利益，实施审计行为需要担负一定的社会责任。

由前文阐述可知，个人的社会责任感强调，应优先考虑集体的利益和关注利益相关者的诉求。因此，受社会责任型学校文化影响的审计师更可能考虑社会的整体利益、关注审计行为的社会价值和利益相关者的需求，从而在审计过程中持有更审慎的职业态度、采用更稳健的方法、付出更多的工作量，从而提高审计质量。

（三）知识汲取型学校文化与会计审计行为

由于经济环境和经济事项的复杂性，会计需要运用各种能力、学识和经验完成确认、记录、计量和报告的全过程（夏博辉，2003）。会计职业判断是指，会计人员在法律规定的范围内依据专业知识和职业经验，对会计工作中的原则、方法、程序、政策进行判断和选择。会计职业判断能力对会计信息质量的高低具有直接的影响。那么，又是什么又影响着会计职业判断能力呢？Libby 和 Lipe（1992）认为，知识、能力、动机、环境对会计判断起着决定性作用。Herz 和 Schultz(1999)指出，认知性知识和程序性知识对实施会计工作具有显著的影响。由此可见，会计职业判断是建立在会计逻辑、职业经验、专业知识以及个人价值观上的。学习、分享对获取和构建会计逻辑、职业经验、专业知识具有重要的作用。受知识汲取型文化影响的管理者往往更注重学习知识、经验分享、工作协调以及客观规律，具有求真务实的品格、严谨的治学态度。因此，知识汲取型文化有助于提升处理会计问题时的职业判断能力，从而有利于提高会计信息质量。

同理，审计工作也需要职业判断，这些判断也是建立在专业知识、经验、逻辑的基础上，因此我们预测受知识汲取型学校文化影响的审计师的审计质量更高。

(四)创新型学校文化与会计审计行为

创新型的学校文化提倡开拓进取、勇于变革的创新精神，鼓励新思想、新方法、新事物。创新型文化可能导致管理者在经营过程中敢于尝试新的经营事项，在会计工作中敢于采用新方法、新政策。新的经营事项意味着从来没有出现过的交易内容，如何处理新事项带来的新会计问题往往在现有会计准则中无法找到答案，解决问题的方案也是多种多样的、没有一致的结论。新方法、新政策较少得到论证和检验，其有效性和结果具有高度的不确定性。显然，新事项的出现、新方法新政策的采用给予管理层在会计处理方面极大的自由裁量权(郑永彪，张磊，2013)。这可能导致管理者滥用会计职业判断和会计原则，从而形成较高的道德风险(Dowd，2009；郝云，2009；郑永彪，张磊，2013)，最终造成会计信息质量的下降。

会计工作面临着大量的不确定性，在执业过程中需要运用职业判断。个人的风险偏好特征很可能对作出的决策和判断产生重大影响。创新意味着"离经叛道""与众不同"，必然带来大量的不确定性。受到创新文化影响的个人往往具有更加强烈的风险追逐偏好(Tan，2001)，造成其行为模式更加激进。然而，会计在面临不确定性时，通常强调稳健性原则，即在处理不确定的经济业务时，应持谨慎的态度。由此可见，创新文化引发的风险追逐偏好与会计信息生产过程中强调的稳健性原则之间是存在矛盾和冲突的。因此，创新型文化的影响很可能背离稳健性原则，诱导出激进的会计政策和处理方法，从而侵害会计信息质量。

审计师的行为模式在创新型文化的熏陶下主要体现在以下三个方面。第一，受到创新型文化影响的审计师更倾向于接受新方法、新事物，更可能包容和接受新的会计政策和估计方法。然而，新方法、新事物更可能导致财务报告的错报风险、更可能存在机会主义行为，从而损害审计质量。第二，创新型文化强调开拓精神，很可能削弱审计师的职业审慎性，从而导致审计工作的稳健性不足。此外，创新往往与风险承担联系在一起。受到创新文化影响的审计师对待风险的态度很有可能更开放，更容易接受公司激进的财务报告，从而导致更高的审计风险。第三，创新型文化可能导致个人忽视职业规范的重要性，从而导致高审计风险。顾名思义，创新具有打破旧规则、建立新规则的内涵，创新要求不拘泥于条条框框，需要发散性思维。因此，受到创新文化影响的审计师可能突破既定的职业规范，追求新规则，进而造成审计质量下降。

第五节　企业(组织)文化与会计审计行为

一、公司文化的内涵

公司(组织)文化是企业在长期生产活动中所形成的特定的观念、习惯、风俗、传统、理念等相关的价值体系，企业依赖这些价值体系组织内部力量，并将其用于指导经营实践(Deal, Kennedy,1983)。公司文化是组织成员共享的信念与意识(Schein,1985)，是一种组织哲学，能够促进团体规范，成员之间都会遵守(Kilmann et al.,1985)。Schein(1985)对组织文化进行了较为深层次的描述，认为企业价值观、共享信念与意识能够体现组织文化；但是，组织文化的本质应该是组织成员所拥有的基本假设与信念，它们在组织不断发展过程中通过学习而积累和概化，并且有意无意地影响着组织成员的行为。管益忻和郭廷建(1990)指出，企业文化是在企业的风俗、习惯、道德标准、行为规范的基础上形成的企业的经营风格、战略与经营指导思想。占德干和张炳林(1996)认为，企业文化影响并代表企业组织方式、感知方式、生存方式以及员工的待人处事方式，这些方式的表现是一种惯性行为。约翰·P.科特和詹姆斯·L.赫斯克特(1997)则认为，公司文化是指企业中各部门，至少是企业管理者们所拥有的、关于价值观念与经营实践的认知，并且构成组织成员们所拥有的、共同的文化现象。韩文辉和吴威威(2000)认为，公司文化是一整套某个集体共享的理想、价值观和行为准则，促使个人行为能够被集体所接受的相同标准。值得指出的是，公司文化并不像产品与设备那样能够直接以实物形态呈现在组织成员面前，而是以无形的力量蕴藏在思维与行动之中。刘光明(2006)指出，企业家和员工如果对公司文化没有足够深刻的理解与认知，不可能大展宏图——“像身处异国的游客那样，不时会产生陌生感和沮丧感”。由此也说明了公司文化对企业的重要性。总的来说，公司文化具有共享性，是组织成员的核心价值观，也是成员共有的行为规范，并且有别于别的公司(组织)，组织成员都会受公司文化氛围的影响，其行为决策直接或间接与公司文化相关。

公司文化按表现形式可分为显性文化与隐性文化。显性文化是指直接能够观察、触及的文化，包括文化设施、员工培训、联谊娱乐、学习制度等。隐性文化则是指组织为达到最终的总体目标而在组织中提倡的文化内容，是逐渐形成并完善的，是组织成员所共同遵守的价值观念、行为方式、工作态度、道德标准等。隐性文化是看不见摸不着的，然而又确实存在于组织中，贯穿组织的整个生命周期。吴文盛(2005)总结了前期文献，指出公司文化结构包括企业文化冰山图、企业文化睡莲图、企业文化同心圆图。企业文化冰山图将文化分为两个部分，包括看得见的文化(具体行为)与看不见的文化；看得见的文化是组织成员能够观测到的行为，看不见的文化是深层次的观念、行为标准、共有价值观、宗旨；企业文化睡莲图在冰山图的基础上将不可观测的文化进行细分，分为可以描述的与“潜在而不可描述、只能意会的文化”，而“信念”成为企业文化中最核心的要素。同心圆企业文化在冰山文化基础上再次分层，将看得见的部分细分为物质与行为文化，而看不见的部分包含制度文化与精神文化，最核心的是精神文化，也是企业的核心价值观。

（一）公司价值观

公司价值观是公司文化研究的核心内容。从文化结构来看，价值观决定了可见的文化行为。价值观是指组织成员所共享的标准及行为指引（Williams，Walters，1989）。特雷斯·E.狄尔和阿伦·A.肯尼迪（1989）认为，价值观是企业文化的基石，价值观提供给了员工一致的行动方向与日常行动方针。吴柏林（2004）指出，公司价值观是组织的基本观念及信念，是公司文化的核心。价值观的确立为组织成员指明了“成功”的定义，以及“如果你这么做，你就会成功”，以及评价体系“你做到了什么程度才叫成功”。刘光明（2006）认为，公司价值观具有层次性，每个企业都有自己的价值目标，有的追求获取最大利润；有的追求工作的意义，让工作的价值超越赚钱的价值；有的追求企业社会责任的最大化，减少失业，保护环境。如果公司的价值观能够和谐统一地调动个人价值观，促使个人与公司的目标保持一致，那么这种协同效应既可以实现员工自身精神和价值上的追求，又可以促进企业的发展。这正是公司价值观的作用所在。

（二）企业家精神

企业家精神是现代企业家的灵魂和文化品格，而企业家是企业精神的主要载体与人格代表。企业家精神要求管理者拥有与市场经济要求相符合的现代职业型企业家所特有的文化品格（汪岩桥，2003）。企业家精神实质是一种变革与创新精神，创新是企业家精神的核心（李新春，丘海雄，2002）。企业家精神被认为是一种战略态势的维度，因此各种组织都可能表现出企业家精神。这种战略态势包括企业的冒险倾向、竞争进取性的能力、积极主动的方式和产品创新（Covin，Slevin，1991）。企业家精神具有以下要素：决策能力，管理本身的本质特征就是决策；创新能力，企业家体现的创新精神是一种价值取向，也是一种内在文化，创新需要在制度、管理、技术上创新；经济伦理，该要素上承管理者的人生观、世界观以及价值标准判断，下接企业日常的经营管理，企业精神是调节与约束组织成员经济行为与关系的伦理规范与道德精神的总和（汪岩桥，2003）；需要管理者拥有竞争、敬业、合作、诚信等精神，并拥有信念与意志（彼得·德鲁克，2000）。此外，企业家精神中的创新能力会促进经济的增长（李宏彬 等，2009）。吴柏林（2004）总结出，英雄人物是公司价值观的人格化和组织力量的集中体现者，伴随着企业的存在而长期存在。

（三）公司伦理道德

企业伦理道德是调整企业与企业员工、企业与企业、企业与社会环境之间的行为关系的总和（吴文盛，2005）。企业伦理包含真与假、善与恶、正义与非正义的价值标准，通过企业规章制度、日常习惯进行行为约束，同时通过企业文化氛围影响组织成员心理。市场经济背景下公司的活动包含生产、经营、管理。而公司的伦理道德对应包含生产伦理、经营伦理、管理伦理。在生产过程中，确保产品及服务质量是其基本的伦理要求；经营伦理是企业在产品设计、售后、企业形象等定位方面的考虑，处理好市场各个主体的关系；而管理伦理是企业以人为本的价值定位，注重员工个人价值实现，履行好社会责任（周祖城，2000）。戴木才（2002）认为，具体管理行为的伦理问题，不同国家或地区认识不同，美国强调决策与行为的自由及由此对应责任；德国注重企业伦理的基本问题，包括公司伦理的价值标准、哲学基础；日本企业则注重公司伦理的实用性与民族性，将日本传统文化中的“仁义”“忠诚”加入公司伦理之中，促使企业的伦理道德与组织成员、企业之间以及外部环境和谐统一。公司伦理最基本的要求是遵法守法，而守法则是他律的阶段，企业伦理道德的发展应该是由他律到自律的转化（刘光明，2005）。

二、公司（组织）文化概述

组织文化研究的重要意义在于其为解决组织管理的基本问题提供了一种方式，为剖析和阐述组织与个人之间的关系提供了更丰富和明晰的解释。组织文化在塑造与引导人们的行为方面扮演着重要角色；文化可以成为组织调和内部管理活动和适应外部环境的一种重要手段（Denison，Mishra，1995；Schein，1990），文化存在于组织生命的各个层面，并体现在组织生命的每个阶段，与组织层面和个体层面的绩效都有关系（Barney，1986；O'Reilly et al.，1991；Sheridan，1992）。目前，组织文化的研究主要集中在组织文化的形成、传承和变革，概念和结构，对组织绩效和员工行为的影响等方面，并涵盖了管理学的多个研究领域如市场营销、战略管理与管理信息系统（Jaworski，1988；Fiol，1991）等。但遗憾的是，会计和审计领域内以组织文化作为研究视角的文献相对比较匮乏。

组织文化一般经由组织规范（Schein，1990）、经验因素，以及创立者或领导者的个人特质而产生（Schein，1993），同时也受到组织结构特性的影响。组织内部经过多层次、多阶段的复杂互动后，逐渐形成特有的组织文化（Tunstall，1986）。新员工主要通过组织社会化（organizational socialization）渠道融入组织文化，并实现向组织有效参与者的转变。组织文化的社会化过程通常包含三个阶段（Nelson，1987）。第一阶段为预期社会化阶段（anticipatory socialization），包含新员工入职前所有的关于组织文化的学习活动（新员工对组织文化的预期）。在加入组织的过程中，与价值观有关的信息可以帮助新员工构建一个知识框架，用来解释他们在公司内的经验；随着工作时间的延长和体验的增多，新员工对组织文化的理解随之深刻。此外，对一致性的重视是组织文化中十分重要的一个要素：符合公司价值观的新员工会更加适合新岗位，他们所需的调整时间相对更短、为组织服务的可能性更大。第二阶段是磨合阶段（encounter）。在这个阶段，新员工会逐渐了解与岗位有关的任务，认清自身在组织中的角色，并且在工作中建立新的关系，即新员工将面临任务需求（task demand）、角色需求（role demand）和人际需求（interpersonal demand）。社会化的最后阶段是转变和获取阶段(change and acquisition),新的员工可以熟练地管理任务,界定并商讨他们的工作角色,融入工作关系中。社会化有效完成后,新的员工就会理解和接受组织的价值观和规范,从而保证组织文化的延续,这也为员工理解和应对工作中发生的事情提供了参考的背景,并确保了员工拥有共同的理解框架(Allen,Meyer,1990)。

组织文化具有外部适应(external adaptation)、内部整合(internal integration)和降低交易成本(transactional cost reduction)的功能。前两种功能的支持者主要以 Schein 为代表,后一种主要以 Ouchi 为代表。

首先,外部适应是指组织必须能够随时调整自己的方针和步伐,以适应外部环境的变化。Schein(1985)认为,对上述问题的解决,需要组织成员能够在很大程度上有共同的认识并具有一致的信念,使得组织成员都能够在一定的原则和规范约束下行事,以确保组织能应对外部环境的变化,以及对市场和顾客需求及竞争格局作出快速有效的响应,这是组织生存和发展的基础。

其次,内部整合关注的组织必须能够促进内部和谐人际关系的产生,并能够提高沟通协调以及管理执行的效率,以便所有成员能同心协力、高效地完成组织的既定目标。Schein(1985)指出,内部整合功能要解决的问题是通过对上述问题达成共识,构建良好的内部关系,包括个人与个人、个人与团体、个人与组织之间关系,从而确保组织的向心力和凝聚力,提高组织的办事效率,以实现组织的目标。Sathe(1983)认为,共享的意义、语言、思维方式、情感以及信念能促进内部沟通;Pascale(1984)认为,组织文化能够提高效率、节省时间;郑伯埙(1993)在 Schein 的研究基础上,进一步指出组织文化具有降低成员焦虑感的功能,文化是一种意义建构手段。它为员工解读组织事件的意义提供了一种方法。

再次,Ouchi 将组织内部的交易成本界定为能够满足对等双方交换其拥有物并符合双方期望的各种活动。在这种过程中,由于信息不对称,各种物品的价值难以界定,或者界定的费用非常高。为解决该问题,Ouchi(1980)提倡可以通过组织文化的塑造,使组织成员具有共同的价值观和信念,并进一步增进彼此之间的信任(包括个人对个人的、个人对组织的以及组织对个人的),这样就能使得交易双方能在交易成本相对低廉的条件下公平交换。持类似观点的还有 Jones(1983)、Wilkins 和 Ouchi(1983),他们认为文化能够降低交易费用。

Ba Ron 等(1998)表明,组织文化发挥功能主要通过三个途径:(1)文化简化了信息处理,允许个人更好地把注意力集中在他们的日常工作;(2)文化补充了正式控制制度的缺陷,减少了企业中监督个人的成本;(3)文化促进合作并减少讨价还价。Cameron 和 Quinn(1998)认为组织文化的功能主要体现在:(1)可以降低集体的不稳定性,也就是发展共用信息传递系统,使组织内部更加步调一致、同心协力;(2)创建社会秩序,也就是告诉员工企业对他们的期望;(3)创造连续性,在几代成员中保持核心价值观和信念;(4)创造集体身份和义务,即凝聚集体中的每一个成员;(5)阐释未来的景象,强化前进的步伐和目标。

三、公司(组织)文化的经济后果

关于公司文化的相关研究的动态可以概括在图 1.5.1 中。前期文献从三个方面研究了公司文化：第一，公司文化的结构；第二，公司文化的内涵；第三，公司文化的经济后果。对经济后果而言，前期文献侧重于关注公司文化与公司效能、并购行为、战略管理、员工激励、企业社会责任等方面的联系。但是，鲜有学者注意到公司文化与会计审计行为之间的联系。

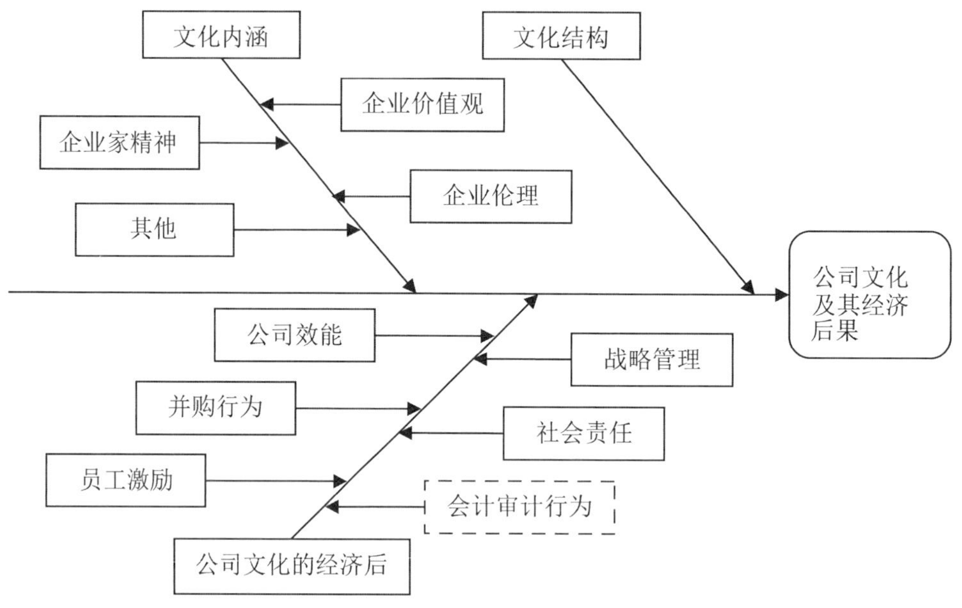

图 1.5.1　公司文化相关研究领域图示

（一）公司文化与组织效能

前期研究认为强势的组织文化有助于提升组织的绩效。Deal 和 Kennedy（1983）指出，美国企业持续取得成功的关键在于其强势文化的作用。陈志军和王宁（2009）认为，强势文化可以使组织成员的行为与组织的目标尽可能相一致，提高组织成员的主观能动性与创造性。Denison 和 Mishra（1995）提出有效的文化应该具有参与性、适应性、一致性以及使命感，这些文化要素与组织的效能高度相关。此外，Gordon 和 Di（1992）强调，公司文化应具有适应性，只有不断学习适应市场的变化，组织文化才能带来新效能。Arogyaswamy 和 Byles（1987）对企业文化与内外部的配适度进行描述，认为企业文化所表现的一致性与凝聚性会完善战略的执行，提升组织绩效；Dolen（2003）对多国的不同行业企业进行调研发现，企业文化与财务绩效显著正相关，行业表现优秀的企业在企业文化的价值观塑造上往往很优秀。卢美月和张文贤（2006）将企业文化分为支持型、创新型、官僚型、效率型文化四个维度，并基于中国大陆与中国台湾企业的调查问卷对比分析，发现台湾企业官僚型居多，大陆企业效率型居多，组织文化对非财务绩效影响更大。张旭和武春友（2006）认为，组织文化是企业形成竞争优势的重要无形资源，组织文化与公司绩效显著正相关，且小企业文化与绩效关系更强。陈志军和董青（2011）发现，从整体来看，母公司对子公司的文化控制程度越高，子公司的效能越高。

（二）公司文化与企业并购

程兆谦和徐金发（2001）认为，企业文化不易察觉，“潜移默化”地影响着组织成员，只有在与另外一种文化对比时才会显现；他们进一步指出，每一种企业文化都存在内生的自我保护，这就会造成企业并购中的文化冲突。Hofstede（1981）对40个国家的企业员工进行调查后发现，对企业经营管理产生重大影响的文化差异包括权利距离的可接受程度、防止不确定性的迫切程度、性别差异程度、个人主义与集体主义氛围等。一些学者关注并购双方的文化差异与并购绩效之间的关系（Stahl，Voigt，2008；Cartwright，Schoenberg，2010）。对于跨国并购而言，跨国文化差异对企业并购的成效具有举足轻重的影响（Zander，Zander，2010；Ahern et al.，2015）。此外，一些学者以文化的强度为视角研究了文化差异对并购绩效的影响。王艳和阚铄（2014）研究发现，收购方企业文化强度（组织的共同价值观念被认同程度）与长期并购绩效之间显著负相关。学者们认为，造成企业文化差异的主要原因在于，组织成员的认同程度（Weber，Drori，2011）以及管理方式（Kavanagh，Ashkanasy，2006）的不同。此外，王艳（2014）认为，企业树立和坚持诚信创新价值观会提升并购的长期绩效。

（三）公司文化与公司战略

企业要保持长久的竞争优势，除了人力资源之外，需要不断创新投入，保持竞争优势。赵曙明和黄昊宇（2006）认为，企业伦理文化不但影响企业内部人力资源管理的效果与效率，还会影响企业对外部人力资源的吸引力。企业伦理道德体现着企业的基本价值观，其影响力较强，不仅影响着人力资源的实践（如员工招聘、绩效考核、激励），还影响着人力资源开发（如员工培训、人事任用与提拔）。朱瑜等（2007）研究发现，创新型文化与支持型文化对人力资本具有正面影响，人力资本的提高促进了人力资源效能的提升，从而有助于市场绩效的提升。Hurley和Hult（1998）认为，若组织文化中强调创新，企业就会投入相应的资源进行创新，从而提高核心竞争力，企业的创新性文化是企业践行创新的指引。彭红霞和达庆利（2008）基于江苏省的调查问卷研究发现，企业文化中提倡创新会对企业的创新能力有显著提升。

（四）公司文化与企业社会责任

公司的社会责任与公司文化相互关联、相互依存。当企业社会责任在正式制度下无效时，作为非正式制度之一的企业文化则可以起到替代作用、对公司社会责任起到积极影响，辛杰（2014）基于Cameron和Quinn（1998）提出的测量企业文化的24条目测量表，研究和支持了企业文化的四个维度对社会责任的正向影响，即企业文化的组成要素、层次特征、价值观及产生的经济性等四维度构成的公司文化对企业社会责任具有显著的正向解释力。

（五）公司文化与激励效果

公司文化还可通过其构成要素来激励组织成员。具体地，企业文化能够通过精神激励、促进员工潜能的激发,最终形成核心竞争力。Barney(1986,1991)认为,公司文化是构成战略性竞争的内容之一,一定程度上决定了公司战略的选择。一个公司的优秀与否在于能否吸引、留住人才,而公司文化是人力资源相关政策好坏的关键所在(张淑敏,2008)。公司文化中"以人为本"的氛围,促使员工感受到被尊重与被重视,提升员工的责任感与荣誉感,这样他们才会更加全身心地投入工作之中,充分发挥潜力。公司文化的激励作用主要体现在明确树立公司价值观与奋斗目标,促使员工不断地调整完善,与公司文化所倡导的价值观一致,将个人追求与目标融入企业这个大组织之中;凝聚作用主要体现在团结组织成员,形成向心力,与公司的前途命运息息相关,从而激励员工奋发进取;约束作用则体现在公司文化同样对员工的思想、行为进行约束,让公司文化深深地影响员工的信念标准,减少外部冲突与心理冲击,从而提高团队成员的工作效率(张德,2003)。

(六)公司文化与企业核心竞争力

Cameron(2010)认为,组织文化非常重要,成功的文化管理之旅通常必然从文化诊断和文化变革开始,进而设计了组织文化评估工具(OCAI)与相应的问卷。Cameron(2010)发现,组织文化提升了组织的有效性(灵活性与稳定性,以及内部与外部焦点)。很少有公司只在单一文化范围内运营,而是在所有文化范围内运营,但是明显倾向于一种特定的文化;当组织作为一个整体和每个人作为个体都致力于组织文化的诊断与评估时,会促进企业形成有别于其他企业的独特经营方式,提升企业竞争力。吴照云和王宇露(2003)认为,企业文化的管理是有成本的,只有企业文化在价值创造与价值实现给企业带来的收益大于对企业文化的管理成本,才能提升企业的竞争力。王竹泉和隋敏(2010)发现,控制结构与企业文化共同对内部控制产生影响,文化控制与经济控制一样重要。软性的企业文化对组织成员的行为与意识形成"软"约束,达到最终的自控与自律效果。

(七)小结

前期研究主要关注公司文化的内容结构以及其经济后果,主要从理论层面分析公司文化的界定以及内涵(Schein,1985;占德干,张炳林,1996;刘光明,2006)、公司文化的基本结构(吴文盛,2005),公司文化的核心价值(Williams,Walters,1989;朱青松,陈维政,2005)、企业家精神(Black,Strahan,2002;Covin,Slevin,1991;汪岩桥,2003)、公司伦理道德(周祖城,2000;戴木才,2002;刘光明,2005)等,相关领域内很少有实证分析研究。关于公司文化的经济后果,前期文献主要关注了公司文化对公司效能、并购行为、战略管理、员工激励、企业社会责任等方面的影响。然而,很少有学者关注公司文化对会计审计行为的影响。

四、公司(组织)文化与会计审计行为

不论愿意与否,我们时刻都在与组织文化打交道,置身其中、深有感触,却时隐时现、难以察觉。组织文化从人类诞生以来就一直存在于群体生活中,并对人类活动产生着深刻的

影响。由于组织文化反映的往往是“组织中理所当然的价值观、隐藏的假设前提、预期的希望、集体的智慧以及简单的定义”(金·S.卡梅隆和罗伯特·E.奎因，2006)，导致其长期被学术界和实务界所忽视。20世纪80年代始，随着竞争的不断激烈与对人性认识的不断丰富，传统管理工具弊端不断凸显，组织文化理论逐渐成为组织领域主流的研究范式，并在实务界得到重视。

尽管如此，长久以来，理论界对于组织文化的概念内涵有着深刻的分歧，同时又混杂着众多跨越学科和方法论障碍的研究文献，导致关于组织文化的研究进展缓慢；理论研究者们将精力更多地放在了组织文化的概念探讨、理论构建和与组织绩效的关系上，而忽视了在其他方面的有效性研究。从管理实践上看，国内企业在对组织文化的认知上存在一定的误区，企业文化甚至一度被推崇为一种万能理论，认为“只要加强企业文化建设的力度，必将带来组织效能的提高”。但事实上，对于组织文化可以提高哪些管理活动的效能、不同类型或维度的组织文化的有效性是否一致，这些问题仍没有得到关注和解答。从会计和审计研究领域来看，将文化作为一项影响因素的研究并不少见，但他们的焦点多集中在组织的文化氛围或者对高管个体层面的文化倾向上(甚至其中混杂着组织文化)，受研究方法的限制，明确关注组织群体共识的价值观或基本假设的研究并不多见。事实上，文化氛围、个体文化倾向和组织文化存在着一定的差异，有必要清楚地界定不同层面的文化要素可能产生的影响。因此，鉴于会计和审计对企业和事务所而言是非常重要的管理活动，本部分重点探讨组织文化在会计和审计领域的有效性，并关注不同类型组织文化的不对称影响。

“组织(企业)文化与会计审计行为”领域的研究特点在于：第一，首次将组织(企业)文化引入会计和审计的研究框架中，详细分析公司文化和事务所文化对包括会计信息质量和审计质量在内的会计审计行为的有效性及影响机制。由于鲜有学者对组织文化的会计审计方面的有效性进行研究，“组织(企业)文化与会计审计行为”领域的研究将组织(企业)文化系统引入会计审计领域，填补了上述空白，并在一定程度上拓展了目前会计和审计领域的研究路径与侧重点。第二，区分不同类型的组织文化，探讨伦理型组织(事务所)文化、社会责任型组织(事务所)文化、创新变革型组织(事务所)文化和知识型组织(事务所)文化对会计信息质量(审计行为)的影响。第三，基于中国情境，通过手工搜集上市公司和事务所对其愿景、使命、宗旨、价值观、理念、文化、精神等核心价值观的阐述或声明信息获取组织文化数据，并据以度量组织文化，为开展中国本土组织文化的实证研究、拓展组织文化领域研究范式和侧重点提供借鉴。

公司(组织)文化与会计审计行为的基本研究内容和框架如图1.5.2所示。具体而言，通过文献研究、专家访谈和实地调研相结合的方法厘清公司(组织)文化的类型、确定识别不同类型组织文化的关键词。在此基础上，我们拟采用对公司(组织)的宗旨声明或者年度报告中关于价值观的阐述进行数据挖掘的方式来构建公司(组织)文化的一系列变量，包括虚拟变量、赋值评分变量等。根据已有文献的研究设计，这一研究拟选取会计信息透明度、稳健性、可比性、可靠性、价值相关性作为衡量会计信息质量的替代变量。此外，我们拟从审计师选择、审计质量、审计意见、审计收费等维度来测度审计行为，进而构建审计行为的替代变量。

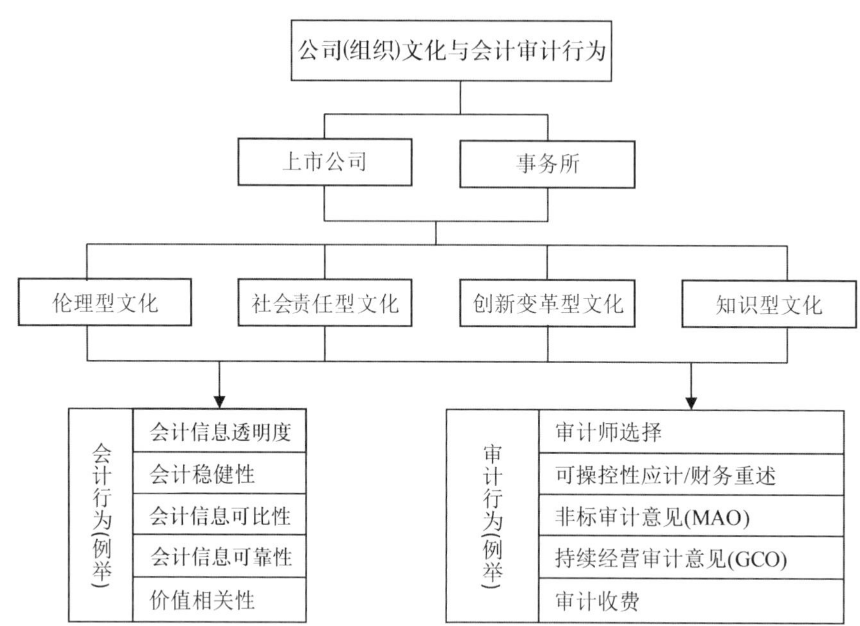

图 1.5.2 “公司（组织）文化与会计审计行为”的研究总体框架

（一）伦理型组织文化与会计审计行为

伦理倾向是组织文化内部整合方面“一致性”的重要体现。所谓一致性，就是使组织变得协调统一，并形成一个有机的整体，组织有明确的行为规范或道德标准，并有能力协调不同的观点和见解，使其达成一致。组织文化中的伦理氛围一般包含两个因素：用以评价人事物道德特性的逻辑与方法——伦理标准（ethical criteria），和处于道德伦理困境的利益主体——道德控制点（locus of analysis）。前期学者们的研究表明，组织文化中的伦理氛围是影响员工伦理行为的重要前因变量，对员工作出符合组织伦理道德标准的行为具有显著的促进作用（Victor，Cullen，1987；Dickson et al.，2001；Okpara，2002），这一观点在理论界基本达成了共识。按此逻辑推演，可以合理推测，组织（事务所）文化中的伦理倾向越强，会计实务（审计过程）中出现逆向选择和道德风险等机会主义行为或其他非伦理行为的概率越低，会计信息质量（审计质量）将越高。

（二）社会责任型组织文化与会计审计行为

一个组织在其所肩负的远景目标以及所应承担的责任方面形成的组织文化，称为组织文化的使命（mission）特质；社会责任是其中的一项重要内容。全球化时代，企业不仅有义务承担经济和法律责任的义务，而且有义务制定有利于社会目标与价值的政策，并为实现社会目标和价值付诸行动，这是组织提高“外部适应”能力的必经之路。社会责任型的组织更为关注组织的长远发展，并且考虑价值创造与社会变革的关系；强调在自我意识的基础上，考虑社会、员工、客户、供应商、政府等各方利益相关者的情感与价值，与其积极地对话和协商，满足其要求，建立、培养和维持持续的、相互信任的互惠关系，最终实现具有共享意义的商业愿景和组织的可持续发展。会计信息和审计质量具有一定的经济后果性，是利益相关者与组织之间博弈的集中体现：对于利益相关者而言，是其了解、熟悉和监督组织，并据以做出决策的重要手段和依据，也是其表达、沟通和协商利益诉求的重要渠道；对组织而言，是维系与利益相关者相互信任的关系、保持组织合法性、实现组织利益的重要窗口。因此，可以合理地推测，组织文化中的社会责任倾向越强，该组织越重视利益相关者的利益诉求，越不可能忽视会计信息质量和审计质量。

（三）创新变革型组织文化与会计审计行为

根据 Denison 和 Mishra（1995）的观点，创新变革是组织文化内涵中外部适应维度的重要体现；所谓适应性，主要是指组织对外部环境各种信号和要求迅速作出调整和应对的能力。创新变革型组织为了应对外部快速变化的环境（例如市场和客户），不断对产品、技术或管理制度等进行创新，使企业处于激活的状态。创新变革型组织文化的特点主要体现在：（1）推崇创新、鼓励冒险精神：鼓励敢于尝试和冒险的员工，容忍创新变革中善意的失败，鼓励开放性思维的共享；（2）创新氛围相对宽松，员工创新拥有一定程度的自治权利和主动性，允许员工参与决策，重视员工创新自主性和实践的主动精神，在某些情况下可以充分授权。创新和变革从本质上讲，是一种居安思危的风险意识、改革导向的思维方式，但这种组织文化对于面临较多职业判断、对谨慎性和客观性等方面具有更高要求的会计和审计从业人员而言，则可能产生负面影响。风险偏好的财务人员或管理人员，可能更倾向于选择激进的、有利于其自身利益而损害其他利益相关者的会计政策和会计估计，进而损害会计信息质量；审计师的风险偏好，不利于其在搜集审计证据、选择审计方法、实施审计程序、作出审计判断等过程中保持审慎，进而最终可能影响审计质量。在极端情况下，冒险精神甚至可能招致财务造假、审计意见购买等非伦理行为。

（四）知识型组织文化与会计审计行为

知识经济时代下，信息和知识逐渐成为组织生存和发展的宝贵资源和重要生产要素。知识型组织文化将信息或知识视为关键性的输入要素，并将创新的知识作为关键性输出；认为知识型员工是组织的关键成员；强调通过知识的创造、搜集、分类、整合和结构化等知识管理过程或知识经营活动来节约组织成本，充分发挥知识的创造能力，应用知识资产获取竞争优势（Alavi，Leidner，2001；Malhotra，1998；Vonkrogh，1998）。知识型的组织文化更倾向于相信问题的解决方式来源于对问题的质询和务实的探究，并假定当人类的行为与环境相关时，恰当的行为方式是做一个前瞻性的问题解决者和积极主动的学习者。会计本质上是一种信息系统，重视会计知识的管理对最终优化会计信息质量将具有重要影响。一个在会计信息的采集、汇总、整理、加工、输出等过程中推崇知识管理的企业，其会计知识资源储备往往更丰富、全面，知识型财务人员培养机制更健全，知识资源共享和团队协作更畅通，会计管理及控制流程更优化，管理的效率也更高；这对于进一步压缩会计操纵空间，最终提高会计信息质量将具有推动作用。相比会计，审计通常面临更多层面的知识诉求，包括审计自身、客户所处行业、市场、客户企业等。延续上述的逻辑，知识型的组织文化有助于事务所确保审计人员拥有足够的信息，准确、快捷地作出正确的判断和决定。

第六节　吸烟、饮酒与投机文化对会计审计行为的影响

一、吸烟、饮酒与投机文化概述

（一）烟文化

香烟消费有着特定的社会文化依托。烟文化是人类群体活动中创造的独特形态的复合体，包含一系列的风俗、习惯、艺术、道德、物质、知识等文化模式。吸烟是一种社会文化现象，是人类长期以来形成的生活方式，凝聚着人们的价值观念，影响着人们的行为（杨国安，2002）。许多吸烟者的姿态包含了其独特的象征（斯大林的烟斗、丘吉尔的大雪茄）；吸烟与否，成为观察他人为人处世的标准，譬如女性吸烟则为摆脱传统习惯束缚的方式（郑天一，徐斌，1992），会吸烟的人与不吸烟的人在社交场合的效果并不一致。中国人容易产生“愁”的情绪，在这种体验最深、感觉最细腻的情绪影响之下，与“忧”结合，成为情绪与精神状态的表达，而烟草作为缓解“忧愁”的方式之一，调节了人们的精神状态。人们离不开烟草的原因就包含香烟会让人卸下忧愁，尤其男性的社会生存负担与压力相对更大，烟草从而成为一种“忘忧草”。

文化一旦形成，便有了自我复制能力，如果有着强大的经济动因，便会建立自身保护发展结构，而烟草行业更是如此。吸烟人数的增多，形成了众多烟草制品，鼻烟、旱烟、水烟、斗烟，雪茄等，不同的地区还有不同文化元素的香烟制品，有的民族嗜好咀嚼，有的吸食，香烟种类、吸食方式的不同，形成了香烟所特有的文化（郑天一，徐斌，1992）。烟草的发展有其特定的背景与功能作用，杨国安（2002）认为，烟的功能主要包含五种：实用功能（提神、缓压）、艺术功能（审美、文艺、装饰）、礼俗功能（敬烟待客、婚俗烟礼）、身份象征（烟制品、烟杆、烟具）、信仰功能（死者敬意）。

烟草行业的发展在国民经济中具有重要作用，积累了大量财富，缓解了就业压力，带动了农工商业的发展，同时创造了大量外汇收入（张严柱，2012）。但是，烟草却有其不良的影响，会造成吸烟者失能和早死，产生肺癌、呼吸系统及心血管等相关疾病（杨功焕，1999）。程郁和张小林（2004）认为，虽然烟草会带来巨大的经济利益，尤其是政府可以通过烟草获得巨大税收，但烟草也会产生医疗、生产力、生命等损失，烟草的社会成本高于经济成本，因此才有了相关的禁烟、戒烟等活动与倡议。Li 等（2016）以马来西亚和泰国消费者为研究对象，

探究实施烟草包装上引入图形警示之后是否会导致强烈的警告反应。他们发现,图形警告会引起戒烟尝试;但马来西亚的烟盒上引入图形警告实施后,随着时间的延长,其影响减弱;泰国则对图形警告反应增加,没有明显下降;导致这种差异的原因在于两国控烟规则的不同——图片警示的频率有助于警示作用,进而促进戒烟尝试。此外,包装上的健康警告是与吸烟者交流的最直接和最突出的方式之一,烟草上的图片健康警告作为一种有效的干预机制,比纯文字警告更能有效地阻止吸烟和鼓励戒烟(Hammond et al.,2003;Ratih,Susanna,2018)。Qin 等(2011)以中国江苏省为例,比较人们对香烟包装上的警告标签的反应,特别关注新的警告标签是否优于旧标签和国际标签;然而遗憾的是,Qin 等(2011)发现,旧的和新的中文警告标签在目标人群中对于戒烟警示是无效的。有趣的是,Du 等(2020)发现中国烟盒上的文化嵌入性实际上是一种有罪行为掩饰,并提供了系统的经验证据揭示了烟盒上的文化图标与财务报告质量显著负相关。

从现有文献来看,尽管通过图片、文字等警示吸烟对健康有不利影响,但实际上这些警示在中国无效,至少以江苏为例的研究是如此(Qin et al.,2011),烟草深入社会生活,成为日常艺术、身份地位、礼俗的替代(杨国安,2002),而中国不同地区不同的烟草生产及专卖体制,决定了不同的烟草接触,烟草的发展形成了特有的烟文化,影响了吸烟者的精神状态,在潜移默化中影响着个体的行为。然而,文献主要关注烟草的经济效益、危害、如何戒烟、警示吸烟者的措施的有效性等,少有文献关注烟草发展所产生的烟文化的经济后果,尤其对行为人行为决策产生的影响作用于会计审计行为。

(二)酒文化

酒文化的核心体现在于其"礼"字,无论祭祀还是宴会所表现出来的酒礼,都传达出人们对中国传统文化的尊卑有序、长幼有别的基本伦理理念。酒文化的内涵囊括了酒本身的酿造技术与工艺、与喝酒有关的器皿及礼仪、文人创作的关于酒的诗词歌赋。酒与中国的社会文化不可分割,蕴含在经济社会生活之中(高枫,2011)。中国自古就有"百礼之会,非酒不行""无酒不成席"之说,酒作为社会关系连接的纽带,在宴席、祭祀、商业活动之中有着重要意义。

酒是人与人沟通的媒介,也是人与神沟通的精神桥梁(高枫,2011)。酒文化的发展,促进了文学的发展,中国的诗词、名著不乏"酒"的身影,李白的《将进酒》,李清照的《醉花阴》,《三国演义》中关羽温酒斩华雄、曹操煮酒论英雄,《水浒传》中武松醉打蒋门神,歌曲《贵妃醉酒》等,无不蕴含酒所扮演的重要角色,酒文化塑造着人的性格,或豪爽,或洒脱。酒及其相关的社会规范是孔子人文礼仪的重要组成部分,企业可以利用晚宴等与酒精有关的活动,建立必要的社会网络联系,帮助促进信息流动,履行不完整的合同。

酒在中国已经发展成为一种领先的社会世俗文化,影响着社会经济活动(Li et al.,2016)。从中国古代开始,酒精饮品的消费就已经成为人类历史上许多文化不可分割的一部分(McGovern,2009)。虽然中国的酒精使用水平随着社会和经济地位的提高而提升(Zhang et al.,2004),但是酒精的滥用会导致抑郁、焦虑、人际关系、敏感、敌对、偏执等不良结果(李建华 等,1999)。

文化对个人的影响具有持续性,即使移民到不同的国家,移民也可以将他们的本土社会规范传递给后代(Fisman,Miguel,2007)。对企业而言,管理者可能会将其家乡与酒精相关的社会规范随身携带,并通过领导者特质来实施相关的文化价值观(Li et al.,2016)。因此,当正式制度不完善时,世俗文化会影响企业行为,Li 等(2016)发现,受酒精相关罪恶文化影响更大的公司表现出程度更高的盈余管理。更容易接触到酒精相关文化的公司,其日常运营更倾向于当地的网络关系和合作伙伴。该研究结果对企业不道德行为的文化基础具有重要的规范意义。

(三)投机文化(博彩文化,下同)

中国《刑法》明文规定了“赌博罪”,同时《治安管理处罚条例》也对一般性的赌博行为进行相应处罚的规定。赌文化是人们内心精神状态的体现,喜好赌博的人对未来不确定性持积极乐观的态度,赌博是个人风险行为偏好的表现(Spurrier,Blaszczynski, 2014)。不同地区的文化差异对风险的认知不同,相较于欧美及阿拉伯国家,新加坡及中国香港华人更加倾向于冒险(Hofstede,1994;Weber,Hsee, 1998),并且中国人相较于澳大利亚人对赌博风险的判断与事实相左,对不确定性喜好程度更高(Rohrmann,Chen, 1999)。在影响赌博因素的研究方面,Raylu 和 Oei(2004)发现文化环境的影响会促使某些群体更可能参与赌博,同时去发展赌博产业,个体因素对赌博的发展与维持发挥着重要作用。孙悦和李纾(2005)发现澳门赌场的劝世文对赌博行为无劝勉作用,而相互监视和制裁机制则会影响赌博行为,且受教育程度能够有效地解释赌博行为。

赌博具有不良的后果,会影响心理健康,产生焦虑与抑郁,甚至产生暴力或者自杀倾向(Korn,Shaffer,1999;Shaffer,Korn,2002;Korman et al.,2008)。赌博一般与罪恶联系在一起,并且不利于个人作出最优决策(Tang,Wu,2012;赵奇锋 等,2018)。此外,博彩文化也会影响社会经济活动,博彩倾向和投资决策息息相关。不同的经济发展时期对彩票类股票的需求不同,博彩倾向的不同影响了股票的收益(Kumar,2009);此外,受博彩文化影响较大的投资者往往可能投资波动性大、低价格、高收益偏度的股票(博彩型股票),但是只有较小的机会获得超额收益(Kumar,2009)。孔高文等(2014)将股票分为博彩型与非博彩型,发现机构投资者表现理性,为博彩规避型,持有较多博彩型股票显著降低了投资业绩。机构投资者受博彩文化的影响较少。位于博彩经常发生地区的公司,因受博彩氛围的影响而倾向于承担高风险的项目;此外,博彩社会氛围促使 CEO 更加自信,对风险容忍度更高,在创新上投入更多,最终获得更大的创新产出(Chen et al.,2014)。

我国发行彩票有着社会福利与国家财政收入的考虑。对个人而言,购买彩票体现了内心的精神状态。地区彩票的销售收入可以视为地区博彩文化的具体表现。博彩的发展是民族冒险精神的体现,也反映出人们的投机倾向。博彩无法带来正向的收益,这意味着人们之所以购买彩票,是想通过博彩实现财富的迅速增值。作为博彩行为的表现之一,购买彩票是行为人寄希望于一次购买瞬间实现追求的生活标准。赵奇锋等(2018)研究发现,地方文化环境对企业的创新有直接影响，以地区人均福利彩票和体育彩票销售额占人均地区生产总值的比重作为博彩文化的度量，博彩文化抑制了创新活动。此外，总部位于博彩氛围浓厚地区的企业，其创新意识越强，会产出更多的专利（Adhikari，Agrawal，2016）。

从现有研究来看，博彩行为根植于人的本性之中，会潜移默化影响人的风险意识，从而影响行为决策。但已有关于“赌”的研究，主要从赌本身的危害或者影响个体行为心理出发；经济后果主要关注股票市场投资收益与企业创新行为等（Kumar，2009；Chen et al.，2014；江曙霞，陈青，2013；孔高文 等，2014；赵奇锋 等，2018），甚少有文献关注博彩文化对企业会计审计行为的影响。

二、吸烟、饮酒与投机文化对会计审计行为影响的分析框架

烟、酒、博彩是活跃在人们生活中的社会现象，由于其上瘾性质和过度消费的不良社会后果，长期存在争议。虽然烟草并非起源于中国，但中国是世界上最大的烟草生产国和消费国；中国是世界上最早发明酿酒术的国家之一，酒文化自是历史悠久，蕴涵精深；中国出现博彩可追溯至殷商时期，中国博彩术各式各样千奇百怪。在正式制度层面，中国采取一系列减少烟草需求和供应两方面的规制行动履行世界卫生组织颁布的《烟草控制框架公约》（2006年1月生效）；对酒类流通行业的监管采取国家宏观调控与行业自律，引导科学、理性、健康的酒类消费；在我国赌博违反法律，公安部全面开展了打击整治赌博违法犯罪专项行动；“扫黄打非”部门为净化文化环境整治突出问题，严厉打击各类非法文化传播行为。

吸烟、饮酒与投机文化（西方文化简称有罪文化，下同），即便在中国面临法律规范与监管限制，依然普遍存在。吸烟、饮酒与投机文化是文化中具有负外部性的因素，从而引发一系列不当行为乃至犯罪行为。前期文化与公司会计审计行为研究文献缺少对文化中消极因素的系统探究，哪些因素具有负外部性，通过什么机制在公司运作中传递影响。基于此，这一研究以烟、酒、博彩等可量化有罪文化组成部分探索研究空白。烟、酒作为受监管但合法流通的商品，可搜集供给与需求两方面的信息。从供给角度，公司高管与审计师籍贯地、上市公司与事务所注册地的香烟盒上文化要素的多寡、合理范围内知名白酒品牌数目作为香烟、酒文化程度的代理变量。从需求角度，公司高管与审计师籍贯地、上市公司与事务所注册地香烟销售量、酒销售量是各自度量香烟、酒文化程度的代理变量。我国市场上烟草品牌繁多，烟盒包装日益精美（大丰，朝晖，2007），将中华文化概念或要素与烟结合的文化路线营销是中国市场上烟草品牌普遍采用的一种方式，体现为烟标多采用书法、国画、文物等传统文化元素，小小的烟盒充分展现了浓厚的文化底蕴。这一研究使用各地区烟盒文化图片的比例变量衡量当地香烟文化程度。至于投机文化，属于国家法律禁止流通的范围，无法获得香烟、酒文化的衡量数据。这一研究以具有公开正规发行资质的彩票、合法经营的棋牌室作为博彩的替代变量。基于此，这一研究采用工作环境合理范围内彩票各游戏站点、棋牌室数目衡量博彩文化程度，需求角度使用各省彩票各游戏品种销售额统计数据。

此外，在中国经济快速增长与全球影响力提升的背景下，市场中的贿赂问题受到了学术

界的高度关注，学术界对这一普遍存在的现象的原因及解决方案提出了多种观点。法律与监管是广受关注的研究角度（Shleifer，Vishny，1993；程宝库，林楠南，2006；王振川，2006），但这并不能完全解决中国贿赂问题，贿赂背后的文化因素同样值得关注。贿赂的容忍范围、水平、程度与不同文化背景下的价值观或习俗及由此产生的预期相关（Hunt，Vitell，1986）。在中国，贿赂是一个古老的问题，受到中国传统文化观念的影响。

中国社会存在着复杂的社会网络或关系。当“关系”是为加强人与人之间的长期情感联系，则不必然导致贿赂，而当“关系”成为机会主义或寻租工具时，关系则有可能带来贿赂和腐败行为，生人关系这一最不亲密的、最容易被操纵的关系与贿赂最为相关。中国传统社会重情轻法，对于赠送礼物、礼尚往来、维护关系有着较高的容忍度，人情伦理为贿赂提供了道德支撑。尽管中国制度不断完善，执行力度加大，但中国的公司治理体系仍然存在不足，制度建设与监管执行仍留有空白。在 Williamson（2000）框架下，本部分旨在探究中国情境下，贿赂文化作为非正式制度下的组成要素，在商业活动中，尤其是会计审计中如何影响市场参与人员（高管、审计）思想、行为及其相互关系，进而产生公司、事务所层面的经济后果。贿赂对会计审计行为的影响及其传导路径亟待探究与细化，为理解中国文化阴暗面的经济后果、缓解不良市场行为提供解决方案。图 1.6.1 概括了“吸烟、饮酒与投机文化对会计审计行为的影响”的基本内容框架：

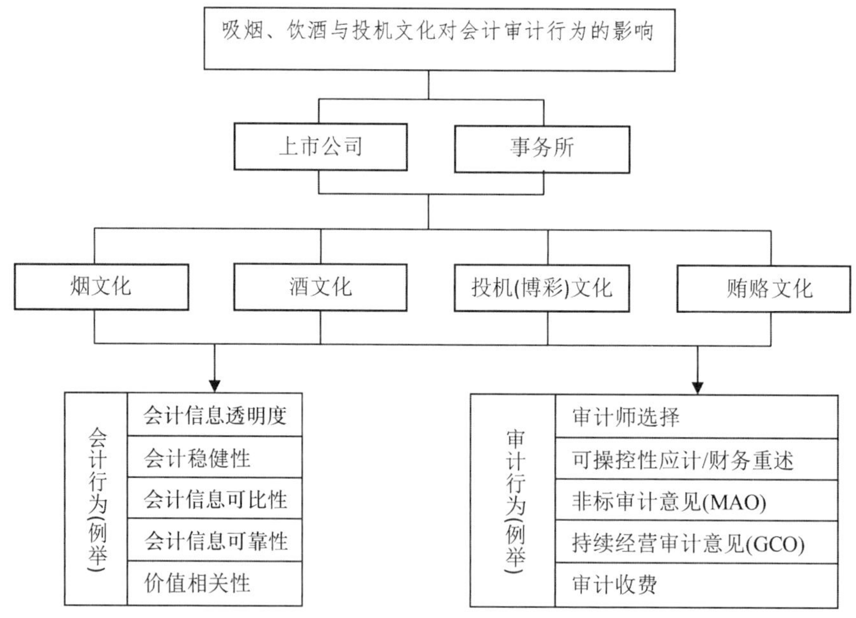

图 1.6.1 “吸烟、饮酒与投机文化对会计审计行为的影响”的总体框架图示[①]

① 限于主题原因及种种限制，这一研究主要讨论有罪文化的前三种，即烟、酒、博彩文化，对后一种有罪文化暂不纳入讨论范畴。

三、吸烟、饮酒与投机文化与会计审计行为

尽管并非所有国家对待烟、酒、赌博问题采取相同的法律规范和道德标准,但在大多数社会里,烟、酒尤其是赌博被认为是违反社会道德标准的,并且受到严格的管制。国外一些文献关注了相关公司的行为与市场反应。Fabozzi 等(2008)将罪恶的公司定义为“提供产品或服务以满足有罪行为(sin-seeking behavior),如饮酒、成人服务、游戏、烟草、武器和生物技术改造。”Devers 等(2009)认为,在有争议行业运营(如烟草、酒精、游戏、成人娱乐、枪支、军事和核能)的公司是典型的污名烙印组织(stigmatized organizations)。Mcdonald 和 Fauver(2012)对从事烟草、酒精和赌博服务以及生产的“罪恶股票”(sin stocks)的企业价值和资本结构进行检验,发现社会规范强烈反对这类公司的国家,“罪恶股票”价值被低估,股票估值的负面影响导致它们更加依赖债务融资。Hong 和 Kacperczyk(2009)、Oh 等(2017)对有罪企业(sinful firms)的财务决策、履行社会责任的相关问题进行了研究。可以看到,虽然在不同时代、不同社会,对有罪行为的范围限定不完全相同(Fabozzi et al.,2008),但普遍来说烟、酒、赌博被认为是有罪行为的代表,不仅在于它们对健康产生负面影响,还在于过度消费带来了不良社会后果,而且容易成瘾替代性低。

烟、酒、赌博等行为对健康产生消极影响得到医学证实以及国际公认(梁春莲,王焕起,1997),过度的有罪行为往往容易引发相关疾病乃至影响人的寿命。已有研究发现,文化差异是影响健康表现的重要因素,文化中蕴含的健康信念和模式可解释为引发疾病的原因之一(Landrine,Klonoff,1992),烟、酒、赌博文化代表的价值观、社会规范、行为方式影响了人的行为方式,引发健康问题。

酒精对个人人格特征产生的影响体现为两方面:(1)酒精的使用与犯罪相关(Martin,2001),酒精在某些条件会增加个体的攻击性(Ito et al.,1996;Bushman,2002)。当然尽管有证据支持饮酒、醉酒与犯罪行为、攻击性的提高相关,并不是表明酒精必然带来犯罪与攻击性的提升,酒精并非犯罪与攻击性的必要或充分条件,但却是一个不可忽视的因素,一些情境下某些不当行为中,酒精可能发挥核心作用。(2)饮酒与风险行为、冲动和寻求刺激的行为有关(Cherpitel,1993)。Lane 等(2004)实验发现,酒精使用导致人对过去的奖励和新进的损失敏感性降低,这一敏感性的转变导致酒精对个体风险承担偏好发生改变。综上,偏好饮酒的高管可能具有更明显的攻击性、更高的风险承担水平。烟、酒、赌博相关的活动可能成为建立、维护、加深关系网络的润滑剂或是工具。烟、酒在日常交往、商业活动中普遍存在,是一种社交的工具、流行的礼物。在烟酒文化浓郁的地区,通过宴请以及礼物交换,烟酒作为沟通工具促进构建关系网络以获取好处(Li et al.,2016)。在中国,相较于烟酒,赌博的法律、道德约束更强,因此比起一般意义上的招待应酬及娱乐活动,通过赌博建立的关系可能更为隐秘、稳固。更为甚者,以赌博为渠道的权钱交易是非正当关系建立的常见途径。在商业活动中,凭借烟、酒、赌博建立的紧密乃至非正当关系为管理当局操控会计信息提供了便利。

“相似—吸引观点(similarity-attraction)”(Byrne,Neuman,1992)认为,个体特征相似

性带来个体间态度相似性以及价值观的认知相似性，进而形成人际吸引。烟、酒、赌博是鲜明的个人特征，吸烟、饮酒者往往通过交换烟酒、宴请展示其喜爱烟酒的特征，在交往中增加人际吸引；赌博往往较为隐蔽，可能形成更为隐秘、紧密的人际吸引，以上人际吸引减少交流障碍，使得一方更加善待另一方（魏立群，王智慧，2002）。上市公司高管烟、酒、赌博行为特征带来的人际吸引的便利，有助于减少其操纵会计数据面临的监督阻力。

依据上述分析，公司周围的吸烟、饮酒、投机文化氛围越浓厚，社会风气对此类行为越宽容，管理当局受到的影响就越大。吸烟、饮酒与投机文化可能导致：(1)管理层健康损耗，从而降低工作质量；(2)影响管理层价值观念，带来高风险偏好以及消极腐化犯罪思想；(3)通过吸烟、饮酒与投机行为建立、维护、深化不正当关系，操纵会计数据谋得便利机会，导致会计信息质量降低。

依据同样的逻辑，审计师自身所处的吸烟、饮酒与投机文化越浓郁，其参与或受到影响的概率越大。首先，直观的健康损害将降低审计师审计工作的质量；其次，受吸烟、饮酒与投机文化影响更大的审计师可能对风险的感知更不敏感、有着更高的风险承担水平；再次，受到吸烟、饮酒与投机文化腐蚀，审计师职业道德水平可能受到不利影响，审计师更不可能审慎开展审计工作、投入更多审计努力、保持审计独立性；最后，高管与审计师之间的吸烟、饮酒与投机行为文化推动审计师与高管建立不正当关系而削弱审计师监督职能的发挥，进而降低审计质量。

第七节　饮食文化与会计审计行为

中国地域广博、民族众多，由于历史背景、地理环境、社会文化发展的差异，不同的地区形成了各具特色的饮食文化，早至春秋战国已可见鲜明的民族性与地区性，如“中国戎夷，五方之民，皆有其性也，不可推移。东方曰夷，披发文身，有不火食者矣……有不粒食者矣……五方之民，言语不通，嗜欲不同”（《礼记・王制》）。唐宋时期，中国饮食风格流派已经初见雏形。20 世纪 70 年代后，菜系派别成为中华饮食多姿多彩的重要表象，通常认为川菜麻辣、鲁菜咸浓、苏菜甜淡、粤菜清淡等。尽管在主观经验上，各地饮食特色突出，但正如蓝勇(2001)指出的，地区口味差异程度缺乏科学论证，合理的量化分析各个省份的饮食辛辣程度是开展研究必须解决的关键。《中国菜谱》编写组在 20 世纪 70 年代中叶—80 年代初期先后出版了一套《中国菜谱》(12 册，包括北京、山东、陕西、福建、广东、浙江、江苏、上海、安徽、四川、湖南、湖北)，整套书使用统一体例，且记载翔实至用量。从需求角度，这一研究参照《中国菜谱》，以每省份/直辖市排名前 200 道菜的辛辣调味料用量(斤、两、钱、分、厘等统一的计量单位)区分各地饮食的辛辣程度。

饮食是人的本能，是满足生存基本需求的活动。伴随着人类文明的进步，饮食从人类的基本需求逐步成为风俗文化的重要组成部分，具有凝聚力，以及传递规范、礼仪、价值观的作用。随着文化人类学的发展,饮食文化的领域亦被开拓了出来。此外由于饮食活动的广泛性,对饮食文化的研究往往是社会学(人类学)与历史、政治、经济、自然科学多学科的交叉。

一、饮食文化的相关研究

不同的地区表现出明显的饮食文化差异,比如中国西南地区偏好吃辣,广东偏好甜食,差异巨大;而中国菜系中的川菜、鲁菜、湘菜、粤菜、苏菜等亦各具特色,形成地区之间的饮食文化差异。中国长江以南地区湿润多雨,适宜种植水稻,长江以北地区较为干旱,主要种植小麦,一方水土养一方人,南稻北麦的分布格局并未发生改变(韩茂莉,2012)。水稻种植区的个体相对更加偏重整体性思维,相互依赖,裙带观念更重,偏爱"自己人",而小麦种植区的个体则更加独立(朱滢,2015)。Talhelm 等(2014)提出的水稻理论是长期以来人们种植水稻或小麦所形成与传递的文化,这种文化即使在现今大多数人不再耕种水稻或小麦以后,也依然会对个体产生影响。此外,平原地区的农业文化塑造了个体勤俭节约、保守务实的品格,这是稳定的农耕生活造成的;游牧文化则塑造了个体粗犷彪悍的个性,这与草原恶劣的气候条件和游牧生活方式紧密相连;而海洋商业文明塑造的开拓进取精神,与海洋为人们提供的生产生活方式相关(王保国,2006)。不同地区的不同生产方式,造就了不同的饮食文化,不同的地理环境亦塑造了个体不同的行为(Georgas et al.,2004;Vande,Postmes,2012;苏红,任孝鹏,2014)。食物是经济社会生活所必不可少的存在,同时也是商业交流的主要形式(Szto,2013)。在墨西哥,辣椒的消费量与力量、胆量和男子气概有关(Rozin、Schiller,1980);在美国大学生中,吃辣椒与寻求刺激的活动有关,比如乘坐过山车、赌博,以及摄入酒精和咖啡等物质(Byrnes,Hayes,2013)。一个人对辣味食品的喜好与其个性密切相关(Stevens,1996;Rozin,Schiller,1980),喜欢摄入辛辣食物与求新个性呈正相关(Byrnes,Hayes,2013)。

中国广袤的地域面积与差异化的地理特征提供了多元的饮食文化,比如吃辣与否,咸甜差异,主食是米饭还是面食,食用油是花生油、菜籽油还是橄榄油,这些饮食的差异造就了不同地区差异化的个性特征。从目前文献来看,大部分研究关注的是饮食文化对性格养成与个体行为的影响,而饮食差异会在潜移默化中影响个体行为决策,这引发我们的思考:在企业经营管理之中,管理层所表现出的行为决策是否受其本身饮食偏好的影响?目前,关注饮食文化对会计审计行为研究的文献极少。

二、茶文化的相关研究

作为中国传统文化的一部分,茶文化形成了特有的人文历史气息,茶是文人墨客士大夫不可缺少的精神物质寄托,高雅、恬淡是茶的基本特征。茶文化中蕴含了儒家、道家与佛家思想,儒家将茶与道德修养联系,品茶的过程就是自我反省、自我陶冶的过程,从而完善人格；道家讲究“虚静自然”“无为而治”，而茶所蕴含的“静”“清”正是道家思想所在。而佛家的“禅茶一味”则是修身的高境界（黄晓琴，2003）。儒家、道家、佛家都对个人道德品质有高追求，而茶文化被融入中国的传统文化，也传达出茶文化对个人性格、道德修养等正面的塑造作用。唐朝的“茶圣”陆羽在《茶经》一书中就提出“茶之为用，最宜精行俭得之人”，茶文化奉行节俭，“粗茶淡饭”则是节俭的最好体现。因而，茶文化塑造了个体廉洁、自省的品格（龚永新，2006）。除此之外，茶文化传达的是礼仪，客来用茶，深化交往；婚礼敬茶，传达对长辈的尊敬、对婚姻的祝福，茶文化是情谊的体现。茶还是重要的对外经济交流媒介，古时传入欧洲，在当年的丝绸之路中茶叶并不少见，而茶马古道正是古时茶叶贸易兴盛的佐证（黄晓琴，2003）。景庆虹（2012）认为，中国茶文化对外传播的主要内容是茶的精神内涵，包含儒家的内省、亲和、凝聚，佛家的清静、空灵、禅机，道家的自然、无为、养生；茶礼代表俭、清、和、净人生观与处世哲学。陈文华（2004）提出，“和是茶之魂，静是茶之性，雅是茶之韵”，是对中国茶、茶道所蕴含的本质精神的概括。在英国，饮茶则源于皇室贵族的社交活动，喝茶是格调与习惯（张进军，2014）。中国的茶文化则寓意丰富，传达的是高道德要求与真善美的追求，同时人与人的情谊与关怀会洗涤与净化内心，对个人道德养成与塑造良好行为规范有积极作用，因此，茶文化会在潜移默化中影响个体的行为。

已有文献主要研究了茶文化的物质内涵、文化内涵和经济内涵（陈文华，2003；黄晓琴，2003；景庆虹，2012），以及茶文化与旅游业发展之间的联系（Jolliffe，2007；黄晓琴，2003；文南薰，2007）。目前，对茶文化经济后果的研究集中在宏观经济领域，对茶文化与企业微观行为之间联系的研究不足。

三、大米/小麦的相关研究

小麦是一种在世界各地广泛种植的禾本科植物，是三大谷物之一，为一年生或二年生草本，经过长期的发展，已经成为世界上分布最广、面积最大、总产最高、贸易额最多、营养价值最高的粮食作物之一。小麦按其播种期分为冬小麦和春小麦两种，我国以冬小麦为主。对小麦种植而言，土层深厚，结构良好耕层较深，有利于蓄水保肥，促进根系发育。适宜的日平均温度冬型为16～18℃，半冬型为14～16℃，春型为12～14℃。温度的高低受地理纬度和海拔的影响，即纬度和海拔越高，气温越低，播种期越早。小麦长为日照作物（每天8～12小时光照），如光照条件不足，就不能通过光照阶段，不能抽穗结实。

水稻属谷类，也是稻属中作为粮食的最主要最悠久的一种，为一年生，禾本科植物，单子叶，性喜温湿，成熟时约有1米高，叶子细长。水稻按稻谷类型分为籼稻和粳稻、早稻和中晚稻、糯稻和非糯稻。水稻所结籽实即稻谷，去壳后称大米或米，是世界主要粮食作物之一。水稻喜高温、多湿、短日照，对土壤要求不严。幼苗发芽最低温度10～12℃，最适28～32℃。分蘖期日均20℃以上，穗分化适温30℃左右；低温使枝梗和颖花分化延长。抽穗适温25～35℃。开花适温30℃左右，相对湿度50～90%为宜，穗分化至灌浆盛期是结实关键期，营养状况平衡和高光效的群体，对提高结实率和粒重意义重大。①

Talhelm 等(2014)指出，农业活动的遗产仍在影响着现代世界中的人们。在中国千年的发展历程中，形成了长江以南种植水稻、长江以北种植小麦的传统。这样的生产方式，造就了长江以南与以北居民不同的行为偏好(朱滢，2015)。一般来讲，水稻种植需要更多的劳动力，且需要个体与人合作才能完成(灌溉系统)，因此水稻种植区的人容易形成相互依赖、集体主义观念更强的文化特征。与之相比，长江以北种植小麦的历史造就了一种独立性的文化，因为种植小麦需要的劳动量小，不需与人合作也可独立完成。千年的劳作方式直接影响甚至决定了水稻种植区的个体更加偏重整体性思维，相互依赖，裙带观念更重，更加偏爱"自己人"；而小麦稻种植区的个体则更加独立(Talhelm et al.，2014；朱滢，2014)。Talhelm 等(2014)提出的水稻理论是长期以来人们种植水稻或小麦所形成与传递的文化，这种文化即使在大多数人不再耕种水稻或小麦以后，也依然会对个体产生影响。

四、饮食文化对会计审计行为的影响

图 1.7.1 概括了"饮食文化与会计审计行为"的基本内容框架，下面进行详述。

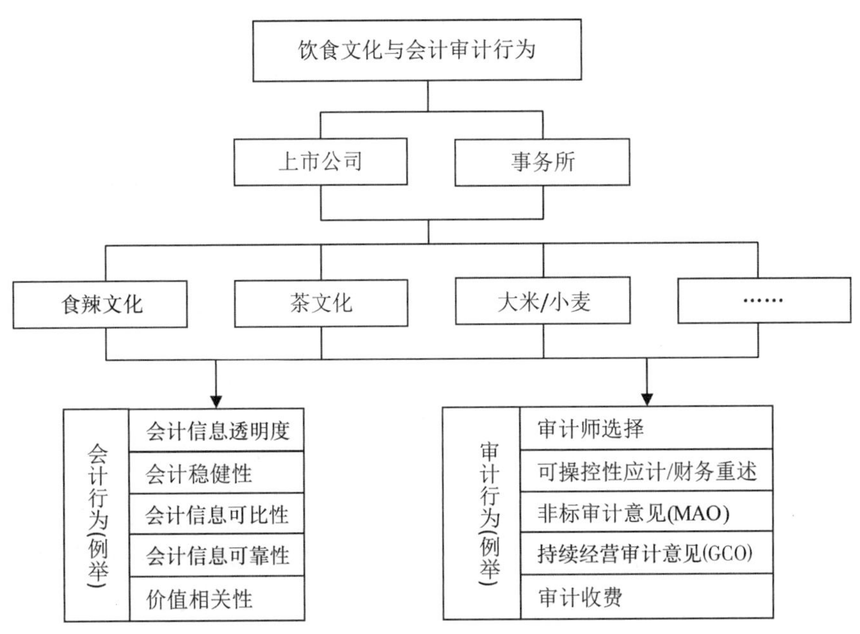

图 1.7.1　"饮食文化与会计审计行为"的总体框架图示

① 该段资料引自：小麦和水稻的区别，三大不同区分小麦与水稻[EB/OL].(2020-02-25)[2022-01-08].https://www.my478.com/html/20200225/257475.html。

（一）食辣文化与会计审计行为

公司财务领域研究越来越关注高管的心理因素或个体特征对企业经济决策的影响，性别、年龄、学习工作经历和信仰等背景特征方面的差异都可能带来管理者的行为选择的差异性（Hambrick，Mason，1984；Tihanyi et al.，2000；Michel，Hambrick，1992）。如，Carpenter 和 Fredrickson（2001）研究指出，高管团队的国际经验、教育异质性和任期异质性与公司的全球战略态势（GSP）呈正相关；高管的专业背景与公司的长远战略呈显著正相关，影响公司长远发展（Shipilov，Danis，2006）；Wiersema 和 Bantel（1992）发现，相较于年轻人，年纪更长的高层管理人员缺少应变能力与创新精神，更少进行战略调整。综合来看，从文化角度，尤其是文化的不同层次（如饮食偏好——食辣）角度入手，探讨文化如何通过影响高层管理人员或审计师个人特征从而对公司会计审计行为产生作用尚存在研究空白。

从现有文献来看：(1)饮食文化具有象征意义，承载着文化意义与象征意义的食物、饮食器具和饮食行为，与社会文化交融，表征着民族文化的形式与精神内涵，起到“传递信息、沟通人际关系、规范行为活动以及认识自然与超自然现象的功能”（瞿明安，1995）。饮食特色可以成为民族、地区的鲜明象征，比如“稻米加鱼类”就是典型的日式食物结构；泡菜则是韩国人的鲜明象征。更深入地，饮食习惯与礼仪规范是社会地位的反映。(2)饮食文化与政治、经济的交互作用。Smith 和 Jehlika（2007）借由饮食传记发现地区居民饮食习惯与其政治观念相关。Mintz（1985）的著述，将糖的发展历程与早期资本主义原始积累、奴隶化生产乃至国与国之间的政治经济关系有机串联。作为地区文化的瑰宝，饮食文化与饮食生产、消费、运输、旅游等经济活动交互（Telfer，Wall，1996；Boniface，2003），引发越来越广泛的研究。(3)饮食是民族文化认同的重要元素（Bessière，1998），民族或地区的身份可以通过它独特的食物习俗得到反映和强化。人们更喜欢吃与自己文化有象征意义的食物，以增强归属感（Cantarero et al.，2013）。

现有研究多从宏观经济角度入手探讨饮食文化对经济的影响，缺少饮食文化对市场参与者的影响以及饮食文化与公司层面行为影响机制的研究，并且不加区分地仅关注整体饮食文化，遗漏饮食文化多维度要素（如食辣）的不同作用。正如俗语“吃什么就是什么”形象体现了饮食对人的影响，地区饮食文化对个人认知、特质的塑造是长期且稳固的，而人们的认知方式和价值观念，潜移默化地影响着人们的经济行为。基于此逻辑，这一研究选择食辣这一代表性饮食文化，综合多学科研究，探究饮食文化对公司高管、审计师的影响，厘清饮食文化对公司会计审计行为的影响及影响机制（见图 1.7.1）。

中国饮食文化高度发展，有着丰富的社会意义（姚伟钧，2008），正如毛主席曾言“我相信，一个中药，一个中国菜，这将是中国对世界的两大贡献”（《解放日报・卫士长的回忆》）。中国食物种类繁多，各地风味菜中著名的菜品多达数千种，选料考究、制作精细、风味各异。南稻北面藏青稞，蜀湘多食辣，晋、陕、甘等多食酸，东甜、西辣、北咸、南鲜，是中国饮食文化博大精深的表现，其是社会风俗的窗口，其作为民族传统文化的一个有机组成部分，其差异反映了文化的差异和民族的特性。吃什么、不吃什么、如何吃、怎样吃等饮食习俗受到宗教观念、价值观念等文化因素的影响。中国情境下,饮食文化重要且关键,此外饮食文化区域差异较大,相较于国别研究,立足一个关键国家(中国)更容易将正式制度以及国别层面的影响因素从饮食文化与公司行为的关系中剥离(Guiso et al.,2004)。

伴随着人类文明的演进,饮食的作用逐渐从满足基本生存需要演化为传递文化信息的功能。《民俗学概论》认为,"不同类型的饮食习惯分别代表特定的文化符号,传达着特定的文化信息,体现着特定人类群体的性格特征、道德观念和审美情趣等"。中国饮食偏好文化内涵丰富、层次多维,以整体饮食文化研究其对公司会计审计行为的影响,一方面饮食文化过于复杂难以度量,另一方面不同饮食偏好可能带来不同的影响。本研究以食辣文化为主,从饮食偏好具体层面探究文化的影响。辣椒尚未传入中国时,花椒、姜、茱萸是民间使用最多的三大辛辣调料。辣椒进入中国菜谱的时间并不太长,但迅速抢占了传统的花椒、姜、茱萸在香辛料中的地位,辣椒的传入及纳入中国饮食,堪称饮食革命。个人对辛辣食物的饮食偏好与其个性相关:吃辣的食物可能会吸引寻求刺激的人,他们享受面临危险的感觉(Rozin,Schiller,1980);喜欢辛辣食物的人表现出更高的感官追求和更高的奖励敏感性(Byrnes,Hayes,2013)。以高管性格特征入手的研究表明,高管风险偏好个性作用于公司行为:高管团队对公司企业家精神有显著的促进作用(蒋春燕,2011);CEO的冒险倾向对新产品组合的创新性有正向影响(Kraiczy et al.,2014)。食辣的高管由于更显著的冒险特质,可能采用更加激进的会计政策、忽视操纵会计数据风险,进而影响会计信息质量。

"社区"概念源自斐迪南·滕尼斯(1957)的论著《共同体与社会》(2010年中译本),社区是个体在其中有着共享的文化意识和社区归属感。支持进化论观点的学者认为,企业所处的主流社区文化对企业领导者的世界观和他们所做的决策有重大影响(Aldrich,Zimmer,1986)。每一个地区的居民对自己的饮食习俗所包含的特点、形式、规范具有较高的认同感,对外来的生活方式和饮食习惯往往非常敏感,这使得各地区的饮食习俗具有稳定性和历史传承性。作为上市公司高管或是事务所审计师,往往可能不在籍贯地工作,长期生活在工作地,因此工作地的饮食习俗可能对其饮食偏好产生重要影响。反复体验不熟悉的食物可以增加人们对这些食物的喜爱和偏好(Pliner,1982;Birch,Marlin,1982),社会互动(social interactions)可能有助于形成对辛辣食物的偏好(Bree et al.,2006;Ludy,Mattes,2012)。如果高管处在食辣文化浓厚的环境下,有着更多接触辛辣饮食的机会,其饮食偏好可能因此改变,按照以上逻辑,除了高管籍贯地,这一研究考察了高管工作地周围食辣文化浓郁程度对高管个人特质乃至公司行为的影响。

食辣偏好的高管具有更为激进、冒险的个人特质,在商业决策中可能采取更加激进的会计政策,对操纵会计信息带来的风险有更高的容忍度。依据上述分析,食辣将导致会计信息质量降低。审计师的审计行为受到其个人特质的影响。具有辛辣偏好的审计师会选择和客户稍微妥协的概率较低,因此审计师自身的食辣偏好将强化审计师监督职能的发挥,提高审计质量。

(二)茶文化与会计审计行为

中国茶品类丰富,有绿茶、白茶、黄茶、乌龙茶、红茶、黑茶等,因为中国地理特征多样化,不同地区生长着不同种类的茶树，因而茶叶品质、适制品类也有所不同；除了茶的物质形态各异，茶俗、茶情方面也具有鲜明的地域性与民族性。从一般社会风气来看，大多南方人善饮茶（“南方之嘉木也”——陆羽《茶经》），大多北方人喜饮酒；南方更喜绿茶，北方多花茶，福建、广东、台湾偏爱乌龙茶，西南则以普洱闻名。这一研究试图通过供给角度——公司高管与审计师籍贯地、上市公司与事务所注册地茶叶产量（或种植面积）测度地区茶文化浓厚程度；从需求角度，通过公司高管与审计师籍贯地、上市公司与事务所注册地茶叶销售量，以及基于谷歌地图抓取上市公司及事务所注册地址附近合理范围内茶馆的数量测度茶文化浓郁程度。

茶文化分四个层次，即物态文化、制度文化、行为文化和心态文化（裘孟荣，张星海，2012）。物态文化研究主要是茶叶生产、消费产品以及生物科学话题；制度文化主要是在茶生产、消费中所形成的社会行为规范问题；行为文化通常表现为茶礼、茶俗及茶艺等具体形式；心态文化则是茶文化所包含的价值观念、审美情趣、思维方式等。中国茶文化以“德”“仁”为中心，强调仁爱、奉献、清心寡欲，鼓励友好和睦气氛，反对见利忘义；茶文化内含“中庸”，心态平和、不骄躁、不气馁、坚韧；茶的饮用，最适宜品行端正，有节俭美德之人。总之，茶文化能修身养性，树立良好道德风尚。爱好饮茶的高管，更可能受到茶文化的影响，认同茶文化的价值观念，有平和、节俭等优秀特质，有更高的职业道德水平。现阶段对茶文化的研究局限于社会文化领域，较少有研究茶文化对经济的作用，亦未关注高管和审计师两类重要市场参与者如何受到茶文化的影响，以及茶文化对普遍意义上公司层面的作用及机制探讨。

高管的心理因素或个体特征会对企业经济决策产生影响已得到广泛的文献关注与实证检验（Hambrick，Mason，1984；Tihanyi et al.，2000；Michel，Hambrick，1992）。考虑高管心理因素及个体特征计量的现实制约，已有文献多从人口背景特征（年龄、性别、教育、工作经历等）入手探讨高管特质与公司行为（决策）之间的关系，少有从文化角度尤其是茶文化这一社会风俗文化维度入手发掘两者关系的研究。

一方面，根据“相似—吸引（similarity-attraction）”理论（Byrne，Neuman，1992），人际吸引由个体特征相似性引发的个体间态度相似性以及价值观的认知相似性带来。感知相似性影响人际吸引力，共同文化带来较高相似性感知，人们往往更容易认同具有共同文化的人。社会认同理论（social identity theory）（Tajfel，1978；Tajfel，Turner，1986）指出，人们将自己与他人划分为不同的社会类别，并识别与自己同属一个类别的个体（称为组内成员，in-group）；而其他人被认为是组外人（out-group）。保护组内群体或自身的动机会导致对群体的同质性认知（Lee，Ottati，1995；Rothgerber，1997）。一方面，饮茶作为个人爱好和习惯，是重要的个人特质，饮茶者往往更易认同具有相同习性的个体。另一方面，茶文化与中国传统文化、礼仪相互交融。在茶事活动中，茶友交流心得、感悟茶中道义；在品茶过程中，沟通更为流畅自然，有助于促进友好合作。上市公司高管饮茶行为特征带来人际吸引、交流合作是一种正当的“合作关系”。

斐迪南·滕尼斯（1957）在《共同体与社会》一书中提出“社区”的概念，认为社区是个体在其中有着共享的文化意识和社区归属感。社区居民对自己所属社区的社会风俗具有较高认同感，对外来的生活方式和饮食习惯往往非常敏感。上市公司高管以及事务所审计师可能不在籍贯地工作，工作地茶文化浓郁程度与籍贯地可能具有较大差异。随着长期的工作生活，工作地当地的茶文化习俗可能对其产生重要影响，因此可以考虑以上市公司（会计师事务所）注册地址一定距离内茶馆的数量作为高管或审计师工作地茶文化浓郁程度代理变量，一方面考虑工作后环境的改变对高管或审计师饮茶习惯的影响；另一方面将茶文化的度量具体到公司层面。立足中国这一茶的发祥地、饮茶文化中心展开研究，相较于国别研究更容易将正式制度以及国别层面的影响因素从茶文化与公司行为的关系中剥离（Guiso et al.，2004）。中国国内政治、经济、法律、税收状况具有同质性，而茶文化在不同地区饮茶风俗各有异趣、茶情独特，上述现实为我们分析茶文化对高管的影响，以及更进一步对公司行为的影响提供了天然的实验条件。依据上述分析可知，茶文化将有助于降低代理成本，约束高管职业道德水平，促进会计信息质量提高。类似地，审计师所受茶文化影响，首先有助于平和、节俭等优秀品质的形成或加深，审计师可能拥有更高的职业道德水平，执行充分严格的审计程序，审慎作出职业判断，有效履行监督职能；审计师饮茶行为特征带来的人际吸引、正当交流合作便利审计资源的获取、审计工作的开展。

（三）大米/小麦会计审计行为

个体的成长环境和经历在很大程度上影响了个体的认知和行为偏好（Becker，1992）。“一方水土养一方人”“一方文化塑一方魂”。前期大量文献表明不同的地理环境特征塑造着个体的不同行为（Georgas et al.，2004；Van de Vliert，2008；Van de Vliert，Postmes，2012；苏红，任孝鹏，2014）。中国从北至南跨越了北温带到热带的诸多温度带，而这些温度带上的地理生态、生活方式都有着鲜明的区别，所谓“橘生淮南为橘，生于淮北为枳”。因此，中国的自然环境特征为我们研究环境对个体的影响提供了有效的自然实验背景（Talhelm et al.，2014）。自古以来，中国长江以南地区种植水稻，长江以北地区种植小麦，Talhelm 等（2014）据此提出了著名的水稻理论，即水稻种植区的个体通常更偏好集体思维，人情观念更重；而小麦种植区的个体则偏好独立思维。

审计师的独立性是审计的灵魂所在，是保证审计质量的关键（DeAngelo，1981）。千百年来小麦和水稻种植形成的地域个性特征，导致来自水稻种植区的签字审计师因为更加注重人情往来、更看重裙带关系，可能会更容易被管理层所俘获，牺牲独立性。如果签字审计师缺乏独立性，那么在审计过程中就不能保持应有的职业怀疑精神与谨慎，就不能有效地报告客户公司财务报告中的重大错报或漏报，无法客观公正地对公司财务报告发表审计意见，最终带来审计质量的降低。相比之下，来自小麦种植区的签字审计师则往往会更加独立，更少受到人情关系的束缚，在执业时更能保持独立与谨慎，提高审计质量。因此，本研究预测，来自水稻种植区的签字审计师审计质量更差。

第八节　关系文化与会计审计行为

一、关系文化[①]

神秘的东方文化特有的积淀所形成的“关系”一词，已逐渐成为非正式制度安排的“近似词”，甚至“关系”已作为一个正式的“术语”逐渐为世人所知。中国社会是“关系本位”社会（费孝通，1948），这一点不仅为大量研究所证实，而且是人们日常生活的真实体验。费孝通（1948）的“差序格局”论是到目前为止最能反映中国传统社会关系和社会结构特征的理论观点（彭泗清，1999）。

差序格局指中国人的关系是多维，而非单一层次；多维的中国人的关系，类似于同心圆（费孝通，1948）：

“我们的格局……是好像把一块石头丢在水面上所发生的一圈圈推出去的波纹。每个人都是他社会影响所推出去的圈子的中心。被圈子的波纹所推及的就发生联系。每个人在某一时间某一地点所动用的圈子是不一定相同的”。（费孝通，1948）

“一圈圈推出的波纹”代表中国人不同层次、差序格局的关系。罗家德和叶勇助（2007）将此总结为图 1.8.1。

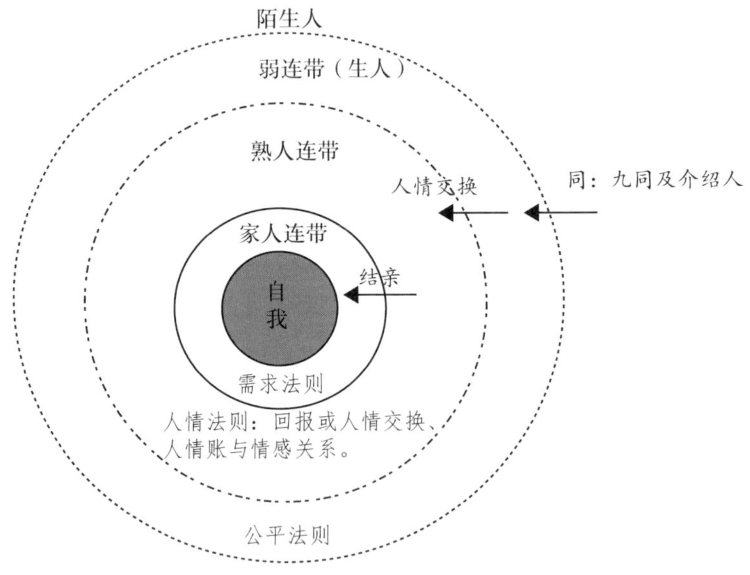

图 1.8.1　差序格局下的个人社会网示意图

资料来源：罗家德，叶勇助，2007. 中国人的信任游戏[M]. 北京：社会科学文献出版社：64.

---

① 本处较多参考了杜兴强、杜颖洁、曾泉所著《关系与中国上市公司会计行为研究》（东北财经大学出版社，2013 年版）的第一章。

图 1.8.1 中，自我处于关系的中心，由内及外的差序格局关系包括五层：第一个层次是最中心的圆圈，体现为自我；第二个层次是家人连带，等价于血缘关系；第三个层次是熟人连带[①]；第四个层次是弱连带（生人），即“认识的人”；第五个层次是陌生人。中国人关系的差序格局呈现出一幅由亲及疏、由近及远的社会关系。

差序格局下不同层次关系对应的信任法则是不同的。家人连带适用需求法则，家人之间的信任是无条件的、义务性的，“家人可以指责，可以监督，但不能背离，所以表现不好的家人，我们很难说是信任他们，但却必须合作”（罗家德，叶勇助，2007）。熟人连带位于家人连带和弱连带之间，如亲密的朋友、同学、同事、战友、邻居等，是“中国人最特有的关系形态”（罗家德，叶勇助，2007）。熟人连带适用人情法则——中国人独特行为模式。人情法则具有双重特征（黄光国，1988），实质上是一种以获得回报为目的的工具性交换——意味着此种交往讲求回报（当期回报或远期回报；直接回报或间接回报）。实际上，人情法则“又隐藏在情感关系的烟幕之下”（罗家德，叶勇助，2007），是一种基于情感行为的回报。情感关系保证了互惠和诚实，交换关系又要求双方有一定的能力与一致性，因此熟人连带的信任关系是一种“深度信任”（罗家德，叶勇助，2007），在某种意义上甚至超过了家人。

差序格局的最外面两层分别为弱连带和陌生人[类似于 Granovetter（1973）所说的“单方指认”]。弱连带以普遍社会规范（法律、习俗、道德等）要求的行为方式得以维系。“如果在一段长时期、高频率的交换中，双方都展现了可信赖行为，也可能建立起信任关系”（罗家德，叶勇助，2007）。另外，“华人十分强调‘以大事小’‘广布恩德’的艺术，其实这也正是在弱连带中建立信任关系的主要方式”（罗家德，叶勇助，2007）。尽管如此，人们对于陌生人并不会轻易付出信任，陌生人之间的信任主要是通过法律制度等一般机制建立的。

尽管如此，差序格局下不同层次关系之间的界限并非泾渭分明，而且不同关系之间可以相互转化。差序格局的关系网络和信任结构是中国人经济和社会行为的固有特征，中国人的经济交易和社会活动离不开与自我有着不同层次关系的各类行动者，因此，理解中国人的行为不能脱离或者忽视这种关系网络和信任结构。

二、关系文化与会计审计行为

关系文化是中国社会不可忽视的一种非正式制度或文化因素。关系会通过影响人与人之间的信任关系，从而影响公司决策与会计审计行为。常见的关系包括政治关联、银企关系、潜规则、审计师—券商绑定关系、IPO 市场中的发审委联系、基于独立董事与 CEO/董事长的个人关系为基础的独立董事返聘等。我们之前的研究已经对前三者做过系统的研究，但后三种关系所带来的会计审计行为的影响（见图 1.8.2）则关注不足。

---

① “连带”是罗家德和叶勇助（2007）对英文 ties 的翻译，ties 一词来源于 Granovetter（1973）的“The strength of weak ties”，即“关系”。

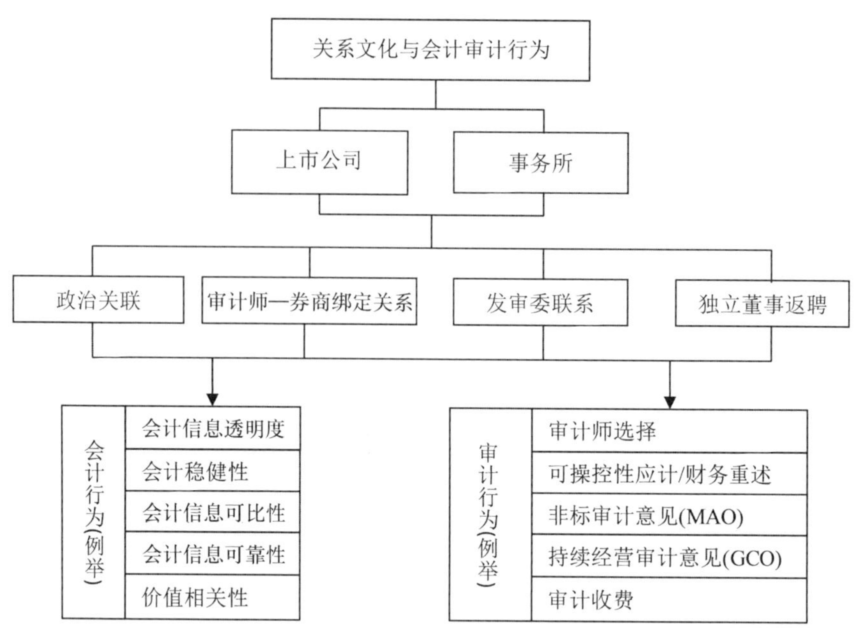

图 1.8.2 "关系文化与会计审计行为"的总体框架图示①

关系可能带来基于信任的合作，亦有可能导致基于"熟悉"和"默契"的合谋。前者对公司治理与会计审计行为可能会产生正面的影响，但后者可能会导致会计信息质量下降与削弱审计独立性。为此关系文化对会计审计行为究竟会带来正面或负面的影响，则往往体现为一种"状态依存"(state-contigency)，或者说是一个经验研究的问题。基于此，本部分主要分析审计师—券商绑定关系如何影响 IPO 公司盈余质量、发审委联系如何影响 IPO 抑价，以及以公司违规作为分析对象判断独立董事返聘究竟是基于"关系效应"还是基于知识积累。

第九节 社会文化与会计审计行为

一、社会风俗文化

Aggarwal 等(2016)认为，个体或者企业的行为会受到地区不同文化的影响。社会风俗文化是地区文化的重要组成部分。增强文化自信，弘扬中华优秀传统文化，实现优秀传统文

① 政治关联是一个比较宽泛的研究领域，本书将不涉及"政治关联"领域内的研究；请参阅：杜兴强，杜颖洁，周泽将. 2010. 上市公司高管政治联系的会计审计效应研究[M]. 大连：东北财经大学出版社；杜兴强，杜颖洁，曾泉. 2013. 关系与中国上市公司会计行为研究[M]. 大连：东北财经大学出版社.

化创造性转化与创新性发展，是培育和践行社会主义核心价值观、服务国家现代化进程的重要任务。习近平总书记在党的十九大报告中指出："文化是一个国家、一个民族的灵魂。文化兴国运兴，文化强民族强。"中华传统文化内涵丰富，是包括语言文字、精神信仰、哲学观念、文学艺术、社会风俗的各个层面在内的独树一帜的灿烂文化，社会风俗文化是中华传统文化中的精彩篇章。在国家政策层面，2017 年 1 月 25 日，中共中央办公厅、国务院办公厅印发了《关于实施中华优秀传统文化传承发展工程的意见》，对如何实施中华优秀传统文化传承发展工程作出了具体指引，承接传统习俗、推动形成良好的言行举止和礼让宽容的社会风尚就是其中一个重点任务。

广义的社会风俗囊括全部社会生活和文化领域：日常生存需要的物质风俗——饮食、服饰、居住、交通等；社会交往中的社会风俗——婚丧、嫁娶、行业习俗、交往礼节等；精神生活中的社会风俗——宗教信仰、原始崇拜、迷信、择吉禁忌、岁时节日等；其他满足社会成员审美、娱乐需要的文化等。风俗文化不仅仅是社会群体生活习惯的体现，更是群体伦理观念、价值取向、思维方式和审美情趣的表现方式，在现代企业经营管理过程中，社会风俗在整体层面塑造了企业面临的文化环境，在个体层面对个人特质以及人际关系有着不可忽视的约束与调节，社会风俗文化对中国特色社会主义市场经济的发展具有重要影响。社会风俗文化具有鲜明的地域特征。由于我国地域广博，地理与自然环境各有不同，在此基础上的生产方式、生活方式不同，而社会风俗文化作为精神文化现象，是客观物质存在的反映，因而我国社会风俗文化地区差异性显著。现代公司面临的制度环境区域差异较小，有着同质化的法律、经济、税收、监管政策，而社会风俗又具有鲜明的地域特征，对于研究风俗文化对公司会计审计行为提供了天然的实验场景。本部分的社会风俗文化较为狭义，仅涉及科举制度、婚姻、女性地位等方面。

（一）科举制度

科举制度是中国历史上存续时间最长的、选拔社会精英与官员的制度之一。从公元 605 年设立进士科取士到公元 1905 年正式废除科举制度，科举制度在中国存续的时间长达 1300 年之久。大部分人往往思维惯性地将科举制度和封建统治建立起联系，对科举制度也多有贬义之述。的确，科举制度有其落后和消极的社会影响，譬如科举考试的八股文导致因循守旧，从而导致社会宏观层面重文轻理（自然科学）、重思辨轻检验，导致创新氛围不足。但是，科举制度虽已被废止了百余年，但科举制度存续期间，科举氛围比较浓厚的地区形成的"重学"氛围（Chen et al.，2017）、重视对人力资本的投资、崇尚儒家伦理等，迄今仍潜移默化地影响着我们的思维、行为，从而对公司微观行为、会计审计行为等亦存在着不容忽视的影响。

（二）人口婚姻状况

人口婚姻状况实际上在一定程度上反映了社会文化氛围，受到了社会科学领域研究的广泛关注。一般情况下，高离结率（离婚率/结婚率）往往与极端的个人主义联系在一起，即相比于集体主义社会，高个人主义社会的离婚率更高。此外，在一定程度上，离结率（地区人口婚姻状况指标）是与社会关系模式有关的指标，一定程度上反映出社会文化特征和社会氛围，体现了地区个人主义倾向。与集体主义文化相比，个人主义呈现出不一样的特征，对个人行为乃至公司治理都会产生重要的影响。为此，关注人口婚姻状况如何通过塑造特定的社会氛围影响个人行为，进而影响公司决策以及会计审计行为，将是一个有趣的研究主题。

（三）女性地位

在新中国成立之前的千年时间内，中国社会受儒家文化的影响，强调"男尊女卑""男强女弱""男主女从"的等级模式，使得女性一直处于弱势和顺从的地位。新中国成立后，女性的社会地位在过去几十年里已得到了明显的提高。一是国家意识形态上对男女平等的倡导，二是劳动力市场对女性地位的认可，三是社会活动中的女性参与度，四是男女平等上升为基本国策。具体到文化相关的内涵，Du（2016）发现，儒家文化影响越强，公司董事会中女性高管人数比例越低，在一定程度上揭示了女性职业生涯的"玻璃天花板"效应。进一步，杜兴强等（2017）发现，女性高管对公司盈余管理的抑制作用呈现出非线性关系，揭示了女性在公司治理中与会计审计行为中的作用存在着一个关键的临界值（critical mass）。

尽管女性地位得到了提升，但不可否认的是，上市公司的女性高管/董事/CEO/董事长与女性签字审计师还是呈现出不同于男性同类的特征，这为我们基于社会风俗文化、分析"女性高管/董事/CEO/董事长（女性签字审计师）与男性同行相比、是否会给会计信息质量和审计行为带来不对称的影响"提供了重要的制度条件。

（四）小结

地区差异性会产生不同的社会风俗，形成文化的差异性。而个体出生地与成长地的差异性决定了其性格、道德标准、行为规范等养成的差异性，正所谓"近朱者赤，近墨者黑"，地区不同文化的熏陶最终影响个人的行为选择与决策。纵览前期文献，学者们侧重于研究社会风俗文化在宏观经济领域的经济后果（Qin et al.，2011；Zhang et al.，2004；张严柱，2012），只有为数不多的学者关注到其在微观经济领域的经济后果（Kumar，2009；Li et al.，2016；赵奇锋等，2018）。然而，在微观经济领域，上述研究也较少涉及风俗文化对会计审计问题的影响。审计师、企业高管等都会不同程度上受到社会风俗文化的影响。文化对行为会产生潜移默化的影响是否以及如何传导到高管或审计师行为？这一问题还有待经验研究给予答案和证据。

二、社会风俗文化与会计审计行为

党的十八大以来，以习近平总书记为核心的党中央高度重视中华优秀传统文化的传承发展，如何看待、理解、发展中国传统文化的现实意义是当前的理论热点。"风俗，天下之大事也。"(《资治通鉴》)作为传统文化中不可分割的重要组成部分,社会风俗文化的影响不容忽视。风俗文化是社会群体的生活方式或约定俗成的行为方式,是一个社会群体区别于其他社会群体的标志,其中包含社会群体的生活习惯、伦理观念、价值取向、思维方式和审美情趣,是一种文化心理素质的共同体现,至今依旧潜移默化地影响着中国人的行为。社会风俗的范围广泛、内涵丰富,其传承相对稳定。本部分仅限于关注食辣(嗜辣;下同)文化、茶文化、关系文化等体现的社会风俗文化。

该部分研究的特点在于:(1)将社会风俗文化作为非正式制度的重要组成部分,引入会计与审计问题研究框架体系,系统考察他们如何影响人的行为与公司治理内外部机制,进一步影响会计审计问题。从制度研究领域,这一研究为 Williamson(2000)的制度理论框架在非正式制度层面的应用提供经验证据。(2)从社会风俗文化入手研究会计审计行为的影响因素,有助于拓展会计审计领域的文献。(3)通过搜集社会风俗文化的量化数据,在度量方法方面有所创新,有助于更精准地捕捉社会风俗文化不同组成要素产生的影响。(4)本部分的研究可为公司投资者、管理层、政府监管部门等利益相关者提供重要的启示。

社会风俗文化有着深厚的历史渊源和广泛的现实基础,形成并发展于千百年漫长的生产与日常生活,是扎根民间、代际承袭的文化事项。社会风俗作为社会学术用语使用相对较晚,但这一词汇在中国文明早期就已经出现。据可考文献,先秦时期就已出现"故君民者,章好以示民俗"的记载(《礼记》)。民俗与风俗、民风同义——"移风易俗,莫善于乐;安上治民,莫善于礼节。"(孔子,记载见《礼记·乐记》)"古有采诗之官,王者所以观风俗,知得失,自考正也"。(班固,记载见《汉书·艺文志》)

"然臣闻帝王之治,必先正风俗。风俗既正,中人以下皆自勉以为善;风俗一败,中人以上皆自弃而为恶。"(苏辙《论台谏封事留中不行状》)"风俗者,天下之大事也。"(顾炎武《日知录·廉耻》)"凡一国之能立于世界,必有其国民独具之特质。上自道德、法律,下至风俗、习惯、文学、美术,皆有一种独立之精神。"(梁启超)这些都表述了对社会风俗重要性的肯定。传统社会中风俗文化对社会成员认知与行为方式都具有约束作用,是先民维护社会秩序、整合社会行为、调节人际关系的内部自我控制(韩养民,韩小晶,2002)。恩格斯在《家庭、私有制和国家的起源》中提到,"那时一切问题都由当事人自己解决,在大多数情况下,历来的习俗就把一切都调整好了"。与传统社会相比,当代中国社会发生了巨大变迁,不断推进社会主义制度的自我完善与发展,但社会风俗作为非正式制度源自千百年的积累、强化,根植于中国社会结构中,一旦形成很难改变。

本部分内容主要关注科举制度对公司创新等会计审计行为的影响,人口婚姻状况(地区离结率;集体主义与个人主义文化的一个缩影)对会计信息质量与审计质量的影响,女性在社会中的地位诱致的、公司高管/董事/CEO/董事长与签字审计师与男性同类对会计审计行为影响的异同。本部分的一个目的是从一个侧面解释社会风俗文化及其不同的维度是如何影响利益相关者的行为,从而影响公司决策与会计审计行为的(见图 1.9.1)。

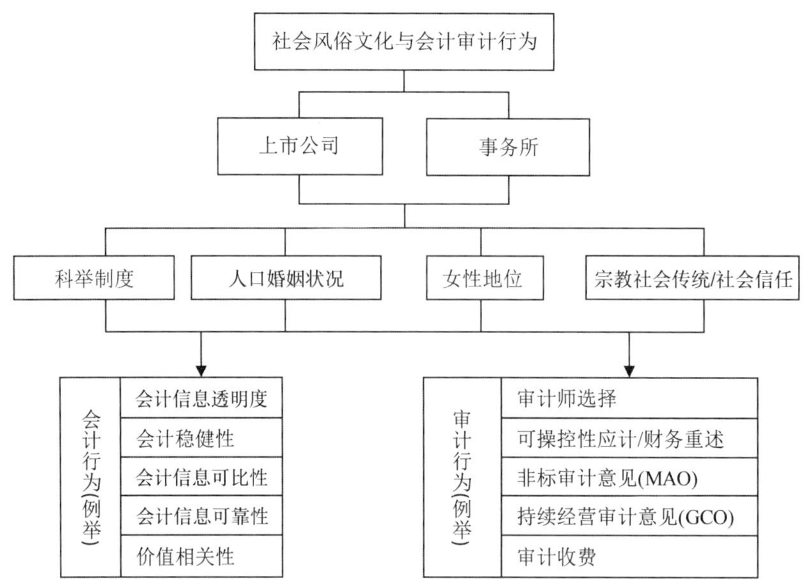

图 1.9.1 "社会风俗文化与会计审计行为"的总体框架图示①

第十节　篇章结构安排与主要贡献

一、本书篇章结构安排

本书侧重于分析中国文化及其不同的维度对会计审计行为的影响。在第一章第一节至

---

① 本书将不讨论宗教社会传统与社会信任这两个宽泛的研究主题，若有兴趣，请参阅如下文献：①DU X，2017. Religious belief，corporate philanthropy，and political involvement of entrepreneurs in Chinese family firms[J]. Journal of business ethics，142(2)：385-406. ②DU X，DU Y，ZENG Q，et al.，2016. Religious atmosphere，law enforcement，and corporate social responsibility：evidence from China[J]. Asia Pacific journal of management，33(1)：229-265. ③DU X，JIAN W，LAI S，et al.，2015. Does religion mitigate earnings management? Evidence from China[J]. Journal of business ethics，131(3)：699-749. ④DU X，2014. Does religion mitigate tunneling? Evidence from Chinese buddhism[J]. Journal of business ethics，125(2)：299-327. ⑤DU X，JIAN W，ZENG Q，et al.，2014. Corporate environmental responsibility in polluting industries：does religion matter? [J]. Journal of business ethics，124(3)：485-507. ⑥DU X，JIAN W，DU Y，et al.，2014. Religion，the nature of ultimate owner，and corporate philanthropic giving：evidence from China[J]. Journal of business ethics，123(2)：235-256. ⑦DU X，2013. Does religion matter to owner-manager agency costs? Evidence from China[J]. Journal of Business Ethics，118(2)：319-347. ⑧DU X，ZENG Q，2019. Bringing religion back in：religious entrepreneurs，entrepreneurial gender，and bank loans in Chinese family firms[J]. Asian review of accounting，27(4)：508-545. ⑨DU X，JIAN W，ZENG Q，et al.，2016. Religious influence，blockholder ownership，and corporate over-investment：evidence from Chinese buddhism[J]. China journal of accounting studies，4(2)：109-142.

第四节的基本框架（即“文化影响与会计审计行为：一个分析框架”）下，本书的篇章结构安排见图 1.10.1。

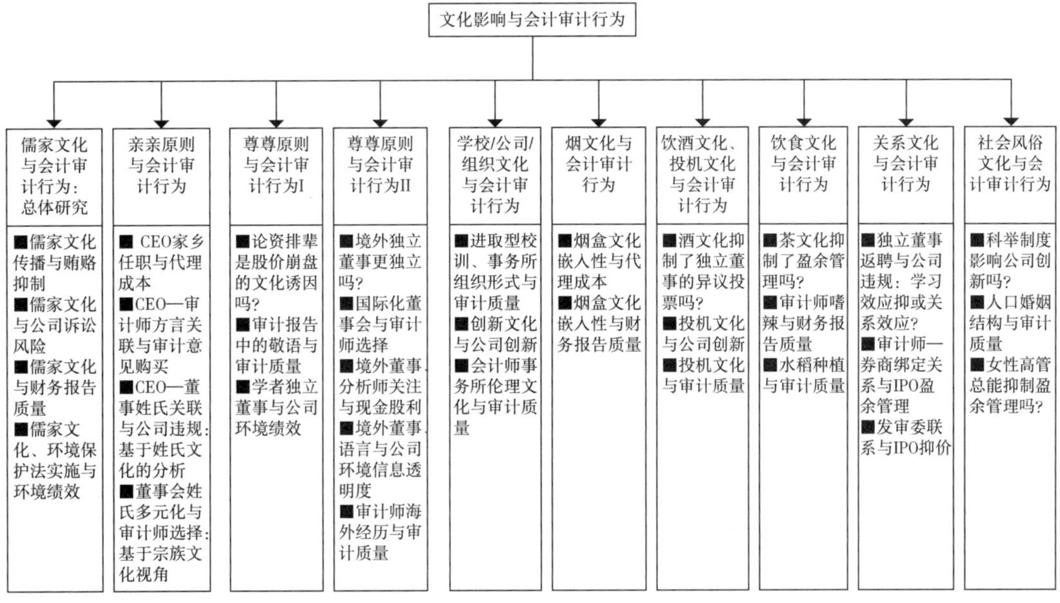

图 1.10.1 “文化影响与会计审计行为”的总体研究框架[①]

第二章为“儒家文化与会计审计行为：总体研究”，包括四个相互独立又彼此关联的研究内容：(1)儒家文化传播与官员腐败抑制；(2)儒家文化与公司诉讼；(3)儒家文化与财务报告质量；(4)儒家文化与环境绩效。

第三章主要关注以家乡情结、方言与宗族关系为主要内容的、儒家文化中的“亲亲原则”对会计审计行为的影响，包括：(1)CEO 家乡任职与代理成本；(2)CEO—审计师方言关联与审计意见购买；(3)CEO—董事姓氏关联与公司违规；(4)董事会姓氏多元化与审计师选择：基于宗族文化视角。

第四章和第五章探讨儒家文化中“尊尊原则”的不同维度（论资排辈、敬语、学者董事、外来的和尚会念经/境外董事等）对会计审计行为的影响。第四章侧重于分析论资排辈、敬语与学者董事对会计审计行为的影响，包括：(1)论资排辈与崩盘风险；(2)敬语与审计质量；(3)学者独立董事与公司环境绩效。第五章则侧重于“尊尊原则”下的“外来的和尚会念经”这一文化维度，探讨境外董事或有海外经历的审计师对会计审计行为的影响，包括：(1)境外独立董事更独立吗？基于境外独立董事投票的证据；(2)国际化董事会与审计师选择；(3)境外董事、分析师关注与现金股利；(4)境外董事、语言与公司环境信息透明度；(5)审计师境外经历与审计质量。

第六章则关注学校（公司、组织）文化与会计审计行为，包括：(1)进取型校训、事务所组

① 本书的“会计审计行为”是一个较为宽泛而非狭义的概念。

织形式与审计质量；(2)创新文化与公司创新；(3)会计师事务所伦理文化与审计质量。第六章的内容属于初步研究，尚具有较大的延展空间和可能性。

第七章和第八章侧重于吸烟、饮酒与投机文化，分析其对会计审计行为的影响。其中，第七章研究了烟盒文化嵌入营造出一种对不道德，乃至有罪文化宽容的社会氛围，从而导致会计审计行为异化。具体内容包括烟盒的文化嵌入性与所有者—管理层代理成本以及烟盒的文化嵌入性与财务报告质量。第八章则直接聚焦于酒文化与投机文化，分析其对会计审计行为的冲击，包括：(1)酒文化抑制了独立董事的异议投票吗；(2)投机文化与公司创新；(3)投机文化与审计质量。

第九章聚焦茶文化、嗜辣偏好与水稻种植，分析饮食文化是否以及如何影响会计审计行为，包括：(1)茶文化与盈余管理；(2)审计师嗜辣与审计质量；(3)水稻种植与审计质量。

第十章主题为关系文化与会计审计行为，主要内容包括：(1)独立董事返聘与公司违规：学习效应抑或关系效应；(2)审计师—券商绑定关系与 IPO 盈余管理；(3)发审委联系与 IPO 抑价。

第十一章集中于探讨不同的社会风俗维度对会计审计行为的影响，包括：(1)科举制度与公司创新；(2)人口婚姻结构与审计质量；(3)女性高管总能抑制盈余管理吗？

第十二章为本书的总结，概括了本书的主要研究发现，讨论了本书研究发现的政策启示，分析了本书研究可能存在的局限性，并展望了本书主题相关研究的未来方向。

二、可能的理论贡献

本书旨在深入剖析文化及其不同维度对会计审计行为的影响，其可能的贡献主要体现在：

第一，本书构建了一个关于“文化影响与会计审计行为”的分析框架，首次系统地将文化这一非正式制度安排因素纳入会计审计研究的分析框架，为学术界和实务界理解文化如何通过影响人的行为进而影响公司决策提供了重要的解释。而且，这一解释相对而言更接近于因果关系，而非纯粹的相关性。

第二，本书首次深入挖掘了中国文化的不同维度，并据此深入分析文化因素对会计审计行为的影响，从而丰富了“非正式制度与会计审计行为”领域内的文献。本书挖掘的中国文化包括但不限于儒家文化(整体影响)，儒家文化的“尊尊原则”下的论资排辈、敬语、学者型董事、外来的和尚会念经等，儒家文化“亲亲原则”下的方言关联、老乡关系与宗族关系，吸烟、饮酒与投机文化，饮食文化(包括茶文化、食辣/嗜辣文化等)，关系文化(如审计师—券商绑定关系、独立董事返聘、发审委联系等)，社会风俗文化(如科举制度、婚姻文化、女性董事)等。

第三，本书拓展了基于“地理近邻性”(geographic proximity)构建的儒家文化变量，并系统地阐述了其合理性。Du(2015，2016)和杜兴强等(2020)基于“地理近邻性”，构建了儒家文化变量；值得指出的是，上述文献在采纳地理近邻性构建儒家变量的过程中仅涉及七个儒家中心。本书基于地理近邻性的儒家变量构建则拓展了 Du(2015,2016)和杜兴强等(2020)的方法，基于中国百余座被列为全国重点文物保护单位的孔庙和书院构建儒家文化变量，度量儒家文化的整体影响。这一度量方法在理论上更为科学，具体操作方法上更为细致。

第四，本书首次挖掘了儒家文化的"亲亲原则"，并将之细分为方言关联、姓氏关联(宗族关系)与老乡关系三个维度，检验了"亲亲原则"的不同维度对会计审计行为的影响。(1)本书基于审计报告与IPO招股说明书等文本，采纳文本分析与数据挖掘，找到了绝大部分审计师及CEO(董事长、董事、高管)的身份证，采纳身份证前六位匹配的方式，进一步判断审计师与CEO是否来自同一县(市)，构建了"亲亲原则"下CEO—审计师老乡关系变量；进一步，通过查询中国方言在县和县级市层面的分布，进一步判断CEO与审计师是否说着同样的方言，从而构建了"亲亲原则"下的CEO—审计师方言关联变量。(2)基于签字CEO、董事长、董事、高管与审计师的姓氏，构建了CEO—董事长姓氏关联、董事会姓氏多元化等变量。(3)在此基础上，本书分别分析了CEO家乡任职对代理成本的影响、CEO—审计师方言关联如何削弱审计独立性、CEO—董事姓氏关联对公司违规的抑制作用、董事会姓氏多元化对审计师选择的影响、董事长—总经理老乡关系对现金持有价值的影响等问题。

第五，本书对儒家文化的不同维度进行了系统的挖掘，并创新性地对儒家文化"尊尊原则"的不同维度进行度量。本书将儒家文化的"尊尊原则"细分为论资排辈、敬语(社会地位差异导致)、学者(独立)董事、外来和尚会念经等，分析了其对崩盘风险、审计质量与环境绩效的影响。具体地：(1)基于数据挖掘与文本分析，本书创新性地基于年报及审计报告文本，采纳"董事会成员排序"中的独立董事排序，度量了"论资排辈"这一文化维度，发现论资排辈不利于公司公开透明的信息披露，带来了坏消息的积累(hoarding)，最终导致更高概率的股票崩盘风险。(2)儒家文化强调等级，基于审计报告中审计师对上市公司的称谓构建"敬语"变量，并区分"习惯性敬语"与"选择性敬语"，发现审计报告中敬语的使用向资本市场传递了审计质量较低的信号。(3)基于文本分析与数据挖掘，本书度量了"学者型董事"这一与儒家文化中"学而优则仕"相关的文化维度；进一步通过分析学者型董事所具有的社会责任情怀，发现其对公司环境绩效(责任)的积极影响。

第六，本书基于儒家文化中的"外来的和尚会念经"这一文化维度，首次采纳文本分析与数据挖掘，构建了"国际化董事会"和"境外董事"等变量，着力分析了如下几个重要问题：(1)基于境外独立董事投票，分析了境外独立董事相对于本土董事是否更独立；(2)国际化董事会在审计师选择方面和本土董事会相比的异同；(3)境外董事对公司现金股利支付的影响；(4)境外董事和他们所说的不同的语言如何影响公司环境信息透明度；(5)审计师的海外经历对审计质量的影响。

第七，本书首次挖掘了基于中国资本市场的吸烟、饮酒与投机文化(掩饰)及其不同的维度，揭示了吸烟、饮酒与投机文化对会计审计行为不利的影响。(1)本书基于文本分析与数据挖掘，侧重于中国数以千计的烟盒上的文化图标，构建和搜集了基于吸烟文化的"烟盒文化嵌入性"的变量，揭示了其营造的社会氛围对所有者—管理层代理成本与财务报告质量的影响。(2)本书还挖掘和整理了酒文化和投机文化，分别分析了其对独立董事的异议投票、公司创新与审计质量的影响。

第八，本书首次挖掘了茶文化与食辣/嗜辣文化两种典型的饮食文化，揭示了中国文化"衣食住行"中的"食"对会计审计行为的影响。(1)利用省市统计年鉴中的县(区)级茶叶生产种植数据(茶叶产量和面积)，量化了公司所在地的茶文化氛围，创新性地构建了茶文化变量。(2)基于文本分析与数据挖掘，通过签字审计师身份证信息与利用签字审计师所在地区的两百余道经典菜谱构建的嗜辣程度，捕捉签字审计师对辛辣食物的偏好。

第九，针对在中国社会中数千年存在的关系文化，本书挖掘了独立董事返聘、审计师—券商绑定关系与发审委联系等维度，并据此分析了不同关系维度对会计审计行为的影响，丰富了基于中国制度背景的、侧重于关系文化对会计审计行为研究的文献。

第十，基于文本分析与数据挖掘，本书首次挖掘了科举制度、人口婚姻结构与女性社会地位(角色)等社会风俗文化的不同维度，并据此分析了他们对会计审计行为的影响。(1)本书以公司所在地明清两代考中进士的人数为基础构建了科举制度的相关变量(经过国土面积平减的科举变量、经过人口总数平减的科举变量、未经过平减的科举变量)，首次将科举制度这一历史文化事件引入会计审计研究框架，揭示了科举制度如何通过影响当地社会氛围来持续地影响当代公司的会计审计行为。(2)本书首次挖掘了人口婚姻状况这一社会风俗文化变量，认为人口婚姻状况在一定程度上反映了个人主义相对于集体主义文化的被接受程度，并据此分析了其对审计行为的影响。

第十一，本书部分章节在分析文化因素如何影响会计审计行为的过程中，进一步分析了正式制度如何调节"具体文化维度与会计审计行为"的关系。具体地，正式制度可能强化或弱化非正式制度对会计审计行为的影响，这些发现为正式制度与非正式制度如何交互影响会计审计行为领域的文献提供了重要的经验证据。

参考文献

敖以深，2011. 明代黔东北地域儒学传播及原因分析[J]. 贵州社会科学，(2)：133-136.

彼得·德鲁克，2000. 创新与企业家精神[M]. 彭志华，译. 海口：海南出版社.

蔡红生，2010. 中美大学校园文化比较研究[M]. 北京：中国社会科学出版社.

曾山金，2005. 校风：大学之魂[J]. 高等教育研究，(11)：14-19.

陈炳辉，1998. 试析哈贝马斯的重建性的合法性理论：兼与胡伟同志商榷[J]. 政治学研究，(2)：82-88.

陈冬华，胡晓莉，梁上坤，新夫，2013. 宗教传统与公司治理[J]. 经济研究，48(9)：71-84.

陈力丹，1995. 论孔子的传播思想：读吴予敏《无形的网络：从传播学角度看中国传统文化》[J]. 新闻与传播研究，(1)：2-9.

陈鹏，2006. 现代新儒学研究[M]. 福州：福建人民出版社.

陈文华，2004．长江流域茶文化[M]．武汉：湖北教育出版社．

陈文平，段锦云，田晓明，2013．员工为什么不建言：基于中国文化视角的解析[J]．心理科学进展，(5)：905-913．

陈小林，张雪华，闫焕民，2016．事务所转制、审计师个人特征与会计稳健性[J]．会计研究，(6)：77-85．

陈燕，张文彦，2003．孔子的传播活动与传播思想探析[J]．齐鲁学刊，(6)：108-111．

陈志军，董青，2011．母子公司文化控制与子公司效能研究[J]．南开管理评论，14(1)：75-82．

陈志军，王宁，2009．母子公司文化控制影响因素研究[J]．财经问题研究，(1)：99-105．

程宝库，林楠南，2006．关于我国反商业贿赂立法的反思[J]．求是学刊，(2)：77-82．

程郁，张小林，2004．我国烟草的社会成本与效益综合评估及政策建议[J]．经济科学，(1)：111-121．

程兆谦，徐金发，2001．企业文化与购并研究[J]．外国经济与管理，(9)：13-19．

大丰，朝晖，2007．中国烟民与烟文化[M]．长沙：岳麓书社．

戴木才，2002．论管理与伦理结合的内在基础[J]．中国社会科学，(3)：24-33．

戴亦一，肖金利，潘越，2016．"乡音"能否降低公司代理成本?：基于方言视角的研究[J]．经济研究，(12)：147-160．

杜若甫，袁义达，1993．中国姓氏的进化及不同方言区的姓氏频率[J]．中国社会科学，(4)：177-190．

杜维明，1997．现代精神与儒家传统[M]．北京：三联书店．

杜维明，2002．杜维明文集．新加坡的挑战[M]．武汉：武汉出版社．

杜维明，2013．儒家思想：以创造转化为自我认同[M]．北京：三联书店．

杜兴强，蹇薇，曾泉 等，2016．宗教影响、控股股东与公司过度投资：基于中国佛教的经验证据[J]．会计研究，(8)：50-57．

杜兴强，赖少娟，裴红梅，2017．女性高管总是能够抑制盈余管理吗？来自中国的经验证据[J]．会计研究，(1)：39-45．

杜兴强，殷敬伟，赖少娟，2017．论资排辈、CEO任期与独立董事异议行为[J]．中国工业经济，(12)：151-169．

杜兴强，2020．儒家文化与会计审计行为[M]．厦门：厦门大学出版社．

樊葵，2004．先秦儒学传播控制思想刍论[J]．南昌大学学报(人文社会科学版)，(1)：144-148．

房锐，2007．文翁化蜀对儒学传播的推动意义[J]．孔子研究，(2)：46-51．

斐迪南·滕尼斯，2010．共同体与社会[M]．林荣远，译．北京：北京大学出版社．

费孝通，1948．乡土中国[M]．上海：上海观察社．

干春松，2002．科举制的衰落和制度化儒家的解体[J]．中国社会科学，(2)：107-117．

高枫，2011．中国酒文化的精神内涵[J]．山西师大学报(社会科学版)，38(S3)：120-122．

高雷，戴勇，张杰，2010. 审计实务影响银行贷款政策吗?：基于上市公司面板数据的经验研究[J]. 金融研究，(5)：191-206.

葛楚英，2012. 儒学的“普世价值”：社会平衡学[M]. 武汉：湖北长江出版集团.

龚永新，2006. 茶文化与茶道艺术[M]. 北京：中国农业出版社.

古志辉，2015. 全球化情境中的儒家伦理与代理成本[J]. 管理世界，(3)：113-123.

管益忻，郭廷建，1990. 企业文化概论[M]. 北京：北京人民教育出版社.

郭尚兴，2011. 中国儒学史[M]. 上海：上海外语教育出版社.

韩茂莉，2012. 中国历史农业地理[M]. 北京：北京大学出版社.

韩文辉，吴威威，2000. 国外企业文化理论主要流派述评[J]. 哈尔滨工业大学学报(社会科学版)，(4)：121-125.

韩星，2016. 儒学新诠[M]. 北京：中国社会科学出版社.

韩延明，徐愫芬，2013. 大学校训辨析[M]. 北京：人民教育出版社.

韩养民，韩小晶，2002. 中国风俗文化导论[M]. 西安：陕西人民出版社.

韩中谊，2010. 孔孟“权”观念的类型学分析[J]. 孔子研究，(3)：25-34.

郝云，2009. 金融创新与道德风险控制[J]. 上海财经大学学报，11(5)：10-14.

何成轩，1995. 儒学在壮族地区的传播[J]. 孔子研究，(3)：98-106.

何威风，刘启亮，2010. 我国上市公司高管背景特征与财务重述行为研究[J]. 管理世界，(7)：144-155.

侯东阳，2000. 浅议儒学传播社会化成功的根源[J]. 郑州轻工业学院学报(社会科学版)，(4)：55-57.

胡奕明，唐松莲，2007. 审计、信息透明度与银行贷款利率[J]. 审计研究，(6)：74-84.

扈卓然，2013. 大学文化传承创新的理论与实践研究[M]. 济南：山东人民出版社.

黄福广，贾西猛，2018. 校友关系、信任与风险投资交易[J]. 经济管理，40(7)：163-179.

黄光国，1988. 人情与面子：中国人的权力游戏[M]. 台北：台湾巨流图书公司.

黄晓琴，2003. 茶文化的兴盛及其对社会生活的影响[D]. 浙江大学硕士毕业论文.

黄星民，1999.“大众传播”广狭义辨[J]. 新闻与传播研究，(1)：2-7.

黄星民，2000a.从礼乐传播看非语言大众传播形式的演化[J]. 新闻与传播研究，(3)：35：-44.

黄星民，2000b. 礼乐传播初探[J]. 新闻与传播研究，(1)：27-35.

江曙霞，陈青，2013. 赌博特征股票的收益预测及解释[J]. 财贸研究，24(3)：99-107.

江轩宇，许年行，2015. 企业过度投资与股价崩盘风险[J]. 金融研究，(8)：141-158.

姜永志，张海钟，张鹏英，2012. 中国老乡心理效应的理论探索与实证研究[J]. 心理科学进展，20(8)：1237-1242.

蒋春燕，2011. 高管团队要素对公司企业家精神的影响机制研究：基于长三角民营中小高科技企业的实证分析[J]. 南开管理评论，14(3)：72-84.

蒋庆，2009. 儒学的时代价值[M]. 成都：四川人民出版社.

解丽霞，2013. 制度化传承·精英化传承·民间化传承：中国优秀传统文化传承体系的历史经验与当代建构[J]. 社会科学战线，(10)：1-6.

金 S 卡梅隆，罗伯特 E 奎因，2006. 组织文化诊断与变革[M]. 北京：中国人民大学出版社.

金日坤，1991. 儒教文化圈的伦理秩序与禁忌：儒教文化与现代化[M]. 北京：中国人民大学出版社.

金智，徐慧，马永强，2017. 儒家文化与公司风险承担[J]. 世界经济，(11)：172-194.

景庆虹，2012. 论中国茶文化海外传播[J]. 国际新闻界，34(12)：69-75.

克劳德·小乔治，1985. 管理思想史[M]. 孙耀君，译. 北京：商务印书馆.

孔高文，刘莎莎，孔东民，2014. 博彩偏好是否影响了精明投资者绩效？[J]. 投资研究，(10)：87-103.

蓝勇，2001. 中国饮食辛辣口味的地理分布及其成因研究[J]. 人文地理，(5)：84-88.

黎红雷，2010. 儒家管理哲学[M]. 广州：广东高等教育出版社.

李宏彬，李杏，姚先国 等，2009. 企业家的创业与创新精神对中国经济增长的影响[J]. 经济研究，44(10)：99-108.

李虹，霍达，2018. 管理层能力与企业环境信息披露：基于权力距离与市场化进程调节作用视角[J]. 上海财经大学学报，20(3)：79-92.

李建华，黄立波，毕玉环 等，1999. 酒精依赖者婚姻质量调查[J]. 中国心理卫生杂志，(6)：345-346.

李军林，2006. 中国传统文化的传播机制研究[J]. 南京社会科学，(4)：97-103.

李伟民，梁玉成，2002. 特殊信任与普遍信任：中国人信任的结构与特征[J]. 社会学研究(3)：11-22.

李翔海，2010. 现代新儒学论要[M]. 天津：南开大学出版社.

李新春，丘海雄，2002. 企业家精神、企业家能力与企业成长："企业家理论与企业成长国际研讨会"综述[J]. 经济研究，(1)：89-92.

李延保，2002. 校园文化与现代大学精神[J]. 中国高等教育，(z2)：16-17.

梁春莲，王焕起，1997. 赌博及参赌者个性特征与心身健康的关系[J]. 中国行为医学科学，(2)：34-36.

梁漱溟，2011. 中国文化要义[M]. 上海：上海人民出版社.

廖声武，2000. 论先秦儒家的传播思想[J]. 湖北大学学报(哲学社会科学版)，(5)：30-33.

刘光明，2005. 现代企业文化[M]. 北京：经济管理出版社.

刘光明，2006. 企业文化[M]. 第五版. 北京：经济管理出版社.

刘军，廖振宇，高中华，2013. 高校导师辱虐型指导方式对研究生自我效能的影响机制研究[J]. 管理学报，10(6)：839-861.

刘晓光，杨连星，2016. 双边政治关系、东道国制度环境与对外直接投资[J]. 金融研究，

(12):17-31.

柳诒徵,2010. 中国文化史[M]. 长沙:岳麓书社.

卢美月,张文贤,2006. 企业文化与组织绩效关系研究[J]. 南开管理评论,(6):26-30.

鲁宏飞,沈艳华,魏馨,2007. 学校文化建设与管理研究[M]. 上海:华东师范大学出版社.

陆瑶,胡江燕,2014. CEO 与董事间的"老乡"关系对我国上市公司风险水平的影响[J]. 管理世界,(3):131-138.

陆益龙,2008. 户口还起作用吗:户籍制度与社会分层和流动[J]. 中国社会科学,(1):149-162.

罗家德,叶勇助,2007. 中国人的信任游戏[M]. 北京:社会科学文献出版社.

骆承烈,2007. 儒家文化的精神家园:孔庙[J]. 孔子研究,(2):106-111.

马克斯·韦伯,1987. 新教伦理与资本主义精神[M]. 于晓,陈维纲,等译. 北京:三联书店.

马腾,2005. 孔子传播思想探析[J]. 东岳论丛,(8):150-152.

马玉山,1993."家训"、"家诫"的盛行与儒学的普及传播[J]. 孔子研究,(4):62-69.

么桂杰,2014. 儒家价值观、个人责任感对中国居民环保行为的影响研究:基于北京市居民样本数据[D]. 北京理工大学博士毕业论文.

彭红霞,达庆利,2008. 企业文化、组织学习、创新管理对组织创新能力影响的实证研究[J]. 管理学报,(1):144-149.

彭泗清,1999. 信任的建立机制:关系运作与法制手段[J]. 社会学研究,(2):53-66.

裘孟荣,张星海,2012. 茶文化的社会功能及对产业经济发展的作用[J]. 中国茶叶加工,(3):42-44.

瞿明安,1995. 中国饮食文化的象征符号:饮食象征文化的表层结构研究[J]. 史学理论研究,(4):45-52.

沙莲香,1990. 传播学:以人为主体的图像世界之谜[M]. 北京:中国人民大学出版社.

邵龙宝,2010. 全球语境下的儒学价值与现代践行[M]. 上海:同济大学出版社.

申宇,赵静梅,何欣,2016. 校友关系网络、基金投资业绩与"小圈子"效应[J]. 经济学(季刊),15(1):403-428.

申宇,赵玲,吴风云,2017. 创新的母校印记:基于校友圈与专利申请的证据[J]. 中国工业经济,(8):157-174.

沈艺峰,王夫乐,陈维.2016."学院派"的力量:来自具有学术背景独立董事的经验证据[J].经济管理,(5):176-186.

宋晔,牛宇帆,2018. 道德自觉·文化认同·共同理想:当代道德教育的逻辑进路[J]. 教育研究,39(8):36-42.

苏红,任孝鹏,2014. 个体主义的地区差异和代际变迁[J]. 心理科学进展,22(6):1006-1015.

孙悦，李纾，2005. 澳门人的风险知觉与赌博行为[J]. 心理学报，(2)：260-267.

谈毅，王琳媛，2013. 大学文化建设与价值认同[M]. 上海：上海交通大学出版社.

汤一介，李中华，2011. 中国儒学史[M]. 北京：北京大学出版社.

唐建荣，2002. 儒学在贵州民族地区古代社会的传播与影响[J]. 贵州民族研究，(1)：120-126.

陶雪玉，2009. 儒家传播方式探析[J]. 广西民族大学学报(哲学社会科学版)，(S1)：58-60.

特雷斯 E 狄尔，阿伦 A 肯尼迪，1989. 公司文化现代企业的精神支柱[M]. 唐铁军，叶永青，陈旭，译. 上海：上海科学技术文献出版社.

汪岩桥，2003."文化人"假设与企业家精神[M]. 北京：中国经济出版社.

王保国，2006. 地理环境、农耕文明与中原文化的基本趋向[J]. 殷都学刊，(1)：97-101.

王福胜，程富，2014. 管理防御视角下的 CFO 背景特征与会计政策选择：来自资产减值计提的经验证据[J].会计研究，(12)：32-38.

王金波，2018. 制度距离、文化差异与中国企业对外直接投资的区位选择[J]. 亚太经济，(6)：83-90.

王艳，阚铄，2014. 企业文化与并购绩效[J]. 管理世界，(11)：146-157.

王艳，2014."诚信创新价值观"文化差异度与并购绩效：基于 2008—2010 年沪深上市公司股权并购事件的经验数据[J]. 会计研究，(9)：74-80.

王振川，2006. 关于治理商业贿赂的若干问题[J]. 中国法学，(4)：102-109.

王振业，1992. 中国古典文论中的传播思想[J]. 现代传播，(3)：52-61.

王竹泉，隋敏，2010. 控制结构＋企业文化：内部控制要素新二元论[J]. 会计研究，(3)：28-35.

韦政通，2003. 中国文化概论[M]. 长沙：岳麓书社.

魏立群，王智慧，2002. 我国上市公司高管特征与企业绩效的实证研究[J]. 南开管理评论，(4)：16-22.

魏昕，张志学，2010. 组织中为什么缺乏抑制性进言[J]. 管理世界，(10)：99-109.

魏则胜，李萍，2007. 道德教育的文化机制[J]. 教育研究，(6)：13-19.

文南薰，2007. 茶文化旅游产品组合性开发研究：以普洱茶文化旅游产品开发为例[J]. 云南财经大学学报，(2)：81-85.

吴柏林，2004. 公司文化管理[M]. 广州：广东经济出版社.

吴伟荣，李晶晶，2018. 校友关系影响审计质量研究：基于权力中心度和关系亲密度的证据[J]. 中国软科学，(8)：105-116.

吴文盛，2005. 企业文化与民营企业发展研究[D]. 武汉大学博士毕业论文.

吴照云，王宇露，2003. 企业文化与企业竞争力：一个基于价值创造和价值实现的分析视角[J]. 中国工业经济，(12)：79-84.

夏博辉，2003. 论会计职业判断[J]. 会计研究，(4)：36-40.

辛杰，2014. 企业文化对企业社会责任的影响：领导风格与高管团队行为整合的作用[J]. 上海财经大学学报，16(6)：30-39.

许年行，李哲，2016. 高管贫困经历与企业慈善捐赠[J]. 经济研究，(12)：133-146

许士密，2002. 大众文化和主流文化、精英文化良性互动机制的构建[J]. 求实，(6)：9-12.

闫焕民，廖佳，2018. CEO-CFO 校友关系与公司避税行为：基于税收征管强度视角的研究[J]. 现代财经(天津财经大学学报)，(9)：77-91.

阳海洪，2012. "仁礼同构"："5W"模式下儒家传播思想的问题意识[J]. 湘潭大学学报(哲学社会科学版)，(3)：117-120.

杨甫旺，2009. 儒学在彝族地区的传播与彝族社会文化的变迁[J]. 贵州民族研究，(5)：161-166.

杨功焕，1999. 烟草对健康的危害及控烟策略[J]. 中国慢性病预防与控制，(3)：3-5.

杨国安，2002. 中国烟业史汇典[M]. 北京：光明日报出版社.

杨世文，2015. 近百年儒学文献研究史[M]. 福州：福建人民出版社.

杨志玲，盛美真，2007. 儒家道德文化在云南少数民族地区的传承途径[J]. 云南民族大学学报(哲学社会科学版)，(5)：40-43.

杨子飞，2016. "政治儒学"抑或"政治的儒学"：论儒学在当代的政治姿态[J]. 武汉大学学报(哲学社会科学版)，69(4)：51-57.

姚伟钧，2008. 中国饮食礼俗与文化史论[M].武汉：华中师范大学出版社.

姚中秋，2013-02-05. 蒋庆"政治儒学"之思想史意义[N]. 21 世纪经济报道.

伊藤肇，2001. 东方人的经营智慧[M]. 琪辉，译. 北京：光明日报出版社.

于祥成，2014. 清代书院儒学传播途径探微[J]. 湖南大学学报(社会科学版)，(3)：120-123.

余清臣，卢元凯，2010. 学校文化学[M]. 北京：北京师范大学出版社.

余英时，1998. 现代儒学论[M]. 上海：上海人民出版社.

余英时，2001. 中国近世宗教伦理与商人精神[M]. 合肥：安徽教育出版社.

余英时，2012. 现代儒学的回顾与展望[M]. 北京：三联书店.

袁义达，张诚，杨焕明，2000. 中国人姓氏群体遗传：Ⅱ.姓氏传递的稳定性与地域人群的亲缘关系[J]. 遗传学报，(7)：565-572.

约翰 P 科特，詹姆斯 L 赫斯克特，1997. 企业文化与经营业绩[M]. 成中，李晓涛，译. 北京：华夏出版社.

占德干，张炳林，1996. 企业文化构建的实证性研究：对四个不同类型企业的调查与分析[J]. 管理世界，(5)：204-210.

张德，2003. 组织文化建设[M]. 北京：清华大学出版社.

张进军，2014. 中英茶文化比较及对中国茶文化传播的启示[J]. 世界农业，(8)：175-176.

张立文，2005. 儒学思想在世界的传播与发展[M]. 保定：河北大学出版社.

张龙，刘洪，2009. 高管团队中垂直对人口特征差异对高管离职的影响[J]. 管理世界，(4)：108-118.

张世平，1994. 儒家文化与经济发展：国外研究述评[J]. 社会学研究，(3)：63-68.

张淑敏，2008. 激励契约不完备性与组织文化[M]. 大连：东北财经大学出版社.

张维迎，邓峰，2003. 信息、激励与连带责任：对中国古代连坐、保甲制度的法和经济学解释[J]. 中国社会科学，(3)：99-112.

张旭，武春友，2006. 组织文化与公司绩效关系的实证研究[J]. 南开管理评论，(3)：50-54.

张严柱，2012. 中国烟草行业发展战略选择问题研究[D]. 东北财经大学博士毕业论文.

张兆国，刘永丽，谈多娇，2011. 管理者背景特征与会计稳健性：来自中国上市公司的经验证据[J]. 会计研究，(7)：11-18.

章永奎，赖少娟，杜兴强，2019. 学者型独立董事、产品市场竞争与公司创新[J]经济管理，(10)：27-43.

赵君，2016. 唐代儒家思想在吐蕃的传播及其对吐蕃政治的影响[J]. 西藏大学学报(社会科学版)，(2)：23-29.

赵奇锋，赵文哲，卢荻 等，2018. 博彩与企业创新：基于文化视角的研究[J]. 财贸经济，(9)：122-140.

赵曙明，黄昊宇，2006. 企业伦理文化与人力资源管理研究[J]. 经济管理，(16)：4-15.

郑伯埙，1993. 组织价值观与组织承诺、组织公民行为、工作绩效关系：不同加权模式、差距模式之比较[J]. 台湾：中华心理学刊，35(1)：43-58.

郑克中，1987. 论儒家传统文化对我国经济发展的影响[J]. 东岳论丛，(4)：20-26.

郑天一，徐斌，1992. 烟文化[M]. 北京：中国社会科学出版社.

郑永彪，张磊，2013. 基于委托代理模型的企业创新管理研究[J]. 科研管理，34(9)：36-45.

周建涛，廖建桥，2012. 权力距离导向与员工建言：组织地位感知的影响[J]. 管理科学，(1)：35-44.

周秋光，曾桂林，2005. 儒家文化中的慈善思想[J]. 道德与文明，(1)：31-34.

周祖城，2000. 管理与伦理[M]. 北京：清华大学出版社.

朱青松，陈维政，2005. 员工价值观与组织价值观：契合衡量指标与契合模型[J]. 中国工业经济，(5)：88-95.

朱滢，2014. 检验“水稻理论”[J]. 心理科学，37(5)：1261-1262.

朱滢，2015. 再谈检验“水稻理论”[J]. 心理研究，8(3)：3-4.

朱瑜，王雁飞，蓝海林，2007. 企业文化、智力资本与组织绩效关系研究[J]. 科学学研究，(5)：952-958.

ADHIKARI B K，AGRAWAL A，2016. Religion，gambling attitudes and corporate innovation[J]. Journal of corporate finance，37：229-248.

AGGARWAL R，FACCIO M，GUEDHAMI O，et al.，2016. Culture and finance：an introduction[J]. Journal of corporate finance，100(41)：466-474.

AHERN K R，DAMINELLI D，FRACASSI C，2015. Lost in translation? The effect of cultural values on mergers around the world[J]. Journal of financial economics，117(1)：165-189.

AHMED A M，2007. Group identity，social distance and intergroup bias[J]. Journal of economic psychology，28(3)：324-337.

ALAVI M，LEIDNER D E，2001. Knowledge management and knowledge management systems：conceptual foundations and research issues[J]. MIS quarterly，25(1)：107-136.

ALDRICH H，ZIMMER C，JONES T，1986. Small business still speaks with the same voice：a replication of 'the voice of small business and the politics of survival'[J]. The sociological review，34(2)：335-356.

ALLEN F，QIAN J，QIAN M，2005. Law，finance，and economic growth in China[J]. Journal of financial economics，77(1)：57-116.

ALLEN N J，MEYER J P，1990. The measurement and antecedents of affective，continuance and normative commitment to the organization[J]. Journal of occupational psychology，63(1)：1-18.

AN Z，1988. Archaeological research on neolithic China[J]. Current anthropology，29(5)：753-759.

AROGYASWAMY B，BYLES C M，1987. Organizational culture：internal and external fit[J]. Journal of management，13(4)：653.

ASHFORTH B E，HARRISON S H，CORLEY K G，2008. Identification in organizations：an examination of four fundamental questions ashforth[J]. Journal of management，34(3)：325-374

BA RON D P，D BESANKO，CONTRO，1998. Organizational structure[J]. National centre for vocational education research，1(3)：911-929.

BADOLATO P，DONELSON D，EGE M，2014. Audit committee financial expertise and earnings management：the role of status[J]. Journal of accounting and economics，58(2～3)：208-230.

BAI Y，KUNG K S，2014. Does genetic distance have a barrier effect on technology diffusion? Evidence from historical China[R]. Working paper.

BARNEY J B，1986. Organizational culture：can it be a source of sustained competitive advantage[J]. Academy of management review，11(3)：656-665.

BARNEY J B，1991. Firm resources and sustained competitive advantage[J]. Journal of management, 17(1): 99-120.

BECKER C S, 1992. Living and relating: an introduction to phenomenology[M].London: Sage Publications.

BELKAOUI A, 1980. The inter-professional linguistic communication of accounting concepts: an experiment in sociolinguistics[J]. Journal of Accounting Research, 18(2): 362-374.

BELSKY J, FEARON R M P, 2002. Early attachment security, subsequent maternal sensitivity, and later child development: does continuity in development depend upon continuity of care giving? [J]. Attachment & human development, 4(3): 361-387.

BENNETT G B, HATFIELD R C, 2013. The effect of the social mismatch between staff auditors and client management on the collection of audit evidence[J]. The accounting review, 88(1): 31-50.

BERNILE G, BHAGWAT V, RAU P R, 2017. What doesn't kill you will only make you more risk-loving: early-life disasters and CEO behavior[J]. Journal of finance, 72(1): 167-206.

BERNSTEIN B, 1958. Some sociological determinants of perception: an enquiry in sub-cultural differences[J]. The British journal of sociology, 9(2): 159-174.

BESSIÈRE J, 1998. Local development and heritage: traditional food and cuisine as tourist attractions in rural areas[J]. Sociologia ruralis, 38(1): 21-34.

BIRCH L L, MARLIN D W, 1982. I don't like it; I never tried it: effects of exposure on two-year-old children's food preferences[J]. Appetite, 3(4): 353-360.

BLACK S E, STRAHAN P E, 2002.Entrepreneurship and bank credit availability [J]. The journal of finance, 57(6): 2807-2833.

BLECK A, LIU. X, 2007. Market transparency and the accounting regime[J]. Journal of accounting research, 45(2): 229-256.

BONIFACE P, 2003. Tasting tourism: travelling for food and drink[M]. UK: Ashgate Publishing Ltd.

BREE M, PRZYBECK T R, CLONINGER C R, 2006. Diet and personality: associations in a population-based sample[J]. Appetite, 46(2):177-188.

BREWER M B, 1979. Ingroup bias in the minimal intergroup situations: a cognitive motivational analysis[J]. Psychological bulletin, 86(2): 307-324.

BROCKNER J, ACKERMAN G, GREENBERG J, et al., 2001. Culture and procedural justice: the influence of power distance on reactions to voice[J]. Journal of experimental social psychology, 37(4): 300-315.

BROWN P, LEVINSON S C, 1987. Politeness: some universals in language usage [M]. Cambridge, U.K.: Cambridge University Press.

BROWN R., GILMAN A, 1960. The pronouns of power and solidarity. In: Style in Language [M]. Cambridge, MA:MIT Press: 253-276.

BRUYNSEELS L, CARDINAELS E, 2014. The audit committee: management watchdog or personal friend of the CEO? [J]. The accounting review, 89(1): 113-145.

BUCHANAN B G, LE Q V, RISHI M, 2012. Foreign direct investment and institutional quality: some empirical evidence[J]. International review of financial analysis, 21: 81-89.

BUSHMAN B J, 2002. Effects of alcohol on human aggression[J]. Recent developments in alcoholism, 13: 227-243.

BYRNE D, NEUMAN J H, 1992. The implications of attraction research for organizational issues[J]. Advances in psychology, 82(8): 29-70.

BYRNES N K, HAYES J E, 2013. Personality factors predict spicy food liking and intake[J]. Food quality and preference, 28(1): 213-221.

CAMERON K S, QUINN R E, 1998. Diagnosing and changing organizational culture: based on the competing values framework[M]. New York: Addison Wesley Press.

CAMERON K S, 2010. Diagnosing and changing organizational culture: based on the competing values framework[J]. Personnel psychology, 59(3): 755-757.

CAMPBELL J T, EDEN L, MILLER S R, 2012. Multinationals and corporate social responsibility in host countries: does distance matter? [J]. Journal of international business studies, 43(1): 84-106.

CANTARERO L, ESPEITX E, GIL LACRUZ M, et al., 2013. Human food preferences and cultural identity: the case of Aragón(Spain)[J]. International journal of psychology, 48(5): 881-890.

CARPENTER M A, FREDRICKSON J W, 2001. Top management teams, global strategic posture, and the moderating role of uncertainty[J]. Academy of Management Journal, 44(3): 533-545.

CARTWRIGHT S, SCHOENBERG R, 2010. Thirty years of mergers and acquisitions research: recent advances and future opportunities[J]. British journal of management, 17(S1): S1-S5.

CHAN A, 1997. Corporate culture of a clan organization[J]. Management decision, 35(2): 94-99.

CHAN K W, BUCKINGHAM W, 2008. Is China abolishing the hukou system? [J]. The China quarterly, 195: 582-606.

CHANG G, 2010. The confucian view of shame[N]. New York Times, http://www.nytimes.com.

CHARNESS G, GNEEZY U, 2008. What's in a name? Anonymity and social distance in dictator and ultimatum games[J]. Journal of economic behavior and organization, 68(1): 29-35.

CHATFIELD, M, 1974. A history of accounting thought[M]. Orlando FL: The Dryden Press.

CHEN M K, 2013. The effect of language on economic behavior: evidence from savings rates, health behaviors, and retirement assets[J]. American economic review, 103(2): 690-731.

CHEN T, KUNG J K, MA C, 2017. Long live Keju! The persistent effects of china's imperial examination system[R]. Working Paper.

CHEN Y, PODOLSKI E J, RHEE S G, et al., 2014. Local gambling preferences and corporate innovative success[J]. Journal of financial and quantitative analysis, 49(1): 77-106.

CHERPITEL C J, 1993. Alcohol, injury, and risk - taking behavior: data from a national sample[J]. Alcoholism: clinical and experimental research, 17(4): 762-766.

CHO C H, JUNG J H, KWAK B, et al., 2017. Professors on the board: do they contribute to society outside the classroom? [J]. Journal of business ethics, 141(2): 393-409.

CHOI J H, WONG T J, 2007. Auditors' governance functions and legal environments: an international investigation[J]. Contemporary accounting research, 24(1): 13-46.

CHOW C W, HARRISON G L, MCKINNON J L, et al., 1999. Cultural influences on informal information sharing in Chinese and anglo-american organizations: an exploratory study[J]. Accounting, organizations and society, 24(7): 561-582.

CIALDINI R B, 1993. Influence: The psychology of persuasion[M]. New York: Quill William Morrow.

COHEN L, FRAZZINI A, MALLOY C, 2008. The small world of investing: board connections and mutual fund returns[J]. Journal of political economy, 116(5): 951-979.

COHEN L, FRAZZINI A, MALLOY C, 2010. Sell - side school ties[J]. The journal of finance, 65(4): 1409-1437.

COVIN J G, SLEVIN D P, 1991. A conceptual model of entrepreneurship as firm behavior[J]. Entrepreneurship theory and practice, 16(1): 7-26.

CRANE A, RUEBOTTOM T, 2011. Stakeholder theory and social identity: rethinking stakeholder identification[J]. Journal of business ethics, 102(1): 77-87.

D'AVENI R, 1990. Top managerial status and organizational bankruptcy[J]. Organizational science, 1(2): 121-142.

DEAL T E, KENNEDY A A, 1983. Corporate cultures: the rites and rituals of corporate life[J]. Business horizons, 26(2): 82-85.

DEANGELO L E, 1981. Auditor size and audit quality[J]. Journal of accounting and economics, 3(3): 183-199.

DEDMAN E, KAUSAR A, 2012. The impact of voluntary audit on credit ratings: evidence from UK private firms[J]. Accounting and business research, 42(4): 397-418.

DEFOND M L, FRANCIS J R, 2005. Audit research after Sarbanes-Oxley[J]. Auditing: a journal of practice & theory, 24(s-1): 5-30.

DEFOND M, FRANCIS J, HU X, 2011. The geography of SEC enforcement and auditor reporting for financially distressed clients[R]. Working Paper, Available at SSRN.

DENISON R D, MISHRA A K, 1995. Toward a theory of organizational culture and effectiveness[J]. Organization science, 6(2): 204-223.

DEVERS C E, DEWETT T, MISHINA Y, et al., 2009. A general theory of organizational stigma[J]. Organization science, 20(1): 154-171.

DICKSON M W, SMITH D B, GROJEAN M W, et al., 2001. An organizational climate regarding ethics: the outcome of leader values and the practices that reflect them [J]. The leadership quarterly, 12(2): 197-217.

DOLEN W V, 2003. Practice what you preach: what managers must do to create a high achievement culture[J]. International journal of service industry management, 14 (3): 364-369.

DOWD K, 2009. Moral hazard and the financial crisis[J]. Cato journal, 29(1): 141-166.

DU X, DU Y, ZENG Q, et al., 2016. Religious atmosphere, law enforcement, and corporate social responsibility: evidence from China[J]. Asia pacific journal of management, 33(1): 229-265.

DU X, JIAN W, DU Y, et al., 2014. Religion, the nature of ultimate owner, and corporate philanthropic giving: evidence from China[J]. Journal of business ethics, 123 (2): 235-256.

DU X, JIAN W, LAI S, et al., 2015. Does religion mitigate earnings management? Evidence from China[J]. Journal of business ethics, 131(3): 699-749.

DU X, JIAN W, ZENG Q, et al., 2014. Corporate environmental responsibility in polluting industries: does religion matter? [J]. Journal of business ethics, 124(3): 485-507.

DU X, JIAN W, ZENG Q, et al., 2016. Religious influence, blockholder ownership, and corporate over-investment: evidence from Chinese buddhism[J]. China journal of accounting studies, 4(2): 109-142.

DU X, LAI S, 2018. Financial distress, investment opportunity, and the contagion effect of low quality audit: evidence from China[J]. Journal of business ethics, 147(3): 565-593.

DU X, WENG J, ZENG Q, et al., 2017. Culture, marketization, and owner-manager agency costs: a case of merchant guild culture in China[J]. Journal of business ethics, 143 (2): 353-386.

DU X, ZENG Q, 2019. Bringing religion back in: religious entrepreneurs, entrepreneurial gender, and bank loans in Chinese family firms[J]. Asian review of accounting, 27 (4): 508-545.

DU X, 2013. Does religion matter to owner-manager agency costs? Evidence from China[J]. Journal of business ethics, 118(2): 319-347.

DU X, 2014. Does religion mitigate tunneling? Evidence from Chinese buddhism [J]. Journal of business ethics, 125(2): 299-327.

DU X, 2015. Does confucianism reduce minority shareholder expropriation? Evidence from China[J]. Journal of business ethics, 132(4): 661-716.

DU X, 2016. Does confucianism reduce board gender diversity? Firm-level evidence from China[J]. Journal of business ethics, 136(2): 399-436.

DU X, 2017. Religious belief, corporate philanthropy, and political involvement of entrepreneurs in Chinese family firms[J]. Journal of business ethics, 142(2): 385-406.

DU X, 2019a. Does CEO-auditor dialect sharing impair pre-IPO audit quality? Evidence from China[J]. Journal of business ethics, 156(3): 699-735.

DU X, 2019b. What's in a surname? The effect of auditor-CEO surname sharing on financial misstatement[J]. Journal of business ethics, 158(3): 849-874.

DU X, 2021. On informal institutions and accounting behavior[M]. Springer.

DU, X., YIN, J., HAN, J., LIN, Q, 2020. The price of sinful behavior window dressing: cultural embeddedness on cigarette packages and financial reporting quality [J]. Journal of accounting and public policy, 39(6): 106776.

DUH RR, LIN H-L, CHOW C W, 2014. Connotative meaning and the challenges of international financial reporting/auditing standards convergence: the case of Taiwan's statement of auditing standards number 33[J]. Asia-Pacific journal of accounting and economics, 21(4): 368-388.

DUNFEE T W, WARREN D E, 2001. Is Guanxi ethical? A normative analysis of doing business in China[J]. Journal of business ethics, 32(3): 191-204.

DYRENG S D, MAYEW W J, WILLIAMS C D, 2012. Religious social norms and corporate financial reporting[J]. Journal of business finance & accounting, 39(7~8): 845-875.

EARLEY P C, 1999. Playing follow the leader: status-determining traits in relation to collective efficacy across cultures[J]. Organizational behavior and human decision processes, 80(3): 192-212.

EL GHOUL S, GUEDHAMI O, NI Y, et al., 2013. Does information asymmetry matter to equity pricing? Evidence from firms' geographic location[J]. Contemporary accounting research, 30(1): 140-181.

ELDER G H, GIMBEL C, IVIE R, 1991. Turning points in life: the case of military service and war[J]. Military psychology, 3(4): 215-231.

ELIAS N, 1994. The civilizing process [M]. Oxford: Blackwell.

ELSTER J, 1989. Social norms and economic theory[J]. Journal of economic perspectives, 3(4): 99-117.

ENGELBERG J, GAO P, PARSONS C A, 2012. Friends with money [J]. Journal of financial economics, 103(1): 169-188.

ERVIN-TRIPP S, 1969. Sociolinguistics. In: Experimental social psychology [M]. New York: Academic Press: 91-165.

FABOZZI F J, MA K C, OLIPHANT B J, 2008. Sin stock returns[J]. The journal of portfolio management, 35(1): 82-94.

FAMA E F, JENSEN M C, 1983. Separation of ownership and control[J]. Journal of law & economics, 26(2): 301-325.

FICH E M, SHIVDASANI A, 2006. Are busy boards effective monitors? [J]. The journal of finance, 61(2): 689-724.

FIOL C M, 1991. Managing culture as a competitive resource: an identity-based view of sustainable competitive advantage[J]. Journal of Management, 17(1): 191-211.

FIRTH M, MO P L L, WONG R M K, 2012. Auditors' organizational form, legal liability, and reporting conservatism: evidence from China[J]. Contemporary accounting research, 29(1): 57-93.

FISMAN R, MIGUEL E, 2007. Culture of corruption: evidence from diplomatic parking ticket[J]. Journal of political economy, 115(6): 1020-1048.

FOUCAULT M, 1995. Discipline and punish: the birth of the prison[M]. New York: Vintage Books.

FRACASSI C, TATE G A, 2012. External networking and internal firm governance [J]. Journal of finance, 67(1): 153-194.

FRANCIS B, HASAN I, QIANG W, 2015. Professors in the boardroom and their impact on corporate governance and firm performance[J]. Financial management, 44(3): 547-581.

GEORGAS J, VAN DE VIJVER F J R, BERRY J W, 2004. The ecocultural framework, ecosocial indices, and psychological variables in cross-cultural research[J]. Journal of cross-cultural psychology, 35(1): 74-96.

GORDON G G, DI T N, 1992. Predicting corporate performance from organizational culture[J]. Journal of management studies, 29(6): 783-794.

GRANOVETTER M, 1973. The strength of weak ties[J]. American journal of sociology, 78(6):1360-1380.

GRANOVETTER M, 1985. Economic action and social structure: the problem of embeddedness[J]. American journal of sociology, 91(3): 481-510.

GRANOVETTER M, 2005. The impact of social structure on economic outcomes [J]. Journal of economic perspectives, 19(1): 33-50.

GRAY S J, 1988. Towards a theory of cultural influence on the development of accounting systems internationally[J]. Abacus, 24(1): 1-15.

GRILLI J, ALLESINA S, 2017. Last name analysis of mobility, gender imbalance, and nepotism across academic systems [J]. Proceedings of the national academy of sciences, 114(29): 7600-7605.

GUAN Y, SU L N, WU D, et al., 2016. Do school ties between auditors and client executives influence audit outcomes? [J]. Journal of accounting and economics, 61(2): 506-525.

GUISO L, SAPIENZA P, ZINGALES L, 2004. The role of social capital in financial development[J]. American economic review, 94:526-556.

GUISO L, SAPIENZA P, ZINGALES L, 2006. Does culture affect economic outcomes? [J]. Journal of economic perspectives, 20(2): 23-48.

GUL F A, WU D, YANG Z, 2013. Do individual auditors affect audit quality? Evidence from archival data[J]. The accounting review, 88(6): 1993-2023.

HALL D T, SCHNEIDER B, NYGREN H T, 1970. Personal factors in organizational identification[J]. Administrative science quarterly, 15(2): 176-190.

HAMBRICK D C, MASON P A, 1984. Upper echelons: the organization as a reflection of its top managers[J]. Academy of management review, 9(2): 193-206.

HAMILTON G G, 1990. Patriarchy, patrimonialism, and filial piety: a comparison of China and western Europe[J]. The British journal of sociology, 41(1): 77-104.

HAMMOND D, FONG G T, MCDONALD P W, et al., 2003. Impact of the graphic canadian warning labels on adult smoking behaviour [J]. Tobacco control, 12 (4): 391-395.

HARQUAIL C V, 1998. Organizational identification and the "whole person": integrating affect, behavior, and cognition. In: Identity in organizations: building theory through conversations[M]. Thousand Oaks, CA: Sage: 223-231.

HE X，PITTMAN J，RUI O，2016. Reputational implications for partners after a major audit failure：evidence from China[J]. Journal of business ethics，138：703-722.

HERZ P J，SCHULTZ JR J J，1999. The role of procedural and declarative knowledge in performing accounting tasks[J]. Behavioral research in accounting，11：1-26.

HILARY G，HUI K W，2009. Does religion matter in corporate decision making in America? [J]. Journal of financial economics，93(3)：455-473.

HOCHBERG Y V，LJUNGQVIST A，LU Y，2007. Whom you know matters：venture capital networks and investment performance[J]. The journal of finance，62(1)：251-301.

HOFSTEDE G，HOFSTEDE G J，MINKOV M，2010. Cultures and organizations：software of the mind[M]. 3rd Ed. New York：McGraw-Hill Education.

HOFSTEDE G，1981. Culture's consequences：international differences in work-related values[M]. London：Sage Publications.

HOFSTEDE G，1994. Management scientists are human[J]. Management science，40(1)：4-13.

HOGG M A，TERRY D J，2000. Social identity and self-categorization processes in organizational contexts[J]. Academy of management review，25(1)：121-140.

HOITASH U，2011. Should independent board members with social ties to management disqualify themselves from serving on the board? [J]. Journal of business ethics，99(3)：399-423.

HONG H，KACPERCZYK M，2009. The price of sin：the effects of social norms on markets[J]. Journal of financial economics，93(1)：15-36.

HUANG H，LEE E，LYU C，et al.，2016. The effect of accounting academics in the boardroom on the value relevance of financial reporting information[J]. International review of financial analysis，45：18-30.

HUNT S D，VITELL S，1986. A general theory of marketing ethics[J]. Journal of macro-marketing，6(1)：5-16.

HURLEY R F，HULTT M，1998. Innovation，market orientation，and organizational learning：an integration and empirical examination[J]. Journal of marketing，62(3)：42-54.

HWANG B H，KIM S，2009. It pays to have friends[J]. Journal of financial economics，93(1)：138-158.

HWANG K K，2001. The deep structure of confucianism：a social psychological approach[J]. Asian philosophy，11(3)：179-204.

ITO T A，MILLER N，POLLOCK V E，1996. Alcohol and aggression：a meta-analysis on the moderating effects of inhibitory cues, triggering events, and self-focused attention[J]. Psychological bulletin, 120(1): 60-82.

ITTONEN K, VÄHÄMAA E, VÄHÄMAA S, 2013. Female auditors and accruals quality[J]. Accounting horizons, 27(2): 205-228.

JACOBS J B, 1979. A preliminary model of particularistic tie in Chinese political alliance: Kan-ch'ing and Kuan-hsi in a rural Taiwanese township [J]. The China quarterly, 78: 237-273.

JACOBS J B, 1982. The concept of Guanxi and local politics in a rural Chinese cultural setting. In: Social Interaction in Chinese Society[M]. New York: Praeger Publisher: 209-236.

JAGGI B L, 1975. The impact of the cultural environment on financial disclosures [J]. International journal of accounting, 10(2): 75-84.

JAWORSKI B J, 1988. Toward a theory of marketing control: environmentalcontext, control types, and consequences[J]. Journal of marketing, 52(3): 23-39.

JENSEN M C, MECKLING W H, 1976. Theory of the firm: managerial behavior, agency costs and ownership structure[J]. Journal of financial economics, 3(4): 305-360.

JIANG B, MURPHY P J, 2007. Do business school professors make good executive managers? [J]. Academy of management perspectives, 21(3): 29-50.

JIANG Y, ZHANG H, 2010. The structure of fellow-townsman concepts and the development of questionnaire[J]. Psychological research, 3(4): 63-69.

JIN L, MYERS S C, 2006. R^2 around the world: new theory and new tests[J]. Journal of financial economics, 79(2): 257-292.

JOLLIFFE L, 2007. Tea and tourism: tourists, traditions and transformations [M]. Clevedon: Channel View Books.

JONES G R, 1983. Transaction costs, property rights, and organizational culture: an exchange perspective[J]. Administrative science quarterly, 28(3): 454-467.

JUDE C, LEVIEUGE G, 2017. Growth effect of foreign direct investment in developing economies: the role of institutional quality [J]. The world economy, 40 (4): 715-742.

KALMIJN M, FLAP H D, 2001. Assortative meeting and mating: unintended consequences of organized settings for partner choices[J]. Social forces, 79(4): 1289-1312.

KAPLAN R L, 1987. Accountants' liability and audit failures: when the umpire strikes out[J]. Journal of accounting and public policy, 6(1): 1-8.

KAVANAGH M H, ASHKANASY N M, 2006. The impact of leadership and change management strategy on organizational culture and individual acceptance of change during a merger[J]. British journal of management, 17(S1): S81-S103.

KEDIA S, RAJGOPAL S, 2011. Do the SEC's enforcement preferences affect corporate misconduct? [J]. Journal of accounting and economics, 51(3): 259-278.

KELLER A C, SMITH K T, SMITH L M, 2007. Do gender, educational level, religiosity, and work experience affect the ethical decision-making of US accountants? [J]. Critical perspectives on accounting, 18(3): 299-314.

KENDLER K S, SILBERG J L, NEALE M C, et al., 1991. The family history method: whose psychiatric history is measured? [J]. American journal of psychiatry, 148(11): 1501-1504.

KILMANN RH, SAXTON MJ, SERPA R, 1985. Gaining control of the corporate culture[M]. San Francisco, CA: Jossey-Bass.

KIM J B, SIMUNIC D A, STEIN M T, et al., 2011. Voluntary audits and the cost of debt capital for privately held firms: Korean evidence[J]. Contemporary accounting research, 28(2): 585-615.

KIM Y, PARK M S, WIER B, 2012. Is earnings quality associated with corporate social responsibility? [J]. The accounting review, 87(3): 761-796.

KING T, SRIVASTA A, WILLIAMS J, 2016. What's in an education? Implications of ceo education for bank performance[J]. Journal of corporate finance, 37: 287-308.

KIRKBRIDE P S, TANG S F Y, WESTWOOD R I, 1991. Chinese conflict preferences and negotiating behavior: cultural and psychological influences[J]. Organization studies, 12(3): 365-386.

KOCH K, SALTERIO S E, 2017. The effects of auditor affinity for client and perceived client pressure on auditor proposed adjustments[J]. The accounting review, 92(5): 117-142.

KOEHN D, 2013. East meets west: toward a universal ethic of virtue for global business[J]. Journal of business ethics, 116(4): 703-715.

KOHLBERG L, 1984. Essays on moral development. In: The psychology of moral development[M]. 2nd Ed. San Francisco: Harper and Row.

KORMAN L M, COLLINS J, DUTTON D, et al., 2008. Problem gambling and intimate partner violence[J]. Journal of gambling studies, 24(1): 13-23.

KORN D A, SHAFFER H J, 1999. Gambling and the health of the public: adopting a public health perspective[J]. Journal of gambling studies, 15(4): 289-365.

KRAICZY N D, HACK A, KELLERMANNS F W, 2014. New product portfolio performance in family firms[J]. Journal of business research, 67(6): 1065-1073.

KUMAR A, 2009. Who gambles in the stock market? [J]. The journal of finance, 64(4): 1889-1933.

LANDRINE H, KLONOFF E A, 1992. Culture and health-related schemas: a review and proposal for interdisciplinary integration[J]. Health psychology, 11(4): 267.

LANE S D, CHEREK D R, PIETRAS C J, et al., 2004. Alcohol effects on human risk taking[J]. Psychopharmacology, 172(1): 68-77.

LEE Y T, OTTATI V, 1995. Perceived in-group homogeneity as a function of group membership salience and stereotype threat[J]. Personality and social psychology bulletin, 21(6): 610-619.

LEW W J F, 1979. A Chinese woman intellectual: family, education, and personality [J]. Educational journal, 11: 36-46.

LI D, 2012. Study on the concept of eco-environmental protection manifesting in the confucianism[J]. Advanced materials research, 524-527: 2448-2451.

LI J S, 2003. Relation-based versus rule-based governance: an explanation of the east Asian miracle and Asian crisis[J]. Review of international economics, 11(4): 651-673.

LI K, GRIFFIN D, YUE H, et al., 2012. How does culture influence corporate risk-taking? [J]. Journal of corporate finance, 23(4): 1-22.

LI L, FATHELRAHMAN A I, BORLAND R, et al., 2016. Impact of graphic pack warnings on adult smokers' quitting activities: findings from the itc southeast Asia survey (2005—2014)[J]. Journal of smoking cessation, 11(2): 124-134.

LI S, PARK S H, LI S, 2004. The great leap forward: the transition from relation-based governance to rule-based governance[J]. Organizational dynamics, 33(1): 63-78.

LI Z, MASSA M, XU N, et al., 2016. The impact of sin culture: evidence from earnings management and alcohol consumption in China[R]. Working paper. Available at SSRN.

LIBBY R, LIPE M G, 1992. Incentives, effort, and the cognitive processes involved in accounting-related judgments[J]. Journal of accounting research, 30(2): 249-273.

LIND E A, TYLER T R, 1988. Critical Issues in Social Justice[M]. New York: Plenum Press.

LITTLETON A C, 1933.Accounting evolution to 1900[M]. NewYork: American Institute Publishing House.

LIU S H, 1998. Understanding confucian philosophy: classical and sung-ming [M]. New York: Greenwood Press.

LOWES S, NUNN N, ROBINSON J A, et al., 2017. The evolution of culture and institutions: evidence from the Kuba Kingdom[J]. Econometrica, 85(4): 1065-1091.

LUCKMANN T, 1975. The sociology of language [M]. Indiaapolis: Bobbs-Merrill Co..

LUDY M J, MATTES R D, 2012. Comparison of sensory, physiological, personality, and cultural attributes in regular spicy food users and non-users[J]. Appetite,

58(1): 19-27.

MACFARQUHAR R, 1980. The post-Confucian Challenge[J]. The economist, 9(2): 62-72.

MALHOTRA Y, 1998. Knowledge management for the new world of business [J]. Journal for quality & participation, 21(4): 58-60.

MARTIN S E, 2001. The links between alcohol, crime and the criminal justice system: explanations, evidence and interventions[J]. American journal on addictions, 10(2): 136-158.

MCDONALD M, FAUVER L, 2012. Shades of grey: capital structure decisions of non-sin vs. sin firms in the G20 nations[R]. Working Paper. Available at SSRN.

MCGOVERN P, 2009. Uncorking the past: the quest for wine, beer, and other alcoholic beverages[M]. Berkley(CA): University of California Press.

MCPHERSON M, SMITH-LOVIN L, COOK J M, 2001. Birds of a feather: homophily in social networks[J]. Annual Review of Sociology, 27(1): 415-444.

MESMER-MAGNUS J R, DECHURCH L A, 2009. Information sharing and team performance: a meta-analysis[J]. The Journal of applied psychology, 94(2): 5-35.

MICHEL J G, HAMBRICK D C, 1992. Diversification posture and top management team characteristics[J]. Academy of management journal, 35(1): 9-37.

MILES J A, 2012. Management and organization theory: a jossey-bass reader [M]. New Jersey: John Wiley & Sons.

MINTZ S W, 1985. Sweetness and power: the place of sugar in modern history [M]. New York: Viking/Penguin.

NELSON D L, 1987. Organizational socialization: a stress perspective[J]. Journal of organizational behavior, 8(4): 311-324.

OH H, BAE J, KIM S J, 2017. Can sinful firms benefit from advertising their csr efforts? Adverse effect of advertising sinful firms' CSR engagements on firm performance [J]. Journal of business ethics, 143(4): 1-21.

OKPARA J O, 2002. The influence of ethical climate types on job satisfaction of IT managers: implications for management practice and development in a developing economy [C]. Academy of Business and Administrative Services Seventh International Conference: 6-8.

OLSON S K, WOOTTON C W, 1991. Substance and semantics in the auditor's standard report[J]. Accounting historians journal, 18(2): 85-111.

O'REILLY Ⅲ C A, CHATMAN J, CALDWELL D F, 1991. People and organizational culture: a profile comparison approach to assessing person-organization fit[J]. Academy of management journal, 34(3): 487-516.

OUCHI W G, 1980. Markets, bureaucracies, and clans[J]. Administrative science quarterly, 25(1): 129-141.

PANKAJ G, 2001. Distance still matters: the hard reality of global expansion [J]. Harvard business review, 79(8):137-140, 142-147, 162.

PASCALE R T, 1984. Perspectives on strategy: the real story behind honda's success [J]. California Management Review, 26(3): 47-72.

PISTOR K, XU C, 2005. Governing stock markets in transition economics: lessons from China[J]. American law and economics review, 7(1): 184-210.

PLINER P, 1982. The effects of mere exposure on liking for edible substances [J]. Appetite, 3(3): 283-290.

POLLOCK T, CHEN G, JACKSON E, et al., 2010. How much prestige is enough? Assessing the value of multiple types of high-status affiliates for young firms[J]. Journal of business venturing, 25(1): 6-23.

QIN Y, WU M, PAN X, et al., 2011. Reactions of chinese adults to warning labels on cigarette packages: a survey in jiangsu province[J]. BMC public health, 11(1):133.

RATIH S P, SUSANNA D, 2018. Perceived effectiveness of pictorial health warnings on changes in smoking behaviour in Asia: a literature review[J]. BMC public health, 18 (1): 1-16.

RAYLU N, OEI T P, 2004. Role of culture in gambling and problem gambling [J]. Clinical psychology review, 23(8): 1087-1114.

RICHARD O C, MCMILLAN-CAPEHART A, BHUIAN S N, et al., 2009. Antecedents and consequences of psychological contracts: does organizational culture really matter? [J]. Journal of business research, 62(8): 818-825.

ROHRMANN B, CHEN H, 1999. Risk perception in china and australia: an exploratory cross-cultural study[J]. Journal of risk research, 2(3): 219-241.

ROTHGERBER H, 1997. External intergroup threat as an antecedent to perceptions in in-group and out-group homogeneity[J]. Journal of personality and social psychology, 73(6): 1206.

ROZIN P, SCHILLER D, 1980. The nature and acquisition of a preference for chili pepper by humans[J]. Motivation & emotion, 4(1): 77-101.

SANCHEZ M M, LADD C O, PLOTSKY P M, 2001. Early adverse experience as a developmental risk factor for later psychopathology: evidence from rodent and primate models[J]. Development and psychopathology, 13(3): 419-449.

SANGWHA L, 1999. The patriarchy in China: an investigation of public and private spheres[J]. Asian journal of women's studies, 5(1): 9-49.

SATHE V, 1983. Implications of corporate culture: a manager's guide to action

[J]. Organizational dynamics, 12(2): 5-23.

SCHATZMAN L, STRAUSS A, 1955. Social class and modes of a communication [J]. American journal of sociology, 60(4): 329-338.

SCHEIN E H, 1985. Organizational culture and leadership [M]. San Francisco: Jossey-Bass.

SCHEIN E H, 1990. Organizational culture [J]. American psychologist, 45(2): 109-119.

SCHEIN E H, 1993. How can organizations learn faster? The challenge of entering the green room[J]. Sloan management review, 34(2): 85-92.

SCOTTON C M, ZHU W, 1983. "Tongzhi" in China: language change and its conversational consequences[J]. Language in society, 12(4): 477-494.

SHAFFER H J, KORN D A, 2002. Gambling and related mental disorders: a public health analysis[J]. Annual review of public health, 23(1): 171-212.

SHAO L, GUEDHAMI K O, 2010. National culture and dividend policy[J]. Journal of international business studies, 41(8): 1391-1414.

SHERIDAN J E, 1992. Organizational culture and employee retention[J]. Academy of management journal, 35(5): 1036-1056.

SHIPILOV A, DANIS W, 2006. TMG social capital, strategic choice and firm performance[J]. European management journal, 24(1): 16-27.

SHLEIFER A, VISHNY R W, 1993. Corruption[J]. The Quarterly journal of economics, 108(3): 599-617.

SILVER A, 1990. Friendship in commercial society: eighteenth-century social theory and modern sociology[J]. American journal of sociology, 95(6): 1474-1504.

SMITH J, JEHLI KA P, 2007. Stories around food, politics and change in Poland and the Czech republic[J]. Transactions of the institute of british geographers, 32(3): 395-410.

SO Y L, WALKER A, 2013. Explaining Guanxi: the Chinese business network [M]. London: Routledge.

SPURRIER M, BLASZCZYNSKI A, 2014. Risk perception in gambling: a systematic review[J]. Journal of gambling studies, 30(2): 253-276.

STAHL G K, VOIGT A, 2008. Do cultural differences matter in mergers and acquisitions? A tentative model and examination[J]. Organization science, 19(1): 160-176.

STEVENS D A, 1996. Individual differences in taste perception[J]. Food chemistry, 56(3): 303-311.

SZTO M, 2013. Contract in my soup: Chinese contract formation and ritual eating and drunkenness[J]. Pace international law review, 25(1): 1-43.

TABELLINI G, 2008. The scope of cooperation: values and incentives[J]. Quarterly journal of economics, 123(3): 905-950.

TAJFEL H, TURNER J C, 1979. An integrative theory of intergroup conflict. In: Differentiation between social groups: studies in the social psychology of intergroup relations[M]. London, U.K.: Academic Press: 33-47.

TAJFEL H, TURNER J C, 1986. The social identity theory of intergroup behavior [J]. Psychology of intergroup relations, 13(3): 7-24.

TAJFEL H, 1970. Experiments in ingroup discrimination[J]. Scientific American, 223(5): 24-35.

TAJFEL H, 1982. Social psychology of intergroup relations[J]. Annual review of psychology, 33(1): 1-39.

TAJFEL H. 1978. Social categorization, social identity and social comparison[M]. London: Academic Press.

TALHELM T, ZHANG X, OISHI S, et al., 2014. Large-scale psychological differences within China explained by rice versus wheat agriculture[J]. Science, 344(6184): 603-608.

TAN D, SNELL R S, 2002. The third eye: exploring Guanxi and relational morality in the workplace[J]. Journal of business ethics, 41(4): 361-384.

TAN J Y, 1967. Confucianism and neo-confucianism[M]. New York: McGraw-Hill Book.

TAN J, 2001. Innovation and risk-taking in a transitional economy: a comparative study of Chinese managers and entrepreneurs[J]. Journal of business venturing, 16(4): 359-376.

TANG S K, WU A M S, 2012. Gambling-related cognitive biases and pathological gambling among youths, young adults, and mature adults in Chinese societies[J]. Journal of gambling studies, 28(1): 139-154.

TELFER D J, WALL G, 1996. Linkages between tourism and food production [J]. Annals of tourism research, 23(3): 635-653.

TIHANYI L, ELLSTRAND A E, DAILY C M, et al., 2000. Composition of the top management team and firm international diversification[J]. Journal of management, 26(6): 1157-1177.

TUNSTALL W B, 1986. The breakup of the bell system: a case study in cultural transformation[J]. California management review, 28(2): 110-124.

UZZI B, 1997. Social structure and competition in interfirm networks: the paradox of embeddedness[J]. Administrative science quarterly, 42(2): 35-67.

VAN DE VLIERT E, POSTMES T, 2012. Climato-economic livability predicts societal collectivism and political autocracy better than parasitic stress does[J]. Behavioral and brain sciences, 35(2): 94-95.

VAN DE VLIERT E, 2008. Climate, affluence, and culture[M]. Cambridge: Cambridge University Press.

VICTOR B, CULLEN J B, 1987. A theory and measure of ethical climate in organizations. In: Research in corporate social performance and policy[M]. Greenwich, CT: JAI Press: 51-71.

VON KROGH G, 1998. Care in knowledge creation[J]. California management review, 40(3): 133-153.

WADE-BENZONI K A, OKUMURA T, BRETT J M, et al., 2002. Cognitions and behavior in asymmetric social dilemmas: a comparison of two cultures[J]. Journal of applied psychology, 87(1): 87.

WANG L, JUSLIN H, 2009. The impact of chinese culture on corporate social responsibility: the harmony approach[J]. Journal of business ethics, 88(3): 433-451.

WANG Q, WONG T J, XIA L, 2008. State ownership, the institutional environment, and auditor choice: evidence from China[J]. Journal of accounting and economics, 46(1): 0-134.

WATERS E, MERRICK S, TREBOUX D, et al., 2000. Attachment security in infancy and early adulthood: a twenty-year longitudinal study[J]. Child development, 71 (3): 684-689.

WEBER E U, HSEE C, 1998. Cross-cultural differences in risk perception, but cross-cultural similarities in attitudes towards perceived risk[J]. Management science, 44 (9): 1205-1217.

WEBER Y, DRORI I, 2011. Integrating organizational and human behavior perspectives on mergers and acquisitions[J]. International studies of management & organization, 41(3): 76-95.

WHITE J T, WOIDTKE T, BLACK H A, et al., 2014. Appointments of academic directors[J]. Journal of corporate finance, 28: 135-151.

WIERSEMA M F, BANTEL K A, 1992. Top management team demography and corporate strategic change[J]. Academy of management journal, 35(1): 91-121.

WILKINS A L, OUCHI W G, 1983. Efficient cultures: exploring the relationship between culture and organizational performance[J]. Administrative science quarterly, 28 (3): 468-481.

WILLIAMS A, WALTERSM, 1989. Changing culture: new organizational approaches[M]. London: Pub-institute of Personal Management.

WILLIAMS S M, 2004. An international investigation of associations between societal variables and the amount of disclosure on information technology and communication problems: the case of Y2K[J]. The international journal of accounting, 39(1): 71-92.

WILLIAMSON O E, 1983. Organization form, residual claimants, and corporate control[J]. The journal of law and economics, 26(2): 351-366.

WILLIAMSON O E, 2000. The new institutional economics: taking stock, looking ahead[J]. Journal of economic literature, 38(3): 595-613.

WONG T J, 2016. Corporate governance research on listed firms in china: institutions, governance and accountability[J]. Foundations and trends in accounting, 9(4): 259-326.

XIN K K, PEARCE J L, 1996. Guanxi: connections as substitutes for formal institutional support[J]. The academy of management journal, 39(6): 1641-1658.

ZANDER U, ZANDER L, 2010. Opening the grey box: social communities, knowledge and culture in acquisitions[J]. Journal of international business studies, 41(1): 27-37.

ZARZESKI M T, 1996. Spontaneous harmonization effects of culture and market forces on accounting disclosure practices[J]. Accounting horizons, 10(1): 18-37.

ZHANG J, WANG J, LU Y, et al., 2004. Alcohol abuse in a metropolitan city in China: a study of the prevalence and risk factors[J]. Addiction, 99(9): 1103-1110.

ZHU J, YE K, TUCKER J W, et al., 2016. Board hierarchy, independent directors, and firm value: evidence from China[J]. Journal of corporate finance, 41(1): 262-279.

第二章　儒家文化与会计审计行为：总体研究

谈及中国社会，无法也不能忽略文化影响；论及文化影响，则不能绕开儒家文化（杜兴强，2020）。儒家文化历经千年，迄今仍潜移默化地影响着中国人的思维方式、行为习惯和决策模式。换言之，因为决策是由人作出的，且制度的执行效果离不开人的因素，所以儒家文化通过影响人的行为，进而影响公司决策，乃至会计审计行为。

儒家文化对会计审计行为的影响，大致可以区分为两大类：(1)儒家文化整体上如何影响会计审计行为；(2)儒家文化的不同维度如何具体地影响会计审计行为。本章关注儒家文化整体上如何影响会计审计行为，而第三、第四章则侧重于儒家文化不同维度如何具体地影响会计审计行为。

关于儒家文化整体上如何影响公司治理与会计审计行为，在第一章介绍的、整体度量儒家文化的基础上，本章主要对四个问题进行讨论：

(1)儒家文化传播与官员腐败抑制：基于世界银行跨国数据的经验证据；

(2)儒家文化与公司诉讼风险；

(3)儒家文化与财务报告质量；

(4)儒家文化、环境保护法实施与公司环境治理。

第一节　儒家文化传播与官员腐败抑制
——基于世界银行跨国数据的经验证据

摘要：本节利用中国在全球设立孔子学院的制度背景和世界银行跨国数据，分析了中国的儒家文化传播对世界各国官员腐败行为的影响。本节发现：(1)一个国家（地区）开设的孔子学院数量越多，企业经营活动受官员腐败的影响越小，表明中国的儒家文化传播在一定程度上抑制了世界范围内的官员腐败行为；(2)特定国家的腐败治理强化了儒家文化传播对官员腐败行为的抑制作用。此外，特定国家和中国外交关系越紧密、孔子学院设立时间越长、当地宗教排他性越弱，儒家文化传播对所在国的官员腐败行为的抑制作用更突出。基于中国制度背景，本节还发现，在拥有国家级孔庙的城市，官员腐败程度较低，为研究结论的可靠性提供了支持。

一、引言

在经济学领域，腐败通常被定义为掌握公共权力的官员为了私人目的而不公正地或者偏颇地进行资源分配(Macrae，1982；Shleifer，Vishny，1993)。由于腐败背后涉及官员与资源获取方之间的互动关系，它的危害往往不仅局限于政治领域，而是表现出对整个社会极强的负外部性。一旦腐败进入商业领域，企业为取得生存和发展所必需的资源不得不向官员行贿，公平竞争的市场机制将遭到破坏并导致资源配置的低效率(谢平，陆磊，2003)。外商也可能因此减少对当地的投资额度(Habib，Zurawicki，2002)。如此情况下，Mo(2001)指出腐败水平每提高1%，经济增长速率大约会减缓0.72%。另外，腐败甚至影响了社会财富的再次分配过程，造成教育、医疗和基础设施等公共资源向富人倾斜，加剧了社会的贫富差距(Gupta et al.，2002；Olken，2006)。为此，联合国于2005年通过了《联合国反腐败公约》——第一个用于指导国际反腐败斗争的法律文件。截至目前，该公约一共有140个签署国和172个缔约方，打击腐败已成为各国政府的重要工作之一。中国一直以来也都很重视反腐倡廉工作，党的十九大报告更是要求"坚决纠正各种不正之风，以零容忍态度惩治腐败"。尽管世界各国都已积极开展了腐败治理工作，但腐败作为一个长期存在于人类社会各阶段的共性问题至今仍未得到妥善解决，如何有效地防治腐败仍有待进一步研究。

腐败在本质上是一个社会公众与官员之间的委托代理问题，其产生的原因是官员的个人利益与社会整体利益之间的矛盾与冲突(Abbink，Serra，2012)。在委托代理的分析框架内，官员作为社会公众的代理人是否会背离社会整体利益而采取机会主义行为，主要取决于官员考评与奖惩机制的有效性。持该观点的学者认为反腐败斗争的关键在于制度设计，一方面要对腐败行为形成严格的监督并予以严厉的处罚(Collier，2000；Ke et al.，2017)，另一方面也应当对清廉行为给予奖励(Armantier，Boly，2011；Van Veldhuizen，2013)。但现实中，腐败问题在有些国家却如痼疾般始终难以铲除(姜树广，陈叶烽，2016)。世界著名非政府组织"透明国际"历年发布的全球清廉指数显示，各国排名在不同年份虽然会发生变化，但变化幅度往往不大。Tsalikis和Nwachukwu(1991)指出，尼日利亚和美国传统价值观念存在差异是导致两国学生对贿赂、贪污、裙带关系等腐败行为容忍度不同最主要的原因。Williamson(2000)曾将人类社会的制度分成四个层次，位于第一层次的文化因素往往可以持续上千年之久，对位于低层次的资源分配和使用具有深远和持久的影响。文化差异是影响世界各国腐败水平更深层次的因素(Davis，Ruhe，2003；Jing，Graham，2008)。

文化因素对腐败的影响已开始受到了学者们的关注。Treisman(2000)揭示了宗教氛围与腐败水平之间的负相关关系。Davis和Ruhe(2003)、Jing和Graham(2008)检验了Hofstede(1984)所提出的四个文化维度对腐败行为的影响，总体上支持个人主义、低权力距离和阴柔气质不利于腐败滋长。但此类研究主要是跨国研究，文化影响与其他方面的国别差异是难以区分的，存在一定的缺陷。随着中国在国际舞台上经济实力的不断提升，文化传播逐渐成为继资本输出以外，“走出去”发展战略的重要内容之一。作为文化传播的主要载体，孔子学院致力于开展汉语教学、中外教育和文化等方面的交流与合作，在向世界传播中华文化的过程中发挥着不可替代的作用。孔子学院的设立在一定程度上提高了中华文化、特别是儒家文化在全球范围内的影响力。儒家文化对世界各国而言是一种“舶来品”，与世界各国的制度、社会结构乃至历史背景关联度不高，为本节提供了一个良好的研究背景。在中国情境下，儒家伦理至今依然影响着中国人的伦理判断，也参与塑造了中国资本市场的商业伦理(Du，2015；古志辉，2015)。古志辉(2015)认为，儒家文化强调“修身”和“忠信”，一方面会使管理层即便在缺乏外部监督的情况下也能够严于律己而不是谋求私利，另一方面将敦促管理层勤勉工作而不是偷懒懈怠，可以有效地缓解股东与管理层之间的代理问题。Du(2015)则指出，儒家文化主张“己所不欲，勿施于人”，有助于抑制大股东对中小股东的利益侵占。面对社会公众与官员之间代理冲突而导致的腐败困境，儒家文化所蕴含的伦理观念也可能为世界各国提供一个突破该困境的新思路。为此，本节旨在研究儒家文化传播是否可以降低世界各国的腐败水平？进一步，儒家文化作为一项非正式制度和当地的正式制度(腐败治理水平)如何相互作用、共同影响当地官员的腐败行为？

本节手工搜集孔子学院在各个国家(地区)的设立情况，从而构建了儒家文化传播的变量。使用世界银行的企业调查数据，基于2006—2016年间48 977个公司—年度观测值的实证研究结果发现，企业所在国家(地区)孔子学院的数量越多，官员腐败对其经营活动造成的阻碍越小，说明儒家文化在一定程度上抑制了腐败行为。进一步，在腐败治理水平较高的国家(地区)，儒家文化对腐败的抑制作用更强。本节可能的贡献如下：

第一，本节的发现增进了理论界对于儒家文化经济后果的认识。诺思(2008)指出，难以恰当地度量儒家文化是阻碍学者们对其经济后果进行实证分析的关键原因之一，目前的文献主要采用企业注册地和孔庙或儒家学校遗址之间的地理距离作为儒家文化的替代变量(古志辉，2015；Du，2015，2016)，本节另辟蹊径地利用中国在全球范围内开设孔子学院的独特背景，考察儒家文化对被输出国(地区)官员腐败的影响，丰富了该领域的文献。

第二，本节拓宽了腐败行为影响因素的研究范畴。之前的文献研究了一般性的文化因素和腐败行为之间的关系，大多基于Hofstede(1984)提出的文化维度进行检验。譬如，Jing和Graham(2008)发现集体主义、权力距离都和腐败水平显著正相关。但是，这一框架并不包含儒家所提倡的“义利”“民本”“仁爱”等观念，很难反映儒家文化对腐败行为的抑制作用。本节研究了儒家文化作为特定的国别(地区)文化对腐败的影响，对上述文献提供了重要的补充。

第三，本节揭示了儒家文化作为一种文化因素与腐败治理水平对官员腐败的交互作用，可以促使未来研究更多地关注非正式制度、正式制度对个体行为可能存在的替代或者强化作用。

第四，谢孟军等(2017)发现，中国的文化传播(孔子学院设立)能够显著地推动中国企业的对外直接投资，有望成为新一轮经济增长的原动力。本节选取被输出国官员的腐败行为作为切入点，为中国文化传播能够发挥出积极作用提供了新的经验证据。

第五，本节研究还发现：(1)儒家文化传播对腐败的抑制仅存在于与中国存在外交“伙伴关系”国家；(2)孔子学院在所在国家(地区)设立时间的长短、儒家文化传播均可以对所在国的腐败起到抑制重要，但在开办孔子学院时间较长的组别中，儒家文化对腐败的抑制作用更强；(3)儒家文化传播对腐败的抑制效应仅存在于“具有宗教信仰的民众比例较低”的国家(地区)。上述附加测试结果表明，为了深入分析儒家文化传播的经济后果，可能必须结合其他国别因素，如宗教、外交关系等进行分析。

本节余下内容安排如下：第二部分是理论分析与假设提出；第三部分是研究设计，包括数据来源、变量定义、模型构建；第四部分是实证结果；第五部分为内生性控制与附加测试；最后是总结与政策性建议。

二、理论分析与假设提出

(一)孔子学院的文化传播效应

中国一直以来都十分重视对外的经济与文化交流。古代丝绸之路的开通不仅促进了商品贸易，还极大地推动了沿线国家(地区)的文化交流，是中国和其他国家(地区)相互了解的第一个窗口。截至2016年年底，中国已在全球范围内140个国家(地区)设立了513所孔子学院、1 073个孔子课堂，承载着汉语教育和中华文化推广的双重任务。儒家文化中“仁爱”的思想核心、“经世济民”的理想抱负、“和而不同”的处世态度等在当今时代依然是具有现实意义的价值观念，被大多数学者认为是最应当向世界传播的文化要素(连大祥 等，2017)。为此，国家汉办总部将介绍孔子生平和儒家文化的《孔子卡通传记》《孔子卡通故事精编》两套图书列为所有孔子学院的推荐教材，各个孔子学院也对儒家经典进行直接翻译或者改编，从而拥有了自己的教材。为了更加全面地展示中华文化的精华，全球各地也设立了一些以中医、戏曲、饮食等特色文化为办学主题的专项学院。孔子学院的建立为各国(地区)人民学习汉语和了解中华文化搭建了固定场所，使他们有更多机会与中华文化“零距离”接触，有助于中华文化快速走向国际化，从而消除西方社会对中国消极的刻板印象(Donald，2013；Donald et al.，2014)。另外，苗莉青和陈聪(2015)认为，孔子学院不仅有利于中华文化“走出去”，在海外留学生“引起来”方面也起到了积极的推动作用。在“走出去”与“引起来”两方面影响的共同作用下，孔子学院已成为中国对外文化传播(特别是儒家文化传播)的核心阵地，亦是中国文化“软实力”的直观体现。由于孔子学院在文化传播的过程中可以增进交流、信任与共识，并缩短中国与世界各国之间的文化距离，因而也有效地促进了中国在全球范围内的经贸合作(Rauch，2011)。以往研究所发现的孔子学院设立对出口贸易(Donald，2013；连大祥 等，2017)、对外直接投资(谢孟军 等，2017)以及国际旅游人数(Donald et al.，2014)的正向影响，从另一个侧面为孔子学院的文化传播效应提供了佐证和支撑。

（二）儒家文化与腐败抑制

文化不仅是历史积淀的结果，也将在一定程度上影响人们的思维方式和价值观念（诺思，2008；Williamson，2000）。例如，语言是文化的一个维度，根据其是否要求使用者在语法上严格区分现在和未来，语言可以分为强、弱将来时态表述两类（strong versus weak future-time reference）。当一门语言特别强调将来时态时，它会导致使用者更多地关注当下和未来的差异，不停地暗示他们未来是遥不可及的，从而负面影响他们对将来的重视程度。相反地，人们则会觉得将来是近在咫尺的，更愿意为了长远的收益而抵制眼前的诱惑（Chen，2013）。再比如，Du（2016）指出儒家文化会导致人们形成"重男轻女"的价值观念，Du（2015）和古志辉（2015）认为儒家伦理有助于提高人们对于"仁""义""礼""智""信"等良好品德的认同感。

包容性是儒家文化区别于其他文化的重要特征之一。《论语·述而》便指出"三人行必有我师焉，择其善者而从之，其不善者而改之"。正因为儒家文化有着比较强的包容性，对其他文化尽可能地包容和吸收，所以当儒家文化传播到世界其他国家（地区）时，它往往能够比较容易地被当地民众所接纳，并逐步降低当地民众对腐败行为的容忍度。在委托代理的分析框架下，腐败行为是社会公众与官员之间代理冲突的产物（Abbink，Serra，2012）。由于腐败行为在绝大多数国家（地区）都是被法律明令禁止，在经济动机以外，自责、愧疚、羞耻、悔恨等道德动机也会对其产生影响（Abbink，Henning-Schmit，2006；Treisman，2000）。在儒家文化"义利""以民为本""仁爱"等道德观念的影响下，政府官员乃至社会公众都可能对腐败行为持有"厌恶"的态度。任何组织都只是社会系统的一部分，组织行为会受到其所处社会环境的影响（Miles，2012）。一个组织存续的关键之一在于其必须能够获得合法性地位，政府也不例外。换言之，政府和官员的行为必须符合社会的价值规范，并且受到社会公众的认可和赞同，否则可能对其统治地位产生负面影响（陈炳辉，1998）。根据制度理论（Miles，2012；陈炳辉，1998），儒家文化在整个社会塑造对腐败"零容忍"的文化氛围，将有助于约束政府官员不正义的腐败行为。具体地，儒家文化主要从以下四个方面影响人们对腐败行为的态度：

第一，儒家提倡"以义取利"。个人对财富的向往是腐败滋生的关键原因（过勇，2006；马志娟，2013）。儒家文化也承认追求财富是一种本能的行为，儒家代表人物孔子在《论语·里仁》中便指出："富与贵，是人之所欲也。"此外，《论语·述而》还指出："富可求也，虽执鞭之士，吾亦为之。"只要能够获得财富，孔子甚至愿意去做最底层的小吏。尽管儒家文化认可财富是不可或缺的，但却指出财富的重要程度要让位于社会正义。具体地，《论语·里仁》强调，"不以其道得之，不处也"；《论语·述而》强调，"不义而富且贵，于我如浮云"。另一位儒家代表人物——孟子甚至把社会正义看得比生命更加重要。《孟子·告子上》指出，"生，亦我所欲也，义，亦我所欲也，二者不可兼得，舍生而取义者也"。在儒家"义利"观念的持续影响之下，中国历史上出现了大批儒商，形成了十大著名的商帮。Du 等（2017）利用企业注册地和商帮遗址之间的地理距离构建了商帮文化变量，并以此探究它对股东和管理当局之间代理问题的影响，研究发现“义利”的文化传统能够约束管理当局不合道义的行为，例如在职消费、为短期业绩牺牲企业长远发展等，从而缓解了代理冲突。官员收受贿赂、不公正地行使公共权力的腐败行为显然有悖于“义利”的要求。儒家通过宣扬“义利”的价值观念，提高官员对社会正义的关注，降低他们对金钱的渴望，进而抑制腐败行为。

第二，儒家以“仁爱”思想为核心。“仁爱”是儒家学说的核心，樊迟曾经向孔子请教什么是“仁”，孔子的回答是“爱人”，可见“仁”就是要关心、爱护他人(《论语·颜渊》)。进一步，儒家文化还提出了践行“仁”的两条具体路径：(1)《论语·颜渊》提出“己所不欲，勿施于人”；(2)《论语·雍也》推崇“己欲立而立人，己欲达而达人”。Kraar(1995)认为腐败在以下两个方面给企业经营带来了额外负担：首先，购买礼物、宴请官员等行为将造成企业资源的浪费；其次，一旦贿赂行为被监管部门查处，企业将面临高额的罚款。随后，Kraar(1995)发现官员腐败导致亚洲企业的经营成本提高了大约5%。遵照儒家“仁爱”的价值观念，期望个人财富最大化的官员理应协助企业实现盈利，而不是向企业索取“租金”，令企业蒙受损失。

第三，儒家强调“以民为本”。为了帮助市场更有效地运作、避免市场失灵，各国政府往往会制定一系列法律法规来规范经济活动的进行。但这些规定也为掌握公共权力的官员提供了“寻租”的空间，成为滋养腐败的温床(Shleifer，Vishny，1993)。Djankov 等(2002)基于85个国家的跨国研究发现，严苛的市场准入制度和高水平的官员腐败密切相关。儒家文化强调百姓是一个国家的根基，并且要求从政人员将百姓的利益摆在首要位置。例如，《孟子·尽心下》中记载的“民为贵，社稷次之，君为轻”。此外，荀子在《荀子·哀公》中也曾说到“君者，舟也；庶人者，水也。水则载舟，水则覆舟”。本节认为受到儒家“民本”价值观念影响的官员在执行公务时，往往更倾向于合理地分配公共资源，勤勉地为社会公众服务，以期实现相关法律法规扶持经济发展的初衷。

第四，儒家文化讲究“克己复礼”。一方面，儒家文化倡导个人提高自身的修养，主张通过“修身”加强自律能力，从道德约束的角度修正个人行为(古志辉，2015；Du，2015)。腐败是一种典型的非正义行为，违背了儒家“义利”“仁爱”“以民为本”等道德要求。另一方面，儒家思想尊重“礼”，强调个人对制度的遵循，孔子在《论语·颜渊》中就说过“非礼勿视，非礼勿听，非礼勿言，非礼勿动”。腐败行为凌驾于法律法规之上，通过破坏规则来谋求个人利益，显然和儒家的价值观念相悖。基于上述，提出假设。

假设2.1.1：限定其他条件，国家(地区)孔子学院(课堂)数量与官员腐败负相关。

(三)腐败治理水平的调节效应

正式制度和非正式制度往往是相辅相成的，如果正式制度和非正式制度的目标一致，它们往往能够彼此强化，从而发挥出更大的作用(葛鹏 等，2016；孔泾源，1992)。譬如，孔泾源(1992)指出，马克思主义和中国传统的儒家文化在哲学机理、社会理想等方面的相似性是社会主义制度在中国焕发出蓬勃生机的一个重要原因。葛鹏等(2016)发现，诚信环境作为一项非正式制度与法制环境作为一项正式制度都能够对产业比较优势产生积极影响，且二者之间呈现出互补性。相反地，如果正式制度和非正式制度相互冲突，制度执行的效果将会大打折扣(古志辉,2015;Du,2016)。古志辉(2015)指出,儒家强调君子在竞争面前应该秉持“和而不同”的态度,不鼓励竞争,所以公司参与国际竞争的程度越高、儒家文化对公司行为的影响反而越弱。儒家文化和资本主义通常被认为是相对的,儒家文化很难孕育出资本主义精神(Adair-Toteff,2014)。Du(2016)利用人均 GDP 衡量各个省份的经济发展水平,并发现经济发展水平负向调节了儒家文化对于董事会中女性董事比例的影响。

国家治理腐败的有关措施不仅提高了官员的腐败行为被查处的可能性,同时也加大了对涉嫌腐败官员的惩罚力度。在反腐败力度比较强的国家,腐败的成本通常较高,官员往往“不敢腐”(Collier,2000;Ke et al.,2017)。马志娟(2013)认为,完善关于公职人员的经济责任审计问责制度将有助于减少中国的腐败行为。Ke 等(2017)利用 2012 年底中共中央颁布“八项规定”、掀起反腐风暴的自然实验背景展开研究,结果显示奢侈品销售量在该事件发生之后显著降低,这意味着中共中央的反腐行动取得了一定的成效。既然国家(地区)腐败治理和儒家文化对于腐败行为的态度一致(而非相互冲突),前者提高了腐败的成本使得官员“不敢腐”,后者强化了官员的伦理教育令他们“不想腐”,二者在腐败防治方面应当是相互促进的。基于此,提出本节的第二个假设。

假设 2.1.2:限定其他条件,国家(地区)腐败治理水平强化了孔子学院(课堂)数量和官员腐败间的负关系。

三、研究设计

(一)样本选择和数据来源

本节以世界银行企业调查数据库中的制造业企业为研究对象(69 178 个公司—年度观测值)。样本区间为 2006—2016 年,选择这一区间的原因在于世界银行企业调查数据库的起始年份是 2006 年。在此基础上,本节按照如下的原则进行样本的筛选与剔除:(1)官员腐败数据缺失的观测值(2 448 个公司—年度观测值);(2)公司层面控制变量缺失的观测值(17 611个公司—年度观测值);(3)国家层面控制变量缺失的观测值(142 个公司—年度观测值),最终得到的样本有效年度观测值为 48 977 个,涵盖亚洲、欧洲、非洲、美洲、大洋洲共

135 个国家①。2006—2016 年各年的观测值分别是 7 255、4 100、1 320、6 358、6 478、1 217、908、9 009、8 175、2 624、1 533 个。儒家文化的相关数据来自手工搜集，其余数据则全部来源于世界银行。为了使本节的研究结果免受极端值过大的影响，本节对所有连续变量（例如 FIRST、SALE 等）按照 1%与 99%分位进行了 Winsorize 缩尾处理。在相关的计量统计分析中，本节使用 Stata 14.0 软件进行相关的回归处理。

（二）变量定义

1.官员腐败

本节根据被调查企业针对调查问卷中两个问题的回答情况衡量当地官员的腐败水平（Barth et al.，2009；Wu，2009）。第一个问题是：官员腐败对企业的经营活动造成了多大的阻碍？官员腐败造成阻碍的程度（CORRUPT）是一个序数变量，取值 0、1、2、3、4 分别对应没有阻碍、轻微阻碍、中等阻碍、较大阻碍、极大阻碍，该变量取值越大则意味着当地官员的腐败越严重。第二个问题是：我们听说企业通常会向当地的官员赠送礼物，从而更快更好地解决执照、海关、税收、诉讼等方面的一些问题，那么这类支出占年度销售收入的百分比大约是多少？贿赂支出的比例（CORRUPT_R）可以衡量企业向当地官员行贿的倾向。本节选取官员腐败造成阻碍的程度（CORRUPT）作为被解释变量，并将贿赂支出的比例（CORRUPT_R）作为被解释变量的敏感性测试，以期得到更加稳健的研究结果。

2.儒家文化

本节手工搜集了儒家文化的相关数据。具体的做法是逐一查阅国家汉办（孔子学院总部）官方网站披露的各个孔子学院的详细信息，记录每一个孔子学院设立的时间及所在的国家（地区）。在此基础之上，进一步整理出企业所在国家（地区）孔子学院的数量（CONF）作为儒家文化传播的替代变量。

---

① 亚洲 31 个国家（地区）包括不丹、东帝汶、乌兹别克斯坦、也门、亚美尼亚、以色列、伊拉克、印度、印度尼西亚、吉尔吉斯斯坦、哈萨克斯坦、土耳其、塔吉克斯坦、孟加拉国、尼泊尔、巴基斯坦、斯里兰卡、柬埔寨、格鲁吉亚、泰国、约旦、约旦河西岸和加沙地带、缅甸、老挝、菲律宾、蒙古、阿塞拜疆、阿富汗、马来西亚、黎巴嫩；欧洲 21 个国家包括乌克兰、俄罗斯、保加利亚、克罗地亚、匈牙利、塞尔维亚、拉脱维亚、捷克、摩尔多瓦、斯洛伐克、斯洛文尼亚、波兰、波黑、爱沙尼亚、白俄罗斯、科索沃、立陶宛、罗马尼亚、阿尔巴尼亚、马其顿、黑山；非洲 46 个国家（地区）包括中非、乌干达、乍得、佛得角、冈比亚、几内亚、几内亚比绍、刚果共和国、刚果民主共和国、利比里亚、加纳、加蓬、南苏丹、南非、博兹瓦纳、卢旺达、厄立特里亚、吉布提、喀麦隆、坦桑尼亚、埃及、埃塞俄比亚、塞内加尔、塞拉利昂、多哥、安哥拉、尼日利亚、布基纳法索、布隆迪、摩洛哥、斯威士兰、毛里塔尼亚、毛里求斯、津巴布韦、科特迪瓦、突尼斯、纳米比亚、肯尼亚、苏丹、莫桑比克、莱索托、贝宁、赞比亚、马拉维、马达加斯加、马里；美洲 30 个国家包括乌拉圭、伯利兹城、危地马拉、厄瓜多尔、哥伦比亚、哥斯达黎加、圣卢西亚、圣基茨和尼维斯、圣文森特和格林纳丁斯、圭亚那、墨西哥、多米尼克、多米尼加、委内瑞拉、安提瓜和巴布达、尼加拉瓜、巴哈马群岛、巴拉圭、巴西、智利、格林纳达、洪都拉斯、牙买加、特立尼达和多巴哥、玻利维亚、秘鲁、苏里南、萨尔瓦多、阿根廷；大洋洲 7 个国家（地区）包括密克罗尼西亚、巴布亚新几内亚、所罗门群岛、斐济、汤加、瓦努阿图、萨摩亚。

3.控制变量

借鉴国内外有关腐败行为影响因素的研究（Barth et al.，2009；Wu，2009），本节选取如下控制变量：外资持股的虚拟变量（FOREIGN）、政府持股的虚拟变量（GOV_OWN）、第一大股东持股比例（FIRST）、销售收入的自然对数（SALE）、产品出口的虚拟变量（EXPORT）、资本支出的虚拟变量（CAPIN）、贷款的虚拟变量（LOAN）、融资困境（FINANCE）、司法公正（COURT）、投资者保护力度（INV_PRO）、经济发展水平（GDP）、进口商品或劳务占国民生产总值的比例（IMPORT）、政府效能指数（GE）、法治指数（RL）、表达与问责指数（VA）以及腐败控制指数（CCI）。所有变量定义见表 2.1.1。

表 2.1.1　变量说明

变量	说明
CORRUPT	官员腐败影响程度的序数变量，取值 0、1、2、3、4 分别对应当地官员的腐败对企业的经营活动没有造成阻碍、造成轻微阻碍、造成中等阻碍、造成较大阻碍、造成极大阻碍
CONF	儒家变量，企业所在国家（地区）孔子学院的数量
CCI	企业所在国家（地区）腐败控制指数，来自世界银行全球治理数据库
FOREIGN	虚拟变量，如果外国法人或者自然人持有企业的股份，赋值为 1，否则赋值为 0
GOV_OWN	虚拟变量，如果该国政府持有企业的股份，赋值为 1，否则赋值为 0
FIRST	第一大股东持股比例，第一大股东持有股份与企业总股份的比值
SALE	销售收入的自然对数值
EXPORT	虚拟变量，如果企业产品出口到国外进行销售，赋值为 1，否则赋值为 0
CAPIN	虚拟变量，如果企业发生资本支出（包括固定资产、无形资产和其他长期资产），赋值为 1，否则赋值为 0
LOAN	虚拟变量，如果企业有贷款未还清，赋值为 1，否则赋值为 0
FINANCE	序数变量，取值 0、1、2、3、4 分别对应被调查企业认为融资不存在困难、存在轻微困难、存在中等困难、存在较大困难、存在极大困难
COURT	序数变量，取值 1、2、3、4 分别对应被调查企业强烈反对、一般反对、一般认同、强烈认同“司法系统是公正的”这一观点
INV_PRO	企业所在国家（地区）投资者保护指数，来自世界银行营商环境调查数据库
GDP	企业所在国家（地区）人均国民生产总值的自然对数值，来自世界银行国民经济核算数据库
IMPORT	企业所在国家（地区）进口的商品或者劳务占国民生产总值的比例，来自世界银行国民经济核算数据库
GE	企业所在国家（地区）政府效能指数，来自世界银行全球治理数据库
RL	企业所在国家（地区）法治指数，来自世界银行全球治理数据库
VA	企业所在国家（地区）表达与问责指数，来自世界银行全球治理数据库

数据来源：世界银行，详细指标来源介绍参见正文：样本选择和数据来源。

（三）研究模型

为了检验假设 2.1.1，即"儒家文化能否抑制腐败行为"，本节构建了如下 Poisson 模型：

$$\begin{aligned}CORRUPT=&\alpha_0+\alpha_1 CONF+\alpha_2 CCI+\alpha_3 FOREIGN+\alpha_4 GOV\_OWN+\alpha_5 FIRST+\alpha_6 SALE+\\&\alpha_7 EXPORT+\alpha_8 CAPIN+\alpha_9 LOAN+\alpha_{10} FINANCE+\alpha_{11} COURT+\\&\alpha_{12} INV\_PRO+\alpha_{13} GDP+\alpha_{14} IMPORT+\alpha_{15} GE+\alpha_{16} RL+\alpha_{17} VA+\\&Country\ Dummies+Year\ Dummies+Industry\ Dummies+\delta\end{aligned}\tag{2.1.1}$$

式(2.1.1)中，被解释变量为官员腐败的影响程度(CORRUPT)，解释变量是企业所在国家(地区)孔子学院的数量(CONF)。对于式(2.1.1)而言，如果 CONF 的系数(即 α_1)显著为负，则假设 2.1.1 被经验证据所支持。

为了检验假设 2.1.2，即"腐败治理水平能否强化儒家文化与官员腐败之的负关系"，本节构建式(2.1.2)：

$$\begin{aligned}CORRUPT=&\beta_0+\beta_1 CONF+\beta_2 CCI+\beta_3 CONF\times CCI+\beta_4 FOREIGN+\beta_5 GOV\_OWN+\\&\beta_6 FIRST+\beta_7 SALE+\beta_8 EXPORT+\beta_9 CAPIN+\beta_{10} LOAN+\beta_{11} FINANCE+\\&\beta_{12} COURT+\beta_{13} INV\_PRO+\beta_{14} GDP+\beta_{15} IMPORT+\beta_{16} GE+\beta_{17} RL+\beta_{18} VA+\\&Country\ Dummies+Year\ Dummies+Industry\ Dummies+\delta\end{aligned}\tag{2.1.2}$$

式(2.1.2)中，如果 CONF×CCI 的系数(β_3)显著为负，则假设 2.1.2 就为经验证据所支持。

四、实证结果

（一）描述性统计

表 2.1.2 报告了本节主要变量的描述性统计量。CORRUPT 的均值为 1.840，说明官员腐败在各个国家(地区)对企业的经营活动平均来看造成了接近于"中等障碍"的影响。CONF 的均值为 2.209，揭示了孔子学院在境外(地区)的平均数量大约为 2.2 个；尽管如此，由于 CONF 的最小值为 0.000，但是最大值高达 21.000，这意味着孔子学院的设立情况在不同国家(地区)有着较大差异。此外，腐败控制指数(CCI)的均值为－0.430，反映出样本涵盖的大部分国家(地区)较低的腐败治理水平。

至于控制变量，FOREIGN 与 GOV_OWN 的均值分别为 0.108 和 0.015，说明大约 10.8%的样本企业拥有外国投资者，但是仅有 1.5%的样本企业被其所在国家(地区)的政府投资。FIRST 的均值是 76.995，也就是说第一大股东持股比例平均而言接近于 77.00%，"一股独大"的现象比较严重。EXPORT 的描述性统计揭示，大约 30.5%的样本企业从事出口贸易。CAPIN 的结果表明，45.6%的样本企业对固定资产、无形资产或者其他长期资产进行了投资。LOAN 的均值为 0.399，说明大约 39.9%的样本企业曾向金融机构贷款，并且款项尚未还清。GDP 的结果揭示，样本涵盖的国家（地区）经济发展水平存在较大的差异，人均国民生产总值的最大值和最小值之间相差 24 566.51 美元（$e^{10.112}-e^{5.762}$）。其他变量的描述性统计如表 2.1.2 所示。

表 2.1.2　描述性统计

变量	观测值	均值	标准差	最小值	1/4 分位数	中位数	3/4 分位数	最大值
CORRUPT	48 977	1.840	1.474	0.000	0.000	2.000	3.000	4.000
CONF	48 977	2.209	3.741	0.000	0.000	1.000	2.000	21.000
CCI	48 977	−0.430	0.595	−1.589	−0.838	−0.428	−0.246	1.586
FOREIGN	48 977	0.108	0.311	0.000	0.000	0.000	0.000	1.000
GOV_OWN	48 977	0.015	0.121	0.000	0.000	0.000	0.000	1.000
FIRST	48 977	76.995	26.844	15.000	50.000	98.000	100.000	100.000
SALE	48 977	17.043	3.158	10.309	14.732	16.811	19.114	25.223
EXPORT	48 977	0.305	0.460	0.000	0.000	0.000	1.000	1.000
CAPIN	48 977	0.456	0.498	0.000	0.000	0.000	1.000	1.000
LOAN	48 977	0.399	0.490	0.000	0.000	0.000	1.000	1.000
FINANCE	48 977	1.565	1.341	0.000	0.000	1.000	3.000	4.000
COURT	48 977	2.294	1.003	1.000	1.000	2.000	3.000	4.000
INV_PRO	48 977	49.171	13.492	16.670	40.000	50.000	60.000	80.000
GDP	48 977	7.973	1.003	5.762	7.361	8.062	8.740	10.112
IMPORT	48 977	6.498	5.689	−9.156	3.051	5.169	8.275	29.505
GE	48 977	−0.265	0.573	−1.736	−0.646	−0.206	0.032	1.273
RL	48 977	−0.382	0.592	−1.823	−0.786	−0.422	−0.063	1.336
VA	48 977	−0.132	0.691	−1.737	−0.587	−0.039	0.413	1.147

数据来源：使用 Stata 软件估计整理。

（二）Pearson 相关系数

表 2.1.3 列示了主要变量之间的 Pearson 相关系数。儒家变量（CONF）和官员腐败（CORRUPT）在 1%的水平上显著负相关，初步支持了本节的假设 2.1.1。腐败控制指数（CCI）和 CORRUPT 在 1%的水平上显著负相关，说明国家（地区）针对官员腐败的治理取得了一定的成效。控制变量方面，外资持股（FOREIGN）、政府持股（GOV_OWN）、第一大股东持股比例（FIRST）、销售收入（SALE）、司法系统公正性（COURT）、投资者保护力度（INV_PRO）、经济发展水平（GDP）、政府效能（GE）、法治程度（RL）对官员腐败的影响（CORRUPT）显著为负，但资本支出（CAPIN）、未偿贷款（LOAN）、融资困境（FINANCE）、进口商品或者劳务比例（IMPORT）、民主状况（VA）对官员腐败的影响（CORRUPT）显著为正，这意味着本节在多元回归中控制以上变量是合理的。值得指出的是，绝大部分变量两两之间相关系数都相对较小，多元回归中不太可能产生严重的多重共线性问题。

表 2.1.3　Pearson 相关系数

变量	(1)	(2)	(3)	(4)	(5)	(6)	(7)	(8)	(9)	(10)	(11)	(12)	(13)	(14)	(15)	(16)	(17)	(18)
(1) CORRUPT	1.000																	
(2) CONF	−0.076***	1.000																
(3) CCI	−0.145***	−0.074***	1.000															
(4) FOREIGN	−0.021***	−0.043***	0.003	1.000														
(5) GOV_OWN	−0.019***	−0.009*	−0.049***	0.111***	1.000													
(6) FIRST	−0.051***	−0.091***	−0.085***	−0.084***	−0.066***	1.000												
(7) SALE	−0.083***	0.067***	0.015***	0.159***	0.059***	−0.121***	1.000											
(8) EXPORT	0.003	−0.016***	0.138***	0.233***	0.074***	−0.153***	0.185***	1.000										
(9) CAPIN	0.026***	−0.044***	0.114***	0.101***	0.022***	−0.062***	0.134***	0.185***	1.000									
(10) LOAN	0.021***	−0.007*	0.199***	0.022***	0.009**	−0.129***	0.167***	0.205***	0.266***	1.000								
(11) FINANCE	0.237***	−0.075***	−0.095***	−0.047***	−0.003	0.034***	−0.095***	−0.058***	0.005	0.033***	1.000							
(12) COURT	−0.209***	0.035***	0.109***	−0.012***	0.018***	−0.014***	0.085***	−0.006	−0.056***	−0.056***	−0.104***	1.000						
(13) INV_PRO	−0.067***	0.016***	0.369***	−0.037***	−0.020***	−0.096***	0.112***	0.061***	−0.016***	0.088***	−0.118***	0.147***	1.000					
(14) GDP	−0.044***	0.315***	0.522***	−0.008*	−0.014***	−0.111***	−0.118***	0.178***	0.123***	0.199***	−0.101***	−0.041***	0.206***	1.000				
(15) IMPORT	0.031***	−0.078***	−0.045***	−0.015***	0.010**	0.015***	−0.005	−0.027***	0.056***	−0.024***	0.098***	−0.060***	−0.153***	−0.013***	1.000			
(16) GE	−0.156***	0.110***	0.866***	−0.010**	−0.051***	−0.113***	0.035***	0.161***	0.095***	0.208***	−0.155***	0.084***	0.434***	0.636***	−0.165***	1.000		
(17) RL	−0.144***	0.022***	0.906***	−0.026***	−0.047***	−0.076***	0.041***	0.119***	0.067***	0.157***	−0.133***	0.169***	0.467***	0.482***	−0.171***	0.884***	1.000	
(18) VA	0.016***	−0.135***	0.685***	−0.035***	−0.075***	−0.032***	−0.062***	0.089***	0.089***	0.164***	−0.080***	0.020***	0.423***	0.401***	−0.130***	0.686***	0.741***	1.000

注：***、**、* 分别代表在 1%、5%、10% 的显著性水平上显著。数据来源：使用 Stata 软件估计整理。

（三）多元回归

本节采用 Poisson 回归、采纳分步回归的方法对假设 2.1.1、假设 2.1.2 进行检验，如表 2.1.4 所示。第(1)列报告了仅放入控制变量的回归结果；第(2)列增加儒家变量(CONF)，用以检验假设2.1.1，即儒家文化对官员腐败的抑制作用；第(3)列进一步添加了衡量企业所在国家(地区)腐败治理水平的变量——腐败控制指数(CCI)；第(4)列增加了 CONF 和 CCI 的交乘项，用以检验假设 2.1.2，即国家(地区)腐败治理水平较高时，儒家文化对官员腐败的抑制作用更明显。所有回归模型的卡方检验都在 1%的统计水平上显著。

表 2.1.4　儒家文化和官员腐败的 Poison 回归结果

变量	被解释变量:CORRUPT							
	(1)		(2)		(3)		(4)	
	系数	z 值	系数	z 值	系数	z 值	系数	z 值
CONF			−0.013**	−2.48	−0.018***	−3.19	−0.016***	−2.79
CCI					−0.193***	−3.10	−0.223***	−3.56
CONF×CCI							−0.017***	−4.33
FOREIGN	0.015	1.32	0.016	1.36	0.016	1.37	0.016	1.39
GOV_OWN	−0.037	−1.22	−0.037	−1.23	−0.039	−1.28	−0.039	−1.30
FIRST	−0.001***	−7.27	−0.001***	−7.27	−0.001***	−7.34	−0.001***	−7.37
SALE	0.006***	3.48	0.006***	3.47	0.006***	3.51	0.006***	3.39
EXPORT	0.038***	4.75	0.038***	4.77	0.037***	4.74	0.037***	4.73
CAPIN	0.038***	5.42	0.038***	5.38	0.038***	5.43	0.038***	5.34
LOAN	−0.001	−0.16	−0.001	−0.14	−0.001	−0.11	−0.001	−0.14
FINANCE	0.122***	46.12	0.122***	46.16	0.122***	46.12	0.122***	46.18
COURT	−0.114***	−29.77	−0.114***	−29.75	−0.114***	−29.77	−0.113***	−29.71
INV_PRO	−0.003**	−2.56	−0.002*	−1.72	−0.003**	−2.18	−0.005***	−3.53
GDP	−0.108**	−2.03	−0.127**	−2.38	−0.111**	−2.07	−0.122**	−2.27
IMPORT	−0.003*	−1.80	−0.004**	−2.20	−0.005***	−2.69	−0.005***	−2.64
GE	−0.135***	−2.60	−0.137***	−2.65	−0.089*	−1.65	−0.040	−0.74
RL	0.219***	4.87	0.190***	4.14	0.207***	4.47	0.225***	4.83
VA	−0.033	−0.64	0.026	0.46	0.080	1.32	0.060	0.99
常数项	1.087***	3.10	1.244***	3.52	1.048***	2.94	1.124***	3.14
行业/年度/国家	控制		控制		控制		控制	
观测值	48 977		48 977		48 977		48 977	
Pseudo R^2	9.16%		9.16%		9.17%		9.18%	
Log Likelihood	−78 842.41		−78 838.75		−78 833.53		−78 822.52	
LR Chi^2	15 898.75***		15 906.08***		15 916.51***		15 938.53***	
ΔPseudo R^2			7.33***		10.44***		22.02***	

注：***、**、* 分别代表在 1%、5%、10%的水平上显著；所有 z 值均经过了异方差文件标准误(Huber-White，1980)调整。

第(1)列结果表明，FIRST 的系数显著为负，体现了第一大股东的监督职能。SALE、EXPORT、CAPIN、FINANCE 的系数显著为正，说明销售收入较高、从事海外贸易、发生资本支出、陷入融资困境的企业更容易成为官员腐败的对象。GDP、IMPORT 的系数显著为负，表明经济发达、对外开放的国家不容易滋生出腐败。除此之外，COURT、INV_PRO、GE 的系数也显著为负，这意味着司法系统公正性的提高、投资者保护力度的加大、政府效能的改善都有助于缓解腐败。上述结论和以往文献的结果吻合(Barth et al.，2009；Wu，2009)。

第(2)列揭示，CORRUPT 和 CONF 在 5%的统计水平上显著负相关($z=-2.48$)，回归系数为-0.013。通过对比第(1)列回归、第(2)回归的 Pseudo R^2，不难发现，考虑儒家文化(CONF)对官员腐败的可能影响之后，回归的解释力度在 1%的统计水平上显著提高($Chi^2=7.33$)。以上结果支持了本节的假设 2.1.1。

第(3)列控制国家(地区)腐败治理水平(CCI)后，CORRUPT 和 CONF 仍在 1%的水平上显著负相关($z=-3.19$)，系数为-0.018，进一步支持了假设 2.1.1。CORRUPT 和 CCI 在 1%的统计水平上显著负相关($z=-3.10$)，回归系数为-0.193，说明正式制度能够抑制官员腐败。进一步，第(3)列回归的解释力度在 1%的统计水平上($Chi^2=10.44$)显著高于第(2)列，说明本节探究腐败治理水平(正式制度)和儒家文化(非正式制度)的交互作用是恰当的。

第(4)列揭示，CORRUPT 和 CONF、CCI 都在 1%的统计水平上显著负相关($z=-2.79$、-3.56)。更重要的是，CONF×CCI 的系数在 1%的统计水平上显著为负($z=-4.33$)，且 CONF 的回归系数 β_1 和 CONF×CCI 的回归系数 β_3 之和在 1%的统计水平上显著异于 β_1($Chi^2=18.77$)，也就是说，国家(地区)腐败治理水平越高，儒家文化对官员腐败的抑制作用越明显。进一步，第(4)列回归的解释力度在 1%的统计水平上($Chi^2=22.02$)显著高于第(3)列。这些结果联合支持了本节的假设 2.2.2。表 2.1.4 第(2)～(4)列控制变量的结果与第(1)列基本保持一致，此处不再赘述。

(四)敏感性测试

1.采纳贿赂支出占企业销售收入的比例进行敏感性测试

本节改用贿赂支出占企业销售收入的比例(CORRUPT_R)作为被解释变量，并且采用 Tobit 回归模型对表 2.1.4 进行了回归之后，相关研究结论依旧保持不变，具体回归结果如表 2.1.5 所示。

表 2.1.5　采纳“贿赂支出占企业销售收入的比例”(因变量)的敏感性测试结果

变量	被解释变量：CORRUPT_R							
	(1)		(2)		(3)		(4)	
	系数	t 值	系数	t 值	系数	t 值	系数	t 值
CONF			-0.242^{*}	-1.83	-0.320^{**}	-2.42	-0.366^{***}	-2.63
CCI					-8.699^{***}	-5.30	-9.211^{***}	-5.53
CONF×CCI							-0.347^{***}	-3.06

续表

变量	被解释变量：CORRUPT_R							
	(1)		(2)		(3)		(4)	
	系数	*t* 值	系数	*t* 值	系数	*t* 值	系数	*t* 值
控制变量	控制		控制		控制		控制	
常数项	13.350	1.48	15.792*	1.72	7.483	0.80	8.050	0.86
行业/年度/国家	控制		控制		控制		控制	
观测值	33 889		33 889		33 889		33 889	
Pseudo R^2	9.66%		9.67%		9.71%		9.73%	
Log Likelihood	−28 998.32		−28 996.73		−28 980.81		−28 976.39	
LR Chi^2	6 201.62***		6 204.80***		6 236.62***		6 245.47***	
ΔPseudo R^2			3.18*		31.83***		8.84***	

注：***、**、* 分别代表在 1%、5%、10%的水平上显著；所有 *z* 值均经过了异方差文件标准误（Huber-White）调整。

2.采纳其他儒家文化传播变量的敏感性测试

孔子学院与孔子课堂可能具有程度不一的影响。为了加强本节主要研究结论的可靠性，本节对学院、课堂加以区分，重新定义两个儒家变量：(1)狭义孔子学院的数量(CONF_N)，赋值为孔子学院的数量(不包括课堂的数量)；(2)广义孔子学院的得分(CONF_S)，取值为"孔子学院的数量×2+孔子课堂的数量×1"。使用两个重新定义的解释变量之后的具体回归结果如表 2.1.6 所示，与表 2.1.4 的回归结果基本保持一样。

表 2.1.6　采纳其他儒家文化传播变量(自变量)的敏感性测试

Panel:A 狭义孔子学院的数量作为解释变量(CONF_N)						
变量	被解释变量:CORRUPT					
	(1)		(2)		(3)	
	系数	*z* 值	系数	*z* 值	系数	*z* 值
CONF_N	−0.018**	−2.07	−0.021**	−2.35	−0.042***	−4.29
CCI			−0.150**	−2.50	−0.166***	−2.78
CONF_N×CCI					−0.052***	−4.56
控制变量	控制		控制		控制	
常数项	1.204***	3.42	1.024***	2.88	1.227***	3.43
行业/年度/国家	控制		控制		控制	
观测值	48 977		48 977		48 977	
Pseudo R^2	9.16%		9.17%		9.18%	
Log Likelihood	−78 839.99		−78 836.60		−78 824.08	
LR Chi^2	15 903.59***		15 910.37***		15 935.42***	
ΔPseudo R^2	4.84**		6.78***		25.05***	

续表

Panel B：广义孔子学院的得分作为解释变量(CONF_S)						
变量	被解释变量：CORRUPT					
	(1)		(2)		(3)	
	系数	z 值	系数	z 值	系数	z 值
CONF_S	−0.009**	−2.56	−0.012***	−3.15	−0.013***	−3.32
CCI			−0.183***	−2.96	−0.215***	−3.48
CONF_S×CCI					−0.013***	−4.40
控制变量	控制		控制		控制	
常数项	1.257***	3.56	1.066***	2.99	1.171***	3.27
行业/年度/国家	控制		控制		控制	
观测值	48 977		48 977		48 977	
Pseudo R^2	9.16%		9.17%		9.18%	
Log Likelihood	−78 838.61		−78 833.81		−78 821.83	
LR Chi^2	15 906.36***		15 915.95***		15 939.91***	
ΔPseudo R^2	7.61***		9.59***		23.96***	

注：***、**、*分别代表在1%、5%、10%的水平上显著；所有 z 值均经过了异方差文件标准误(Huber-White)调整。

3.剔除和中国接壤国家的观测值

和中国接壤的国家(地区)在其历史发展过程中或多或少地会受到儒家文化的影响，而且由于地理邻近性(geographic proximity)也很可能通过除孔子学院以外的其他途径接触到儒家文化。因此，采用孔子学院的数量来衡量这些国家受儒家文化影响的程度可能存在一定的噪声。基于以上的考虑，本节剔除和中国接壤国家的观测值并且对式(2.1.1)、式(2.1.2)进行了重新回归，相关研究结论依旧保持不变，具体回归结果如表 2.1.7 所示。表 2.1.7 的结果表明，剔除和中国接壤国家的观测值后，本节结果保持不变。

表 2.1.7　剔除和中国接壤国家观测值的重新回归结果

变量	被解释变量：CORRUPT			
	(1)		(2)	
	系数	z 值	系数	z 值
CONF	−0.028***	−3.82	−0.012	−1.40
CCI	−0.185***	−2.73	−0.189***	−2.78
CONF×CCI			−0.019***	−3.33
控制变量	控制		控制	
常数项	3.822***	7.39	4.142***	7.83
行业/年度/国家	控制		控制	

续表

变量	被解释变量:CORRUPT			
	(1)		(2)	
	系数	z 值	系数	z 值
观测值	37 542		37 542	
Pseudo R^2	9.96%		9.97%	
Log Likelihood	−60 183.59		−60 176.78	
LR Chi^2	13 314.99***		13 328.61***	

注:***、**、*分别代表在1%、5%、10%的水平上显著;所有 z 值均经过了异方差文件标准误(Huber-White)调整。

五、内生性控制与附加测试

(一)内生性测试:差分模型

本节采用差分模型方法对可能存在的内生性问题加以控制。本节首先保留样本期间经历过两次调查的国家,并将 ΔCONFU 定义为"$CONF_{t1} - CONF_{t0}$",$CONF_{t1}$ 是观测年度孔子学院的数量,$CONF_{t0}$ 是一个国家(地区)第一次接受调查的年度拥有的孔子学院数量。被保留的国家可以被分成两类:(1)实验组,孔子学院数量增加;(2)控制组,孔子学院数量不变。随后,本节构建 Poisson 模型,采用式(2.1.3)、式(2.1.4)对假设 2.1.1 和假设 2.1.2 进行检验。式(2.1.3)中,若 ΔCONFU 的系数(η_1)显著为负,说明两次调查间 CORRUPT 的变化值在实验组与控制组中存在显著差异(实验组 CORRUPT 增加更少或减少更多),假设 2.1.1 被支持;式(2.1.4)中,若 ΔCONFU×CCI 的回归系数(γ_3)显著为负,假设 2.1.2 被支持。表 2.1.8 报告了差分模型方法检验的回归结果,本节假设 2.1.1、2.1.2 依然被支持。

$$\text{CORRUPT} = \eta_0 + \eta_1 \Delta\text{CONFU} + \eta_2 \text{CCI} + \eta_{3-17}\text{控制变量} + \sum(\text{Country, Year, Industry}) + \delta \quad (2.1.3)$$

$$\text{CORRUPT} = \gamma_0 + \gamma_1 \Delta\text{CONFU} + \gamma_2 \text{CCI} + \gamma_3 \Delta\text{CONFU} \times \text{CCI} + \gamma_{4-18}\text{控制变量} + \sum(\text{Country, Year, Industry}) + \mu \quad (2.1.4)$$

表 2.1.8 儒家文化传播与关于腐败抑制:采纳差分模型控制内生性

变量	被解释变量:CORRUPT			
	(1)		(2)	
	系数	z 值	系数	z 值
ΔCONFU	−0.019***	−3.23	−0.016***	−2.89
CCI	−0.192***	−3.07	−0.222***	−3.54
ΔCONFU×CCI			−0.015***	−3.95
FOREIGN	0.029**	2.29	0.030**	2.32

续表

变量	被解释变量:CORRUPT			
	(1)		(2)	
	系数	z 值	系数	z 值
GOV_OWN	−0.032	−0.95	−0.032	−0.97
FIRST	−0.001***	−4.95	−0.001***	−4.97
SALE	0.005**	2.09	0.004**	1.97
EXPORT	0.034***	3.60	0.034***	3.58
CAPIN	0.062***	7.24	0.062***	7.14
LIABILITY	0.026***	2.85	0.026***	2.83
FINANCE	0.125***	38.84	0.126***	38.90
COURT	−0.135***	−27.05	−0.135***	−26.98
INV_PRO	−0.003**	−2.46	−0.005***	−3.63
GDP	−0.106**	−1.97	−0.119**	−2.21
IMPORT	−0.005***	−2.71	−0.005***	−2.74
GE	−0.084	−1.55	−0.040	−0.73
RL	0.210***	4.53	0.226***	4.85
VA	0.072	1.20	0.057	0.93
常数项	1.040***	2.91	1.154***	3.22
行业/年度/国家	控制		控制	
观测值	34 506		34 506	
Pseudo R^2	8.97%		8.99%	
Log Likelihood	−55 562.47		−55 553.31	
LR Chi^2	10 952.98***		10 971.30***	

注：***、**、* 分别代表在 1%、5%、10%的水平上显著；所有 z 值均经过了异方差文件标准误(Huber-White)调整。

(二)基于企业所在国家(地区)和中国之间外交关系的分组测试

企业所在国家(地区)和中国的外交关系会改变当地政府对于孔子学院的态度，进而影响孔子学院的办学效果。若企业所在国家(地区)和中国关系亲密，当地政府很可能大力扶持孔子学院，鼓励民众到孔子学院学习。基于以上逻辑，孔子学院在和中国关系亲密的国家能够更有效地传播儒家文化和抑制官员腐败。本节根据国家(地区)于 2016 年底之前是否和中国结成外交意义上的"伙伴关系"①、将全样本分为外交伙伴组(PARTNER＝1)和非外

① "伙伴关系"包括全面战略协作伙伴关系、全天候战略合作伙伴关系、全面战略合作伙伴关系、战略合作伙伴关系、全方位战略伙伴关系、全面战略伙伴关系、战略伙伴关系、创新战略伙伴关系、全方位友好合作伙伴关系、全方位合作伙伴关系、全面友好合作伙伴关系、全面合作伙伴关系、友好合作伙伴关系、合作伙伴关系和友好伙伴关系。

交伙伴组（PARTNER＝0），表 2.1.9 的结果显示，CONF 的回归系数只在外交伙伴组显著为负，在非外交伙伴组不显著。上述结果说明，儒家文化传播的影响可能受到输出（入）国外交关系影响。

表 2.1.9 基于企业所在国家（地区）和中国外交关系的分组测试

变量	被解释变量：CORRUPT			
	(1)		(2)	
	PARTNER＝1		PARTNER＝0	
	系数	z 值	系数	z 值
CONF	−0.052***	−6.18	−0.013	−0.41
CCI	−0.939***	−5.11	0.126	1.30
控制变量	控制		控制	
常数项	1.632***	2.81	7.419***	8.66
行业/年度/国家	控制		控制	
观测值	32 845		16 132	
Pseudo R^2	9.18%		10.45%	
Log Likelihood	−52 450.10		−26 004.05	
LR Chi²	10 605.29***		6 069.96***	

注：***、**、* 分别代表在 1%、5%、10%的水平上显著；所有 z 值均经过了异方差文件标准误（Huber-White）调整。

（三）基于孔子学院设立时间长短的分组测试

通常来讲，孔子学院在一个国家（地区）设立的时间越长，儒家文化影响越大。基于此，本节还根据孔子学院在一个国家（地区）设立的时间是否超过五年进行了进一步的分组测试。表 2.1.10 的分组回归结果显示，CONF 的回归系数在高、低两组均显著为负，但高组中 CONF 回归系数（−0.185）的绝对值在 1%的统计水平上显著高于低组中 CONF 回归系数（−0.062）的绝对值（Chi²＝10.27），与理论预期相一致。

表 2.1.10 基于孔子学院设立时间长短的分组测试

变量	被解释变量：CORRUPT			
	(1)		(2)	
	CONFU_AGE 高组		CONFU_AGE 低组	
	系数	z 值	系数	z 值
CONF	−0.185***	−4.94	−0.062***	−6.93
CCI	−0.077	−0.12	−0.534***	−6.18
控制变量	控制		控制	
常数项	−21.808***	−7.51	3.501***	6.96
行业/年度/国家	控制		控制	

续表

变量	被解释变量:CORRUPT			
	(1)		(2)	
	CONFU_AGE 高组		CONFU_AGE 低组	
	系数	z 值	系数	z 值
观测值	17 051		31 926	
Pseudo R^2	8.99%		10.06%	
Log Likelihood	−27 055.46		−51 348.08	
LR Chi^2	5 285.48***		11 482.68***	
Chi^2 (p-value)	10.27*** (0.001 3)			

注:***、**、*分别代表在1%、5%、10%的水平上显著;所有z值均经过了异方差文件标准误(Huber-White)调整。

(四)基于企业所在国家(地区)宗教信仰程度的分组测试

因为国外的宗教往往具有排他性,所以当企业所在国家(地区)的民众普遍拥有宗教信仰时,他们接受儒家文化的可能性将比较小。基于此,本节根据孔子学院所在国家(地区)拥有宗教信仰的民众比例进行分组测试。分组回归结果显示,CONF 的回归系数在 RELIGION 低组显著为负,但是在 RELIGION 高组不显著,符合本节的理论预期,具体回归结果如表 2.1.11 所示。

表 2.1.11 基于企业所在国家(地区)宗教信仰程度的分组测试

变量	被解释变量:CORRUPT			
	(1)		(2)	
	RELIGION 高组		RELIGION 低组	
	系数	z 值	系数	z 值
CONF	−0.041	−0.62	−0.032***	−2.67
CCI	−3.067***	−5.31	−1.520***	−4.51
控制变量	控制		控制	
常数项	16.584	1.45	1.819	1.35
行业/年度/国家	控制		控制	
观测值	19 355		14 781	
Pseudo R^2	7.43%		9.41%	
Log Likelihood	−31 533.40		−23 505.71	
LR Chi^2	5 060.27***		4 885.79***	

注:***、**、*分别代表在1%、5%、10%的水平上显著;所有z值均经过了异方差文件标准误(Huber-White)调整。

（五）儒家文化对贿赂的影响：基于中国制度背景

根据“透明国际”发布的2016年国际清廉指数排名，内地得分为40（第79位），且内地近年来也面临较为严重的腐败问题和腐败治理任务。如上可能对本节的研究结论——儒家文化对腐败的抑制效应——形成一定的冲击。实际上，作为儒家文化发源地的中国（输出国）存在比较严重的腐败现象的原因可能在于：(1)儒家文化在中国曾遭受过严重的破坏。1919年五四运动前后的新文化运动，集中打击了作为维护封建专制统治思想基础的孔子学说，掀起了“打倒孔家店”的潮流。此后，国内不同时期对儒家的批判从未间断，彻底改造了以宗族为中心的乡村秩序，再一次对儒家文化的既有影响形成巨大的冲击。(2)儒家被马克思·韦伯(2010)称为儒教。内地的官员大部分是中国共产党党员，他们不可以拥有任何宗教信仰，因而受到儒家影响的可能性也相应较小。(3)儒家文化只是影响腐败行为的众多因素之一，它对内地官员腐败行为的抑制作用很可能被其他因素的促进作用所抵消，进而造成中国整体较高水平的腐败。

参考Du(2015,2016)，本节搜集了孔庙在内地的分布情况(www.chinakongmiao.org)，构建基于地理临近性的儒家变量，然后按照企业所在城市是否拥有国家级孔庙将内地的被调查企业进行分组（以2012年为例）。t/z检验的结果显示，国家级孔庙组中的腐败[CORRUPT(CORRUPT_R)]的均值和中位数均显著低于非国家级孔庙组。上述结果说明，儒家氛围强的城市，官员腐败发生的可能性较小。因此，儒家文化在内地的确能够缓解腐败，儒家文化的输出有助于抑制被输出国的官员腐败和内地较高的腐败程度并不矛盾。

表2.1.12 儒家文化对贿赂的影响——t/z检验：基于中国制度背景

Panel A：考虑官员腐败对企业的经营活动造成的阻碍(CORRUPT)								
变量	(1)			(2)			(3)	
	国家级孔庙组[N=685]			非国家级孔庙组[N=1 964]				
	均值	中位数	标准差	均值	中位数	标准差	t检验	z检验
CORRUPT	0.242	0.000	0.529	0.339	0.000	0.621	−3.30***	−3.20***
Panel B：贿赂支出占企业年度销售收入的比例(CORRUPT_R)								
变量	(1)			(2)			(3)	
	国家级孔庙组[N=471]			非国家级孔庙组[N=1 413]				
	均值	中位数	标准差	均值	中位数	标准差	t检验	z检验
CORRUPT_R	0.074	0.000	0.966	0.224	0.000	1.584	−1.94*	−2.59***

注：***、**、*分别代表在1%、5%、10%的水平上显著。

六、总结及政策性建议

随着孔子学院在全球范围内的不断设立，越来越多的人开始通过孔子学院学习汉语、了解儒家文化。基于这一独特的背景，本节以2006—2016年世界银行企业调查数据库中的制造业企业为研究样本，考察了儒家文化对腐败行为的影响。实证结果发现：(1)企业所在国家(地区)孔子学院的数量越多，企业的经营活动越不可能受到官员腐败的影响，说明儒家文化抑制了腐败行为；(2)当企业所在国家(地区)的腐败治理水平较高时，上述负相关关系更加明显，这意味着，非正式制度和正式制度在抑制腐败行为方面是相互促进的。本节针对被解释变量、解释变量进行了一系列敏感性测试，也得到类似结论。此外，剔除和中国接壤国家的观测值之后，以上结论依旧保持不变。进一步分组测试结果还发现，孔子学院所在国家(地区)和中国的外交关系、孔子学院设立的时间长短以及当地民众的宗教信仰情况都会影响孔子学院对腐败等其他经济行为的影响。对于实证结果中可能存在的内生性问题，本节采用差分模型方法的研究设计加以控制，发现结果不变。

本节研究的政策效应可能在于：第一，党的十九大报告指出，“深入挖掘中华优秀传统文化蕴含的思想观念、人文精神、道德规范，结合时代要求继承创新，让中华文化展现出永久魅力和时代风采”。儒家文化是中华文化的重要组成部分，我们只有全面认识儒家文化在当今社会能够产生的经济后果，在此基础上取其精华、去其糟粕，才能做到更好地继承和发展。本节针对儒家文化在官员腐败方面的抑制作用进行了初步研究，相关结论不仅在跨国样本之中成立，基于内地企业调查数据的分析也得出了类似的结论。尽管儒家文化在中国近现代曾经遭受过严重破坏、内地官员的腐败水平需要进一步抑制，但我们仍能够发现儒家文化对官员腐败的抑制发挥一定的作用。本节的研究发现对理论界和实务界全面认识儒家文化的经济后果，促进儒家文化在我国的重建和进一步发展具有一定的启示作用。第二，本节发现企业所在国家(地区)孔子学院的数量和当地官员的腐败水平显著负相关，这意味着孔子学院作为中国文化传播的主要推动力和正面国际形象的“大使”，在提升中国国际影响力和国家“软实力”方面发挥着不可替代的作用。第三，本节揭示了国家(地区)的腐败治理能够抑制官员的腐败行为，为中国近年来大力开展的腐败防治工作提供了理论基础。在此基础上，本节还关注到儒家文化作为一项非正式制度和国家(地区)的腐败治理作为一项正式制度在缓解腐败方面的作用是相互促进的。这一发现对有关部门在反腐倡廉过程中合理地利用以儒家文化为代表的非正式制度，借此提高反腐倡廉的工作效率也具有重要的启示。第四，本节进一步测试的结果表明孔子学院的影响力在不同国家(地区)之间存在差异，具体体现在“外交伙伴”国家(地区)、拥有宗教信仰的民众比例较低的国家(地区)之中孔子学院的影响力较强，并且孔子学院的影响力随着设立时间的延长而增强。基于如上发现，作为全球范围内孔子学院的推广机构，国家汉办(孔子学院总部)可以更多地关注非“外交伙伴”、拥有宗教信仰的民众比例较高和孔子学院刚刚开办不久的国家(地区)，采取一些有效的措施提高这些国家(地区)孔子学院的影响力，使得孔子学院更好地服务于中国“走出去”发展战略。

当然，本节的研究存在如下局限性可供未来的研究进一步进行拓展：首先，本节采纳的是世界银行调查数据中的“当地官员的腐败对企业的经营活动造成的阻碍程度”作为腐败的替代变量，进而分析儒家文化传播对腐败的抑制作用。腐败的这一替代变量尽管为以前的研究所采纳(Barth et al.，2009；Wu，2009)，但是并非直接度量腐败，所以未来的研究应进一步挖掘基于国际背景的腐败数据，直接检验对官员是否腐败、腐败程度的抑制作用。其次，在本节样本区间内,世界银行每一次的调查数据仅有少数企业是和以前一致的(相当一部分调查的企业在各次调查期间是不一致的)。未来的研究可以进一步基于时间序列的原始数据进行进一步的深入研究。最后,未来的研究可以进一步发掘和拓展国际背景中儒家文化传播对公司其他行为如投资水平、管理层—股东代理成本、大股东资金占用的影响等。

参考文献

陈炳辉,1998. 试析哈贝马斯的重建性的合法性理论——兼与胡伟同志商榷[J]. 政治学研究,2:82-88.

道格拉斯 C 诺思,2008. 制度、制度变迁与经济绩效[M]. 第一版. 杭行,译. 上海:上海三联书店.

古志辉,2015. 全球化情境中的儒家伦理与代理成本[J]. 管理世界,3:113-123.

葛鹏,魏婧恬,王健,2016. 诚信环境、制度依赖度与产业的比较优势[J]. 财经研究,42(9):99-109.

过勇,2006. 经济转轨、制度与腐败——中国转轨期腐败蔓延原因的理论解释[J]. 政治学研究,3:53-60.

姜树广,陈叶烽,2016. 腐败的困境:腐败本质的一项实验研究[J]. 经济研究,51(1):127-140.

孔泾源,1992. 中国经济生活中的非正式制度安排[J]. 经济研究,7:49,70-80.

连大祥,王录安,刘晓鸥,2017. 孔子学院的教育与经济效果[J]. 清华大学教育研究,38(1):37-45.

马克思 K E 韦伯,2010. 中国的宗教:儒教与道教[M]. 第一版. 康美,简惠美,译. 南宁:广西师范大学出版社.

马志娟,2013. 腐败治理、政府问责与经济责任审计[J]. 审计研究,6:54-58.

苗莉青,陈聪,2015. 孔子学院对我国高等教育出口的影响——基于主要国家面板数据的实证研究[J]. 国际商务(对外经济贸易大学学报),6:27-35.

谢孟军,汪同三,崔日明,2017. 中国的文化输出能推动对外直接投资吗?——基于孔子学院发展的实证检验[J]. 经济学(季刊). 16(4):167-188.

谢平,陆磊,2003. 资源配置和产出效应:金融腐败的宏观经济成本[J]. 经济研究,11:3-13,91.

ABBINK K, HENNING-SCHMIDT H, 2006.Neutral verses loaded instructions in a bribery experiment[J]. Experimental economics, 9(2): 103-121.

ABBINK K, SERRA D, 2012. Anti-corruption policies: lessons from the lab[J]. Research in experimental economics, 15: 77-115.

ADAIR-TOTEFF C, 2014. Max weber on confucianism versus protestantism[J].Max Weber Studies, 14(1): 79-96.

ARMANTIER O, BOLY A, 2011. A controlled field experiment on corruption [J]. European economic review, 55(8): 1072-1082.

BARTH J R, LIN C, LIN P, et al,2009. Corruption in bank lending to firms: cross-country micro evidence on the beneficial role of competition and information sharing [J]. Journal of financial economics, 91(3): 361-388.

CHEN M K, 2013. The effect of language on economic behavior: evidence from saving rates[J].American economic review, 103(2): 690-731.

COLLIER P, 2000. How to reduce corruption[J].African development review, 12 (2): 191-205.

DAVIS J H, RUHE J A, 2003. Perceptions of country corruption: antecedents and outcomes[J]. Journal of business ethics, 43(4): 275-288.

DJANKOV S, LA PORTA R, LOPEZ-DE-SILANES F, et al, 2002. The regulation of entry[J]. Quarterly journal of economics, 117(1): 1-37.

DONALD L, 2013. The effect of confucius institutes on US exports to China: a state level analysis[J]. International review of economics and finance, 27: 566-571.

DONALD L, SUCHARITA G, STEVEN Y, 2014. Does the confucius institute impact international travel to China? A panel data analysis[J]. Applied economics, 17: 1985-1995.

DU X, 2015. Does Confucianism reduce minority shareholder expropriation? Evidence from China[J]. Journal of business ethics, 132(4): 661-716.

DU X, 2016. Does Confucianism reduce board gender diversity? Firm-level evidence from China[J]. Journal of business ethics, 136(2): 399-436.

DU X, WENG J, ZENG Q, et al, 2017. Culture, marketization, and owner-manager agency costs: A case of merchant guild culture in China[J]. Journal of business ethics, 143 (2): 353-386.

GUPTA S, DAVOODI H, ALONSO-TERME R, 2002. Does corruption affect income inequality and poverty[J]? Economics of governance, 3(1): 23-45.

HABIB M, ZURAWICKI LI, 2002. Corruption and foreign direct investment[J]. Journal of international business studies, 33(2): 291-307.

HOFSTEDE G H, 1984. Culture's consequences: international differences in work-related values[M]. Los Angle: Sage.

JING R, GRAHAM J L, 2008. Values versus regulations: how culture plays its role [J]. Journal of business ethics, 80(4): 791-806.

KE B, LIU N, TANG S, 2017. The effect of anti-corruption campaign on shareholder value in a weak institutional environment: evidence from China[R]. Working Paper, Available at SSRN:https://ssrn.com/abstract=2963478.

KRAAR L，1995. How corrupt is Asia? [J]. Fortune，132(4)：26.

MACRAE J，1982. Underdevelopment and the economics of corruption：a game theory approach[J]. World development，10(8)：677-687.

MILES J A，2012，Management and organization theory：a Jossey-Bass reader [M]. San Francisco：Jossey-Bass.

MO P H，2001. Corruption and economic growth[J]. Journal of comparative economics，29(1)：66-79.

OLKEN B A，2006. Corruption and the costs of redistribution：micro evidence from Indonesia[J]. Journal of public economics，90(4)：853-870.

RAUCH J E，2011. Business and social networks in international trade[J]. Journal of economic literature，39：1199-1203.

SHLEIFER A，VISHNY R W，1993. Corruption[J]. Quarterly journal of economics，108(3)：599-617.

TSALIKIS J，NWACHUKWU O，1991. A comparison of Nigerian to American views of bribery and extortion in international commerce[J]. Journal of business ethics，10(2)：85-98.

TREISMAN D，2000. The causes of corruption：a cross-national study[J]. Journal of public economics，76(3)：399-457.

VAN VELDHUIZEN R，2013. The influence of wages on public officials' corruptibility：a laboratory investigation[J]. Journal of economic psychology，39：341-356.

WHITE H，1980. A heteroskedasticity-consistent covariance matrix estimator and a direct test for heteroskedasticity[J]. Econometrica，48(4)：817-838.

WILLIAMSON O E，2000. The new institutional economics：taking stock，looking ahead[J]. Journal of economic literature：38：595-613.

WU X，2009. Determinants of bribery in Asian firms：evidence from the world business environment survey[J]. Journal of business ethics，87(1)：75-88.

第二节　儒家文化与公司诉讼风险

摘要：本节探讨了作为非正式制度重要组成部分的儒家文化对公司诉讼风险的影响。本节以2007—2017年沪深两市A股上市公司为样本，基于地理近邻性的儒家文化变量，研究发现儒家文化与公司诉讼风险呈显著负相关关系，说明儒家文化降低了公司诉讼风险。进一步地，以企业所在省的人均GDP作为经济发展水平的替代变量，本节发现经济发展水平削弱了儒家文化与公司诉讼风险间的负相关关系。在采用不同的儒家文化变量和公司诉讼风险变量进行敏感性测试,以及控制了可能存在的内生性问题后,本节结论依然成立。本节丰富了非正式制度与公司行为领域的研究,探索了儒家文化在微观层面的经济后果,拓展了公司诉讼风险的影响因素研究,为投资者和管理者关注和正确理解非正式制度(儒家文化)、公司诉讼风险问题提供了经验证据。

一、引言

党的十八大以来,党中央明确提出全面依法治国,并将其纳入"四个全面"战略布局予以有力推进。伴随我国社会主义法治建设取得重大进展,我国资本市场法制化建设也在不断推进。诉讼日益成为资本市场解决利益冲突的重要方式,且上市公司涉及诉讼呈持续增长态势,涉及诉讼的公司数量、涉及的诉讼金额和频次均大幅增加(见图 2.2.1、图 2.2.2、图 2.2.3)。诉讼这一非常规事件往往伴随着高成本诉讼费用、声誉受损、市场价值的损失、巨额潜在赔偿风险、时间价值损失等,诉讼事件增加了上市公司的经营不确定性,诉讼风险成为影响公司发展和经营管理的重要不确定因素之一(Hutton et al.,2015)。

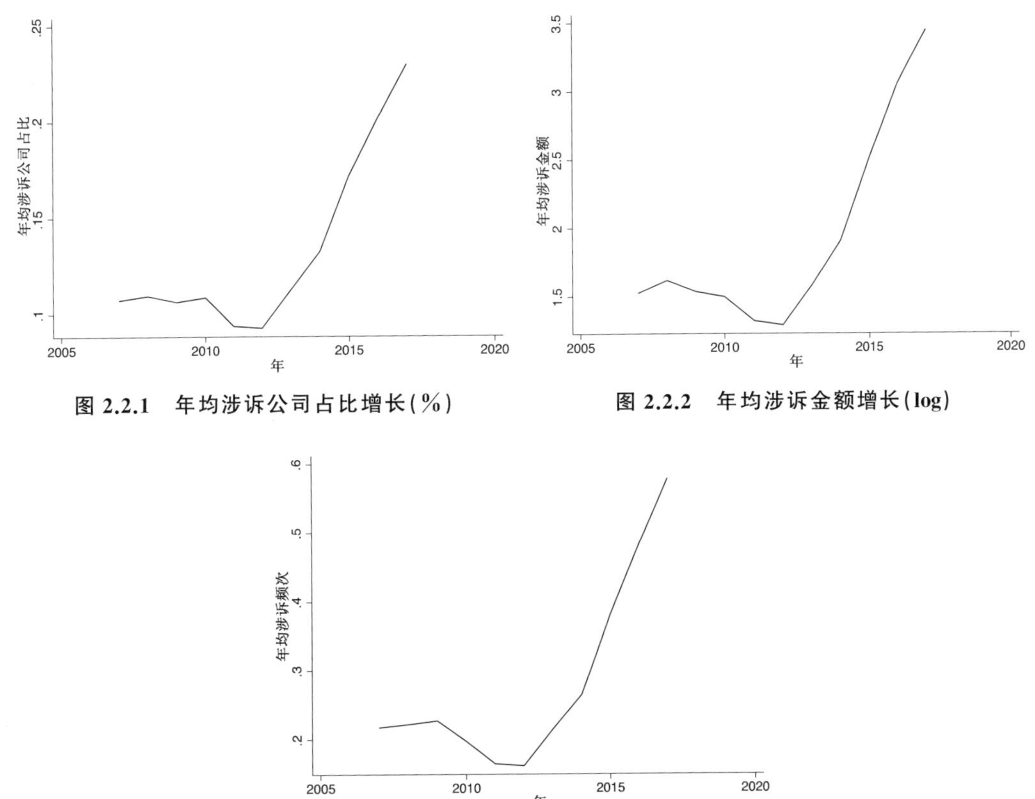

图 2.2.1 年均涉诉公司占比增长(%)

图 2.2.2 年均涉诉金额增长(log)

图 2.2.3 年均涉诉频次(次)

为什么某些公司比其他公司更容易涉入诉讼事件,是否有规律可循?在诉讼风险和成本日益增加的背景下,从中国特有的文化氛围视角,探寻抑制公司诉讼风险的原动力,是一个值得探究的话题。前期文献研究了法律环境、声誉、企业社会责任、公司治理、经营战略（Atanasov et al.，2012；Koh et al.，2014）等在抑制公司涉诉风险方面的重要作用，但对于其他可能因素，特别是文化氛围等对企业涉诉风险的影响，则研究有限。实际上，理解中国的经济问题，仅局限于从正式制度视角出发，忽视我国数千年积淀下来的极具鲜明特色的文化氛围（非正式制度）的影响，显然不够全面。近年来，越来越多的文献强调文化在理解经济结果中的重要性，前期文献亦提供了文化对公司决策和行为的重要性影响的实证证据（Du，2013，2014）。文化是指"种族、宗教和社会群体代代相传的习俗信仰与价值观念"（Guiso et al.，2006），中国文化的核心部分是儒家文化，它历经千年、源远流长，至今仍潜移默化地影响着中国社会和中国人的思维方式、价值观和决策模式。文化影响经济决策的渠道即是价值观（或偏好、信仰）的形成（Grullon et al.，2010）。因此，儒家文化对中国社会和中国人的影响仅是程度问题，而非"有无"之分（杜兴强，2020）。

基于此，本节考察对中国社会影响深远且持久、塑造中国人价值观的儒家文化是否以及如何影响 CEO 或高管的行为，从而影响公司治理，最终影响公司诉讼风险。本节以 2007—2017 年沪深两市 A 股上市公司为样本，基于地理近邻性的儒家文化变量，研究发现儒家文化与公司诉讼风险呈显著负相关关系，说明儒家文化降低了公司诉讼风险。进一步地，本节以企业所在省的人均 GDP 作为经济发展水平的替代变量，发现经济发展水平削弱了儒家文化与公司诉讼风险间的负相关关系。上述研究结论在采用不同的儒家文化变量和公司诉讼风险变量，以及控制了可能存在的内生性问题后依然成立。在进一步测试中，儒家文化对公司诉讼的抑制作用在非国有企业和低社会信任地区样本组显著。

本节可能的贡献主要体现在三个方面：(1)本节首次关注了儒家文化对公司诉讼风险的影响。大量前期文献集中在儒家文化对人际关系与公司社会责任等领域，几乎未有研究涉及儒家文化对公司诉讼风险的影响。本节实证检验了儒家文化对公司诉讼风险的影响，一定程度上弥补了前期文献的不足。(2)文化、习俗和其他社会规范等非正式制度会对公司决策和公司行为产生重要影响（Williamson，2000；Du，2013，2014）。本节发现儒家文化抑制了公司诉讼风险，丰富了非正式制度与公司行为领域的文献。(3)已有研究从法律环境、声誉、企业社会责任、公司治理、经营战略（Atanasov et al.，2012；Koh et al.，2014）等角度讨论公司诉讼风险的影响因素。本节从非正式制度（儒家文化）研究公司诉讼风险，拓展了公司诉讼风险的影响因素研究。

本节余文结构如下：第二部分是文献回顾、理论分析与研究假设；第三部分是研究设计，包括数据来源、研究模型与变量定义；第四部分是实证结果及分析，包括敏感性测试；第五部分是内生性讨论与进一步测试；第六部分为本节研究结论。

二、文献回顾、理论分析与研究假设

(一)制度背景、文献回顾

1.儒家文化制度背景、儒家文化对公司会计审计行为影响研究

儒家思想自春秋时期由孔子创立，历经数千年的发展，虽曾经受批判，但其基本内涵及其对中国社会的影响却并未随着社会变迁而消散。时至今日，儒家思想在中国社会依然保持着旺盛的生命力(徐细雄，李万利，2019)，仍是中国人"日用而不知"的纲常伦理。

前期文献从多个角度研究了儒家文化对公司行为、商业伦理的影响(Dollinger，1988；Du，2014，2015)。其中，李彩玲和林东杰(2019)利用问卷调查数据，以 CEO 对儒家经典书籍熟悉程度衡量其儒家文化观念，探讨了 CEO 儒家文化观念和公司诉讼风险的关系。Du(2015)发现儒家文化作为一种重要的伦理哲学和社会规范约束了大股东的利益侵占行为。胡少华等(2021)指出，儒家文化对上市公司违规行为、经营违规行为及信息披露违规行为具有显著的抑制作用。

儒家文化有其积极的一面，其伦理哲学和社会规范能够对公司决策与行为产生正面的影响。然而，在某些情况下，文化也显示出其消极的一面。Du(2014)发现，儒家文化"重男轻女"，受儒家文化影响的公司产生男女不平等的氛围，进而更不愿意聘任女性董事。因此，儒家文化对微观经济后果的影响是多维度的，在公司诉讼风险领域值得进一步纵深研究，以便更为全面、准确地把握儒家文化对公司决策与行为的影响。

2.诉讼风险

在公司诉讼风险的影响因素方面，现有研究在正式制度领域大体可以分为宏观层面因素和公司层面因素。在宏观层面，规则导向型会计准则可以显著降低诉讼风险(Donelson et al.，2012)；法律环境和执法效率会影响诉讼风险(Bushman，Piotroski，2006；Clemenz，Gugler，2000)；零售行业和高科技行业的被诉风险显著大于其他行业(Kim，Skinner，2012)。在公司层面，信息披露与公司诉讼风险密切相关(Billings，Cedergren，2015；Johnson et al.，2001；Skinner，1994)，财务报告错报可能会引发投资者诉讼(Francis et al.，1994)；内部控制质量、大股东持股等公司治理特征和公司诉讼风险显著相关(赵康生 等，2017；林斌 等，2013；毛新述，孟杰，2013)。王化成等(2018)则从公司经营角度出发，研究发现公司战略激进程度与诉讼风险显著正相关。

除了从正式制度领域讨论公司诉讼风险的影响因素，也有部分文献从企业文化(McNulty，Akhigbe，2015)、高管的个人风险偏好(Adhikari et al.，2019)等角度探讨其对公司诉讼风险的影响。可以看出，当前的研究较少从非正式制度角度分析公司诉讼风险，而商业伦理、文化氛围确实可能对公司涉诉风险产生影响，这为本节提供了研究机会。

（二）理论分析与研究假设

根据 Williamson(2000)的制度分析框架划分：非正式制度、制度环境、治理规则、资源分配与使用四个层次，最高层次的非正式制度因素很大程度上影响低层次的公司问题(杜兴强 等,2017)。非正式制度包含文化、宗教、社会风俗、社会规范等。在中国情境下，尽管制度建设卓有成效，但制度建设与监管执行仍留有空白，存在制度尚未规范，或难以规范的领域，以文化为代表的非正式制度对公司治理机制的有效性影响深刻。进一步地，文化影响经济决策的渠道即是价值观(或偏好、信仰)的形成(Grullon et al.,2010)。

儒家思想是一个重要的伦理和哲学体系(Du,2014)，儒家文化通过一系列务实的规则约束人们的行为和关系，以此促使人们尊重权威，追求和谐、保守、知足、宽容、有序与稳定(Fam et al.,2009)。几千年来，儒家文化被公认为是影响东亚价值观和伦理的决定性因素(Whitcomb et al.,1998)，在中国尤其如此。儒家文化，作为中国文化和哲学思想的支柱，在引导人们行为方面起着关键作用(Laurence et al.,1995；Wang,Juslin,2009)。儒家强调道德的个人特征，儒家道德伦理可以概括为五常和五伦，五常指的是仁、义、礼、智、信；五伦指的是父子、君臣、夫妇、兄弟和朋友关系(Tan,1967；连淑能,2002)。

从“仁”出发观察社会、处理世事、修身养性，是儒家文化管理思想的重要内涵(王慧明,2002)。儒家文化主张仁者爱人，“仁”是一种克己为人的利他行为。“仁”在内在方面追求个体人格的完善和自我修养的崇高(张兴福,2003)，遵循“仁”的理念的管理者更可能推己及人，与利益相关者保持平衡、和谐的关系，克制自身与道德规范相悖的私念和欲念，不为己方私利而侵犯利益相关者的利益。

“义”，是一个重要的儒家理念，意味着行为得当的道德信念(孔子,1980；Tan,1967)。具体地说，“义”指的是一系列社会普遍接受的准则，其中一些被认为是社会规范甚至是法律的组成部分(Liu,1998)。换句话说，“义”意味着一种道德意识，以及在某些情况下区分是否得当、是否可行的能力。而对于“义”和“利益”之间的关系，儒家文化倡导个体应该以正确的方式取利(如《论语》中的“君子爱财，取之有道”)，而不是为得私利而牺牲其他人的利益。根据“义”的内涵，公司管理者的行为应该出于恰当的动机，而不仅仅是从利益出发。在这一方面，公司管理者遵守“义”的理念将会减少其违规经营的可能，不侵犯、损害他人的利益、合规经营，进而减少公司被诉讼的风险。

“礼”是作为程序化的行为规范体系，发挥其道德的功能(陈来,2011)，“礼”涵盖了恰当的社会行为的所有规范，引导公众对道德行为的期望，促进如孝道、友爱、诚信和忠诚等理念的践行(Confucius,1998)。“礼”促使上市公司管理者遵守社会规范，道德行事，不侵害利益相关者的利益。

“信”，是为儒家“进德修业之本”、“立人之道”，“人而无信，不知其可”。“信”的含义是遵守所做的承诺(Tan,1967)。信，就是诚，是无欺，是使人无疑。在儒家文化的影响下，根据“信”的理念，管理层会将诚信视作做人的根本，视为治世之道、兴业之道，进而合规经营、诚信经营。

除了仁、义、礼、智、信,儒家思想中“君子”的核心概念同样可以减少公司诉讼风险。具体来说,儒家文化要求君子“修身、养性”,提高个人的自律能力,严格要求自己,不侵犯、损害他人的利益,有助于降低企业被起诉的风险。

根据社会身份认同理论,社会认同过程包括分类、认同和比较三个心理阶段(Tajfel,1970;Tajfel,Turner 1979)。分类,即个体通过社会分类,识别与自己同属一个类别的个体(称为内群体,in-group),其他人被认为是外群体(out-group)。认同,即是对自己所在社会群体(或社会类别)产生认同。比较,则表明个人认同群体的当前地位(如社会地位和声誉)。在社会认同理论及后续研究发现广泛的内群体偏好与外群体偏见。内群体偏好表现在人们与他人有共同的身份认同(Tajfel,1978;Tajfel,Turner,1986),相较于外人,人们倾向于偏爱自己的群体(Vliert,2011),接受并内化群体的规范、价值观和属性,各种社会群体(或社会类别)规范告诉成员如何思考、如何行事(Hogg et al.,1995)。在儒家文化浓厚的公司(地区),一方面遵守儒家文化伦理规范符合群体期望,另一方面群体外偏见则表现为对违背儒家文化伦理规范者的贬损(Rowatt et al.,2005)。处于儒家文化浓厚氛围中的高管,即便并非儒家文化的坚定认同者,为了避免不必要的冲突与阻碍,依然会遵守社区盛行的儒家文化伦理规范。

社会互动带来儒家文化伦理规范的传播。尽管企业管理层可能并非儒家文化的追随者,但在儒家文化浓厚的地区,其与深受儒家文化影响的人员的接触可能更为频繁。通过与当地团体的社会互动,管理者不断熟悉被当地广泛接受的正式及非正式的各种社会规则(Dyreng et al.,2012;McGuire et al.,2012)。因此,尽管企业管理层可能并非对儒家规范认可,但鉴于行为模式不被认同可能带来的惩罚、冲突与情感不适,管理层可能选择遵从这些儒家文化伦理规范(Callen,Fang,2015)。

基于上述讨论,儒家文化(仁、义、礼、信,以及君子)倡导“诚信真善、义利并举”的价值观念,在人们的经营活动中往往具体表现为“以诚待人,以信待物”“童叟无欺,信誉至上”“以质取胜,货真价实”、“勤俭敬业,吃苦耐劳”的商业伦理道德。“天下熙熙,皆为利来,天下攘攘,皆为利往”,但是“君子爱财,取之有道”是受儒家文化影响的人们对于财富的基本态度,也是恪守的商道。受儒家氛围影响的公司,讲信用、重商德、不欺不诈、合规经营,公司的诉讼风险便随之降低。因此,本节提出假设 2.2.1:

假设 2.2.1:限定其他条件,儒家文化氛围越浓厚,公司诉讼风险越低。

根据 Williamson(2000)的制度框架,社会制度分为非正式制度、制度环境、治理规则、资源分配与使用四个层次。第一层次是包括宗教、习俗、社会规范以及文化因素的非正式制度,正式制度位于第二至第四层次,往往具有一定的滞后性。儒家思想是中国重要的文化和伦理体系,因此作为一种文化因素的儒家思想应处于 Williamson(2000)框架中的第一层次。Williamson(2000)框架的第三层次是交易、合约和治理结构,第四层次是资源配置(如工资、劳动力数量和激励等),因此可以合理地推断出经济发展水平或人均 GDP 应该处于 Williamson(2000)框架的第三或第四层次(Du,2014)。

根据 Williamson(2000)的框架,人类社会的制度分为正式制度和非正式制度两类,两者共同影响公司的决策与行为(Du,2013)。同时非正式制度与正式制度之间存在复杂的交互作用,根据 Pejovich(1999)提出的正式制度与非正式制度互动存在四种形式:(1)正式制度抑制,但未能改变非正式制度;(2)正式制度与非正式制度冲突;(3)正式制度作用被削弱;(4)正式制度与非正式制度的合作。上述互动形式可以归结为替代效应和互补效应。互补效应是指,正式制度与非正式制度的融合、合作,两者相辅相成(Dhillon,Rigolini,2011)。替代效应是指,正式制度不完备或与非正式制度冲突,非正式制度可能起到替代性作用(Williamson,2000);同样的,强化的正式制度可能弱化非正式制度的作用,正式制度越完备,非正式制度的替代性作用就会被削弱。地区经济发展水平在很大程度上影响企业经营环境以及企业解决利益冲突的方式,可以合理预期地区经济发展水平与儒家文化对公司诉讼风险的影响是替代性的,地区经济发展水平弱化了儒家文化对公司诉讼风险的负向影响。因此,本节提出假设 2.2.2:

假设 2.2.2:人均 GDP 削弱了儒家文化与公司诉讼风险之间的负相关关系。

三、研究设计

(一)样本选择和数据来源

本节以 2007—2017 年沪深两市 A 股上市公司为样本,初始样本包括 25 922 个公司—年度观测值,对样本进行如下初始筛选:剔除金融保险行业观测值(481 个公司—年度观测值);剔除净资产小于 0 的观测值(285 个公司—年度观测值);剔除变量缺失的观测值(1 837 个公司—年度观测值),最终得到包含 23 319 个公司—年度观测值的研究样本,涵盖 3 265 家上市公司。样本年度分布,2007—2017 年各年的观测值数量分别是 1 225、1 214、1 302、1 380、1 503、1 921、2 238、2 262、2 267、2 392、2 562,总体呈现出逐年增加的趋势,与中国资本市场上市公司数量不断增加的实际情况是一致的。儒家文化数据、上市公司与长城的纬度差数据来自手工搜集,河流密度涉及的省份河流面积及土地总面积数据来自中国统计大数据分析平台(CNKI)统计年鉴,其他公司层面数据来自国泰安 CSMAR 数据库。

(二)研究模型

本节构建 Logistic 回归模型检验假设 2.2.1:

$$
\begin{aligned}
\text{SUE}=&\alpha_0+\alpha_1\text{CONF}+\alpha_2\text{TOP2\_10}+\alpha_3\text{BOARD}+\alpha_4\text{DUAL}+\alpha_5\text{INDR}+\alpha_6\text{COMPEN}+\\
&\alpha_7\text{BIG4}+\alpha_8\text{ANALYST}+\alpha_9\text{SIZE}+\alpha_{10}\text{LEV}+\alpha_{11}\text{ROE}+\alpha_{12}\text{GROWTH}+\alpha_{13}\text{LOSS}+\\
&\alpha_{14}\text{STATE}+\text{Industry Dummies}+\text{Year Dummies}+\varepsilon
\end{aligned}
\tag{2.2.1}
$$

式(2.2.1)中,解释变量儒家文化强度 CONF,被解释变量为公司诉讼风险 SUE,模型其他控制变量解释详见表 2.2.1 变量定义。如果 Logistic 回归系数 α_1 显著为负,则经验证据支持本节假设 2.2.1。

为检验假设 2.2.2,本节构建如下 Logistic 回归模型:

$$SUE=\beta_0+\beta_1 CONF+\beta_2 GDP\_PC+\beta_3 CONF\times GDP\_PC+\beta_4 TOP2\_10+\beta_5 BOARD+\beta_6 DUAL+\beta_7 INDR+\beta_8 COMPEN+\beta_9 BIG4+\beta_{10} ANALYST+\beta_{11} SIZE+\beta_{12} LEV+\beta_{13} ROE+\beta_{14} GROWTH+\beta_{15} LOSS+\beta_{16} STATE+\text{Industry Dummies}+\text{Year Dummies}+\mu \quad (2.2.2)$$

式(2.2.2)中,加入调节变量 GDP_PC、调节变量与解释变量交乘项 CONF×GDP_PC以检验地区人均 GDP 对儒家文化与公司诉讼风险关系的调节效应。解释变量、被解释变量、控制变量与式(2.2.1)相同,变量解释详见表 2.2.1。如果回归系数 β_1 显著为负,系数 β_3 显著为正,则经验证据支持本节假设 2.2.2。

(三)变量定义

1.解释变量

借鉴前期文化、宗教和金融相关的文献(Du,2013,2014;El Ghoul et al.,2012;杜兴强,2020),本节构建地理近邻性儒家文化变量作为解释变量。具体地,地理近邻性儒家文化变量 CONF 是根据公司办公地与孔庙或书院的距离计算而来,计算方法为$(Max_DIS_N-DIS_N)/(Max_DIS_N-Min_DIS_N)$,DIS 是上市公司与最近的孔庙或书院的距离,$Max\_DIS_N$ 和 Min_DIS_N 分别指每年所有公司 DIS_N 的最大与最小值。作为敏感性测试的地理近邻性儒家文化变量 CONF_R,为公司 R 千米半径范围内孔庙或书院的数量(R 分别取 50、100千米)。

2.被解释变量

本节以公司是否作为被告涉及诉讼作为主要被解释变量,辅以公司作为被告涉及诉讼(诉讼发生年)的金额自然对数值、公司作为被告涉及诉讼(诉讼发生年)的次数作为敏感性测试被解释变量。

3.调节变量

本节使用地区人均 GDP 作为调节变量,等于公司所在省份的人均国民生产总值。

4.控制变量

本节在实证分析中控制了:公司内部治理层面的变量,股权制衡程度 TOP2_10、董事会规模 BOARD、董事长与 CEO 两职合一的虚拟变量 DUAL、独立董事比例 INDR、高管薪酬COMPEN;公司外部治理层面的变量,四大会计师事务所虚拟变量 BIG4、分析师关注 ANALYST;公司财务特征指标,公司规模 SIZE、财务杠杆 LEV、净资产收益率 ROE、销售收入变化 GROWTH、亏损虚拟变量 LOSS、最终控制人性质 STATE。模型还控制了行业(Industry)和年度(Year)对公司诉讼风险的可能影响,变量定义如表 2.2.1 所示。

表 2.2.1 变量定义表

变量	定义	数据来源
CONF	儒家文化，等于公司办公地与其距离最近的孔庙或书院之间的距离按照 0—1 标准化处理后的数值	手工搜集
SUE	公司诉讼风险，哑变量，公司作为被告涉及诉讼（诉讼发生年）取值为 1，公司无作为被告涉及的诉讼取值为 0	CSMAR
GDP_PC	人均 GDP，公司注册地所在省区的人均 GDP	年鉴
TOP2_10	股权制衡水平，取值为第二至第十大股东持有股份之和与公司总股份的比值	CSMAR
BOARD	董事会规模，等于董事会总人数的自然对数	CSMAR
DUAL	董事长与 CEO 两职合一的虚拟变量，若董事长与 CEO 两职合一则赋值为 1，否则为 0	CSMAR
INDR	独立董事比例，等于独立董事人数与董事会总人数的比值	CSMAR
COMPEN	高管薪酬，等于前三名薪酬总额的自然对数值	CSMAR
BIG4	会计师事务所虚拟变量，当公司聘请四大会计师事务所审计师赋值为 1，否则赋值为 0	CSMAR
ANALYST	分析师关注，等于对该公司进行过跟踪分析的分析师（团队）的个数	CSMAR
SIZE	公司规模，等于公司总资产的自然对数	CSMAR
LEV	财务杠杆，等于公司总负债与总资产的比值	CSMAR
ROE	净资产收益率，等于净利润与股东权益的比值	CSMAR
GROWTH	销售收入变化，主营业务收入增长率	CSMAR
LOSS	亏损虚拟变量，若公司净利润为负则赋值为 1，否则为 0	CSMAR
STATE	最终控制人性质，若公司的最终控制人是中央或地方政府、政府控股公司则赋值为 1，否则赋值为 0	CSMAR
SUE_AMOUNT	公司诉讼风险，公司作为被告涉及诉讼（诉讼发生年）的金额自然对数值	CSMAR
SUE_COUNT	公司诉讼风险，公司作为被告涉及诉讼（诉讼发生年）的次数	CSMAR
SUE_ANNOUNCE	公司诉讼风险，哑变量，公司作为被告涉及诉讼（诉讼公告年）取值为 1，公司无作为被告涉及的诉讼取值为 0	CSMAR
SUE_SECTION	公司诉讼风险，哑变量，公司（不包括子公司、母公司、相关方）作为被告涉及诉讼（诉讼发生年）取值为 1，公司无作为被告涉及的诉讼取值为 0	CSMAR
CONF_R	儒家文化强度的变量，等于公司办公地 R 千米半径内孔庙或书院的个数（R 分别取 50、100、150 千米）	手工搜集
DENSITY	河流密度，等于公司所在省份河流面积除以土地总面积	年鉴
NORTH	长城南北虚拟变量，若上市公司位于长城以北取 1，否则取值为 0	手工搜集
LATDIF	纬度差，上市公司与长城的纬度差	手工搜集

四、实证结果

(一)描述性统计

表 2.2.2 列示了本节主要变量描述性统计，儒家文化 CONF 的均值为 0.947 1、最大值为 0.999 7，最小值 0.188 2，表明本节的样本公司在儒家文化强度方面存在着较大差异。SUE 均值为 0.142 3，表明 14.23%的样本公司作为被告涉及诉讼。GDP_PC 均值 60 781 元，其余控制变量的描述性统计详见表 2.2.2。

表 2.2.2 描述性统计

变量	观测值	均值	标准差	最小值	1/4 分位数	中位数	3/4 分位数	最大值
CONF	23 319	0.947 1	0.107 0	0.188 2	0.940 9	0.976 4	0.990 6	0.999 7
SUE	23 319	0.142 3	0.349 4	0	0	0	0	1
GDP_PC	23 319	6.078 1	2.801 4	0.787 8	3.857 2	5.924 9	8.093 2	12.899 0
TOP2_10	23 319	20.085 0	13.370 0	0.660 0	8.731 3	18.390 0	29.620 0	53.900 0
BOARD	23 319	2.153 9	0.200 1	1.609 4	2.079 4	2.197 2	2.197 2	2.708 1
DUAL	23 319	0.238 3	0.426 0	0	0	0	0	1
INDR	23 319	0.370 7	0.053 1	0.090 9	0.333 3	0.333 3	0.400 0	0.571 4
COMPEN	23 319	14.175 0	0.735 7	11.932 0	13.723 0	14.176 0	14.625 0	16.296 0
BIG4	23 319	0.054 9	0.227 7	0	0	0	0	1
ANALYST	23 319	7.267 8	8.730 8	0	1	4	11	38
SIZE	23 319	21.957 0	1.289 7	19.063 0	21.036 0	21.789 0	22.682 0	26.601 0
LEV	23 319	0.441 9	0.212 8	0.050 5	0.271 5	0.439 4	0.606 8	1.249 0
ROE	23 319	0.070 7	0.131 5	−0.816 2	0.030 5	0.074 62	0.126 0	0.388 4
GROWTH	23 319	0.490 2	1.529 4	−0.847 6	−0.037 1	0.136 6	0.443 2	11.787 0
LOSS	23 319	0.091 1	0.287 8	0	0	0	0	1
STATE	23 319	0.435 6	0.495 8	0	0	0	1	1

(二)Pearson 相关系数

表 2.2.3 报告了本节主要变量之间的 Pearson 相关系数。根据表 2.2.3，自变量儒家文化 CONF 与因变量公司诉讼风险 SUE 相关系数在 1%水平上显著为负，初步支持本节假设 2.2.1。调节变量 GDP_PC 与 SUE 相关系数显著为正，但 Person 相关系数仅刻画了单变量之间的关系，GDP_PC 的调节效应仍需要通过多元回归进一步检验本节假设。Person 相关系数除自变量之间系数值较大，其余系数均小于 0.5，且模型 VIF 均小于 10(检验结果从略、备索)，说明这些变量同时放入模型不存在多重共线性问题。

表 2.2.3　Pearson 相关系数

变量		(1)	(2)	(3)	(4)	(5)	(6)	(7)	(8)	(9)	(10)	(11)	(12)	(13)	(14)	(15)	(16)
SUE	(1)	1															
CONF	(2)	−0.024***															
GDP_PC	(3)	0.040***	0.245***	1													
TOP2_10	(4)	0.009	0.058***	0.157***	1												
BOARD	(5)	−0.003	−0.037***	−0.131***	−0.038***	1											
DUAL	(6)	0.011*	0.052***	0.111***	0.120***	−0.180***	1										
INDR	(7)	0.004	0.012*	0.072***	0.011*	−0.470***	0.102***	1									
COMPEN	(8)	0.036***	0.122***	0.360***	0.126***	0.075***	−0.010	0.017***	1								
BIG4	(9)	−0.011*	0.040***	0.082***	0.016**	0.106***	−0.066***	0.032***	0.205***	1							
ANALYST	(10)	−0.066***	0.052***	0.039***	0.110***	0.110***	0.019***	0.011*	0.341***	0.184***	1						
SIZE	(11)	0.038***	0.014**	0.142***	−0.087***	0.244***	−0.160***	0.025***	0.456***	0.367***	0.361***	1					
LEV	(12)	0.124***	−0.064***	−0.100***	−0.232***	0.157***	−0.161***	−0.026***	0.024***	0.099***	−0.066***	0.447***	1				
ROE	(13)	−0.092***	0.050***	0.038***	0.103***	0.023***	0.023***	−0.008	0.257***	0.059***	0.343***	0.123***	−0.175***	1			
GROWTH	(14)	0.043***	−0.007	0.035***	−0.009	−0.048***	−0.008	0.028***	−0.012*	−0.033***	−0.059***	0.005	0.084***	0.036***	1		
LOSS	(15)	0.093***	−0.044***	−0.050***	−0.080***	−0.010	−0.023***	0.005	−0.165***	−0.030***	−0.182***	−0.079***	0.187***	−0.655***	−0.012*	1	
STATE	(16)	−0.009	−0.076***	−0.179***	−0.314***	0.281***	−0.292***	−0.076***	−0.021***	0.144***	−0.019***	0.325***	0.312***	−0.071***	−0.001	0.060***	1

注：***、**、*分别代表在1%、5%、10%的水平上显著。

(三)多元回归分析

1.假设 2.2.1 的检验：儒家文化与公司诉讼风险

表 2.2.4 报告了假设 2.2.1 的多元回归结果。列(1)中，自变量儒家文化 CONF 系数在 1%水平上显著为负，说明公司受浓厚儒家文化影响确实降低了诉讼风险。本节进一步，计算得到了 Logistic 模型的边际效应(CONF 对 SUE 的边际影响，即 dy/dx 为−5.81%)，约占 SUE 均值(0.142 3)的−40.83%，显然，假设 2.2.1 的检验结果不仅具有统计上的显著性，而且具有重要的经济意义。

表 2.2.4 儒家文化与公司诉讼风险的回归结果

变量	被解释变量：SUE		被解释变量：SUE	
	(1)		(2)	
	系数	z 值	系数	z 值
CONF	−0.504 4***	−2.91	−2.252 7***	−5.43
GDP_PC			−0.547 4***	−5.00
CONF×GDP_PC			0.5212***	4.70
TOP2_10	0.001 7	1.05	0.001 7	0.99
BOARD	0.245 1**	2.03	0.229 5*	1.91
DUAL	0.110 3**	2.36	0.119 2**	2.55
INDR	−0.031 4	−0.07	−0.075 3	−0.17
COMPEN	0.132 4***	3.90	0.151 6***	4.42
BIG4	−0.079 5	−0.84	−0.044 2	−0.46
ANALYST	−0.016 7***	−5.40	−0.017 2***	−5.56
SIZE	−0.075 6***	−3.19	−0.074 5***	−3.13
LEV	1.832 8***	14.44	1.822 2***	14.28
ROE	−0.389 6**	−2.08	−0.399 9**	−2.12
GROWTH	0.043 9***	3.59	0.044 9***	3.64
LOSS	0.414 3***	5.24	0.415 6***	5.24
STATE	−0.166 6***	−3.51	−0.184 2***	−3.86
常数项	−2.878 2***	−4.58	−1.341 6*	−1.83
行业/年度	控制		控制	
观测值	23 274		23 274	
Pseudo R^2	0.063 2		0.065 5	
Log likelihood	−8 930.517 5		−8 908.762 5	
Wald Chi^2 (p-value)	1 107.73***		1 141.97***	
ΔPseudo R^2			39.33***	

注：***、**、* 分别代表在 1%、5%、10%的水平上显著；表格中报告的 z 值均经过了异方差稳健标准误(Huber-White)计算而得。

2.假设 2.2.2 的检验：人均 GDP 的调节作用

根据表 2.2.4，列(2)中，自变量儒家文化 CONF 系数在 1%水平上显著为负，进一步支持了假设 2.2.1，即公司受浓厚儒家文化影响降低了公司诉讼风险。此外，列(2)中，交乘项 CONF×GDP_PC 系数在 1%水平上显著为正，表明人均 GDP(GDP_PC)弱化了儒家文化与公司诉讼之间的负向关系，支持了假设 2.2.2。本节计算得到了 Logistic 模型的边际效应：CONF 对 SUE 的边际影响，即 dy/dx 为－25.90%；GDP_PC 对 SUE 的边际影响，即 dy/dx 为－6.29%；CONF×GDP_PC 对 SUE 的边际影响，即 dy/dx 为 5.99%。

控制变量回归结果，董事会规模 BOARD、董事长与 CEO 两职合一虚拟变量 DUAL、高管薪酬 COMPEN、财务杠杆 LEV、销售收入变化 GROWTH、亏损虚拟变量 LOSS 与公司诉讼风险的回归系数显著为正。此外，分析师关注 ANALYST、公司规模 SIZE、净资产收益率 ROE、最终控制人性质 STATE 与公司诉讼风险回归系数显著为负，符合理论预期。

(四)敏感性测试

1.针对因变量敏感性测试

本节使用 2 个因变量的其他度量方式进行敏感性测试。首先，因变量由上市公司是否作为被告涉及诉讼 SUE，改换为公司作为被告涉及诉讼(诉讼发生年)的金额自然对数值 SUE_AMOUNT，鉴于因变量由虚拟变量变更为连续变量，模型估计方法随之由 Logistic 回归变更为 OLS 回归。表 2.2.5 中，列(1)和列(2)自变量儒家文化 CONF 系数在 1%水平上显著为负，敏感性测试结果进一步支持了假设 2.2.1。此外，列(2)中，交乘项 CONF×GDP_PC 系数在 1%水平上显著为正，支持了假设 2.2.2。

表 2.2.5　采纳公司的涉诉金额(因变量)进行敏感性测试

变量	被解释变量：SUE_AMOUNT		被解释变量：SUE_AMOUNT	
	(1)		(2)	
	系数	t 值	系数	t 值
CONF	－1.357 9***	－3.31	－4.287 7***	－5.23
GDP_PC			－0.950 5***	－5.76
CONF×GDP_PC			0.877 7***	5.19
TOP2_10	0.002 1	0.71	0.002 1	0.72
BOARD	0.441 0**	1.98	0.393 4*	1.77
DUAL	0.212 7**	2.45	0.233 9***	2.70
INDR	0.636 8	0.79	0.526 6	0.66
COMPEN	0.210 4***	3.29	0.257 8***	4.01
BIG4	－0.188 6	－1.12	－0.110 7	－0.65
ANALYST	－0.020 2***	－4.02	－0.021 6***	－4.30

续表

变量	被解释变量:SUE_AMOUNT		被解释变量:SUE_AMOUNT	
	(1)		(2)	
	系数	t 值	系数	t 值
SIZE	−0.163 3***	−3.32	−0.158 0***	−3.22
LEV	3.713 3***	15.03	3.658 6***	14.83
ROE	−1.722 4***	−3.34	−1.756 8***	−3.42
GROWTH	0.070 0**	2.32	0.073 0**	2.42
LOSS	0.941 7***	4.84	0.943 8***	4.85
STATE	−0.241 3***	−2.65	−0.273 8***	−3.01
常数项	1.170 5	0.93	3.633 9**	2.51
行业/年度	控制		控制	
观测值	23 319		23 319	
Adj_R^2	0.058 6		0.060 8	
F(p-value)	29.213 6***		28.593 6***	
ΔPseudo R^2			28.36***	

注:***、**、*分别代表在1%、5%、10%的水平上显著;表格中报告的 t 值均经过了异方差稳健标准误(Huber-White)计算而得。

其次,本节因变量还改换为公司作为被告涉及诉讼(诉讼发生年)的次数 SUE_COUNT。鉴于因变量由虚拟变量变更为计数变量,模型估计方法随之由 Logistic 回归变更为 Ordered-Logistic 回归。表 2.2.6 中,列(1)自变量儒家文化 CONF 系数在1%水平上显著为负;此外,列(2)中,交乘项 CONF×GDP_PC 系数在1%水平上显著为正,表 2.2.6 的结果与本节主回归结果一致,进一步支持了假设 2.2.1 和假设 2.2.2。

表 2.2.6　采纳公司涉诉次数(因变量)进行敏感性测试

变量	被解释变量:SUE_ COUNT		被解释变量:SUE_ COUNT	
	(1)		(2)	
	系数	z 值	系数	z 值
CONF	−0.464 5***	−2.73	−2.197 2***	−5.47
GDP_PC			−0.550 1***	−5.06
CONF×GDP_PC			0.521 3***	4.74
TOP2_10	0.001 9	1.12	0.001 8	1.06
BOARD	0.237 6**	1.96	0.220 3*	1.82
DUAL	0.105 0**	2.25	0.114 7**	2.45
INDR	0.062 2	0.14	0.004 8	0.01

续表

变量	被解释变量:SUE_ COUNT		被解释变量:SUE_ COUNT	
	(1)		(2)	
	系数	z 值	系数	z 值
COMPEN	0.126 0***	3.64	0.145 6***	4.18
BIG4	−0.089 6	−0.94	−0.048 8	−0.51
ANALYST	−0.017 3***	−5.54	−0.017 8***	−5.72
SIZE	−0.073 8***	−3.05	−0.073 2***	−3.01
LEV	1.918 3***	14.58	1.908 8***	14.42
ROE	−0.422 4**	−2.16	−0.429 3**	−2.19
GROWTH	0.039 1***	3.24	0.040 0***	3.28
LOSS	0.422 6***	5.34	0.425 7***	5.38
STATE	−0.179 7***	−3.75	−0.198 9***	−4.14
常数项 cut1	2.9037***	4.53	1.366 7*	1.84
常数项 cut2	3.840 2***	5.99	2.304 8***	3.11
常数项 cut3	4.484 1***	6.99	2.949 6***	3.98
常数项 cut4	4.968 2***	7.74	3.434 3***	4.63
常数项 cut5	5.327 5***	8.29	3.794 1***	5.11
常数项 cut6	5.618 4***	8.75	4.085 3***	5.51
常数项 cut7	5.814 1***	9.05	4.281 1***	5.77
常数项 cut8	6.083 7***	9.45	4.550 9***	6.13
行业/年度	控制		控制	
观测值	23 319		23 319	
Pseudo R^2	0.046 1		0.047 8	
Log likelihood	−13 492.191		−13 468.899	
Wald Chi^2 (p-value)	7 676.68***		8 092.61***	
ΔPseudo R^2			41.90***	

注:***、**、*分别代表在1%、5%、10%的水平上显著;表格中报告的 z 值均经过了异方差稳健标准误(Huber-White)计算而得。

2.针对自变量敏感性测试

表2.2.7将儒家文化改换为公司办公地 R 千米半径内孔庙或书院之间的个数($R=50$、100)。表2.2.7中,列(1)至列(4)自变量儒家文化强度 CONF_R($R=50$,100千米)系数均在1%至10%水平上显著为负;此外,列(2)中,交乘项 CONF_R×GDP_PC 系数在1%水平上显著为正,列(4)中,交乘项系数在15%水平上边际显著($p=0.110$)。整体上表2.2.7的结果与本节主回归结果一致,支持假设2.2.1与假设2.2.2。

表 2.2.7 采纳儒家文化(CONF_R)(自变量)进行敏感性测试

变量	被解释变量:SUE 解释变量:CONF_50		被解释变量:SUE 解释变量:CONF_50		被解释变量:SUE 解释变量:CONF_100		被解释变量:SUE 解释变量:CONF_100	
	(1)		(2)		(3)		(4)	
	系数	z 值	系数	z 值	系数	z 值	系数	z 值
CONF_R	−0.031 2*	−1.67	−0.128 6***	−2.74	−0.017 6*	−1.66	−0.043 0*	−1.71
GDP_PC			−0.062 0***	−5.33			−0.056 1***	−4.05
CONF_R×GDP_PC			0.018 3***	3.00			0.006 6	1.60
TOP2_10	0.001 7	1.05	0.001 7	1.04	0.001 7	1.03	0.001 7	1.04
BOARD	0.251 0**	2.09	0.229 4*	1.91	0.254 2**	2.12	0.226 4*	1.89
DUAL	0.107 0**	2.29	0.117 3**	2.51	0.107 8**	2.31	0.117 6**	2.52
INDR	−0.017 1	−0.04	−0.071 0	−0.16	−0.022 3	−0.05	−0.060 9	−0.14
COMPEN	0.127 5***	3.77	0.153 0***	4.47	0.127 7***	3.78	0.150 7***	4.41
BIG4	−0.079 4	−0.84	−0.046 4	−0.49	−0.083 8	−0.89	−0.047 7	−0.50
ANALYST	−0.016 6***	−5.37	−0.017 4***	−5.61	−0.016 7***	−5.39	−0.017 0***	−5.50
SIZE	−0.074 2***	−3.14	−0.076 0***	−3.20	−0.074 7***	−3.16	−0.073 5***	−3.10
LEV	1.8321***	14.43	1.820 0***	14.31	1.833 2***	14.45	1.817 4***	14.28
ROE	−0.389 6**	−2.08	−0.390 9**	−2.08	−0.387 2**	−2.06	−0.400 5**	−2.13
GROWTH	0.044 2***	3.62	0.044 5***	3.62	0.043 8***	3.58	0.044 9***	3.65
LOSS	0.415 8***	5.27	0.417 7***	5.28	0.416 3***	5.28	0.414 7***	5.25
STATE	−0.160 1***	−3.37	−0.181 4***	−3.82	−0.164 9***	−3.47	−0.176 6***	−3.71
常数项	−3.262 1***	−5.27	−3.322 6***	−5.33	−3.249 6***	−5.26	−3.365 2***	−5.39
行业/年度	控制		控制		控制		控制	
观测值	23 274		23 274		23 274		23274	
Pseudo R^2	0.062 9		0.064 4		0.062 9		0.064 1	
Log likelihood	−8 933.532		−8 918.845 9		−8 933.571 8		−8 921.920 9	
Wald Chi^2 (p-value)	1 104.75***		1 137.48***		1 102.21***		1 125.73***	
ΔPseudo R^2			29.65***				23.79***	

注:***、**、*分别代表在1%、5%、10%的水平上显著;表格中报告的 z 值均经过了异方差稳健标准误(Huber-White)计算而得。

五、内生性测试与进一步测试

(一)内生性测试

本节拟采用公司层面的固定效应模型、工具变量法、断点回归三种方法对可能存在的内生性加以控制。

1.采纳公司层面的固定效应

本节采纳公司层面的固定效应回归，以控制可能存在的遗漏变量的内生性问题。表2.2.8中，列(1)和(2)自变量儒家文化CONF系数均在1%水平上显著为负；列(2)中，交乘项系数在5%水平上显著为正，结果与表2.2.4一致，支持了本节两个假设。

表2.2.8 采纳固定效应模型控制内生性

变量	被解释变量：SUE		被解释变量：SUE	
	(1)		(2)	
	系数	z 值	系数	z 值
CONF	−3.299 7***	−2.75	−4.605 9***	−3.46
GDP_PC			−0.369 9*	−1.92
CONF×GDP_PC			0.362 6**	1.99
TOP2_10	0.003 6	1.15	0.003 6	1.13
BOARD	−0.167 5	−0.61	−0.158 2	−0.57
DUAL	0.200 9**	2.34	0.197 9**	2.30
INDR	−1.366 1*	−1.72	−1.377 1*	−1.73
COMPEN	0.059 3	0.82	0.063 4	0.87
BIG4	0.341 3	1.24	0.346 1	1.25
ANALYST	−0.008 9*	−1.69	−0.009 1*	−1.73
SIZE	−0.090 1	−1.55	−0.094 1	−1.61
LEV	1.672 1***	6.87	1.672 3***	6.87
ROE	0.029 8	0.13	0.022 4	0.09
GROWTH	0.013 4	0.82	0.013 4	0.82
LOSS	0.275 7***	2.64	0.275 6***	2.64
STATE	−0.115 8	−0.59	−0.110 8	−0.56
公司/年度	控制		控制	
观测值	10 123		10 123	
Log likelihood	−3 551.792 2		−3 549.867 5	
LR Chi^2 (p-value)	864.76***		868.61***	

注：***、**、* 分别代表在1%、5%、10%的水平上显著；表格中报告的 z 值均经过了异方差稳健标准误(Huber-White)计算而得。

2.采纳工具变量法

表2.2.9报告了工具变量法的两阶段的回归结果。第一阶段回归以公司所在地的河流密度(DENSITY)作为工具变量，因为河流密度影响主要解释变量即儒家文化CONF，但并不影响公司诉讼风险。古代社会资源有限，人们为保证生存用水供给往往沿河而居，聚居在河流沿线，若某地区范围内河流密度越大，则人口越多，资源供给越多，更多人可能受到教育(儒学具有统治地位)，参加科举，受到更强的儒家文化熏陶。Hausman检验结果(未报告)

显示，Durbin Wu-Hausman(DWH)检验结果分别为 $F=41.27$(Prob>$F=0.000\ 0$)，拒绝了自变量 CONF 是外生变量的原假设，满足使用工具变量的前提，应使用工具变量 DENSITY 进行回归。

表 2.2.9 列(1)报告了第一阶段的回归结果，DENSITY 回归系数均在 1%的统计水平上显著为正(系数=16.300 5，$t=13.50$)，与理论预期一致。基于第一阶段回归结果，本节计算儒家文化强度变量的估计量 CONF*，以及儒家文化强度与人均 GDP 交乘项的估计量 CONF* ×GDP_PC，如表 2.2.9 的第(2)至(3)列显示，CONF* 系数在 1%水平上显著为负，交乘项系数在 1%水平上显著为正，检验结果与主回归一致，支持本节假设。

表 2.2.9　采用河流密度为工具变量的两阶段回归控制内生性

变量	因变量:CONF		因变量:诉讼风险(SUE)		因变量:诉讼风险(SUE)	
	(1)		(2)		(3)	
	系数	t 值	系数	t 值	系数	t 值
DENSITY	16.300 5***	13.50				
CONF_N*			−10.300 8***	−6.60	−13.459 3***	−6.96
GDP_PC					−2.781 6***	−5.25
CONF_N* ×GDP_PC					2.839 1***	5.26
TOP2_10	0.000 1	1.05	0.002 0	1.21	0.001 7	1.02
BOARD	−0.016 5***	−4.25	0.101 4	0.82	0.257 7**	2.12
DUAL	0.007 9***	5.75	0.185 6***	3.85	0.129 6***	2.76
INDR	−0.010 3	−0.67	−0.178 1	−0.41	−0.138 0	−0.31
COMPEN	0.015 1***	11.68	0.260 2***	6.63	0.150 9***	4.27
BIG4	0.013 5***	5.36	0.033 9	0.35	−0.049 3	−0.52
ANALYST	−0.000 0	−0.09	−0.016 5***	−5.30	−0.017 5***	−5.65
SIZE	0.000 4	0.50	−0.071 8***	−3.04	−0.075 5***	−3.18
LEV	−0.020 6***	−5.14	1.640 7***	12.52	1.811 7***	14.12
ROE	−0.007 8	−0.93	−0.479 8**	−2.55	−0.428 4**	−2.27
GROWTH	0.000 3	0.51	0.046 0***	3.75	0.0487***	3.93
LOSS	−0.002 1	−0.58	0.386 3***	4.87	0.431 7***	5.43
STATE	−0.009 2***	−4.72	−0.253 9***	−5.14	−0.208 7***	−4.36
常数项	0.758 7***	29.40	6.142 4***	4.29	10.837 8***	5.25
行业/年度	控制		控制		控制	
观测值	23 319		23 274		23 274	
Pseudo R^2	0.058 6		0.065 2		0.067 4	
Log likelihood			−8 911.348 3		−8 890.521	
F-value/ Wald Chi² (p-value)	16.18***		1 133.00***		1 178.14***	

注：***、**、* 分别代表在 1%、5%、10%的水平上显著；表格中报告的 z 值均经过了异方差稳健标准误(Huber-White)计算而得。

3.断点回归

本节选用明代长城作为文化的地理分割点，采用断点回归（regression discontinuity design）方法检验儒家文化对公司诉讼风险的影响。明代是距今最近的一个汉族建立的朝代，长城在明代具有军事防御功能，分隔了汉族与北方少数民族地区。长城以北受游牧文化影响，而长城以南长期受到儒家文化的熏陶。

纬度差 LATDIF 的具体计算方法为：首先，从长城网站（http://www.ilovegreatwall.cn/）获得明长城遗址的经纬度数据，计算上市公司与各长城遗址的经度差。其次，根据上市公司与各长城遗址的经度差，选择出公司与各长城遗址间最小的经度差，并采用最小经度差的长城遗址计算其与公司的纬度差（LATDIF）。最后，根据纬度差，LATDIF 为正则说明公司处于明长城以北，NORTH 取值为 1；LATDIF 为负则说明公司处于明长城以南，NORTH 取值为 0。

图 2.2.4 列示了公司诉讼风险与纬度差的散点图，如图所示，在零纬度差附近，长城以北样本的预测线高于长城以南的预测线，两条预测线之间存在断点，在长城北侧公司诉讼风险更高。同样的，图 2.2.5 列示了儒家文化强度（CONF）与纬度差的散点图，在零纬度差附近，长城以北样本的预测线低于长城以南的预测线，这表明位于长城南北的公司受到的儒家文化影响强度存在断点，处于长城北侧的公司受到的儒家文化影响更弱。

参考 Chen 等（2013），设置式（2.2.3）～式（2.2.5）：

$$CONF=\alpha_0+\alpha_1 NORTH+\alpha_j f(LATDIF)+Control\ variables+\varepsilon \tag{2.2.3}$$

$$SUE=\beta_0+\beta_1 NORTH+\beta_j f(LATDIF)+Control\ variables+\varepsilon \tag{2.2.4}$$

$$SUE=\lambda_0+\lambda_1 CONF^*+Control\ variables+\varepsilon \tag{2.2.5}$$

其中，CONF 表示儒家文化，$CONF^*$ 表示经过式（2.2.3）预测的儒家文化变量。SUE 为公司诉讼风险。NORTH 为虚拟变量，当公司处于长城以北取 1，否则取值为 0。LATDIF 表示纬度差，f（LATDIF）表示关于纬度差的多项式，其他控制变量与式（2.2.1）、式（2.2.2）保持一致。此外，从纬度分布来看，西藏、青海大部处于长城以南，但是受到儒家文化的影响较小，因此为降低样本偏差，删除了办公地在西藏、青海的公司。

表 2.2.10 汇报了断点回归的结果。为降低南北其他差异的影响，根据 Chen(2013)的做法，采用限定公司与长城的纬度差为±5°的样本，采用倾向得分匹配样本进行检验[列(1)～列(3)]。

表 2.2.10　断点回归（Regression Discontinuity）结果

变量	因变量：CONF		因变量：诉讼风险（SUE）		因变量：诉讼风险（SUE）	
	(1)		(2)		(3)	
	系数	t 值	系数	t 值	系数	t 值
NORTH	0.282 7*	1.73	0.278 2*	1.73	0.418 3**	2.31
LATDIF	0.014 8	0.39	0.013 8	0.36	−0.119 6	−1.43
$LATDIF^2$			−0.006 8	−0.73	−0.004 0	−0.41
$LATDIF^3$					0.008 4*	1.81

续表

变量	因变量：CONF		因变量：诉讼风险(SUE)		因变量：诉讼风险(SUE)	
	(1)		(2)		(3)	
	系数	t 值	系数	t 值	系数	t 值
TOP2_10	0.006 6	1.41	0.006 5	1.38	0.006 8	1.44
BOARD	−0.085 8	−0.25	−0.091 5	−0.27	−0.088 5	−0.26
DUAL	0.143 6	1.02	0.143 8	1.02	0.152 6	1.08
INDR	−1.153 5	−0.86	−1.165 6	−0.87	−1.161 3	−0.87
COMPEN	0.101 8	1.15	0.092 5	1.03	0.086 5	0.96
BIG4	0.062 6	0.18	0.044 7	0.13	0.044 4	0.13
ANALYST	−0.030 3***	−2.95	−0.030 5***	−2.96	−0.029 8***	−2.88
SIZE	−0.124 7**	−2.01	−0.121 8**	−1.96	−0.119 2*	−1.92
LEV	1.886 8***	5.30	1.888 6***	5.31	1.906 5***	5.37
ROE	−1.515 3***	−2.99	−1.508 3***	−2.97	−1.529 5***	−3.02
GROWTH	0.073 6***	2.88	0.073 1***	2.86	0.070 8***	2.78
LOSS	0.049 7	0.24	0.048 2	0.24	0.038 0	0.19
STATE	−0.289 0**	−2.14	−0.296 7**	−2.19	−0.308 1**	−2.27
常数项	−0.444 3	−0.27	−0.292 7	−0.18	−0.373 1	−0.22
公司/年度	控制		控制		控制	
观测值	2 816		2 816		2 816	
Pseudo R^2	0.096 6		0.096 9		0.098 1	
Log likelihood	−1 091.795 5		−1 091.511 6		−1 090.077 7	
Wald Chi^2 (p-value)	195.93***		195.43***		204.67***	

注：***、**、*分别代表在1%、5%、10%的水平上显著；表格中报告的 z 值均经过了异方差稳健标准误(Huber-White)计算而得。

表2.2.11汇报了采用长城南北虚拟变量、公司与长城纬度差作为工具变量的两阶段模型回归结果(全样本，删除位于西藏、青海的上市公司)。列(1)～(3)报告了第一阶段的回归结果，NORTH、LATDIF、LATDIF2回归系数均在1%～5%水平上显著为负，表明位于长城以北的公司受儒家文化的影响更弱。列(1)～(3)报告了第二阶段的回归结果，CONF*系数在1%水平上显著为负，交乘项系数均在1%水平上显著为正，检验结果与主回归一致，支持本节假设。

表2.2.11　采用公司与长城纬度差作为工具变量的两阶段回归结果

变量	因变量：CONF		因变量：诉讼风险(SUE)		因变量：诉讼风险(SUE)	
	(1)		(2)		(3)	
	系数	t 值	系数	t 值	系数	t 值
NORTH	−0.007 2**	−2.05				
LATDIF	−0.022 0***	−30.21				

续表

变量	因变量:CONF		因变量:诉讼风险(SUE)		因变量:诉讼风险(SUE)	
	(1)		(2)		(3)	
	系数	t 值	系数	t 值	系数	t 值
$LATDIF^2$	−0.001 3***	−29.11				
CONF*			−1.269 6***	−4.10	−1.787 2***	−4.89
GDP_PC					−0.190 9***	−3.81
CONF*×GDP_PC					0.154 6***	3.13
TOP2_10	0.000 0	0.99	0.001 6	0.96	0.001 6	0.98
BOARD	−0.008 5***	−2.59	0.235 8*	1.95	0.211 2*	1.75
DUAL	0.006 1***	5.20	0.112 0**	2.39	0.121 5***	2.58
INDR	0.016 0	1.34	−0.017 0	−0.04	−0.043 9	−0.10
COMPEN	0.005 6***	5.60	0.143 4***	4.20	0.167 0***	4.85
BIG4	0.001 0	0.46	−0.065 4	−0.69	−0.029 3	−0.31
ANALYST	−0.000 2***	−2.79	−0.016 2***	−5.25	−0.016 6***	−5.38
SIZE	0.004 1***	5.90	−0.077 0***	−3.25	−0.075 6***	−3.18
LEV	−0.024 5***	−7.48	1.819 1***	14.26	1.797 0***	14.07
ROE	−0.010 0	−1.54	−0.402 6**	−2.13	−0.416 3**	−2.20
GROWTH	0.001 8***	4.16	0.045 0***	3.65	0.046 2***	3.72
LOSS	0.003 5	1.23	0.416 8***	5.22	0.415 3***	5.20
STATE	0.000 3	0.17	−0.168 2***	−3.51	−0.181 1***	−3.78
常数项	0.758 8***	37.45	−1.162 1*	−1.66	−0.598 0	−0.82
行业/年度	控制		控制		控制	
观测值	23 162		23 117		23 117	
Adj_R^2/Pseudo R^2	0.370 1		0.063 8		0.065 3	
Log likelihood			−8 846.200 7		−8 832.464	
F-value//Wald Chi^2 (p-value)	34.57***		1 110.65***		1 139.75***	

注:***、**、*分别代表在1%、5%、10%的水平上显著;表格中报告的 z 值均经过了异方差稳健标准误(Huber-White)计算而得。

此外,采用纬度差为工具变量的 Hausman 检验结果显示,三个方程的 Durbin Wu-Hausman(DWH)检验结果分别为:$F=11.86$(Prob>$F=0.000\ 0$)、$F=11.53$(Prob>$F=0.000\ 0$)、$F=10.64$(Prob>$F=0.000\ 0$),强烈拒绝了自变量 CONF 是外生变量的原假设,故认为其是内生的,满足使用工具变量的前提,应使用工具变量 NORTH、LATDIF、$LATDIF^2$ 进行回归。此外,由于工具变量个数多于内生解释变量个数,需要进行过度识别检验,过度识别检验 Score $chi^2=1.750\ 63$($p=0.416\ 7$),故接受“所有工具变量均为外生”的原假设,与扰动项不相关。

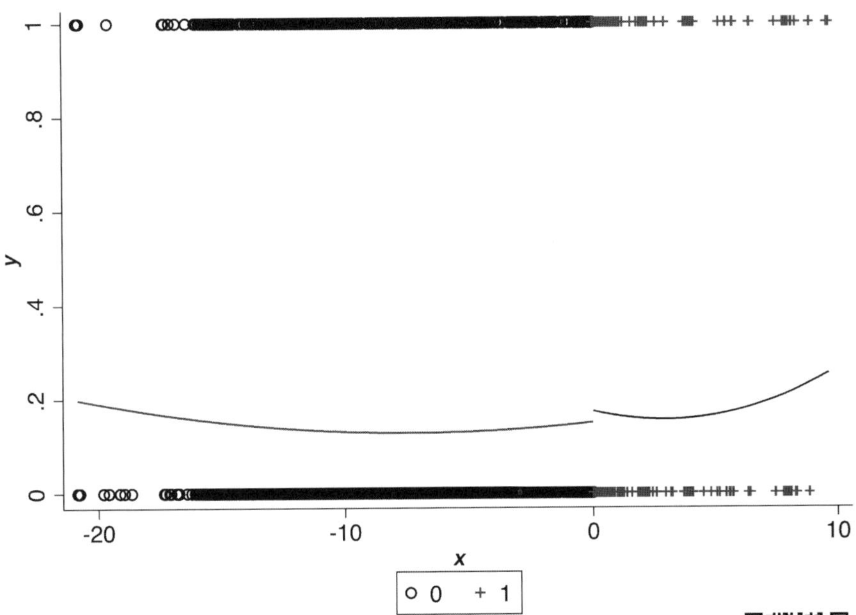

注：红色实线表示以长城以南样本为基础采用二次多项式模拟的预测线，黑色实线表示以长城以北样本为基础采用二次多项式模拟的预测线。

图 2.2.4 诉讼风险与纬度差的散点图(彩图扫二维码)

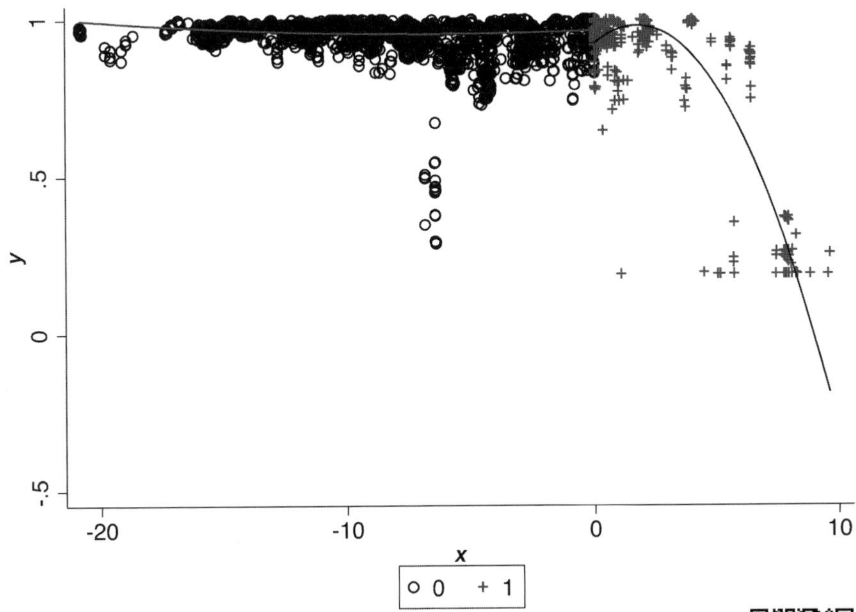

注：红色实线表示以长城以南样本为基础采用二次多项式模拟的预测线，黑色实线表示以长城以北样本为基础采用二次多项式模拟的预测线。

图 2.2.5 儒家文化(CONF)与纬度差的散点图(彩图扫二维码)

（二）进一步测试

1.产权性质分组测试

国有企业的政府干预相对较强，行政力量也可以强化政策与法规在公司的执行，此外，大部分国有企业的 CEO 和董事长都是党员，往往不太可能选择儒家文化作为其伦理哲学（杜兴强，2020）。因此，儒家文化对公司诉讼风险的影响在国有企业与非国有企业间可能是不同的。基于产权性质的分组回归结果如表 2.2.12 Panel A 所示。儒家文化与公司诉讼风险的关系在非国有企业组存在；在国有企业组，儒家文化对公司诉讼风险的抑制作用不存在。也即是说，儒家文化对公司诉讼风险的负向影响在非国有企业更加突出。

2.社会信任水平分组测试

社会信任扎根于长期的文化积淀（Dore，1987），代表着社会价值观，是一种潜移默化、代代相承的社会风俗。社会信任更高的地区，人们真诚、友好、和谐共处，遵守社会道德与诚信规范，更少出现道德败坏、故意欺瞒的行为（唐亮 等，2018），儒家文化对公司诉讼风险的影响可能被弱化。而在社会信任更低的地区，缺乏商业伦理规范，儒家文化的约束与规范作用则更为凸显。基于社会信任水平[度量指标参考张维迎和柯荣住（2002）]的分组回归结果如表 2.2.12 Panel B 所示。儒家文化与公司诉讼风险的关系在低社会信任组存在；在高社会信任组，儒家文化对公司诉讼风险的抑制作用不存在。也即是说，儒家文化对公司诉讼风险的负向影响在低社会信任组更加突出。

表 2.2.12 Panel A 至 Panel B，表格倒数后两行报告了组间差异检验与组间系数差异检验的结果，结果显示上述分组测试，组间差异与组间系数差异均显著（个别在 15%水平上边际显著）。

表 2.2.12 考虑产权性质与社会信任的分组测试

Panel A：基于产权性质的分组测试				
变量	被解释变量：SUE		被解释变量：SUE	
	（1）非国有企业组		（2）国有企业组	
	系数	z 值	系数	z 值
CONF	−0.968 0***	−3.59	−0.127 4	−0.54
TOP2_10	−0.000 8	−0.38	0.008 0***	3.07
BOARD	0.190 2	1.05	0.188 5	1.15
DUAL	0.227 5***	4.15	−0.228 9**	−2.17
INDR	−1.282 4**	−1.99	1.497 4**	2.45
COMPEN	0.121 8***	2.67	0.109 0**	2.06
BIG4	0.123 0	0.77	−0.260 0**	−2.13
ANALYST	−0.016 3***	−3.96	−0.015 6***	−3.26
SIZE	−0.079 9**	−2.35	−0.072 9**	−2.15

续表

变量	被解释变量：SUE		被解释变量：SUE	
	(1)非国有企业组		(2)国有企业组	
	系数	z 值	系数	z 值
LEV	2.163 5***	13.34	1.391 8***	6.71
ROE	−0.681 9**	−2.55	−0.233 5	−0.83
GROWTH	0.046 2***	2.69	0.042 8**	2.40
LOSS	0.440 7***	3.99	0.368 6***	3.17
常数项	−4.295 3***	−4.62	−4.680 6***	−3.81
行业/年度	控制		控制	
观测值	13 146		10 128	
Pseudo R^2	0.075 9		0.059 6	
Log likelihood	−5 032.979 9		−3 841.679 2	
Wald Chi^2 (p-value)	778.08***		445.82***	
组间差异			104.24***	
系数差异			5.50**	

Panel B：基于社会信任的分组测试

变量	被解释变量：SUE		被解释变量：SUE	
	(1)低社会信任组		(2)高社会信任组	
	系数	z 值	系数	z 值
CONF	−0.405 7**	−2.24	0.648 4	0.93
TOP2_10	0.001 9	0.80	0.001 6	0.68
BOARD	0.419 5**	2.48	0.108 4	0.62
DUAL	−0.028 8	−0.40	0.216 3***	3.49
INDR	0.572 3	0.92	−0.749 7	−1.19
COMPEN	0.233 2***	4.77	0.100 3**	2.01
BIG4	0.067 3	0.41	−0.160 5	−1.32
ANALYST	−0.018 6***	−3.84	−0.016 2***	−3.94
SIZE	−0.199 9***	−5.94	0.045 1	1.35
LEV	1.953 0***	10.73	1.591 0***	8.83
ROE	−0.375 4	−1.56	−0.472 4	−1.53
GROWTH	0.036 0**	2.23	0.048 9**	2.55
LOSS	0.306 9***	2.88	0.520 3***	4.37
STATE	−0.186 9***	−2.80	−0.210 3***	−3.02
常数项	−2.221 4**	−2.53	−5.493 6***	−5.06
行业/年度	控制		控制	
观测值	10 139		13 126	
Pseudo R^2	0.068 0		0.066 5	
Log likelihood	−4 178.832 5		−4 687.463 8	
Wald Chi^2 (p-value)	547.80***		612.83***	
组间差异			84.12***	
系数差异			2.14(p=0.143 8)	

注：***、**、*分别代表在1%、5%、10%的水平上显著；表格中报告的 z 值均经过了异方差稳健标准误(Huber-White)计算而得。

（三）附加测试

1.上市公司公告年为被告涉及诉讼

上市公司涉及诉讼，实际被诉讼年份与公告公司被诉讼的年份存在一定的差异。为确保文章的稳健性，本节在附加测试中，增加上市公司公告年是否被诉讼的检验。具体来说，上市公司当年有公告提及公司被诉讼，则取值为1，当年没有公告公司被诉讼则取值为0，不考虑公告中公司被诉讼的实际年份（表2.2.4则以公司被诉讼的实际年份取值）。表2.2.13的结果与表2.2.4保持一致，为本节假设的检验提供了进一步的证据。

表 2.2.13 儒家文化与公司公告年为被告涉及诉讼的回归结果

变量	被解释变量:SUE_ANNOUNCE		被解释变量:SUE_ANNOUNCE	
	(1)		(2)	
	系数	z 值	系数	z 值
CONF	−0.420 9**	−2.39	−2.243 7***	−5.34
GDP_PC			−0.576 6***	−5.15
CONF×GDP_PC			0.547 2***	4.83
TOP2_10	0.002 1	1.29	0.002 0	1.23
BOARD	0.244 4**	2.03	0.226 2*	1.88
DUAL	0.094 1**	2.01	0.104 0**	2.22
INDR	0.012 9	0.03	−0.035 3	−0.08
COMPEN	0.144 7***	4.26	0.166 1***	4.84
BIG4	−0.074 4	−0.79	−0.035 9	−0.38
ANALYST	−0.015 9***	−5.11	−0.016 5***	−5.29
SIZE	−0.089 6***	−3.76	−0.088 4***	−3.69
LEV	1.822 5***	14.27	1.810 2***	14.10
ROE	−0.347 6*	−1.84	−0.357 7*	−1.89
GROWTH	0.050 5***	4.18	0.051 6***	4.24
LOSS	0.394 3***	4.95	0.395 9***	4.96
STATE	−0.153 2***	−3.21	−0.172 1***	−3.60
常数项	−2.912 3***	−4.62	−1.316 2*	−1.79
行业/年度	控制		控制	
观测值	23 283		23 283	
Pseudo R^2	0.0613		0.063 8	
Log likelihood	−8 926.438 5		−8 902.203 5	
Wald Chi^2 (p-value)	1 064.10***		1 102.32***	
ΔPseudo R^2			43.91***	

注：***、**、*分别代表在1%、5%、10%的水平上显著；表格中报告的 z 值均经过了异方差稳健标准误(Huber-White)计算而得。

2.上市公司(不包括子公司、母公司、相关方)作为被告涉及诉讼

表 2.2.4 因变量为公司诉讼风险 SUE,包含上市公司子公司、母公司、相关方涉及诉讼的情况,在附加测试中,本节剔除上市公司子公司、母公司、相关方涉及诉讼的数据,以丰富文章的实证检验。表 2.2.14 结果与表 2.2.4 一致,为本节假设的检验提供了进一步的证据。

表 2.2.14 儒家文化与公司(不包括子公司、母公司、相关方)作为被告涉及诉讼的回归结果

变量	被解释变量:SUE_SECTION		被解释变量:SUE_SECTION	
	(1)		(2)	
	系数	z 值	系数	z 值
CONF	−0.405 3**	−1.97	−1.926 5***	−3.88
GDP_PC			−0.510 9***	−4.04
CONF×GDP_PC			0.471 8***	3.68
TOP2_10	0.001 8	0.89	0.001 7	0.86
BOARD	0.261 2*	1.76	0.236 8	1.60
DUAL	0.101 0*	1.84	0.112 3**	2.04
INDR	−0.300 5	−0.57	−0.347 8	−0.65
COMPEN	0.080 7**	1.97	0.106 6***	2.58
BIG4	0.145 9	1.27	0.191 7*	1.66
ANALYST	−0.009 7***	−2.58	−0.010 3***	−2.74
SIZE	−0.177 7***	−6.18	−0.177 5***	−6.14
LEV	1.908 8***	12.42	1.896 8***	12.30
ROE	−0.475 3**	−2.23	−0.482 1**	−2.25
GROWTH	0.034 6**	2.28	0.035 5**	2.31
LOSS	0.360 1***	3.88	0.359 7***	3.87
STATE	−0.287 7***	−5.02	−0.309 2***	−5.38
常数项	−0.587 7	−0.76	0.715 7	0.80
行业/年度	控制		控制	
观测值	23 274		23 274	
Pseudo R^2	0.053 2		0.055 7	
Log likelihood	−6 735.152 9		−6 717.183 2	
Wald Chi^2 (p-value)	699.64***		744.96***	
ΔPseudo R^2			33.73***	

注:***、**、*分别代表在 1%、5%、10%的水平上显著;表格中报告的 z 值均经过了异方差稳健标准误(Huber-White)计算而得。

3.上市公司为原告涉及诉讼

本节主回归使用上市公司作为被告是否涉及诉讼来度量公司的诉讼风险,意在检验儒家文化对公司诉讼风险的影响,从而通过儒家文化伦理规范影响公司合规经营,进而降低公

司被诉讼的风险。而公司作为原告，当公司权益受损，在法治社会，公司是否受儒家文化影响而不采取诉讼手段则是另一个维度的话题。未列表的结果显示，儒家文化并未影响公司作为原告涉及诉讼。

六、研究结论

（一）研究结论

本节拓展了前期关于儒家文化与商业伦理、公司行为关系的文献，进一步讨论了作为非正式制度重要组成部分的儒家文化对公司诉讼风险的影响。采用基于地理近邻性的儒家文化变量，研究发现儒家文化降低了公司诉讼风险，经济发展水平削弱了儒家文化与公司诉讼风险间的负相关关系。经过一系列敏感性测试和内生性测试以后，本节的研究结论依然成立。此外，儒家文化对公司诉讼风险的影响在非国有企业、社会信任较低的样本中更加突出。本节对儒家文化在公司诉讼这一微观层面的经济后果进行了初步探索，为人们正确看待儒家文化对个人乃至公司行为的影响提供了重要的经验证据。

（二）实践启示

第一，本节研究结论凸显了文化氛围对公司诉讼风险的重要性。诉讼事件往往带来高昂的成本、声誉受损，包括市场价值与时间价值损失、巨额赔偿等在内的风险，对公司的发展与经营管理产生了极大的负面影响。在社会主义法治建设取得重大进展、资本市场法制化建设逐步推进的背景下，诉讼这一资本市场解决利益冲突的方式日益被广泛采用。这意味着，仅靠正式制度无法完全唤起公司的合规经营意识，还需要从中国文化氛围中寻找商业伦理降低公司诉讼风险的原动力。本节的结论表明，儒家文化伦理规范所塑造的商业伦理氛围有助于公司形成讲信用、重商德、不欺不诈、合规经营的风气。

第二，儒家文化对当代社会的持续影响带来的商业伦理氛围导致上市公司诉讼风险降低。本节促使学者、实务工作者和监管部门加强关注儒家文化对公司诉讼的影响。儒家文化作为非正式制度的代表，对个人、社会、公司行为的影响持续且稳定。因此在公司诉讼方面，不能忽略儒家文化伦理规范等文化因素。

第三，本节发现儒家文化对现代中国社会、商业伦理的积极影响，因此仅考虑儒家文化的负面影响是片面的。正确看待中国传统文化，尽可能地消除对中国传统文化的偏见，充分认识中国传统文化的优点、树立起文化自信，对于现代中国社会来说是具有积极意义的。

第四，本节发现人均 GDP 作为经济发展水平的替代变量削弱了儒家文化与公司诉讼之间的负向关系，支持了正式制度与非正式制度的“替代效应”，即正式制度越完备，非正式制度的替代性作用就会被削弱。非正式制度与正式制度之间存在复杂的交互作用，在中国情境下，尽管制度建设卓有成效，但制度建设与监管执行仍留有空白，存在制度尚未规范或难以规范的领域，这就需要引导建立积极的文化，以在正式制度覆盖范围之外约束个人、社会与公司行为。

参考文献

陈来，2011.《论语》的德行伦理体系[J]. 清华大学学报(哲学社会科学版)，26(1)：127-145，160.

杜兴强，殷敬伟，赖少娟，2017. 论资排辈、CEO任期与独立董事的异议行为[J]. 中国工业经济，12：151-169.

杜兴强，2020. 儒家文化与会计审计行为[M]. 厦门：厦门大学出版社.

胡少华，陈静，雷啸，等，2021. 儒家文化与公司违规——来自中国A股市场的经验证据[J]. 商学研究(双月刊)，28(1)：65-80.

孔子，1980. 论语译注[M]. 第二版. 北京：中华书局.

李彩玲，林东杰，2019. CEO儒家文化观念与公司诉讼风险——基于中国上市公司问卷调查数据[J]. 管理学季刊，4(4)：63-85，155.

林斌，周美华，舒伟，等，2013. 内部控制，公司诉讼和公司价值[J]. 中国会计评论，11(4)：431-456.

连淑能，2002. 论中西思维方式[J]. 外语与外语教学，2：40-46，63-64.

毛新述，孟杰，2013. 内部控制与诉讼风险[J]. 管理世界，11：155-165.

唐亮，林钟高，郑军，等，2018. 非正式制度压力下的企业社会责任抉择研究——来自中国上市公司的经验证据[J]. 中国软科学，12：165-177.

王慧明，2002. 儒家文化与中国当代管理[M]. 北京：中国言实出版社.

王化成，李昕宇，孟庆斌，2018. 公司战略、诉讼风险与市场反应[J]. 中国会计评论，16(3)：311-350.

徐细雄，李万利，2019. 儒家传统与企业创新：文化的力量[J]. 金融研究，9：116-134.

张维迎，柯荣住，2002. 信任及其解释：来自中国的跨省调查分析[J]. 经济研究，10：59-70，96.

张兴福，2003. 儒家文化与管理现代化研究[M]. 兰州：甘肃人民出版社.

赵康生，周萍，蔺楠，2017. 大股东持股与公司诉讼风险——基于中国上市公司的实证分析[J]. 外国经济与管理，39(1)：84-95.

ADHIKARI B K, AGRAWAL A, MALM J, 2019. Do women managers keep firms out of trouble? Evidence from corporate litigation and policies[J]. Journal of accounting and economics, 67(1): 202-225.

ATANASOV V, IVANOV V, LITVAK K, 2012 Does reputation limit opportunistic behavior in the VC industry? Evidence from litigation against VCs[J]. The journal of finance, 67(6): 2215-2246.

BILLINGS M B, CEDERGREN M C, 2015. Strategic silence, insider selling and litigation risk[J]. Journal of accounting and economics, 59(2～3): 119-142.

BUSHMAN R M, PIOTROSKI J D, 2006. Financial reporting incentives for conservative accounting: The influence of legal and political institutions [J]. Journal of accounting and economics, 42(1～2): 107-148.

CALLEN J L, FANG X, 2015. Religion and stock price crash risk[J]. Journal of financial and quantitative analysis, 50(1～2): 169-195.

CHEN Y, EBENSTEIN A, GREENSTONE M, et al., 2013. Evidence on the impact of sustained exposure to air pollution on life expectancy from China's Huai River policy [J]. Proceedings of the national academy of sciences, 110(32): 12936-12941.

CLEMENZ G, GUGLER K, 2000. Macroeconomic development and civil litigation European[J]. Journal of law and economics, 9(3): 215-230.

CONFUCIUS, 1998. Analects of confucius[M]. AMES R T, ROSEMENT H(Translators). New York: Ballantine Books.

DHILLON A, RIGOLINI J, 2011. Development and the interaction of enforcement institutions[J]. Journal of public economics, 95(1～2): 79-87.

DOLLINGER M J, 1988. Confucian ethics and Japanese management practices [J]. Journal of Business Ethics, 7(8): 575-584.

DONELSON D C, MCINNIS J M, MERGENTHALER R D, et al., 2012. The timeliness of bad earnings news and litigation risk [J]. The accounting review, 87(6): 1967-1991.

DORE R P, 1987. Taking Japan seriously: a confucian perspective on leading economic issues[J]. Pacific affairs, 61(3): 518.

DU X, 2013. Does religion matter to owner-manager agency costs? Evidence from China[J]. Journal of business ethics, 118(2): 319-347.

DU X, 2014. Does religion mitigate tunneling? Evidence from Chinese Buddhism [J]. Journal of business ethics, 125(2): 299-327.

DU X, 2015. Does Confucianism reduce minority shareholder expropriation? Evidence from China[J]. Journal of business ethics, 132(4): 661-716.

DYRENG S D, MAYEW, W J, WILLIAMS C D, 2012. Religious social norms and corporate financial reporting[J]. Journal of business finance and accounting, 39(7～8): 845-875.

EL GHOUL S, GUEDHAMI O, NI Y et al, 2012. Does religion matter to equity pricing? [J] Journal of business ethics, 111(4): 491-518.

FAM K S, YANG Z, HYMAN M, 2009. Confucian/chopsticks marketing [J]. Journal of business ethics, 88: 393-397.

FRANCIS J, PHILBRICK D, SCHIPPER K, 1994. Shareholder litigation and corporate disclosures[J]. Journal of accounting research, 32: 137-165.

GRULLON G，KANATAS G，WESTON J P，2010. Religion and corporate(mis)behavior [R]. Working Paper，Available at：http://papers.ssrn.com/sol3/Delivery.cfm?abstractid=1472118.

GUISO L，SAPIENZA P，ZINGALES L，2006. Does culture affect economic outcomes? [J]. Journal of economic perspectives 20：23-48.

HOGG M A，TERRY D J，WHITE K M，1995. A tale of two theories：a critical comparison of identity theory with social identity theory[J]. Social psychology quarterly，58(4)：255-269.

HUTTON I，JIANG D，KUMAR A，2015. Political values，culture，and corporate litigation[J].Management science，61(12)：2905-2925.

JOHNSON M，KASZNIK R，NELSON K，2001. The impact of securities litigation reform on the disclosure of forward- looking information by high technology firms[J]. Journal of accounting research，39：297-327.

KIM I，SKINNER D J，2012. Measuring securities litigation risk[J]. Journal of accounting and economics，53(1)：290-310.

KOH P S，QIAN C，WANG H，2014. Firm litigation risk and the insurance value of corporate social performance[J]. Strategic management journal，35(10)：1464-1482.

LAURENCE J，GAO G P，PAUL H，1995. Confucian roots in China：A force for today's business[J]. Management decision，33(10)：29-34.

LIU S H，1998. Understanding confucian philosophy：classical and sung-ming [M]. New York：Greenwood Press.

MCGUIRE S T，OMER T C，SHARP N Y，2012. The impact of religion on financial reportingirregularities[J]. Accounting review，87(2)：645-673.

MCNULTY J，AKHIGBE A，2015. Corporate culture，financial stability and bank litigation[C/OL]. Federal Reserve Bank of New York Conference，Economics of Culture：Balancing Norms against Rules，Nueva York.

PEJOVICH S，1999. The effects of the interaction of formal and informal institutions on social stability and economic development[J]. Journal of markets and morality，2(2)：164-181.

ROWATT W C，FRANKLIN L M，COTTON M，2005. Patterns and personality correlates of implicit and explicit attitudes toward Christians and Muslims[J]. Journal for the scientific study of religion，44(1)：29-43.

SKINNER D，1994. Why firms voluntarily disclose bad news[J]? Journal of accounting research，32：38-60.

TAJFEL H，1970. Experiments in intergroup discrimination[J]. Scientific American，223(5)：96-103.

TAJFEL H，1978. Differentiation between social groups：Studies in the social psychology of intergroup relations[J]. American journal of sociology，86(5)：1193-1194.

TAJFEL H，TURNER J C，1979. An integrative theory of intergroup conflict [M]. CA：Taylor and Francis Psychology Press.

TAJFEL H，TURNER J C，1986. The social identity theory of intergroup behavior [A]//Worchel S，AUSTIN W. G. Psychology of intergroup relations[C]. Chicago：Nelson-Hall：7-24.

TAN J Y，1967. Confucianism and neo-Confucianism. In new catholic encyclopedia [M]. New York：McGraw-Hill Book.

VLIERT E V D，2011. Climato-economic origins of variation in ingroup favoritism [J]. Journal of cross-cultural psychology，42(3)：494-515.

WANG L，JUSLIN H，2009. The impact of Chinese culture on corporate social responsibility：the harmony approach[J]. Journal of business ethics，88(3)：433-451.

WHITCOMB L L，1998. ERDENER C B，LI C. Business ethical values in China and the US[J]. Journal of business ethics，17(8)：839-852.

WILLIAMSON O E，2000. The new institutional economics：taking stock，looking ahead[J]. Journal of economic literature，38(3)：595-613.

第三节　儒家文化与财务报告质量

摘要：基于传统文化的地理特征，本节考察了儒家文化对公司财务报告质量的影响。通过统计公司注册地一定半径范围内作为全国重点文物保护单位的孔庙和书院的数量，本节构建了儒家文化影响强度的数据，并从可操纵性应计、财务报表重述以及信息披露质量等三个方面测度财务报告质量。研究发现，公司受儒家文化的影响越强，可操纵性应计越少、财务报表重述的概率越低、信息披露质量评分越高，表明儒家文化能够显著地提升企业财务报告质量。进一步，本节发现，在陷入财务困境的公司中，儒家文化与财务报告质量之间的正向联系（抑制可操纵性应计、减少财务报表重述以及提升信息披露质量）不显著，但是，在未陷入财务困境的公司中，儒家文化与财务报告质量之间的正向联系依然显著。上述研究结果表明，当财务状况恶化到威胁公司生存时，儒家文化这一非正式制度的公司治理效应会被削弱。经稳健性测试和控制内生性后，上述研究结论仍然成立。本节的研究发现为理解公司财务报告决策行为和儒家文化在中国企业内的治理效应提供了重要的参考。

一、引言

会计行为具有文化的内涵（葛家澍，2012）。就本质而言，会计行为是由人的决策和行为所决定，而人是具有文化属性的。显然，要理解会计行为的逻辑就需要关注到其背后的文化内涵。在中国，以儒家为代表的传统文化历经两千多年的传承和发展，被历代统治者所推崇，逐渐形成了完整的思想体系，对中国人的思维和观念产生了重大且深远的影响。从文献来看，前期研究主要存在两个方面的不足。一方面，前期文献关注宗教氛围（Cai et al.，2020；Du et al.，2015；McGuire et al.，2012）、政治联系（Batta et al.，2014；Chaney et al.，2011；杜兴强 等，2009；杜兴强，周泽将，2010；陈艳艳 等，2013）以及董事（高管）网络（陈运森，2012；梁上坤 等，2018；潘红波，韩芳芳，2016）等非正式制度对财务报告质量的影响，忽视了作为中华传统文化极为重要组成部分的儒家文化如何影响财务报告的质量。另一方面，学者们对儒家文化在公司层面经济后果的研究主要集中于分析其对公司治理（Du，2015；程博 等，2016；杜兴强 等，2017；古志辉，2015；潘越 等，2020）、财务行为（陈颐，2017；金智 等，2017；徐细雄，李万利，2019；徐细雄 等，2020）、企业社会责任（Ip，2009；Orij，2010；Wang and Juslin，2009；邹萍，2020）等方面的影响，在探索其与会计行为之间的联系方面长期停留于理论分析和历史考究上（Bloom，Solotko，2003；Gao，Handley-Schachler，2003），缺乏经验证据的支持。因此，本节侧重于通过实证研究方法考察儒家文化对公司财务报告质量的影响以及财务困境对此影响的调节作用。

基于文化传统的地理近邻性特征，本节采用公司注册地一定半径内作为全国重点文物保护单位的孔庙和书院的数量来度量儒家文化的影响强度，立足于可操纵性应计、财务报表重述和信息披露质量等财务报告质量维度，考察了儒家文化是否以及如何影响公司财务报告的质量。具体来说，本节研究发现，儒家文化的影响强度与公司财务报告的可操纵性应计和报表重述行为之间显著负相关、与财务报告信息披露质量之间显著正相关，表明儒家作为中华传统文化的代表有助于增强商业伦理、抑制代理冲突，从而影响管理者的决策、有利于提升财务报告的质量。进一步，本节研究发现，在陷入财务困境的公司中，儒家文化对可操纵性应计和财务报表重述的抑制作用以及对信息披露质量的提升作用均不显著，而在未陷入财务困境的公司中，儒家文化对财务报告质量的影响均显著。上述差异化的表现说明，财务困境在很大程度上会削弱儒家文化对提升财务报告质量的积极作用（抑制可操纵性应计和财务报表重述、提升信息披露质量）。上述研究发现经多种稳健性测试后（包括采用工具变量两阶段方法控制内生性问题）依然成立。

本节的研究贡献主要体现在以下几个方面。第一，本节立足于非正式制度与公司会计行为的视角，关注了儒家文化（一种非正式制度、中华传统文化）对公司财务报告行为的影响，丰富了儒家文化影响公司行为的经济后果（Du，2015；程博 等，2016；杜兴强 等，2017；古志辉，2015；潘越 等，2020），为前期文献中关于儒家文化有利于提升商业伦理、抑制代理冲突的观点提供了重要支持（Du，2015；古志辉，2015）。第二，本节有助于丰富财务报告质量影响因素的研究。前期研究主要关注到正式制度对财务报告质量的影响，虽然一些学者关注到非正式制度带来的影响，但是这些研究侧重于分析宗教、政治联系以及董事网络等非正式制度因素对公司会计信息的影响（Cai et al.，2020；Chaney et al.，2011；Du et al.，2015；McGuire et al.，2012；陈运森，2012；杜兴强 等，2009；梁上坤 等，2018），鲜有从儒家传统文化的视角研究财务报告质量的影响因素。基于此，本节研究可以为立足于儒家传统文化理解财务报告质量的影响因素提供重要的理论分析和经验证据。最后，本节拓展了对调节儒家文化与公司行为之间联系的因素研究。前期文献主要聚焦于正式制度与非正式制度之间存在交互影响(Du，2015)，即正式制度可能强化或弱化非正式制度的影响，鲜有文献关注到公司生存状况是否以及如何影响非正式制度发挥的公司治理功能。本节的研究结果表明，当公司的财务状况恶化、生存合法性受到威胁时，道德层面的约束对管理决策的治理作用很可能会被削弱。因此，本节研究丰富了此类文献的研究结论。

二、文献回顾

（一）儒家传统文化与公司行为的研究综述

前期文献侧重于关注儒家传统文化对公司行为的多维度影响，包括公司治理、财务决策、会计行为以及企业社会责任等方面，现将主要研究内容归纳如下。

1.儒家文化对公司治理的影响

代理冲突是产生公司治理的基础，在权力监督、利益分配以及道德约束等方面建立机制缓解代理冲突是公司治理的主要内容和形式。前期文献(Du，2015；古志辉，2015)强调，儒家传统文化蕴含的伦理观和价值观能够针对机会主义行为形成道德层面的约束，从而缓解委托代理冲突。学者们立足于多个维度探讨了儒家传统文化对公司治理的影响，如儒家传统文化能够抑制大股东侵占(Du，2015)、降低董事会中女性董事的比例(Du，2016)、增强内部控制(程博 等，2016)、减少独立董事异议(杜兴强 等，2017)、削减代理成本(古志辉，2015)，以及约束高管消费(潘越 等，2020)等。Miles 和 Goo(2013)研究指出，儒家传统文化对公司治理的促进作用主要是通过其价值观和道德观对董事个人行为实施约束以及强化公司治理的标准化程度来实现的。

2.儒家文化对公司财务行为的影响

前期研究主要关注到儒家文化对普惠金融、风险承担、股价崩盘风险以及企业创新的影响(陈颐，2017；金智 等，2017；徐细雄，李万利，2019；徐细雄 等，2020)。例如，陈颐(2017)通过分析中国综合社会调查数据发现，儒家文化降低了普惠金融的惠及可能性。金智等(2017)认为，儒家的礼教文化和中庸思想降低了上下级之间信息反馈的效率并强化了公司内部的集体主义倾向，从而降低了公司的风险承担。徐细雄和李万利(2019)研究发现儒家传统文化通过缓解企业的代理冲突、提高人力资本投资水平和降低专利侵权风险等三条渠道促进了企业的创新行为。徐细雄等(2020)发现，儒家文化通过抑制管理者自利动机、改善公司信息质量以及降低管理者过度自信三条路径降低了公司的股价崩盘风险。

3.儒家文化对公司会计行为的影响

前期文献主要侧重于从理论上分析儒家文化与公司会计行为之间的联系(Bloom，Solotko，2003；Gao，Handley-Schachler，2003），少有文献从实证检验的视角研究儒家对会计行为的影响。例如，Bloom 和 Solotko(2003)立足于理论推演的视角，探讨了中国和日本古代的会计实践工作中儒家文化形成的烙印。Gao 和 Handley-Schachler(2003)利用历史资料分析和讨论了儒家文化如何影响中国会计实践活动的理论特征，包括簿记技术、会计信息与管制、会计稳健性原则和会计专业特性。

4.儒家文化对公司履行社会责任的影响

Ip(2009)侧重于从理论上构建儒家与商业伦理之间的联系，通过分析“君子”、“关系”、“仁义礼”以及“中庸”等儒家文化的核心理念与公司商业伦理比照关系，从理论上揭示儒家文化与企业履行社会责任之间的正相关关系。Orij(2010)研究发现儒家文化有助于形成公司的长期利益导向原则，在受儒家文化影响较强的国家中，企业会披露更多的社会责任信息。邹萍(2020)基于中国资本市场的企业社会责任披露情况研究发现，公司受到儒家文化的影响越强，其披露的社会责任信息质量越高。Wang 和 Juslin(2009)立足于理论解析的视角分析了儒家思想体系与企业社会责任之间的联系，强调儒家和道家提倡的“和谐”概念的内核对指导企业履行社会责任具有重要的积极作用。

简言之，前期文献侧重于分析儒家传统文化对公司治理、财务行为以及企业履行社会责任等方面的影响，虽然一些学者(Bloom，Solotko，2003；Gao，Handley-Schachler，2003)关注到儒家传统文化对传统会计的理论、方法、实践、技术等方面产生的影响，但是这些研究主要从理论层面提供了分析结论，少有学者为检验儒家文化在会计行为方面的经济后果提供经验证据，特别是鲜有公司层面的经验研究。

(二)儒家文化影响公司行为的机制

儒家文化是中华传统文化的代表，长期以来作为古代中国的主流思想进行推广和传播，随着时间的推移，传播的文化会强化其社会影响，逐渐成为中国传统意识形态的重要组成部分之一，并在中国社会中形成了蕴含儒家文化思想的社会规范。儒家文化的意识形态化使得其具有了规范人们精神世界的功能和作用，同时对融入社会氛围中个体的人格、价值观、伦理观、行为习惯的塑造发挥着极为重要的作用(Du，2015)。文化规范理论(cultural norms theory)指出，文化传播使得公众了解到社会赞同或认可的行为规范、信仰和价值，在社会氛围中，人们自觉或不自觉地模仿和遵守这些规范、信仰和价值观，采取社会共识的文化规范或准则所认同的行为模式和习惯(DeFleur，DeFleur，2016)。因此，儒家文化可以通过意识形态化形成社会规范，使得处于这一社会氛围中的人们(包括企业员工)遵循其信仰、价值观和行为规范。此外，儒家文化可以通过企业合法性需求机制影响公司行为。具体来说，企业作为由人组成的组织不是孤立于外部环境的，其生存和发展必须依赖外界环境提供的各项重要资源，当然离不开所处社会环境中社群的支持。显然，获取支持首要的前提应是与社群有关的社会规范保持一致。当所作出的决策背离相关社群的社会规范时，社群成员将会孤立作出背离决策的个体，甚至有可能激烈地抵制其相关决策行为(Du，2015；Marquis et al.，2007)。因此，在合法性需求的驱动下，公司很可能会作出符合社会规范要求的、与社群共同价值观一致的决策。综上，儒家传统文化是典型的社会意识形态之一，能通过社会规范和合法性需求机制来影响企业的决策行为。

（三）公司财务报告质量与非正式制度安排

前期文献对公司财务报告质量影响因素的研究取得了丰硕的成果，主要探讨了财务报告质量与宗教文化、政治关联以及高管（董事）网络等非正式制度因素之间的联系，现将研究结论归纳如下。

1.宗教与公司财务报告质量

前期研究（Cai et al.，2020；Du et al.，2015；McGuire et al.，2012）发现宗教有助于缓解代理冲突，从而减少盈余管理、提升财务报告的质量。例如，Du 等（2015）研究发现，公司所在地的宗教氛围有助于缓解代理冲突的动机，从而减少公司的盈余管理行为。McGuire 等（2012）研究指出，公司所在地的宗教氛围强度与公司财务违规之间显著负相关。Cai 等（2020）研究发现，受到所在地宗教氛围影响更强的公司，其更倾向于使用真实盈余管理的方法操控利润，而非应计盈余管理，这是因为宗教易形成风险规避的偏好。

2.政治关联与财务报告质量

Batta 等（2014）发现，在委内瑞拉，具有政治联系的公司，其会计信息质量更高，这是因为这类公司无需通过降低会计信息质量避免政治成本和侵害。然而，Chaney 等（2011）发现，与不具有政治联系的公司相比，具有政治联系的公司的盈余质量显著更低，且盈余对政治联系没有解释力。杜兴强等（2009）和陈艳艳等（2013）基于中国数据均发现，政治联系降低了上市公司的会计稳健性，从而对财务报告质量产生了负面影响。杜兴强和周泽将（2010）研究发现，政治联系降低了公司信息披露质量。

3.高管（董事）网络与财务报告质量

潘红波和韩芳芳（2016）研究发现，纵向兼任高管与会计信息质量之间显著正相关，且这一效应仅在国有企业中成立。陈运森（2012）发现，独立董事的网络中心度与其所在公司的信息披露质量之间显著正相关。然而，梁上坤等（2018）研究发现，独立董事的网络中心度越高，其所在公司的会计稳健性越低。

总之，虽然前期文献从不同角度探讨了非正式制度与财务报告质量之间的联系，但是忽视了儒家传统文化作为一项重要的非正式制度在财务报告生成过程中的作用。基于此，本节侧重于研究儒家文化如何影响财务报告质量。

三、研究假设

（一）儒家文化与财务报告质量

诚实守信是中华民族的传统美德，一直备受儒家推崇，是儒家的基本道德规范之一

(Du,2015;Miles,Goo,2013;古志辉,2015)。例如,孔子强调君子修为应当“主忠信”(《论语·子罕》)。孟子则提出:“诚者,天之道也,诚之者,人之道也”(《孟子·离娄上》)。儒家强调身体力行,不仅从理论层面上对诚信的价值观和伦理观进行了全面的阐述,而且从实践层面上强调了诚信的作用和价值(Du,2015;Miles,Goo,2013;古志辉,2015),并倡导“儒有不宝金石,而忠信以为宝”(《礼记·儒行》)。儒家文化对“诚信”的实践要求体现为宏观和微观两个层面。例如,在宏观层面,儒家强调治国理政中“诚信”的重要性,认为“民无信不立”(《论语·颜渊》);在微观层面,儒家文化则认为“诚信”在个人修为中具有重要价值,并强调“人而无信,不知其可也”(《论语·为政》)。接下来,本节侧重于从微观层面分析儒家的“诚信”价值观和伦理观对财务报告质量的影响。

就实践的微观层面而言,儒家主要强调个人修为的重要性(Du,2015),将君子的立身标准视为实践根本(Du,2015;古志辉,2015),并认为君子应当以“反身而诚,乐莫大焉”(《孟子·尽心上》)作为行为准则。这里的所谓“诚”,是指真诚、真实,是个人内心修养的一种境界。孟子指出,个人应当时常反省自我,这样才能做到真诚,因此能够得到内心最大的快乐(“反身而诚,乐莫大焉”《孟子·尽心上》)。儒家经典《中庸》中强调,真诚乃是自我完善的过程(“诚者,自成也”),也是一切事物存在和发展的基础。儒家文化主张,一个真诚之人必然可以通过个人修为的提升带动群体行动标准的上升,进而有助于建立符合儒家理想的社会秩序(鄯爱红,2002)。例如,《河南程氏遗书》卷二十五中提到:“学者不可以不诚,不诚无以为善,不诚无以为君子。修学不以诚,则学杂;为事不以诚,则事败;自谋不以诚,则是欺其心而自弃其忠;与人不以诚,则是丧其德而增人之怨。”由此可见,儒家文化将真诚提升到人性的高度,认为真诚是人的宝贵品格,在修学、为事、自谋以及待人等方面均不可或缺。儒家文化中提及的“诚”包含不自欺、不欺人和不被人所欺的含义①。例如,《礼记·大学》提出:“所谓诚其意者,毋自欺也。”此外,儒家文化在实践层面关注协调人与人之间关系的行为准则(Du,2015;Miles,Goo,2013;古志辉,2015)。儒家强调,“与朋友交,言而有信”(《论语·学而》)以及人与人之间要“言行一致”且“外信于人”。从实践过程来看,儒家传统文化重视“言”与“行”之间的联系,认为言而有信、言行一致是协调人际关系的基本规范,只有这样才能与他人和睦相处(Miles,Goo,2013;古志辉,2015;鄯爱红,2002)。例如,孔子认为:“言忠信,行笃敬,虽蛮貊之邦,行矣。言不忠信,行不笃敬,虽州里,行乎哉?”(《论语·卫灵公》)由此可知,儒家以守信重诺为其基本的行为准则和道德规范,并始终认为讲求信用才能获得事业成功和构建美好的社会氛围(Miles,Goo,2013;鄯爱红,2002)。对儒家文化的“诚信”思想的解析体现出儒家传统文化在对待事物和处理人际关系时秉持的真诚态度。因此,受到儒家文化影响的管理者更可能在报告财务信息时如实公允地反映企业的经营状况、盈利水平以

---

① 清代著名徽商胡雪岩在其杭州胡庆余堂药店中,挂了一块“戒欺”的牌匾,并在跋文中写道:“凡百贸易均不得欺字,药业关系性命,尤为万不可欺。余存心救世,誓不以劣品弋取厚利。惟愿诸君心余之心,采办务真,修制务精,不至欺予以欺世人,是则造福冥冥,谓诸君之善为余谋也可,谓诸君之善自为谋也亦可。”这里所概括的修合诚心、采办务真、修制务精、真不二价等原则,既是经营药店的商业伦理,也是做人做事的道德准则。

及运营能力，向投资者以及其他利益相关者传递出更多有价值的信息。

“修己安人”是儒家学说的精髓(Du，2015；赖区平，2019)，是处理人与人交往关系的一种态度。“中庸”思想已成为儒家伦理修为的一种理想境界(赖区平，2019)。儒家提出的“中庸”是指处理人际关系时应保持中正平和的标准，做到因时制宜、因物制宜、因事制宜、因地制宜，集中体现出儒家的伦理主张、道德观念、教育原则和价值取向等(赖区平，2019)。儒家中庸思想的核心内容包括“己所不欲，勿施于人”的主张，即在处理人与人之间的关系时应当通过换位思考的方式分析行为的利弊，对他人不利的行为不应强加于他人(Du，2015；Miles，Goo，2013；古志辉，2015)。显然，管理者实施的机会主义行为往往是出于自身利益最大化的考虑以牺牲投资者以及其他利益相关者的利益为代价，这与中庸思想的核心主张是存在矛盾的。因而，受到儒家文化影响的管理者更可能立足于投资者利益最大化的角度做出决策，减少机会主义行为(Du，2015；Miles，Goo，2013；古志辉，2015)。毋庸置疑，提升企业财务报告的质量是向投资者和其他利益相关者清晰、有效地传递决策有用信息的主要手段之一。基于上述讨论，本节提出如下假设：

假设 2.3.1：限定其他条件，儒家文化与财务报告质量正相关。

(二)陷入财务困境的调节作用

企业是具有生物特征和社会特征的一种组织，其生物特征表现为企业需要谋求生存和发展，是一种本能反应；而其社会特征体现为在受到伦理道德的规范下进行决策，是一种后天约束。当一个组织的生物性与社会性存在矛盾时，企业管理者将如何进行取舍决策呢？就迫切性而言，企业的生物性是其首要解决的问题之一，而对社会性的考虑往往被置于获取生物性条件之后。换言之，生存是一个企业最为迫切需要面对和解决的问题，当生存不再是企业在短期内需要处理的问题时，管理者才可能考虑受到伦理道德约束下的企业行为。回到儒家文化影响财务报告质量的问题上，基于上述原理，陷入财务困境的企业正受到经营状况恶化的威胁，此时管理者迫切需要解决的是企业如何存续的问题，很可能需要借助对财务报告的粉饰或操纵来调动各方资源以维持企业的生存，例如通过操纵财务报告避免触及监管风险、规避债务契约的保护性条款、维持盈利吸引投资借以增加重组的可能性等。因而，在企业陷入财务困境时，伦理道德方面的约束将成为管理者次要考虑的因素，也就是，当企业陷入财务困境时，儒家文化通过道德约束对财务报告质量产生的影响将会被削弱。基于上述讨论，本节提出如下假设：

假设 2.3.2：限定其他条件，陷入财务困境会削弱儒家文化与财务报告质量之间的正相关关系。

四、研究设计

(一)模型设定

为检验假设 2.3.1，本节构建如下模型：

$$ARQ=\alpha_0+\alpha_1 CONF\_R+\alpha_2 BIG4+\alpha_3 FIRST+\alpha_4 MAN\_SHR+\alpha_5 DUAL+\alpha_6 INDR+\alpha_7 BOARD+\alpha_8 SIZE+\alpha_9 LEV+\alpha_{10} ZMIJ+\alpha_{11} BM+\alpha_{12} GROWTH+\alpha_{13} OCF+\alpha_{14} LOSS+\alpha_{15} ISSUE+\alpha_{16} LAGACC+\alpha_{17} STATE+\text{Industry dummies}+\text{Year dummies}+\varepsilon \quad (2.3.1)$$

其中,ARQ 是被解释变量,表示财务报告信息质量。具体来说,本节分别从会计盈余中可操纵性应计额的绝对值(|DA|)、财务报表重述(RESTATE)和信息披露质量(DISC)三个方面度量财务报告质量。主要解释变量 CONF_R(R=100,200,300)表示儒家文化的影响强度,等于公司注册地 R 千米半径内孔庙或书院的数量。

一般来说,财务报告的信息质量与信息生成过程中影响管理者决策的因素密切相关。具体而言,前期文献(Choi et al.,2012;Francis,Wang,2008;Kim,Yi,2006)指出外部审计是影响最终财务报告质量的一项重要外部治理要素,高质量审计在很大程度上可以保障财务报告信息的质量。因此,本节在模型中引入变量 BIG4,借以控制审计质量对会计信息质量的影响。进一步,众多学者(Choi et al.,2012;Larcker et al.,2007;Kim,Yi,2006)研究发现,所有权结构和公司治理很可能会影响财务报告的信息质量。因此,本节在模型中控制第一大股东持股比例(FIRST)、高管持股比例(MAN_SHR)、董事长与 CEO 两职合一(DUAL)、独立董事比例(INDR)以及董事会规模(BOARD)。与小公司相比,大公司的内部更为复杂,这可能会削弱所生成的会计信息的质量,因此本节在模型中控制公司规模(SIZE)。债权人对公司行为的监督有助于抑制企业的机会主义行为,提升会计信息质量,因此,在模型中控制财务杠杆(LEV)。公司的财务特征,如财务困境指数(ZMIJ)、账面市值比(BM)、销售收入变化(GROWTH)以及经营活动现金流(OCF)等,在一定程度上都可能影响管理者对财务报告信息质量的决策。通常,亏损公司(LOSS)和具有融资动机的公司(ISSUE)更可能对财务报告进行粉饰,从而掩护其机会主义行为。此外,控制变量还包括前一期的可操控性应计总额(LAGACC),借以控制应计项目的反转现象对信息质量的影响。国有企业与非国有企业在所有制性质和管理监督机制方面存在差异,很可能会影响会计信息的质量(唐松等,2017)。因此,本节在模型中控制了公司的最终控制人性质(STATE)。最后,模型中控制了行业和年度的固定效应。

为检验假设 2.3.2,本节划分陷入财务困境和未陷入财务困境两个子样本,并按照式(2.3.1)进行分组检验。具体来说,本节以 Altman z-score① 是否低于 1.80 作为区分公司是否陷入财务困境的标准。当公司的 z-score 低于 1.80 时,其被认定为陷入财务困境,否则被认定为未陷入财务困境。

(二)主要变量的度量方法

1.儒家文化的度量方法

借鉴 Du(2015)以及古志辉(2015)的做法,本节以公司注册地方圆一定半径内孔庙和书

① Altman z-score=1.20×(流动资产－流动负债)/资产总额＋1.40×留存收益/总资产＋3.30×(利润总额＋财务费用)/总资产＋0.60×(股票市值×股票总数)/总负债＋0.99×销售收入/总资产。

院的数量来测度儒家文化的影响强度。具体做法如下：第一，根据CCER数据库提供的上市公司分年度的注册地信息，通过谷歌地图搜寻其经纬度坐标数据。第二，根据中国孔庙网、《盛世遗存：全国孔庙的分布和保护管理状况》以及《中国古代书院保护与利用现状调查》搜寻出列为全国重点文物保护单位的140座孔庙和书院的地理信息，同样借助谷歌地图获取其经纬度坐标数据。第三，根据上述经纬度坐标数据计算上市公司注册地与这些孔庙和书院之间的距离，假设公司注册地的经纬度坐标为(λ_f,μ_f)、孔庙或书院地址的经纬度坐标为(λ_c,μ_c)，则 $\cos\varphi=\sin\mu_c\times\sin\mu_f+\cos\mu_c\times\cos\mu_f\times\cos(\lambda_c-\lambda_f)$：

$$DIS=rad\times[\pi/2-\arctan(\cos\varphi/\sqrt{1-\cos^2\varphi})]\text{（其中，}rad=40\ 075.04/360\times180/\pi\text{）}$$

第四，统计公司注册地方圆R(R=100，200，300)千米内的孔庙和书院的数量，用以度量儒家文化的影响强度。

2.财务报告质量的度量方法

本节从可操纵性应计、财务报表重述、信息披露质量等三个维度来衡量财务报告的质量(Cao et al.，2012；Choi et al.，2012；Efendi et al.，2007；Kim，Yi，2006；刘永泽，高嵩，2014；张璇 等，2016)。具体来说，本节基于修正的琼斯模型计算盈余中可操纵性应计额(Dechow，1994)，并以其绝对值(|DA|)来度量财务报告的盈余管理程度。计算的方法如下：

首先，按照证监会行业分类标准(制造业采用二级分类、其他行业采用一级分类)，分年度和行业估计琼斯模型：

$$ACC_t=\lambda_0\times1/TA_{t-1}+\lambda_1\times REV_t/TA_{t-1}+\lambda_2\times PPE_t/TA_{t-1}+\zeta$$

其中，ACC表示第t年盈余中应计总额，等于净利润减去经营活动现金流量再除以期初资产总额；TA表示第$t-1$年末的总资产，REV表示营业收入变动额，PPE表示固定资产总额。

其次，将上述模型估计的系数λ_0、λ_1、λ_2代入修正琼斯模型中计算会计盈余中非可操纵性应计总额$NDAC_t=\lambda_0\times1/TA_{t-1}+\lambda_1\times(REV_t-REC_t)/TA_{t-1}+\lambda_2\times PPE_t/TA_{t-1}$，其中REC表示第$t$年应收账款的变动。

最后，计算可操纵性应计额DAC=ACC−NDAC。本节设置财务报表重述变量(RESTATE)，该变量为0—1虚拟变量，当公司重述第t期财务报表时该变量赋值为1，否则为0。此外，本节参考前期研究(刘永泽，高嵩，2014)，采用深交所提供的上市公司信息披露评分来度量财务报告在信息披露方面的质量。具体来说，本节设置序数变量DISC，由于2011年后深交所对上市公司的信息披露评分标记变更，因此，本节区分2011年前后期间对序数变量进行赋值。当观测值属于2001—2010年时，如果深交所对上市公司的信息披露评分为“优秀”则赋值为3，评分为“良好”则赋值为2，评分为“及格”则赋值为1，评分为“不及格”则赋值为0；当观测值属于2011—2017年时，如果深交所对上市公司的信息披露评分为A则赋值为3，评分为B则赋值为2，评分为C则赋值为1，评分为D则赋值为0。

其他变量定义参见表2.3.1。

表 2.3.1 变量定义

变量	变量定义
|DA|	基于修正琼斯模型(Dechow et al.,1995)计算的可操纵性应计的绝对值
RESTATE	财务重述,公司重述财务报表时该变量赋值为 1,否则为 0
DISC	信息披露质量,深交所对上市公司的信息披露评分为 A 则赋值为 3,评分为 B 则赋值为 2,评分为 C 则赋值为 1,评分为 D 则赋值为 0
CONF_R	等于公司注册地 R 千米半径内孔庙或书院的数量(R 分别取 100,200,300 千米)
BIG4	会计师事务所虚拟变量,当公司聘请四大会计师事务所审计师时赋值为 1,否则赋值为 0
FIRST	第一大股东持股比例,第一大股东持有股份与公司总股份的比值
MAN_SHR	管理层的持股比例
DUAL	董事长与 CEO 两职合一的虚拟变量。若董事长与 CEO 两职合一则赋值为 1,否则为 0
INDR	独立董事比例,独立董事人数与董事会总人数的比值
BOARD	董事会规模,等于董事会总人数的自然对数
SIZE	公司规模,公司总资产的自然对数
LEV	财务杠杆,公司总负债与总资产的比值
ZMIJ	基于 Zmijewski(1984)的财务困境指数,范围从−5 到 5
BM	账面市值比,等于公司账面总资产与股票总市值的比值
GROWTH	销售收入变化,主营业务收入增长率
OCF	经营活动现金流,经营活动现金流量净额与滞后的总资产的比值
LOSS	亏损虚拟变量,若公司净利润为负则赋值为 1,否则为 0
ISSUE	公司再融资,等于公司发行债务和权益的总和与总资产的比值
LAGACC	前一期的可操控性应计总额
STATE	最终控制人性质,若公司的最终控制人是中央或地方政府、政府控股公司则赋值为 1,否则赋值为 0
|DA|_RET	基于 Ball 和 Shivakumar(2006)的市场的稳健调整模型调整计算的可操纵应计
|DA|_ΔCF	基于 Ball 和 Shivakumar(2006)调整的琼斯模型计算的考虑经营活动现金流的可操纵性应计
|DA|_PM	基于 Kothari 等(2005)计算的基于业绩配对的可操纵性应计
NOPEX	非经常性损益除以期初总资产
RESTATE_NUM	财务重述的金额除以期初总资产
TRANSPARENCY	过去三个会计年度基于修正的琼斯模型计算的可操控性应计之和乘以−1
CONF_DIS_N	等于公司办公地与其距离最近的 N 个孔庙或书院之间的距离按照 0—1 标准化处理后的数值(N=1,2,3)
SCHOLAR	等于(1+公司注册地所在省份明清时期考取进士人数)的自然对数

（三）样本选择与数据来源

本节的初始样本包含2001—2017年所有A股上市公司，共计34 062个观测值。接下来，本节按照如下步骤对初始样本进行筛选：删除金融、保险类上市公司的观测值，共计615个；删除净资产≤0的观测值，共计565个；删除变量数据缺失的观测值，共计5 462个。最后，本节获得的研究样本包含27 420个观测值，涵盖2 786家A股上市公司。此外，为缓解极端值对研究结论可靠性的影响，本节对所有连续变量进行了高低1%分位的缩尾处理(winsorized)。

研究中涉及的数据来源如下：本节手工搜集了上市公司的儒家文化影响强度的数据；财务报表重述数据来源于CSMAR数据库，根据CSMAR数据库提供的财务数据手工计算了可操纵性应计额数据，上市公司信息披露得分数据来源于CNRDS数据库；股权结构、公司治理、审计、公司财务、股票市场交易以及最终控制权的数据均来源于CSMAR数据库。

五、实证结果

（一）描述性统计

表2.3.2报告了变量的描述性统计结果。如表所示，变量|DA|的均值为0.074 3。变量RESTATE的均值为0.082 9，表明在样本期间大约有8.29%的上市公司进行了财务报表重述。公司信息披露质量得分(DISC)的均值约为1.935 0。儒家文化变量(CONF_R，$R=100,200,300$)的均值分别为1.959 7、5.210 3、9.579 9。控制变量的描述性统计结果如下：从公司治理结构来看，样本中大约有4.70%的上市公司的年报审计是由国际四大会计师事务所完成的(BIG4)，第一大股东持股比例(FIRST)的均值约为0.363 9，高管持股比例(MAN_SHR)的均值约为0.062 3，约18.70%的上市公司的董事长兼任CEO职位(DUAL)，独立董事比例(INDR)的均值约为0.351 5，董事会规模(BOARD)的均值约为9人($e^{2.176\,8}$)。从财务信息来看，公司资产规模(SIZE)的均值约为44.93亿元($e^{22.225\,8}$)，财务杠杆(LEV)的均值为0.474 3，ZMIJ得分的均值约为$-1.788\,9$，BM的均值约为0.497 8，销售收入变化(GROWTH)的均值约为0.112 2，经营活动现金流(OCF)的均值为0.051 8，大约有11.19%的样本公司存在亏损情况(LOSS)，约29.98%的上市公司在样本期间开展了融资活动(ISSUE)，前一期应计总额(LAGACC)的均值为$-0.008\,4$。此外，就最终控制人性质而言，大约52.24%的上市公司是国有企业(STATE)。

表2.3.2 描述性统计结果

	观测值	均值	标准差	最小值	1/4分位数	中位数	3/4分位数	最大值
|DA|	27 420	0.074 3	0.099 6	0.000 4	0.020 4	0.046 4	0.091 0	1.349 3
RESTATE	27 420	0.082 9	0.275 8	0	0	0	0	1

续表

	观测值	均值	标准差	最小值	1/4 分位数	中位数	3/4 分位数	最大值
DISC	16 257	1.935 0	0.679 3	0	2	2	2	3
CONF_100	27 420	1.959 7	1.883 1	0	0	2	3	8
CONF_200	27 420	5.210 3	3.990 1	0	3	5	7	22
CONF_300	27 420	9.579 9	6.150 4	0	6	8	13	33
BIG4	27 420	0.047 0	0.211 6	0	0	0	0	1
FIRST	27 420	0.363 9	0.160 1	0.001 7	0.239 7	0.341 1	0.480 3	0.813 2
MAN_SHR	27 420	0.062 3	0.1474	0.000 0	0.000 0	0.000 1	0.005 4	0.704 2
DUAL	27 420	0.187 0	0.389 9	0	0	0	0	1
INDR	27 420	0.351 5	0.081 9	0.000 0	0.333 3	0.333 3	0.375 0	0.750 0
BOARD	27 420	2.176 8	0.213 5	1.098 6	2.079 4	2.197 2	2.197 2	2.833 2
SIZE	27 420	22.225 8	1.083 3	19.093 7	21.462 5	22.162 2	22.881 6	26.529 8
LEV	27 420	0.474 3	0.203 6	0.027 4	0.321 2	0.480 2	0.626 8	1.049 3
ZMIJ	27 420	−1.788 9	1.299 5	−5.000 0	−2.741 2	−1.765 0	−0.859 6	5.000 0
BM	27 420	0.497 8	0.268 3	0.000 2	0.290 2	0.465 2	0.676 8	2.860 8
GROWTH	27 420	0.112 2	0.306 8	−0.777 0	−0.010 2	0.057 8	0.161 7	4.444 8
OCF	27 420	0.051 8	0.097 5	−0.382 6	0.004 3	0.048 9	0.100 2	0.625 7
LOSS	27 420	0.111 9	0.315 2	0	0	0	0	1
ISSUE	27 420	0.299 8	0.311 2	0.000 0	0.078 7	0.237 4	0.424 9	3.652 0
LAGACC	27 420	−0.008 4	0.103 4	−0.554 6	−0.059 0	−0.013 7	0.033 8	0.712 1
STATE	27 420	0.522 4	0.499 5	0	0	1	1	1

（二）相关系数分析

表 2.3.3 报告了相关系数分析的结果。如表所示，变量|DA|和 RESTATE 分别与儒家变量 CONF_R（R=100，200，300）显著负相关，变量 DISC 与儒家变量之间显著正相关。就控制变量与因变量的相关系数来看，|DA|分别与 MAN_SHR、BOARD、SIZE、BM、OCF、STATE 之间的相关系数显著为负，与 INDR、LEV、ZMIJ、GROWTH、LOSS、ISSUE、LAGACC 之间显著正相关；RESTATE 分别与 BIG4、MAN_SHR、DUAL、INDR、SIZE、GROWTH、OCF、LAGACC 显著负相关，与 BOARD、LEV、ZMIJ、BM、LOSS、STATE 显著正相关；变量 DISC 分别与 LEV、ZMIJ、LOSS、ISSUE 显著负相关，但与 BIG4、FIRST、MAN_SHR、INDR、BOARD、SIZE、BM、GROWTH、OCF、LAGACC 以及 STATE 显著正相关。被解释变量与解释变量之间相关系数的绝对值显示，模型中并不存在严重的多重共线性问题。上述结果表明，有必要在模型中控制这些变量对财务报告质量的不同维度的影响，借以获得更可靠的研究结论。

表 2.3.3　Pearson 相关系数结果

变量		(1)	(2)	(3)	(4)	(5)	(6)	(7)	(8)	(9)	(10)	(11)	(12)	(13)	(14)	(15)	(16)	(17)	(18)	(19)	(20)	(21)	(22)
|DA|	(1)	1.0000																					
RESTATE	(2)	0.0255 ***	1.0000																				
DISC	(3)	−0.0822 ***	−0.1533 ***	1.0000																			
CONF_100	(4)	−0.0416 ***	−0.0603 ***	0.0732 ***	1.0000																		
CONF_200	(5)	−0.0306 ***	−0.0609 ***	0.0731 ***	0.7319 ***	1.0000																	
CONF_300	(6)	−0.0384 ***	−0.0589 ***	0.0738 ***	0.6137 ***	0.8811 ***	1.0000																
BIG4	(7)	−0.0060	−0.0229 ***	0.0292 ***	−0.0416 ***	−0.0502 ***	−0.0350 ***	1.0000															
FIRST	(8)	0.0080	−0.0107	0.0926 ***	−0.0041	0.0321 ***	0.0315 ***	0.0551 ***	1.0000														
MAN_SHR	(9)	−0.0214 ***	−0.0888 ***	0.1102 ***	0.1271 ***	0.1082 ***	0.1045 ***	−0.0634 ***	−0.1080 ***	1.0000													
DUAL	(10)	−0.0022	−0.0394 ***	0.0054	0.0534 ***	0.0228 ***	0.0041	−0.0428 ***	−0.0551 ***	0.2155 ***	1.0000												
INDR	(11)	0.0210 ***	−0.0640 ***	0.1050 ***	0.0373 ***	0.0302 ***	0.0199 **	−0.0545 ***	−0.0868 ***	0.1536 ***	0.1223 ***	1.0000											
BOARD	(12)	−0.0352 ***	0.0719 ***	0.0599 ***	−0.0338 ***	−0.0370 ***	−0.0236 ***	0.1071 ***	0.0299 ***	−0.1807 ***	−0.1637 ***	−0.3801 ***	1.0000										
SIZE	(13)	−0.0311 ***	−0.1903 ***	0.3160 ***	0.0637 ***	0.0485 ***	0.0324 ***	0.0897 ***	0.0548 ***	0.0336 ***	0.0124	0.1690 ***	0.0437 ***	1.0000									
LEV	(14)	0.1071 ***	0.0969 ***	−0.1485 ***	−0.0811 ***	−0.0439 ***	−0.0372 ***	0.0383 ***	0.0396 ***	−0.3013 ***	−0.0965 ***	−0.0398 ***	0.1288 ***	−0.0114	1.0000								
ZMIJ	(15)	0.1033 ***	0.1118 ***	−0.2090 ***	−0.0822 ***	−0.0492 ***	−0.0432 ***	0.0276 ***	0.0181 **	−0.3005 ***	−0.0929 ***	−0.0483 ***	0.1091 ***	−0.0780 ***	0.9717 ***	1.0000							
BM	(16)	−0.0663 ***	0.0594 ***	0.0617 ***	−0.0182 **	−0.0130 *	0.0066	0.0816 ***	0.1777 ***	−0.0670 ***	−0.0951 ***	−0.0655 ***	0.1635 ***	−0.1859 ***	0.0585 ***	0.0637 ***	1.0000						
GROWTH	(17)	0.2194 ***	−0.0178 ***	0.0621 ***	0.0115 ***	0.0145 *	0.0208 ***	0.0005	0.0563 ***	0.0218 ***	0.0022	0.0259 ***	−0.0015	0.1381 ***	0.0781 ***	0.0202 ***	−0.0012 ***	1.0000					
OCF	(18)	−0.1457 ***	−0.0316 ***	0.1448 ***	0.0167 **	0.0275 ***	0.0456 ***	0.0470 ***	0.0945 ***	−0.0175 **	−0.0196 **	−0.0069	0.0553 ***	0.1399 ***	−0.1497 ***	−0.2099 ***	−0.0122 ***	0.1531 ***	1.0000				
LOSS	(19)	0.0698 ***	0.0893 ***	−0.2868 ***	−0.0311 ***	−0.0409 ***	−0.0469 ***	−0.0053	−0.0521 ***	−0.0970 ***	−0.0114	−0.0320 ***	−0.0274 ***	−0.1819 ***	0.1926 ***	0.3204 ***	−0.0674 ***	−0.1553 ***	−0.1673 ***	1.0000			
ISSUE	(20)	0.2054 ***	0.0069	−0.0301 ***	−0.0123	0.0161 **	0.0183 **	−0.0042	0.0183 **	−0.0427 ***	−0.0034	0.0064	0.0246 ***	0.1021 ***	0.3249 ***	0.3044 ***	0.0696 ***	0.4032 ***	−0.0861 ***	−0.0200 **	1.0000		
LAGACC	(21)	0.0834 ***	−0.0422 ***	0.0537 ***	0.0123	0.0084	−0.0097	−0.0258 ***	−0.0139 *	0.1556 ***	0.0488 ***	0.0210 ***	−0.0424 ***	0.0618 ***	−0.0688 ***	−0.0758 ***	−0.0047 ***	0.0283 ***	−0.1865 ***	−0.0502 ***	0.0636 ***	1.0000	
STATE	(22)	−0.0358 ***	0.0941 ***	0.0171 **	−0.0985 ***	−0.0986 ***	−0.0652 ***	0.0776 ***	0.2262 ***	−0.4514 ***	−0.2507 ***	−0.1902 ***	0.2495 ***	−0.0285 ***	0.2325 ***	0.2298 ***	0.2189 ***	−0.0298 ***	0.0475 ***	0.0507 ***	−0.0165 ***	−0.1421 ***	1.0000

注：***、**、* 分别表示 1%、5%、10%水平显著。

(三)多元回归分析

1.儒家文化与财务报告质量

表 2.3.4 第(1)～(3)列报告了因变量为|DA|的回归结果，儒家文化强度变量 CONF_R(R=100，200，300)的系数均在 1%水平上显著为负，表明儒家文化的影响越强，公司报告的盈余中可操纵性应计越少。进一步，回归系数的数量值表明，儒家文化的影响强度每增加一个标准差，盈余中可操纵性应计额的绝对值将降低 2.79%、2.69%、2.48%。第(4)～(6)列报告了因变量为 RESTATE 的回归结果，儒家文化强度变量 CONF_R(R=100、200、300)的系数均显著为负，表明儒家文化的影响越强、公司财务报表重述的概率越低。儒家变量的系数边际效应表明，儒家文化的影响强度每增加一个标准差，财务报表重述的概率将分别降低 6.87%、9.1%、7.23%。第(7)～(9)列列示了采用信息披露质量得分 DISC 为因变量的回归结果，如表所示，儒家文化强度变量 CONF_R(R=100，200，300)的系数均在 1%水平上显著为正，表明儒家文化的影响越强、公司信息披露质量越高。第(7)～(9)列中儒家变量回归系数值表明，儒家文化的影响强度每增加一个标准差，公司信息披露获得更高等级评分的概率将增加 1.13%。上述结果说明，儒家文化对盈余中可操纵性应计和财务报表重述的抑制作用、对信息披露质量的提升作用不仅在统计上而且在经济含义上均显著。

控制变量的回归结果如下：第(1)～(3)列显示，可操纵性应计与第一大股东持股比例(FIRST)显著正相关，说明大股东的权利越大、越可能通过应计项目操纵利润；董事会规模(BOARD)的系数显著为负，表明董事会规模越大、董事会内部权力制衡度越强，公司越难通过应计项目调节利润；可操纵性应计与公司规模(SIZE)、BM、经营活动现金流(OCF)均显著负相关，与销售收入变化(GROWTH)、亏损虚拟变量(LOSS)、公司再融资(ISSUE)、前一期应计总额(LAGACC)均显著正相关；相比非国有企业，国有企业的可操纵性应计额的绝对值更低。第(4)～(6)列显示，国际四大会计师事务所(BIG4)实施年报审计显著地降低了公司进行财务报表重述的概率；第一大股东持股比例(FIRST)与财务报表重述显著负相关，表明大股东的控制权越强、财务报表重述的概率越低；董事会规模(BOARD)与财务报表重述之间在 10%水平显著正相关，说明董事会成员之间的权力越分散、财务报表重述的概率越高；另外，从财务特征来看，财务报表重述分别与财务困境指数(ZMIJ)、亏损虚拟变量(LOSS)显著正相关，但与销售收入变化(GROWTH)、经营活动现金流(OCF)、公司再融资(ISSUE)显著负相关。第(7)～(9)列显示，财务报告的信息披露质量分别与第一大股东持股比例(FIRST)、高管持股比例(MAN_SHR)显著正相关，表明股东控制权越强、高管与公司利益越趋于一致，财务报告的信息披露质量越高；董事会规模(BOARD)与信息披露质量显著正相关，表明董事会成员的权力越分散，信息披露质量得分越高；与小公司相比，大公司(SIZE)的信息披露质量显著更高；财务杠杆(LEV)的系数显著为正，表明债务比例越高、债权人的监督权力越大，公司的信息披露质量越好；信息披露质量与财务困境指数(ZMIJ)显著负相关；公司的账面市值比(BM)越低、信息披露的质量越差，现金创造能力(OCF)越强、信息披露质量越高；亏损(LOSS)公司的信息披露质量更低，信息披露质量与前一期应计总额显著正相关。此外，与非国有企业相比，国有企业

（STATE）的信息披露质量更高。

表 2.3.4　可操纵性应计、财务报表重述、信息披露评分与儒家文化的回归结果

变量	因变量：|DA|			因变量：RESTATE			因变量：DISC		
	(1)R=100	(2)R=200	(3)R=300	(4)R=100	(5)R=200	(6)R=300	(7)R=100	(8)R=200	(9)R=300
	系数 (t 值)	系数 (t 值)	系数 (t 值)	系数 (t 值)	系数 (t 值)	系数 (t 值)	系数 (t 值)	系数 (t 值)	系数 (t 值)
CONF_R	−0.001 1*** (−3.18)	−0.000 5*** (−2.98)	−0.000 3*** (−3.23)	−0.044 4* (−1.78)	−0.027 8*** (−2.59)	−0.014 3** (−2.17)	0.047 3*** (3.45)	0.022 4*** (3.36)	0.014 5*** (3.19)
BIG4	−0.004 0 (−1.33)	−0.004 1 (−1.35)	−0.004 0 (−1.32)	−1.112 4*** (−5.66)	−1.114 5*** (−5.66)	−1.113 8*** (−5.66)	−0.116 9 (−0.59)	−0.113 6 (−0.57)	−0.121 3 (−0.61)
FIRST	0.011 0** (2.35)	0.011 2** (2.39)	0.011 2** (2.38)	−0.903 7*** (−3.56)	−0.892 8*** (−3.52)	−0.893 6*** (−3.53)	0.738 3*** (4.07)	0.713 7*** (3.93)	0.720 1*** (3.97)
MAN_SHR	−0.006 3 (−1.30)	−0.006 6 (−1.36)	−0.006 5 (−1.33)	0.1166 (0.31)	0.145 8 (0.39)	0.120 1 (0.32)	0.841 2*** (4.91)	0.848 2*** (4.95)	0.841 6*** (4.91)
DUAL	0.000 8 (0.45)	0.000 7 (0.39)	0.000 7 (0.37)	−0.011 4 (−0.12)	−0.017 9 (−0.19)	−0.018 4 (−0.20)	−0.018 1 (−0.31)	−0.012 4 (−0.21)	−0.009 9 (−0.17)
INDR	0.003 1 (0.27)	0.002 7 (0.23)	0.002 7 (0.23)	−0.221 9 (−0.35)	−0.224 5 (−0.36)	−0.222 9 (−0.36)	0.027 2 (0.06)	0.047 8 (0.11)	0.046 0 (0.11)
BOARD	−0.011 3*** (−3.30)	−0.011 4*** (−3.32)	−0.011 4*** (−3.33)	0.317 1* (1.77)	0.308 6* (1.72)	0.307 5* (1.71)	0.502 6*** (3.73)	0.506 8*** (3.75)	0.505 1*** (3.74)
SIZE	−0.001 7* (−1.69)	−0.001 8* (−1.78)	−0.001 8* (−1.83)	−0.076 2 (−1.49)	−0.080 4 (−1.58)	−0.083 2 (−1.63)	0.599 9*** (15.21)	0.603 4*** (15.35)	0.605 8*** (15.44)
LEV	−0.007 8 (−0.17)	−0.007 0 (−0.15)	−0.007 0 (−0.15)	−0.089 6 (−0.13)	−0.055 8 (−0.08)	−0.063 8 (−0.09)	3.788 5*** (5.23)	3.758 9*** (5.21)	3.755 3*** (5.20)
ZMIJ	0.000 7 (0.10)	0.000 7 (0.09)	0.000 7 (0.09)	0.200 0* (1.86)	0.196 7* (1.84)	0.199 7* (1.86)	−0.787 5*** (−6.70)	−0.785 8*** (−6.71)	−0.785 6*** (−6.72)
BM	−0.037 5*** (−11.66)	−0.037 5*** (−11.65)	−0.037 3*** (−11.60)	0.137 8 (0.83)	0.139 4 (0.84)	0.152 5 (0.92)	0.713 9*** (6.41)	0.713 0*** (6.41)	0.708 4*** (6.38)
GROWTH	0.057 0*** (11.19)	0.056 9*** (11.17)	0.057 0*** (11.19)	−0.290 7** (−2.47)	−0.294 3** (−2.50)	−0.290 3** (−2.47)	−0.089 7 (−1.34)	−0.086 4 (−1.29)	−0.089 0 (−1.32)
OCF	−0.116 4*** (−7.33)	−0.116 1*** (−7.31)	−0.115 9*** (−7.30)	−0.949 0*** (−3.16)	−0.933 4*** (−3.12)	−0.927 4*** (−3.10)	1.130 2*** (5.38)	1.114 0*** (5.32)	1.104 8*** (5.28)
LOSS	0.023 4*** (6.22)	0.023 4*** (6.20)	0.023 3*** (6.18)	0.263 1*** (2.88)	0.258 9*** (2.83)	0.256 7*** (2.81)	−0.872 4*** (−11.26)	−0.867 2*** (−11.20)	−0.864 6*** (−11.18)
ISSUE	0.033 8*** (9.48)	0.033 9*** (9.52)	0.033 9*** (9.52)	−0.291 4** (−2.02)	−0.273 5* (−1.91)	−0.282 9** (−1.97)	−0.215 6*** (−2.84)	−0.221 6*** (−2.92)	−0.221 0*** (−2.92)
LAGACC	0.021 7** (2.33)	0.021 7** (2.34)	0.021 6** (2.33)	0.012 2 (0.05)	0.013 8 (0.06)	0.009 5 (0.04)	0.403 6** (2.12)	0.400 3** (2.11)	0.406 2** (2.14)
STATE	−0.006 0*** (−3.59)	−0.006 1*** (−3.66)	−0.006 0*** (−3.60)	0.086 6 (1.05)	0.084 6 (1.02)	0.087 7 (1.06)	0.447 2*** (6.88)	0.449 5*** (6.89)	0.443 5*** (6.79)
常数项	0.129 6*** (3.94)	0.131 5*** (4.00)	0.132 8*** (4.04)	−0.602 2 (−0.52)	−0.486 1 (−0.42)	−0.428 8 (−0.37)			
常数项 1							16.101 9*** (17.28)	16.167 3*** (17.36)	16.232 6*** (17.46)
常数项 2							18.748 0*** (20.13)	18.813 0*** (20.22)	18.877 6*** (20.33)

续表

变量	因变量：|DA|			因变量：RESTATE			因变量：DISC		
	(1)$R=100$	(2)$R=200$	(3)$R=300$	(4)$R=100$	(5)$R=200$	(6)$R=300$	(7)$R=100$	(8)$R=200$	(9)$R=300$
	系数 (t 值)	系数 (t 值)	系数 (t 值)	系数 (t 值)	系数 (t 值)	系数 (t 值)	系数 (t 值)	系数 (t 值)	系数 (t 值)
常数项 3							22.252 1 *** (23.64)	22.317 0 *** (23.73)	22.381 7 *** (23.84)
年度/行业	控制	控制	控制	控制	控制	控制	控制	控制	控制
观测值	27 420	27 420	27 420	27 420	27 420	27 420	16 257	16 257	16 257
Adj_R^2 / Pseudo R^2	0.159 2	0.159 2	0.159 2	0.164 6	0.165 2	0.164 7	0.129 4	0.129 4	0.129 4
F-value/LR Chi^2	29.07 ***	29.16 ***	29.18 ***	1 285.30 ***	1 293.87 ***	1 294.68 ***	2 296.03 ***	2 311.00 ***	2 308.70 ***

注：***、**、* 分别表示 1%、5%、10%水平显著；所有 t 值都是根据公司层面聚类调整以后的稳健标准差计算而得。

2.财务困境的调节作用

表 2.3.5 报告了按照公司—年度是否陷入财务困境进行分组回归的结果。Panel A 列示了儒家文化对可操纵性应计的分组回归结果。如表所示，在陷入财务困境的公司中，儒家文化对可操纵性应计额的影响均不显著；在未陷入财务困境的分组中，儒家文化变量的回归系数均显著为负。Panel B 报告了儒家文化与财务报表重述的分组回归结果，在财务困境分组中，儒家文化的回归系数均不显著，然而，在未陷入财务困境的公司分组中，儒家文化对财务报表重述行为具有显著的抑制作用。Panel C 列示了儒家文化对报告信息披露质量影响的分组回归结果。具体地，在财务困境子样本中，儒家文化与财务报告信息披露质量之间不存在显著的相关关系，但是在未陷入财务困境的子样本中，儒家文化与财务报告信息披露质量显著正相关。上述结果表明，公司财务状况的恶化很可能削弱了儒家文化对财务报告质量的积极影响，支持了假设 2.3.2。

表 2.3.5　按是否陷入财务困境分组的回归结果

Panel A：可操纵性应计作为因变量的结果

变量	因变量：|DA|					
	陷入财务困境的公司			未陷入财务困境的公司		
	(1)$R=100$	(2)$R=200$	(3)$R=300$	(4)$R=100$	(5)$R=200$	(6)$R=300$
	系数 (t 值)	系数 (t 值)	系数 (t 值)	系数 (t 值)	系数 (t 值)	系数 (t 值)
CONF_R	0.000 4 (0.63)	0.000 3 (0.80)	0.000 1 (0.73)	−0.001 3 *** (−3.61)	−0.000 6 *** (−3.38)	−0.000 4 *** (−3.80)
年度/行业/控制变量	控制	控制	控制	控制	控制	控制
观测值	6 146	6 146	6 146	21 274	21 274	21 274
Adj_R^2	0.229 1	0.229 1	0.229 1	0.162 9	0.162 8	0.162 9
F-value	16.89 ***	16.90 ***	16.92 ***	23.10 ***	23.22 ***	23.21 ***

续表

Panel B:财务报表重述作为因变量的结果						
变量	因变量:RESTATE					
	陷入财务困境的公司			未陷入财务困境的公司		
	(1)R=100	(2)R=200	(3)R=300	(4)R=100	(5)R=200	(6)R=300
	系数 (t 值)	系数 (t 值)	系数 (t 值)	系数 (t 值)	系数 (t 值)	系数 (t 值)
CONF_R	−0.002 7 (−0.07)	−0.012 6 (−0.82)	−0.003 3 (−0.35)	−0.061 5** (−2.26)	−0.031 8** (−2.46)	−0.018 1** (−2.18)
年度/行业/控制变量	控制	控制	控制	控制	控制	控制
观测值	6 146	6 146	6 146	21 274	21 274	21 274
Pseudo R^2	0.186 0	0.186 3	0.186 0	0.141 8	0.142 0	0.141 7
LR Chi^2	467.27***	470.64***	470.21***	795.14***	802.62***	805.76***

Panel C:财务报告信息披露质量作为因变量的结果						
变量	因变量:DISC					
	陷入财务困境的公司			未陷入财务困境的公司		
	(1)R=100	(2)R=200	(3)R=300	(4)R=100	(5)R=200	(6)R=300
	系数 (t 值)	系数 (t 值)	系数 (t 值)	系数 (t 值)	系数 (t 值)	系数 (t 值)
CONF_R	0.030 1 (1.20)	0.017 6 (1.49)	0.005 5 (0.72)	0.050 8*** (3.31)	0.021 3*** (2.81)	0.015 4*** (3.01)
年度/行业/控制变量	控制	控制	控制	控制	控制	控制
观测值	3 071	3 071	3 071	13 186	13 186	13 186
Pseudo R^2	0.177 2	0.177 3	0.176 9	0.112 6	0.112 4	0.112 5
LR Chi^2	829.55***	825.37***	828.79***	1 631.71***	1 643.05***	1 645.04***

注：***、**、* 分别表示1%、5%、10%水平显著；所有 t 值都是根据公司层面聚类调整以后的稳健标准差计算而得。

六、稳健性测试

(一)对因变量为可操纵性应计额绝对值的稳健性测试

表 2.3.6 报告了考虑稳健性影响和采用业绩匹配法计算的可操纵性应计额的回归结果，Panel A、B、C 分别列示了采用基于超额市场收益的稳健性调整模型(Ball, Shivakumar, 2006)、基于现金流变动的稳健性调整模型(Ball, Shivakumar, 2006)以及业绩匹配模型

(Kothari et al.,2005)计算的可操纵性应计额绝对值作为因变量①。如表所示,在全样本中,儒家文化与可操纵性应计之间均显著负相关,进一步支持了假设 2.3.1。此外,在陷入财务困境的公司中,儒家文化对可操纵性应计的影响不显著,但在未陷入财务困境的公司中,儒家文化对可操纵性应计的抑制作用依然显著,上述结果进一步支持了假设 2.3.2。

表 2.3.6 考虑稳健性影响和采用业绩匹配法计算的可操纵性应计额的回归结果

Panel A:采用基于市场收益的稳健性调整模型计算的可操纵性应计额绝对值作为因变量

变量	因变量:|DA|_RET								
	全样本			陷入财务困境的公司			未陷入财务困境的公司		
	(1)R=100	(2)R=200	(3)R=300	(4)R=100	(5)R=200	(6)R=300	(7)R=100	(8)R=200	(9)R=300
	系数 (t 值)	系数 (t 值)	系数 (t 值)	系数 (t 值)	系数 (t 值)	系数 (t 值)	系数 (t 值)	系数 (t 值)	系数 (t 值)
CONF_R	−0.000 9*** (−3.07)	−0.000 5*** (−3.25)	−0.000 3*** (−3.42)	−0.000 1 (−0.12)	0.000 0 (0.00)	0.000 0 (0.10)	−0.001 0*** (−3.11)	−0.000 5*** (−3.28)	−0.000 4*** (−3.73)
控制变量	控制	控制	控制	控制	控制	控制	控制	控制	控制
年度/行业	控制	控制	控制	控制	控制	控制	控制	控制	控制
观测值	27 420	27 420	27 420	6 146	6 146	6 146	21 274	21 274	21 274
Adj_R^2	0.144 1	0.144 2	0.144 2	0.208 1	0.208 1	0.208 1	0.142 1	0.142 2	0.142 3
F-value	28.66***	28.70***	28.76***	14.90***	14.91***	14.90***	21.62***	21.72***	21.77***

Panel B:采用基于现金流变动的稳健性调整模型计算的可操纵性应计额绝对值作为因变量

变量	因变量:|DA|_ΔCF								
	全样本			陷入财务困境的公司			未陷入财务困境的公司		
	(1)R=100	(2)R=200	(3)R=300	(4)R=100	(5)R=200	(6)R=300	(7)R=100	(8)R=200	(9)R=300
	系数 (t 值)	系数 (t 值)	系数 (t 值)	系数 (t 值)	系数 (t 值)	系数 (t 值)	系数 (t 值)	系数 (t 值)	系数 (t 值)
CONF_R	−0.000 6** (−2.25)	−0.000 4*** (−3.07)	−0.000 2*** (−2.83)	−0.000 2 (−0.45)	−0.000 0 (−0.21)	−0.000 0 (−0.23)	−0.000 5** (−2.06)	−0.000 4*** (−2.99)	−0.000 2*** (−2.95)
控制变量	控制	控制	控制	控制	控制	控制	控制	控制	控制

① 参考 Ball 和 Shivakumar(2006)的做法,本节按照以下模型 ACC=$\alpha_0+\alpha_1$X+α_2VAR+α_3DVAR+α_4DVAR×VAR+ν_t 计算盈余中可操纵性应计额。其中,ACC 表示应计总额,等于净利润减去经营活动现金流量再除以期初资产总额;X 表示估计应计项目的一系列变量,如琼斯模型所示;VAR 表示衡量收益或损失的变量;DVAR 表示是否发生损失的虚拟变量,当 VAR 小于 0 时 DVAR 为 1,否则为 0。具体来说,本节采用两种方法度量 VAR:(1)VAR 等于公司股票的超额收益(Basu,1997),即公司股票的年收益率减去年度市场收益率。(2)VAR 等于经营活动现金流量的变动(Ball,Shivakumar,2006),即当期经营活动现金净流量减去上期经营活动现金净流量。此外,参考 Kothari 等(2005)的做法,本节计算业绩匹配调整后的可操纵性应计。首先,选取同一年度内,ROA 与目标公司的 ROA 最接近的公司作为匹配公司。其次,按照修正琼斯模型计算公司的可操纵性应计。最后,计算目标公司的业绩匹配调整后的可操纵性应计等于目标公司的可操纵性应计减去业绩匹配公司的可操纵性应计。

续表

变量	因变量：|DA|_ΔCF								
	全样本			陷入财务困境的公司			未陷入财务困境的公司		
	(1)R=100	(2)R=200	(3)R=300	(4)R=100	(5)R=200	(6)R=300	(7)R=100	(8)R=200	(9)R=300
	系数 (t 值)	系数 (t 值)	系数 (t 值)	系数 (t 值)	系数 (t 值)	系数 (t 值)	系数 (t 值)	系数 (t 值)	系数 (t 值)
年度/行业	控制	控制	控制	控制	控制	控制	控制	控制	控制
观测值	27 420	27 420	27 420	6 146	6 146	6 146	21 274	21 274	21 274
Adj_R^2	0.110 5	0.110 7	0.110 6	0.235 2	0.235 1	0.235 1	0.108 3	0.108 6	0.108 6
F-value	26.60 ***	26.56 ***	26.56 ***	21.28 ***	21.29 ***	21.30 ***	17.49 ***	17.49 ***	17.48 ***

Panel C：采用业绩匹配模型计算的可操纵性应计额绝对值作为因变量

变量	因变量：|DA|_PM								
	全样本			陷入财务困境的公司			未陷入财务困境的公司		
	(1)R=100	(2)R=200	(3)R=300	(4)R=100	(5)R=200	(6)R=300	(7)R=100	(8)R=200	(9)R=300
	系数 (t 值)	系数 (t 值)	系数 (t 值)	系数 (t 值)	系数 (t 值)	系数 (t 值)	系数 (t 值)	系数 (t 值)	系数 (t 值)
CONF_R	−0.001 5 *** (−3.64)	−0.000 7 *** (−3.72)	−0.000 4 *** (−3.46)	−0.001 3 (−1.61)	−0.000 3 (−0.83)	−0.000 2 (−0.94)	−0.001 4 *** (−3.07)	−0.000 8 *** (−3.52)	−0.000 5 *** (−3.22)
控制变量	控制	控制	控制	控制	控制	控制	控制	控制	控制
年度/行业	控制	控制	控制	控制	控制	控制	控制	控制	控制
观测值	27 420	27 420	27 420	6 146	6 146	6 146	21 274	21 274	21 274
Adj_R^2	0.145 8	0.145 9	0.145 8	0.181 4	0.181 2	0.181 2	0.145 6	0.145 8	0.145 7
F-value	23.78 ***	23.77 ***	23.84 ***	9.42 ***	9.38 ***	9.40 ***	18.59 ***	18.62 ***	18.63 ***

注：***、**、* 分别表示 1%、5%、10%水平显著；所有 t 值都是根据公司层面聚类调整以后的稳健标准差计算而得。

（二）采用非经常性损益、财务报表重述金额和应计信息透明度的稳健性测试

本节采用非经常性损益、财务报表重述金额和应计信息透明度来分别衡量可操纵性应计、财务重述以及信息披露质量。表 2.3.7 列示了采用非经常性损益、财务报表重述金额和应计信息透明度作为因变量的回归结果①。如表所示，在全样本中，儒家文化分别与非经常性损益、财务报表重述金额显著负相关，与应计信息透明度之间显著正相关；在陷入财务困境的分组中，儒家文化与非经常性损益、财务报表重述金额以及应计信息透明度之间均不存在显著的相关关系；但是，在未陷入财务困境的分组中，儒家文化分别与非经常性损益、财务报表重述金额显著负相关，与应计信息透明度显著正相关。上述结果进一步支持了本节假

① 非经常性损益（NOPEX）=（营业外收入－营业外支出－资产减值损失＋公允价值变动损益＋投资收益）/期初资产总额。以财务报表重述金额除以期初资产总额（RESTATE_NUM）度量报表重述行为，本节从公司公告中手工搜集了财务报表重述金额数据。参考 Hutton 等（2009）的做法，本节采用应计信息透明度（TRANSPARENCY）来度量信息披露质量，等于（t－2 期可操纵性应计额的绝对值＋t－1 期可操纵性应计额的绝对值＋t 期可操纵性应计额的绝对值）。

设 2.3.1 和假设 2.3.2。

表 2.3.7　采用非经常性损益、财务报表重述金额和应计信息透明度度量财务报告质量的回归结果

Panel A：采用非经常性损益作因变量

变量	因变量：NOPEX								
	全样本			陷入财务困境的公司			未陷入财务困境的公司		
	(1)R=100	(2)R=200	(3)R=300	(4)R=100	(5)R=200	(6)R=300	(7)R=100	(8)R=200	(9)R=300
	系数 (t 值)	系数 (t 值)	系数 (t 值)	系数 (t 值)	系数 (t 值)	系数 (t 值)	系数 (t 值)	系数 (t 值)	系数 (t 值)
CONF_R	−0.000 4** (−2.39)	−0.000 2** (−2.09)	−0.000 1** (−2.40)	−0.000 2 (−0.88)	−0.000 1 (−0.92)	−0.000 0 (−0.34)	−0.000 4* (−1.94)	−0.000 1 (−1.51)	−0.000 1** (−2.11)
控制变量	控制	控制	控制	控制	控制	控制	控制	控制	控制
年度/行业	控制	控制	控制	控制	控制	控制	控制	控制	控制
观测值	27 420	27 420	27 420	6 146	6 146	6 146	21 274	21 274	21 274
Pseudo R^2	0.196 9	0.196 8	0.196 9	0.221 9	0.221 9	0.221 8	0.209 2	0.209 1	0.209 3
LR Chi^2	39.55***	39.59***	39.55***	15.85***	15.84***	15.82***	29.69***	29.66***	29.64***

Panel B：采用财务报表重述金额作为因变量

变量	因变量：RESTATE_NUM								
	全样本			陷入财务困境的公司			未陷入财务困境的公司		
	(1)R=100	(2)R=200	(3)R=300	(4)R=100	(5)R=200	(6)R=300	(7)R=100	(8)R=200	(9)R=300
	系数 (t 值)	系数 (t 值)	系数 (t 值)	系数 (t 值)	系数 (t 值)	系数 (t 值)	系数 (t 值)	系数 (t 值)	系数 (t 值)
CONF_R	−0.000 8*** (−2.65)	−0.000 5*** (−3.66)	−0.000 3*** (−3.23)	−0.000 3 (−0.57)	−0.000 3 (−1.62)	−0.000 2 (−1.43)	−0.000 8*** (−2.90)	−0.000 4*** (−3.13)	−0.000 2*** (−2.71)
控制变量	控制	控制	控制	控制	控制	控制	控制	控制	控制
年度/行业	控制	控制	控制	控制	控制	控制	控制	控制	控制
观测值	17 911	17 911	17 911	4 568	4 568	4 568	13 343	13 343	13 343
Left−censored	15 783	15 783	15 783	3 753	3 753	3 753	12 030	12 030	12 030
LR Chi^2	1 432.81***	1 448.67***	1 437.97***	566.23***	570.08***	568.78***	727.38***	732.34***	723.46***

Panel C：采用应计信息透明度作为因变量

变量	因变量：TRANSPARENCY								
	全样本			陷入财务困境的公司			未陷入财务困境的公司		
	(1)R=100	(2)R=200	(3)R=300	(4)R=100	(5)R=200	(6)R=300	(7)R=100	(8)R=200	(9)R=300
	系数 (t 值)	系数 (t 值)	系数 (t 值)	系数 (t 值)	系数 (t 值)	系数 (t 值)	系数 (t 值)	系数 (t 值)	系数 (t 值)
CONF_R	0.003 4*** (2.83)	0.001 7*** (3.06)	0.001 1*** (3.11)	0.000 0 (0.01)	0.000 1 (0.09)	0.000 2 (0.37)	0.004 2*** (3.33)	0.002 1*** (3.40)	0.001 3*** (3.37)
控制变量	控制	控制	控制	控制	控制	控制	控制	控制	控制
年度/行业	控制	控制	控制	控制	控制	控制	控制	控制	控制
观测值	23 441	23 441	23 441	5 712	5 712	5 712	17 729	17 729	17 729
Adj_R^2	0.193 3	0.193 5	0.193 4	0.222 3	0.222 3	0.222 3	0.198 9	0.199 0	0.198 9
F-value	21.68***	21.71***	21.72***	12.10***	12.08***	12.07***	17.87***	17.92***	17.87***

注：***、**、* 分别表示 1%、5%、10% 水平显著；所有 t 值都是根据公司层面聚类调整以后的稳健标准差计算而得。

（三）对儒家文化的稳健性测试

本节采用负向 0—1 标准化处理的公司与最近 $N(N=1,2,3)$ 个孔庙和书院之间距离对主要解释变量进行稳健性测试。具体来说，首先，计算获得公司与最近 $N(N=1,2,3)$ 个孔庙和书院之间的平均距离 DISN。其次，分年度统计获得此距离的最大值 DISNMAX 和最小值 DISNMIN。最后，计算负向 0—1 标准化处理的公司与最近 $N(N=1,2,3)$ 个孔庙和书院之间距离（CONF_DIS_N）=（DIS_N_{MAX} − DIS_N）/（DIS_N_{MAX} − DIS_N_{MIN}）。表 2.3.8 报告了采用公司与孔庙和书院距离度量儒家文化影响强度的回归结果。如表 2.3.8 所示，回归结果与前文中表 2.3.3 的结果基本保持一致。

表 2.3.8　采用公司与孔庙和书院距离度量儒家文化影响强度的回归结果

Panel A:可操纵性应计作为因变量的结果

变量	因变量:|DA|								
	全样本			陷入财务困境的公司			未陷入财务困境的公司		
	(1)N=1	(2)N=2	(3)N=3	(4)N=1	(5)N=2	(6)N=3	(7)N=1	(8)N=2	(9)N=3
	系数 (t 值)	系数 (t 值)	系数 (t 值)	系数 (t 值)	系数 (t 值)	系数 (t 值)	系数 (t 值)	系数 (t 值)	系数 (t 值)
CONF_DIS_N	−0.015 9*** (−2.99)	−0.017 0*** (−3.15)	−0.017 9*** (−3.30)	−0.004 9 (−0.48)	−0.004 1 (−0.40)	−0.003 7 (−0.36)	−0.019 9*** (−3.10)	−0.021 6*** (−3.31)	−0.023 1*** (−3.50)
控制变量	控制	控制	控制	控制	控制	控制	控制	控制	控制
年度/行业	控制	控制	控制	控制	控制	控制	控制	控制	控制
观测值	27 420	27 420	27 420	6 146	6 146	6 146	21 274	21 274	21 274
Adj_R^2	0.159 1	0.159 1	0.159 2	0.229 1	0.229 0	0.229 0	0.162 7	0.162 7	0.162 8
F-value	29.15***	29.16***	29.18***	16.85***	16.85***	16.85***	23.11***	23.14***	23.16***

Panel B:财务报表重述作为因变量的结果

变量	因变量:RESTATE								
	全样本			陷入财务困境的公司			未陷入财务困境的公司		
	(1)N=1	(2)N=2	(3)N=3	(4)N=1	(5)N=2	(6)N=3	(7)N=1	(8)N=2	(9)N=3
	系数 (t 值)	系数 (t 值)	系数 (t 值)	系数 (t 值)	系数 (t 值)	系数 (t 值)	系数 (t 值)	系数 (t 值)	系数 (t 值)
CONF_DIS_N	−0.492 7* (−1.89)	−0.474 2* (−1.80)	−0.507 3* (−1.95)	−0.308 6 (−0.75)	−0.268 9 (−0.64)	−0.265 6 (−0.64)	−0.633 9** (−2.28)	−0.624 8** (−2.22)	−0.681 1** (−2.46)
控制变量	控制	控制	控制	控制	控制	控制	控制	控制	控制
年度/行业	控制	控制	控制	控制	控制	控制	控制	控制	控制
观测值	27 420	27 420	27 420	6 146	6 146	6 146	21 274	21 274	21 274
Pseudo R^2	0.164 3	0.164 3	0.164 4	0.186 2	0.186 2	0.186 2	0.141 1	0.141 0	0.141 2
LR Chi^2	1 281.86***	1 281.88***	1 282.97***	467.55***	467.37***	467.33***	793.95***	794.41***	795.86***

续表

Panel C:财务报告信息披露质量作为因变量的结果									
	因变量:DISC								
	全样本			陷入财务困境的公司			未陷入财务困境的公司		
变量	(1)$N=1$	(2)$N=2$	(3)$N=3$	(4)$N=1$	(5)$N=2$	(6)$N=3$	(7)$N=1$	(8)$N=2$	(9)$N=3$
	系数 (t 值)	系数 (t 值)	系数 (t 值)	系数 (t 值)	系数 (t 值)	系数 (t 值)	系数 (t 值)	系数 (t 值)	系数 (t 值)
CONF_ DIS_N	0.622 7*** (2.89)	0.732 3*** (3.38)	0.804 2*** (3.71)	0.293 9 (0.85)	0.385 3 (1.13)	0.410 6 (1.23)	0.671 9** (2.44)	0.788 9*** (2.83)	0.884 3*** (3.15)
控制变量	控制	控制	控制	控制	控制	控制	控制	控制	控制
年度/行业	控制	控制	控制	控制	控制	控制	控制	控制	控制
观测值	16 257	16 257	16 257	3 071	3 071	3 071	13 186	13 186	13 186
Pseudo R^2	0.128 9	0.129 1	0.129 2	0.176 9	0.177 0	0.177 1	0.112 0	0.112 2	0.112 3
LR Chi²	2 306.08***	2 310.30***	2 314.06***	837.34***	836.08***	835.63***	1 629.34***	1 632.63***	1 636.15***

注:***、**、*分别表示1%、5%、10%水平显著;所有 t 值都是根据公司层面聚类调整以后的稳健标准差计算而得。

(四)内生性讨论

本节采用工具变量两阶段回归方法控制内生性对研究结果的影响。具体地,本节选用(1+公司注册地所在省份的明清时期考取进士人数)的自然对数作为工具变量,数据来源于《明清进士题名碑录索引》。科举制度是中华传统文化传承的重要载体,与儒家传统文化之间存在毋庸置疑的相关性。明清时期考取进士的人数越多,表明儒家文化在该地区的底蕴越深厚,当地儒家文化对公司行为的影响越强。显然,明清时期的历史事件与当今公司财务报告质量的高低不存在必然的逻辑联系。基于此,明清时期考取进士的人数适合作为本节外生的工具变量。表2.3.9报告了工具变量两阶段的回归结果。Panel A 报告了第一阶段的回归结果,变量 SCHOLAR 的系数均显著为正,表明儒家文化的影响强度与明清时期考取进士人数之间显著正相关。进一步,Panel B~D 中变量 CONF_R* ($R=100,200,300$)表示,估计第一阶段模型获得的儒家文化影响强度预测值。在全样本中,当因变量为可操纵性应计或财务报表重述时,变量 CONF_R* 的系数均显著为负;当因变量为信息披露质量时,变量 CONF_R* 的系数均显著为正。在陷入财务困境的公司分组中,变量 CONF_R* 的系数均不显著;在未陷入财务困境的公司分组中,变量 CONF_R* 与可操纵性应计、财务报表重述显著负相关,与信息披露质量显著正相关。上述结果表明,采用工具变量两阶段方法控制内生性后,研究结果保持不变。

表 2.3.9　工具变量两阶段的回归结果

Panel A:第一阶段回归结果			
	因变量:CONF_R		
变量	(1)$R=100$	(2)$R=200$	(3)$R=300$
	系数 (t 值)	系数 (t 值)	系数 (t 值)
SCHOLAR	0.032 8*** (3.24)	0.280 1*** (13.36)	0.583 9*** (18.12)
BIG4	0.031 3 (0.23)	0.088 8 (0.34)	0.445 5 (1.00)
FIRST	0.425 6* (1.90)	1.290 9*** (2.86)	1.895 5*** (2.76)
MAN_SHR	0.985 0*** (4.73)	1.441 5*** (3.15)	2.254 5*** (3.35)
DUAL	0.015 1 (0.23)	−0.182 4 (−1.34)	−0.376 7* (−1.93)
INDR	−0.013 4 (−0.03)	−0.797 0 (−0.84)	−1.211 2 (−0.85)
BOARD	0.057 4 (0.34)	−0.045 0 (−0.14)	−0.105 9 (−0.22)
SIZE	0.120 4*** (2.86)	0.163 2* (1.94)	0.175 7 (1.37)
LEV	−0.632 2 (−1.49)	−0.445 4 (−0.51)	−1.211 6 (−0.90)
ZMIJ	0.031 9 (0.53)	0.031 2 (0.25)	0.187 4 (0.94)
BM	−0.179 5 (−1.45)	−0.414 0* (−1.67)	−0.258 5 (−0.65)
GROWTH	−0.039 9 (−0.66)	−0.292 9** (−2.42)	−0.267 4 (−1.54)
OCF	0.071 6 (0.41)	0.351 2 (0.96)	0.779 4 (1.44)
LOSS	−0.014 7 (−0.26)	−0.152 7 (−1.35)	−0.428 5** (−2.45)
ISSUE	0.144 9* (1.85)	0.516 6*** (3.24)	0.585 3** (2.36)
LAGACC	−0.206 8 (−1.54)	−0.377 0 (−1.36)	−0.811 8** (−1.97)
STATE	0.008 7 (0.11)	−0.068 9 (−0.41)	0.344 5 (1.37)
常数项	−1.473 6 (−1.49)	−1.782 2 (−0.91)	−0.681 4 (−0.23)
年度/行业	控制	控制	控制
观测值	27 420	27 420	27 420
Adj_R^2	0.038 4	0.090 7	0.144 0
F-value	3.84***	7.17***	10.56***

续表

Panel B:可操纵性应计作为因变量的结果

变量	因变量:|DA|								
	全样本			陷入财务困境的公司			未陷入财务困境的公司		
	(1)R=100	(2)R=200	(3)R=300	(4)R=100	(5)R=200	(6)R=300	(7)R=100	(8)R=200	(9)R=300
	系数 (t 值)	系数 (t 值)	系数 (t 值)	系数 (t 值)	系数 (t 值)	系数 (t 值)	系数 (t 值)	系数 (t 值)	系数 (t 值)
CONF_R*	−0.003 0*** (−3.14)	−0.001 2*** (−3.48)	−0.000 7*** (−3.52)	0.001 8 (1.07)	0.000 4 (0.70)	0.000 2 (0.53)	−0.004 1*** (−3.93)	−0.001 6*** (−4.16)	−0.001 0*** (−4.13)
控制变量	控制	控制	控制	控制	控制	控制	控制	控制	控制
年度/行业	控制	控制	控制	控制	控制	控制	控制	控制	控制
观测值	27 420	27 420	27 420	6 146	6 146	6 146	21 274	21 274	21 274
Adj_R^2	0.159 3	0.159 4	0.159 4	0.229 2	0.229 1	0.229 1	0.163 2	0.163 3	0.163 3
F-value	29.24***	29.21***	29.18***	17.05***	16.96***	16.92***	23.39***	23.41***	23.38***

Panel C:财务报表重述作为因变量的结果

变量	因变量:RESTATE								
	全样本			陷入财务困境的公司			未陷入财务困境的公司		
	(1)R=100	(2)R=200	(3)R=300	(4)R=100	(5)R=200	(6)R=300	(7)R=100	(8)R=200	(9)R=300
	系数 (t 值)	系数 (t 值)	系数 (t 值)	系数 (t 值)	系数 (t 值)	系数 (t 值)	系数 (t 值)	系数 (t 值)	系数 (t 值)
CONF_R*	−0.213 1*** (−4.70)	−0.066 4*** (−4.13)	−0.036 8*** (−3.68)	−0.047 1 (−0.73)	−0.001 2 (−0.05)	0.003 5 (0.24)	−0.295 6*** (−5.22)	−0.098 3*** (−4.98)	−0.056 3*** (−4.63)
控制变量	控制	控制	控制	控制	控制	控制	控制	控制	控制
年度/行业	控制	控制	控制	控制	控制	控制	控制	控制	控制
观测值	27 420	27 420	27 420	6 146	6 146	6 146	21 274	21 274	21 274
Pseudo R^2	0.167 1	0.166 4	0.165 9	0.186 1	0.186 0	0.186 0	0.146 4	0.145 7	0.145 0
LR Chi^2	1 297.39***	1 297.79***	1 296.91***	466.93***	467.61***	467.87***	817.69***	816.54***	814.39***

Panel D:财务报告信息披露质量作为因变量的结果

变量	因变量:DISC								
	全样本			陷入财务困境的公司			未陷入财务困境的公司		
	(1)R=100	(2)R=200	(3)R=300	(4)R=100	(5)R=200	(6)R=300	(7)R=100	(8)R=200	(9)R=300
	系数 (t 值)	系数 (t 值)	系数 (t 值)	系数 (t 值)	系数 (t 值)	系数 (t 值)	系数 (t 值)	系数 (t 值)	系数 (t 值)
CONF_R*	0.216 3*** (5.12)	0.085 4*** (6.21)	0.053 1*** (6.54)	0.111 6 (1.18)	0.049 8 (1.63)	0.032 2 (1.61)	0.219 1*** (4.89)	0.086 7*** (5.87)	0.054 0*** (6.13)
控制变量	控制	控制	控制	控制	控制	控制	控制	控制	控制
年度/行业	控制	控制	控制	控制	控制	控制	控制	控制	控制
观测值	16 257	16 257	16 257	3 071	3 071	3 071	13 186	13 186	13 186
Pseudo R^2	0.131 0	0.131 8	0.132 1	0.177 4	0.177 9	0.178 1	0.114 0	0.114 9	0.115 1
LR Chi^2	2 322.42***	2 337.09***	2 342.59***	833.15***	834.20***	834.00***	1 646.50***	1 660.00***	1 664.99***

注:***、**、*分别表示1%、5%、10%水平显著;所有 t 值都是根据公司层面聚类调整以后的稳健标准差计算而得。

七、结论与启示

本节采用公司注册地一定半径内作为全国重点文物保护单位的孔庙和书院数量构建了衡量儒家传统文化影响强度的变量，并且从可操纵性应计、财务报表重述以及信息披露质量等三个方面考察了儒家文化对公司财务报告质量的影响。具体来说，本节研究发现，儒家传统文化与可操纵性应计额的绝对值以及财务报表重述之间显著负相关、与公司信息披露质量之间显著正相关，表明儒家文化形成社会规范降低了公司的机会主义行为，从而提升了财务报告质量。进一步，本节研究发现，在陷入财务困境的公司中，儒家文化与可操纵性应计、财务报表重述以及信息披露质量之间不存在显著的相关性；然而，在未陷入财务困境的公司中，儒家文化与财务报告质量之间存在显著的正相关关系（与可操纵性应计和财务报表重述显著负相关、与信息披露质量显著正相关）。上述研究结果表明，财务状况恶化削弱了儒家文化对财务报告质量的积极影响。为控制内生性问题，本节采用明清时期各省考取进士人数作为工具变量进行两阶段回归，上述研究结论依然成立。

本节具有以下几个方面的政策启示。第一，对企业经营管理者而言，本节研究揭示了儒家传统文化对公司治理和会计行为的积极影响，儒家文化蕴含的优秀传统是企业经营管理中不容忽视的重要因素。就这点而言，管理者应该重视儒家传统文化与公司文化的有机结合，系统化地引导传统文化的优秀精髓在公司管理中发挥更为重要的作用。第二，儒家文化是影响企业行为不可或缺的一项非正式制度，本节研究表明儒家文化有助于提升财务报告质量。因此，政府及监管机构应加大力度弘扬传统文化中的积极要素，取其精华去其糟粕，在加强正式制度（如交易规则、法律和监管手段等）建设的同时应注重非正式制度（文化、传统和宗教等）中积极的一面，从而为整体提升财务报告信息价值提供长期的制度保障。最后，投资者应理性认识儒家文化等非正式制度在公司治理中的积极作用，除了依托财务数据等“硬信息”进行投资决策外，还需要关注到以儒家为代表的传统文化等“软信息”在甄别企业投资价值时的重要作用。

当然，本节研究也存在一些局限性。首先，本节关注到儒家文化作为整体上的概念对财务报告质量的影响，儒家传统文化存在多种思想流派，其内涵博大精深。因此，后续研究可以进一步探讨不同流派传统文化与财务报告质量之间的联系。其次，本节基于地理近邻性的概念构建了儒家文化的度量方法，这一方法虽然在前期研究中广泛使用，但仅视作儒家文化影响的替代变量，目前还难以直接且有效地度量儒家传统文化的影响。后续研究中，学者可以借助调查问卷的方式获得更为直接的经验证据。再次，本节从可操纵性应计、财务报告重述以及信息披露质量三个维度衡量了财务报告质量。显然，财务报告质量还包含其他维度，例如，会计稳健性、可比性、及时性、价值相关性等。在未来研究中，学者们可以关注儒家传统文化对这些财务报告质量维度的影响。最后，本节虽然借助工具变量两阶段方法在一定程度上缓解内生性对研究结论的影响，但是这一方法并不能完全排除内生性问题。后续相关研究可以考虑借助未来可能发生的外生冲击事件构建精巧方法排除互为因果原因导致的内生性问题。

参考文献

陈艳艳，谭燕，谭劲松，2013. 政治联系与会计稳健性[J]. 南开管理评论，16(1)：33-40.

陈颐，2017. 儒家文化，社会信任与普惠金融[J]. 财贸经济，38(4)：5-20.

陈运森，2012. 独立董事网络中心度与公司信息披露质量[J]. 审计研究，5：92-100.

程博，潘飞，王建玲，2016. 儒家文化、信息环境与内部控制[J]. 会计研究，12：79-84，96.

杜兴强，殷敬伟，赖少娟，2017. 论资排辈、CEO任期与独立董事的异议行为[J]. 中国工业经济，12：151-169.

杜兴强，雷宇，郭剑花，2009. 政治联系、政治联系方式与民营上市公司的会计稳健性[J]. 中国工业经济，7：87-97.

杜兴强，周泽将，2010. 政治联系方式与民营上市公司信息透明度：基于深交所信息披露考评的经验证据[J]. 中南财经政法大学学报，1：126-131.

葛家澍，2012. 会计·信息·文化[J]. 会计研究，8：3-7，96.

古志辉，2015. 全球化情境中的儒家伦理与代理成本[J]. 管理世界，3：113-123.

金智，徐慧，马永强，2017. 儒家文化与公司风险承担[J]. 世界经济，40(11)：170-192.

赖区平，2019. 论儒家修身工夫的三种进路：从《中庸》戒、惧、慎独三义说起[J]. 哲学研究，11：47-53.

梁上坤，陈冬，付彬，等，2018. 独立董事网络中心度与会计稳健性[J]. 会计研究，9：39-46.

刘永泽，高嵩，2014. 信息披露质量、分析师行业专长与预测准确性：来自我国深市A股的经验证据[J]. 会计研究，12：60-65，96.

潘红波，韩芳芳，2016. 纵向兼任高管、产权性质与会计信息质量[J]. 会计研究，7：19-26，96.

潘越，汤旭东，宁博，2020. 俭以养德：儒家文化与高管在职消费[J]. 厦门大学学报(哲学社会科学版)，1：107-120.

鄯爱红，2002. 儒家诚信伦理的现代诠释与整合[J]. 中国人民大学学报，5：26-33.

唐松，温德尔，孙铮，2017."原罪"嫌疑与民营企业会计信息质量[J]. 管理世界，8：106-122，187-188.

徐细雄，李万利，陈西婵，2020. 儒家文化与股价崩盘风险[J]. 会计研究，4：143-150.

徐细雄，李万利，2019. 儒家传统与企业创新：文化的力量[J]. 金融研究，9：112-130.

张璇，周鹏，李春涛，2016. 卖空与盈余质量：来自财务重述的证据[J]. 金融研究，8：175-190.

邹萍，2020. 儒家文化能促进企业社会责任信息披露吗？[J]. 经济管理，42(12)：76-93.

BALL R，SHIVAKUMAR L，2006. The role of accruals in asymmetrically timely gain and loss recognition[J]. Journal of accounting research，44(2)：207-242.

BASU S，1997. The conservatism principle and the asymmetric timeliness of earnings [J]. Journal of accounting and economics，24(1)：3-37.

BATTA G，SUCRE HEREDIA R，WEIDENMIER M，2014. Political connections and accounting quality under high expropriation risk[J]. European accounting review，23 (4)：485-517.

BLOOM R，SOLOTKO J，2003. The foundation of Confucianism in Chinese and Japanese accounting[J]. Accounting，business and financial history，13(1)：27-40.

CAI G，LI W，TANG Z，2020. Religion and the method of earnings management：Evidence from China[J]. Journal of business ethics，161(1)：71-90.

CAO Y，MYERS L A，OMER T C，2012. Does company reputation matter for financial reporting quality? Evidence from restatements[J]. Contemporary accounting research，29(3)：956-990.

CHANEY P K，FACCIO M，PARSLEY D，2011. The quality of accounting information in politically connected firms[J]. Journal of accounting and economics，51(1～2)：58-76.

CHOI J H，KIM J B，QIU A A，et al，2012. Geographic proximity between auditor and client：How does it impact audit quality? [J]. Auditing：a journal of practice and theory，31(2)：43-72.

DECHOW P M，1994. Accounting earnings and cash flows as measures of firm performance：The role of accounting accruals[J]. Journal of accounting and economics，18 (1)：3-42.

DEFLEUR M L，DEFLEUR M H，2016. Mass communication theories：Explaining origins，processes，and effects[M]. New York：Routledge.

DU X，2015. Does Confucianism reduce minority shareholder expropriation? Evidence from China[J]. Journal of business ethics，132(4)：661-716.

DU X，2016. Does Confucianism reduce board gender diversity? Firm-level evidence from China[J]. Journal of business ethics，136(2)：399-436.

DU X，JIAN W，LAI S，et al，2015. Does religion mitigate earnings management? Evidence from China[J]. Journal of business ethics，131(3)：699-749.

EFENDI J，SRIVASTAVA A，SWANSON E P，2007. Why do corporate managers misstate financial statements? The role of option compensation and other factors[J]. Journal of financial economics，85(3)：667-708.

FRANCIS J R，WANG D，2008. The joint effect of investor protection and Big 4 audits on earnings quality around the world[J]. Contemporary accounting research，25(1)：

157-191.

GAO S, HANDLEY-SCHACHLER M, 2003. The influences of Confucianism, Feng Shui and Buddhism in Chinese accounting history[J]. Accounting, business and financial history, 13(1): 41-68.

HUTTON A P, MARCUS A J, TEHRANIAN H, 2009. Opaque financial reports, R2, and crash risk[J]. Journal of financial economics, 94(1): 67-86.

IP P K, 2009. Is Confucianism good for business ethics in China? [J]. Journal of business ethics, 88(3): 463-476.

KIM J B, YI C H, 2006. Ownership structure, business group affiliation, listing status, and earnings management: evidence from Korea[J]. Contemporary accounting research, 23(2): 427-464.

KOTHARI S P, LEONE A J, WASLEY C E, 2005. Performance matched discretionary accrual measures[J]. Journal of accounting and economics, 39(1): 163-197.

LARCKER D F, RICHARDSON S A, TUNA I R, 2007. Corporate governance, accounting outcomes, and organizational performance[J]. The accounting review, 82(4): 963-1008.

MARQUIS C, GLYNN M A, DAVIS G F, 2007. Community isomorphism and corporate social action[J]. Academy of management review, 32(3): 925-945.

MCGUIRE S T, OMER T C, SHARP N Y, 2012. The impact of religion on financial reporting irregularities[J]. The accounting review, 87(2): 645-673.

MILES L, GOO S H, 2013. Corporate governance in Asian countries: has Confucianism anything to offer? [J]. Business and society review, 118(1): 23-45.

ORIJ R, 2010. Corporate social disclosures in the context of national cultures and stakeholder theory[J]. Accounting, auditing and accountability journal, 23(7): 868-889.

WANG L, JUSLIN H, 2009. The impact of Chinese culture on corporate social responsibility: the harmony approach[J]. Journal of business ethics, 88(3): 433-451.

第四节　儒家文化、环境保护法实施与公司环境治理

摘要:党的十九大提出“深入挖掘中华优秀传统文化蕴含的思想观念、人文精神、道德规范”的发展方针,以此为背景,本节侧重于研究以儒家为代表的中华传统文化对公司环境治理的影响。本节采用公司注册地周围孔庙和书院的数量测度儒家文化影响的强度,并基于公开披露的信息手工搜集了公司环境治理绩效得分。使用2008—2017年A股上市公司的样本,本节发现儒家文化影响与公司环境治理绩效得分显著正相关,表明儒家文化有助于提

升环境治理绩效。进一步，环境保护法的实施弱化了儒家文化对公司环境治理的促进作用。采纳两阶段回归方法和断点回归方法控制内生性问题后，上述研究结论依然成立。分组检验结果表明，儒家文化对公司环境治理的提升作用仅存在于教育程度高、经济发达与投机偏好浓厚的地区的公司以及高管持股比例较低的公司之中。最后，本节发现利益相关者参与削弱了儒家文化对环境治理的促进作用。

一、引言

党的十九大报告指出，“坚定文化自信，推动社会主义文化繁荣兴盛”。文化是国家和民族的灵魂，中华优秀传统文化是新时期治国理政思想的重要源泉。党的十九大报告强调，“中国特色社会主义文化，源自于中华民族五千多年文明历史所孕育的中华优秀传统文化”，该阐释进一步彰显中华传统文化的历史影响和重要价值。在道路自信、理论自信和制度自信的背后，是党和全国人民对中华文化的高度自信。基于此，党的十九大报告倡导“深入挖掘中华优秀传统文化蕴含的思想观念、人文精神、道德规范，结合时代要求继承创新，让中华文化展现出永久魅力和时代风采”。近年来，在创造丰富物质财富的基础上，人们对优美生态环境的需求日益增长。环境治理不仅受到法律、产权等正式制度的影响，而且还受到文化、宗教等非正式制度的影响(Du et al.,2014;胡珺 等,2017)。儒家思想是中华优秀传统文化的代表，其对环境治理的影响不应被忽视。前期文献主要关注儒家文化与公司治理、财务决策以及公司社会责任披露之间的联系(Cheng et al.,2016;Du,2015,2016;Ip,2009;Miles,Goo,2013;Orij,2010;Wang,Justin,2009;程博 等,2016;杜兴强 等,2017;古志辉,2015;金智 等,2017)。然而，鲜有学者采用实证方法研究儒家文化这一重要的非正式制度和文化因素对公司环境治理的影响。显然，相关研究的不足对推进环境治理工作是极为不利的。因此，本节立足于非正式制度对公司行为的影响，侧重研究儒家文化是否以及如何影响公司的环境治理①。

以儒家为代表的中华优秀传统文化蕴含着诸多朴素的生态观念。“仁、义、礼、智、信”是儒家思想的核心内容(Du,2015)。“仁”为理论基础，强调博爱和节制，传递出儒家对生态环境的仁爱精神和对回归自然生活的崇尚(Ip,2009;韩星,2016;何怀宏,2000;徐朝旭，黄宏

① 从理论上，本节预测了儒家、佛教、道教在中国的影响力排名，即儒家的影响排名第一，佛教、道教的影响排名次之。因此，本节侧重于研究儒家文化对环境治理的影响。理论预测的依据如下：第一，就三者对待实践的态度而言，儒家秉承入世哲学，佛教和道教则秉持出世哲学(洪修平,2002)，显然入世精神有助于强化对实践活动的影响；第二，就三者被封建社会的认可程度而言，儒家长期被封建官方认定为主流的意识形态(杜维明,2002;洪修平,2002;余英时,1998)，对中国社会的影响深远；第三，就三者与封建教育之间的联系而言，作为封建官方意识形态主流的儒家与封建时代的教育紧密结合(杜维明,2002;刘海峰,2009)，通过教育的形式塑造了中国人的价值观和行为方式，而佛教和道教与封建教育的结合相对松散。此外，本节还计算了儒家、佛教、道教对环境治理的影响强度，并对其进行比较，限于篇幅，未在正文中报告结果。结果显示，无论是影响的绝对数还是相对数，儒家文化的影响力均排名第一。整体来看，佛教的影响力排名第二，道教的影响力排名第三。

伟，2015）。仁爱思想在社会治理方面衍生出推己及人的理念（Du，2015；Ip，2009；韩星，2016），儒家主张换位思考激发恻隐之心，这有助于环保观念的形成。“义”强调行为的合理性、正义性和公正性（Du，2015）。“礼”则要求遵守社会的公序良俗，维护社会的共同利益（Du，2015；Ip，2009）。毋庸置疑，环境污染违背自然规律，破坏了社会秩序，危害了社会的共同利益，因此是非正义和非公正的，本质上背离了“义”和“礼”的内涵。因此，个人或群体在“取义”和“尊礼”观念的驱动下，更可能积极参与环境治理。“智”阐明尊重科学的态度，并排斥决策的短期化（Du，2015；Orij，2010；Lin，2013）。就这点而言，受儒家“智慧观”影响的公司，更可能考虑长期利益而非短期利益，因此在公司环境治理方面更为积极。此外，儒家提倡在日常生活中审视个人行为与儒家道德标准的差距，通过“修身”提升道德修养、节制无限扩张的欲望（Du，2015；Ip，2009；Wang，Justin，2009；古志辉，2015），进而减少为满足超出社会容忍度的欲望带来的污染问题。简言之，环境污染违背了儒家文化蕴含的生态伦理观。因此，本节预测，受儒家文化的影响，公司更可能积极参与环境治理。

参考之前文献（Du et al.，2014；Du，2015，2016；古志辉，2015），本节采用公司注册地方圆 100、200、300 千米内全国重点文物保护单位的孔庙和书院的数量来测度儒家文化影响的强度，同时基于公司环境信息披露手工搜集了公司环境治理的绩效评分（Du et al.，2014；Ilinitc et al.，1998）。通过分析 2008—2017 年 A 股上市公司的数据，本节发现儒家文化影响与公司环境治理绩效得分显著正相关，表明儒家文化有助于提升上市公司的环境治理绩效。进一步，环境保护法的实施弱化了儒家文化对公司环境治理的促进作用，说明与环境保护相关的法律法规作为一类重要的正式制度与儒家文化在影响公司环境治理方面存在着替代效应，支持了社会制度分层理论（Williamson，2000）。采用工具变量两阶段回归控制内生性问题后，上述研究结论依然成立。此外，本节的附加测试表明：(1)在教育发达（社会富裕程度高）的地区，儒家文化显著地促进了公司的环境治理，但在教育欠发达（社会富裕程度低）的地区，儒家文化对公司环境治理并无显著影响，说明儒家传统文化对公司环境治理影响的弘扬依赖于教育水平和经济发达程度。(2)在风险偏好较高的地区，儒家文化对公司环境治理具有显著的促进作用，但在风险偏好较低的地区，儒家文化对公司环境治理无显著促进作用，表明儒家文化有助于抑制公司的短期化行为和提升环境治理质量。(3)在高管持股比例高的公司中，儒家文化对环境治理无显著影响，但在高管持股比例低的公司中，儒家文化显著促进了环境治理，说明高管持股作为公司治理机制之一与儒家传统文化在改进公司环境治理方面存在替代效应。(4)利益相关者参与削弱了儒家文化对环境治理的促进作用，表明利益相关者参与和儒家文化在环境治理方面存在替代效应。

本研究具有如下几点可能的理论贡献。第一，本节首次检验了儒家文化对公司环境治理的影响。之前文献主要研究了宗教、乡土文化与媒体监督等非正式制度对公司环境治理的影响（Aerts，Cormier，2009；Brown，Deegan，1998；Du et al.，2014；Gu et al.，2013；胡珺等，2017）。此外，一批学者（Cheng et al.，2016；Du，2015，2016；Ip，2009；Miles，Goo，2013；Orij，2010；Wang，Justin，2009；程博 等，2016；杜兴强 等，2017；古志辉，2015；金智 等，2017）还关注了儒家文化对公司治理、财务决策以及公司社会责任等公司行为的影响。尽管如此，鲜有文献从经验分析的角度、检验儒家为代表的传统文化对公司环境治理的影响[①]。因此，本节拓展了关于儒家文化经济后果的相关研究。第二，本节发现新环境保护法的实施对公司环境治理具有积极的影响，为强化法律制度促进环境治理的观点提供了重要的经验证据（Kagan et al.，2003；Ruhnka，Boerstler，1998；崔广慧，姜英兵，2019）。第三，本节揭示了环境保护法的实施弱化了儒家文化对公司环境治理的正向影响，为认识儒家传统文化等非正式制度与社会法律法规之间的交互效应提供了重要的参考。上述发现支持了社会制度分层理论中关于高层级社会制度与低层级社会制度之间存在替代效应的观点（Du et al.，2014；Williamson，2000）。第四，本节还发现儒家文化对公司环境治理的影响在一定程度上依赖于地区教育水平、经济发达程度、投机风险偏好以及高管持股，丰富了关于儒家传统文化影响公司行为的调节因素研究。

本节后续章节安排如下：第二部分提供了文献综述；第三部分进行理论分析并提出研究假设；第四部分是研究设计，包括变量定义、样本筛选、数据来源以及模型设计；第五部分报告了实证研究结果，包括描述性统计、相关系数分析以及多元回归分析；第六部分报告了多种稳健性测试的结果并讨论了内生性问题；第七部分列示了附加测试的结果；第八部分归纳了研究结论并分析了本研究的局限。

二、文献综述

（一）儒家文化与公司行为

人是决策的主体与核心，以儒家为代表的传统文化直接影响个体的价值观和伦理观。前期文献基于此逻辑主要研究了儒家文化对公司治理、财务决策以及社会责任信息披露的影响。

1.儒家文化对公司治理的影响

儒家提倡“忠”“义”“信”的伦理观和价值观，强调恪尽职守、兢兢业业的道德规范（Du，2015；古志辉，2015）。因此，儒家文化在一定程度上有助于约束代理人的行为，从而减少委托人与代理人之间的冲突。Du（2015）发现公司受儒家文化的影响越强，大股东侵占的程度越低，说明儒家思想蕴含的伦理观和价值观有助于抑制大股东对中小股东利益的侵占。古志辉（2015）发现儒家文化有助于降低股东与管理层之间的代理冲突——体现为管理费用率（资产周转率）越低（高）。Miles 和 Goo（2013）指出儒家的价值观和道德观有助于规范董事的个人行为、提升公司治理的标准化程度，进而在一定程度上有利于提高公司治理的质量。程博等（2016）发现公司受儒家文化的影响越大，其内部控制的质量评分越高，表明儒家文化

① Ip（2009）、Wang 和 Juslin（2009）主要在理论上构建了儒家文化与企业社会责任之间的联系，Orij（2010）提供了国家层面的经验证据检验了儒家文化对企业社会责任信息披露的影响，但公司层面的经验研究明显不足。

有助于提升公司内控质量。Du(2016)发现受儒家文化影响较大的公司中女性董事的比例显著地更低,表明儒家"重男轻女"的封建思想降低了董事会中女性董事的比例。杜兴强等(2017)指出论资排辈是儒家中庸思想的重要体现,通过分析董事会成员的排名顺序、发现论资排辈与独立董事提出异议之间存在显著的负相关关系,表明儒家文化蕴含的论资排辈思想损害了独立董事的监督职能。

2.儒家文化对公司财务决策的影响

金智等(2017)指出,儒家的礼教文化和中庸思想降低了上下级之间信息反馈的效率并强化了公司内部的集体主义倾向,从而降低了公司的风险承担。金智等(2017)发现儒家文化对公司的影响越大,公司的风险承担越低。同样,金智等(2017)发现正式制度(如市场化程度)、产权性质均削弱了儒家文化对公司风险承担的抑制作用。

3.儒家文化对公司社会责任的影响

Ip(2009)侧重对"君子""关系""仁义礼""中庸"等儒家核心概念与公司商业伦理进行对照分析,从理论上揭示了儒家文化对企业履行社会责任的积极影响。Wang 和 Juslin(2009)依据儒家思想体系阐释了企业社会责任基于中华传统文化的内涵,强调儒家和道家倡导的"和谐"概念有助于在实践中指导企业履行社会责任。Orij(2010)研究发现儒家文化与公司的长期利益导向之间存在正相关关系,在受儒家文化影响的国家中,企业会披露更多的社会责任信息。

概而言之,前期文献主要关注了儒家文化对公司治理、财务决策以及社会责任等的影响,鲜有文献注意到儒家文化对环境治理的影响。特别是,现存文献中基于公司层面的儒家文化影响的经验证据仍显不足。

(二)非正式制度与公司环境治理

Du 等(2014)和胡珺等(2017)指出,正式制度(如法律法规及管制等)和非正式制度(如宗教、文化、习俗以及观念等)均在环境治理中发挥着重要作用。基于上述观点,一些学者侧重于研究宗教这一非正式制度对环境治理的影响。例如,Du 等(2014)发现公司的佛教氛围越浓厚,污染行业公司的环境绩效越高。一些学者也着重研究了乡土文化对环境治理的影响。例如,胡珺等(2017)指出,企业家的家乡认同体现了儒家传统文化的影响,企业家的家乡认同感越高,公司参与环境治理的表现越好,表明以家乡认同为代表的传统文化提高了企业的环境治理绩效。

媒体通过新闻报道引发社区对环境问题的关注,进而造成公司外部压力的增加,从而推动企业改善环境绩效(Aerts,Cormier,2009;Brown,Deegan,1998;沈洪涛,冯杰,2012)。Aerts 和 Cormier(2009)、Brown 和 Deegan(1998)发现媒体关注度越高的公司往往披露越多的环境信息。沈洪涛和冯杰(2012)发现媒体对企业环境表现的舆论监督促进了我国上市公司对环境信息的披露。此外,一些学者还注意到政治联系对环境治理的影响,例如,Gu 等(2013)认为政治联系有助于增强公司的政治敏锐度,他们研究发现在政府提升对环境治理关注的背景下，具有政治联系的企业为迎合政府偏好而披露更多的环境信息。

简言之，前期文献研究了宗教文化、乡土文化、媒体监督以及政治联系等非正式制度与公司环境治理之间的联系，然而鲜有学者关注儒家文化这一重要的非正式制度对公司环境治理的影响。

三、理论分析与研究假设

（一）在中国制度背景下关注儒家文化对公司环境治理影响的动机

儒家文化是中华文化的主流，在其形成和发展完善过程中，一定程度上吸收了佛教和道教的部分思想，是最具有代表性的中华文化内核（洪修平，2002）。至西汉以后，儒家文化获得各朝统治者的认可，成为官方宣扬的主流思想，中国社会形成以儒家为主、佛教和道教为辅的文化格局。儒家文化的发展从来不是单线条的，而是体现出多维的特点，在创新的同时又吸收了佛教和道教的一些思想。例如，在儒家思想形成和发展的早期，孔子就曾多次问道老子；董仲舒吸收道教的部分理论来充实儒家的天道理论体系；宋明理学吸收了佛教和道教的"天""道"等概念，形成以"理""心"为核心的新儒学。

虽然儒家思想主要关注"人与人"之间的关系，但亦不乏关于人与自然关系的论述。例如，《论语·述而》中有"子钓而不纲，弋不射宿"的观点。孟子在《寡人之于国也》中说："不违农时，谷不可胜食也；数罟不入洿池，鱼鳖不可胜食也；斧斤以时入山林，材木不可胜用也。谷与鱼鳖不可胜食，材木不可胜用，是使民养生丧死无憾也。养生丧死无憾，王道之始也。"《中庸》中提到"可以赞天地之化育，则可以与天地参"。程颢（1032—1085年）曾指出："人与天地，一物也"（《二程集·河南程氏遗书（卷十一）》），"仁者浑然与物同体"（《二程集·河南程氏遗书（卷二）》），"故有道有理，天人一也，更不分别"（《二程集·河南程氏遗书（卷二）》）。程颐（1033—1107年）曾指出："道未始有天人之别"（《二程集·河南程氏遗书（卷第二十二上）》），"心即性也，在天为命，在人为性，论其所主为心，其实只是一个道"（《二程集·河南程氏遗书（卷十八）》）。

儒家哲学通过和谐的处世原则来协调人与自然的关系。儒家哲学主张人道与天理的统一，将人与自然从根本上放在平等的位置上。张载（1020—1077年）提出"民胞物与"，程颢（1032—1085年）和程颐（1033—1107年）讲"理一分殊"，朱熹（1130—1200年）则指出："人、物并生于天地之间，其所资以为体者，皆天地之塞；其所得以为性者，皆天地之帅也。"理学认为既然人与物的本原都来自天，人与自然万物在根本上就是平等的，进而提出人与自然的和谐思想。

任何规则或制度必须由人来执行，那么就必然会涉及人与人之间的关系，而处理人与人之间的关系则是儒家文化的核心部分。不可否认，规则或制度的执行效果往往还涉及执行等必须依靠人与人协调合作的环节。在这些环节中，如何处理人与人之间的关系就显得异常重要，而儒家文化正是通过"人伦"系统性地构建起一套准则和规范来处理人与人之间的关系。

儒家提倡入世哲学，主张积极参与社会实践、改造社会，而佛教和道教则注重个人修为(洪修平，2002)。孔子携弟子周游列国，宣扬儒家的仁政思想，积极参与社会的大变革运动。儒家还提出“天下为公”“公而忘私，国而忘家”“先天下之忧而忧，后天下之乐而乐”“天下兴亡，匹夫有责”等一系列入世的道德原则。至汉代后，儒家被确立为中国古代的正统思想，儒家入世参与各时期社会实践的影响力不容小觑。

基于上述理由，研究者需要持续关注儒家文化在中国制度背景下对公司环境治理行为的影响。

(二)儒家文化影响公司行为的路径

公司行为与管理者的主观判断密切相关，而非正式制度(例如，文化、宗教、习俗以及惯例)对塑造人的价值观和伦理观发挥着重要的作用(杜兴强 等，2017；古志辉，2015；胡珺 等，2017)。高层梯队理论(upper echelons theory)认为，管理者面对组织情景会作出高度个性化的决策，其价值观、认知水平、经历经验等个性特征影响其行为，从而导致管理者的决策对组织战略的形成发挥着重要的作用，进而影响组织内部其他成员的行为(Hambrick，Mason，1984)。前期文献指出儒家文化影响公司行为的路径一般可分为个体和群体两个层面(杜兴强 等，2017；古志辉，2015；胡珺 等，2017)。基于高层梯队理论，个体层面的影响路径是指儒家文化通过塑造公司高管个体的价值观和伦理观，直接影响高管的思维模式，进而影响公司行为(胡珺 等，2017)。显然，个体层面路径形成的基础是公司高管个体接受儒家文化的熏陶形成对儒家文化的认同。然而，当高管个体不具备儒家文化的特征时，儒家文化又如何影响公司行为呢？有学者指出，儒家文化还可通过群体层面的路径影响公司的行为(杜兴强 等，2017；古志辉，2015)。具体来说，公司的生存和发展离不开与外部环境在物质、人员以及信息等方面的交流，外部的社会规范随着交流逐渐渗透到公司内部，从而影响公司内部的群体行为(Du，2015，2016)。例如，公司需聘用当地员工，因此当地文化形成的社会规范很可能随着员工进入公司内部，从而对制定公司的行为准则发挥着重要的影响力。特别是，公司的生存和发展与当地社区的支持息息相关。合法性理论认为，公司的行为准则与当地社区的价值观和伦理观必须保持一致，否则将遭遇社区成员的抵制(Du，2015，2016；杜兴强 等，2017)。因此，合法性需求将驱使公司制定符合社会规范的行为准则和道德标准。在此路径下，即使管理者个人未形成对儒家文化的认同或未能理解其内涵，儒家文化也可以通过影响群体的思维模式影响公司决策。简言之，儒家文化通过公司的内外交流以及合法性需求影响内部的行为准则和道德规范，从而影响公司决策(杜兴强 等，2017；古志辉，2015)，即儒家文化在群体层面的影响路径。当然，现实中不能将儒家文化的影响路径简单地归结为单一的路径。更可能的是，儒家文化作为一种非正式制度对微观经济活动的影响是一个复杂的、潜移默化的系统化进程，是两条路径共同作用的结果(Du，2015，2016)。总体而言，随着儒家文化的复兴，它对中国微观经济活动将发挥越来越重要的作用。

(三)儒家哲学中人与自然的关系

重视伦理教化、以“人”为本是儒家哲学思想的两个重要特征，在此基础上形成儒家哲学的“人伦思想”。需要特别强调的是，儒家哲学的人伦概念不仅指“人与人之间”的伦理关系，还延伸到“人与自然之间”的伦理关系（胡伟希，2000）。“人伦”具化到“人与自然”的关系上，从而形成儒家的生态观。具体而言，儒家的生态观是以人与自然的和谐为中心，通过对人与自然的本性和规律的认识，构建起“赞天地之化育”的价值论、“德性之知”的认识论与“执两用中”的方法论等基本观念（胡伟希，2000）。

儒家哲学思想认为，人与自然万物有着共同的来源和本性，因而强调人与自然之间的对立统一关系（何怀宏，2000；胡伟希，2000）。就终极存在的意义而言，人与自然本质上是统一的；就人类生存和发展而言，人需要改造和利用自然（胡伟希，2000）。人与自然的对立统一并非是主、客不分的混沌世界观，而是在认识和理解人与自然之间关系后对回归自然的向往，既是一种世界观和思维方式，也是一种人生的追求（胡伟希，2000）。儒家哲学强调人的主观能动性的作用，重视通过人的努力实践和谐的理念（何怀宏，2000；胡伟希，2000）。“道”是儒家哲学本体论的延伸，“道”可以指自然规律，也可以指人类社会的道德规范（何怀宏，2000；胡伟希，2000）。儒家从自然中发现社会伦理的本体，进而提出“仁”“义”“礼”“智”“信”等道德纲目。因此，儒家哲学思想没有强调以自然或人类为中心，而是主张以“人与自然之间的关系”为中心，进而提出“赞天地之化育”的价值论。这一观点认为，人的价值体现在认识并理解自然生生不息的规律，人与自然相处，非依循人的主观，而应尊重各自的存在方式和遵循运行规律，通过实践活动来实现人与自然的和谐统一（何怀宏，2000；胡伟希，2000）。儒家提倡“德性之知”和“闻见之知”两种认知行为，但指出前者比后者更为重要（胡伟希，2000）。“德性之知”的重要意义在于，它强调对世界本体的认识和理解。进一步，儒家认为获得“德性之知”需要通过感悟而非“闻见”（胡伟希，2000）。换言之，人们通过透彻地理解事物的本质才能完成认知过程。那么如何才能透彻地理解事物的本质呢？显然，对待事物持有平等的态度是认知的基本前提。因而，“德性之知”的认识论有助于揭示出人对自然的意义和存在的价值，进而影响人对待自然的态度。儒家主张采用“执其两端，用其中于民”（《中庸》）的中庸原则来指导道德实践。在人与自然的关系上，“中庸之道”的原则强调辩证思维，不主张矛盾各方各自的中心地位，而认为应促成“人与自然”的协调发展，达到社会价值的最大化（胡伟希，2000）。

总之，儒家哲学认为，人与自然存在平等互助的关系。自然是“人”的生存基础，而“人”也是自然的一员。儒家强调人的主观能动性，形成“赞天地之化育”的价值论。进一步，儒家秉持“德性之知”的认识论和“执两用中”的方法论协调人与自然的和谐发展。

（四）儒家文化与环境保护

儒家文化博大精深，蕴含着诸多朴素的生态伦理观，在一定程度上有助于引导和规范公司的环境治理行为。“仁、义、礼、智、信”五常之道是儒家思想的核心内容（Du，2015），其中“仁”是儒家思想的理论核心，也是儒家对社会规范、道德伦理的最高理想和标准（韩星，

2016；徐朝旭，黄宏伟，2015）。孔子认为，“人而不仁，如礼何？人而不仁，如乐何？”[①]（《论语·八佾》），即强调仁爱思想对社会生活具有重要的价值。以“仁”待人、和谐有序更是儒家思想的发源点。儒家的仁爱思想不仅仅局限于对人自身的关爱，还包含尊重自然的生态伦理观（徐朝旭，黄宏伟，2015）。具体到生态伦理方面，儒家文化有“子钓而不纲，弋不射宿”（《论语·述而》）的观点。换言之，儒家文化主张对自然生态的开发利用应有节制，坚持可持续发展，否则过犹不及（Du，2016；徐朝旭，黄宏伟，2015）。儒家文化还提出“知者乐水，仁者乐山”（《论语·雍也》）的观点，展现出对大自然的热爱。儒家文化的另一代表人物孟子认为，“仁者以天地万物为一体”（《孟子·梁惠王》）、“仁者无不爱也”（《孟子·尽心上》），强调儒家哲学体系中人与自然之间的统一性和不可分割性。该哲学思想指明人与物都是天地载体，人与万物本为一体，因而仁者应博爱万物（Ip，2009；韩星，2016；何怀宏，2000；徐朝旭，黄宏伟，2015）。由此可见，儒家秉持的理论基础体现出以仁爱情怀对待自然的态度以及崇尚与自然和谐共处的生活方式（徐朝旭，黄宏伟，2015）。因此，受儒家文化影响的个人或群体更可能积极地参与环境治理。

仁爱思想在社会治理中主要体现为德治，即施以博爱精神去感召人，进而推己及人（Du，2015；Ip，2009；韩星，2016）。例如，孔子主张“己所不欲，勿施于人”（《论语·颜渊》、《论语·卫灵公》），还提出“己欲立而立人，己欲达而达人”[②]（《论语·雍也》）。孟子则主张“君子莫大乎与人为善”（《孟子·公孙丑上》）、“老吾老，以及人之老；幼吾幼，以及人之幼”（《孟子·梁惠王上》）、“爱人者，人恒爱之；敬人者，人恒敬之”（《孟子·离娄章句下）。换言之，儒家文化强调推己及人在社会治理中的重要性，认为换位思考往往可以激发对他人的恻隐之心（Du，2015；Ip，2009；韩星，2016）。显然，环境污染具有极强的外部性，不可避免地会对他人的生活造成严重的负面影响。儒家的仁爱观要求污染制造者应设身处地地考虑污染对他人生活的影响，从而激发仁爱之心，约束其污染行为，进而有助于提升环境治理的效果。

在儒家哲学体系中，“义”是“仁”的延伸和实践的结果。孟子提出“仁，人心也；义，人路也”（《孟子·告子上》）。儒家认为“义者，宜也”（《中庸》）。换言之，“义”的概念是指合乎道理的、具有公正性和正义性的一切道德、伦理和行为（Du，2015）。孟子则指出“羞恶之心，义之端也”（《孟子·公孙丑上》）。在儒家的行为规范和道德伦理中，“义”上升到与生命同等重要的地位，儒家甚至提出“舍身而取义者也”（《孟子·告子上》）。回到环保领域，“义”可延展为符合自然规律的、维护生态平衡的一切道德规范和正义行为（Ip，2009）。显然，污染影响着万物生存的安全，严重破坏生态系统，如造成沙漠化、酸雨、温室效应以及臭氧空洞等。环境污染还威胁人类的身体健康以及生活质量，造成严重的疾病和后遗症。毋庸置疑，污染环

---

① 孔子认为如果人的内心没有仁爱思想、没有道德伦理的约束，礼乐对于他个人而言毫无意义。这是因为礼乐只是他用于伪装自己的工具，一切都难免流于形式，礼乐实质是虚伪的表现。

② 见《论语·雍也》。子贡曰：“如有博施于民而能济众，何如？可谓仁乎？”子曰：“何事于仁，必也圣乎！尧舜其犹病诸！夫仁者，己欲立而立人，己欲达而达人。能近取譬，可谓仁之方也已。”“己欲立而立人，己欲达而达人”指仁爱之人要处处行得通，也要让别人行得通。在顾忌自身利益的同时，也要考虑别人的利益，不为私欲而侵害他人的利益。

境被认为是违背自然规律的、非正义性的。此外，污染制造者获得了收益，但污染成本却需要全社会承担。从收益与成本的不对称性来看，污染显然也是非公正的。由此可见，环境污染已背离了"义"的内涵，与儒家"舍生取义"的价值观形成严重的冲突。因此，受儒家文化影响的个人或群体更可能被"取义"价值观驱动去积极参与环境治理。

礼教思想是儒家文化的重要特征之一。儒家的"礼"包含的内容十分复杂，可指道德伦理、生活准则以及社会规范等众多制度(Du，2015；Ip，2009)。"礼"不仅具有道德自律性，而且还具有一定的强制性和约束力(苏力，2007)。"礼"的本质是"仁"，仁爱需要通过"礼"来表达。荀子指出"礼"可以发挥"化性起伪"的功能，通过"礼教"把人性的恶转化为善。儒家文化不主张"灭欲"，而是提倡通过礼教感化来节制和规范欲望(Du，2015；古志辉，2015)。具体而言，儒家主张通过"礼教"使人认识到人性恶的危害、认识到欲望的必然性和合理性、认识到人的"和而不同"，认识到"克己复礼"的重要性，将人的欲望限制在社会可容忍的范围之内，从而构建起人与人、人与自然之间的和谐社会(Du，2015；Wang，Justin，2009)。进一步，儒家强调遵守礼教的重要性，并认为只有在认识"礼"的本质的基础上，人才能自愿遵守和实行"礼"，从而将遵守"礼"转化为自觉行为。显然，儒家倡导的"礼"包括了符合公序良俗、与社会共同利益一致的生态伦理和环保准则。因此，儒家的礼教文化有助于驱动个人或群体遵守环境保护的"礼"，从而提升公司的环境治理绩效。

作为五常之一的"智"对环境治理同样具有积极的意义。"智"是指知识和智慧。儒家认为寻求知识和提升智慧是人生的一项重要价值取向，主张"敏以求之者"(《论语·述而》)的理念，对"智"的追求体现出儒家文化对知识和智慧的尊重。"智慧观"将儒学从道德智慧层面延伸到科学智慧层面，将人文精神与科学精神有机地结合和统一起来。具体应用于生产经营中，"智慧观"强调生产经营活动必须尊重客观规律和自然法则，提倡探寻科学的生产方式和革新技术，为降低环境污染提供智力支持。另外，"智"是建立在世俗基础上的，强调实用性和功利性，主张寻求基于长期利益最大化考虑的大智慧，而非短期逐利的小智慧(Du，2015；Orij，2010；Lin et al.，2013)。在本质上，"智"与可持续发展和协调发展的环境治理目标是一致的。因此，立足于"智慧观"的决策有助于促进环境治理。

此外，儒家文化认为，人并非天生具有圣人和君子一般的高贵品格。儒家强调自我修身的重要性，提出"修身、齐家、治国、平天下"的理念，并主张"克己复礼为仁"。"修身"是为了全面提高个人的思想素质(古志辉，2015)。在实践中，儒家要求个人按照"仁、义、礼、智、信"的道德标准加强道德涵养、提高思想觉悟、审察个人行为、克制自我欲望，更为重要的是做到"动心忍性"。由此可知，儒家强调"修身"但不反对存欲，而是提倡节制，将个人欲望置于社会整体的合理限度内(Du，2015；古志辉，2015)。环境污染破坏了生态平衡，威胁到人类和其他生物的生存，已超出了社会的合理范畴，因此，个人或群体受"修身"观念的影响，可能节制私欲的膨胀，通过环境治理手段减少污染问题，最终提升环境治理绩效。

基于上述分析，本节提出如下假设：

假设 2.4.1：限定其他条件，公司受儒家文化的影响越强，其环境治理的绩效越好。

(五)环境保护法实施的调节效应①

中华人民共和国第十二届全国人民代表大会常务委员会第八次会议于 2014 年 4 月 24 日修订通过了《中华人民共和国环境保护法》(简称环保法),该法案自 2015 年 1 月 1 日起施行。新环境保护法的颁布和实施旨在加强公众在保护和改善生活环境与生态环境、防治污染和其他公害等方面的法律约束力,提升环境保护措施在法律层面的效力。因此,本节预计环境保护法的颁布和实施很可能有助于促进公司关注环境治理。

制度是社会博弈的规则,社会运行的稳定性和持续性依赖于制度保障(North,1990)。按照 Williamson(2000)的观点,社会制度可划分为四个层次:(1)非正式制度,包括宗教、文化、风俗以及社会规范等;(2)制度环境,包括正式的规则、产权制度以及法律法规等;(3)治理规则,例如契约、治理结构以及公司文化等;(4)资源分配和使用的规则,例如价格、需求以及供给等。儒家文化作为一类典型的非正式制度应属于第一层次的社会制度。显然,儒家文化在环境治理方面的影响力属于道德规范层面的内容。环境保护法令则属于正式制度范畴,应归类为第二层次的社会制度,具有一定的强制力。正式制度与非正式制度作为制度的两个不可分割的部分是一个对立的统一体,它们之间的共存、互动几乎存在于每个社会体中。

在纷繁复杂的社会中,正式制度是一项重要和基础的秩序系统,但并非唯一的。非正式制度在社会生活中可以填补正式制度机制缺失的空白,即非正式制度机制在正式制度对市场运行调节产生故障或问题时予以维系、支撑和补救。Williamson(2000)指出,社会的运行一般按照由低到高的顺序寻求制度层次的保障。当低层次的社会制度失灵时,高层次的社会制度将介入并对社会运行产生影响,从而为社会功能的正常运转提供制度保障(Du et al.,2014)。若正式规则尚未建立,社会制度结构存在断裂,则会损害社会运行的制度基础。因此,人们会利用非正式制度所提供的治理功能维系社会的运转。随着中国正式制度改革的不断深化,人们越来越重视正式制度的作用,非正式制度在社会运转中的作用会逐渐减弱,即正式制度与非正式制度之间可能存在替代效应。就环境治理而言,当环境保护法律法规等正式制度缺位时,儒家文化这一重要的非正式制度的治理效果将凸显;当环境保护法律法规逐步完善时,儒家文化对环境治理的影响将逐渐减弱。

非正式制度是与正式制度相对的概念,往往是某些正式制度建立的基础。一方面,正式制度安排如果没有与之匹配的非正式制度,很可能无法有效地发挥作用。另一方面,非正式制度在一定程度上需要正式制度的支持和保护。缺乏非正式制度的支持,正式制度秩序将

① 本节同时检验正式制度对儒家、佛教、道教的调节效应,在研究模型中加入环境保护法实施分别与儒家、佛教、道教的交乘项。限于篇幅,正文中未报告结果。结果显示,儒家文化与环保法实施的交乘项的系数显著,但佛教与环保法实施的交乘项以及道教与环保法实施的交乘项的系数均不显著,表明环境保护法实施对非正式制度的调节效应对儒家文化成立,对佛教、道教是不成立的。造成的原因可能是,儒家作为中国传统文化中的意识形态主流对中国社会的影响是第一位的(first order)。这进一步支持了本节对儒家、佛教、道教的影响排名的理论预测。

缺乏生命力，难以执行和运作，最终可能沦为纸面规定。同样，通过正式制度确立下来或者通过正式制度反映其要求，非正式制度能够持续影响社会运行。正式制度与非正式制度之间相互匹配，有助于提升各自的执行效率和影响力。换言之，正式制度与非正式制度之间相互促进，可能产生强化效应。

基于上述讨论，本节提出假设 2.4.2a 和 2.4.2b：

假设 2.4.2a：限定其他条件，新环境保护法的颁布实施弱化了儒家文化对公司环境治理的促进作用。

假设 2.4.2b：限定其他条件，新环境保护法的颁布实施强化了儒家文化对公司环境治理的促进作用。

四、研究设计

（一）样本与数据

本节初始样本包含 2008—2017 年期间所有 A 股上市公司。在此基础上，删除了金融保险类上市公司，删除了净资产小于等于零及数据缺失的观测值，最终获得包含 21 628 个公司—年度观测值的研究样本。本节对所有连续型变量进行了 1% 和 99% 分位的缩尾处理。

本节数据来源的情况如下：CCER 数据库提供了上市公司各年度的注册地址信息；从公开披露信息中手工搜集上市公司环境治理绩效和利益相关者参与数据，详细步骤和方法参看后文；中国孔庙网、《盛世遗存：全国孔庙的分布和保护管理状况》以及《中国古代书院保护与利用现状调查》提供了名列全国重点文物保护单位的孔庙和书院的地理位置信息；公司、孔庙和书院的地理经纬度数据来源于谷歌地图；宗教（佛教寺庙和道教道观）场所的地理位置数据来源于美国密歇根大学中国信息研究中心数据库；研究涉及的财务信息、公司治理信息以及最终控制人性质的数据均来源于 CSMAR 数据库。

（二）变量定义

1.公司环境治理绩效

参考前期文献（Clarkson et al.，2008；Du et al.，2014；Ilinitch et al.，1998；沈洪涛，冯杰，2012），本节通过分析财务报告、社会责任报告及公司网站，采用评分法度量公司环境治理。公司披露的环境治理信息每满足如下一项条件，赋值 1 分：公司内部设置了与控制污染、环保监督有关的管理岗位或部门；董事会设立了与环境治理有关的委员会；与上下游企业签订有关环保的协议；公司已制定环保政策；企业或部分工厂执行 ISO14001 标准；设立环保储备金；为环境治理支出技术转让费用和研发费用；具有应对环境事故的紧急预案；对员工进行环保管理和运营相关的培训；公司内部建立环保奖励机制；管理者薪酬与环境绩效挂钩；公司内部建立环保审计机制；对环保计划存在内部验证机制；开展与环保有关的社区活动和捐赠活动。因此，公司环境治理绩效最高分为 14 分。

2.儒家文化

借鉴 Du(2015,2016)、Du 等(2014)，以及古志辉(2015)，本节采用公司注册地一定半径内孔庙和书院的数目度量儒家文化的影响[①]。具体步骤如下：(1)通过 CCER 数据库获取上市公司分年度的注册地址信息；(2)通过中国孔庙网、《盛世遗存：全国孔庙的分布和保护管理状况》以及《中国古代书院保护与利用现状调查》查找出 140 座列为全国重点文物保护单位的孔庙和书院的地址信息；(3)通过谷歌地图获取上市公司注册地、孔庙和书院的经纬度数据，计算上市公司注册地与孔庙和书院之间的距离[假设公司注册地的经纬度坐标为(λ_f,μ_f)；孔庙或书院地址的经纬度坐标为(λ_c,μ_c)；$\cos\varphi=\sin\mu_c\times\sin\mu_f+\cos\mu_c\times\cos\mu_f\times\cos(\lambda_c-\lambda_f)$]：

$$\mathrm{DIS}=\mathrm{rad}\times[\pi/2-\arctan(\cos\varphi/\sqrt{1-\cos^2\varphi})]（其中，\mathrm{rad}=40\ 075.04/360\times180/\pi）$$

最后，统计公司注册地方圆 R($R=100,200,300$)千米内的孔庙和书院数目，用以衡量儒家文化的影响。

在中国古代，孔庙又称文庙，是祭祀孔子的祠庙。除用于祭祀外，孔庙还具有“庙学合一”的特点，全国绝大多数孔庙因立学而建，祭祀和学校功能在孔庙中相互结合。而书院是中国古代民间的教育机构。孔庙和书院成为古人学习文化礼仪、开展儒家教化以及传播儒家思想的重要场所。需要注意的是，地区内儒家文化的影响力与兴建孔庙和书院之间存在互为因果的关系。换言之，只有儒家文化氛围浓厚(重视儒家文化和儒学教育)的地区才有可能考虑兴建孔庙和书院，从这层关系来说，孔庙和书院无疑发挥着一种文化象征和文化符号的作用[②]。此外，孔庙和书院在传播和弘扬儒家文化方面也发挥着积极的作用。

文化遗产是指人类文明的突出代表，它们对隶属的文化具有典型的代表性，其存在的意义在于附着的历史价值、艺术价值、科学价值和社会价值。其中，社会价值体现为文化遗产使拥有者产生认同感和某种地域归属感，从而促使人们对某一文化形成依恋的情节并保持不变。文化遗产可分为物质文化遗产和非物质文化遗产两类。前者是指有形的遗产，包括

---

① 地理近邻性的概念被广泛应用于经济学和金融学的研究，前期研究指出地理位置的远近程度与执行成本和信息交换存在关联。例如，Coval 和 Moskowitz(1999)认为基金公司与上市公司之间的距离越近，越便于基金公司搜集信息和监督上市公司，有助于降低二者间的信息不对称，因此基金公司倾向于投资那些距离较近的上市公司。El Ghoul 等(2013)指出公司与金融中心之间的距离越近，越有利于监管机构搜集信息和实施监督，公司的信息风险越低。他们研究发现，公司与金融中心之间的距离越近，越有助于降低权益资本成本，说明公司信息风险与权益资本成本显著正相关。Loughran 和 Schultz(2005)则研究发现上市公司与城市中心之间的远近程度影响了信息传递的效率，从而影响公司股票的流动性，“乡村公司”的股票流动性显著更低。Pirinsky 和 Wang(2006)则发现公司之间的地理距离与公司股票的联动性存在负相关关系。

② 文化符号通常指人们通过语言和非语言等形式来表达文化内涵的一种标示，具有很强的抽象性，是文化的重要载体和形式。

历史文物、历史建筑、文化遗址等[①]。后者是指无形的遗产，包括人们视为文化代表的各种实践、表演、表现形式、知识和技能、文化场所的氛围[②]。自古以来，教育就具有文化传播的功能。孔庙和书院作为中国古代重要的教育机构，是一种固态的文化表现形式，在儒学教育史和传播史上具有极为重要的地位，并且其蕴藏着丰富的文化遗产和古代教育留下的痕迹。例如，儒家建筑中蕴含着儒家哲学对人与自然的认识和理解，孔庙和书院的建筑风格突出表现为建筑与自然的和谐一体，体现了儒家文化中人与自然和谐共生的理念。典型的例子是，孔庙和书院的建筑中常设计有伴池，南京夫子庙以秦淮河为伴池，云南腾冲文庙以当地的大车湖为伴池。另外，"风水"是中国古代建筑选址的重要标准之一，基于"天人合一"的建筑理念，孔庙和书院的选址自然也不例外，通常遵循建筑与自然的和谐统一以求达到"天人合一"的原则，这一原则与儒家生态观的哲学基础是一致的。此外，孔庙和书院中丰富的圣贤名人塑像、木主牌位以及碑刻题记都是记录儒家文化的实物载体，通过与其接触可以使人们产生神圣感和敬畏感，有助于传播和弘扬儒家文化。

整体而言，孔庙和书院属于物质文化遗产的范畴，但它们包含了非物质文化遗产的元素。例如，孔庙中最具代表性的非物质文化元素就是祭孔典礼。随着传统文化的复兴，祭孔典礼在各地孔庙得以恢复，其中一部分祭祀活动被政府列为各级非物质文化遗产保护项目，这正是孔庙文化功能所在。在历史上，孔庙和书院发挥着重要的文化教育功能，是儒家文化得以延续千年的重要保障。当今回归传统文化的热潮中，孔庙和书院在传播和弘扬儒家文化方面具有得天独厚的优势。这还可以从一些轶事性证据中获得佐证。例如，中国孔子基金会主办、旨在整合各地孔庙书院资源的全国"文庙讲堂"揭牌成立，其目的是以济南府学文庙为龙头，通过整合全国孔庙和书院的资源传播儒家思想。长春文庙的国学大讲堂每周六开讲《论语》《大学》《中庸》《孝经》等儒家经典。国学研修高级班或总裁班的一项重要活动就是参观孔庙和书院，并参与其中举办的活动。

综上所述，一方面，孔庙和书院的存在本身很可能代表儒家文化在当地具有重要的影响力；另一方面，孔庙和书院的文化遗产属性和教育属性很可能影响人们对儒家文化的认同感和归属感。显然，人们越接近孔庙和书院，就越可能受到其文化熏陶，越可能接受儒家教化，有助于促进社会规范中儒家特征的生成以及个人对儒家文化的认同。因此，孔庙和书院理应作为儒家文化的一种象征和典型符号。值得注意的是，Du(2015)基于问卷调查数据发现，公司与儒家文化中心的距离越近，高管具有儒家道德倾向的可能性越高，为地理近邻性方法度量儒家文化影响的合理性提供了重要的经验证据。

---

① 根据《保护世界文化和自然遗产公约》，物质文化遗产通常包括古遗址、古墓葬、古建筑、石窟寺、石刻、壁画、重要史迹及代表性建筑等不可移动文物，历史上各时代的重要实物、艺术品、文献、手稿、图书资料等可移动文物，以及在建筑样式或与环境景色结合方面具有突出普遍价值的历史文化名城（如街区、村镇）。

② 根据联合国教科文组织《保护非物质文化遗产公约》的定义，非物质文化遗产包括口头传说和表述，作为非物质文化遗产媒介的语言，艺术表演，社会风俗、礼仪、节庆，知识及实践，传统的手工艺技能。

3.环境保护法实施

2015 年 1 月 1 日,我国开始实施《中华人民共和国环境保护法》。为考察正式制度(环境保护法)与非正式制度(儒家文化)对公环境治理的交互效应,本节设置虚拟变量 ENVLAW——当观测值所在年度为 2015 年及其以后年度则为 1,否则为 0[①]。

(三)模型设计

本节参考 Du(2015,2016)与 Du 等(2014),用于检验假设 2.4.1 的模型设计如下:

$$EGP_{i,t}=\alpha_0+\alpha_1 CONF\_R_{i,t}+\sum\lambda_n(\text{控制变量}_n)_{i,t}+\text{Industry Dummies}+\text{Year Dummies}+\varepsilon_{i,t} \quad (2.4.1)$$

上述式(2.4.1)采用零膨胀 Poisson(Zero-inflated Poission)回归方法[②]。其中,$EGP_{i,t}$表示公司环境治理评分,$CONF_R_{i,t}$表示公司受儒家文化影响的强度。式(2.4.1)中,若系数 α_1 显著大于零,则表明公司受当地儒家文化影响越强,其环境治理的业绩评分越高,支持了本节的假设 2.4.1。控制变量及其定义参见表 2.4.1。

进一步,参考 Du(2015,2016)与 Du 等(2014),本节构建了式(2.4.2)用于检验假设 2.4.2a和 2.4.2b:

$$EGP_{i,t}=\beta_0+\beta_1 CONF\_R_{i,t}+\beta_2 ENVLAW_{i,t}+\beta_3 CONF\_R_{i,t}\times ENVLAW_{i,t}+\sum\mu_n(\text{控制变量}_n)_{i,t}+\text{Industry Dummies}+\text{Year Dummies}+\xi_{i,t} \quad (2.4.2)$$

式(2.4.2)也采用零膨胀 Poisson 回归方法。式(2.4.2)中,$EGP_{i,t}$和 $CONF_R_{i,t}$分别代表公司环境治理评分与公司受儒家文化影响的强度,ENVLAW 是虚拟变量,表示环境保护法是否颁布实施。式(2.4.2)中,若系数 β_3 显著小于零,表明环境保护法实施削弱了儒家文化对环境治理绩效的影响,支持了假设 2.4.2a;若系数 β_3 显著大于零,表明环境保护法实施强化了儒家文化对环境治理的影响,支持了假设 2.4.2b。控制变量的定义请参看表 2.4.1。

表 2.4.1 变量定义

变量	变量描述
EGP	公司环境治理绩效评分
CONF_R	公司注册地 *R* 千米半径内孔庙和书院的数量(*R* 分别取 100、200、300 千米)
ENVLAW	是否实施环境保护法的虚拟变量

① 因为环境保护法是一个外生事件,所以儒家文化与环境保护法的交乘效应意味着本节采纳 DID (difference-in-difference)方法,在一定程度上控制了儒家文化与公司环境治理之间的内生性。

② 变量 EGP 是存在大量零值的计数型数据,分布不符合 OLS 基本假设。故本节选用零膨胀泊松模型。Kolmogorov-Smirnov 检验、Cramer-von Mises 检验、Anderson-Darling 检验的结果在 1%水平上显著地拒绝了"被解释变量 EGP 是正态分布"的原假设。

续表

变量	变量描述
BUD_R	公司注册地 R 千米半径内寺庙的数量(R 分别取 100,200,300 千米)①
TAO_R	公司注册地 R 千米半径内道观的数量(R 分别取 100,200,300 千米)
STAKE	公司的利益相关者参与评分②
FIRST	第一大股东持股比例,第一大股东持有股份与公司总股份的比值
INST_SHR	机构投资者的持股比例
MAN_SHR	高管的持股比例
DUAL	董事长与 CEO 两职合一的虚拟变量,若董事长与 CEO 两职合一则赋值为 1,否则为 0
INDR	独立董事比例,独立董事人数与董事会总人数的比值
BOARD	董事会规模,等于董事会总人数的自然对数
SIZE	公司规模,公司总资产的自然对数
LEV	财务杠杆,期末负债总额除以所有者权益
OCF	经营活动现金流,经营活动现金流量净额与滞后的总资产的比值
TOBINQ	托宾 Q 值,(流通股数量×年末股价＋非流通股数量×每股净资产)/资产账面价值
ISSUE	股权和债权的融资额除以期初资产总额,融资额等于吸收投资收到的现金加取得借款收到的现金
CAPIN	等于购建固定资产、无形资产和其他长期资产支付的现金除以销售收入
RET	股票回报率,等于公司年度股票回报率减去市场年度回报率
VOL	公司风险,等于股票超额周收益率的波动率。超额周收益率等于股票的周收益率减去市场周收益率
STATE	最终控制人性质,若公司的最终控制人是中央或地方政府、政府控股公司则赋值为 1,否则赋值为 0

① 自西汉始,儒家一直被历代统治者所尊崇,获得了较高的政治地位,从而在中华文化中取得了正统地位而被广为传播(杜维明,2002;刘海峰;2009;洪修平,2002;余英时,1998)。在中国,宗教始终与儒家文化处在相互冲突、相互融合的复杂关系中(陈多旭,2009;李霞,2004)。儒家与佛教、道教在哲学体系、处世原则、行为准则等方面均存在差异,但同时又具有千丝万缕的联系(周国黎,1996)。因此,本节在回归模型中控制宗教因素的影响,借以检验儒家对公司环境治理的净影响。佛教变量 BUD_R(R＝100,200,300 千米)和道教变量 TAO_R(R＝100,200,300 千米)的计算方法如下:第一步,从美国密歇根大学中国信息研究中心数据库(https://chinadatacenter.org/Data/FreeDataContent.aspx? id＝118)中搜集中国 16 673 座佛教寺庙和 4 924 所道教道观的经纬度数据。第二步,根据经纬度数据,计算上市公司注册地与寺庙或道观之间的距离。第三步,统计公司注册地一定范围内(如半径 100、200、300 千米内)寺庙和道观的数量。第四步,为了降低宗教影响变量值的量级,寺庙或道观的统计数目均除以 1 000,分别度量佛教的影响强度和道教的影响强度。

② 本节基于信息披露采用评分法度量利益相关者参与公司环境治理的程度。具体地,通过对年报及社会责任报告的分析,每涉及以下一项信息就赋值 1 分(最高分为 4 分):外部独立机构对企业履行社会责任进行认证;利益相关者参与企业履行社会责任的全过程;加入行业内与履行社会责任相关的协会和组织;参与其他与企业社会责任相关的协会或组织。

五、实证分析

（一）描述性统计

表 2.4.2 报告变量的描述性统计。公司环境治理(EGP)的均值(标准差)为 0.885 1 (1.347 6)，表明不同公司在环境治理方面存在很大的差异。主要解释变量 CONF_R($R=$ 100,200,300)的均值分别为 2.059 6、5.367 7、9.760 5，说明儒家文化影响在上市公司之间差异较大。调节变量 ENVLAW 均值为 0.261 5，表明样本中大约 26.15%的观测值在 2015 年及其以后年度。控制变量方面，佛教影响强度(BUD_R，$R=100,200,300$)均值分别为 0.165 9、0.557 6、1.134 7；道教影响强度(TAO_R，$R=100,200,300$)的均值分别为 0.054 8、0.162 4、0.367 4；STAKE 的均值为 0.086 3、标准差为 0.333 7，表明利益相关者参与程度总体偏低，且不同公司之间存在较大的差异。第一大股东持股比例(FIRST)的均值为 0.347 8，机构投资者持股比例(INST_SHR)均值为 0.245 8，高管持股比例(MAN_SHR)的均值约为0.103 2。约有 23.19%的上市公司存在两职合一(DUAL)的现象，独立董事比例(INDR)的均值约为 0.372 3。平均来看，董事会大约由 9 名董事组成(BOARD，$e^{2.1509}$)，公司资产的规模为 36.86 亿元(SIZE，$e^{22.0278}$)，负债与所有者权益的比例(LEV)为 1.330 8，经营活动现金流量占资产的比重(OCF)为 0.049 0。此外，托宾 Q 值(TOBINQ)的均值为2.246 5，公司当期融资的比重(ISSUE)为 0.287 4，变量 CAPIN 的均值为 0.123 3。公司股票超额回报率(RET)的均值为 0.005 8，股票收益波动率(VOL)的均值为 0.051 7。最后，变量 STATE 的均值为 0.411 6，说明样本中大约 41.16%的上市公司属于国有企业或国有控股企业。

表 2.4.2 变量的描述性统计结果

变量	观测值	均值	标准差	最小值	1/4 分位数	中位数	3/4 分位数	最大值
EGP	21 628	0.885 1	1.347 6	0	0	0	1	11
CONF_100	21 628	2.059 6	1.876 2	0	0	2	3	8
CONF_200	21 628	5.367 7	4.027 6	0	3	5	7	22
CONF_300	21 628	9.760 5	6.091 5	0	6	8	13	33
ENVLAW	21 628	0.261 5	0.439 5	0	0	0	1	1
BUD_100	21 628	0.165 9	0.228 9	0	0.019 0	0.081 5	0.225 0	1.676 0
BUD_200	21 628	0.557 6	0.651 4	0	0.071 0	0.223 0	0.900 0	3.117 0
BUD_300	21 628	1.134 7	1.173 1	0	0.253 0	0.502 0	1.881 0	4.709 0
TAO_100	21 628	0.054 8	0.168 7	0	0.003 0	0.020 0	0.043 0	1.756 0
TAO_200	21 628	0.162 4	0.329 8	0	0.009 0	0.053 0	0.131 0	1.942 0
TAO_300	21 628	0.367 4	0.593 2	0	0.030 0	0.1190	0.371 0	2.725 0

续表

变量	观测值	均值	标准差	最小值	1/4 分位数	中位数	3/4 分位数	最大值
STAKE	21 628	0.086 3	0.333 7	0	0	0	0	4
FIRST	21 628	0.347 8	0.154 8	0.001 7	0.227 7	0.329 3	0.453 8	0.770 2
INST_SHR	21 628	0.245 8	0.230 5	0.000 0	0.053 8	0.165 9	0.397 7	0.991 7
MAN_SHR	21 628	0.103 2	0.184 0	0.000 0	0.000 0	0.000 2	0.121 1	0.704 2
DUAL	21 628	0.231 9	0.422 1	0	0	0	0	1
INDR	21 628	0.372 3	0.053 9	0.250 0	0.333 3	0.333 3	0.416 7	0.750 0
BOARD	21 628	2.150 9	0.204 1	1.098 6	2.079 4	2.197 2	2.197 2	2.708 1
SIZE	21 628	22.027 8	1.307 7	18.263 6	21.108 1	21.862 3	22.761 0	27.273 2
LEV	21 628	1.330 8	1.761 3	0.007 1	0.393 3	0.811 9	1.599 8	16.214 7
OCF	21 628	0.049 0	0.098 0	−0.382 6	0.001 5	0.047 0	0.097 7	0.625 7
TOBINQ	21 628	2.246 5	1.6727	0.884 7	1.299 4	1.723 9	2.535 9	17.886 5
ISSUE	21 628	0.287 4	0.330 5	0.000 0	0.054 4	0.213 0	0.410 7	3.652 0
CAPIN	21 628	0.123 3	0.170 0	0.000 2	0.025 0	0.065 8	0.149 1	1.253 1
RET	21 628	0.005 8	0.515 8	−1.563 4	−0.235 9	−0.076 7	0.135 4	20.114 3
VOL	21 628	0.051 7	0.022 0	0.016 0	0.037 1	0.047 2	0.061 1	0.226 3
STATE	21 628	0.411 6	0.492 1	0	0	0	1	1

（二）相关性分析

表 2.4.3 报告了相关性分析，其中左下角和右上角分别列示了 Pearson 和 Spearman 相关系数。结果表明，儒家文化变量 CONF_R（$R=100,200,300$）与公司的环境治理表现（EGP）均在 1%水平上显著正相关，为支持假设 2.4.1 提供了初步的经验证据。调节变量（ENVLAW）与公司的环境治理表现（EGP）在 1%水平上显著正相关。控制变量与变量 EGP 的相关系数结果如下：(1) Pearson 相关系数显示，公司环境治理表现（EGP）分别与 TAO_R（$R=100$、200、300）、STAKE、FIRST、INST_SHR、BOARD、SIZE、OCF、ISSUE 以及 STATE 显著正相关，与 MAN_SHR、DUAL、TOBINQ、RET 以及 VOL 显著负相关。(2) 与 Pearson 相关性分析比，Spearman 相关系数显示的增量信息包括：EGP 与 LEV、CAPIN 显著正相关，与 TAO_R（$R=100,200$）、MAN_SHR 的相关系数均不显著。此外，从相关系数矩阵可以看出，宗教变量与儒家文化变量之间存在高度的相关性，为降低回归结果中的共线性问题，在回归分析中采用正交化处理。

表 2.4.3 Pearson 和 Spearman 相关性

	变量	(1)	(2)	(3)	(4)	(5)	(6)	(7)	(8)	(9)
(1)	EGP	1.000 0	0.028 9***	0.034 0***	0.033 9***	0.086 3***	−0.004 6	0.003 1	0.007 8	−0.002 6
(2)	CONF_100	0.036 6***	1.000 0	0.759 9***	0.601 2***	0.027 9***	0.348 7***	0.387 2***	0.423 1***	0.415 1***
(3)	CONF_200	0.041 7***	0.720 8***	1.000 0	0.872 9***	0.017 7***	0.549 0***	0.639 3***	0.656 5***	0.543 7***
(4)	CONF_300	0.055 9***	0.602 7***	0.878 1***	1.000 0	0.013 1*	0.644 1***	0.721 2***	0.728 0***	0.617 6***
(5)	ENVLAW	0.070 5***	0.024 7***	0.016 7**	0.011 1	1.000 0	0.014 8**	0.011 6*	0.015 6**	0.017 2**
(6)	BUD_100	0.009 2	0.201 5***	0.371 2***	0.383 4***	0.019 3***	1.000 0	0.938 8***	0.891 4***	0.860 6***
(7)	BUD_200	0.007 6	0.326 9***	0.557 1***	0.544 2***	0.015 8**	0.871 9***	1.000 0	0.954 8***	0.815 4***
(8)	BUD_300	0.005 2	0.378 5***	0.625 6***	0.600 3***	0.017 2**	0.784 0***	0.959 3***	1.000 0	0.791 4***
(9)	TAO_100	0.029 5***	0.126 2***	0.121 8***	0.128 7***	0.015 0**	0.778 5***	0.579 1***	0.448 3***	1.000 0
(10)	TAO_200	0.030 3***	0.238 6***	0.362 5***	0.326 9***	0.014 2**	0.846 4***	0.841 7***	0.720 5***	0.750 6***
(11)	TAO_300	0.022 3***	0.310 0***	0.608 1***	0.509 0***	0.014 5**	0.784 5***	0.904 8***	0.912 0***	0.492 1***
(12)	STAKE	0.329 8***	−0.004 3	−0.004 4	−0.006 3	0.026 0***	0.010 8	0.001 1	0.002 0	0.028 7***
(13)	FIRST	0.099 2***	0.012 7*	0.027 8***	0.023 2***	−0.111 4***	−0.035 9***	−0.018 4***	−0.010 4	−0.020 7***
(14)	INST_SHR	0.093 0***	−0.022 7***	−0.021 4***	−0.020 8***	0.501 0***	−0.022 3***	−0.025 6***	−0.024 9***	−0.013 9**
(15)	MAN_SHR	−0.068 3***	0.107 1***	0.075 9***	0.070 4***	0.073 8***	0.086 8***	0.076 0***	0.081 9***	0.065 0***
(16)	DUAL	−0.050 4***	0.045 6***	0.015 8**	0.004 6	0.058 4***	0.048 9***	0.042 0***	0.044 4***	0.044 7***
(17)	INDR	−0.002 4	0.013 5**	−0.018 0***	−0.022 6***	0.040 4***	−0.028 5***	−0.029 6***	−0.026 0***	−0.022 6***
(18)	BOARD	0.120 0***	−0.024 3***	−0.012 4*	−0.003 7	−0.086 4***	−0.048 7***	−0.044 5***	−0.045 6***	−0.028 7***
(19)	SIZE	0.313 6***	−0.012 5*	−0.014 8**	−0.012 1*	0.139 5***	−0.080 9***	−0.068 4***	−0.069 6***	−0.049 4***
(20)	LEV	−0.002 4	−0.057 3***	−0.038 7***	−0.030 6***	−0.052 8***	−0.057 9***	−0.061 4***	−0.068 4***	−0.046 9***
(21)	OCF	0.076 3***	0.010 6	0.016 7**	0.029 0***	−0.013 2*	0.022 5***	0.023 4***	0.025 7***	0.025 0***
(22)	TOBINQ	−0.110 9***	0.005 0	0.000 2	−0.013 6**	0.033 8***	−0.008 6	−0.007 9	−0.004 0	−0.004 7
(23)	ISSUE	0.028 5***	−0.010 8	0.020 1***	0.021 6***	−0.013 6**	0.024 8***	0.037 6***	0.037 8***	0.004 7
(24)	CAPIN	−0.007 9	−0.027 6***	−0.046 5***	−0.054 3***	−0.063 5***	−0.016 8**	−0.031 0***	−0.042 0***	0.003 2
(25)	RET	−0.029 8***	0.010 5	0.016 8**	0.017 1**	−0.023 3***	0.021 3***	0.023 4***	0.028 7***	0.007 1
(26)	VOL	−0.095 2***	0.009 2	0.009 4	−0.001 7	−0.144 3***	−0.002 0	−0.003 3	0.000 9	−0.002 2
(27)	STATE	0.109 9***	−0.065 8***	−0.078 9***	−0.050 7***	−0.092 2***	−0.166 2***	−0.144 4***	−0.149 5***	−0.093 4***

	变量	(10)	(11)	(12)	(13)	(14)	(15)	(16)	(17)	(18)
(1)	EGP	0.004 6	0.019 1***	0.266 3***	0.087 9***	0.084 9***	−0.006 8	−0.040 7***	−0.009 4	0.105 9***
(2)	CONF_100	0.375 0***	0.426 4***	0.011 9*	0.015 3**	−0.022 8***	0.150 5***	0.052 3***	0.013 7**	−0.044 2***
(3)	CONF_200	0.607 9***	0.667 5***	0.006 7	0.035 3***	−0.031 5***	0.113 7***	0.013 5**	−0.014 5**	−0.022 3***

续表

	变量	(10)	(11)	(12)	(13)	(14)	(15)	(16)	(17)	(18)
(4)	CONF_300	0.702 8***	0.754 3***	−0.006 4	0.026 1***	−0.029 8***	0.107 9***	0.006 0	−0.026 6***	−0.005 8
(5)	ENVLAW	0.013 4**	0.012 0***	0.032 2***	−0.100 0***	0.462 7***	0.138 0***	0.058 4***	0.045 9***	−0.095 7***
(6)	BUD_100	0.898 4***	0.872 3***	−0.013 8**	−0.027 7***	−0.045 0***	0.126 0***	0.047 4***	−0.013 6**	−0.048 7***
(7)	BUD_200	0.918 9***	0.937 7***	−0.012 9*	−0.011 5*	−0.044 2***	0.111 3***	0.034 1***	−0.022 4***	−0.032 1***
(8)	BUD_300	0.889 5***	0.931 5***	0.003 7	0.002 9	−0.035 6***	0.137 6***	0.053 7***	−0.021 0***	−0.037 1***
(9)	TAO_100	0.903 7***	0.850 4***	0.005 5	−0.024 5***	−0.041 7***	0.140 7***	0.053 1***	−0.018 5***	−0.064 1***
(10)	TAO_200	1.000 0	0.959 4***	−0.006 0	−0.024 9***	−0.040 6***	0.133 1***	0.047 9***	−0.029 2***	−0.039 4***
(11)	TAO_300	0.793 8***	1.000 0	0.001 0	−0.013 7**	−0.040 3***	0.121 3***	0.039 0***	−0.025 3***	−0.029 8***
(12)	STAKE	0.020 6***	0.009 5	1.000 0	0.045 7***	0.047 0***	0.032 7***	−0.019 9***	0.004 7	0.038 7***
(13)	FIRST	−0.023 8***	−0.018 2***	0.048 7***	1.000 0	−0.008 0	−0.212 4***	−0.052 9***	0.015 8**	0.028 3***
(14)	INST_SHR	−0.022 1***	−0.020 9***	0.050 7***	0.066 5***	1.000 0	−0.082 1***	−0.015 0**	0.004 6	0.047 1***
(15)	MAN_SHR	0.076 5***	0.076 5***	0.011 0	−0.106 6***	−0.230 8***	1.000 0	0.243 1*	0.039 4***	−0.155 4***
(16)	DUAL	0.047 7***	0.039 6***	−0.019 4***	−0.058 3***	−0.027 8***	0.246 9***	1.000 0	0.092 6***	−0.183 2***
(17)	INDR	−0.022 3***	−0.028 0***	0.003 9	0.030 2***	0.003 7	0.076 6***	0.095 3***	1.000 0	−0.493 1***
(18)	BOARD	−0.032 4***	−0.030 6***	0.045 4***	0.038 4***	0.051 6***	−0.181 8***	−0.169 9***	−0.477 4***	1.000 0
(19)	SIZE	−0.063 0***	−0.060 8***	0.168 3***	0.233 1***	0.257 6***	−0.253 5***	−0.147 9***	0.022 8***	0.253 1***
(20)	LEV	−0.052 2***	−0.059 1***	0.009 4	0.035 9***	−0.008 1	−0.216 9***	−0.089 5***	−0.009 5	0.084 5***
(21)	OCF	0.026 0***	0.027 9***	0.037 1***	0.086 0***	0.067 0***	−0.013 6**	−0.019 6***	−0.028 2***	0.058 3***
(22)	TOBINQ	−0.011 9*	−0.002 8	−0.053 4***	−0.156 6***	0.021 8***	0.001 8	0.067 4***	0.059 7***	−0.152 6***
(23)	ISSUE	0.028 3***	0.041 5***	0.013 6**	0.025 5***	0.039 2***	−0.070 1***	−0.008 9	−0.002 1	0.037 0***
(24)	CAPIN	0.004 4	−0.023 5***	0.012 9*	−0.015 6**	−0.001 1	0.061 1***	0.043 6***	−0.004 7	0.036 4***
(25)	RET	0.015 2**	0.029 1***	−0.003 4	−0.002 9	0.046 9***	0.017 2**	0.024 2***	0.000 5	−0.024 3***
(26)	VOL	−0.002 1	0.002 8	−0.038 6***	−0.019 9***	−0.061 0***	0.067 5***	0.044 0***	0.036 6***	−0.096 8***
(27)	STATE	−0.134 9***	−0.152 1***	0.012 9*	0.218 2***	0.095 5***	−0.450 8***	−0.272 4***	−0.059 8***	0.249 1***

	变量	(19)	(20)	(21)	(22)	(23)	(24)	(25)	(26)	(27)
(1)	EGP	0.263 1***	0.034 6***	0.075 7***	−0.121 6***	0.072 0***	0.059 2***	−0.015 8**	−0.114 8***	0.085 1***
(2)	CONF_100	−0.026 8***	−0.090 2***	0.010 9	0.048 3***	−0.019 4***	−0.007 8	0.010 2	0.003 4	−0.083 2***
(3)	CONF_200	−0.021 6***	−0.045 2***	0.010 5	0.020 7***	0.027 4***	−0.026 2***	0.012 9*	0.000 4	−0.065 2***
(4)	CONF_300	−0.017 4**	−0.031 4***	0.025 7***	−0.000 0	0.034 1***	−0.028 8***	0.019 5***	−0.009 1	−0.053 9***
(5)	ENVLAW	0.149 9***	−0.075 7***	−0.006 1	0.079 7***	−0.045 5***	−0.063 3***	0.012 6*	−0.164 8***	−0.092 2***
(6)	BUD_100	−0.082 5***	−0.056 3***	0.011 7*	0.022 4***	0.034 4***	−0.014 0**	0.023 5***	−0.008 3	−0.144 0***

续表

	变量	(19)	(20)	(21)	(22)	(23)	(24)	(25)	(26)	(27)
(7)	BUD_200	−0.063 4***	−0.046 0***	0.019 9***	0.021 9***	0.043 0***	−0.022 9***	0.023 9***	−0.008 3	−0.112 9***
(8)	BUD_300	−0.061 6***	−0.060 9***	0.024 8***	0.028 3***	0.035 4***	−0.028 0***	0.027 0***	−0.004 2	−0.130 1***
(9)	TAO_100	−0.089 0***	−0.059 0***	0.006 3	0.032 3***	0.020 7***	−0.012 5*	0.018 2***	−0.005 2	−0.131 9***
(10)	TAO_200	−0.078 0***	−0.057 3***	0.016 6**	0.017 5**	0.048 1***	−0.003 3	0.022 6***	−0.012 1*	−0.135 3***
(11)	TAO_300	−0.064 2***	−0.052 9***	0.021 4***	0.020 3***	0.045 2***	−0.014 8**	0.024 7***	−0.010 7	−0.117 3***
(12)	STAKE	0.126 0***	0.034 4***	0.042 1***	−0.065 2***	0.026 8***	0.024 3***	−0.000 3	−0.047 6***	0.009 6
(13)	FIRST	0.197 0***	0.068 6***	0.089 5***	−0.192 2***	0.010 0	−0.004 4	−0.007 8	−0.016 4**	0.221 3***
(14)	INST_SHR	0.244 4***	0.011 2*	0.079 9***	0.057 5***	0.017 8***	−0.007 0	0.096 4***	−0.047 0***	0.073 5***
(15)	MAN_SHR	−0.171 8***	−0.312 6***	0.004 8	0.123 3***	−0.043 8***	0.138 4***	0.000 4	0.038 4***	−0.495 2***
(16)	DUAL	−0.154 5***	−0.144 5***	−0.016 9**	0.111 5***	−0.030 1***	0.069 4***	0.010 4	0.039 5***	−0.272 4***
(17)	INDR	−0.000 1	−0.023 0***	−0.030 8***	0.037 0***	−0.015 6**	−0.004 8	−0.009 6	0.023 9***	−0.065 4***
(18)	BOARD	0.237 4***	0.155 0***	0.061 3***	−0.177 2***	0.084 4***	0.042 1***	−0.013 3*	−0.087 9***	0.253 3***
(19)	SIZE	1.000 0	0.450 5***	0.063 8***	−0.525 2***	0.319 0***	−0.027 0***	−0.039 4***	−0.175 6***	0.286 0***
(20)	LEV	0.250 6***	1.000 0	−0.142 1***	−0.369 2***	0.501 2***	−0.185 4***	0.005 8	0.011 9*	0.286 4***
(21)	OCF	0.053 8***	−0.143 2***	1.000 0	0.078 9***	−0.124 6***	0.124 9***	0.092 3***	−0.008 8	0.028 1***
(22)	TOBINQ	−0.429 4***	−0.085 5***	0.038 1***	1.000 0	−0.254 7***	−0.034 4***	0.215 8***	0.338 5***	−0.219 6***
(23)	ISSUE	0.220 5***	0.214 2***	−0.075 8***	−0.164 9***	1.000 0	0.069 3***	0.035 0***	0.051 9***	0.047 9***
(24)	CAPIN	−0.003 6	−0.061 8***	0.047 9***	−0.041 3***	0.084 3***	1.000 0	−0.043 9***	−0.061 6***	−0.086 9***
(25)	RET	−0.054 0***	0.002 9	0.083 4***	0.255 8***	0.070 3***	−0.030 0***	1.000 0	0.282 7***	−0.036 1***
(26)	VOL	−0.151 5***	0.024 9***	0.006 4	0.329 1***	0.088 9***	−0.032 6***	0.398 0***	1.000 0	−0.066 7***
(27)	STATE	0.295 3***	0.188 8***	0.031 2***	−0.152 2***	0.005 8	−0.035 2***	−0.058 3***	−0.086 1***	1.000 0

注：***、**、* 分别表示 1%、5%、10%水平显著。矩阵的左下角和右上角分别列示了 Pearson 和 Spearman 相关系数。

(三)多元回归分析

1.儒家文化与环境治理

表 2.4.4 报告了儒家与公司环境治理表现的回归结果。儒家变量 CONF_R(R＝100，200，300)的系数分别在 1%或 5%水平显著为正(系数＝0.027 3，t＝2.22；系数＝0.013 7，t＝2.77；系数＝0.010 3，t＝3.39)，表明儒家文化促进公司的环境治理，支持了假设 2.4.1。儒家变量的回归系数表明，儒家文化的影响每增加一个标准差，公司环境治理业绩将分别提升 5.79%、6.23%、7.09%。上述结果说明儒家文化对公司环境治理的促进作用不仅具有显著

的统计意义，而且具有重要的经济意义①。

表 2.4.4　儒家文化与公司环境治理业绩的回归结果

变量	因变量:EGP					
	(1)$R=100$		(2)$R=200$		(3)$R=300$	
	系数	t 值	系数	t 值	系数	t 值
CONF_R	0.027 3**	2.22	0.013 7***	2.77	0.010 3***	3.39
BUD_R	0.163 6**	2.14	0.046 4	1.28	0.022 9	1.10
TAO_R	0.071 6	0.55	0.170 2*	1.89	0.175 3**	2.52
STAKE	0.381 6***	12.88	0.382 6***	13.28	0.386 6***	13.70
FIRST	0.038 5	0.29	0.043 2	0.32	0.058 2	0.43
INST_SHR	−0.096 7	−1.10	−0.090 8	−1.03	−0.086 3	−0.97
MAN_SHR	−0.345 4**	−2.19	−0.325 3**	−2.08	−0.315 0**	−2.00
DUAL	−0.014 5	−0.33	−0.010 7	−0.24	−0.010 2	−0.23
INDR	0.338 5	0.91	0.403 7	1.09	0.437 0	1.18
BOARD	0.267 0**	2.41	0.269 5**	2.46	0.266 3**	2.46
SIZE	0.162 2***	8.73	0.163 0***	8.74	0.165 4***	8.84
LEV	−0.031 1***	−2.63	−0.031 4***	−2.64	−0.030 7***	−2.60
OCF	0.493 4***	2.73	0.487 4***	2.71	0.479 8***	2.68
TOBINQ	−0.006 5	−0.35	−0.006 9	−0.37	−0.005 4	−0.28
ISSUE	0.010 8	0.18	0.012 3	0.20	0.010 3	0.17
CAPIN	−0.162 0	−1.26	−0.156 5	−1.21	−0.145 7	−1.12
RET	0.012 9	0.35	0.010 5	0.29	0.008 9	0.25
VOL	−0.031 7	−0.04	−0.067 1	−0.08	−0.050 0	−0.06
STATE	0.112 2**	2.31	0.119 4**	2.44	0.112 6**	2.30
常数项	−4.310 0***	−8.48	−4.377 1***	−8.64	−4.471 5***	−8.79
行业/年度	控制		控制		控制	
观测值	21 628		21 628		21 628	
Log likelihood	−25 216.092 2		−25 210.451 9		−25 198.059 3	
LR Chi^2	940.60***		880.28***		905.45***	

注：***、**、* 分别表示在1%、5%、10%水平上显著；所有 t 值均经过公司层面聚类调整以后的稳健标准差计算而得(Peterson，2009)。

① 本节还计算了佛教、道教影响的经济影响。佛教（道教）变量每增加一个标准差，公司环境治理得分将变动4.03%(0.85%)、2.77%(3.29%)、2.36%(4.75%)。整体来看，儒家文化影响的排名都是第一的，佛教（道教）的影响次之。

控制变量结果如下:(1)变量 BUD_R(R=100,200,300)的系数为正,表明佛教氛围越浓厚,公司的环境治理表现越好(Du et al.,2014)。(2)变量 TAO_R(R=100,200,300)与环境治理业绩正相关,表明道教影响越强,公司环境治理业绩越好(Du et al.,2014)。(3)利益相关者参与(STAKE)与环境治理业绩显著正相关,说明利益相关者参与有助于促进环境治理。(4)高管持股比例(MAN_SHR)与环境治理负相关。(5)董事会规模(BOARD)与环境治理正相关,表明董事会规模越大,公司越可能关注环境治理。(6)公司规模(SIZE)与环境治理在1%水平上显著正相关,表明规模较大的公司越会积极地开展环境治理。(7)财务杠杆(LEV)与公司环境治理业绩在1%水平显著负相关,表明财务杠杆越高的公司越消极对待环境治理。(8)经营活动现金流(OCF)与公司环境治理绩效显著正相关,表明业绩越好的公司,越愿意加强环境治理。(9)STATE 的系数在5%水平上显著为正,表明国有企业的环境治理表现更好。

2.环境保护法实施的调节效应

表2.4.5列示了儒家文化、环境保护法实施与环境治理业绩的回归结果。如表所示,儒家变量 CONF_R(R=100,200,300)的回归系数均在1%水平显著为正,支持了假设2.4.1。进一步,环境保护法实施(ENVLAW)与公司环境治理业绩(EGP)在1%水平上显著正相关,表明环境保护法的实施促进了公司的环境治理。更重要的是,变量 CONF_R×ENVLAW(R=100,200,300)的回归系数均显著为负(系数=−0.038 2,t=−2.54;系数=−0.014 4,t=−2.31;系数=−0.008 8,t=−2.14),说明实施环境保护法弱化了儒家文化对公司环境治理的促进作用,实施环境保护法和儒家文化之间在推进公司环境治理方面存在替代效应,支持了假设2.4.2a。交乘项的回归系数表明,环境保护法实施后,儒家文化对环境治理的促进作用分别被削弱了97.70%、79.56%、68.22%,表明实施环境保护法的调节效应同时具有统计和经济意义的显著性。

表2.4.5 儒家文化、环境保护法实施与公司环境治理业绩的回归结果

变量	因变量:EGP					
	(1)R=100		(2)R=200		(3)R=300	
	系数	t 值	系数	t 值	系数	t 值
CONF_R	0.039 1***	2.58	0.018 1***	3.02	0.012 9***	3.50
ENVLAW	0.249 3***	3.29	0.245 5***	3.24	0.254 2***	3.23
CONF_R×ENVLAW	−0.038 2**	−2.54	−0.014 4**	−2.31	−0.008 8**	−2.14
BUD_R	0.166 4**	2.19	0.048 2	1.34	0.024 2	1.19
TAO_R	0.073 5	0.56	0.168 6*	1.88	0.173 5**	2.50
STAKE	0.380 4***	12.90	0.381 6***	13.28	0.385 3***	13.76
FIRST	0.042 7	0.32	0.044 5	0.33	0.061 1	0.46
INST_SHR	−0.096 2	−1.09	−0.086 7	−0.98	−0.083 9	−0.95

续表

变量	因变量:EGP					
	(1)$R=100$		(2)$R=200$		(3)$R=300$	
	系数	t 值	系数	t 值	系数	t 值
MAN_SHR	−0.339 3**	−2.16	−0.324 7**	−2.08	−0.317 3**	−2.02
DUAL	−0.016 4	−0.37	−0.011 9	−0.27	−0.011 0	−0.25
INDR	0.338 1	0.91	0.396 7	1.07	0.428 2	1.16
BOARD	0.264 2**	2.38	0.266 0**	2.43	0.263 6**	2.44
SIZE	0.162 3***	8.75	0.163 4***	8.76	0.165 6***	8.86
LEV	−0.030 9***	−2.61	−0.031 5***	−2.64	−0.030 7***	−2.60
OCF	0.501 3***	2.77	0.485 3***	2.70	0.474 2***	2.65
TOBINQ	−0.006 6	−0.35	−0.006 2	−0.33	−0.004 7	−0.25
ISSUE	0.008 7	0.15	0.015 4	0.26	0.012 4	0.21
CAPIN	−0.158 0	−1.23	−0.150 4	−1.17	−0.138 7	−1.07
RET	0.013 1	0.36	0.008 5	0.24	0.007 0	0.20
VOL	−0.115 5	−0.13	−0.096 5	−0.11	−0.041 6	−0.05
STATE	0.110 7**	2.27	0.118 1**	2.41	0.111 4**	2.27
常数项	−4.339 5***	−8.58	−4.410 7***	−8.74	−4.507 2***	−8.90
行业/年度	控制		控制		控制	
观测值	21 628		21 628		21 628	
Log likelihood	−25 207.024 9		−25 204.406 6		−25 192.623 6	
LR Chi^2	966.38***		896.62***		924.25***	

注：***、**、* 分别表示在 1%、5%、10%水平上显著；所有 t 值均经过公司层面聚类调整以后的稳健标准差计算而得(Peterson，2009)。

3.儒家文化与公司环境治理的路径分析

在研究假设中指出儒家通过“仁、义、礼、智、信”的内核影响了公司的环境治理决策。换言之，儒家影响了社会氛围中的“仁、义、礼、智、信”等方面，从而影响公司的环境治理绩效。此时，“仁、义、礼、智、信”就成为这一影响路径链条中需要关注的中介变量。然而，社会氛围无法直接测量，仅能通过其结果或特点来表征。“仁”与社会责任的利他主义动机紧密相关，难以从社会责任中单独抽离。因此，本节的路径分析重点关注“义”“礼”“智”“信”等维度的中介效应。

本节设置式(2.4.3)和(2.4.4)对儒家文化与公司环境治理的影响路径进行测试。

$$X_{i,t}=\rho_0+\rho_1 CONF\_R_{i,t}+\sum\theta_n(控制变量_n)_{i,t}+Industry+Year+\varepsilon_{i,t} \quad (2.4.3)$$

$$EGP_{i,t}=\varphi_0+\varphi_1 CONF\_R_{i,t}+\varphi_2 X_{i,t}+\sum\gamma_n(控制变量_n)_{i,t}+Industry+Year+\varepsilon_{i,t} \quad (2.4.4)$$

其中，X 表示中介变量。本节选取会计盈余中可操纵性应计额的绝对值(|DA|)、财务

报表错报(MISSTATE)、公司专利数(LNPATENT)、社会信任指数(TRUST)作为中介变量 X 的替代变量[①]。|DA|表示盈余管理程度,用于衡量机会主义行为,作为度量儒家思想中"义""礼"的负向替代变量[②]。MISSTATE 表示财务报表错报的虚拟变量,当公司第 t 年的财务报表存在重大错报则为 1,否则为 0,该变量作为度量儒家思想中"义""礼"的负向替代变量。LNPATENT 为公司获得的专利数量,等于(1+第 t 年公司获得的专利数量)的自然对数,作为度量儒家思想中"智"的正向替代变量[③]。TRUST 表示公司所在省份的社会信任指数(张维迎,柯荣住,2002),该数值越高,表明地区社会信任度越高,可作为度量儒家思想中"信"的正向替代变量[④]。

表 2.4.6 的 Panel A 列示了|DA|作为中介替代变量的结果,第(1)~(3)列结果显示,CONF_R(R=100,200,300)的回归系数均显著为负,表明儒家文化与公司的盈余管理程度之间显著负相关;第(4)~(6)列显示,变量 CONF_R(R=100,200,300)的回归系数均显著为正,变量|DA|的回归系数均显著为负,说明公司环境治理与儒家文化影响(CONF_R)显著正相关,与盈余管理程度(|DA|)显著负相关。Panel B 报告了财务报表错报(MISSTATE)作为中介替代变量的回归结果,第(1)~(3)列显示,儒家文化与财务报表错报显著负相关;第(4)~(6)列显示,公司环境治理与儒家文化(CONF_R)显著正相关、与财务报表错报(MISSTATE)显著负相关。上述回归结果说明,儒家文化通过"义"和"礼"(社

---

① 首先,本节用儒家文化分别与"义""礼""智""信"的替代变量进行回归,检验中介变量与儒家文化之间的联系。其次,本节将儒家文化与中介变量一起对环境治理进行回归,检验中介变量对环境治理的净影响。最后,本节构建 Sobel Z 统计量,检验儒家文化通过"义""礼""智""信"影响公司环境治理的中介效应的有效性。

② 管理者机会主义行为(盈余管理)可能损害其他利益相关者的利益、从而违背了社会伦理规范,即儒家思想中的"义""礼"。Cheng 等(2017)研究发现儒家文化与可操纵性应计绝对值之间显著负相关。因此,本节选用|DA|和财务错报作为度量儒家思想中"义""礼"的负向替代变量。计算|DA|的数据来源于 CSMAR 数据库,具体计算如下:第一,按照中国证监会的行业分类标准和年度分组计算横截面 Jones 模型,其中制造业按照二级分类代码进行划分。利用如下的两个模型估算 β_0、β_1、β_2:$ACC_t=(NI_t-OCF_t)/TA_{t-1}$,$ACC_t=\beta_0\times 1/TA_{t-1}+\beta_1\times REV_t/TA_{t-1}+\beta_2\times PPE_t/TA_{t-1}+\zeta$。其中,ACC 表示公司第 t 年的应计项目总额,NI 代表净利润,OCF 代表经营活动现金流量,TA 代表第 $t-1$ 年末的资产,REV 代表收入变动额,PPE 代表固定资产总额。第二,根据修正的 Jones 模型,利用估计的回归系数 β_0、β_1、β_2 计算盈余中的非操纵性应计额 $NDACC_t=\beta_0\times 1/TA_{t-1}+\beta_1\times(REV_t-REC_t)/TA_{t-1}+\beta_2\times PPE_t/TA_{t-1}$。其中,REC 表示第 t 年应收账款的变动。第三,计算可操纵性应计项目的绝对值 $|DA_t|=|ACC_t-NDACC_t|$。

③ 创新体现出对知识的尊重和渴求,与儒家"智"思想是一致的。徐细雄和李万利(2019)指出,儒家历来重视教育和尊重人才,有助于激发企业的人力资本投资,为技术创新提供支持。他们发现,儒家文化与创新之间显著正相关。公司专利数量包括发明型专利数量、实用新型专利数量及外观设计专利数量之和。研发是公司获取长期利益的重要保障,LNPATENT 的值越大,表明公司获得的专利数量越多、公司越注重创新和长期利益。该变量专利数据来源于 CSMAR 数据库。

④ 儒家文化强调"五伦",提倡较高的道德标准,有助于促进地区内人与人之间的信任(Ip,2009;Yum,1998)。就东亚及中国的情况而言,信任的起源与以儒家为代表的传统文化和价值观具有密切关系(马得勇,2008)。公司所处地区内信任指数越高,管理者受儒家文化中"信"思想的熏陶越浓厚。儒家文化中"信"强调遵守契约的精神,有助于管理者关注利益相关者的需求,从而促进企业履行社会责任。

会伦理、道德规范等）来影响公司环境治理。Panel C 报告了公司获取专利数量作为中介替代变量的回归结果，第(1)～(3)列显示，儒家文化(CONF_R，R=100，200，300)与公司专利数量(LNPATENT)显著正相关；第(4)～(6)列显示，公司环境治理与儒家文化、公司获得的专利数量均显著正相关。Panel C 结果说明，儒家文化还通过"智"(注重创新和长期利益)来影响公司的环境治理。Panel D 报告了社会信任指数作为中介替代变量的测试结果，第(1)～(3)列显示，儒家文化(CONF_R，R=100，200，300)与公司所处地区的社会信任指数(TRUST)之间显著正相关；第(4)～(6)列显示，公司环境治理与儒家文化、地区社会信任指数均显著正相关。Panel D 结果表明，儒家文化还通过"信"(社会信任)来影响公司的环境治理。

值得指出的是，Panel A 至 Panel D 均在最后一行报告了 Sobel Z 统计量。如表 2.4.6 所示，Sobel Z 统计量均显著，表明上述路径分析(中介效应)的相对有效性。

表 2.4.6 儒家文化影响路径测试的回归结果

Panel A：盈余中可操纵性应计额的绝对值作为中介替代变量的回归结果

变量	因变量：|DA|			因变量：EGP		
	(1)R=100	(2)R=200	(3)R=300	(4)R=100	(5)R=200	(6)R=300
	系数 (t 值)	系数 (t 值)	系数 (t 值)	系数 (t 值)	系数 (t 值)	系数 (t 值)
CONF_R	−0.003 8*** (−2.66)	−0.002 1*** (−2.90)	−0.001 2*** (−3.25)	0.027 3** (2.17)	0.013 7*** (2.71)	0.009 9*** (3.20)
|DA|				−0.388 3*** (−3.92)	−0.382 3*** (−3.89)	−0.385 7*** (−3.91)
控制变量	控制	控制	控制	控制	控制	控制
常数项	0.327 9*** (3.21)	0.333 3*** (3.22)	0.335 8*** (3.23)	−4.279 0*** (−8.32)	−4.353 3*** (−8.50)	−4.455 6*** (−8.66)
行业/年度	控制	控制	控制	控制	控制	控制
观测值	19 589	19 589	19 589	19 589	19 589	19 589
Adj_R^2/ Log likelihood	0.068 3	0.068 6	0.068 5	−23 291.947 0	−23 285.741 1	−23 272.682 9
F /LR Chi^2	11.54***	11.64***	11.52***	871.19***	883.29***	904.49***
Sobel Z 检验				2.23**	2.38**	2.38**

Panel B：财务报表错报作为中介替代变量的回归结果

变量	因变量：MISSTATE			因变量：EGP		
	(1)R=100	(2)R=200	(3)R=300	(4)R=100	(5)R=200	(6)R=300
	系数 (t 值)	系数 (t 值)	系数 (t 值)	系数 (t 值)	系数 (t 值)	系数 (t 值)
CONF_R	−0.084 4*** (−3.07)	−0.046 0*** (−3.75)	−0.027 9*** (−3.66)	0.027 2** (2.21)	0.013 5*** (2.75)	0.010 2*** (3.36)

续表

变量	因变量：MISSTATE			因变量：EGP		
	(1)$R=100$	(2)$R=200$	(3)$R=300$	(4)$R=100$	(5)$R=200$	(6)$R=300$
	系数 (*t* 值)	系数 (*t* 值)	系数 (*t* 值)	系数 (*t* 值)	系数 (*t* 值)	系数 (*t* 值)
MISSTATE				−0.099 0* (−1.87)	−0.097 6* (−1.84)	−0.098 7* (−1.87)
控制变量	控制	控制	控制	控制	控制	控制
常数项	1.141 6 (1.08)	1.306 5 (1.24)	1.342 1 (1.27)	−4.275 0*** (−8.37)	−4.342 3*** (−8.54)	−4.436 9*** (−8.68)
行业/年度	控制	控制	控制	控制	控制	控制
观测值	21 628	21 628	21 628	21 628	21 628	21 628
Pseudo R^2/ Log likelihood	0.097 9	0.099 3	0.098 9	−25 213.138 0	−25 207.589 3	−25 195.121 8
LR Chi^2	703.73***	704.37***	710.20***	876.10***	890.80***	915.18***
Sobel Z 检验				1.59	1.66*	1.67*

Panel C：公司获取的专利数量作为中介替代变量的回归结果

变量	因变量：LNPATENT			因变量：EGP		
	(1)$R=100$	(2)$R=200$	(3)$R=300$	(4)$R=100$	(5)$R=200$	(6)$R=300$
	系数 (*t* 值)	系数 (*t* 值)	系数 (*t* 值)	系数 (*t* 值)	系数 (*t* 值)	系数 (*t* 值)
CONF_R	0.038 2*** (2.96)	0.018 3*** (3.08)	0.014 8*** (3.69)	0.026 7** (2.17)	0.013 6*** (2.75)	0.010 2*** (3.36)
LNPATENT				0.031 6*** (2.84)	0.031 9*** (2.86)	0.032 7*** (2.93)
控制变量	控制	控制	控制	控制	控制	控制
常数项	−15.205 2*** (−21.44)	−15.253 9*** (−21.49)	−15.311 3*** (−21.55)	−3.827 6*** (−7.26)	−3.892 1*** (−7.39)	−3.975 3*** (−7.53)
行业/年度	控制	控制	控制	控制	控制	控制
观测值	21 628	21 628	21 628	21 628	21 628	21 628
Pseudo R^2/ Log likelihood	0.143 6	0.143 5	0.144 0	−25 201.951 0	−25 196.070 1	−25 182.875 6
LR Chi^2	11 371.32***	11 365.90***	11 401.01***	841.20***	856.27***	877.80***
Sobel Z 检验				2.05**	2.11**	2.29**

续表

Panel D:社会信任作为中介替代变量的回归结果						
变量	因变量:TRUST			因变量:EGP		
	(1)$R=100$	(2)$R=200$	(3)$R=300$	(4)$R=100$	(5)$R=200$	(6)$R=300$
	系数（t 值）	系数（t 值）	系数（t 值）	系数（t 值）	系数（t 值）	系数（t 值）
CONF_R	3.851 9*** (6.35)	1.371 0*** (6.42)	0.882 2*** (6.04)	0.024 3** (2.03)	0.011 7** (2.47)	0.009 0*** (3.11)
TRUST				0.001 1*** (3.02)	0.001 4*** (3.08)	0.001 5*** (3.26)
控制变量	控制	控制	控制	控制	控制	控制
常数项	37.690 4 (1.28)	34.359 0 (1.33)	32.021 9 (1.23)	−4.347 9*** (−8.64)	−4.413 6*** (−8.85)	−4.516 3*** (−9.02)
行业/年度	控制	控制	控制	控制	控制	控制
观测值	21 628	21 628	21 628	21 628	21 628	21 628
Pseudo R^2/ Log likelihood	0.086 1	0.227 4	0.229 8	−25 184.839 2	−25 165.622 4	−25 148.151 7
F / LR Chi²	11.17***	17.90***	21.70***	926.53***	953.68***	1 001.82***
Sobel Z 检验				2.52**	2.57**	2.69***

注：***、**、* 分别表示在 1%、5%、10%水平上显著；所有 t 值均经过公司层面聚类调整以后的稳健标准差计算而得(Peterson,2009)。

六、稳健性测试

(一)正态化处理后的公司环境治理绩效评分

鉴于公司环境治理绩效评分的分布呈现偏态，本节取原始评分的自然对数进行正态化处理，采用最小二乘法(OLS)重新检验假设 2.4.1 和 2.4.2a、2.4.2b，结果见表 2.4.7。正态化处理后的公司环境治理绩效得分等于(1＋公司环境治理绩效的原始得分)的自然对数。如表 2.4.7 所示，儒家文化 CONF_R($R=100,200,00$)与公司环境治理绩效之间均显著正相关，进一步支持了假设 2.4.1。变量 ENVLAW 的回归系数均在 1%水平上显著为正，而交乘项 CONF_R×ENVLAW($R=100,200,300$)的系数均显著为负，进一步支持了假设 2.4.2a。总体而言，采用正态化处理后的公司环境治理绩效得分作为因变量的回归结果与表 2.4.4 和表 2.4.5 中的结果基本保持一致，支持了本节假设 2.4.1 和 2.4.2a。

表 2.4.7　采用正态化处理的公司环境治理绩效作为因变量的回归结果

变量	因变量：LN(1+EGP)					
	(1)R=100		(2)R=200		(3)R=300	
	系数 (t 值)	系数 (t 值)	系数 (t 值)	系数 (t 值)	系数 (t 值)	系数 (t 值)
CONF_R	0.011 8*** (2.79)	0.014 5*** (3.11)	0.006 0*** (3.16)	0.007 3*** (3.51)	0.004 5*** (3.56)	0.005 2*** (3.74)
ENVLAW		0.162 6*** (7.93)		0.162 7*** (7.95)		0.163 3*** (7.99)
CONF_R× ENVLAW		−0.010 3** (−2.17)		−0.004 9** (−2.24)		−0.002 7* (−1.72)
控制变量	控制	控制	控制	控制	控制	控制
常数项	−2.687 9*** (−14.08)	−2.689 6*** (−14.09)	−2.702 8*** (−14.18)	−2.706 9*** (−14.20)	−2.717 2*** (−14.25)	−2.721 3*** (−14.28)
行业/年度	控制	控制	控制	控制	控制	控制
观测值	21 628	21 628	21 628	21 628	21 628	21 628
Adj_R^2	0.251 7	0.251 9	0.252 2	0.252 4	0.253 3	0.253 4
F	55.48***	54.82***	56.00***	55.25***	56.34***	55.48**

注：***、**、* 分别表示在 1%、5%、10%水平上显著；所有 t 值均经过公司层面聚类调整以后的稳健标准差计算而得(Peterson，2009)。

(二)公司与孔庙和书院之间距离的负向标准化变量

本节基于距离采用负向标准化方法重新度量儒家文化的影响。具体方法如下：(1)分年度计算公司与最近 N(N=1、2、3)座孔庙和书院之间的距离(FMC_N_DIS)的最大值 $FMC\_N\_DIS_{MAX}$ 以及最小值 $FMC\_N\_DIS_{MIN}$；(2)采用负向标准化方法计算基于距离信息的儒家文化变量 CONF_DIS_N=($FMC\_N\_DIS_{MAX}$−FMC_N_DIS)/($FMC\_N\_DIS_{MAX}$−$FMC\_N\_DIS_{MIN}$)。表 2.4.8 中，变量 CONF_DIS_N(N=1,2,3)的系数均显著为正，表明公司与作为儒家文化符号的孔庙和书院的距离越近，受到儒家文化的影响越强，其环境治理的绩效越高。环境保护法实施(ENVLAW)与公司环境治理的表现(EGP)之间在 5%水平上显著正相关。更值得注意的是，变量 CONF_DIS_N×ENVLAW(N=1,2,3)的系数均在 10%水平上显著为负，表明环境保护法的实施削弱了儒家文化对公司环境治理的促进作用。上述结果进一步支持了假设 2.4.1 和 2.4.2a。

表 2.4.8 采用公司与孔庙和书院之间距离负向标准化变量的回归结果

变量	因变量:EGP					
	(1)$N=1$		(2)$N=2$		(3)$N=3$	
	系数 (t 值)	系数 (t 值)	系数 (t 值)	系数 (t 值)	系数 (t 值)	系数 (t 值)
CONF_DIS_N	0.400 7** (2.14)	0.609 9** (2.16)	0.448 9** (2.28)	0.659 5** (2.23)	0.451 9** (2.31)	0.651 7** (2.23)
ENVLAW		0.623 7** (2.37)		0.626 0** (2.31)		0.603 2** (2.26)
CONF_DIS_N×ENVLAW		−0.471 1* (−1.80)		−0.476 6* (−1.76)		−0.454 9* (−1.71)
控制变量	控制	控制	控制	控制	控制	控制
常数项	−4.599 7*** (−8.79)	−4.809 0*** (−8.82)	−4.664 4*** (−8.92)	−4.871 3*** (−8.89)	−4.667 3*** (−8.91)	−4.862 5*** (−8.86)
行业/年度	控制	控制	控制	控制	控制	控制
观测值	21 628	21 628	21 628	21 628	21 628	21 628
Log likelihood	−25 235.375 9	−25 231.232 7	−25 229.562 9	−25 225.386 5	−25 229.402 0	−25 225.561 4
LR Chi^2	914.38***	917.64***	918.73***	919.69***	913.58***	912.75***

注：***、**、* 分别表示在 1%、5%、10%水平上显著；所有 t 值均经过公司层面聚类调整以后的稳健标准差计算而得(Peterson,2009)。

(三)区分孔庙和书院

表 2.4.9 区分孔庙和书院的回归结果。变量 CONF_TEMP_R(CONF_COLL_R)表示公司注册地 R 千米半径内孔庙(书院)数量，其中 R 分别取值 100、200、300 千米。整体而言，变量 CONF_TEMP_R 和 CONF_COLL_R 的系数均显著为正，进一步支持了假设 2.4.1；变量 CONF_TEMP_R×ENVLAW 和 CONF_COLL_R×ENVLAW 的系数显著为负，进一步支持了假设 2.4.2a。上述结果为本节假设提供了稳健的经验证据。

表 2.4.9 区分孔庙和书院的稳健性测试结果

Panel A:采用孔庙数目度量儒家文化强度

变量	因变量:EGP					
	(1)$R=100$		(2)$R=200$		(3)$R=300$	
	系数 (t 值)	系数 (t 值)	系数 (t 值)	系数 (t 值)	系数 (t 值)	系数 (t 值)
CONF_TEMP_R	0.057 4*** (2.95)	0.078 5*** (3.38)	0.032 0*** (4.35)	0.039 2*** (4.59)	0.024 6*** (5.00)	0.028 4*** (5.09)
ENVLAW		0.263 7*** (3.48)		0.257 2*** (3.42)		0.263 8*** (3.40)
CONF_TEMP_R×ENVLAW		−0.078 0*** (−3.16)		−0.028 6*** (−2.85)		−0.015 8** (−2.51)

续表

变量	因变量:EGP					
	(1)$R=100$		(2)$R=200$		(3)$R=300$	
	系数 (t 值)	系数 (t 值)	系数 (t 值)	系数 (t 值)	系数 (t 值)	系数 (t 值)
控制变量	控制	控制	控制	控制	控制	控制
常数项	−4.377 4*** (−8.65)	−4.406 6*** (−8.74)	−4.502 4*** (−8.84)	−4.525 8*** (−8.91)	−4.579 4*** (−8.93)	−4.596 6*** (−9.00)
行业/年度	控制	控制	控制	控制	控制	控制
观测值	21 628	21 628	21 628	21 628	21 628	21 628
Log likelihood	−25 199.342 2	−25 184.839 7	−25 179.836 7	−25 169.645 3	−25 157.4236	−25 148.845 2
LR Chi^2	936.49***	994.08***	951.86***	944.69***	979.56***	1 016.50***

Panel B:采用书院数目度量儒家文化强度

变量	因变量:EGP					
	(1)$R=100$		(2)$R=200$		(3)$R=300$	
	系数 (t 值)	系数 (t 值)	系数 (t 值)	系数 (t 值)	系数 (t 值)	系数 (t 值)
CONF_COLL_R	0.045 6** (2.28)	0.062 9*** (2.61)	0.023 0** (2.38)	0.031 2*** (2.72)	0.015 0** (2.32)	0.019 1** (2.54)
ENVLAW		0.226 5*** (3.12)		0.240 1*** (3.31)		0.230 4*** (3.14)
CONF_COLL_R ×ENVLAW		−0.061 9** (−2.54)		−0.028 3*** (−2.68)		−0.013 9** (−2.20)
制变量	控制	控制	控制	控制	控制	控制
常数项	−4.261 3*** (−8.37)	−4.286 2*** (−8.46)	−4.282 1*** (−8.46)	−4.311 1*** (−8.56)	−4.369 0*** (−8.64)	−4.396 6*** (−8.72)
行业/年度	控制	控制	控制	控制	控制	控制
观测值	21 628	21 628	21 628	21 628	21 628	21 628
Log likelihood	−25 209.216 9	−25 198.162 0	−25 203.879 9	−25 193.016 3	−25 203.888 0	−25 197.902 3
LR Chi^2	880.90***	891.74***	926.05***	938.12***	949.49***	958.08***

注:***、**、*分别表示在1%、5%、10%水平上显著;所有 t 值均经过公司层面聚类调整以后的稳健标准差计算而得(Peterson,2009)。

(四)内生性讨论

基于地理邻近概念的儒家文化度量可能导致其与被解释变量之间互为因果关系(Du,2015,2016),即环境治理绩效好的公司倾向于设置在孔庙和书院附近,或儒家文化影响有助于提升公司的环境治理绩效。为了控制内生性的影响,本节将采用工具变量两阶段回归方法重新检验假设2.4.1和假设2.4.2a、2.4.2b。

本节选用公司与最近一个儒家学派发源地的城市中心距离的平均值作为儒家文化的工

具变量[①]。理由如下：(1)从历史演化的时序来看，先有思想学说，其后才需要设施促进其传播和发展。因此，儒家学派的传播和发展促进了当地孔庙和书院的设立，二者之间存在紧密的正相关关系。(2)儒家学派的建立源于文化氛围，与自然环境没有直接的关系，且学派的建立远远早于公司的环境治理行为。因此，儒家学派与环境治理没有直接的相关关系。

表 2.4.10 列示了工具变量两阶段回归方法的结果。表 2.4.10 的第(1)～(3)列列示了第一阶段的回归结果，主要解释变量为 CONFSECT。如表 2.4.10 的第(1)～(3)列所示，变量 CONFSECT 与儒家文化 CONF_R(R＝100，200，300)均显著负相关，揭示了儒家学派发源地与孔庙、书院等儒家文化传播设施之间的联系。

表 2.4.10 的第(4)～(6)列列示了第二阶段的结果，儒家文化 CONF_R*（R＝100，200，300)与公司环境治理绩效显著正相关，且 CONF_R* ×ENVLAW(R＝100，200，300)的系数均显著为负。上述结果与表 2.4.4 和表 2.4.5 中的结果保持一致，为假设 2.4.1 和假设 2.4.2a 提供了进一步的证据。

表 2.4.10 工具变量两阶段方法的回归结果

变量	因变量：CONF_100	因变量：CONF_200	因变量：CONF_300	因变量：EGP					
	(1)	(2)	(3)	(4)R=100		(5)R=200		(6)R=300	
	系数 (t 值)	系数 (t 值)	系数 (t 值)	系数 (t 值)	系数 (t 值)	系数 (t 值)	系数 (t 值)	系数 (t 值)	系数 (t 值)
CONFSECT	−0.002 1*** (−22.57)	−0.006 5*** (−24.00)	−0.010 8*** (−26.61)						
CONF_R*				0.080 7** (2.36)	0.112 7** (2.55)	0.025 9** (2.57)	0.033 1** (2.57)	0.016 3*** (2.77)	0.020 4*** (2.70)
ENVLAW					0.358 7*** (3.39)		0.287 4*** (3.00)		0.294 0*** (2.94)
CONF_R* ×ENVLAW					−0.090 5** (−2.40)		−0.020 7* (−1.80)		−0.011 7* (−1.71)
控制变量	控制	控制	控制	控制	控制	控制	控制	控制	控制
常数项	1.268 2 (1.55)	6.372 4*** (4.29)	12.947 0*** (5.87)	−4.332 8*** (−8.50)	−4.404 9*** (−8.64)	−4.396 8*** (−8.64)	−4.449 0*** (−8.73)	−4.466 2*** (−8.76)	−4.523 7*** (−8.85)
行业/年度	控制	控制	控制	控制	控制	控制	控制	控制	控制
观测值	21 628	21 628	21 628	21 628	21 628	21 628	21 628	21 628	21 628
Adj_R^2/Log likelihood	0.169 0	0.338 7	0.406 1	−25 215.047 3	−25 207.722 6	−25 211.275 2	−25 207.642 5	−25 205.298 7	−25 202.047 4
F /LR Chi^2	16.18***	15.07***	20.18***	857.34***	884.20***	854.22***	862.26***	887.30***	892.85***

注：***、**、* 分别表示在 1%、5%、10%水平上显著；所有 t 值均经过公司层面聚类调整以后的稳健标准差计算而得(Peterson，2009)。

① 计算步骤如下：首先，根据《中国思想史》(韦政通，2009)中阐述的内容，按地域确定儒家的七大学派，分别为鲁学、洛学、蜀学、闽学、泰州学派、浙东学派以及临川学派。其次，根据各学派代表人物的历史活动轨迹，确定各学派发源的城市(地级城市)。再次，以市政府所在地确定城市的中心，使用谷歌地图搜集城市中心的经纬度数据，计算公司与城市中心的距离。最后，分学派计算公司与学派发源地内各城市中心距离的平均值。

进一步，为降低因果推断的偏差，本节采用断点回归（regression discontinuity design）方法检验儒家文化对公司环境治理的影响。选用明代长城作为文化的地理分割点。其原因在于，明代是距今最近的一个汉族建立的政权，长城在明代具有防御功能，且分割了汉族与北方少数民族地区，长城以北多受游牧文化熏陶，而长城以南长期受到儒家文化影响。

纬度差数据的计算方法如下：首先，从长城小站网站（http://www.ilovegreatwall.cn/）获得明长城遗址的经纬度数据。其次，计算公司与各长城遗址的经度差。再次，以经度差最小的明长城遗址为基础计算公司与该遗址的纬度差。最后，根据纬度差判别公司位于长城的南北位置，如果纬度差为正，表明公司处于明长城以北；如果纬度差为负，表示公司处于明长城以南。图 2.4.1 列示了环境治理得分与纬度差的散点图。如图所示，在零纬度差附近，长城以南样本的预测线高于长城以北样本的预测线，两条预测线之间存在断点。

图 2.4.2a 至 2.4.2c 描绘了儒家变量（CONF_R，R＝100，200，300）与纬度差的散点图。如图所示，在零纬度差附近，长城以南样本的预测线高于长城以北样本的预测线，表明在长城南北侧，公司受到的儒家文化影响存在断点，即在长城南侧，公司受儒家文化的影响更强。

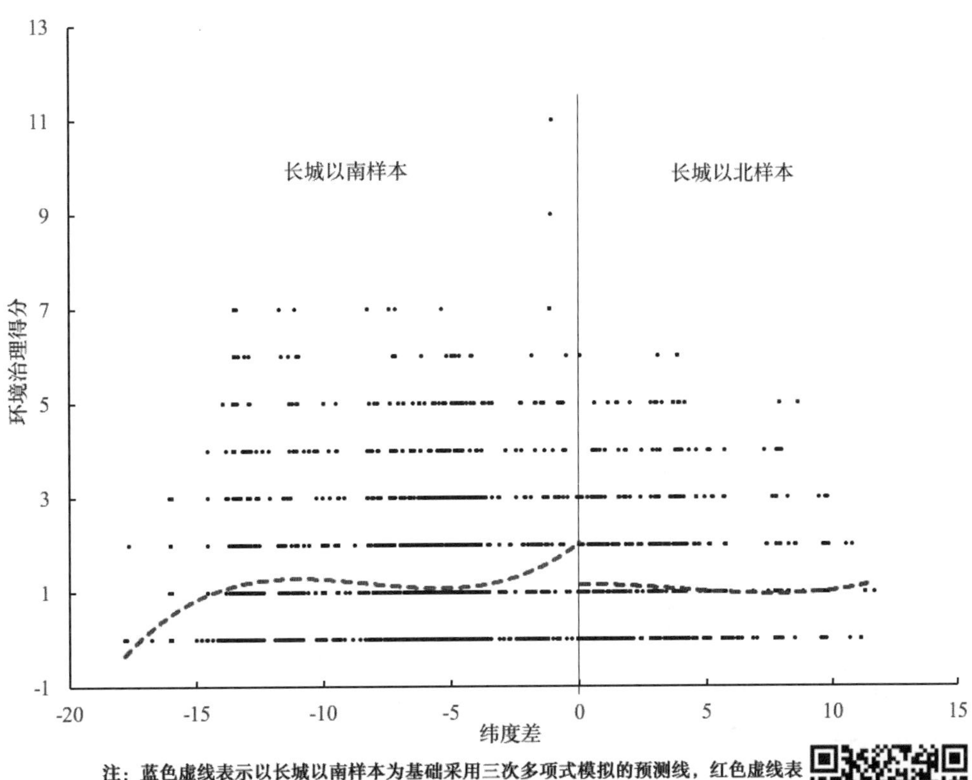

注：蓝色虚线表示以长城以南样本为基础采用三次多项式模拟的预测线，红色虚线表示以长城以北样本为基础采用三次多项式模拟的预测线。

图 2.4.1　环境治理得分与纬度差的散点图（彩图扫二维码）

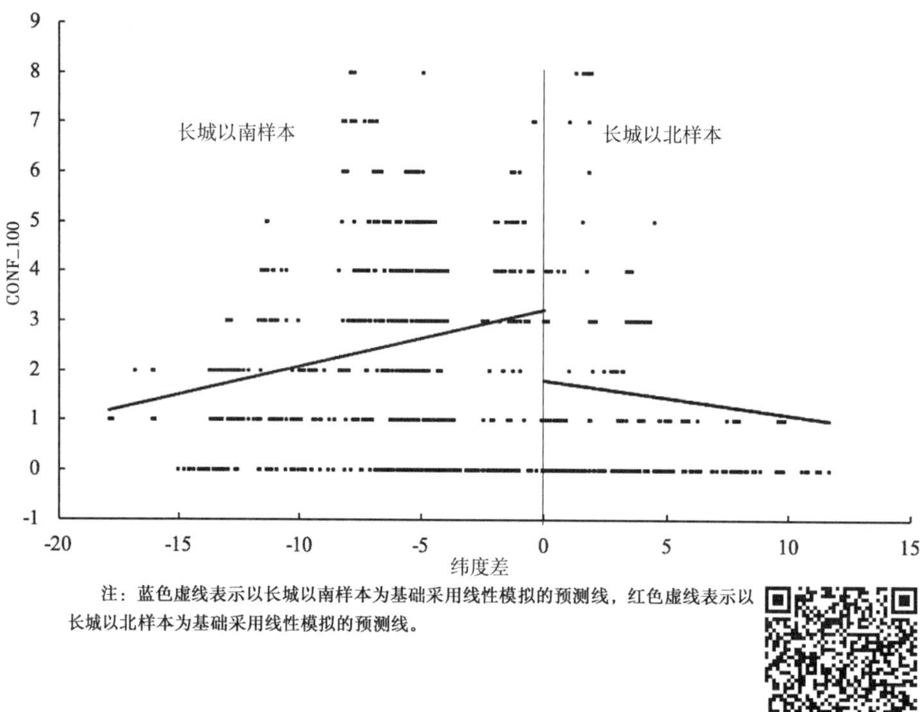

注：蓝色虚线表示以长城以南样本为基础采用线性模拟的预测线，红色虚线表示以长城以北样本为基础采用线性模拟的预测线。

图 2.4.2a　100 千米儒家文化变量与纬度差的散点图(彩图扫二维码)

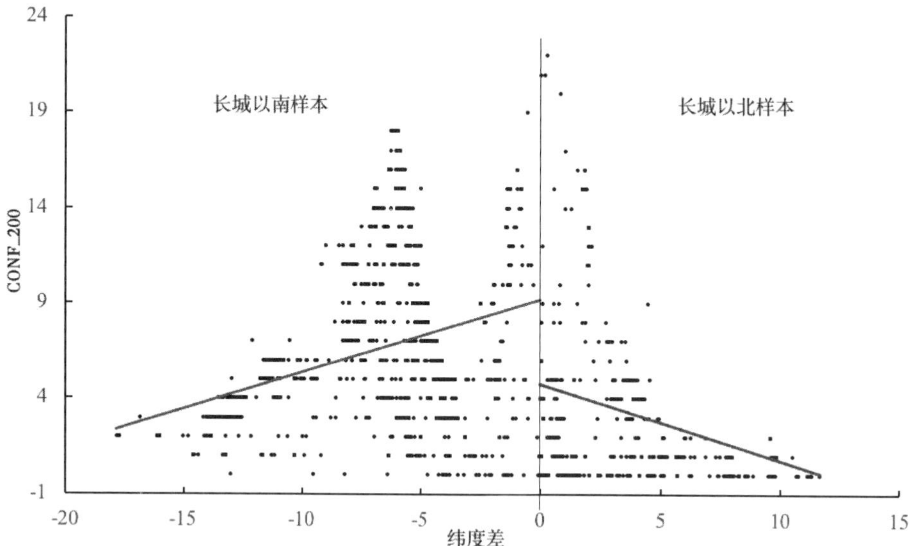

注：蓝色虚线表示以长城以南样本为基础采用线性模拟的预测线，红色虚线表示以长城以北样本为基础采用线性模拟的预测线。

图 2.4.2b　200 千米儒家文化变量与纬度差的散点图(彩图扫二维码)

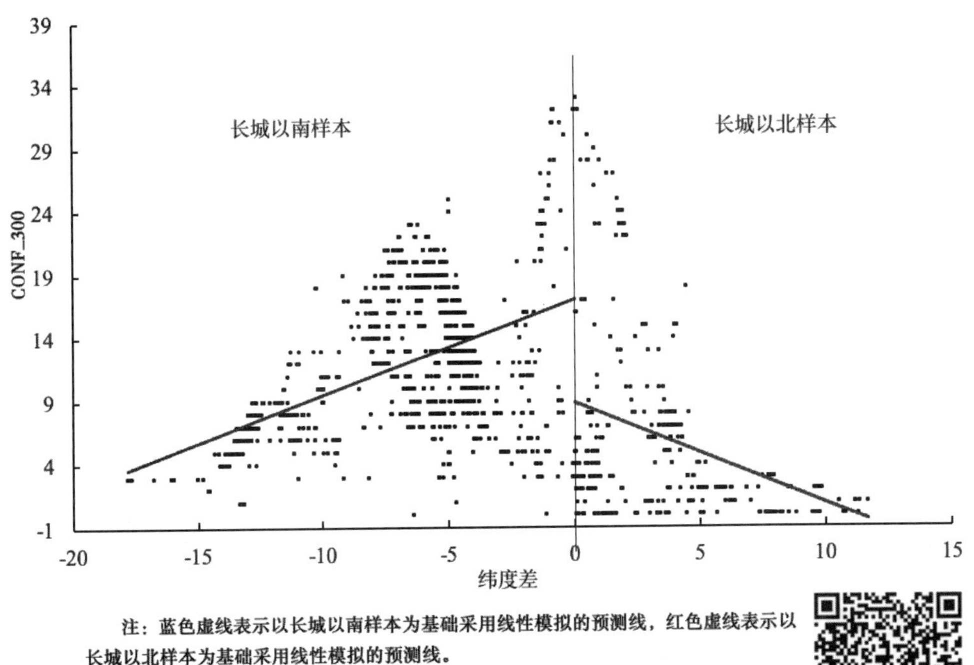

图 2.4.2c 300 千米儒家文化变量与纬度差的散点图(彩图扫二维码)

参考 Chen 等(2013)的做法,设置虚拟变量 NORTH,当公司处于长城以北,取值为 1,否则取值为 0,并设置如下模型。从纬度分布来看,西藏、青海大部处于长城以南,但是受到儒家文化的影响较小。为降低样本偏差,在断点模型使用的样本中删除了注册地在西藏、青海的公司。

$$\text{CONF\_R}=\alpha_0+\alpha_1\text{NORTH}+\alpha_j f(\text{LATDIF})+\text{控制变量}+\varepsilon \tag{2.4.5}$$

$$\text{EGP}=\beta_0+\beta_1\text{NORTH}+\beta_j f(\text{LATDIF})+\text{控制变量}+\varepsilon \tag{2.4.6}$$

$$\text{EGP}=\lambda_0+\lambda_1\text{CONF\_R}^*+\text{控制变量}+\varepsilon \tag{2.4.7}$$

其中,EGP 表示环境治理得分,CONF_R 表示公司半径 R(R=100,200,300)千米内孔庙和书院的数量,LATDIF 表示公司与长城的纬度差,f(LATDIF)表示关于纬度差的多项式,控制变量与前文一致。CONF_R* 表示经过式(2.4.5)预测的儒家文化变量。

首先,基于全部样本(删除位于西藏、青海的上市公司)进行检验。为降低南北方差异的影响,依据 Chen 等(2013),限定公司与长城的纬度差为±5°。进一步,基于限定±5°纬度差的样本,采用倾向得分配对方法降低样本的不平衡性并重新检验。表 2.4.11 报告了断点回归的结果,变量 NORTH 的系数均显著为负,表明位于长城以北的公司的环境治理业绩显著更低。

表 2.4.11　断点回归结果

变量	因变量:EGP								
	全样本			限定±5°纬度范围的样本			限定±5°纬度范围以及倾向得分配对的样本		
	(1)	(2)	(3)	(4)	(5)	(6)	(7)	(8)	(9)
	系数 (t 值)	系数 (t 值)	系数 (t 值)	系数 (t 值)	系数 (t 值)	系数 (t 值)	系数 (t 值)	系数 (t 值)	系数 (t 值)
NORTH	−0.207 0** (−2.53)	−0.194 4* (−1.95)	−0.257 9** (−2.18)	−0.290 8** (−2.13)	−0.271 9** (−2.19)	−0.308 8* (−1.79)	−0.324 8** (−2.31)	−0.295 7** (−2.34)	−0.384 8** (−2.22)
LATDIF	−0.001 5 (−0.25)	−0.003 5 (−0.32)	0.008 5 (0.57)	−0.004 9 (−0.24)	−0.011 7 (−0.58)	0.005 5 (0.09)	0.001 0 (0.04)	−0.007 7 (−0.36)	0.034 0 (0.59)
$LATDIF^2$		−0.000 2 (−0.23)	−0.001 0 (−0.90)		−0.013 4*** (−3.22)	−0.014 2*** (−2.94)		−0.013 0*** (−3.09)	−0.014 9*** (−3.07)
$LATDIF^3$			−0.000 1 (−1.12)			−0.000 7 (−0.32)			−0.001 7 (−0.79)
控制变量	控制	控制	控制	控制	控制	控制	控制	控制	控制
常数项	−4.442 3*** (−8.77)	−4.441 3*** (−8.77)	−4.375 1*** (−8.59)	−4.560 0*** (−6.58)	−4.762 2*** (−6.82)	−4.729 7*** (−6.64)	−4.653 1*** (−6.18)	−4.779 4*** (−6.37)	−4.685 9*** (−6.13)
行业/年度	控制	控制	控制	控制	控制	控制	控制	控制	控制
观测值	21 538	21 538	21 538	10 268	10 268	10 268	8 006	8 006	8 006
Log likelihood	−25 070.768 0	−25 070.596 5	−25 066.907 8	−12 105.872 2	−12 075.595 8	−12 075.382 7	−9 416.154 4	−9 393.369 0	−9 392.389 5
F /LR Chi^2	945.88***	951.11***	946.54***	572.81***	574.90***	574.84***	591.09***	583.35***	582.11***

注：***、**、*分别表示在1%、5%、10%水平上显著；所有 t 值均经过公司层面聚类调整以后的稳健标准差计算而得(Peterson,2009)。

表 2.4.12 报告了采用公司与长城纬度差作为工具变量的两阶段模型回归结果。Panel A 中变量 NORTH 的系数均显著为负，表明位于长城以北的公司受儒家文化的影响更弱。在 Panel B 和 Panel C 中，NORTH 与 CONF_100 显著负相关，与其他儒家变量没有显著的相关性，这是由于限定纬度差±5°导致的。在第二阶段回归结果中，预测变量 CONF_R* 均显著为正，支持了假设 2.4.1，表明儒家文化对提升环境治理具有显著的促进作用。交乘项 CONF_R*×ENVLAW 的系数均显著为负，支持了假设 2.4.2a，表明环境保护法的实施显著地削弱了儒家文化对环境治理的促进作用。

表 2.4.12　采用公司与长城纬度差作为工具变量的两阶段回归结果

Panel A:全样本回归结果									
变量	因变量:CONF_100	因变量:CONF_200	因变量:CONF_300	因变量:EGP					
	(1)	(2)	(3)	(4)$R=100$		(5)$R=200$		(6)$R=300$	
	系数(t 值)	系数(t 值)	系数(t 值)	系数(t 值)	系数(t 值)	系数(t 值)	系数(t 值)	系数(t 值)	系数(t 值)
NORTH	−0.487 5**	−0.568 0*	−3.287 7***						
	(−2.15)	(−1.70)	(−4.10)						
LATDIF	−0.157 5***	−0.696 9***	−0.906 5***						
	(−5.21)	(−11.21)	(−8.96)						
$LATDIF^2$	−0.004 5***	−0.009 1***	−0.030 1***						
	(−3.54)	(−3.72)	(−8.30)						
$LATDIF^3$	0.000 9***	0.004 2***	0.005 1***						
	(5.07)	(10.42)	(8.49)						
CONF_R*				0.126 8***	0.163 9***	0.037 0***	0.045 2***	0.019 3***	0.022 4***
				(3.52)	(3.71)	(4.12)	(4.09)	(4.28)	(4.23)
ENVLAW					0.409 3***		0.310 1***		0.267 2***
					(3.91)		(3.46)		(3.05)
CONF_R* ×ENVLAW					−0.118 2***		−0.025 8**		−0.009 8*
					(−2.90)		(−2.35)		(−1.78)
控制变量	控制	控制	控制	控制	控制	控制	控制	控制	控制
常数项	−0.559 3	−0.447 1	3.193 3	−4.297 4***	−4.373 7***	−4.384 5***	−4.432 3***	−4.466 5***	−4.504 8***
	(−0.67)	(−0.31)	(1.54)	(−8.48)	(−8.63)	(−8.64)	(−8.73)	(−8.76)	(−8.82)
行业/年度	控制	控制	控制	控制	控制	控制	控制	控制	控制
观测值	21 538	21 538	21 538	21 538	21 538	21 538	21 538	21 538	21 538
Adj_R^2/Log likelihood	0.159 4	0.377 4	0.500 7	−25 081.030 0	−25 069.201 3	−25 076.504 2	−25 070.291 5	−25 081.268 9	−25 078.435 2
F /LR Chi^2	16.31***	54.90***	106.37***	913.30***	960.67***	906.87***	926.43***	926.31***	937.54***

Panel B:限定±5°纬度差样本的回归结果									
变量	因变量:CONF_100	因变量:CONF_200	因变量:CONF_300	因变量:EGP					
	(1)	(2)	(3)	(4)$R=100$		(5)$R=200$		(6)$R=300$	
	系数(t 值)	系数(t 值)	系数(t 值)	系数(t 值)	系数(t 值)	系数(t 值)	系数(t 值)	系数(t 值)	系数(t 值)
NORTH	−1.534 6***	0.475 9	−0.349 1						
	(−4.57)	(1.05)	(−0.66)						
LATDIF	0.245 1**	−0.336 6***	0.078 5						
	(2.16)	(−2.58)	(0.49)						
$LATDIF^2$	0.037 9***	0.076 5***	0.088 3***						
	(4.69)	(5.00)	(4.60)						
$LATDIF^3$	−0.015 8***	−0.019 8***	−0.046 7***						
	(−3.76)	(−3.79)	(−9.09)						
CONF_R*				0.085 1**	0.119 1***	0.048 2***	0.057 6***	0.036 1***	0.041 3***
				(2.32)	(2.84)	(3.25)	(3.85)	(3.04)	(3.49)

续表

变量	因变量：CONF_100	因变量：CONF_200	因变量：CONF_300	因变量:EGP					
	(1)	(2)	(3)	(4)$R=100$		(5)$R=200$		(6)$R=300$	
	系数 (t 值)	系数 (t 值)	系数 (t 值)	系数 (t 值)	系数 (t 值)	系数 (t 值)	系数 (t 值)	系数 (t 值)	系数 (t 值)
ENVLAW					0.455 6 *** (2.75)		0.391 2 *** (3.33)		0.387 4 *** (3.34)
CONF_R * ×ENVLAW					−0.121 2 *** (−2.66)		−0.035 4 *** (−2.74)		−0.017 8 *** (−2.81)
控制变量	控制	控制	控制	控制	控制	控制	控制	控制	控制
常数项	−3.338 5 *** (−3.14)	−10.036 7 *** (−9.56)	−8.674 9 *** (−7.48)	−3.948 2 *** (−5.54)	−3.998 8 *** (−5.60)	−3.784 0 *** (−5.17)	−3.799 1 *** (−5.19)	−3.993 4 *** (−5.46)	−3.997 1 *** (−5.52)
行业/年度	控制	控制	控制	控制	控制	控制	控制	控制	控制
观测值	10 268	10 268	10 268	10 268	10 268	10 268	10 268	10 268	10 268
Adj_R^2 / Log likelihood	0.322 6	0.805 2	0.913 0	−12 153.755 3	−12 142.477 2	−12 136.689 1	−12 125.255 0	−12 127.909 8	−12 117.141 2
F /LR Chi^2	14.18 ***	79.40 ***	357.16 ***	547.07 ***	565.88 ***	561.21 ***	591.73 ***	563.52 ***	608.29 ***

Panel C:限定±5°纬度差以及倾向得分配对样本回归结果

变量	因变量：CONF_100	因变量：CONF_200	因变量：CONF_300	因变量:EGP					
	(1)	(2)	(3)	(4)$R=100$		(5)$R=200$		(6)$R=300$	
	系数 (t 值)	系数 (t 值)	系数 (t 值)	系数 (t 值)	系数 (t 值)	系数 (t 值)	系数 (t 值)	系数 (t 值)	系数 (t 值)
NORTH	−1.633 2 *** (−5.09)	0.246 9 (0.56)	−0.448 5 (−0.84)						
LATDIF	0.230 7 ** (2.14)	−0.295 8 ** (−2.35)	0.078 8 (0.49)						
$LATDIF^2$	0.038 6 *** (4.85)	0.073 9 *** (4.59)	0.083 9 *** (4.23)						
$LATDIF^3$	−0.014 3 *** (−3.53)	−0.019 7 *** (−3.79)	−0.044 7 *** (−8.60)						
CONF_R *				0.133 0 *** (3.85)	0.174 6 *** (4.54)	0.054 4 *** (3.95)	0.063 9 *** (4.82)	0.032 1 *** (3.23)	0.036 1 *** (3.72)
ENVLAW					0.565 0 *** (3.61)		0.486 7 *** (3.53)		0.443 2 *** (3.22)
CONF_R * ×ENVLAW					−0.153 7 *** (−3.47)		−0.043 5 *** (−3.52)		−0.019 0 *** (−3.01)
控制变量	控制	控制	控制	控制	控制	控制	控制	控制	控制
常数项	−3.315 5 *** (−3.07)	−10.034 7 *** (−9.09)	−8.631 7 *** (−6.96)	−4.173 6 *** (−5.48)	−4.283 2 *** (−5.66)	−3.925 6 *** (−5.10)	−3.961 4 *** (−5.17)	−4.178 8 *** (−5.34)	−4.174 3 *** (−5.37)

续表

变量	因变量：CONF_100	因变量：CONF_200	因变量：CONF_300	因变量：EGP					
	(1)	(2)	(3)	(4)R=100		(5)R=200		(6)R=300	
	系数（t值）	系数（t值）	系数（t值）	系数（t值）	系数（t值）	系数（t值）	系数（t值）	系数（t值）	系数（t值）
行业/年度	控制	控制	控制	控制	控制	控制	控制	控制	控制
观测值	8 006	8 006	8 006	8 006	8 006	8 006	8 006	8 006	8 006
Adj_R^2/Log likelihood	0.340 7	0.801 4	0.910 9	−9 430.820 5	−9 416.139 6	−9 423.475 2	−9 409.914 9	−9 425.989 0	−9 416.127 2
F/LR Chi^2	15.09***	68.61***	316.07***	621.85***	687.03***	622.76***	658.42***	590.70***	646.87***

注：***、**、*分别表示在1%、5%、10%水平上显著；所有t值均经过公司层面聚类调整以后的稳健标准差计算而得（Peterson，2009）。

七、附加测试

本节主要发现为儒家文化促进了公司的环境治理，但儒家文化的影响可能会受到一些区域性因素，如地区教育水平、地区经济发展、地区经济偏好的影响，也可能会因公司（高管）的不同特征而产生差异。基于此，本节进一步基于地区因素与公司（高管）特征进行分组测试。

（一）按地区教育发达程度分组

儒家传统文化依赖于地区教育程度。若地区教育程度落后，文化传播必然受到限制，文化影响可能大打折扣；反之，若地区教育程度比较发达，生活在该地区的个人有更多机会接受传统文化的熏陶，传统文化的影响将更深远。基于此，本节按各省、自治区、直辖市高等院校数量的均值划分教育程度高低。各省、自治区、直辖市的高等院校数量来源于CEIC提供的中国经济数据库。表2.4.13报告了按教育程度高低分组的回归结果，变量CONF_R（R=100，200，300）的系数在教育程度高分组中显著为正，而在教育程度低分组中不显著，表明儒家文化的影响力受到地区教育水平的制约。

表2.4.13　按各地区高等教育程度分组的回归结果

变量	因变量：EGP					
	(1)R=100		(2)R=200		(3)R=300	
	教育发达程度高	教育发达程度低	教育发达程度高	教育发达程度低	教育发达程度高	教育发达程度低
	系数（t值）	系数（t值）	系数（t值）	系数（t值）	系数（t值）	系数（t值）
CONF_R	0.048 0*** (3.40)	0.022 1 (0.93)	0.019 1*** (3.68)	0.001 7 (0.10)	0.014 6*** (4.13)	−0.005 9 (−0.62)

续表

变量	因变量:EGP					
	(1)R=100		(2)R=200		(3)R=300	
	教育发达程度高	教育发达程度低	教育发达程度高	教育发达程度低	教育发达程度高	教育发达程度低
	系数 (t 值)	系数 (t 值)	系数 (t 值)	系数 (t 值)	系数 (t 值)	系数 (t 值)
控制变量	控制	控制	控制	控制	控制	控制
常数项	−4.152 3*** (−6.94)	−4.468 3*** (−4.87)	−4.290 9*** (−7.32)	−4.401 9*** (−4.62)	−4.445 4*** (−7.35)	−4.406 9*** (−4.79)
行业/年度	控制	控制	控制	控制	控制	控制
观测值	16 318	5 310	16 318	5 310	16 318	5 310
Log likelihood	−19 363.906 9	−6 068.187 6	−19 275.701 8	−6 073.810 7	−19 313.780 9	−6 069.746 7
LR Chi^2	641.14***	481.60***	560.99***	484.43***	664.02***	477.33***

注：***、**、*分别表示在1%、5%、10%水平上显著；所有 t 值均经过公司层面聚类调整以后的稳健标准差计算而得(Peterson,2009)。

(二)按地区富裕程度分组

中国地区贫富差距较大，文化影响力往往与富裕程度密切相关。根据马斯洛需求层次理论，如果人在为解决低层次需求(如生存需求)努力时，高层次需求(如自我实现)将退居次要地位。反之，如果人的低层次需求得到满足，那么人更可能追求精神世界的升华。因此，本节预测在经济富裕地区，儒家文化对公司环境治理绩效的影响更显著。本节按各省(自治区、直辖市)的人均 GDP 的均值划分富裕程度高低组(数据来源于 CEIC 提供的中国经济数据库)。表 2.4.14 列示了划分富裕程度分组回归的结果。在富裕程度高的地区分组中，儒家文化与公司环境治理绩效显著正相关，而在富裕程度低的地区分组中，儒家文化变量的系数均不显著。上述结果说明，生产力决定生产关系，经济发达程度制约着传统文化这一非正式制度对公司行为的影响。

表 2.4.14 划分富裕程度分组回归的结果

变量	因变量:EGP					
	(1)R=100		(2)R=200		(3)R=300	
	富裕程度高	富裕程度低	富裕程度高	富裕程度低	富裕程度高	富裕程度低
	系数 (t 值)	系数 (t 值)	系数 (t 值)	系数 (t 值)	系数 (t 值)	系数 (t 值)
CONF_R	0.062 3*** (3.14)	0.013 1 (0.69)	0.025 5*** (3.51)	−0.017 2 (−1.32)	0.014 8*** (2.58)	−0.001 7 (−0.15)
控制变量	控制	控制	控制	控制	控制	控制
常数项	−3.875 2*** (−5.48)	−5.041 0*** (−6.01)	−4.100 1*** (−5.91)	−5.069 1*** (−6.11)	−4.225 9*** (−5.79)	−4.888 7*** (−5.95)

续表

变量	因变量:EGP					
	(1)$R=100$		(2)$R=200$		(3)$R=300$	
	富裕程度高	富裕程度低	富裕程度高	富裕程度低	富裕程度高	富裕程度低
	系数 (t 值)	系数 (t 值)	系数 (t 值)	系数 (t 值)	系数 (t 值)	系数 (t 值)
行业/年度	控制	控制	控制	控制	控制	控制
观测值	14 023	7 605	14 023	7 605	14 023	7 605
Log likelihood	−16 499.647 9	−8 931.994 4	−16 412.446 8	−8 933.243 9	−16 461.616 5	−8 933.456 7
LR Chi²	597.04***	372.46***	586.42***	376.36***	614.33***	363.99***

注：***、**、*分别表示在1%、5%、10%水平上显著；所有 t 值均经过公司层面聚类调整以后的稳健标准差计算而得(Peterson，2009)。

(三)按地区风险偏好高低分组

承担高风险往往意味着高风险溢价和短期行为。在高风险偏好的地区，公司更可能因短期化偏好破坏生态环境。儒家思想强调从长期的视角审视人与社会、人与自然之间的关系，因而有助于制约公司短期化的倾向。本节按各省、自治区、直辖市的人均彩票销售额(数据来源于 CEIC 提供的中国经济数据库)的均值划分风险偏好高低。表 2.4.15 列示了该分组的回归结果。结果显示，在高风险偏好地区中，儒家文化对环境治理的促进作用显著；而在低风险偏好地区中，儒家文化变量的系数均不显著。简言之，表 2.4.15 中的结果表明，在短期化行为影响较强的地区，儒家文化对环境治理的促进作用更显著。

表 2.4.15　按地区风险偏好分组的回归结果

变量	因变量:EGP					
	(1)$R=100$		(2)$R=200$		(3)$R=300$	
	高风险偏好	低风险偏好	高风险偏好	低风险偏好	高风险偏好	低风险偏好
	系数 (t 值)	系数 (t 值)	系数 (t 值)	系数 (t 值)	系数 (t 值)	系数 (t 值)
CONF_R	0.049 3*** (2.67)	0.024 2 (1.24)	0.021 6*** (3.16)	−0.020 5 (−1.39)	0.011 9** (2.30)	−0.000 8 (−0.06)
控制变量	控制	控制	控制	控制	控制	控制
常数项	−3.868 2*** (−6.26)	−4.915 0*** (−5.67)	−4.077 6*** (−6.76)	−5.017 9*** (−5.79)	−4.134 2*** (−6.67)	−4.775 3*** (−5.46)
行业/年度	控制	控制	控制	控制	控制	控制
观测值	15 392	6 236	15 392	6 236	15 392	6 236
Log likelihood	−18 153.111 5	−7 284.518 8	−18 055.862 5	−7 286.370 3	−18 106.191 5	−7 289.182 5
LR Chi²	620.36***	333.45***	621.11***	358.31***	642.90***	316.26***

注：***、**、*分别表示在1%、5%、10%水平上显著；所有 t 值均经过公司层面聚类调整以后的稳健标准差计算而得(Peterson，2009)。

（四）按高管持股比例高低分组

股权激励有助于提升管理者利益与股东利益的趋近程度，激励管理者从长远利益考虑做出决策。本节按照高管持股比例的均值将样本划分为高持股比例组和低持股比例组。表2.4.16 报告了分组回归的结果。如表所示，在高持股比例组中，儒家文化对公司环境治理的影响不显著；而在低持股比例组中，儒家文化显著地促进了公司的环境治理。上述结果表明，高管持股作为一类重要的治理机制与儒家文化之间存在替代效应。

表 2.4.16　按高管持股比例分组的回归结果

变量	因变量:EGP					
	(1)R=100		(2)R=200		(3)R=300	
	高管持股比例高	高管持股比例低	高管持股比例高	高管持股比例低	高管持股比例高	高管持股比例低
	系数 (t 值)	系数 (t 值)	系数 (t 值)	系数 (t 值)	系数 (t 值)	系数 (t 值)
CONF_R	0.022 9 (0.97)	0.055 3*** (3.83)	0.017 9 (1.63)	0.022 1*** (3.93)	0.011 3 (1.59)	0.016 0*** (4.35)
控制变量	控制	控制	控制	控制	控制	控制
常数项	−3.846 6* (−1.85)	−4.170 4*** (−7.58)	−3.878 8 (−1.58)	−4.307 7*** (−8.10)	−3.886 0 (−1.64)	−4.434 6*** (−8.07)
行业/年度	控制	控制	控制	控制	控制	控制
观测值	5 465	16 163	5 465	16 163	5 465	16 163
Log likelihood	−6 072.085 1	−19 348.821 9	−6 049.361 4	−19 283.559 9	−6 053.197 6	−19 328.217 5
LR Chi^2	294.09***	645.80***	289.11***	637.92***	303.45***	655.47***

注：***、**、* 分别表示在1%、5%、10%水平上显著；所有 t 值均经过公司层面聚类调整以后的稳健标准差计算而得(Peterson,2009)。

（五）利益相关者参与的影响

表 2.4.17 报告了儒家文化、利益相关者参与和公司环境治理业绩的回归结果。如表所示，儒家变量 CONF_R(R=100,200,300)的系数显著为正，与假设 2.4.1 一致；此外，变量 STAKE 的系数同样显著为正，表明利益相关者参与促进了公司的环境治理。更重要的是，变量 CONF_R×STAKE 的系数显著为负，表明利益相关者参与削弱了儒家文化对公司环境治理绩效的促进作用。

表 2.4.17 儒家文化、利益相关者参与和公司环境治理业绩的回归结果

变量	因变量:EGP					
	(1)$R=100$		(2)$R=200$		(3)$R=300$	
	系数	t 值	系数	t 值	系数	t 值
CONF_R	0.037 5***	2.90	0.017 7***	3.22	0.012 6***	3.74
STAKE	0.488 9***	11.32	0.492 2***	10.54	0.491 1***	9.30
CONF_R×STAKE	−0.058 8***	−3.42	−0.021 2***	−2.99	−0.011 1**	−2.51
控制变量	控制		控制		控制	
常数项	−4.340 2***	−8.59	−4.385 9***	−8.66	−4.454 9***	−8.74
行业/年度	控制		控制		控制	
观测值	21 628		21 628		21 628	
Log likelihood	−25 192.492 0		−25 197.704 9		−25 188.255 8	
LR Chi^2	966.64***		919.15***		944.63***	

注:***、**、*分别表示在1%、5%、10%水平上显著;所有 t 值均经过公司层面聚类调整以后的稳健标准差计算而得(Peterson,2009)。

八、结束语

基于地理近邻性概念,本节通过统计公司注册地半径100、200、300千米内被列为全国重点文物保护单位的孔庙和书院的数目,度量了公司受儒家传统文化的影响程度,研究了儒家文化对公司环境治理绩效的影响。通过分析2008—2017年A股上市公司的环境绩效评分数据,本节发现公司注册地附近孔庙和书院的数量与环境治理绩效评分显著正相关,表明儒家传统文化有助于提升公司的环境治理绩效。进一步地,研究发现环境保护法的实施削弱了儒家传统文化对公司环境治理绩效的促进作用,说明环境保护法和儒家文化在促进环境治理方面存在替代效应。上述研究结论经多种稳健性测试(包括控制内生性问题)后依然成立。此外,本节还发现在教育程度高(经济富裕、高风险偏好)的地区以及在高管持股比例低的公司中,儒家文化对公司环境治理的影响更显著;利益相关者参与削弱了儒家文化对环境治理的促进作用。

本节研究的不足之处在于:(1)本节通过分析信息披露的内容采用评分度量环境治理的绩效(Du et al.,2014;Ilinitch et al.,1998),该方法虽基于前期文献提供的分析框架,但仍可能受评分者的主观因素干扰。因此,学者们可以在未来的研究中采用人工智能等计算机辅助方法或来自第三方的数据度量环境治理绩效。(2)本节借鉴前期文献(Du et al.,2014;Du,2015,2016;古志辉,2015)通过地理信息度量儒家文化的影响,然而该方法仍难以直接度量公司高管受儒家文化影响的程度。因此,学者们可以在未来研究中借助调查问卷获取高管对待儒家传统文化的态度,进而提供更加稳健的经验证据。(3)儒家文化源远流长,蕴含的学说和思想众多。然而,本节将儒家文化作为一个整体加以分析,未研究儒家不同学派思想对公司行为的影响。在未来的研究中,学者们可以细分儒家文化,进一步研究儒家的不同学派对公司行为的影响。(4)本节研究了利益相关者参与的调节作用,受数据局限未能细

分利益相关者的不同类型。因此，学者在未来研究中可以关注不同利益相关者的导向对儒家文化影响的调节效应。(5)本节样本期间为2008—2017年，未来研究可以扩展研究期间，为检验本节结论提供更加稳健的经验证据。

本节的政策启示如下：第一，本节发现儒家文化有助于提升公司的环境治理绩效。因此，在引导和规范环境治理的过程中，不仅要重视正式制度（如法律、产权等）的建设和完善，还要关注传统文化的积极影响。相关部门需采取措施落实繁荣社会主义文化的中央指示，"深入挖掘中华优秀传统文化蕴含的思想观念、人文精神、道德规范"，弘扬中华传统文化的精髓，为传承中华美德提供制度保障，推进传统文化与社会治理的融合。第二，本节发现环境保护法的实施与儒家文化存在替代效应。因此，对监管机构和公司管理者而言，他们需要注意二者间的交互关系，在实践中将二者的治理功能有机结合，从而提升环境治理的效率和成效。第三，对环保参与者而言，需要认识到儒家文化对环境治理的积极作用，通过弘扬儒家文化树立正确的环境伦理观，调动公司参与环保的积极性和自主性。第四，本节发现地区的教育水平、经济发达程度、投机偏好以及高管持股能够影响儒家文化对环境治理的促进作用。基于此，政府相关部门、管理者以及环保参与者在制定政策或做出决策时要切实地认识到上述因素的调节影响，为发挥儒家文化的影响提供一定的保障。

参考文献

陈多旭，2009. 佛教、道教与宋明理学的关系：以王阳明"作圣经历"为例[J]. 中国宗教，，10：45-47.

程博，潘飞，王建玲，2016. 儒家文化，信息环境与内部控制[J]. 会计研究，12：79-84.

崔广慧，姜英兵，2019. 环境规制对企业环境治理行为的影响：基于新《环保法》的准自然实验[J]. 经济管理，10：54-72.

杜维明，2002."儒家思想：近来象征和实质"杜维明文集[M]. 第4卷. 武汉：武汉出版社.

杜兴强，殷敬伟，赖少娟，2017. 论资排辈，CEO任期与独立董事的异议行为[J]. 中国工业经济，12：151-169.

古志辉，2015. 全球化情境中的儒家伦理与代理成本[J]. 管理世界，3：113-123.

韩星，2016. 儒家核心价值体系："仁"的构建[J]. 哲学研究，10：31-38.

何怀宏，2000. 儒家生态伦理思想述略[J]. 中国人民大学学报，2：32-39.

洪修平，2002. 儒佛道三教关系与中国佛教的发展[J]. 南京大学学报：哲学·人文科学·社会科学，3：81-93.

胡珺，宋献中，王红建，2017. 非正式制度，家乡认同与企业环境治理[J]. 管理世界，3：76-94.

胡伟希，2000. 儒家生态学基本观念的现代阐释：从"人与自然"的关系看[J]. 孔子研究，1：4-14.

金智，徐慧，马永强，2017. 儒家文化与公司风险承担[J]. 世界经济，11:170-192.

李霞，2004. 论道家在宋明新儒学形成与演变中的作用[J]. 安徽大学学报(哲学社会科学版)，2:37-43.

刘海峰，2009. 科举制与儒学的传承繁衍[J]. 中国地质大学学报(社会科学版)，9(1):7-13.

马得勇，2008. 信任、信任的起源与信任的变迁[J]. 开放时代，4:72-86.

沈洪涛，冯杰，2012. 舆论监督，政府监管与企业环境信息披露[J]. 会计研究，2:72-78.

苏力，2007. 纲常，礼仪，称呼与秩序建构[J]. 中国法学，5:39-51.

韦政通，2009. 中国思想史[M]. 长春：吉林出版集团.

徐朝旭，黄宏伟，2015. 儒家生态仁学的独特性及启示：基于对环境伦理学二元论范式反思的视角[J]. 厦门大学学报：哲学社会科学版，4:38-46.

徐细雄，李万利，2019. 儒家传统与企业创新：文化的力量[J]. 金融研究，9:112-130.

余英时，1998. 现代儒学论[M]. 上海：上海人民出版社.

张维迎，柯荣住，2002. 信任及其解释：来自中国的跨省调查分析[J]. 经济研究，10:59-70.

周国黎，1996. 宗教与儒家文化的本质区别[J]. 世界宗教研究，3:42-47.

AERTS W, CORMIER D, 2009. Media legitimacy and corporate environmental communication[J]. Accounting, organizations and society, 34(1): 1-27.

BROWN N, DEEGAN C, 1998. The public disclosure of environmental performance information—a dual test of media agendasetting theory and legitimacy theory[J]. Accounting and business research, 29(1): 21-41.

CHEN Y, EBENSTEIN A, GREENSTONE M, et al, 2013. Evidence on the impact of sustained exposure to air pollution on life expectancy from China's Huai River policy [J]. Proceedings of the national academy of sciences, 110(32): 12936-12941.

CHENG B, PAN F, XUAN Y, 2017. Confucian culture and accounting information quality[J]. China Accounting and Finance Review, 19(1): 47-79.

CLARKSON P M, LI Y, RICHARDSON G D, et al, 2008. Revisiting the relation between environmental performance and environmental disclosure: an empirical analysis [J]. Accounting, organizations and society, 33(4～5): 303-327.

COVAL J D, MOSKOWITZ T J, 1999. Home bias at home: Local equity preference in domestic portfolios[J]. The journal of finance, 54(6): 2045-2073.

DU X, JIAN W, ZENG Q, et al, 2014. Corporate environmental responsibility in polluting industries: Does religion matter? [J]. Journal of business ethics, 124(3): 485-507.

DU X, 2016. Does Confucianism reduce board gender diversity? Firm-level evidence from China[J]. Journal of business ethics, 136(2): 399-436.

DU X，2015. Does Confucianism reduce minority shareholder expropriation? Evidence from China[J]. Journal of business ethics，132(4)：661-716.

EL GHOUL S，GUEDHAMI O，NI Y，et al，2013. Does information asymmetry matter to equity pricing? Evidence from firms' geographic location[J]. Contemporary accounting research，30(1)：140-181.

GU H，RYAN C，BIN L，et al，2013. Political connections，guanxi and adoption of CSR policies in the Chinese hotel industry：Is there a link? [J]. Tourism management，34：231-235.

HAMBRICK D C，MASON P A，1984. Upper echelons：The organization as a reflection of its top managers[J]. Academy of management review，9(2)：193-206.

ILINITCH A Y，SODERSTROM N S，THOMAS T E，1998. Measuring corporate environmental performance[J]. Journal of accounting and public policy，17(4～5)：383-408.

IP P K，2009. Is Confucianism good for business ethics in China? [J]. Journal of business ethics,88(3)：463-476.

KAGAN R A，GUNNINGHAM N，THORNTON D，2003. Explaining corporate environmental performance：how does regulation matter? [J]. Law and society review，37(1)：51-90.

LIN L H，HO Y L，LIN W H E，2013. Confucian and Taoist work values：An exploratory study of the Chinese transformational leadership behavior[J]. Journal of business ethics，113(1)：91-103.

LOUGHRAN T，SCHULTZ P，2005. Liquidity：Urban versus rural firms[J]. Journal of financial economics，78(2)：341-374.

MILES L，GOO S H，2013. Corporate governance in asian countries：has confucianism anything to offer? [J]. Business and society review，118(1)：23-45.

NORTH D C，1990. Institutions，institutional change and economic performance[M]. Cambridge：Cambridge University Press.

ORIJ R，2010. Corporate social disclosures in the context of national cultures and stakeholder theory[J]. Accounting，auditing & accountability journal，23(7)：868-889.

PETERSEN M A，2009. Estimating standard errors in finance panel data sets：comparing approaches[J]. The review of financial studies，22(1)：435-480.

PIRINSKY C，WANG Q，2006. Does corporate headquarters location matter for stock returns? [J]. Journal of Finance，61(4)：1991-2015.

RUHNKA J C，BOERSTLER H，1998. Governmental incentives for corporate self regulation[J]. Journal of business ethics，17(3)：309-326.

WANG L，JUSLIN H，2009. The impact of Chinese culture on corporate social responsibility：The harmony approach[J]. Journal of business ethics，88(3)：433-451.

WILLIAMSON O E，2000. The new institutional economics：taking stock，looking ahead[J]. Journal of economic literature，38(3)：595-613.

YUM J O，1988. The impact of confucianism on interpersonal relationships and communication patterns in East Asia[J]. Communications monographs，55(4)：374-388.

第三章　“亲亲原则”与会计审计行为：家乡情结、方言与姓氏关联

“亲亲原则”是儒家文化的一个重要组成部分。儒家文化的“亲亲原则”强调的是人与人关系的亲疏远近，人们应当亲其所当亲（杜兴强，2020）。“亲亲原则”包括但不限于老乡关系（家乡情结）、方言关联与宗族关系（主要体现为姓氏关联）。“亲亲原则”下，公司中的利益相关者基于老乡关系（家乡情结）、方言关联与宗族关系（姓氏关联），从而产生了“身份认同”，由此一方面有可能进行合作，提高公司治理的效率，体现为降低代理成本与降低违规；另一方面，基于身份认同的合作有可能发展为“合谋”，从而损害审计师的独立性、降低审计质量（审计是一个需要独立性的职业）。本章的内容主要包括：

（1）CEO 家乡任职与代理成本；

（2）CEO—审计师方言关联与审计意见购买；

（3）CEO—董事姓氏关联与公司违规：基于姓氏文化的分析；

（4）董事会姓氏多元化与审计师选择：基于宗族文化视角。

第一节　CEO 家乡任职与代理成本

摘要：家乡认同是一种自然的情感，表达出人们对家乡的偏好之情。本节以中国资本市场 2003—2017 年全体 A 股上市公司为样本，通过手工搜集的 CEO 出生地信息，研究了 CEO 的家乡认同情感对委托代理成本的影响。研究发现，CEO 在家乡任职与费用率显著负相关，表明 CEO 在由地方认同引申而来的家乡认同情感影响下约束了自身的不道德行为，减少了委托代理成本，一定程度上缓解了委托代理冲突。此外，市场化强化了 CEO 家乡任职与委托代理成本间的负相关关系。上述结果经过一系列敏感性测试以及倾向得分匹配和 Heckman 两阶段的内生性测试后仍然成立。进一步研究表明，CEO 家乡任职对委托代理成本的抑制作用在企业为非国有企业、规模较小、独立董事比例较高以及 CEO 学历较高时成立。

一、引言

委托代理关系中股东与管理层之间目标利益导致的代理冲突,可能会诱发管理层的诸多不道德行为,如过度在职消费、过高的津贴以及建立个人商业帝国等(Jensen,Meckling,1976)。以往文献研究了现金股利支付、外部审计、公司治理、银行体系以及政治联系等诸多影响委托代理冲突的因素(Rozeff,1982;Jensen,1986;Francis,Wilson,1988;Watts,Zimmerman,1983;Francis et al.,2011;Singh,Davidson Ⅲ,2003;Brau,2002;Ding et al.,2015)。然而,因为正式制度是一回事,执行力则是另一回事。任何制度的效果都取决于执行制度的人,为此有必要将研究的视角转向能够对人的行为产生重要影响的非正式制度,借此探讨不同非正式制度对缓解代理冲突的影响。

新制度经济学认为,非正式制度对个人、组织与社会的影响往往非常持久。Williamson(2000)的四层次社会制度分析框架自上而下分为社会嵌入性(如风俗、传统等非正式制度)、制度环境(如法制环境)、治理机制(如契约)和资源配置。非正式制度作为一种社会嵌入性约束,往往对人有着很大的约束力,且保持数千年不变。基于此,关于文化和道德等非正式制度如何缓解委托代理冲突的研究也逐渐受到学者的重视。Du(2013)研究发现宗教氛围与公司委托代理成本呈负相关。此外,商帮文化作为中国古代长期存在的特色文化,其诚信、义利等精神也能够降低委托代理成本(Du et al.,2017)。Du(2014)的研究还发现儒家文化作为中国奉行数千年的伦理哲学,影响着大股东资金占用等行为。尽管如此,CEO 家乡任职这一非正式制度因素是否以及如何影响委托代理冲突,前期并未有专门进行研究的文献。

环境心理学的地方认同理论认为,地方认同是人有意识或无意识的想法、信念、偏好或情感(Proshansky,1978),包括人与不同场景的关系。个体与物理环境的联结使之与环境形成了特殊的情感纽带,构成了自我认同的一种重要形式(Proshansky et al.,1983)。地方认同既代表了个人记忆,又代表了集体共有的记忆(庄春萍,张建新,2011),贮存着人际情感和人际关系,在人们的生活中具有更深层次的意义。家乡是一个人一生中最重要的地方之一,蕴含着无数记忆与情感,是体现地方认同情感的最好场景。同时,家乡赋予了个人强烈的地域身份,因而老乡间的行为规范与他人间的行为规范存在着不同①。本节认为,作为个体出生和成长的地方,家乡承载着个体特殊的情感和思念;基于此,个人地方认同情感衍生出了一种对家乡的特殊归属感和依恋之情,即家乡认同(Proshansky et al.,1983)。中国人自古以来就有强烈的家乡依恋和家乡认同情节,从唐代的诗句"翻飞未肯下,犹言惜故林"到现代余光中的《乡愁》,无不将对家乡的情感表现得淋漓尽致。因此,本节拟从 CEO 家乡认同这一非正式制度的视角切入,探究其与委托代理成本间的关系。

本节首先通过上市公司披露的招股说明书、律师工作报告等公开信息手工整理了 CEO

① Du(2019)通过身份认同的视角发现 CEO 与审计师之间的老乡关系对上市公司审计质量存在着影响。

身份证信息，然后与 CEO 工作地进行匹配以此获取 CEO 家乡任职的数据。在此基础上，本节以 2003—2017 年全体 A 股上市公司为样本，检验了 CEO 家乡任职与委托代理成本之间的关系以及市场化的调节作用。研究发现：第一，CEO 家乡任职与委托代理成本（以销售和管理费用率度量）显著负相关，表明 CEO 的家乡认同降低了在职消费，缓解了委托代理冲突。第二，市场化程度强化了 CEO 家乡任职与委托代理成本间的负相关关系。第三，上述结论经资产周转率（代理成本的负向指标）以及其他一系列敏感性测试后仍然成立。第四，上述结论在使用倾向得分匹配（PSM）和 Heckman 两阶段控制了内生性问题后仍然成立。第五，进一步研究发现，家乡任职与代理成本的负相关关系仅适用于非国有企业、小规模企业、独立董事比例较高的企业，以及 CEO 学历更高的企业。

本节可能的贡献包括：第一，前期文献主要从审计、公司治理、现金股利、政治联系、宗教和商帮文化等视角研究委托代理成本，但尚未关注到 CEO 家乡认同对委托代理成本的影响。因此本节为研究代理冲突提供了一个新的视角，拓展了地方认同理论的解释范围。第二，现有家乡认同的研究更多聚焦于官员视角，探究其与地方经济增长、财政激励及政治晋升等之间的联系，而本节从微观视角探究了家乡认同对公司行为的影响，丰富了家乡认同方面的文献。第三，本节研究有助于人们更全面认识高级管理人员家乡任职带来的经济后果，家乡认同虽然是大众理解和认可的情感，但人们常常会将企业管理者在家乡任职与负面因素联系，本研究能够帮助人们正确看待高级管理人员在家乡工作的利弊。第四，本节以一种特别的非正式制度——家乡认同为 Williamson（2000）社会制度框架中非正式制度的影响提供了重要证据支持，同时本节发现了市场化程度强化了家乡认同对代理成本的降低作用，为正式制度与非正式制度间的强化效应提供了支持。

二、文献综述与研究假设

（一）地方认同

认同是一种个体归于特定群体的归属感以及作为该群体成员感受到的情感和价值（Tajfel，1982），对地方的认同感则衍化为个体对特定物理环境蕴含着的记忆、观念、情感、态度、价值观和偏好（Proshansky et al.，1983）。具体来说，家乡作为体现地方认同情感的最好场景，是人类生存的中心，会使人无意识地产生一种“根”的情感，人们会受到家乡以及邻里社区的情感联结的影响（Relph，1976；Tuan，1980；Proshansky et al.，1983），进而形成持久的情感纽带，为人们提供了安全感和归属感（Fullilove，1996）。基于此，对家乡的认同情感赋予了个人独特的地域身份，并伴随着个人的成长不断强化（Twigger-Ross，Uzzell，1996）；换言之，当 CEO 对家乡存在强烈的归属感时，其地方认同情感并不会因其他身份而削弱，因此在 CEO 扮演的多重社会角色下，地域身份即便不能占据主导地位，但也能对 CEO 的行事风格产生影响，体现为顾及家乡的利益与感情。例如，Hodler 和 Raschky（2014）和李书娟等（2016）通过对夜间灯光亮度的研究，发现国家级和省部级官员在任期间，其家乡灯光亮度明显增强,表明中国官员对其地域身份存在着认同,因而助力了家乡经济的增长。Gu 和 Ryan(2008)以北京什刹海胡同的居民为样本研究发现,人们对于遗产的关注甚至超过了当地经济发展,表明在地域身份的影响下,人们更关注除经济利益外的诸多其他方面。更为有趣的是,Du(2019)通过 CEO 与审计师的方言分享研究,揭示了二者之间存在外部监督及老乡关系的双重身份,而中国背景下的审计师在两种身份之间的博弈选择中会倾向于后者,进而损害了审计师独立性。

此外,长期在一个地方居住亦能够促进个人在当地的社会关系发展,进而加强了地方认同感(庄春萍,张建新,2011);同时,Scannell 和 Gifford(2010)采用两个城镇居民的数据,在控制了一系列社会人口学特征后发现,人们的亲环境行为与其对居住地的地方认同感呈正相关关系,而本地人比非本地人的地方认同感会更加强烈(Hernández et al.,2007)。换言之,尽管来自外地的 CEO 随着工作年限的增加也可能会产生一定的地方认同感,但相比于非本地 CEO,当 CEO 在其出生地任职时,地方认同感的强烈程度以及“根”的情感是非本地 CEO 所不能达到的,因此地方认同情感带来的对不道德行为的抑制作用将更为显著。胡珺等(2017)发现,CEO 和董事长在家乡任职时,企业环境投资更显著地改善了环境绩效;Lai 等(2020)使用美国数据研究发现,在出生地任职的 CEO 具有更长远的眼光,具体体现为对研发投入削减的可能性更小;此外,Pool 等(2012)对基金经理的研究发现,基金经理在家乡的时间越长,其家乡偏好行为越显著。基于此,尽管地方认同并不仅限于对家乡的认同,但可以合理推断,在家乡任职的 CEO,其地方认同情感会尤为强烈。

目前有关地方认同的研究主要集中于环境心理、旅游经济以及管理层短视等方面,有关 CEO 的地方认同尚未得到充分挖掘。本节认为,CEO 在出生地任职时,其对家乡有着独特的地方认同情感,即家乡认同。费孝通(2015)认为,生活在故土的人们从小便深谙当地规则,不问理由认为是理所应当,因而在许多情况下并无监督,但每个人也会注重克己。改革开放以来,中国的城市化和人口流动性大大增强,但相对于西方国家,仍然处于相对较低的水准(陈冬华 等,2013),因此这种家乡认同情感仍然发挥着重要作用。本节拟通过 CEO 地方认同中最具代表性的家乡认同视角,探究在家乡任职的 CEO 是否能降低在职消费,减少委托代理成本,进而缓解委托代理冲突。

(二)CEO 家乡任职与委托代理成本(假设 3.1.1)

CEO 的家乡认同情感会提高其道德水准。由于信息的不对称性,代理人与委托人之间存在着代理冲突的土壤(Jensen,Meckling,1976),但是,是否代理冲突会催生出过度在职消费、超额奖金及建立个人商业帝国等,则既与治理机制有关,又与能够影响经理人伦理因素的非正式制度相关。中国人常以“母亲”来形容祖国和故土,足见对家乡情感的深厚,且自古以来的思乡诗词以及如今每年春运时期的返乡人潮,无不将人们的家乡思念和认同情感体现得淋漓尽致。在自己生长的土地上,个人形成了一定的敬畏感,对部分规矩和道德是主动服从的(费孝通,2015)。也就是说,家乡认同情感在人们心中具有独特的象征意义,能使人有意无意地融入其中,并因此增加了对家乡的责任感(Ratter,Gee,2012),基于此,家乡任职的 CEO 会更加遵从道德规范、对行事后果顾虑更多并约束自己的不当行为。更重要的是，家乡认同情感能够拉近 CEO 与董事长彼此之间的心理距离，并伴随着更多的信任，进而催生出利他主义行为（杜兴强，熊浩，2017）。因此，在信息不对称的情况下，道德水准的提高将很大程度上改变 CEO 的行为模式。例如，Du（2013）发现宗教能够通过影响代理人的道德水平进而缓解委托代理冲突。Du 等（2017）也发现，中国古代的商帮文化中的义利、诚信、贾儒等精神影响了经理人的道德水平，进而降低了委托代理成本。因此可以合理推断，当 CEO 道德水平改善时，委托代理冲突将得到部分缓解。基于此，CEO 在家乡任职能够在一定程度上因家乡认同情感约束其不道德行为，从而在一定程度上缓解委托代理冲突。

CEO 的家乡认同情感在一定程度上调和了其追求个人利益最大化与股东利益最大化的矛盾。CEO 与股东目标利益的不一致是造成其过度在职消费、逃避职责和固执己见等代理问题的原因（Ang et al.，2000；Singh，Davison Ⅲ，2003）。Proshansky 等（1983）认为当地域身份与当前环境产生冲突时，人们倾向于寻求一定的方法在二者之间权衡，并且原先因地方认同情感而不知不觉中形成的偏好和价值观，会在权衡中逐步得到更深的认识；更为重要的是，人们往往无法通过改变环境或他人的行为来达到这种平衡，因此需要通过自身行为的改变将矛盾最小化。具体而言，在面临是否进行过度在职消费和追求个人商业帝国等行为抉择时，家乡任职 CEO 的地域身份与不道德行为产生了冲突，使其不得不选择部分放弃不道德行为或是改变对家乡的认同情感来调节这一矛盾。然而，在权衡过程中家乡任职 CEO 会逐步意识到自身对家乡的依恋情感，并认识到作出不道德行为可能承受的羞耻感，同时，这种长期形成的情感很难在短时间内被改变，因此其追求个人利益最大化的目标将部分让步于心理情感。戴亦一等（2016）发现老乡成员间若作出破坏群体和谐的事将受到其他成员的指责而蒙羞。曹春方等（2018）发现，CEO 更倾向于在自己的家乡建立子公司，尽管相比起在其他地方建立的子公司，该类子公司的绩效较差；这在一定程度上反映出 CEO 在决策过程中的确存在家乡偏好，降低了作出不道德行为的动机。Seasholes 和 Zhu（2010）也发现，投资者因熟悉自己的家乡而更倾向于持有家乡公司的股票，结果揭示了持有家乡上市公司的股票未必能够获得超额收益——表明家乡认同情感会促使人们支持家乡的事业发展，并在某种程度上愿意让渡个人利益。基于上述，CEO 在追求个人利益与抑制自身不道德行为的博弈中，家乡认同情感促使其更有可能选择后者，进而更愿意为家乡而牺牲部分诸如过度在职消费、获取超额津贴等个人效用，因而缓解了委托代理冲突。

CEO 的家乡认同情感会增强对不道德行为的声誉制约。中国社会人际关系复杂，人与人之间存在着众多关系和交情（费孝通，2015），在家乡尤其如此。对大多数人而言，家乡是他们希望保持良好声誉的地方（Relph，1976）。同时，在中国社会的人际交往中，“面子”常常代表了一个人的地位、声望甚至其社会存在的意义（Cheng，1986），“面子”往往是通过个人的努力积累而成，能够带来一个群体对“有面子”的人极大的尊重（Hu，1944）。中国古代便有“衣锦还乡”“荣归故里”“叶落归根”等说法，充分揭示了人们渴望在家乡获得良好的声誉，同时也希望在自小生长的故土上安度晚年。对 CEO 而言，通过在家乡的长期努力积累了足够多的声誉和“面子”，相比起非本地 CEO，家乡任职 CEO 需要克服包括声誉损失等诸多机会主义成本来实施不道德行为，因为不道德行为一旦被曝光，除了正式制度（如法律、公司规章）的制裁外，还将面临声誉损失和道德规范的制裁（Hu，1944）。同时，诸如过度在职消费、获取超额津贴和建立个人商业帝国等不道德行为为家乡任职 CEO 带来的效用也将更低，因此敦促 CEO 约束自身不道德行为，进而降低企业的委托代理成本，缓解了委托代理冲突。如 Lai 等（2020）发现家乡任职 CEO 因顾及自身声誉而倾向于采取有远见的行为。基于上述讨论，相比起非本地 CEO，CEO 在家乡任职拥有更多的关系和交情，其声誉和“面子”显得更为重要，这种声誉制约将使得 CEO 做决策时更加慎重。

CEO 家乡任职能在一定程度上降低信息不对称程度。Yonker（2017）发现公司雇佣本地 CEO 的可能是预期的五倍。因为相较于非本地 CEO，董事会成员可能掌握了更多本地 CEO 的信息，并对本地 CEO 的性格和能力都有更深入的了解，这些信息可能来源于先前的直接交流互动，也可能来源于本地市场的部分软信息（Lai et al.，2020）。此外，家乡人际关系遵循着当地特有的规则，在家乡任职的 CEO 从小就耳濡目染，即便未必深谙这套规则，但相比起外地的 CEO 也或多或少内化成了习惯（费孝通，2015），换言之，家乡任职 CEO 的行为可预测性提高。基于此，对家乡任职 CEO 的更充分了解，为包括董事会成员、本地市场投资者、本地客户及供应商在内的利益相关方提供了更多有价值的信息，因此提高了内外部监督的效率，进而降低了信息的不对称性（Wu，2008）。另外，由于家乡任职 CEO 对本地信息和规则有着充分的了解，相比外地 CEO，其信息获取成本以及部分人际交往成本更低，即能够避免部分非必要的交际应酬，进而减少了在职消费，降低了委托代理成本。

综上所述，基于从地方认同引申而来的家乡认同情感，家乡任职的 CEO 由于道德水准提高、声誉制约增加及信息不对称程度的降低，最终可以降低委托代理成本。因此提出假设 3.1.1：

假设 3.1.1：限定其他条件，CEO 家乡任职与委托代理成本呈负相关关系。

（三）市场化的调节作用（假设 3.1.2）

改革开放四十余年以来，中国不同省份的市场化进程不一。中国幅员辽阔，地区差异较大，各地区的制度环境和市场化进程存在显著差异（樊纲 等，2011）。前期研究发现，制度环境与公司治理间存在着正相关关系（Jian，Wong，2010），尤其以市场化为代表的制度环境能够抑制管理层的过度投资等一系列不道德行为（Du，2013；Du et al.，2017；杨兴全 等，2014）。作为一种制度环境，高市场化程度意味着政府干预较少，市场信息透明度更高，企业自主性更强。例如 Gao 等（2010）发现高度市场化能够减少政府对资源分配和企业竞争的干预，因而企业自主性增强，促进了出口效率的提升。因此可以推断，市场化程度较高地区的公司，受 CEO 个人风格的影响更大；反之，在市场化程度较低的地方，企业受到的行政干预较多，市场竞争机制不够完善，企业的自主性更弱，受 CEO 个人风格的影响则更小。如曾三云等（2015）发现，CEO 学历、任期和专业背景等特征仅在市场化程度较高的地区对公司现金持有水平有显著影响。基于此，本节认为，对所在省份市场化程度更高的企业而言，CEO 个人特征对企业的影响会更加显著；更具体地，在市场化程度更高的地方，CEO 的家乡认同情感对委托代理成本的降低作用更为明显。基于上述，本节提出如下假设 3.1.2：

假设 3.1.2：限定其他条件，市场化强化了 CEO 家乡任职与委托代理成本之间的负相关关系。

三、研究设计

（一）样本选择与数据来源

本节选取 2003—2017 年中国所有 A 股上市公司作为初始样本，并按照如下步骤进行样本筛选：第一，剔除 CEO 身份证缺失的观测值；第二，剔除保险与金融行业的观测值；第三，剔除计算费用率变量缺失的观测值；第四，剔除控制变量缺失的观测值。最终，本节获取了 8 784 条公司—年度观测值、涵盖 1 557 家上市公司。此外，为避免极端值的影响，本节对所有连续变量进行了上下 1%分位的缩尾处理。

本节数据来源如下：第一，参考以往文献（Ang et al.，2000；Du，2013；Du et al.，2017；高凤莲，王志强，2016），基于 CSMAR 数据库计算了委托代理成本的正（负）向指标 AC_ER 与 AC_AER（AC_AUR）；第二，CEO 出生地数据系参照 Du（2019），通过公开披露的身份证信息（公司招股说明书、律师工作报告、法律意见书等）获取 CEO 出生地，然后将此与公司办公地相匹配，CEO 身份证信息的前两位号码明确出生所在省份，此外，使用 CSMAR 数据库中 CEO 出生地数据进行补充；第三，根据王小鲁等（2019）获取市场化指数（MKT）数据；第四，参照以往文献（Du，2013；El Ghoul et al.，2013）采用谷歌地图手工搜集并计算了宗教变量 REL；第五，参照 Ball 和 Shivakumar（2006），考虑经营活动现金流的盈余管理（DA_CF）变量并采用 CSMAR 数据库中的数据计算所得；第六，人均城市道路面积（ROAD）及自然保护区占辖区比重（NPD）数据来自国家统计局；第七，其他公司特征及财务状况变量来自 CSMAR 数据库。

（二）模型与变量

1.假设 3.1.1 回归模型

为检验 CEO 家乡任职与委托代理成本间的关系，构建如下模型[式（3.1.1）]：

$$\begin{aligned}AC\_ER= &\alpha_0+\alpha_1 LOCAL+\alpha_2 FIRST+\alpha_3 EDU\_CEO+\alpha_4 AGE\_CEO+\alpha_5 GENDER\_CEO+\\ &\alpha_6 INDR+\alpha_7 BOARD+\alpha_8 MAN\_SHR+\alpha_9 DUAL+\alpha_{10} MEET\_SHR+\alpha_{11} REL+\\ &\alpha_{12} CEO\_CH+\alpha_{13} TOBINQ+\alpha_{14} SIZE+\alpha_{15} LEV+\alpha_{16} DA\_CF+\alpha_{17} LISTAGE+\\ &\alpha_{18} STATE+Industry\ Dummies+Year\ Dummies+\varepsilon \end{aligned} \tag{3.1.1}$$

本节主要解释变量为式（3.1.1）的 LOCAL，即 CEO 是否家乡任职的虚拟变量。本节采用 CEO 身份证号码前两位与公司办公地址所在省份代码进行匹配，当 CEO 在家乡任职时该变量赋值为 1，否则赋值为 0。此外，本节采用相同方法使用 CEO 身份证号码分别与公司办公地和注册地所在省、市、区或县进行匹配设置变量 LOCAL_C、LOCAL_D、LOCAL_R、

LOCAL_RC 及 LOCAL_RD 进行敏感性测试。

被解释变量 AC_ER 为委托代理成本的指标,本节参考以往文献(Ang et al.,2000; Du,2013;Du et al.,2017)采用销售和管理费用之和除以营业收入作为费用率,该方法能捕捉管理层所控制的包括“过度在职消费及其他直接代理成本”在内的运营成本效率。此外,本节还参考以往文献(Ang et al.,2000;Du et al.,2017;高凤莲,王志强,2016)计算管理费用率(AC_AER)及代理成本的负向指标资产周转率(AC_AUR)作为替代度量进行敏感性测试,其中管理费用率定义为管理费用除以营业收入,资产周转率取值为营业收入除以总资产。

本节参考 Du(2013)和 Du 等(2017)的研究,在式(3.1.1)中控制了以下公司治理方面的变量:第一大股东持股比例(FIRST),独立董事比例(INDR),董事会规模(BOARD),管理层持股比例(MAN_SHR),董事长与 CEO 两职合一(DUAL),股东出席股东大会比例(MEET_SHR),公司办公地方圆 50 千米范围是否存在宗教场所(REL)以及 CEO 更换虚拟变量(CEO_CH)。同时还控制了托宾 Q 值(TOBINQ),公司规模(SIZE),财务杠杆(LEV),公司考虑经营活动现金流的盈余管理(DA_CF),公司年龄(LISTAGE)以及最终控制人性质(STATE)等公司层面特征的变量。此外,本节还控制了 CEO 个人层面特征,包括 CEO 受教育水平(EDU_CEO)、CEO 年龄(AGE_CEO)及 CEO 性别(GENDER_CEO)。最后,式(3.1.1)中还加入了年度和行业虚拟变量,具体变量定义见表 3.1.1。

2.假设 3.1.2 回归模型

为检验假设 3.1.2,本节在式(3.1.1)的基础上引入市场化指数(MKT)以及市场化指数与 CEO 家乡任职的交乘项(LOCAL×MKT),构建如下模型[式(3.1.2)]:

$$
\begin{aligned}
\text{AC\_ER}=&\beta_0+\beta_1\text{LOCAL}+\beta_2\text{MKT}+\beta_3\text{LOCAL}\times\text{MKT}+\beta_4\text{FIRST}+\beta_5\text{EDU\_CEO}+\\
&\beta_6\text{AGE\_CEO}+\beta_7\text{GENDER\_CEO}+\beta_8\text{INDR}+\beta_9\text{BOARD}+\beta_{10}\text{MAN\_SHR}+\\
&\beta_{11}\text{DUAL}+\beta_{12}\text{MEET\_SHR}+\beta_{13}\text{REL}+\beta_{14}\text{CEO\_CH}+\beta_{15}\text{TOBINQ}+\beta_{16}\text{SIZE}+\\
&\beta_{17}\text{LEV}+\beta_{18}\text{DA\_CF}+\beta_{19}\text{LISTAGE}+\beta_{20}\text{STATE}+\text{Industry Dummies}+\\
&\text{Year Dummies}+\varepsilon
\end{aligned}
\tag{3.1.2}
$$

式(3.1.2)纳入和式(3.1.1)相同的控制变量,MKT 的取值参考王小鲁等(2019)取公司办公地市场化水平。若交乘项 LOCAL×MKT 的系数显著为负,则假设 3.1.2 被经验证据所支持。

表 3.1.1 变量定义

变量	变量定义
AC_ER	费用率,委托代理成本的替代度量(Ang et al.,2000;Du,2013;Du et al.,2017),即销售费用与管理费用之和除以营业收入
LOCAL	CEO 家乡任职虚拟变量,当公司办公地所在省份与 CEO 出生地一致时赋值为 1,否则赋值为 0
MKT	市场化指数(王小鲁 等,2019),取值为公司办公地所在省份的政府与市场关系制度发展水平

续表

变量	变量定义
FIRST	第一大股东持股比例，第一大股东持有股份与公司总股份的比值
EDU_CEO	CEO 受教育水平，当 CEO 学历为高中、中专及以下时赋值为 0，当学历为大专时赋值为 1，当学历为本科时赋值为 2，学历为硕士时赋值为 3，当学历为博士时赋值为 4
AGE_CEO	CEO 年龄，取值为样本年份减去 CEO 出生年加 1
GENDER_CEO	CEO 性别，当 CEO 为女性时赋值为 1，否则赋值为 0
INDR	独立董事比例，独立董事人数与董事会总人数的比值
BOARD	董事会规模，等于董事会总人数的自然对数
MAN_SHR	管理层的持股比例
DUAL	董事长与 CEO 两职合一的虚拟变量，若董事长与 CEO 两职合一则赋值为 1，否则为 0
MEET_SHR	股东出席股东大会比例
REL	宗教虚拟变量，当公司办公地方圆 50 千米内有一个或多个寺庙或道观时赋值为 1，否则赋值为 0
CEO_CH	CEO 更换虚拟变量，当 CEO 发生变更时赋值为 1，否则赋值为 0
TOBINQ	托宾 Q 值，取值为公司市值除以账面价值
SIZE	公司规模，公司总资产的自然对数
LEV	财务杠杆，取值为公司有息负债之和除以总资产
DA_CF	基于 Ball 和 Shivakumar(2006)调整的琼斯模型计算的考虑经营活动现金流的可操纵性应计
LISTAGE	公司年龄，等于公司上市年限加 1 后，取自然对数
STATE	最终控制人性质，若公司的最终控制人是中央或地方政府、政府控股公司则赋值为 1，否则赋值为 0
其他测试变量	**变量定义**
AC_AUR	资产周转率，等于营业收入除以总资产
AC_AER	管理费用率，取值为管理费用除以营业收入
LOCAL_R	CEO 家乡任职虚拟变量，当公司注册地所在省份与 CEO 出生地一致时赋值为 1，否则赋值为 0
LOCAL_C	CEO 家乡任职虚拟变量，当公司办公地所在城市与 CEO 出生地一致时赋值为 1，否则赋值为 0
LOCAL_RC	CEO 家乡任职虚拟变量，当公司注册地所在城市与 CEO 出生地一致时赋值为 1，否则赋值为 0
LOCAL_D	CEO 家乡任职虚拟变量，当公司办公地所在的区或县与 CEO 出生地一致时赋值为 1，否则赋值为 0
LOCAL_RD	CEO 家乡任职虚拟变量，当公司注册地所在的区或县与 CEO 出生地一致时赋值为 1，否则赋值为 0
ROAD	人均城市道路面积，取值为该省城区内人均拥有道路面积
NPD	自然保护区占辖区比重，取值为自然保护区面积除以该省面积
ANALYST	信息披露透明度，取值为当年对该公司跟踪的研报数量

四、实证结果及分析

(一)描述性统计

表 3.1.2 为描述性统计。被解释变量费用率(AC_ER)的均值(中位数)为 0.177(0.139),表明上市公司平均费用率为 17.7%,该结果与 Du(2013)和 Du 等(2017)类似。主要解释变量 CEO 本地任职(LOCAL)的均值为 0.661,表明有 66.1%的 CEO 在出生省份任职,市场化指数(MKT)均值为 7.385,表明样本期间内平均市场化水平为 7.385。

控制变量方面,CEO 受教育水平(EDU_CEO)均值为 2.481,中位数为 3,表明超过半数的 CEO 接受过硕士及以上教育,CEO 平均年龄(AGE_CEO)为 3.887,约为 49 岁($e^{3.887}$),性别方面(GENDER_CEO),本节样本中大约 6.9%的 CEO 为女性。公司层面控制变量平均而言,第一大股东持股比例(FIRST)为 35.8%,独立董事比例(INDR)为 36.9%,董事会规模(BOARD)为 2.152,即接近 9 人($e^{2.152}$),符合现代公司治理的特征;此外,管理层持股比例(MAN_SHR)和股东出席股东大会比例分别为 3.5%和 53.3%,约有 37.6%的公司存在两职合一(DUAL)现象,样本期间内 11.4%的公司发生了 CEO 更替(CEO_CH),而公司平均规模(SIZE)为 21.76,即 28.2 亿元,财务杠杆则平均为 42.3%。其他公司特征控制变量均在合理范围内,详见表 3.1.2。

表 3.1.2 描述性统计

变量	观测值	均值	标准差	最小值	1/4 分位	中位数	3/4 分位	最大值
AC_ER	8 784	0.177	0.140	0.017	0.088	0.139	0.217	0.823
LOCAL	8 784	0.661	0.474	0	0	1	1	1
MKT	8 784	7.385	1.517	3.090	6.340	7.650	8.380	10.650
FIRST	8 784	0.358	0.148	0.096	0.240	0.338	0.461	0.726
EDU_CEO	8 784	2.481	0.868	0	2	3	3	4
AGE_CEO	8 784	3.887	0.134	3.526	3.807	3.892	3.970	4.190
GENDER_CEO	8 784	0.069	0.253	0	0	0	0	1
INDR	8 784	0.369	0.054	0.273	0.333	0.333	0.400	0.571
BOARD	8 784	2.152	0.206	1.609	2.079	2.197	2.197	2.708
MAN_SHR	8 784	0.035	0.120	0	0	0	0.004	0.637
DUAL	8 784	0.376	0.485	0	0	0	1	1

续表

变量	观测值	均值	标准差	最小值	1/4 分位	中位数	3/4 分位	最大值
MEET_SHR	8 784	0.533	0.156	0.169	0.422	0.543	0.655	0.848
REL	8 784	2.309	2.604	0	0	1	3	10
CEO_CH	8 784	0.114	0.318	0	0	0	0	1
TOBINQ	8 784	2.695	1.854	0.911	1.472	2.102	3.226	11.23
SIZE	8 784	21.760	1.206	19.420	20.900	21.600	22.390	25.600
LEV	8 784	0.423	0.214	0.046	0.251	0.416	0.585	0.931
DA_CF	8 784	0.042	0.040	0	0.014	0.031	0.058	0.213
LISTAGE	8 784	8.443	5.606	1	4	7	12	27
STATE	8 784	0.317	0.465	0	0	0	1	1

（二）相关系数分析

表 3.1.3 为 Pearson 相关性分析。CEO 家乡任职（LOCAL）与费用率（AC_ER）在 1%的水平上负相关，说明 CEO 在家乡任职一定程度上缓解了代理冲突，减少了委托代理成本。初步支持了假设 3.1.1。MKT 与费用率 AC_ER 也在 1%的水平上负相关，说明公司处于市场化水平较高的省份代理成本较低，该结果促使本节进一步检验 CEO 家乡任职（LOCAL）与市场化水平（MKT）的交互作用。控制变量方面，表 3.1.3 显示费用率 AC_ER 与 FIRST、BOARD、MEET_SHR、CEO_CH、SIZE、LEV、LISTAGE 及 STATE 存在显著负相关关系，而与 EDU_CEO、INDR、DUAL、REL、TOBINQ、DA_CF 存在显著正相关关系，这表明纳入这些控制变量的必要性。此外，控制变量之间相关系数均较低，表明不存在严重的多重共线性。

表 3.1.3 Pearson 相关性分析

变量		(1)	(2)	(3)	(4)	(5)	(6)	(7)	(8)	(9)	(10)	(11)	(12)	(13)	(14)	(15)	(16)	(17)	(18)	(19)	(20)
AC_ER	(1)	1																			
LOCAL	(2)	−0.052 ***	1																		
MKT	(3)	−0.115 ***	0.034 ***	1																	
FIRST	(4)	−0.170 ***	−0.015	0.071 ***	1																
EDU_CEO	(5)	0.029 ***	−0.131 ***	0.007	0.021 **	1															
AGE_CEO	(6)	0.015	0.044 ***	−0.167 ***	−0.020 *	−0.145 ***	1														
GENDER_CEO	(7)	0.005	0.014	−0.010	0.004	−0.012	0.020 *	1													
INDR	(8)	0.069 ***	−0.036 ***	−0.052 ***	0.009	0.037 ***	0.034 ***	0.050 ***	1												
BAORD	(9)	−0.133 ***	0.009	0.021 **	0.054 ***	0.026 **	0.020 *	−0.104 ***	−0.482 ***	1											
MAN_SHR	(10)	0.012	0.024 **	0.121 ***	−0.071 ***	−0.031 ***	−0.096 ***	0.020 *	0.010	−0.044 ***	1										
DUAL	(11)	0.139 ***	0.070 ***	−0.009	−0.067 ***	0.006	0.215 ***	−0.056 ***	0.133 ***	−0.211 ***	0.068 ***	1									
MEET_SHR	(12)	−0.088 ***	−0.011	0.104 ***	0.540 ***	−0.001	−0.070 ***	0.016	−0.033 ***	0.071 ***	0.194 ***	−0.011	1								
REL	(13)	0.049 ***	−0.129 ***	−0.047 ***	0.010	0.090 ***	−0.001	−0.004	0.024 **	−0.021 **	−0.012	0.001	0.029 ***	1							
CEO_CH	(14)	−0.023 **	−0.044 ***	−0.012	0.039 ***	0.044 ***	−0.028 ***	−0.031 ***	0.003	0.021 *	−0.078 ***	−0.068 ***	−0.063 ***	−0.001	1						
TOBINQ	(15)	0.338 ***	−0.061 ***	−0.071 ***	−0.090 ***	0.019 *	−0.007	0.024 **	0.110 ***	−0.192 ***	0.051 ***	0.126 ***	−0.003	0.031 ***	−0.007	1					
SIZE	(16)	−0.326 ***	−0.055 ***	−0.137 ***	0.195 ***	0.154 ***	0.158 ***	−0.026 **	0.010	0.248 ***	−0.199 ***	−0.116 ***	0.040 ***	0.072 ***	0.054 ***	−0.378 ***	1				
LEV	(17)	−0.299 ***	−0.025 **	0.028 ***	0.064 ***	0.044 ***	−0.014	−0.044 ***	−0.068 ***	0.163 ***	−0.170 ***	−0.156 ***	−0.150 ***	−0.009	0.126 ***	−0.339 ***	0.434 ***	1			
DA_CF	(18)	0.063 ***	−0.028 ***	−0.006	−0.029 ***	0.021 **	−0.038 ***	0.009	0.019 *	−0.032 ***	0.074 ***	0.016	−0.005	0.022 **	0.025 **	0.152 ***	−0.041 ***	0.007	1		
LISTAGE	(19)	−0.066 ***	−0.035 ***	−0.132 ***	−0.044 ***	0.097 ***	0.147 ***	−0.027 **	−0.017	0.081 ***	−0.295 ***	−0.167 ***	−0.434 ***	0.029 ***	0.169 ***	−0.118 ***	0.334 ***	0.380 ***	−0.008	1	
STATE	(20)	−0.168 ***	0.006	0.105 ***	0.217 ***	0.131 ***	−0.026 **	−0.065 ***	−0.138 ***	0.309 ***	−0.183 ***	−0.283 ***	−0.017	0.001	0.149 ***	−0.223 ***	0.196 ***	0.288 ***	−0.013	0.260 ***	1

注：***、**、* 分别表示在 1%、5%、10%的水平上显著。

(三)假设 3.1.1 和假设 3.1.2 回归结果分析

表 3.1.4 为 CEO 家乡任职对委托代理成本的影响，以及市场化的调节作用回归结果。为降低异方差的影响，所有 t 值均经过 White(1980)稳健性调整。如表 3.1.4 所示，第(1)列为基准回归测试，第(2)列加入了主要解释变量 LOCAL，结果显示，加入 LOCAL 后模型整体拟合度在 1%水平上有所提升。第(3)～(4)列进一步加入 MKT 及 LOCAL×MKT，逐步回归分析显示模型的解释力有所增强(见 ΔAdj_R^2)。

第(1)列结果显示，FIRST 与 AC_ER 显著负相关，表明大股东持股比例更高使其有更强的动机监督管理层，这一结论与 Du(2013)一致；EDU_CEO 的系数显著为正，说明 CEO 学历越高，更可能带来代理问题；DUAL 的系数显著为正，表明管理层权力的增加可能会带来代理问题，该发现与 Du 等(2017)一致；MEET_SHR 的系数为负显著，说明出席股东大会比例越高使股东更可能对管理层实施监督；此外，INDR、BOARD、REL、TOBINQ、LISTAGE 的系数均为正显著，说明公司独立董事比例越高、董事会人数越多、受宗教氛围影响越大、企业价值越高、上市时间越长、公司费用率越高，代理问题更严重，而 SIZE、LEV 的系数显著为负，说明公司规模及杠杆率与代理成本呈负相关关系。

表 3.1.4 CEO 家乡任职、市场化进程与代理成本(费用率)

变量	(1)		(2)		(3)		(4)	
	系数	t 值	系数	t 值	系数	t 值	系数	t 值
LOCAL			−0.014***	−4.84	−0.014***	−4.84	−0.014***	−4.97
MKT					−0.007***	−6.48	−0.002	−1.32
LOCAL×MKT							−0.008***	−4.12
FIRST	−0.061***	−6.02	−0.061***	−6.05	−0.059***	−5.85	−0.061***	−5.98
EDU_CEO	0.005***	3.46	0.004***	2.93	0.004***	2.98	0.004***	2.85
AGE_CEO	0.015	1.52	0.016	1.58	0.014	1.41	0.013	1.30
GENDER_CEO	0.001	0.08	0.001	0.13	0.001	0.05	0.001	0.10
INDR	0.088***	3.32	0.085***	3.20	0.081***	3.10	0.079***	3.00
BOARD	0.016**	2.02	0.015**	2.00	0.013*	1.68	0.011	1.38
MAN_SHR	−0.016	−1.25	−0.015	−1.19	−0.014	−1.14	−0.013	−1.09
DUAL	0.011***	3.61	0.012***	4.02	0.013***	4.28	0.012***	4.20
MEET_SHR	−0.029**	−2.49	−0.029**	−2.54	−0.027**	−2.37	−0.026**	−2.31
REL	0.001**	2.58	0.001**	2.16	0.001*	1.81	0.001**	2.12
CEO_CH	0.006	1.37	0.005	1.21	0.005	1.12	0.004	1.01
TOBINQ	0.012***	9.33	0.012***	9.07	0.012***	8.95	0.011***	8.93
SIZE	−0.021***	−13.42	−0.022***	−13.48	−0.021***	−13.16	−0.021***	−13.11

续表

变量	(1)		(2)		(3)		(4)	
	系数	t 值	系数	t 值	系数	t 值	系数	t 值
LEV	−0.051***	−5.24	−0.052***	−5.33	−0.056***	−5.74	−0.056***	−5.79
DA_CF	0.053	1.24	0.052	1.23	0.050	1.17	0.044	1.05
LISTAGE	0.001***	2.61	0.001***	2.58	0.001**	2.37	0.001**	2.41
STATE	−0.005	−1.37	−0.005	−1.21	−0.007*	−1.80	−0.007*	−1.77
常数项	0.520***	10.41	0.533***	10.68	0.530***	10.63	0.541***	10.86
行业/年度	控制		控制		控制		控制	
观测值	8 784		8 784		8 784		8 784	
Adj_R²	36.1%		36.2%		36.6%		36.7%	
F	113.992***		122.941***		149.084***		147.744***	
ΔAdj_R²			0.2%*** [2−1]		0.4%*** [3−2]		0.1%*** [4−3]	

注:***、**、* 分别表示在 1%、5%、10% 的水平上显著;所有 t 值均经过了异方差稳健标准误(Huber-White)调整。

第(2)列结果显示,CEO 家乡任职(LOCAL)与费用率(AC_ER)在 1%的水平上负相关(−0.014,t 值=−4.84),支持了假设 3.1.1。该结果说明 CEO 家乡任职减少了在职消费,进而缓解了代理冲突,降低了委托代理成本。

第(3)列结果表明,市场化(MKT)系数显著为负(−0.007,t 值=−6.48),说明公司位于市场化程度较高的省份代理冲突越低,该结果符合预期。此外,LOCAL 仍保持了负显著,为假设 3.1.1 提供了进一步支持。

第(4)列结果表明,CEO 家乡任职与市场化的交乘项(LOCAL×MKT)系数在 1%的水平上显著为负(−0.008,t 值=−4.12),支持了假设 3.1.2,说明市场化程度对 CEO 家乡任职与代理成本的负相关关系起到了强化作用。同时,LOCAL 的系数仍保持在 1%的水平上显著为负(−0.014,t 值=−4.97),再一次支持了假设 3.1.1。

五、敏感性测试

(一)被解释变量敏感性测试

为检验代理成本采用其他度量方式的稳健性,参照 Ang 等(2000)、Du 等(2017)及高凤莲和王志强(2016),本节采用资产周转率(AC_AUR)和管理费用率(AC_AER)作为被解释变量检验假设 3.1.1 和假设 3.1.2。资产周转率(AC_AUR)为委托代理成本的负向指标,当 LOCAL 的系数显著为正时,假设 3.1.1 得到支持。

表 3.1.5 Panel A 以资产周转率(AC_AUR)作为被解释变量,第(2)列中 LOCAL 系数显著为正(0.017,t 值=1.80),支持了假设 3.1.1,表明 CEO 家乡任职在一定程度上提高了

运营效率，进而降低了委托代理成本。第(4)列中 LOCAL×MKT 的系数显著为正(0.028，t 值=4.45)，进一步支持了假设 3.1.2，表明市场化强化了 CEO 家乡任职与资产周转率间的正相关关系。表 3.1.5 Panel B 显示，以管理费用率(AC_AER)为被解释变量时，第(2)列中 LOCAL 系数在 1%的水平上显著为负(−0.009，t 值=−4.41)，进一步为假设 3.1.1 提供了支持。同时，第(4)列 LOCAL×MKT 的系数显著为负，再次支持了假设 3.1.2。

表 3.1.5 不同代理成本度量的敏感性测试

Panel A：CEO 家乡任职、市场化与资产周转率(AC_AUR)

变量	(1)		(2)		(3)		(4)	
	系数	t 值	系数	t 值	系数	t 值	系数	t 值
LOCAL			0.017*	1.80	0.017*	1.80	0.018*	1.93
MKT					0.037***	10.76	0.020***	3.52
LOCAL×MKT							0.028***	4.45
控制变量	控制		控制		控制		控制	
常数项	0.527***	3.05	0.510***	2.94	0.525***	3.03	0.485***	2.79
行业/年度	控制		控制		控制		控制	
观测值	8 784		8 784		8 784		8 784	
Adj_R²	0.328		0.328		0.336		0.338	
F	48.193		47.974		48.611		47.893	
ΔAdj_R²			0.1* [2−1]		1.2*** [3−2]		0.2*** [4−3]	

Panel B：CEO 家乡任职、市场化与管理费用率(AC_AER)

变量	(1)		(2)		(3)		(4)	
	系数	t 值	系数	t 值	系数	t 值	系数	t 值
LOCAL			−0.009***	−4.41	−0.009***	−4.41	−0.009***	−4.49
MKT					−0.003***	−4.33	−0.001	−1.03
LOCAL×MKT							−0.003**	−2.48
控制变量	控制		控制		控制		控制	
常数项	0.413***	11.61	0.422***	11.86	0.420***	11.84	0.425***	11.95
行业/年度	控制		控制		控制		控制	
观测值	8 784		8 784		8 784		8 784	
Adj_R²	29.8%		30.0%		30.2%		30.2%	
F	65.132***		61.525***		55.438***		54.818***	
ΔAdj_R²			0.2%*** [2−1]		0.2%*** [3−2]		0.1%** [4−3]	

注：***、**、* 分别表示在 1%、5%、10% 的水平上显著；所有 t 值均经过了异方差稳健标准误(Huber-White)调整。

(二)CEO 本地任职的敏感性测试

本节进一步构建 CEO 出生地与公司注册地是否一致的虚拟变量，同时还分别采用市级层面和县级层面的 CEO 家乡任职虚拟变量检验假设 3.1.1 和假设 3.1.2。如表 3.1.6 Panel A～Panel E 所示，当 CEO 家乡任职分别被定义为出生地与公司注册地所在省份是否一致(LOCAL_R)、出生地与公司办公地所在城市是否一致(LOCAL_C)、出生地与公司注册地所在城市是否一致(LOCAL_RC)、出生地与公司办公地所在区县是否一致(LOCAL_D)、出生地与公司注册地所在区县是否一致时(LOCAL_RD)，上述 CEO 家乡任职变量的系数均在 1%的水平上显著为负，同时上述变量与市场化(MKT)的交乘项也均负显著，与表 3.1.4 的发现相一致，再次支持了假设 3.1.1 和假设 3.1.2。

表 3.1.6 CEO 家乡任职敏感性测试

Panel A：使用公司注册地为基础度量 CEO 家乡任职

变量	(1)		(2)		(3)		(4)	
	系数	t 值	系数	t 值	系数	t 值	系数	t 值
LOCAL_R			−0.012***	−4.38	−0.012***	−4.43	−0.013***	−4.54
MKT					−0.007***	−6.51	−0.003	−1.44
LOCAL_R×MKT							−0.008***	−3.99
控制变量	控制		控制		控制		控制	
常数项	0.520***	10.41	0.530***	10.63	0.527***	10.58	0.539***	10.82
行业/年度	控制		控制		控制		控制	
观测值	8 784		8 784		8 784		8 784	
Adj_R^2	36.1%		36.2%		36.6%		36.7%	
F	113.992***		121.274***		149.409***		148.094***	
ΔAdj_R^2			0.1%*** [2−1]		0.4%*** [3−2]		0.1%*** [4−3]	

Panel B：使用市级层面的公司办公地度量 CEO 家乡任职

变量	(1)		(2)		(3)		(4)	
	系数	t 值	系数	t 值	系数	t 值	系数	t 值
LOCAL_C			−0.023***	−7.74	−0.023***	−7.57	−0.023***	−7.55
MKT					−0.006***	−4.61	−0.002	−1.56
LOCAL_C×MKT							−0.008***	−4.15
控制变量	控制		控制		控制		控制	
常数项	0.479***	8.77	0.521***	9.51	0.529***	9.61	0.535***	9.75
行业/年度	控制		控制		控制		控制	
观测值	6 304		6 304		6 304		6 304	
Adj_R^2	36.5%		37.1%		37.4%		37.6%	
F	90.786***		106.623***		115.392***		113.778***	
ΔAdj_R^2			0.6%*** [2−1]		0.3%*** [3−2]		0.2%*** [4−3]	

Panel C：使用市级层面公司注册地度量 CEO 家乡任职

变量	(1)		(2)		(3)		(4)	
	系数	t 值	系数	t 值	系数	t 值	系数	t 值
LOCAL_RC			−0.023***	−7.57	−0.022***	−7.38	−0.022***	−7.37
MKT					−0.006***	−4.59	−0.003	−1.61
LOCAL_RC×MKT							−0.008***	−4.00

续表

变量	(1)		(2)		(3)		(4)	
	系数	t 值	系数	t 值	系数	t 值	系数	t 值
控制变量	控制		控制		控制		控制	
常数项	0.479***	8.77	0.512***	9.36	0.520***	9.46	0.527***	9.62
行业/年度	控制		控制		控制		控制	
观测值	6 304		6 304		6 304		6 304	
Adj_R^2	36.5%		37.1%		37.3%		37.5%	
F	90.786***		103.817***		115.641***		114.280***	
ΔAdj_R^2			0.6%*** [2−1]		0.2%*** [3−2]		0.2%*** [4−3]	

Panel D:使用县区级层面公司办公地度量 CEO 家乡任职

变量	(1)		(2)		(3)		(4)	
	系数	t 值	系数	t 值	系数	t 值	系数	t 值
LOCAL_D			−0.022***	−6.00	−0.021***	−5.54	−0.019***	−4.96
MKT					−0.007***	−4.38	−0.005***	−3.25
LOCAL_D×MKT							−0.007**	−2.47
控制变量	控制		控制		控制		控制	
常数项	0.553***	8.40	0.579***	8.79	0.585***	8.85	0.597***	9.04
行业/年度	控制		控制		控制		控制	
观测值	4 681		4 681		4 681		4 681	
Adj_R^2	35.2%		35.7%		36.0%		36.1%	
F	81.171***		83.834***		82.830***		73.705***	
ΔAdj_R^2			0.5%*** [2−1]		0.3%*** [3−2]		0.1%** [4−3]	

Panel E:使用县区级层面公司注册地度量 CEO 家乡任职

变量	(1)		(2)		(3)		(4)	
	系数	t 值	系数	t 值	系数	t 值	系数	t 值
LOCAL_RD			−0.020***	−5.31	−0.018***	−4.78	−0.017***	−4.28
MKT					−0.007***	−4.33	−0.006***	−3.38
LOCAL_RD×MKT							−0.006**	−2.02
控制变量	控制		控制		控制		控制	
常数项	0.553***	8.40	0.569***	8.65	0.576***	8.71	0.587***	8.88
行业/年度	控制		控制		控制		控制	
观测值	4 681		4 681		4 681		4 681	
Adj_R^2	35.2%		35.6%		35.9%		36.0%	
F	81.171***		83.463***		82.481***		75.256***	
ΔAdj_R^2			0.4%*** [2−1]		0.3%*** [3−2]		0.1%** [4−3]	

注：***、**、* 分别表示在 1%、5%、10% 的水平上显著；所有 t 值均经过了异方差稳健标准误(Huber-White)调整。

六、内生性测试

(一)倾向得分匹配(PSM)分析

CEO 家乡任职很大程度上受 CEO 的工作地选择的影响,可能存在 CEO 更愿意选择在制度建设完善、市场发育健全的地方工作,而这些地方上市公司的代理成本往往也相对较低。因此本节首先采用倾向得分匹配(PSM)的方法(Dehejia,Wahba,2002)来控制内生性。

考虑到交通便利程度可能影响着当地经济的发展水平,而 CEO 也更可能在经济较好的地方任职,一方面经济发展水平高的地方有更多的职业选择,另一方面对于公司的发展和个人的居住环境也较为有利,因此本节在倾向得分匹配(PSM)第一阶段纳入公司办公地所在省份的人均道路面积(ROAD)作为工具变量;此外,建立自然保护区意味着周围的土地、自然等资源使用受到限制,而且为了满足生态保护需要可能还会有一系列生态保护政策,因此本节将自然保护区占该省面积比重(NPD)纳入 PSM 第一阶段作为工具变量,并将所有控制变量纳入第一阶段的回归。确定第二阶段使用的变量后,本节采用匹配后样本对式(3.1.1)和式(3.1.2)进行检验①。

表 3.1.7 Panel B 为 PSM 第二阶段结果。第(2)列中 CEO 家乡任职(LOCAL)对费用率(AC_ER)仍存在着显著负向影响(−0.012,t 值=−3.79),再一次支持了假设 3.1.1。同时在第(4)列中,LOCAL×MKT 的系数显著为负(−0.009,t 值=−4.21),再次支持了假设 3.1.2。

表 3.1.7 倾向得分匹配(PSM)回归结果

Panel A:倾向得分匹配(PSM)第一阶段

变量	被解释变量:LOCAL	
	系数	z 值
ROAD	0.066***	15.94
NPD	−0.018***	−3.92
FIRST	−0.160	−1.07
EDU_CEO	−0.157***	−7.12
AGE_CEO	0.288**	2.07
GENDER_CEO	0.046	0.62
INDR	−0.271	−0.75
BOARD	0.093	0.92
MAN_SHR	0.196	1.22

① 本节对匹配前后的两组变量进行了均值差异检验,结果显示匹配后两组变量基本不存在显著差异。

续表

变量	被解释变量:LOCAL	
	系数	z 值
DUAL	0.305***	7.72
MEET_SHR	0.091	0.59
REL	0.003	0.38
CEO_CH	−0.147***	−2.78
TOBINQ	−0.061***	−4.58
SIZE	−0.039*	−1.88
LEV	−0.207**	−1.99
DA_CF	−0.120	−0.28
LISTAGE	0.007	1.57
STATE	0.201***	4.02
常数项	−0.573	−0.80
行业/年度	控制	
观测值	6 694	
Pseudo R^2	11.6%	
Wald chi^2	879.01***	

Panel B:倾向得分匹配(PSM)第二阶段:CEO家乡任职、市场化进程与代理成本(费用率)

变量	(1)		(2)		(3)		(4)	
	系数	t 值	系数	t 值	系数	t 值	系数	t 值
LOCAL			−0.012***	−3.79	−0.012***	−3.76	−0.011***	−3.68
MKT					−0.006***	−5.02	−0.001	−0.45
LOCAL×MKT							−0.009***	−4.21
控制变量	控制		控制		控制		控制	
常数项	0.583***	10.54	0.595***	10.78	0.604***	10.90	0.618***	11.16
行业/年度	控制		控制		控制		控制	
观测值	6 694		6 694		6 694		6 694	
Adj_R^2	32.4%		32.6%		32.9%		33.1%	
F	60.706***		60.130***		59.307***		59.341***	
ΔAdj_R^2			0.4%*** [2−1]		0.3%*** [3−2]		0.1%** [4−3]	

注：***、**、* 分别表示在1%、5%、10%的水平上显著；所有 t、z 值均经过了异方差稳健标准误(Huber-White)调整。

(二)Heckman两阶段分析

由于CEO的个人身份证信息并无强制披露要求，因此本节采用的主要解释变量——

CEO家乡任职(LOCAL)缺失较多，可能存在样本选择偏差的内生性问题。因此，本节采用Heckman两阶段的方法(Heckman，1979)控制样本选择偏差的问题。考虑到信息披露较完整的公司更有可能披露CEO的身份证信息，而信息披露完整性可能受信息透明度影响，因此本节在第一阶段中纳入信息透明度(ANALYST)作为工具变量，该变量定义为当年跟踪公司的研报数量。此外，本节还将所有控制变量也纳入Heckman第一阶段的回归以获取逆米尔斯比(IMR)，之后再将IMR带入第二阶段的回归。在Heckman第一阶段的回归中因变量为虚拟变量DISCLOSURE，当CEO身份证信息可获得时取值为1，否则取值为0。

如表3.1.8 Panel B所示，第二阶段的回归CEO家乡任职(LOCAL)仍与费用率(AC_ER)显著负相关，与理论预期一致。第(4)列中LOCAL×MKT的系数显著为负，再一次支持了假设3.1.2。值得一提的是，IMR在各列中均不显著，表明并不存在样本选择偏差的内生性问题，控制了该内生性问题后，本节结论依旧成立。

表3.1.8 Heckman两阶段回归结果

Panel A：Heckman第一阶段		
变量	被解释变量：DISCLOSURE	
	系数	z值
ANAYLST	0.004***	6.29
FIRST	−0.773***	−7.91
EDU_CEO	0.002	0.13
AGE_CEO	0.551***	6.33
GENDER_CEO	0.174***	3.92
INDR	0.298	1.28
BOARD	−0.130**	−2.00
MAN_SHR	0.988***	7.17
DUAL	1.031***	36.97
MEET_SHR	0.570***	5.88
REL	−0.008**	−2.02
CEO_CH	−0.258***	−7.82
TOBINQ	0.009	1.11
SIZE	0.086***	5.48
LEV	−0.136**	−2.03
DA_CF	−0.157	−0.58
LISTAGE	−0.045***	−17.97
STATE	−0.109***	−3.73
常数项	−4.177***	−8.95
行业/年度	控制	
观测值	16 489	
Pseudo R^2	17.54%	
Wald Chi^2	3 378.25***	

续表

Panel B：Heckman 第二阶段								
变量	(1)		(2)		(3)		(4)	
	系数	t 值	系数	t 值	系数	t 值	系数	t 值
LOCAL			−0.011***	−3.42	−0.011***	−3.44	−0.011***	−3.66
MKT					−0.007***	−5.81	−0.004*	−1.95
LOCAL×MKT							−0.006***	−2.76
IMR	0.016	0.96	0.015	0.88	0.011	0.67	0.013	0.75
控制变量	控制		控制		控制		控制	
常数项	0.437***	5.22	0.455***	5.44	0.467***	5.69	0.483***	5.78
行业/年度	控制		控制		控制		控制	
观测值	6 902		6 902		6 902		6 902	
Adj_R^2	39.4%		39.5%		39.8%		39.9%	
F	80.813***		77.697***		72.340***		71.899***	
ΔAdj_R^2			0.1%*** [2−1]		0.3%*** [3−2]		0.1%** [4−3]	

注：***、**、* 分别表示在 1%、5%、10% 的水平上显著；所有 t 值均经过了异方差稳健标准误（Huber-White）调整。

七、进一步讨论

（一）企业性质差异分析

在中国背景下，国有企业和私营企业存在着较大的差异，其中可能包括可支配资源、经营目标的差异等。国有企业的 CEO 由于有着除经营业绩外的各方面压力（Chang，Wong，2009），因此即便在家乡任职，其能够自由裁量的空间更小，进而家乡认同的情感对国有企业 CEO 的影响将会更低。基于上述分析，本节进一步检验 CEO 家乡任职在不同性质企业中的影响。表 3.1.9 第（1）～（2）列的结果显示，非国有企业（STATE＝0）中，CEO 家乡任职（LOCAL）与费用率（AC_ER）显著负相关，该结果支持了家乡任职对委托代理成本的降低作用在非国有企业中成立。

（二）企业规模差异分析

企业规模的大小可能影响 CEO 的家乡认同情节，小规模企业为谋求发展需要提高运营效率，降低费用开支；而规模已经发展较大的企业则可能为了保持其强有力的竞争力，而做出寻求政府关系、提升企业形象等与利润目标不一致的行为。因此本节认为在小规模企业中，CEO 的家乡认同情节符合企业目标，将对委托代理成本具有更显著的降低作用。基于以上分析，本节以企业规模的均值分组检验 CEO 家乡任职对委托代理成本的降低作用。

表 3.1.9 第(3)～(4)列的回归结果显示，在规模较小的企业(SIZE＝0)中，CEO 家乡任职(LOCAL)在 1％的水平上显著降低了委托代理成本，而规模较大的企业(SIZE＝1)则并没有显著作用，该结果符合预期。

表 3.1.9 CEO 家乡任职与代理成本(费用率)：企业性质与规模

变量	(1)		(2)		(3)		(4)	
	STATE＝0		STATE＝1		SIZE＝0		SIZE＝1	
	系数	*t* 值	系数	*t* 值	系数	*t* 值	系数	*t* 值
LOCAL	−0.017***	−4.53	0.001	0.01	−0.017***	−3.94	−0.005	−1.51
控制变量	控制		控制		控制		控制	
常数项	0.610***	8.56	0.377***	4.48	0.325***	4.54	0.001	0.01
行业/年度	控制		控制		控制		控制	
观测值	6 003		2 781		4 911		3 873	
Adj_R^2	34.2％		39.8％		31.2％		39.3％	
F	102.921***		34.485***		34.562***		86.717***	
组间差异 chi^2	297.41***				380.77***			
系数差异 chi^2	9.69***				5.66**			

注：***、**、* 分别表示在 1％、5％、10％ 的水平上显著；所有 *t* 值均经过了异方差稳健标准误(Huber-White)调整。

(三)公司治理差异分析

独立董事作为公司治理的外部机制，被普遍认为具有监督和咨询两大职能，其监督职能对委托代理成本具有降低作用，因此，在独立董事比例较高的企业，CEO 家乡任职对委托代理成本的降低作用会更加显著。本节以独立董事比例的均值，分组检验 CEO 家乡任职对委托代理成本的降低作用。结果如表 3.1.10 第(1)～(2)列所示，在独立董事比例较高(INDR＝1)的组，CEO 家乡任职(LOCAL)与费用率(AC_ER)在 1％的水平上显著负相关，支持了上述推断。

表 3.1.10 CEO 家乡任职、市场化进程与代理成本(费用率)：公司治理与 CEO 受教育水平

变量	(1)		(2)		(3)		(4)	
	INDR＝0		INDR＝1		EDU_CEO＝0		EDU_CEO＝1	
	系数	*t* 值	系数	*t* 值	系数	*t* 值	系数	*t* 值
LOCAL	−0.004	−1.05	−0.028***	−5.63	0.004	0.44	−0.016***	−5.34
控制变量	控制		控制		控制		控制	
常数项	0.517***	7.91	0.594***	7.37	0.511***	3.15	0.573***	10.49
行业/年度	控制		控制		控制		控制	
观测值	5 533		3 250		1 165		7 619	

续表

变量	(1)		(2)		(3)		(4)	
	INDR＝0		INDR＝1		EDU_CEO＝0		EDU_CEO＝1	
	系数	t 值	系数	t 值	系数	t 值	系数	t 值
Adj_R^2	35.8%		37.2%		41.0%		36.2%	
F	57.759***		32.379***		95.473***		121.744***	
组间差异 chi²	212.29***				1 086.83***			
系数差异 chi²	16.93***				4.58**			

注：***、**、* 分别表示在 1%、5%、10% 的水平上显著；所有 t 值均经过了异方差稳健标准误（Huber-White）调整。

(四)CEO 教育水平差异分析

在中国的高考体制下，大多数人在进入大学之前都是在自己的家乡学习，而进入大学后则会在异乡学习生活数年，因此这种离开家乡的经历可能会增加 CEO 对家乡的思念和认同，当回到家乡任职后又有建设家乡的壮志和希望得到家乡认可的声誉激励，进而高学历 CEO 家乡任职带来的委托代理成本的降低作用会比低学历 CEO 带来的更为显著。因此根据 CEO 学历将本科及以上学历(EDU_CEO＝1)与大专及以下学历(EDU_CEO＝0)的样本进行分组回归，结果如表 3.1.10 第(3)～(4)列结果所示。学历较高组 CEO 家乡任职(LOCAL)与费用率显著负相关，学历较低组则不存在显著相关关系，表明当 CEO 学历较高时，家乡任职对代理成本的降低作用更明显。

八、研究结论

"举头望明月，低头思故乡"，中国人自古以来就对家乡存在着依恋和不舍的情感。由此可见，家乡对个人特质的影响具有重要的现实意义。本节通过家乡认同的视角，研究了 CEO 家乡任职如何影响委托代理成本，并探究了市场化在其中的调节作用。研究发现，当 CEO 任职地点与出生地一致时，公司的委托代理成本较低。该发现表明，在家乡任职的 CEO 存在家乡认同情节和更低的信息不对称性，并因此更顾及自身声誉和建立的当地资源，进而减少了委托代理冲突，降低了委托代理成本。此外，市场化程度会加剧 CEO 家乡任职与委托代理成本的负相关关系，说明正式制度在 CEO 家乡任职缓解代理冲突的关系中起到强化作用。进一步研究发现，在非国有企业、规模较小的企业、独立董事比例较高的企业和 CEO 学历较高的企业中，CEO 家乡任职对代理成本的降低作用成立。

本节研究存在以下几个方面的启示：第一，股东和代理人间存在的代理冲突是长期以来持续受到关注的话题，然而前期关于委托代理成本的文献鲜有从 CEO 家乡任职视角进行研究，因此本节为委托代理成本的研究提供了一个新的视角，丰富了有关公司治理的研究文献。第二，CEO 作为企业的主要经营管理者，在一定程度上影响着企业的行为，前期有关

CEO家乡任职特征的研究主要从环保和管理层短视的角度展开,并未关注到其在缓解委托代理冲突中起到的作用。而本节探究了CEO家乡任职如何缓解委托代理成本背后的逻辑,丰富了有关CEO个人特征方面的研究,拓展了地方认同理论的解释范围。第三,市场化强化了CEO家乡任职对委托代理成本的影响,表明正式制度与非正式制度间存在着相互促进的关系,该发现为Williamson(2000)的社会制度框架研究提供了重要的证据支持。

本节所揭示的CEO家乡认同情节在缓解委托代理冲突中的作用,以及制度环境起到的强化作用可能存在以下几点实践价值:第一,本节研究结论揭示了CEO家乡任职可以作为一种非正式制度制约公司的不道德行为,提示学术界和实务界应重视高管个体经历作为非正式制度因素带来的影响。这些因素虽然往往并非显性的,但事实上会伴随公司管理者数十年甚至一生。第二,就监管者而言,除制度框架内的约束外,还可以恰当关注如CEO任职地点选择等其他因素对企业行为的影响。本节研究发现的CEO家乡任职带来的声誉制约及信息不对称性降低即是一个可以考虑的视角,因此适当考虑CEO个人背景可以帮助甄别公司行为的好坏及背后的潜在逻辑。此外,市场化对家乡任职的强化作用说明正式制度和非正式制度的有机结合能够互相促进,相得益彰。因此,恰如其分地将二者结合使用,既能提高监管效率,又能降低监管成本。第三,从资本市场参与者的角度来看,理解公司治理结构是深入剖析公司业绩的重要一环。过去人们常常更关注CEO的关系特征带来的影响,而本节通过分析CEO家乡任职与委托代理成本的联系,揭示了CEO任职地点对企业行为有着深刻的影响,启示资本市场参与者适当考虑关注高级管理者的任职地点。第四,在现代公司治理框架下,如何缓解委托代理冲突是难以回避的重要问题。本节的研究结论为公司提供了一个新的思路——高级管理人员在家乡任职能带来在职消费的减少和营运效率的提升,因此未来对高级管理人员的选聘应适当关注其相关背景。与此同时,高级管理人员也应当加强自我认识,清醒看待自己对家乡的情感,避免走向另一个极端。第五,本节指出声誉制约是CEO家乡任职降低在职消费、缓解代理冲突的重要机制之一,因此如何正确建立和引导本地经理人市场的声誉体系或许能成为提升公司治理水平的关键。第六,中国正处于高速发展阶段,人才的跨区域流动更加频繁,因而可能导致部分经济欠发达地区的高学历人才流失,进而不但导致经济发展受限,还可能导致非正式制度的正面影响被削弱,如本节发现CEO家乡任职对委托代理成本的降低作用在低学历CEO中并未起作用。因此,如何平衡各地之间人才的分配应当受到相关部门的关注。

参考文献

陈冬华,胡晓莉,梁上坤,等,2013. 宗教传统与公司治理[J]. 经济研究,48(9):71-84.

曹春方,刘秀梅,贾凡胜,2018. 向家乡投资:信息、熟悉还是代理问题?[J]. 管理世界,(5):107-119.

戴亦一,肖金利,潘越,2016.“乡音”能否降低公司代理成本?:基于方言视角的研究[J]. 经济研究,51(12):147-160,186.

杜兴强，熊浩，2017. 董事长—总经理老乡关系与研发投入[J]. 投资研究，36(9)：60-82.

樊纲，王小鲁，马光荣，2011. 中国市场化进程对经济增长的贡献[J]. 经济研究，46(9)：4-16.

费孝通，2015. 乡土中国[M]，第一版. 北京：人民出版社.

高凤莲，王志强，2016. 独立董事个人社会资本异质性的治理效应研究[J]. 中国工业经济，(3)：146-160.

胡珺，宋献中，王红建，2017. 非正式制度、家乡认同与企业环境治理[J]. 管理世界，(3)：76-94.

李书娟，徐现祥，戴天仕，2016. 身份认同与夜间灯光亮度[J]. 世界经济，39(8)：169-192.

王小鲁，樊纲，胡李鹏，2019. 中国分省份市场化指数报告(2018)[M]. 北京：社会科学文献出版社.

杨兴全，张丽平，吴昊旻，2014. 市场化进程、管理层权力与公司现金持有[J]. 南开管理评论，17(2)：34-45.

曾三云，刘文军，龙君，2015. 制度环境、CEO背景特征与现金持有量[J]. 山西财经大学学报，37(4)：57-66.

庄春萍，张建新，2011. 地方认同：环境心理学视角下的分析[J]. 心理科学进展，19(9)：1387-1396.

ANG J S, COLE R A, LIN J W, 2000. Agency costs and ownership structure[J]. Journal of finance, 55(1): 81-106.

BALL R, SHIVAKUMAR L, 2006. The role of accruals in asymmetrically timely gain and loss recognition[J]. Journal of accounting research, 44(2): 207-242.

RATTER B M W, GEE K, 2012. Heimat—a German concept of regional perception and identity as a basis for coastal management in the Wadden Sea[J]. Ocean and coastal management, 68: 127-137.

BRAU J C, 2002. Do banks price owner-manager agency costs? An examination of small business borrowing [J]. Journal of small business management, 40(4): 273-286.

CHANG E C, WONG S M L, 2009. Governance with multiple objectives: evidence from top executive turnover in China[J]. Journal of corporate finance, 15(2): 230-244.

CHENG C, 1986. The concept of face and its confucian roots[J]. Journal of Chinese philosophy, 13(3): 329-348.

DEHEJIA R H, WAHBA S, 2002. Propensity score-matching methods for nonexperimental causal studies[J]. Review of economics and statistics, 84(1): 151-161.

DING S, JIA C, WILSON C, et al, 2015. Political connections and agency conflicts: the roles of owner and manager political influence on executive compensation[J]. Review of quantitative finance and accounting, 45(2): 407-434.

DU X, 2013. Does religion matter to owner-manager agency costs? Evidence from China[J]. Journal of business ethics, 118(2): 319-347.

DU X, 2014. Does Confucianism reduce minority shareholder expropriation? Evidence from China[J]. Journal of business ethics, 132(4): 661-716.

DU X, 2019. Does CEO-auditor dialect sharing impair pre-IPO audit quality? Evidence from China[J]. Journal of business ethics,156(3): 699-735.

DU X, WENG J, ZENG Q, et al, 2017. Culture, marketization, and owner-manager agency costs: a case of merchant guild culture in China[J]. Journal of business ethics, 143(2): 353-386

EL GHOUL S, GUEDHAMI O, NI Y, et al, 2013. Does information asymmetry matter to equity pricing? Evidence from firms' geographic location[J]. Contemporary accounting research, 30(1): 140-181.

FRANCIS J R, WILSON E R, 1988. Auditor changes: a joint test of theories relating to agency costs and auditor differentiation[J]. The accounting review, 63(4): 663-82.

FRANCIS J R, KHURANA I K, MARTIN X, et al, 2011. The relative importance of firm incentives versus country factors in the demand for assurance services by private entities[J]. Contemporary accounting research, 28(2): 487-516.

FULLILOVE M T, 1996. Psychiatric implications of displacement: contributions from the psychology of place[J]. American journal of psychiatry, 153(12): 1516-1523.

GAO G Y, MURRAY J Y, KOTABE M, et al, 2010, A"strategy tripod"perspective on export behaviors: evidence from domestic and foreign firms based in an emerging economy[J]. Journal of international business studies, 41(3): 377-396.

GU H, RYAN C, 2008. Place attachment, identity and community impacts of tourism-the case of a Beijing Hutong[J]. Tourism management, 29(4): 637-647.

HECKMAN J J, 1979. Sample selection bias as a specification error [J]. Econometrica: journal of the econometric society, 47(1): 153-161.

HERNÁNDEZ B, HIDALGO M C, SALAZAR-LAPLACE M E, et al, 2007. Place attachment and place identity in natives and non-natives[J]. Journal of environmental psychology, 27(4): 310-319.

HU H C, 1944. The Chinese concepts of "face"[J]. American anthropologist, 46(1): 45-64.

JENSEN M C, MECKLING W H, 1976. Theory of the firm: managerial behavior, agency costs and ownership structure[J]. Journal of financial economics, 3(4): 305-360.

JENSEN M C, 1986. Agency costs of free cash flow, corporate finance, and takeovers [J]. American economic review, 76(2): 323-329.

JIAN M, WONG T J, 2010. Propping through related party transactions[J]. Review of accounting studies, 15(1): 70-105.

LAI S, LI Z, YANG Y G, 2020. East, west, home's best: do local CEOs behave less my opically? [J]. The accounting review, 95(2): 227-255.

POOL V K, STOFFMAN N, YONKER S E.2012. No place like home: familiarity in mutual fund manager portfolio choice[J]. Review of financial studies, 25(8): 2563-2599.

PROSHANSKY H M, 1978. The city and self-identity [J]. Environment and behavior, 10(2): 147-169.

PROSHANSKY H M, FABIAN A K, KAMINOFF R, 1983. Place-identity: physical world socialization of the self[J]. Journal of environmental psychology, 3(1): 57-83.

RELPH E, 1976. Place and Placeness[M].Lion: Pion.

HODLER R, RASCHKY P A, 2014.Regional favoritism[J]. The quarterly journal of economics, 129(2): 995-1033.

ROZEFF M S, 1982. Growth, beta and agency costs as determinants of dividend pay-out ratios[J]. Journal of financial research, 5(3): 249-259

SCANNELL L, GIFFORD R, 2010. The relations between natural and civic place attachment and pro-environmental behavior[J]. Journal of environmental psychology, 30(3): 289-297.

SEASHOLES M S, ZHU N, 2010. Individual investors and local bias[J]. The journal of finance, 65(5): 1987-2010.

SINGH M, DAVIDSON III W N, 2003. Agency costs, ownership structure and corporate governance mechanisms[J]. Journal of banking and finance, 27(5): 793-816.

TAJFEL H, 1982. Social psychology of intergroup relations[J]. Annual review of psychology, 33(1): 1-39.

TUAN Y F, 1980. Rootedness versus sense of place[J]. Landscape, 24(3): 3-8.

TWIGGER-ROSS C L, UZZELL D L, 1996. Place and identity processes[J]. Journal of environmental psychology, 16(3): 205-220.

WATTS R L, ZIMMERMAN J L, 1983. Agency problems, auditing, and the theory of the firm: Some evidence[J]. Journal of law and economics, 26(3): 613-633

WHITE H, 1980. A heteroskedasticity-consistent covariance matrix estimator and a direct test for heteroskedasticity[J]. Econometrica: journal of the econometric society, 48(4): 817-838.

WILLIAMSON O E, 2000. The new institutional economics: taking stock, looking ahead[J]. Journal of economic literature, 38(3): 595-613.

WU W, 2008. Dimensions of social capital and firm competitiveness improvement: the mediating role of information sharing[J]. Journal of management studies, 45(1): 122-146.

YONKER S E, 2017. Geography and the market for CEOs[J]. Management science, 63 (3): 609-630.

第二节 CEO—审计师方言关联与审计意见购买

摘要:本节利用CEO和审计师的身份证原始信息,手工搜集了CEO—审计师方言关联(CADC)的数据,探究了CADC对审计意见购买的影响,并进一步考察了审计师声誉的调节作用。利用2007—2019年中国上市公司的样本,研究发现:拥有CADC的公司进行审计意见购买的可能性显著高于没有方言关联的公司。这一发现表明,CADC损害了审计师的独立性——一家公司的CEO与一名或多名签字审计师说相同的方言,那么该公司更有可能参与到审计师层面的审计意见购买。此外,与未经BIG10审计的公司相比,经BIG10审计的公司的CADC与审计意见购买之间的关系并不显著,揭示了审计师声誉削弱了CADC对审计意见购买的影响。进一步地,使用不同的CADC和审计意见购买度量,上述发现依然稳健;在控制了潜在的内生性问题后,研究结论保持不变。最后,CADC对审计意见购买的影响只适用于现场审计师,而不适用于复核审计师。总体而言,本节的研究丰富了先前关于审计意见购买和审计师独立性的文献。

一、引言

在信息不对称的背景下,财务报告一直被视为内部人和外部人沟通的重要渠道(Guan et al.,2016)。在这方面,外部审计在向潜在投资者确保财务报告的质量和提高披露财务数字的可靠性方面发挥着至关重要的作用(Watts,Zimmerman,1983)。为了避免非标准审计意见(MAO)导致的严重(负面)后果(例如,市场负面反应和难以获得新资源),管理者有强烈的动机购买审计意见(Chen et al.,2016a;Chung et al.,2019;Menon,Williams,2010)。先前的研究表明,当现任审计师可能出具MAO时,客户会寻求更换现任审计师(Chung et al.,2019;Lennox,2000)。然而,学者、监管者以及实务界并没有对成功的审计意见购买决定因素给予足够的关注。

先前的研究已经考察了签字审计师与利益相关者之间的各种社会关系(例如,校友关联、同乡关联、姓氏关联)对审计行为的影响(Du,2019a,2019b;Guan et al.,2016;He et al.,2017)。然而,现有的研究几乎没有提供关于社会关系或其特定维度是否以及如何影响审计意见购买的证据。审计意见购买具有隐蔽性,有必要深入研究社会关系并进一步考察其对审计意见购买的影响。基于前述文献中的空白,本节旨在探讨基于CEO—审计师方言关联的人际关系[①]（即 CEO 与签字审计师之间的方言关联，下同）是否会影响审计师的独立性，从而最终导致审计意见购买。

人际关系可以通过各种形式建立。借鉴 Du(2019a)，相同方言是 CEO 和审计师建立和加强个人关系的重要渠道（通道）。更重要的是，无论他们来自哪里，CEO 和审计师的方言关联可以提供文化认同（Du，2019a）。鉴于语言反映了一个人的认知和记忆风格（Whorf，1956），方言关联可以为建立个人关系提供有效的基础，原因如下：首先，对说同一方言的人而言，流利而亲切的交流是很自然的。其次，说同一方言的人可能出生在邻近地区甚至同一个地方，因此地域文化认同可以帮助他们找到一些共同点，形成凝聚力，加深人际关系。最后，对于共享相同方言的个人，他们具有相似的文化背景，可减少潜在的冲突（Portes，2001）。正如之前的社会学研究所述（Granovetter，1985；Uzzi，1996），社会关系有助于产生信任和建立个人关系。因此，CEO—审计师方言关联可能加强人际关系。

人际关系不可避免地促使个人作出对关联人员有利的决策。Fisman 等（2018）指出，与遴选委员会成员的同乡关联可以增加候选人当选为中国科学院（工程院）院士的可能性。此外，现有研究发现，审计师和客户高管（审计委员会成员）之间的个人关系会削弱审计监督的有效性，降低审计质量（Guan et al.，2016；He et al.，2017）。具体地说，审计师与 CEO 之间的人际关系不利于保持审计师独立性，而独立性是审计师最重要的核心素质，也是提供有效保证服务的基础（Chi et al.，2012）。因此，初步预测，CEO 和审计师的方言关联可能会损害审计师的独立性，促使审计师作出对客户有利的决策，最终导致客户进行审计意见购买。

本节以 2007—2019 年中国上市公司为样本，对上述假设进行了检验。出于几个原因，本节将重点放在中国背景下。第一，在中国，签字审计师和 CEO 的个人身份证信息可以通过公共渠道手工搜集，这为研究人员提供了一个独特的场景，以识别 CEO 和审计师是否说相同的方言。第二，中国不同地区存在多样化的区域和子区域方言，这有利于探讨 CEO—审计师方言关联对审计意见购买的影响。第三，正如 Allen 等（2005）所指出，当市场效率相对较低、正式制度不完善时，社会规范和文化因素更有效。中国经济发展的特点是较弱的法律执行，因此，中国人以社会关系为基础建立经济关系以降低交易成本是很常见的事（Wang et al.，2008）。在这方面，个人关系（例如，同乡关系、校友关系）已被发现会影响公司决策和审计结果（Du，2019a，2019b；Gu et al.，2019；Guan et al.，2016；He et al.，2017）。因此，当签字审计师和 CEO 使用相同的方言时，在中国以关系为基础的社会中，个人关系将更加密切，这破坏了审计师的独立性，并可能导致审计意见的购买。第四，与发达国家相比，中国审计市场集中度较低，市场竞争程度较高（Du，2019b；Guan et al.，2016）。因此，基于相同方言的个人关系加剧了 CEO 和签字审计师之间的潜在勾结。基于此，在中国背景下探究嵌入

---

① 值得注意的是，CEO—审计师方言关联不同于 CEO—审计师家乡关联（Du，2019a）。CEO—审计师的家乡关联是根据 CEO 和签字审计师是否出生在同一个省、市（地级市）或县（县级市）来定义的。然而，CEO—审计师方言关联是基于 CEO 和签字审计师是否说相同的子方言分支来确定的。显然地，对于来自两个（或更多）相邻省份的人来说，他们可能说相同的方言，但他们出生于不同的县、市或省，他们之间没有家乡的关联。

于相同方言中的CEO—审计师关系对审计意见购买的影响是合适的。具体而言，在本节样本中，31.90%的公司—年度观察值至少有一名签字审计师与CEO说相同的子方言分支。

简而言之，本节的发现揭示了如下几个方面：首先，当CEO—审计师方言关联（CADC）存在时，客户公司拥有显著更高的可能性成功地参与审计意见购买，这表明CADC导致签字审计师与CEO之间的合谋，进而损害了审计师独立性。具体而言，CADC对审计意见购买的边际效应约为2.35%，具有显著的经济意义。第二，审计师声誉（BIG10审计师）削弱了CADC对审计师独立性的影响。第三，在使用CADC和审计意见购买的替代度量之后，上述结果是稳健的。第四，通过Heckman两阶段回归、倾向性得分匹配和两阶段工具变量回归控制潜在的内生性后，本节的结论仍然有效。第五，CEO—审计师方言关联的影响在项目（现场）审计师和复核审计师之间是不对称的。具体地，只有CEO和项目审计师之间的方言关联才导致成功的审计意见购买。

本节的主要贡献如下：

第一，本节的研究丰富了先前关于文化因素在影响会计与审计行为中的作用的文献。之前的文献已经明确了文化和特定的文化维度（例如，儒家、宗教、文化嵌入性等）影响公司决策和审计行为（Du，2015，2019b；Du et al.，2020；Hope et al.，2008；Tan，Meyer，2011）。在新兴市场（例如中国）正式制度不完善的背景下，关系和各种社会关系主导着市场参与者的行为（Wang et al.，2008），这引起了学者们的密切关注（Gu et al.，2019；Guan et al.，2016；He et al.，2017）。语言是文化的重要组成部分（Du，2019a），相同的语言可以促进社会关系的建立。然而，语言的经济后果，特别是方言关联还没有被充分地探究。作为回应，本节的研究重点是CEO—审计师方言关联对审计意见购买的影响，这与Piotroski和Wong（2012）呼吁进一步研究社会规范和文化因素对公司行为的影响相呼应。

此外，本节的研究与Du（2019a）的研究有很大的不同。Du（2019a）以中国IPO审计市场为研究对象，考察了CEO和审计师方言关联对IPO前盈余管理（IPO前审计质量）的影响。众所周知，中国IPO市场上所有拟上市公司无一例外地都被出具标准无保留审计意见（Du，2019a）。因此，目前还并不清楚CEO与审计师之间的方言关联（CADC）是否会导致成功的审计意见购买。作为对比，本节的研究旨在探究CADC对审计意见购买的影响，这是一种典型的损害审计师独立性的行为。

第二，本节的研究补充了以往关于审计意见购买的文献。DeFond和Zhang（2014）提出，审计意见购买是一个重要的研究主题，但除了Lennox（2000）和Chen et al.（2016a）的研究，后续研究是匮乏的。针对审计师特有的方言特征，本节的研究揭示了CADC促使客户公司通过方言关联与签字审计师合谋，并成功进行审计意见购买，这呼应了DeFond和Zhang（2014）的观点，补充了Lennox（2000）和Chen et al.（2016a）的研究。

第三，通过考察审计师声誉（BIG10审计师）对CADC与审计意见购买之间关系的调节作用，本节的发现丰富了治理机制（正式制度）和人际关系（非正式制度）如何交互影响公司行为的文献。本节的研究表明，BIG10审计师作为一种监督机制削弱了CADC对审计意见购买的影响，进一步支持了以往文献的发现——有效的外部治理可以削弱文化因素对公司行为的影响(Du,2015,2019a;El Ghoul et al,2012;Guan et al.,2016)。

第四,本节的研究补充了以前关于审计师特定特征对审计结果影响的文献。关于审计质量的决定因素,现有的研究已将重点从会计师事务所或会计师事务所分所层面转移到个人审计师层面(例如,人口统计特征、工作经验和社会关系)(Gong et al.,2019;Gul et al.,2013;Guan et al.,2016;Lennox et al.,2020;Li et al.,2017)。然而,以往的文献从审计师个人的语言特征来研究审计结果是不充分的。在这一点上,本节的研究补充了先前关于审计师特定语言特征对审计行为影响的文献。

本节的其余部分安排如下:第二部分描述了研究的制度背景,回顾了之前的文献,并提出了研究假设;第三部分介绍了研究设计,包括样本选择、数据来源、实证模型和变量定义;第四部分呈现了实证结果、稳健性测试、内生性检验和进一步的分析;第五部分为结束语。

二、制度背景、文献综述与研究假设

(一)当代中国的方言及其影响

中国幅员辽阔,包括34个省级行政区。中国自秦朝(公元前221—207年)起就有统一的书写语言,但同一个词在不同地区(省份)可能有不同的发音或语调,产生了各种方言——对应于普通话。具体地说,中国有17种子区域方言、98种子方言和167种子方言分支(中国社会科学院,2012)。此外,普通话普及率调查显示,河北、江苏和广西工作场所使用普通话的比例分别为60.03%、60.83%和48.21%;普通话在家庭中的使用率最高(最低)的是河北(广西)——24.48%(8.54%)(谢俊英 等,2011),这表明方言在当代中国社会仍然被广泛使用。在中国,说同一种方言很容易缩短人与人之间的距离(Du,2019a)。

中国社会被认为具有“关系”和非正式制度的特征(Gu et al.,2019;Pistor,Xu,2005)。不完善的正式制度和较弱的法律执行突出了关系的重要性(Gold et al.,2002)。在此背景下,相同方言的身份认证功能尤为明显,可以促进个体间文化认同的形成(Du,2019a;Tafel,Turner,1979)。上述推断可以借鉴Jacobs(1979,1982)的分析框架得到支撑。关系(Guanxi)源于相似的态度、出身、身份、经历(如同事、同学、校友、师生关系)、血缘关系、家乡关系。此外,语言能够反映思想、信仰和态度,进而影响认知和记忆。不同的语言体现了文化属性(Whorf,1956),在中国,人们通常能够通过相同的方言(甚至口音)来建立文化认同。共享方言背后的文化相似性容易引起强烈的情感共鸣,因此,共享方言可以让以前认识的人更容易在以后建立人际信任。方言不是简单的语言,而是重要的文化因素(Du,2019a;Jiang,Zhang,2010)。在Williamson(2000)的四层次制度分析框架中,文化被划分为第一层次(嵌入层次),它支配着其他层次。因此,个体之间相同的方言可以产生文化认同,促进彼此间的合作,维护整个群体的利益。因此,正如Du(2019a)所指出的,在中国背景下,以相同方言为基础的文化认同会促使人们团结、合作甚至合谋。在上述讨论的推动下,本节的研究解决了CEO—审计师方言关联是否会损害审计师的独立性并导致成功的审计意见购买的关注。

（二）审计意见购买的相关文献

经审计的财务报告被视为投资者评价企业经济活动的直接渠道，审计师在此过程中起到信息保证作用（Minnis，2011）。为了发表审计意见，审计师需要收集大量证据，然后对财务报告背后的估计和假设提供独立的见解。非标准审计意见（MAO）是审计师向外界传达审计特定信息的关键方式（Chen et al.，2016b）。先前的研究发现，MAO 对市场参与者来说是一个负面信号，会导致不良后果，例如，负面市场反应（Menon，Williams，2010）和更高的信用利差（Chen et al.，2016b），这对客户公司来说代价高昂（Chen et al.，2016a）。在这种情况下，客户公司有强烈的动机向审计师施压以避免 MAO。在这方面，如果现任审计师或继任审计师屈服于客户公司的压力，要求在正常情况下是 MAO 时发表标准无保留的审计意见，就会发生审计意见购买——这会损害审计师的独立性并损害审计质量（DeFond，Zhang，2014）。

通过更换签字审计师，伴随着审计意见购买，可以避免不利的审计意见（例如，带强调事项段的无保留意见、保留意见、否定意见和无法表示意见）（Chung et al.，2019）。Carcello 和 Neal（2003）已经证实，客户在收到不干净或不利的审计意见后倾向于更换会计师事务所。然而，更换审计师的公司不一定会从继任审计师那里得到更有利的审计意见（Chow，Rice，1982；Smith，1986；Krishnan，Stephens，1995）。在这一点上，正如 Lu（2006）所指出，前任审计师和继任审计师的独立性并不一定会因为审计师的更换而受到损害。

尽管如此，数量不多但不断增加的文献表明，客户可以通过更换审计师成功地参与审计意见购买。Lennox（2000）以会计师事务所层面的证据表明，审计意见购买的公司对比从继任审计师那里获得标准无保留意见的可能与从现任审计师那里收到非标准审计意见的可能，以决定是否更换审计师，以最大限度地提高获得标准无保留意见的可能性。在后续研究中，Newton 等（2016）发现，客户成功购买标准无保留的内控审计意见。在中国背景下，DeFond 等（2000）认为，企业在收到大型会计师事务所的不良审计意见后，转而向小型会计师事务所购买标准无保留审计意见。Chan 等（2006）发现，中国上市公司总是通过转向更有可能出具有利审计意见的当地会计师事务所来避免获得 MAO。Chen 等（2016a）指出，企业成功地参与了审计师层面的审计意见购买，且 Chung 等（2019）提出了审计意见购买的经济后果，以避免获得持续经营审计意见。

综上所述，先前的文献已经通过审计师更换揭示了审计意见购买。然而，审计意见购买的决定因素并没有得到足够的关注。

（三）社会认同理论与 CEO—审计师方言关联对审计意见购买的影响

根据社会认同理论（Stets，Burke，2000；Taifel，1970；Tafel，Turner，1979），人们倾向于将那些与他们有相同（相似）特征的人归为“内群体”，而将那些没有相似特征的人归为“外群体”。个体普遍接受内群体成员的行为和准则——表现为更多的信任、合作和积极的评价，然后将更多的资源分配给“内群体”的成员。事实上，群体活动中普遍存在群内偏袒现象；相比之下，人们对来自外群体的个体的认可较低，表现出“外群体歧视”（Ahmed，2007）。

文化认同是社会认同理论的核心组成部分（Jacobs，1979）。方言是一个重要的文化维度，同一方言在某些情况下意味着共同的文化和家乡情结。文化的相似性可以促进社会互动，减少个体之间的信息摩擦和争论，从而增加达成共识的可能（Portes，2001）。此外，方言作为人们“分类”和“识别”的重要标志，作为第一语言，通常可以促进人际交往（Du，2019a）。因此，方言关联有助于为内群体成员建立和维护社会关系，这始终是建立亲密关系的基础。

在中国，方言的认同作用尤为明显。地域的辽阔和方言的多样性导致形成了明显的发音和口音差异（如南腔北调）。在社会交往中，相同的方言可以拉近个体间的距离，因为方言总是意味着文化认同，且文化一致性可以帮助人们形成强烈的情感共鸣（依赖），建立对事物的相同看法。McPherson 等（2001）发现，当人们与具有相似特征/经历的其他人互动时，会表现出更多的相互理解并伴随更多的舒适感。此外，社会关系提高了沟通效率并促进了对敏感话题的讨论（Gibbons，2004）。

当客户被出具 MAO 时，它传达了对公司经营的负面印象，并引起了监管机构、投资者和利益相关者的高度关注，给公司造成了声誉损失和高昂的交易成本（Chen et al.，2016a）。如果 CEO 和一名或多名签字审计师说相同的方言，CEO 有动机通过人际关系与签字审计师沟通——这种关系建立在方言关联的基础上——以避免获得 MAO，这可能与从事审计意见购买有关。

根据社会认同理论（Tafel，Turner，1979），签字审计师把与自己有相同方言的 CEO 分类为同一群体。由于群内偏袒，签字审计师和 CEO 因为相同方言自然更有可能建立密切的社会关系，因此，签字审计师在审计过程中很难保持独立性。上述猜想可以从现有的研究中得到重要的支持。例如，CEO 与审计师的校友关联破坏了审计质量（Guan et al.，2016；He et al.，2017），CEO 与审计师的姓氏关联增加了财务错报的可能性（Du，2019b），这意味着审计师的决策根植于他们的社会关系之中（Granovetter，1985）。因此，基于方言关系的文化认同助长了 CEO 与审计师的合谋，削弱了审计师的独立性，增加了客户成功购买审计意见的可能。

此外，中国审计市场的激烈竞争降低了审计师的独立性，也降低了对高审计质量的要求（Choi，Wong，2007；Du，2019b；Guan et al.，2016）。参考 Choi 和 Wong（2007）的统计数据，Big5 会计师事务所在美国审计市场的份额为 95.79%。然而，Big5 会计师事务所 2017 年在中国大陆审计市场的市场份额仅为 41.81%（中国注册会计师协会，CICPA），四大国际会计师事务所在 2019 年审计的中国上市公司的比例不到 10%，这意味着中国审计市场的集中度较低，面临着更大的竞争压力，审计师可能会从事不道德的行为，损害审计师的独立性（Choi，Wong，2007；Du，2019b）。

中国审计市场受到严格监管，但由于法律执行效率较低，审计师面临诉讼风险、声誉损失和审计市场份额下降的可能性相对较低（He et al.，2017）。正如 Allen 等（2005）所指出的，中国资本市场投资者保护力不足且法律执行较弱。如果没有强有力的执行，关于审计师独立性的规定只是文字而已（Du，2019b）。因此，中国审计市场的激烈竞争和较弱的法律执行，促进了 CEO 和审计师之间的合谋。

综上所述，CEO 与审计师的方言关联导致了群内偏袒，引起了 CEO 的不道德行为，最终损害了审计师的独立性。签字审计师在权衡审计费用的收益以及潜在声誉和诉讼损失的成本后，以方言关联为基础的亲密人际关系占据主导，换而言之，签字审计师更有可能与 CEO 合谋，最终导致客户成功购买审计意见。基于上述讨论，本节将假设 3.2.1 表述如下：

假设 3.2.1：限定其他条件，CEO—审计师方言关联（CADC）与审计意见购买呈正相关。

（四）审计师声誉的调节效应

之前的研究表明，Big N 会计师事务所可以为财务报告提供更强有力的保证（Chi et al.，2012），因为它们总是拥有更好的监督机制、全面的审计质量控制程序和前景广阔的职业晋升渠道（Gong et al.，2019）。Lim 和 Tan（2008）认为，被 Big N 会计师事务所审计的公司具有较低的可操纵性应计、较高质量的财务信息和较强的信息保证。此外，大型会计师事务所拥有的道德文化培训对审计师的客观性和独立性具有积极影响（Du，2019a；Svanberg，Öhman，2016）。因此，大型会计师事务所可能在 CADC 与审计意见购买之间的正向关系中起到削弱作用。

此外，声誉损失是限制审计师对其独立性损害的一个不可忽视的重要因素（Weber et al.，2008）。若审计师的独立性较低，提供的审计质量较差，最终可能会导致审计市场份额的下降（DeAngelo，1981）。对于 Big N 会计师事务所来说，声誉受损是一项重大损失。Mayhew（2001）认为，声誉是通过不断积累建立起来的，为了避免更严重的不利经济后果，Big N 会计师事务所不太可能为了客户的方言关联而合谋。基于以上讨论，Big N 会计师事务所的声誉更高，行为更独立（Chi et al.，2012）。因此，对于 Big N 的审计师来说，良好的审计质量控制体系和对声誉的珍视导致审计过程中对审计师独立性的重视。因此，本节预测 CEO—审计师方言关联对审计意见购买的影响受到审计师声誉的调节。因此，假设 3.2.2 如下所述：

假设 3.2.2：限定其他条件，CEO 与审计师之间的方言关联对审计意见购买的正向影响随着审计师声誉的提高而削弱。

三、研究设计

（一）样本

本节的初始样本包括 2007—2019 年所有 A 股上市公司。样本期从 2007 年开始，因为直到 2007 年才能获得 CEO 和签字审计师的身份证信息——这对于手工搜集 CEO 和审计师方言关联的数据非常重要。然后，依次删除金融行业、净资产为负、签字审计师和 CEO 身份证信息缺失的公司—年度观察值，以及无法获得公司特定特征的公司—年度观察值。

最后，本节获得了 3 027 个公司—年度的观测数据，且在 1%和 99%的水平上对所有连续变量进行缩尾，以缓解极端值的不利影响。

（二）数据来源

本节所使用变量的数据来源如下：首先，基于个人身份证信息手工搜集了 CEO—审计师方言关联的数据。具体地说，从审计报告、招股说明书、验资报告、律师工作报告（www.cninfo.com.cn/new/index）中手工获取个人身份证的原始信息。其次，基于 Chen 等（2016a）的模型和国泰安数据库（CSMAR）的原始信息计算了审计意见购买数据。再次，审计师声誉和审计师特定特征的数据来自中国注册会计师协会的官方网站（CICPA，http://www.cicpa.org.cn/）。复次，从 CSMAR 数据库中获取企业层面控制变量的数据。最后，基于王小鲁等（2017）的研究获得了省级层面市场化指数的数据。

（三）审计意见购买的估计

借鉴 Lennox（2000）和 Chen 等（2016a），本节使用了如下的 Logit 模型[式（3.2.1）]来估计审计意见购买。详细的估计模型如下：

$$\begin{aligned}\text{MAO}_{i,t}=&\theta_0+\theta_1\text{SWITCH}_{i,t}+\theta_2\text{LAGMAO}_{i,t}+\theta_3\text{SWITCH}_{i,t}\times\text{LAGMAO}_{i,t}+\theta_4\text{SIZE}_{i,t}+\\&\theta_5\text{LEV}_{i,t}+\theta_6\text{ROA}_{i,t}+\theta_7\text{OCF}_{i,t}+\theta_8\text{LOSS}_{i,t}+\theta_9\text{CA\_CI}_{i,t}+\theta_{10}\text{ARINV}_{i,t}+\\&\theta_{11}\text{LISTAGE}_{i,t}+\sum_{12}^{19}\theta_j\text{InteractionTerms}_{it}+\text{Industry}+\text{Year}+\psi\end{aligned}\tag{3.2.1}$$

在式（3.2.1）中，$\text{MAO}_{i,t}$是一个虚拟变量，如果公司 i 在 t 年被出具 MAO，则等于 1，否则为 0。SWITCH 是一个虚拟变量，如果公司与上一会计年度相比是由新的审计师审计（不包括强制性轮换），则等于 1，否则等于 0。[①] 参考 Chen 等（2016a），本节在模型中包含了上一年度的审计意见（LAGMAO）和审计师更换（SWITCH）与 LAGMAO 之间的交互项。此外，本节在式（3.2.1）中控制了一系列影响审计师发表审计意见的公司层面的特征，包括公司规模（SIZE，以总资产的自然对数衡量）、财务杠杆（LEV，以总负债与总资产之比计算）、总资产收益率（ROA，等于净利润除以总资产）、经营活动现金流（OCF，经营活动现金流净额与总资产的比率）、亏损虚拟变量（LOSS，公司出现净亏损则等于 1，否则为 0 的虚拟变量）、流动比率（CA_CI，以流动资产与流动负债之比度量）、应收账款和存货占总资产的比率（ARINV）以及上市年龄（LISTAGE，公司上市年数的自然对数）。正如 Chan 等（2006）和 Chen 等（2016a）所指出的，上述控制变量可以反映客户的会计盈利能力、财务风险和审计风险。此外，本节还控制了控制变量与审计师更换（SWITCH）之间的交互作用项（InteractionTerms）来刻画有无审计师更换的公司在控制变量系数上的差异（Lennox，2000）。最

① 2003 年，中国证监会发布《关于证券期货审计业务签字注册会计师定期轮换的规定》要求，签字审计师对客户的连续审计服务不得超过五年。强制审计师轮换并不意味着一家公司有意地更换审计师以参与审计意见购买。

后，本节还包含了年度和行业的虚拟变量来控制它们的固定效应，并按公司层面的聚类标准误来调整横截面相关性(Cameron，Miller，2015)。

式(3.2.1)用于生成公司在完全更换签字审计师或不更换签字审计师的情况下收到MAO的预测概率。$P(MAO^{s}_{i,t})$定义为客户i在t年收到MAO的条件概率，s表示一家公司是否更换了审计师。$P(MAO'_{i,t})$表示公司在审计师更换情况下收到MAO的概率，但$P(MAO^{0}_{i,t})$表示如果没有审计师更换，公司收到MAO的概率。审计意见购买(DAO)是指$P(MAO^{1}_{i,t})$和$P(MAO^{0}_{i,t})$的差值。因此，会计师事务所成功购买审计意见的情况有两种：(1)审计师更换，DAO值小于0；(2)审计师不更换，DAO值大于0。

本节参考了Chen等(2016a)使用±0.01(±1%)而不是0的阈值来识别一个公司是否成功参与审计意见购买(AOS)，原因如下：第一，如果DAO的值接近0，那么现任审计师和继任审计师出具MAO的可能性没有显著差异，这表明客户没有参与审计意见购买。第二，DAO的值是基于式(3.2.1)的估计，可能包含度量偏差，因此0作为衡量审计意见购买的阈值可能会导致错误分类(Chen et al.，2016a；Lennox，2000)。第三，使用±0.01作为阈值可以有效缓解上述担忧。如果SWITCH等于1且DAO的值小于或等于－0.01(－1%)，或者SWITCH等于0且DAO的值大于或等于0.01(1%)，则审计意见购买(AOS)等于1，否则为0。

(四)CEO与审计师方言关联的度量

由于幅员辽阔，中国有17种子区域方言、98种子方言和167种子方言分支在不同地区使用(中国社会科学院，2012；Du，2019a)。在数据挖掘的基础上，本节构建了主要的自变量，即CEO—审计师方言关联：

首先，本节从审计报告、招股说明书、验资报告和律师工作报告(www.cinefo.com.cn/new/index)中获取CEO和签字审计师的个人身份证信息。

其次，在中国，第二代(第一代)个人身份证包括一个唯一的18位(15位)身份证号码。可以从前6位身份证号码中识别CEO(签字审计师)的出生地。更具体地说，根据Du(2019a)，研究者可以分别通过前两位、中间两位和最后两位数的身份证号码来清晰地识别一个人的省、市、县三级的出生地。因此，本节可以确定CEO和签字审计师的出生地。①

最后，根据中国社会科学院(2012)，本节可以进一步获得一个县和一个方言一对一匹配的原始数据。值得注意的是，来自两个或两个以上相邻县的人可能会说一种特定的方言，但这些相邻县可能属于不同的市(省)。② 因此，CEO—审计师的方言关联与CEO—审计师家

---

① 到目前为止，根据第一步和第二步，本节可以判断CEO与审计师的家乡关联是否存在。然而，要进一步确定是否存在CEO—审计师方言关联，本节尚需进一步的工作。

② 例如，(1)平谷区、蓟州区和兴隆县分别位于北京市、天津市和河北省，但其共同的子方言分支是蓟遵小片。(2)康平县、梨树县、科尔沁左翼中旗分别位于辽宁省、吉林省和内蒙古自治区，但其共同的子方言分支是长锦小片。(3)綦江区、泸县和习水县分别位于重庆市、四川省和贵州省，但其共同的子方言分支是岷赤小片。在中国，来自不同行政区的人说同一种方言是很常见的。

乡关联有很大的不同。基于一个县和一个方言的一对一匹配，本节可以识别出 CEO 和每个签字审计师分别说的是哪种方言，然后可以进一步判断 CEO 和签字审计师之间是否存在方言关联。正如 Du(2019a)所指出的那样，相同的方言可以带来更多的理解和更亲近的感受，这主导了行政区域或家乡关联对个人行为的影响。在这一点上，对于本节的主要检验，本节可以构造一个标签为 CADC 的 CEO—审计师方言关联的虚拟变量，如果 CEO 和一个或多个签字审计师说相同的子方言分支，则等于 1，否则等于 0。

这里有两个例子：(1)个人身份证前 6 位身份证号码为“445121”，指 CEO(签字审计师)的籍贯为潮安(县)—潮州(市)—广东(省)。因此，他(她)所在县的人说的是闽南话(一种子方言)的潮汕小片(一种子方言分支)。(2)如果 CEO 和签字审计师的前 6 位身份证号码是“610523”和“142723”，则 CEO 和签字审计师分别出生在“大荔(县)—渭南(市)—陕西(省)”和“芮城(县)—运城(市)—山西(省)”。显然，CEO 和签字审计师出生在不同的省(市、县)，但他们说相同的子方言分支(即解州小片)。在此背景下，同一子方言分支可以使人们超越行政区划的界限，产生天然的亲近感。

(五)检验假设 3.2.1 的模型

假设 3.2.1 预测 CEO 与审计师的方言关联与审计意见购买呈正相关。为了检验假设 3.2.1，构建如下式(3.2.2)(Chung et al.，2019；Du，2019a；Du，2019b)：

$$
\begin{aligned}
\text{AOS}_{i,t} = {} & \alpha_0 + \alpha_1 \text{CADC}_{i,t} + \alpha_2 \text{HOME\_TIES}_{i,t} + \alpha_3 \text{FIRST}_{i,t} + \alpha_4 \text{INDR}_{i,t} + \alpha_5 \text{SIZE}_{i,t} + \\
& \alpha_6 \text{LEV}_{i,t} + \alpha_7 \text{ROA}_{i,t} + \alpha_8 \text{OCF}_{i,t} + \alpha_9 \text{LOSS}_{i,t} + \alpha_{10} \text{LISTAGE}_{i,t} + \alpha_{11} \text{STATE}_{i,t} + \\
& \alpha_{12} \text{MKT}_{i,t} + \text{Industry effects} + \text{Year effects} + \upsilon
\end{aligned} \tag{3.2.2}
$$

在式(3.2.2)中，因变量是 AOS，即一家公司是否成功地参与了审计意见购买。主要自变量为 CEO—审计师方言关联，即 CADC。CADC 是一个虚拟变量，如果 CEO 和一个或多个签字审计员共享同一子方言分支，则等于 1，否则等于 0(Du，2019a)。本节在公司层面对标准误差进行聚类回归，以控制所报告的 z 统计量和显著性水平的截面相关(Cameron，Miller，2015)。这些变量在表 3.2.1 中有定义。在式(3.2.2)中，如果 CADC 的系数显著为正，则假设 3.2.1 得到了实证结果的支持。

此外，本节采用 CADC_NUM、CADC_INT 和 CADC_GRO 作为 CEO—审计师方言关联的替代度量进行稳健性测试。CADC_NUM、CADC_INT 和 CADC_GRO 分别表示审计师与 CEO 共享子方言分支的数量、CADC 的密切程度以及审计师和 CEO 是否共享子方言。

参考 Chen 等(2016a)、Chung 等(2019)、Gu 等(2019)和 Lennox(2000)的研究，本节在式(3.2.2)中加入了 CEO—审计师家乡关联(HOME_TIES)、公司治理机制、一系列公司特定特征和一个宏观层面的变量，以分离它们对公司审计意见购买的影响。如果签字审计师及其客户的 CEO 出生在同一县(区)，则 HOME_TIES 等于 1，否则等于 0；股权结构(FIRST)定义为第一大股东持有股份的百分比；独立董事比例(INDR)度量为独立董事人数与董事会总人数的比值；公司规模(SIZE)等于公司总资产的自然对数；财务杠杆(LEV)为公司总负债与总资产的比值；总资产收益率（ROA）用净利润除以总资产来度量；现金流（OCF）是指经营活动现金流量净额与总资产的比值；亏损（LOSS）是一个虚拟变量，若公司出现亏损，则等于1，否则为0；公司的上市年龄（LISTAGE）被定义为公司上市年限的自然对数；最终的所有权性质（STATE）是一个虚拟变量，若公司的最终控制人是中央或地方政府、政府控股公司则赋值为1，否则赋值为0；省级市场化指数（MKT）来自王小鲁等（2017）。此外，式（3.2.2）还控制了行业和年度固定效应。

（六）检验假设3.2.2的模型

为了探究审计师声誉的调节效应（假设3.2.2），本节使用了Logit模型，并引入了一个额外的变量，即BIG10会计师事务所（BIG10），并构建了式（3.2.3），将审计意见购买（AOS）、CEO—审计师方言关联（CADC）、审计师声誉（BIG10）、交互项（CADC×BIG10）和其他决定因素联系在一起：

$$
\begin{aligned}
AOS_{i,t} = & \beta_0 + \beta_1 CADC_{i,t} + \beta_2 BIG10_{i,t} + \beta_3 CADC_{i,t} \times BIG10_{i,t} + \beta_4 HOME\_TIES_{i,t} + \\
& \beta_5 FIRST_{i,t} + \beta_6 INDR_{i,t} + \beta_7 SIZE_{i,t} + \beta_8 LEV_{i,t} + \beta_9 ROA_{i,t} + \beta_{10} OCF_{i,t} + \\
& \beta_{11} LOSS_{i,t} + \beta_{12} LISTAGE_{i,t} + \beta_{13} STATE_{i,t} + \beta_{14} MKT_{i,t} + \text{Industry effects} + \\
& \text{Year effects} + \omega
\end{aligned} \tag{3.2.3}
$$

在式（3.2.3）中，调节变量是审计师声誉（BIG10）。BIG10是一个虚拟变量，如果一家公司被BIG10会计师事务所审计，则等于1，否则等于0（Du，2019a；Gong et al.，2019）。如果式（3.2.3）中CADC×BIG10的系数显著且为负，则支持假设3.2.2。

表3.2.1 变量定义

变量名	定义
AOS	企业是否成功参与审计意见购买，若公司收到标准无保留的审计意见，DAO≤−0.01且SWITCH＝1，或者当DAO≥0.01且SWITCH＝0，则AOS等于1，否则为0（Chen et al.，2016a）。DAO来自式（3.2.1）的估计，可以定义为在更换审计师和不更换审计师的情况下收到非标准审计意见（MAO）的概率之差。与上一会计年度相比，一家公司被新的审计师审计，则SWITCH等于1（不包括强制性轮换），否则SWITCH为0
CADC	CEO—审计师方言关联，若CEO与一个或多个签字审计师（现场审计师和复核审计师）共享相同的子方言分支，则等于1，否则为0（Du，2019a）
BIG10	审计师声誉，当公司聘请前十大会计师事务所（根据中国注册会计师协会年度排名，下同）审计师赋值为1，否则赋值为0
HOME_TIES	CEO—审计师家乡关联，若CEO和签字审计师（现场审计师和复核审计师）的出生地在相同的县（区）（中国的行政区有三级，包括省、市和县/区），则等于1，否则等于0
FIRST	第一大股东持股比例，第一大股东持有股份与公司总股份的比值
INDR	独立董事比例，独立董事人数与董事会总人数的比值
SIZE	公司规模，公司总资产的自然对数

续表

变量名	定义
LEV	财务杠杆，公司总负债与总资产的比值
ROA	总资产收益率，等于净利润除以总资产
OCF	经营活动现金流，经营活动现金流量净额与总资产的比值
LOSS	亏损虚拟变量，若公司净利润为负则赋值为1，否则为0
LISTAGE	公司年龄，公司上市年数的自然对数
STATE	最终控制人性质，若公司的最终控制人是中央或地方政府、政府控股公司则赋值为1，否则赋值为0
MKT	省级市场化指数，衡量我国省际制度发展与投资者保护的指标（王小鲁 等，2017）
SWITCH	虚拟变量，与上一会计年度相比由新审计师对公司进行了审计，则该变量等于1（不含强制性变更），否则为0
DAO	基于审计报告模型[式(3.2.1)]（Chen et al.，2016a）的审计意见购买的原值，定义为更换审计师和不更换审计师的情况下收到MAO的概率之差乘以100
CADC_NUM	与CEO使用同一子方言分支的签字审计师的数量
CADC_INT	CADC亲密程度的有序变量，赋值3、2、1、0，即一家公司的CEO与签字审计师共用同一子方言分支，且都工作于非方言区域；CEO与签字审计师共享同一子方言分支，但只有一方在方言区工作；CEO与审计师共享子方言分支，且都在方言区工作；CEO和审计师不共享子方言分支
CADC_GRO	虚拟变量，若CEO和一个或多个签字审计师使用相同的子方言，则该变量为1，否则为0（Du，2019a）
DISCLOSURE	虚拟变量，如果签名审计师和CEO的身份证信息都被披露，则该变量等于1，否则等于0
SE	若公司在深圳证券交易所上市则等于1，在上海证券交易所上市的公司则等于0
ANALYST	分析师关注，等于跟踪公司的分析师加1后，取自然对数
TRANS	铁路交通状况，CEO出生当年所在省级的铁路里程（万千米）
CADC_ENG	现场审计师和CEO之间的方言关联，若CEO和现场审计师共享子方言分支，则为1，否则为0
CADC_REV	复核审计师和CEO之间的方言关联，若CEO和复核审计师共享子方言分支，则等于1，否则为0

四、实证结果

（一）描述性统计及相关性分析

表3.2.2呈现了本节主要检验中涉及变量的描述性统计。在本节的样本中，8.00%的公司成功参与了以±0.01为阈值的审计意见购买（AOS），这与之前的研究（8.68%；Chen et al.,2016a)基本一致。CADC 平均值为 0.319，表明 31.9%的中国上市公司存在 CEO 和签字审计师方言关联。BIG10 的平均值为 0.578，这意味着 57.8%的样本公司被 BIG10 审计师审计，这与 Gong 等(2019)相近。

对于控制变量，HOME_TIES 的平均值为 0.036，意味着 3.60%的样本公司有 CEO 与审计师家乡关联。平均而言，第一大股东持股比例(FIRST)为 34.10%，独立董事比例(INDR)为 0.377，公司规模(SIZE)为 17.96 亿元($e^{21.31}$)，财务杠杆(LEV)为 29.40%，总资产收益率(ROA)为 5.80%，经营活动现金流与总资产之比(OCF)为 3.90%，4.00%的样本公司净利润为负(LOSS)，平均上市年龄(LISTAGE)为 3.71 年($e^{1.311}$)。STATE 的平均值是 0.078，表明大约 7.80%的公司是国有的。最后，MKT 的平均值是 8.420。

表 3.2.2 描述性统计

变量	观测值	均值	标准差	最小值	25%分位	中位数	75%分位	最大值
AOS	3 027	0.080	0.272	0.000	0.000	0.000	0.000	1.000
CADC	3 027	0.319	0.466	0.000	0.000	0.000	1.000	1.000
BIG10	3 027	0.578	0.494	0.000	0.000	1.000	1.000	1.000
HOME_TIES	3 027	0.036	0.187	0.000	0.000	0.000	0.000	1.000
FIRST	3 027	0.341	0.130	0.091	0.246	0.330	0.423	0.667
INDR	3 027	0.377	0.053	0.333	0.333	0.333	0.429	0.571
SIZE	3 027	21.309	0.821	19.280	20.720	21.240	21.790	25.980
LEV	3 027	0.294	0.172	0.050	0.159	0.267	0.403	1.097
ROA	3 027	0.058	0.051	−0.362	0.036	0.057	0.083	0.208
OCF	3 027	0.039	0.070	−0.206	0.001	0.041	0.082	0.252
LOSS	3 027	0.040	0.197	0.000	0.000	0.000	0.000	1.000
LISTAGE	3 027	1.311	0.514	0.693	0.693	1.386	1.792	2.639
STATE	3 027	0.078	0.268	0.000	0.000	0.000	0.000	1.000
MKT	3 027	8.420	1.555	0.800	7.280	9.080	9.650	10.920

表 3.2.3 列示了主要变量的相关性矩阵。正如预期的那样，CADC 与 AOS 显著正相关，这表明 CEO 与审计师的方言关联使客户更有可能成功地进行审计意见购买，并为假设 3.2.1 提供了初步支持。此外，审计师声誉(BIG10)在 1%的水平上与审计意见购买显著负相关，表明审计师声誉可以抑制不道德的审计意见购买行为。这一发现也促使本节探索 CEO—审计师方言关联与审计师声誉在审计意见购买中的交互作用。此外，AOS 与其他变量之间的相关性蕴含相当丰富的信息。AOS 与 HOME_TIES、SIZE、LEV、ROA、LOSS、LISTAGE 和 MKT 显著相关，表明有必要在回归中控制这些变量。控制变量之间的相关系数在正常范围之内，当同时包含这些控制变量时，没有表现出严重的多重共线性。

表 3.2.3 Pearson 相关性矩阵

	变量	(1)	(2)	(3)	(4)	(5)	(6)	(7)	(8)	(9)	(10)	(11)	(12)	(13)	(14)
(1)	AOS	1													
(2)	CADC	0.035*	1												
(3)	BIG10	−0.090***	−0.026	1											
(4)	HOME_TIES	0.073***	0.284***	−0.067***	1										
(5)	FIRST	−0.014	−0.018	0.003	−0.047***	1									
(6)	INDR	0.014	−0.054***	0.006	−0.043**	0.093***	1								
(7)	SIZE	−0.078***	−0.026	0.103***	−0.005	0.040**	−0.039**	1							
(8)	LEV	−0.109***	−0.052***	0.055***	−0.039**	0.011	−0.028	0.489***	1						
(9)	ROA	−0.231***	0.047**	0.025	0.015	0.124***	−0.006	−0.105***	−0.375***	1					
(10)	OCF	0.011	0.039**	0.036*	0.022	0.064***	0.019	0.012	−0.170***	0.350***	1				
(11)	LOSS	0.502***	−0.025	−0.016	−0.022	−0.039**	0.022	0.075***	0.185***	−0.597***	−0.088***	1			
(12)	LISTAGE	−0.050***	0.028	0.050***	−0.029	−0.140***	0.042**	0.423***	0.246***	−0.298***	0.053***	0.203***	1		
(13)	STATE	0.000	0.039**	−0.009	0.036**	0.023	−0.049***	0.143***	0.120***	−0.023	−0.026	0.041**	0.010	1	
(14)	MKT	−0.037**	0.004	0.096***	−0.043**	0.002	0.040**	0.017	0.045**	−0.006	0.056***	0.022	0.097***	−0.067***	1

注：*、**、*** 分别表示在 10%、5%、1% 水平上显著。

（二）主要发现

表 3.2.4 列示了基于式(3.2.2)和式(3.2.3)使用 Logistic 回归方法对假设 3.2.1 和假设 3.2.2 检验的实证结果。正如表中所示，逐步回归表明两个相邻模型之间的 ΔPseudo R^2 显著增加，说明解释能力逐渐增强。

在表 3.2.4 的第(1)列中，只将控制变量包含在回归模型中。AOS 与 HOME_TIES、OCF 和 LOSS 呈显著正相关，与 LEV、LISTAGE 呈显著负相关。一个值得注意的额外情况是，OCF 和 LEV 的系数分别为正和负，并且统计上显著。可能的解释是充裕的现金流和较高的杠杆率可能会影响审计师的职业谨慎，导致对审计风险的关注更加宽松或在审计决策中更加谨慎，从而影响审计意见购买。

表 3.2.4 的第(2)列中，CADC 作为自变量。本节使用式(3.2.2)来测试假设 3.2.1，其预测 CADC 和 AOS 之间存在正相关。CADC 的系数在 1%的水平上显著为正(0.285，$z=2.88$)，表明 CEO 与审计师方言关联损害了审计师独立性，导致 CEO 与签字审计师之间的合谋，从而增加了客户成功进行审计意见购买的可能性。估计结果表明，CADC 对 AOS 的边际效应约为 2.46%($z=2.80$)。显然这在统计上和经济上都显著的。

表 3.2.4 的第(3)列呈现了将 BIG10 包含到回归中后的实证结果。CADC 与 AOS 在 1%的水平上呈显著正相关(0.265，$z=2.7$)，为假设 3.2.1 提供了进一步的支持。BIG10 的系数显著为负(−0.315，$z=-3.43$)，表明审计师声誉在缓解审计意见购买中的重要作用。此外，BIG10 的系数表明，对 BIG10 会计师事务所而言，其客户成功购买审计意见的可能性比非 BIG10 会计师事务所低 2.66%。

表 3.2.4 的第(4)列呈现了使用式(3.2.3)的假设 3.2.2 实证结果。CADC×BIG10 的系数在 1%水平上显著为负(−0.707，$z=-3.51$)，为假设 3.2.2 提供了强有力的支持。CADC×BIG10 对 AOS 的边际效应为−5.98%，“(CADC)+(CADC×BIG10) VS.(CADC)”的系数检验在 1%水平上显著(chi^2 的值为 12.43)。这一经济意义进一步支持了 BIG10 对 CADC 与 AOS 之间的正相关关系的削弱作用。此外，CADC 的系数仍然显著为正，再次支持了假设 3.2.1。

表 3.2.4 CEO—审计师方言关联(CADC)、审计师声誉和审计意见购买

变量	(1) AOS		(2) AOS		(3) AOS		(4) AOS	
	系数	z 值	系数	z 值	系数	z 值	系数	z 值
CADC			0.285***	2.88	0.265***	2.70	0.580***	4.44
BIG10					−0.315***	−3.43	−0.061	−0.54
CADC×BIG10							−0.707***	−3.51
HOME_TIES	0.637***	3.52	0.442**	2.36	0.401**	2.13	0.355*	1.79
FIRST	0.046	0.11	0.075	0.19	0.099	0.25	0.104	0.25
INDR	0.336	0.41	0.277	0.33	0.364	0.43	0.199	0.23

续表

变量	(1) AOS		(2) AOS		(3) AOS		(4) AOS	
	系数	z 值	系数	z 值	系数	z 值	系数	z 值
SIZE	−0.038	−0.45	−0.025	−0.29	−0.004	−0.05	−0.011	−0.13
LEV	−2.790***	−5.13	−2.793***	−5.11	−2.806***	−5.17	−2.807***	−5.14
ROA	−0.656	−0.52	−0.765	−0.60	−0.631	−0.49	−0.745	−0.59
OCF	2.475***	3.37	2.515***	3.37	2.574***	3.36	2.698***	3.53
LOSS	3.818***	11.30	3.868***	11.50	3.896***	11.71	3.901***	11.69
LISTAGE	−0.724***	−4.91	−0.778***	−5.41	−0.783***	−5.47	−0.760***	−5.41
STATE	−0.172	−0.92	−0.197	−1.03	−0.194	−1.00	−0.176	−0.90
MKT	−0.001	−0.04	−0.007	−0.22	−0.005	−0.16	−0.001	−0.03
常数项	−4.230**	−2.55	−4.440***	−2.66	−4.971***	−3.00	−4.956***	−2.98
行业	控制		控制		控制		控制	
年度	控制		控制		控制		控制	
观测值	3 027		3 027		3 027		3 027	
Pseudo R^2	0.444		0.448		0.455		0.462	
Wald chi^2	1 332.370		1 489.038		1 194.203		1 000.401	
Log Likelihood	−470.460		−466.804		−461.400		−455.101	
ΔPseudo R^2			7.38*** [2−1]		10.75*** [3−2]		12.20*** [4−3]	

注：***、**、*分别表示在1%、5%、10%的水平上显著；所有 z 值都是根据公司层面聚类调整以后的稳健标准差计算而得(Cameron，Miller，2015)。

(三)使用审计意见购买的原始值进行的稳健性测试

为了检验表3.2.4中的主要发现是否稳健，本节使用审计意见购买(DAO)的原始值作为因变量。DAO被定义为在更换审计师和不更换审计师的情况下收到MAO的概率乘以100(Chen et al.，2016a)。如果DAO的值小于0，则表明客户成功地进行了审计意见购买。表3.2.5列示了使用OLS模型的逐步回归结果。ΔR^2 表明两个相邻模型之间的解释力逐渐增强。在第(2)列中，CADC与DAO在10%的水平上呈显著负相关关系(−0.046，t=−1.77)，与假设3.2.1一致。此外，第(4)列中，CADC×BIG10的系数在1%水平上显著为正(0.184，t=3.76)，再次支持了假设3.2.2。

表3.2.5　使用审计意见购买的原始值(DAO)进行的稳健性测试

变量	(1) DAO		(2) DAO		(3) DAO		(4) DAO	
	系数	t 值	系数	t 值	系数	t 值	系数	t 值
CADC			−0.046*	−1.77	−0.046*	−1.76	−0.152***	−3.43
BIG10					0.032	1.46	−0.027	−1.12

续表

变量	(1) DAO		(2) DAO		(3) DAO		(4) DAO	
	系数	*t* 值	系数	*t* 值	系数	*t* 值	系数	*t* 值
CADC×BIG10							0.184***	3.76
HOME_TIES	−0.166**	−2.49	−0.134*	−1.96	−0.129*	−1.90	−0.111	−1.63
FIRST	−0.102	−1.18	−0.103	−1.19	−0.104	−1.20	−0.112	−1.29
INDR	0.172	0.84	0.157	0.78	0.160	0.79	0.158	0.78
SIZE	−0.017	−0.96	−0.018	−1.03	−0.019	−1.12	−0.017	−0.96
LEV	1.582***	15.20	1.577***	15.23	1.572***	15.17	1.576***	15.31
ROA	0.886**	2.17	0.908**	2.23	0.893**	2.19	0.940**	2.34
OCF	−0.588***	−4.28	−0.585***	−4.27	−0.587***	−4.27	−0.609***	−4.46
LOSS	1.010***	16.40	1.012***	16.44	1.012***	16.48	1.013***	16.69
LISTAGE	0.238***	8.58	0.242***	8.77	0.243***	8.81	0.240***	8.78
STATE	0.063*	1.78	0.067*	1.88	0.067*	1.87	0.068*	1.89
MKT	0.000	0.02	0.001	0.06	0.000	0.02	−0.000	−0.03
常数项	−0.538	−1.43	−0.506	−1.34	−0.472	−1.26	−0.485	−1.28
行业	控制		控制		控制		控制	
年度	控制		控制		控制		控制	
观测值	3 027		3 027		3 027		3 027	
Adj_R^2	0.497		0.498		0.498		0.503	
F	46.313		45.797		45.216		45.347	
ΔR^2			6.28** [2−1]		3.61* [3−2]		27.10*** [4−3]	

注：***、**、* 分别表示在 1%、5%、10% 的水平上显著；所有 *z* 值都是根据公司层面聚类调整以后的稳健标准差计算而得(Cameron，Miller，2015)。

(四)使用其他 CEO—审计师方言关联度量的稳健性测试

在之前的回归中，自变量(CADC)是基于 CEO 是否与签字审计师共享相同的子方言分支来定义的。接下来，本节对 CADC 使用另外三个度量来进行稳健性测试(Du，2019a)：(1) CADC_NUM，与 CEO 共享同一子方言分支的签字审计师的数量；(2)CADC_INT，等于 3(一个企业的 CEO 与签字审计师共用相同的子方言分支，且均在非方言地区工作)，2(CEO 与签字审计师共用相同的子方言分支，但只有一方在方言区工作)，1(CEO 与签字审计师共用相同的子方言分支，且均在方言区工作)，否则为 0(即 CEO 和签字审计师无共享相同子方言分支）；(3)CADC_GRO，如果 CEO 和一个或多个签字审计师（项目审计师和复核审计师）使用相同的子方言，则等于 1，否则为 0(Du，2019a)。

在表 3.2.6 的第(1)列和第(3)列中，CADC_NUM 和 CADC_INT 分别在 5%和 1%水平与 AOS 呈显著正相关关系，支持了假设 3.2.1。在第(5)列中，CADC_GRO 的系数不显著，其符号为正且 z 值为 1.30，这可以部分解释 CADC 的强度对 AOS 的正向影响。此外，在第(2)、(4)和(6)列中，CADC_NUM×BIG10、CADC_INT×BIG10 和 CADC_GRO×BIG10 的系数均显著为负，对假设 3.2.2 提供了强有力支持；同时，CADC_NUM、CADC_INT 和 CADC_GRO 的系数均在 1%水平上显著为正，再次支持了假设 3.2.1。

(五)使用 Chen 等(2016a)的审计师变更模型的稳健性测试

借鉴 Chen 等(2016a)，若客户从事个人层面的审计意见购买，AOS 应与审计师变更(SWITCH)显著负相关。为此本节构建了式(3.2.4)和式(3.2.5)来重新检验假设 3.2.1 和假设 3.2.2。

$$\begin{aligned}\text{SWITCH}_{i,t} = {} & \mu_0 + \mu_1 \text{DAO}_{i,t} + \mu_2 \text{CADC}_{i,t} + \mu_3 \text{DAO} \times \text{CADC}_{i,t} + \mu_4 \text{HOME\_TIES}_{i,t} + \\ & \mu_5 \text{FIRST}_{i,t} + \mu_6 \text{INDR}_{i,t} + \mu_7 \text{SIZE}_{i,t} + \mu_8 \text{LEV}_{i,t} + \mu_9 \text{ROA}_{i,t} + \mu_{10} \text{OCF}_{i,t} + \\ & \mu_{11} \text{LOSS}_{i,t} + \mu_{12} \text{LISTAGE}_{i,t} + \mu_{13} \text{STATE}_{i,t} + \mu_{14} \text{MKT}_{i,t} + \\ & \text{Industry effects} + \text{Year effects} + \kappa \end{aligned} \tag{3.2.4}$$

$$\begin{aligned}\text{SWITCH}_{i,t} = {} & \omega_0 + \omega_1 \text{DAO}_{i,t} + \omega_2 \text{CADC} + \omega_3 \text{DAO} \times \text{CADC}_{i,t} + \omega_4 \text{BIG10}_{i,t} + \omega_5 \text{DAO} \times \\ & \text{CADC} \times \text{BIG10}_{i,t} + \omega_6 \text{HOME\_TIES}_{i,t} + \omega_7 \text{FIRST}_{i,t} + \omega_8 \text{INDR}_{i,t} + \\ & \omega_9 \text{SIZE}_{i,t} + \omega_{10} \text{LEV}_{i,t} + \omega_{11} \text{ROA}_{i,t} + \omega_{12} \text{OCF}_{i,t} + \omega_{13} \text{LOSS}_{i,t} + \\ & \omega_{14} \text{LISTAGE}_{i,t} + \omega_{15} \text{STATE}_{i,t} + \omega_{16} \text{MKT}_{i,t} + \text{Industry effects} + \\ & \text{Year effects} + \varepsilon \end{aligned} \tag{3.2.5}$$

在式(3.2.4)和式(3.2.5)中，因变量是审计师更换(SWITCH)。对于式(3.2.4)，如果 DAO×CADC(即 μ_3)的系数显著为负，则支持假设 3.2.1；对于式(3.2.5)，如果 DAO×CADC×BIG10 的系数(即 ω_5)显著为正，则支持了假设 3.2.2。

在表 3.2.7 的第(1)列中，DAO 的系数在 5%的水平上显著为负(−0.256，z＝−2.39)，表明公司可以通过变更审计师来购买审计意见，这与 Chen 等(2016a)和 Lennox(2000)的结果是一致的。在第(2)列中，DAO×CADC 的系数在 1%的水平上显著为负(−0.561，z＝−3.05)，再次支持了假设 3.2.1。

在表 3.2.7 的第(4)列中，DAO×CADC×BIG10 与 SWITCH 显著正相关，表明审计师声誉(BIG10)削弱了 CADC 对审计意见购买的影响，与假设 3.2.2 一致。在(3)～(4)列中，DAO×CADC 的系数在 1%的水平上保持显著为负，支持了 CADC 促进审计意见购买的预测。

表 3.2.6　使用其他 CEO—审计师方言关联度量的稳健性测试

变量	(1) AOS		(2) AOS		(3) AOS		(4) AOS		(5) AOS		(6) AOS	
	系数	z 值	系数	z 值	系数	z 值	系数	z 值	系数	z 值	系数	z 值
CADC_NUM	0.166**	2.49	0.358***	4.22								
CADC_INT					0.147***	2.58	0.279***	3.97				
CADC_GRO									0.123	1.30	0.384***	2.98
BIG10			−0.075	−0.68			−0.159	−1.48			−0.068	−0.56
CADC_NUM×BIG10			−0.522***	−3.81								
CADC_INT×BIG10							−0.287**	−2.39				
CADC_GRO×BIG10											−0.581***	−3.07
HOME_TIES	0.494***	2.67	0.461**	2.38	0.463**	2.45	0.354*	1.80	0.564***	3.05	0.475**	2.48
FIRST	0.090	0.22	0.117	0.28	0.034	0.08	0.051	0.13	0.068	0.17	0.045	0.11
INDR	0.238	0.28	0.336	0.39	0.290	0.35	0.232	0.27	0.286	0.34	0.213	0.25
SIZE	−0.031	−0.37	−0.020	−0.23	−0.032	−0.38	−0.010	−0.12	−0.036	−0.43	−0.012	−0.13
LEV	−2.817***	−5.15	−2.818***	−5.17	−2.785***	−5.11	−2.791***	−5.14	−2.803***	−5.14	−2.786***	−5.12
ROA	−0.730	−0.57	−0.639	−0.51	−0.748	−0.59	−0.745	−0.59	−0.685	−0.54	−0.582	−0.46
OCF	2.488***	3.34	2.679***	3.49	2.478***	3.32	2.609***	3.42	2.471***	3.35	2.695***	3.53
LOSS	3.859***	11.54	3.917***	11.75	3.836***	11.28	3.848***	11.50	3.842***	11.41	3.890***	11.68
LISTAGE	−0.763***	−5.33	−0.744***	−5.29	−0.764***	−5.26	−0.755***	−5.34	−0.746***	−5.18	−0.734***	−5.22
STATE	−0.200	−1.04	−0.190	−0.96	−0.185	−0.97	−0.180	−0.92	−0.182	−0.96	−0.189	−0.97
MKT	−0.003	−0.08	0.002	0.06	−0.008	−0.25	−0.008	−0.22	−0.003	−0.08	0.004	0.13
常数项	−4.306***	−2.58	−4.785***	−2.88	−3.897**	−2.28	−4.447***	−2.62	−4.270**	−2.56	−4.908***	−2.96
行业/年度	控制		控制		控制		控制		控制		控制	
观测值	3 027		3 027		3 027		3 027		3 027		3 027	
Pseudo R^2(Wald chi^2)	0.447(1 359.217)		0.462(1 203.502)		0.441(1 524.880)		0.452(1 354.270)		0.445(1 402.387)		0.457(1 257.463)	
Log Likelihood	−467.700		−455.036		−466.803		−457.941		−469.711		−459.324	
ΔPseudo R^2			22.79*** [2−1]				17.22*** [4−3]				19.93*** [6−5]	

注：所有的 z 值基于公司层面的聚类调整(Cameron, Miller, 2015)；*、**、*** 分别表示在 10%、5%、1%水平上显著。

表 3.2.7 使用 Chen 等(2016a)的审计师变更模型的稳健性测试

变量	(1)SWITCH		(2) SWITCH		(3) SWITCH		(4) SWITCH	
	系数	z 值	系数	z 值	系数	z 值	系数	z 值
DAO	−0.256**	−2.39	−0.076	−0.65	−0.077	−0.66	−0.066	−0.57
CADC			−0.363***	−3.35	−0.359***	−3.32	−0.355***	−3.31
DAO×CADC			−0.561***	−3.05	−0.548***	−2.97	−0.772***	−3.31
BIG10					−0.110	−1.17	−0.061	−0.63
DAO×CADC×BIG10							0.587*	1.96
HOME_TIES	0.097	0.47	0.180	0.83	0.167	0.77	0.159	0.73
FIRST	−0.826**	−2.28	−0.818**	−2.23	−0.818**	−2.23	−0.804**	−2.18
INDR	−0.096	−0.11	−0.248	−0.28	−0.255	−0.29	−0.247	−0.28
SIZE	0.037	0.51	0.035	0.48	0.043	0.58	0.042	0.57
LEV	−0.145	−0.35	−0.148	−0.35	−0.148	−0.35	−0.198	−0.47
ROA	−1.763	−1.25	−1.641	−1.16	−1.566	−1.10	−1.661	−1.17
OCF	−0.110	−0.15	−0.124	−0.17	−0.128	−0.18	−0.078	−0.11
LOSS	0.354	0.84	0.196	0.47	0.193	0.46	0.155	0.37
LISTAGE	−3.197***	−18.96	−3.182***	−18.87	−3.187***	−18.90	−3.195***	−18.96
STATE	0.188	1.05	0.206	1.13	0.205	1.13	0.216	1.19
MKT	−0.029	−0.90	−0.029	−0.90	−0.027	−0.84	−0.026	−0.80
常数项	3.595*	1.91	3.729**	1.99	3.545*	1.89	3.531*	1.87
行业	控制		控制		控制		控制	
年度	控制		控制		控制		控制	
观测值	3 027		3 027		3 027		3 027	
Pseudo R^2	0.312		0.315		0.316		0.317	
Wald chi^2	653.456		666.220		665.139		662.554	
Log Likelihood	−1 355.546		−1 348.622		−1 348.038		−1346.093	
ΔPseudo R^2			13.22*** [2−1]		1.31[3−2]		3.85** [4−3]	

注：所有的 z 值基于公司层面的聚类调整(Cameron，Miller，2015)；*、**、*** 分别表示在 10%、5%、1%水平上显著。

五、内生性问题与进一步检验

(一)两阶段 Heckman 回归

公司可能会有选择性地披露 CEO 和签字审计师的身份证信息，这在本节的研究中造成了样本选择性偏差。因此，本节使用两阶段的 Heckman 模型来缓解可能的样本选择偏差(Heckman，1979；Shi et al.，2017)。

首先，本节构建了如下的 Logistic 模型[式(3.2.6)]来估计逆米尔斯比率(Inverse Mills ratio)：

$$\begin{aligned}\text{DISCLOSURE}=&\lambda_0+\lambda_1\text{SE}+\lambda_2\text{ANALYST}+\lambda_3\text{FIRST}+\lambda_4\text{INDR}+\lambda_5\text{SIZE}+\lambda_6\text{LEV}+\\&\lambda_7\text{ROA}+\lambda_8\text{OCF}+\lambda_9\text{LOSS}+\lambda_{10}\text{LISTAGE}+\lambda_{11}\text{STATE}+\lambda_{12}\text{MKT}+\\&\text{Industry effects}+\text{Year effects}+\varrho\end{aligned} \tag{3.2.6}$$

在式(3.2.6)中，因变量为 DISCLOSURE，如果公司同时披露签字审计师和 CEO 的身份证信息，则为 1，否则为 0。鉴于中国不同交易所的上市公司受到分析师不同程度的关注，本节引入了两个变量来解释签字审计师和 CEO 身份证信息的披露：(1)SE，如果公司在深圳证券交易所上市，则等于 1，否则等于 0；(2)ANALYST，以分析师人数加 1 的自然对数度量。此外，根据先前的研究(Eng，Mak，2003；Francis et al.，2010)，公司治理、公司规模、偿债能力、盈利能力、经营风险、上市年龄、产权、地区的市场化都会影响信息披露。

表 3.2.8　使用两阶段 Heckman 回归法控制潜在的样本选择偏差的实证结果

变量	第一阶段		第二阶段							
	(1) DISCLOSURE		(2)AOS		(3)AOS		(4)AOS		(5)AOS	
	系数	z 值	系数	z 值	系数	z 值	系数	z 值	系数	z 值
SE	0.071***	3.63								
ANALYST	0.375***	7.50								
CADC					0.279***	2.68	0.256**	2.49	0.590***	4.44
BIG10							−0.321***	−3.42	−0.055	−0.47
CADC×BIG10									−0.754***	−3.63
HOME_TIES			0.619***	3.38	0.429**	2.25	0.385**	2.01	0.338*	1.67
FIRST	−0.544***	−3.63	1.135***	2.63	1.161***	2.66	1.192***	2.71	1.212***	2.74
INDR	0.401	1.13	−0.652	−0.74	−0.716	−0.79	−0.634	−0.70	−0.768	−0.85
SIZE	−0.010	−0.38	0.032	0.39	0.046	0.55	0.067	0.79	0.061	0.73
LEV	−0.424***	−3.16	−2.504***	−4.56	−2.496***	−4.53	−2.517***	−4.59	−2.520***	−4.58
ROA	0.216	0.58	−1.694	−1.33	−1.772	−1.37	−1.665	−1.28	−1.789	−1.40
OCF	−0.635***	−2.74	3.605***	4.52	3.637***	4.49	3.712***	4.45	3.867***	4.66
LOSS	0.068	0.87	3.702***	11.34	3.755***	11.53	3.781***	11.75	3.796***	11.77
LISTAGE	−1.011***	−32.27	0.659*	1.84	0.591*	1.66	0.591*	1.69	0.646*	1.91
STATE	−0.416***	−5.72	0.420*	1.84	0.391*	1.67	0.401*	1.72	0.423*	1.81
MKT	0.010	0.67	−0.019	−0.55	−0.023	−0.67	−0.022	−0.64	−0.017	−0.48
IMR			4.820***	4.87	4.774***	4.79	4.799***	4.88	4.924***	5.08
常数项	−1.053*	−1.75	−7.200***	−4.28	−7.603***	−4.47	−8.076***	−4.82	−8.083***	−4.81
行业/年度	控制		控制		控制		控制		控制	
观测值	31 707		3 027		3 027		3 027		3 027	
Pseudo R^2(Wald chi^2)	0.311(2 765.99)		0.460(1 602.473)		0.464(1 937.328)		0.471(1 753.440)		0.479(1 546.034)	
Log Likelihood	−6 861.228		−456.480		−453.126		−447.701		−440.906	
ΔPseudo R^2					6.77*** [3−2]		10.79*** [4−3]		13.10*** [5−4]	

注：***、**、* 分别表示在 1%、5%、10% 的水平上显著；所有 z 值都是根据公司层面聚类调整以后的稳健标准差计算而得(Cameron，Miller，2015)。

因此,本节将一系列控制变量加入式(3.2.6),包括 FIRST、INDR、SIZE、LEV、ROA、OCF、LOSS、LISTAGE、STATE 和 MKT。然后,对于第一步,本节使用式(3.2.6)来计算逆米尔斯比率(IMR)。在第二步中,本节将 IMR 加入式(3.2.2)和式(3.2.3)中,分别重新检验假设 3.2.1 和假设 3.2.2。

表 3.2.8 的第(1)列呈现了估计 IMR 的第一步。SE、ANALYST、FIRST、LEV、OCF、LISTAGE 和 STATE 与 DISCLOSURE 显著相关,说明控制这些因素是合理的。在表 3.2.8 的第(2)～(5)列中,IMR 的系数都在 1%的水平上统计显著,CADC 与 AOS 之间存在显著的正相关关系,CADC×BIG10 的系数显著为负,表明在使用两阶段 Heckman 模型控制样本选择偏差后,本节的主要发现仍然成立。

(二)倾向性得分匹配法

另一个潜在的问题是选择可观察变量所引起的内生性(Dhaliwal et al.,2016),这一问题通过使用倾向性得分匹配方法来解决(Du,2019a;Krolikowski,Yuan,2017)。处理变量为 CADC。首先,本节进行 Logistic 回归分析,得出 CEO 与签字审计师具有相同的子方言分支的概率。借鉴 Dhaliwal 等(2016)以及 Krolikowski 和 Yuan(2017)的研究,使用式(3.2.2)中的控制变量来估计倾向性得分。其次,使用倾向性得分来构建匹配组。具体地说,将具有 CEO—审计师方言关联(CADC)的每个观测值与没有 CADC 的观测值进行匹配,其倾向性得分的范围为±0.01(无放回)。最终样本包括 904 个处理组观察值和 904 个匹配组观察值。

匹配程序应满足控制变量在处理组与匹配组之间无显著差异。表 3.2.9 的 Panel B 列示了实施倾向性得分匹配前后变量的均值差异。在 Panel B 中,倾向得分匹配后,控制变量没有显著差异,表明处理组与匹配组之间的差异不大。此外,无 CADC 的公司的审计意见购买(AOS)显著低于有 CADC 的公司($t=-1.99$),支持了 CADC 增加成功购买审计意见的可能性的论断。

在 Panel C 中,CADC 与 AOS 显著正相关,表明 CEO 与审计师的方言关联增加了成功购买审计意见的可能,并为假设 3.2.1 提供了强有力的支撑。此外,CADC×BIG10 的系数在 1%的水平上显著为负,支持了假设 3.2.2。综上考虑,可观察偏差对本节的主要结果影响不大。

表 3.2.9 倾向性得分匹配法(PSM)

Panel A:倾向性得分匹配法的第一阶段回归

变量	CADC	
	系数	z 值
FIRST	−0.326	−0.98
INDR	−1.838**	−2.24
SIZE	−0.127*	−1.89
LEV	−0.656**	−2.03

续表

变量	CADC	
	系数	z 值
ROA	2.159*	1.69
OCF	0.655	0.96
LOSS	0.106	0.39
LISTAGE	0.407***	3.99
STATE	0.463***	2.99
MKT	0.022	0.75
常数项	2.112	1.40
行业	控制	
年度	控制	
观测值	3 027	
Pseudo R^2	0.0568	
LR chi^2	214.84	
Log likelihood	−1 782.741	

Panel B:样本匹配前后基于变量均值的单变量差异检验

变量	全样本					匹配样本				
	CADC=02 (N=2062)		CADC=1 (N=965)		t-test	CADC=0 (N=904)		CADC=1 (N=904)		t-test
	均值	标准差	均值	标准差		均值	标准差	均值	标准差	
AOS	0.074	0.006	0.094	0.009	−1.94*	0.067	0.008	0.093	0.010	−1.99**
FIRST	0.343	0.003	0.338	0.004	0.98	0.339	0.004	0.340	0.004	−0.09
INDR	0.379	0.001	0.373	0.002	2.96***	0.375	0.002	0.374	0.002	0.24
SIZE	21.323	0.019	21.277	0.023	1.45	21.271	0.028	21.269	0.024	0.06
LEV	0.300	0.004	0.281	0.005	2.87***	0.281	0.006	0.283	0.006	−0.30
ROA	0.056	0.001	0.061	0.002	−2.57***	0.059	0.002	0.060	0.002	−0.47
OCF	0.037	0.002	0.043	0.002	−2.17**	0.042	0.002	0.041	0.002	0.27
LOSS	0.044	0.005	0.033	0.005	1.37	0.032	0.006	0.032	0.006	0.00
LISTAGE	1.301	0.011	1.332	0.017	−1.54	1.304	0.017	1.321	0.017	−0.67
STATE	0.071	0.006	0.093	0.009	−2.15**	0.095	0.010	0.086	0.010	0.65
MKT	8.415	0.035	8.429	0.048	−0.224	8.434	0.050	8.428	0.049	0.090

续表

Panel C:倾向性得分匹配法的第二阶段								
变量	(1) AOS		(2) AOS		(3) AOS		(4) AOS	
	系数	z 值	系数	z 值	系数	z 值	系数	z 值
CADC	0.301***	2.65	0.213*	1.83	0.193*	1.65	0.574***	3.42
BIG10					−0.369***	−3.12	0.061	0.36
CADC×BIG10							−0.811***	−3.21
HOME_TIES			0.515***	2.65	0.471**	2.40	0.444**	2.10
FIRST	0.139	0.31	0.196	0.43	0.232	0.50	0.245	0.52
INDR	0.192	0.18	0.302	0.28	0.379	0.35	0.239	0.22
SIZE	0.017	0.17	−0.019	−0.19	−0.002	−0.02	−0.003	−0.03
LEV	−3.050***	−4.38	−2.877***	−4.23	−2.870***	−4.22	−2.864***	−4.29
ROA	0.446	0.27	0.578	0.36	0.779	0.49	0.367	0.23
OCF	1.706*	1.74	1.627*	1.67	1.627	1.61	1.914*	1.90
LOSS	4.224***	7.83	4.179***	7.84	4.188***	7.95	4.201***	8.10
LISTAGE	−0.805***	−4.04	−0.758***	−3.85	−0.742***	−3.80	−0.738***	−3.84
STATE	−0.272	−1.21	−0.302	−1.31	−0.294	−1.24	−0.276	−1.15
MKT	−0.007	−0.17	−0.005	−0.13	−0.008	−0.18	0.002	0.05
常数项	−8.803***	−4.44	−8.225***	−4.21	−8.618***	−4.36	−8.914***	−4.55
行业	控制		控制		控制		控制	
年度	控制		控制		控制		控制	
观测值	1 808		1 808		1 808		1 808	
Pseudo R^2	0.436		0.441		0.450		0.460	
Wald chi^2	2 090.280		2 083.709		2 271.615		2 041.710	
Log Likelihood	−283.129		−280.423		−276.029		−270.872	
ΔPseudo R^2			5.60** [2−1]		8.69*** [3−2]		10.01*** [4−3]	

注:***、**、*分别表示在1%、5%、10%的水平上显著;所有 z 值都是根据公司层面聚类调整以后的稳健标准差计算而得(Cameron,Miller,2015)。

(三)工具变量法

接下来,本节进一步采用两阶段 Logistic 回归来缓解因遗漏变量而导致的内生性。本节使用 CEO 出生当年所在省份的铁路里程(TRANS)作为工具变量。出生地不发达的交通可能会阻碍人们与外界的交流,有利于人们养成且强化说方言的习惯,从而增强与同一方言的其他人的文化认同。此外,先前没有文献表明 CEO 出生地过去的铁路里程会影响审计意见购买。因此,预期 TRANS 与 CADC 负相关,但不应与式(3.2.2)中的误差项相关。在第一阶段,CADC 作为因变量,对 TRANS 和式(3.2.2)中的所有控制变量进行回归分析。在第二阶段,使用第一阶段的 CADC 预测值(即 $CADC^*$)和式(3.2.2)中的所有控制变量来回归 AOS。

表 3.2.10 的第(1)列呈现了第一阶段回归结果。TRANS 与 CADC 呈显著负相关，与理论预测一致。此外，Wooldridge(1995)的测试结果显示 Chi² －(*p* －)值不显著，表明 TRANS 与误差项不相关。因此，TRANS 可以作为一个合适的工具变量。在第(2)～(4)列中，CADC* 的系数在 1％水平上都是显著为正，支持了假设 3.2.1。此外，CADC* × BIG10 的系数在 10％的水平上显著为负(－1.067，*z*＝－1.73)，支持了假设 3.2.2。

表 3.2.10　使用两阶段工具变量法的回归结果

变量	(1) CADC		(2) AOS		(3) AOS		(4) AOS	
	系数	*z* 值	系数	*z* 值	系数	*z* 值	系数	*z* 值
TRANS	－3.472***	－4.53						
CADC*			1.839***	4.60	1.764***	4.31	2.101***	4.78
BIG10					－0.331***	－3.38	－0.576***	－3.33
CADC* ×BIG10							－1.067*	－1.73
HOME_TIES			0.594***	3.03	0.534***	2.73	0.541***	2.73
FIRST	0.186	0.49	－0.112	－0.27	－0.034	－0.08	－0.040	－0.10
INDR	－0.672	－0.78	0.517	0.55	0.594	0.63	0.553	0.59
SIZE	－0.050	－0.74	0.008	0.08	0.027	0.30	0.019	0.21
LEV	－0.403	－1.21	－2.398***	－4.27	－2.425***	－4.35	－2.442***	－4.37
ROA	1.029	0.94	－1.337	－0.95	－1.249	－0.89	－0.942	－0.68
OCF	－0.034	－0.07	2.327***	2.95	2.395***	2.95	2.392***	2.95
LOSS	－0.095	－0.51	3.750***	11.00	3.772***	11.24	3.780***	11.25
LISTAGE	0.207**	2.18	－0.875***	－5.57	－0.879***	－5.59	－0.856***	－5.44
STATE	0.271	1.48	－0.435**	－2.18	－0.442**	－2.20	－0.437**	－2.17
MKT	－0.011	－0.30	－0.032	－0.89	－0.029	－0.81	－0.022	－0.60
常数项	1.093	0.70	－4.779***	－2.76	－5.260***	－3.02	－5.235***	－2.99
行业	控制		控制		控制		控制	
年度	控制		控制		控制		控制	
观测值	2 704		2 704		2 704		2 704	
Pseudo R^2	0.086		0.456		0.463		0.464	
Wald chi²	103.302		869.443		772.114		765.123	
Log Likelihood	－1438.179		－438.412		－431.217		－423.480	
ΔPseudo R^2					10.65*** [3－2]		2.91* [4－3]	

注：***、**、* 分别表示在 1％、5％、10％ 的水平上显著；所有 *z* 值都是根据公司层面聚类调整以后的稳健标准差计算而得(Cameron，Miller，2015)。

(四)进一步测试:控制省份和会计师事务所的固定效应

在中国,审计意见购买的分布情况在不同的省份和会计师事务所之间可能会有所差异。为了缓解这一担忧,在式(3.2.2)和式(3.2.3)中考虑省份和会计师事务所的固定效应,以重新检验假设 3.2.1 和假设 3.2.2。在表 3.2.11 的第(2)~(4)列中,CADC 的系数在 5%或 1%的水平上显著为正,再次支持了假设 3.2.1。此外,在第(4)列中,CADC×BIG10 的系数在 1%的水平上显著为负,进一步支持了假设 3.2.2。上述结果表明,在控制省份和会计师事务所的因素后,CADC 对审计意见购买的正向影响和审计师声誉的调节效应没有发生实质性的变化。

表 3.2.11 进一步测试:控制省份和会计师事务所的固定效应

变量	(1) AOS		(2) AOS		(3) AOS		(4) AOS	
	系数	z 值	系数	z 值	系数	z 值	系数	z 值
CADC			0.349***	2.74	0.300**	2.32	0.613***	3.93
BIG10					−1.007***	−5.49	−0.732***	−3.53
CADC×BIG10							−0.628***	−2.65
HOME_TIES	0.682***	3.75	0.451**	2.24	0.391*	1.94	0.375*	1.84
FIRST	−0.215	−0.45	−0.214	−0.45	−0.296	−0.60	−0.288	−0.57
INDR	0.863	0.92	0.880	0.92	1.060	1.09	0.919	0.93
SIZE	−0.056	−0.58	−0.030	−0.31	0.000	0.00	−0.007	−0.07
LEV	−2.910***	−5.32	−2.934***	−5.29	−3.068***	−5.45	−3.062***	−5.43
ROA	−0.618	−0.43	−0.731	−0.51	−0.469	−0.32	−0.581	−0.40
OCF	3.051***	3.63	3.089***	3.58	2.858***	3.22	2.991***	3.39
LOSS	4.421***	11.11	4.480***	11.32	4.533***	11.61	4.551***	11.61
LISTAGE	−0.874***	−5.24	−0.958***	−5.95	−0.908***	−5.74	−0.900***	−5.69
STATE	−0.213	−1.00	−0.247	−1.13	−0.219	−0.96	−0.186	−0.81
MKT	0.311	1.42	0.291	1.34	0.200	0.90	0.199	0.88
常数项	−11.542***	−4.27	−12.037***	−4.44	−12.222***	−4.47	−11.930***	−4.34
行业	控制		控制		控制		控制	
年度	控制		控制		控制		控制	
省份	控制		控制		控制		控制	
会计师事务所	控制		控制		控制		控制	
观测值	3 027		3 027		3 027		3 027	
Pseudo R^2	0.511		0.515		0.530		0.534	
Wald chi²	829.634		836.631		860.658		867.287	
Log Likelihood	−397.482		−393.984		−381.970		−378.655	
ΔPseudo R^2			7.75*** [2−1]		24.23*** [3−2]		7.11*** [4−3]	

注:***、**、* 分别表示在 1%、5%、10% 的水平上显著;所有 z 值都是根据公司层面聚类调整以后的稳健标准差计算而得(Cameron,Miller,2015)。

(五)进一步测试:区分现场审计师和复核审计师

正如 Li 等(2017)、Gong 等(2019)和 Wang 等(2015)所指出的,现场审计师和复核审计师在审计过程中扮演着截然不同的角色。① 现场审计师负责更具体的工作,并与客户管理者沟通更多审计的细节,包括审计调整。对于复核审计师,他们通常关注审计程序的遵从性,复核现场审计师获得的审计证据,并最终形成审计意见。上述现场审计师和复核审计师之间的差异促使本节进一步探讨 CEO—审计师方言关联对审计意见购买的影响在现场审计师和复核审计师之间是一致的还是非对称的。②

使用与式(3.2.2)相同的因变量和控制变量,本节引入了两个新的解释变量来检验上述预测:CADC_ENG,如果 CEO 和现场审计师共享相同的子方言分支,则 CADC_ENG 等于 1,否则等于 0;CADC_REV,如果 CEO 和复核审计师共享相同的子方言分支,则 CADC_REV 等于 1,否则为 0。表 3.2.12 列示了区分现场审计师和复核审计师后的结果。

表 3.2.12 进一步测试:区分现场审计师和复核审计师

变量	(1) AOS		(2) AOS	
	系数	z 值	系数	z 值
CADC_ENG	0.405***	3.61	0.621***	4.44
CADC_REV	−0.039	−0.33	0.138	0.93
BIG10			−0.074	−0.67
BIG10×CADC_ENG			−0.547**	−2.28
BIG10×CADC_REV			−0.460*	−1.87
HOME_TIES	0.504***	2.76	0.467**	2.48
FIRST	0.073	0.18	0.116	0.28
INDR	0.320	0.38	0.350	0.41
SIZE	−0.030	−0.34	−0.020	−0.23
LEV	−2.835***	−5.14	−2.835***	−5.15
ROA	−0.969	−0.75	−0.878	−0.70
OCF	2.421***	3.19	2.610***	3.35
LOSS	3.824***	11.41	3.876***	11.63

① 在中国,审计报告需要至少由两名审计师签署,现场审计师通常是高级经理,复核审计师是合伙人(Li et al.,2017;Gong et al.,2019)。

② 本节根据以下标准来区分签字审计师是现场审计师还是复核审计师:(1)如果签字审计师团队中只有一个合伙人,则将合伙人确定为复核审计师,其余的定义为现场审计师;(2)如果签字审计师团队包括两个或两个以上的审计合伙人,则最高职位的被确定为复核审计师,其余的被定义为现场审计师;(3)如果不能区分审计师的职位,则将审计经验最长的确定为复核审计师,其余的被定义为现场审计师(Li et al.,2017;Gong et al.,2019;Wang et al.,2015)。

续表

变量	(1) AOS		(2) AOS	
	系数	z 值	系数	z 值
LISTAGE	−0.786***	−5.50	−0.764***	−5.50
STATE	−0.172	−0.90	−0.164	−0.86
MKT	−0.002	−0.07	0.003	0.08
常数项	−4.007**	−2.33	−4.520***	−2.66
行业	控制		控制	
年度	控制		控制	
观测值	3 027		3 027	
Pseudo R^2	0.445		0.460	
Wald chi^2	1 292.022		912.562	
Log Likelihood	−463.706		−451.707	

注:***、**、* 分别表示在 1%、5%、10% 的水平上显著;所有 z 值都是根据公司层面聚类调整以后的稳健标准差计算而得(Cameron,Miller,2015)。

在表 3.2.12 的第(1)列中,CADC_ENG 的系数在 1%水平上显著为正(0.405,z=3.61),但 CADC_REV 的系数不显著。上述结果表明,CADC 对审计意见购买的影响在现场审计师和复核审计师之间是非对称的,特别是 CEO 和现场审计师之间的方言关联会损害审计师的独立性并导致审计意见购买,而 CEO 和复核审计师之间的方言关联不会影响审计意见购买。在表 3.2.12 的第(2)列中,BIG10×CADC_ENG 和 BIG10×CADC_REV 的系数均显著为负,支持了审计师声誉的调节作用。此外,CADC_ENG 与 AOS 呈显著正相关,但 CADC_REV 的系数仍然不显著,再次支持了本节的论断。

六、结论、管理启示与研究局限性

本节探讨了 CEO 与审计师的方言关联对审计意见购买的影响。结果表明,CEO 与审计师的方言关联增加了客户成功购买审计意见的可能,揭示了建立在方言关联基础上的人际关系导致了 CEO 与审计师的共谋,损害了审计师的独立性。此外,审计师声誉削弱了 CEO—审计师方言关联对审计意见购买的影响。最后,CEO—审计师的方言关联对审计意见购买的影响在现场审计师和复核审计师之间是不对称的。具体地说,上述影响仅适用于现场审计师,而不适用于复核审计师。

除了引言部分的理论贡献之外,本节的研究还对监管者、投资者和审计师有如下管理启示。第一,在制度环境相对薄弱的中国(Allen et al.,2005),当 CEO 和签字审计师在方言关联的基础上建立社会关系时,审计师独立性会受到损害。监管机构(如中国证监会和 CICPA)应关注隐性社会关系对审计结果的不利影响,加强对 CEO 与审计师方言关联公司的监管,并从法律上要求披露 CEO 与审计师之间的社会关系信息,以减少合谋的可能性。

第二，审计师声誉可以缓解CEO—审计师方言关联对审计意见购买的不利影响，因此CICPA应该重视审计师声誉意识的培养，以实现审计市场的健康发展。第三，投资者应该重视CEO与审计师方言关联不道德的一面。虽然CEO与审计师的方言关联便于沟通，但更有可能破坏审计师的独立性。对身份证信息进行综合分析，可以帮助投资者获得管理者的社会关系，有助于理性决策。第四，审计师应增强风险意识和职业谨慎，防止其情绪受到人际关系的影响，而人际关系往往伴随着审计师独立性的损害。

本节有两个方面的局限性，可以在未来的研究中加以解决：首先，CEO—审计师方言关联（CADC）是根据CEO和签字审计师的身份证来度量的。然而，在少数情况下，出生在方言地区的人不会说方言，导致在衡量CADC时略有偏差。未来的研究可根据CEO和签字审计师在视频和（或）音频中的讲话来判断他们是否说同样的方言。其次，本节的发现是基于中国背景（一个以关系为基础的社会）（Gu et al.，2019），所以本节的主要发现是否能很好地适用于其他经济体，或者是否可以应用于其他语言，仍是一个悬而未决的问题。

参考文献

谢俊英，李卫红，姚喜双，等，2011. 普通话普及情况调查分析[J].语言文字应用，(3)：2-10

王小鲁，樊纲，余静文，2017. 中国分省份市场化指数报告(2016)[M]. 北京：社会科学文献出版社

中国社会科学院，2012. 中国语言地图集[M]. 第二版. 北京：商务印书馆.

AHMED A M，2007. Group identity，social distance and intergroup bias[J]. Journal of economic psychology，28(3)：324-337.

ALLEN F，QIAN J，QIAN M，2005. Law，finance，and economic growth in China [J]. Journal of financial economics，77(1)：57-116.

CAMERON A C，MILLER D L.2015. A practitioner's guide to cluster-robust inference[J]. Journal of human resources，50(2)：317-372.

CARCELLO J V，NEAL T L，2003. Audit committee characteristics and auditor dismissals following "new" going-concern reports[J]. The accounting review，78(1)：95-117.

CHAN K H，LIN K Z，MO P L，2006. A political-economic analysis of auditor reporting and auditor switches[J]. Review of accounting studies，11(1)：21-48.

CHEN F，PENG S，XUE S，et al，2016a. Do audit clients successfully engage in opinion shopping? Partner - level evidence[J]. Journal of accounting research，54(1)：79-112.

CHEN P F，HE S，MA Z，et al，2016b. The information role of audit opinions in debt contracting[J]. Journal of accounting and economics，61(1)：121-144.

CHI W，DOUTHETT JR E B，LISIC L L.2012. Client importance and audit partner independence[J]. Journal of accounting and public policy，31(3)：320-336.

CHOI J H，WONG T J，2007. Auditors' governance functions and legal environments：an international investigation[J]. Contemporary accounting research，24(1)：13-46.

CHOW C，RICE S J，1982. Qualified audit opinions and auditor switching[J]. The accounting review，57(2)：326-335.

CHUNG H，SONU C H，ZANG Y，et al，2019. Opinion shopping to avoid a going concern audit opinion and subsequent audit quality[J]. Auditing：a journal of practice & theory，38(2)：101-123.

DEANGELO L E，1981. Auditor independence，low-balling and disclosure regulation [J]. Journal of accounting and economics，3(1)：113-127.

DEFOND M L，WONG T J，LI S，2000. The impact of improved auditor independence on audit market concentration in China[J]. Journal of accounting and economics，28(3)：269-305.

DEFOND M，ZHANG J，2014. A review of archival auditing research[J]. Journal of accounting and economics，58(2～3)：275-326.

DHALIWAL D，JUDD J S，SERFLING M，et al，2016. Customer concentration risk and the cost of equity capital[J]. Journal of accounting and economics，61(1)：23-48.

DU X，2015. Does Confucianism reduce minority shareholder expropriation? Evidence from China[J]. Journal of business ethics，132(4)：661-716.

DU X，2019a. Does CEO-auditor dialect sharing impair pre-IPO audit quality? Evidence from China[J]. Journal of business ethics，156(3)：699-735.

DU X，2019b. What's in a surname? The effect of auditor-CEO surname sharing on financial misstatement[J]. Journal of business ethics，158(3)：849-874.

DU X，YIN J，HAN J，et al，2020. The price of sinful behavior window dressing：cultural embeddedness on cigarette packages and financial reporting quality[J]. Journal of accounting and public policy，39(6)：106776.

EL GHOUL S，GUEDHAMI O，NI Y，et al，2012. Does religion matter to equity pricing? [J]. Journal of business ethics，111(4)：491-568.

ENG L L，MAK Y T，2003. Corporate governance and voluntary disclosure[J]. Journal of accounting & public policy，22(4)：325-345.

FISMAN R，SHI J，WANG Y，et al，2018. Social ties and favoritism in Chinese science[J]. Journal of political economy，126(3)：1134-1171.

FRANCIS J，NANDA D，OLSSON P，2010. Voluntary disclosure，earnings quality，and cost of capital[J]. Journal of accounting research，46(1)：53-99.

GIBBONS D E，2004. Friendship and advice networks in the context of changing professional values[J]. Administrative science quarterly，49(2)：238-262.

GOLD T，GUTHRIE D，WANK D，2002. An introduction to the study of Guanxi [A]// GOLD T，GUTHRIE D，WANK D. Social connections in China[C]. Cambridge：Cambridge University Press：3-20.

GONG G，XIAO L，XU S，et al，2019. Do bond investors care about engagement auditors' negative experiences? Evidence from China[J]. Journal of business ethics，158(3)：779-806.

GRANOVETTER M，1985. Economic action，social structure，and embeddedness [J]. The american journal of sociology，91(3)：481-510.

GU Z，LI Z，YANG Y G，et al，2019. Friends in need are friends indeed：an analysis of social ties between financial analysts and mutual fund managers[J]. The accounting review，94(1)：153-181.

GUAN Y，SU L N，WU D，et al，2016. Do school ties between auditors and client executives influence audit outcomes? [J]. Journal of accounting and economics，61(2～3)：506-525.

GUL F A，WU D，YANG Z，2013. Do individual auditors affect audit quality? Evidence from archival data[J]. The accounting review，88(6)：1993-2023.

HE X，PITTMAN J A，RUI O M，et al，2017. Do social ties between external auditors and audit committee members affect audit quality? [J]. The accounting review，92(5)：61-87.

HECKMAN J J，1977. Sample selection bias as a specification error [J]. Econometrica，47：153-161.

HOPE O K，KANG T，THOMAS W，et al，2008. Culture and auditor choice：a test of the secrecy hypothesis[J]. Journal of accounting and public policy，27(5)：357-373.

JACOBS J B，1979. A preliminary model of particularistic tie in Chinese political alliance：Ganqing and Guanxi (Kan-Ching and Kuan-His) in a rural taiwanese township [J]. China quarterly，78：237-273

JACOBS J B，1982. The concept of Guanxi and local politics in a rural Chinese cultural setting. In：Social interaction in Chinese society[M]. New York：Praeger Publisher：209-236.

JIANG Y，ZHANG H，2010. The structure of fellow-townsman concepts and the development of questionnaire[J]. Psychological research，3(4)：63-69.

KRISHNAN J，STEPHENS R G，1995. Evidence on opinion shopping from audit opinion conservatism[J]. Journal of accounting and public policy，14(3)：179-201.

KROLIKOWSKI M，YUAN X，2017. Friend or foe：customer-supplier relationships and innovation[J]. Journal of business research，78：53-68.

LENNOX C，2000. Do companies successfully engage in opinion-shopping? Evidence from the UK[J]. Journal of accounting and economics，29(3)：321-337.

LENNOX C，WANG C，Wu X，2020. Opening up the"black box"of audit firms：the effects of audit partner ownership on audit adjustments[J]. Journal of accounting research，58(5)：1299-1341.

LI L，QI B，TIAN G，et al，2017. The contagion effect of low-quality audits at the level of individual auditors[J]. The accounting review，92(1)：137-163.

LIM C，TAN H，2008.Non-audit service fees and audit quality：the impact of auditor specialization[J]. Journal of accounting research，46(1)：99-246.

LU T，2006.Does opinion shopping impair auditor independence and audit quality? [J]. Journal of accounting research，44(3)：561-583.

MAYHEW B W，2001. Auditor reputation building [J]. Journal of accounting research，39(3)：599-617.

MCPHERSON M，SMITH-LOVIN L，COOK J M，2001. Birds of a feather：homophily in social networks[J]. Annual review of sociology，27(1)：415-444.

MENON K，WILLIAMS D，2010. Investor reaction to going concern audit reports [J]. The accounting review，85(6)：2075-2105.

MINNIS M，2011.The value of financial statement verification in debt financing：evidence from private U.S. firms[J]. Journal of accounting research，49(2)：457-506.

NEWTON N J，PERSELLIN J S，WANG D，et al，2016. Internal control opinion shopping and audit market competition[J]. The accounting review，91(2)：603-623.

PIOTROSKI J D，WONG T J，2012. Institutions and information environment of Chinese listed firms. In：Capitalizing China[M]. Chicago：University of Chicago Press：201-242.

PISTOR K，XU C，2005.Governing stock markets in transition economics：lessons from China[J]. American law and economics review，7(1)：184-210.

PORTES R，REY H，OH Y，2001.Information and capital flows：the determinants of transactions in financial assets[J]. European economic review，45(4～6)：783-796.

SHI G，SUN J，ZHANG L，et al，2017. Corporate social responsibility and geographic dispersion[J]. Journal of accounting and public policy，36(6)：417-428.

SMITH D B，1986. Auditor subject to opinions，disclaimers，and auditor changes [J]. Auditing：a journal of practice & theory，6(1)：95-108.

STETS J E，BURKE P J，2000.Identity theory and social identity theory[J]. Social psychology quarterly，63(3)：224-237.

SVANBERG J，ÖHMAN P，2016. Does ethical culture in audit firms support auditor objectivity? [J]. Accounting in Europe, 13(1): 65-79.

TAFEL H, TURNER J C, 1979. The social identity theory of intergroup behavior. In: Psychology of intergroup relations[M]. Chicago: Nelson Hall: 7-24

TAIFEL H, 1970. Experiments in ingroup discrimination[J]. Scientific American, 223(5): 24-35

TAN D, MEYER K E, 2011. Country-of-origin and industry FDI agglomeration of foreign investors in an emerging economy[J]. Journal of international business studies, 42(4): 504-520.

UZZI B, 1996. The sources and consequences of embeddedness for the economic performance of organizations: the network effect[J]. American sociological review, 61(4): 674-698.

WANG Q, WONG T J, XIA L, 2008. State ownership, the institutional environment, and auditor choice: evidence from China[J]. Journal of accounting and economics, 46(1): 112-134.

WANG Y, YU L, ZHAO Y, 2015. The association between audit-partner quality and engagement quality: evidence from financial report misstatements[J]. Auditing: a journal of practice & theory, 34(3): 81-111.

WATTS R L, ZIMMERMAN J L, 1983. Agency problems, auditing, and the theory of the firm: some evidence[J]. Journal of law and economics, 26(3): 613-633.

WEBER J, WILLENBORG M, ZHANG J, 2008. Does auditor reputation matter? The case of KPMG Germany and ComROAD AG[J]. Journal of accounting research, 46(4): 941-972.

WHORF B L, 1956. Language, thought, and reality: selected writings of Benjamin Lee Whorf[M]. Massachusetts: MIT Press.

WILLIAMSON O E, 2000. The new institutional economics: taking stock, looking ahead[J]. Journal of economic literature, 38(3): 595-613.

WOOLDRIDGE J M, 1995. Score diagnostics for linear models estimated by two stage least squares. In: Econometrics and quantitative economics: essays in honor of professor C. R. Rao[M]. Cambridge, MA: Blackwell Publishers: 66-87.

第三节　CEO—董事姓氏关联与公司违规：基于姓氏文化的分析

摘要：本节基于 2001—2014 年上市公司的数据，研究了 CEO—董事会姓氏关联对公司违规的影响。研究结果表明，CEO—董事会姓氏关联显著减少了公司的违规行为，说明姓氏关联带来的内部凝聚力可以降低管理层—股东之间的代理成本。此外，姓氏的普遍度弱化了CEO—董事会姓氏关联对公司违规行为的抑制作用。上述研究发现在采用其他CEO—董事会姓氏关联变量与公司违规变量的敏感性测试中依然成立，且在控制了内生性问题后，该结论依然稳健。进一步的研究表明，CEO—董事会姓氏关联对公司违规行为的负向影响仅存在于高市场化水平、高机构投资者持股比例和非国有企业子样本中。

一、引言

上市公司违规行为会严重侵害投资者的利益，阻碍资本市场的健康发展。为了维护投资者特别是中小投资者的合法权益，发挥资本市场优化资源配置的功能，2014年国务院印发了《关于进一步促进资本市场健康发展的若干意见》(以下简称“意见”)文件。在大力贯彻和落实“意见”要求的背景下，研究公司违规的影响因素对于更好地防范和治理公司违规是重要而迫切的。CEO和董事会承担着公司战略制定、决策执行等重要使命，对包括违规在内的公司行为负有最终责任(Hambrick，Mason，1984)。根据公司法的规定，董事会对股东负责，通过发挥服务角色和控制角色最终形成经理层的战略决策和行动；CEO则对董事会负责，在其领导下执行公司日常经营管理决策。那么CEO—董事会姓氏关联是否会影响以及如何影响公司违规行为呢？

现有的文献主要从董事会的控制角色出发，认为董事会与高管之间的连带关系会制约关系董事进行监督和客观评价的意愿，助长高管的机会主义行为(Coles et al.，2014；Khanna et al.，2015；陆瑶，李茶，2016)。然而，片面强调董事会的独立性，忽视其服务角色并不利于反映董事会运作的真实情况(Hillman，Dalziel，2003)。实际上，董事会的独立性和有效性近年来一直受到质疑。在“人情文化”盛行的中国，人们更是用“人情董事”、“花瓶董事”来表达对董事会监督职能的质疑(陆瑶，李茶，2016)。尽管如此，董事正以其所拥有的专业知识、社会资本和以此为基础的服务角色，逐渐被企业所认可和倚重。刘春等(2015)以异地非关联并购事件为研究对象，揭示了异地独立董事通过运用社会资本和提供中国式咨询，在帮助主并公司突破地方保护主义等障碍方面发挥着重要作用。虽然董事会与高管之间的连带关系可能对其控制职能产生不利影响，但是对其服务职能的履行而言却是非常重要的。一方面，“关系”董事可以帮助企业获取成功运营所需的关键资源和外部信息，优化决策过程，克服环境不确定性；另一方面，“关系”董事因增加了CEO感知到的信任和支持，从而可以获得企业运营管理有关的更多信息，这些信息对于提高董事会治理有效性至关重要。因此，侧重于董事会的服务与咨询职能，CEO与董事会的连带关系可能有助于抑制公司的违规行为。

本节基于2001—2014年A股上市公司的数据，研究了CEO—董事会姓氏关联对公司违规的影响。姓氏是人类文化进程中标志人群血缘系统的遗传性符号，是连接文化遗传和生物遗传的桥梁。寻根问祖和对自身归属感的强烈需求，使得中国的姓氏文化成为一个强有力的精神纽带（肖锐，2015）。本节的研究发现，姓氏文化作为一种非正式契约会对 CEO 与董事会的行为规范产生实质性约束，即 CEO—董事会姓氏关联可以强化 CEO 与董事会之间的信任，促进董事会更好地履行服务角色，最终减少公司的违规行为。此外，姓氏的普遍度弱化了 CEO—董事会姓氏关联对公司违规行为的抑制作用。本节可能的贡献如下：(1)立足中国特殊的文化背景，以 CEO—董事会姓氏关联为研究视角，拓展了 CEO 与董事会私人关联方面的研究。(2)结合我国尚未建立起完善的法制体系和健全的公司治理机制的制度背景，研究文化和社会习惯等行为规范作为非正式契约如何对正式制度的不足提供重要补充。基于此，本节既可以丰富文化经济学领域的研究，也为"文化的力量最终可以转化为物质的力量，文化的软实力最终可以转化为经济的硬实力"①提供经验证据。(3)本节研究促使学术界对董事会独立性的价值进行重新评估。将董事会的控制角色和服务角色结合起来以更准确地反映董事会运作的真实情况，克服仅选择一种视角而忽视另一种视角所带来的理论缺陷和过激的改革举措。(4)本节的研究丰富了公司违规方面的文献。保护投资者的利益一直受到监管部门和投资者的高度重视，为了更好地防范和治理公司违规首先需要了解影响公司违规的因素及其作用机制。为此，本节的研究在提高董事会的治理有效性和减少公司违规方面具有重要的理论价值和实践意义。

本节后续部分的安排如下：第二部分是文献综述、理论分析与研究假设；第三部分报告样本选择过程、研究设计与变量定义；第四部分是描述性统计、皮尔森相关系数分析以及多元回归结果；第五部分是稳健性检验；第六部分是分组检验结果和分析；第七部分是本节的结论和政策建议。

二、文献综述、理论分析与研究假设

(一)文献综述

1.影响公司违规的因素

有关公司违规行为影响因素的研究，根据企业的契约观可以概括为两类：一类研究着眼于正式契约的角度，另一类则着眼于非正式契约的角度。其中正式契约又可以分为两类，一类是适用于所有企业的"通用契约"（例如政府颁布的一整套法律与条例）；另一类是只适用于单个企业的"特殊契约"，包括公司章程、条例和一系列具体的合同。非正式契约是指由文化、社会习惯等形成的行为规范，这些规范没有在正式的合同中写明，从而不具有法律上的可执行性，但实实在在地发挥作用（张维迎，2014）。

从正式契约的角度，前期文献的研究视角包括高管的薪酬结构、董事会结构、机构投资者持股比例、股权结构、法制环境等。Johnson 等（2009）根据犯罪的经济模型，分析了高管

① 2006 年 5 月时任浙江省委书记的习近平同志的重要讲话，收录在《浙江文化研究工程成果文库总序》。

的股权激励计划与公司违规的关系，发现公司股价下降会对实施股权激励的高管带来较大的损失，因此当违规带来的收益高于惩罚的成本时，股权激励计划可能导致公司违规增加；蔡志岳和吴世农(2007)对董事会特征与上市公司违规行为的实证研究表明，董事会规模过大会降低工作效率，独立董事比例越高，公司经营越规范，审计委员会的设立可以在一定程度上监督公司的行为；国内外的研究普遍认为，机构投资者持股比例越高，抛售自由度越受到限制，越倾向于介入公司治理和关注公司的长期绩效。因此，机构投资者持股比例越高，越有利于减少公司违规风险(Almazan et al.，2005；Chen et al.，2007)；在公司的股权结构方面，梁杰等(2004)发现国有股比例越高，财务报告舞弊现象越严重，而股权集中度和高管持股比例则可以降低舞弊行为；法律层面，陆瑶和沈小力(2011)发现，2007 年颁布实施的新企业会计准则有效降低了上市公司的盈余管理水平。

目前，从非正式契约角度研究 CEO 与董事会的私人关联对公司违规的影响的文献并不充分。陆瑶和胡江燕(2016)研究 CEO 与董事会的老乡关系对公司违规的影响，发现 CEO 与董事会的老乡关系使得“关系”董事在行使监督职责时未尽勤勉，或在发现公司有违规行为后协助包庇，从而降低违规稽查率或违规成本，增加公司的违规风险。陆瑶和李茶(2016)、Khanna 等(2015)发现，CEO 通过参与提名或选拔董事，可以与董事会建立关联，这类新增董事的比例越高，CEO 对董事会的影响力就越大，而这种影响力与公司违规的可能性是显著正相关的。Chidambaran 等(2011)则表明，不同类型的 CEO—董事会关联会导致不同的经济后果，其中 CEO 与董事会的过往同事关系会减少公司违规风险，而校友关系和同一俱乐部成员关系则会增加公司违规风险。但是，Chidambaran 等(2015)并没有发现明显的证据表明 CEO 通过参与提名和选拔董事所建立的私人关联会增加公司违规风险。总而言之，目前的研究主要从董事会的监督职能出发，研究 CEO 与董事会关联对公司违规风险的影响，因而往往片面强调董事会的独立性。但是值得指出的是，董事会的服务职能同样不可忽视。

2.姓氏相关研究

中国是世界上最早使用姓氏的国家，姓氏文化世代传承，是我们无时不用的重要标志和社交工具。姓氏具有连续传承性，受儒家文化的影响，强调“百善孝为先”的中国人不会轻易改变自己的姓氏(Du et al.，1992；Liu et al.，2012)。因此，同一姓氏的人很可能追溯到共同的祖先或姓氏起源地(Bai，Kung，2014)。此外，相比于语言，姓氏的传承受政治等外在因素的影响更少，因此，姓氏频率分布比语言更能反映人群间的血缘远近(杜若甫，袁义达，1993)。自古以来，中国人的宗族观念根深蒂固，对血缘关系有着强烈的认同感，传统宗族社会中所形成的差序格局和人情法则，在注重人情关系的中国社会不仅没有消失，反而随着经济的发展泛化到了包括企业在内的组织交往中。作为非正式契约的组成部分，姓氏对人们的生活造成实质性的影响，因而姓氏往往可以加强同姓人群的凝聚力，促进群体间的信息交流和资源共享等。

在遗传学研究中，通过姓氏来度量基因距离已是得到普遍认可和应用的研究手段(Du et al.，1992；Bai，Kung，2014；袁义达 等，2000)。宏观经济学研究也借助遗传学的度量方法，研究根据姓氏测度的人群基因距离对经济交换、收入差异或技术传播的影响。Bai 和 Kung（2014）使用中国古代宋朝（960—1279 年）和元朝（1271—1368 年）的姓氏分布数据来度量基因距离，发现人群之间的基因距离与同时期的生理差异以及文化差异都高度相关，并且人群之间的基因距离越大，技术的传播越困难。本节尝试对姓氏文化在公司治理中的作用进行探讨。

（二）理论分析与研究假设

1. CEO—董事会姓氏关联与公司违规

公司违规的根本原因包括两个方面，一是因管理层胜任能力不足而导致的无意识违规（Chidambaran et al.，2011），二是在管理层与股东利益存在冲突的前提下，管理层牺牲投资者利益而追求自身利益的最大化，即委托代理问题（Jensen，Meckling，1976）。本节认为 CEO—董事会姓氏关联减少公司违规的理论基础如下：

（1）“关系”董事通过资源支持和咨询服务降低企业的经营风险

董事的专业知识、经验，以及在其所属团体中的地位是重要的社会资本。凭借其社会资本，董事可以为企业提供运营所需的关键资源和信息。按照 Penrose（2002）的企业成长理论，企业是由各种生产资源组成的集合体，企业的成长来自于对资源的高效处理。公司业务越复杂，关键资源越难获取，管理层面临的不确定性和经营风险也越大。此时，依托董事会的社会资本获取关键资源和决策建议是企业克服环境不确定性、降低经营风险的战略手段之一（Pfeffer，1973）。

但是，Hillman 和 Dalziel（2003）认为，在董事会拥有这种决策影响能力的前提下，董事实际为公司提供资源的动机是有差异的。比较而言，“关系”董事会更有意愿为 CEO 提供资源支持，并愿意投入更多的时间帮助 CEO 鉴别和评估机会和威胁（Pfeffer，Salancik，2003）。此外，与注重正式制度的欧美国家相比，董事会的这种差异在看重“人情关系”的中国体现得更加明显（Greif，Tabellini，2017）。

在所有关系类型中，中国人尤其认同血缘关系。姓氏作为标志人群血缘系统的遗传性符号，反映了同姓人群间的血缘关系。受姓氏文化的影响，CEO 与董事会的姓氏关联意味着更多的支持和责任。又因为从众的压力，与 CEO 有姓氏关联的董事会成员会带动整个董事会对 CEO 提供更多的支持（Hackman，1992）。董事会更尽责地履行服务职能（更多的资源支持、更好的咨询服务）将极大地降低上市公司因管理层胜任能力不足导致的无意识违规行为。

（2）CEO 与董事会的信息交流提高董事会的治理有效性

代理成本源于代理关系中的信息不对称（Jensen，Meckling，1976）。信息交流能够在两个方面提高董事会的治理有效性：一方面，内部信息越多，越有助于董事会独立、客观地进行决策；另一方面，董事会对 CEO 的行动、能力等“软信息”掌握得越多，CEO 的影响力就越小，最终可能导致更低的代理成本。CEO 与董事之间基于信任的有效互动、董事获得信息的数量和质量、董事对实质性问题的关注程度等，是决定董事会治理有效性的三个基本因素

(Payne et al.,2009)。

然而,CEO 和董事之间的信息交流通常是不充分的。因为在工作中向他人寻求帮助会让人怀疑自己的胜任能力,进而对自己的地位造成威胁,尤其是在董事会同时承担着监督和评估公司的绩效以及 CEO 的表现的职责时,这种沟通障碍会更加明显(Rosen,1983)。

但是,当 CEO 与董事会存在姓氏关联时,因这种关系而产生的相互信任会降低 CEO 感知到的咨询风险,从而增进 CEO 与董事会之间的信息交流。因为信任本身意味着更愿意承担风险以及更加敢于示弱(Rosen,1983)。此外,董事会的咨询职能履行也能促进 CEO 与董事之间基于信任而进行的信息互动。因为很多时候,董事所获得的公司内部信息资料是由 CEO 提供的,如果没有咨询作用,CEO 就没有动力与董事会分享私有信息(Westphal,1999)。因此,CEO 与董事会的姓氏关联在促使董事会更好地履行咨询和服务职能的同时,也能促进 CEO 与董事会之间进行有价值的信息交流,帮助董事会获得更多高质量的信息。

综上所述,董事会的独立性并不是解释公司治理问题的万能药,除非让董事会更好地获取信息,否则简单地增加董事会的独立性不足以改善公司治理问题(Adams,Ferreira,2003)。反之,姓氏文化作为一种非正式契约,会对 CEO 与董事会的行为规范产生实质性约束,即 CEO—董事会姓氏关联不仅可以促使 CEO 向董事会分享更多的内部信息,提高董事会的治理有效性,还可以约束董事会以更强的责任意识对管理层提供更多支持和帮助,最终促进公司违规行为的减少。据此,本节提出假设 3.3.1:

假设 3.3.1:CEO—董事会姓氏关联与公司违规负相关。

2.CEO 姓氏的普遍度的调节作用

中国人的姓氏包括常见姓氏和非常见姓氏(袁义达 等,2000),不同姓氏所产生的关系强度并非同质的。一方面,社会学的研究表明,组织的排他性越强,所引致的连带关系也越紧密(Nguyen,2012),即 CEO 的姓氏普遍度越高,这种连带关系对公司违规的影响就越弱;另一方面,追溯姓氏连带关系产生的根本原因,构成大姓群体联结基础的血缘关系本身也不如稀缺姓氏牢固。

中国的姓氏自产生以来经历了漫长的进化过程,其中对姓氏进化影响最大的是人口迁徙导致的大规模的民族同化(杜若甫,袁义达,1993)。当中原汉族向四面八方迁徙时,各地的非汉族受汉族文化的影响,容易采用当地已有的汉姓,尤其是当地汉姓中的一些大姓,这种改变使原有的大姓更大(人口更多)。政治影响也是姓氏融合的原因,在姓氏进化过程中,因依附望族改姓或因皇帝赐姓改姓时,多半是改姓大姓(杜若甫,袁义达,1993)。因此“同姓不同源”的现象在大姓群体中更加普遍。

综上所述,本节以 CEO 的姓氏占全国人口的比例来衡量姓氏的普遍性。这一比例越大,意味着 CEO 与董事会之间的姓氏关联越弱。据此,本节提出假设 3.3.2:

假设 3.3.2:姓氏的普遍性弱化了 CEO—董事会姓氏关联对公司违规行为的抑制作用。

三、样本选择、研究设计与变量定义

（一）样本选择与数据来源

本节数据来源如下：(1)CEO—董事会姓氏关联数据来自 CSMAR 中国上市公司人物特征研究数据库。从该数据库中，本节统计了上市公司的 CEO 与董事会成员的姓氏是否匹配(CDSS)，以及董事会所有成员中与 CEO 姓氏相同的成员占董事会(除 CEO 以外)的比例(CDSS_R)。(2)公司违规数据来自 CSMAR 中国上市公司违规处理研究数据库。根据公司发生违规的年度，本节整理出公司在样本期间是否发生违规(MIS_CON)的虚拟变量和公司当年发生违规的次数变量(MIS_CON_N)。(3)上市公司流通股的年换手率(ATR)来自锐思金融数据库，其他公司层面的控制变量全部来自 CSMAR 数据库。(4) CEO 姓氏的普遍度变量(COM_SUR)根据袁义达主编的《中国姓氏·三百大姓·群体遗传和人口分布》整理而成。[①]

本节选择 2001—2014 年的中国上市公司进行研究，并对样本进行如下的筛选：(1)通过将上市公司姓氏匹配的数据与违规数据合并，得到初始样本(22 532)；(2)剔除金融、保险、证券行业的公司观测值(329)；(3)剔除两职合一的公司观测值(3 847)[②]；(4)剔除控制变量缺失的观测值(1 082)；最终得到匹配上的 2 133 家上市公司的 17 274 条观测值。为了使本节的研究结果更加可靠，免受极端值的影响，本节对所有连续变量按照 1%与 99%分位进行了 Winsorize 缩尾处理。

（二）研究设计

为了检验假设 3.3.1，本节参考 Chidambaran 等(2011)构建了如下的 Logistic 式(3.3.1)：

$$\begin{aligned} MIS\_CON = {} & \alpha_0 + \alpha_1 CDSS + \alpha_2 FIRST + \alpha_3 INST\_SHR + \alpha_4 BOARD + \alpha_5 INDR + \\ & \alpha_6 BUSY + \alpha_7 AGE\_CEO + \alpha_8 SIZE + \alpha_9 LEV + \alpha_{10} ROA + \alpha_{11} TOBINQ + \\ & \alpha_{12} ISSUE + \alpha_{13} ATR + \alpha_{14} ANALYST + \alpha_{15} MKT + \alpha_{16} STATE + \\ & \text{Industry Dummies} + \text{Year Dummies} + \varepsilon \end{aligned} \tag{3.3.1}$$

式(3.3.1)中，被解释变量为公司是否违规的虚拟变量 MIS_CON。若公司当年发生违规，则 MIS_CON 等于 1，否则为 0。根据证监会及 CSMAR 的定义标准，公司违规行为包括信息披露违规、经营违规和领导人违规等。此外，本节整理了公司在样本期间每年发生违规的次数(MIS_CON_N)，替代 MIS_CON 作为稳健性测试。式(3.3.1)的主要的解释变量为

---

① 袁义达，2007. 中国姓氏·三百大姓·群体遗传和人口分布[M]. 上海：华东师范大学出版社.

② CEO 兼任董事长增强了 CEO 对董事会的控制力，为了避免对结果的干扰，本节在实证研究中剔除了两职合一的公司样本。如果将两职合一作为控制变量，以全样本对式(3.3.1)和式(3.3.2)进行重新回归，依然可以得到一致的结论。受篇幅所限，结果从略。

CEO—董事会姓氏关联(CDSS)。若 CEO 与董事会成员存在姓氏关联关系，则 CDSS 赋值为 1，否则为 0。式(3.3.1)中，当 CEO—董事会姓氏关联变量(CDSS)系数 α_1 显著为负，假设 3.3.1 就为经验证据所支持。

为了检验假设 3.3.2，本节在式(3.3.1)的基础上加入了姓氏的普遍性变量(COM_SUR)以及交乘项(COM_SUR×CDSS)：

$$\begin{aligned}\text{MIS\_CON}=&\beta_0+\beta_1\text{CDSS}+\beta_2\text{ COM\_SUR}+\beta_3\text{COM\_SUR}\times\text{CDSS}+\beta_4\text{FIRST}+\\&\beta_5\text{INST\_SHR}+\beta_6\text{BOARD}+\beta_7\text{INDR}+\beta_8\text{BUSY}+\beta_9\text{AGE\_CEO}+\\&\beta_{10}\text{SIZE}+\beta_{11}\text{LEV}+\beta_{12}\text{ROA}+\beta_{13}\text{TOBINQ}+\beta_{14}\text{ISSUE}+\beta_{15}\text{ATR}+\\&\beta_{16}\text{ANALYST}+\beta_{17}\text{MKT}+\beta_{18}\text{STATE}+\text{Industry Dummies}+\\&\text{Year Dummies}+\varepsilon\end{aligned}\tag{3.3.2}$$

根据假设 3.3.2，当交乘项(COM_SUR ×CDSS)的系数 β_3 显著为正，假设 3.3.2 就为经验证据所支持。

此外，本节还包括了如下的控制变量：(1)公司内部治理水平的变量，包括第一大股东持股比例(FIRST)、机构投资者持股比例(INST_SHR)、董事会规模(BOARD)、独立董事比例(INDR)、董事会中是否存在多家公司任职的连锁董事(BUSY)、CEO 年龄(AGE_CEO)；(2)公司的财务特征变量，包括公司规模(SIZE)、财务杠杆(LEV)、总资产收益率(ROA)、托宾 Q 值(TOBINQ)；(3)根据 Chidambaran 等(2011)的研究，有外部融资需求的企业可能更有动机进行财务舞弊，以降低外部融资成本，因此本节控制了公司当年是否发行权益的虚拟变量(ISSUE)；(4)根据 Khanna 等(2015)的研究，更高的股票换手率意味着公司在资本市场受到的关注更多，公司的诉讼风险可能也更高，因此本节控制了企业的流通股年换手率(ATR)；(5)市场环境和外部监管水平的变量，包括分析师关注(ANALYST)、市场化指数(MKT)；(6)公司的产权性质(STATE)；(7)本节控制了行业和年度固定效应。具体的变量定义详见表 3.3.1。

表 3.3.1 变量及其定义

变量	变量定义
MIS_CON	公司违规风险虚拟变量，若公司当年发生违规，则 MIS_CON=1，否则为 0
MIS_CON_N	公司当年发生违规的次数
CDSS	姓氏匹配虚拟变量，若 CEO 姓氏能与董事会成员相匹配，则 CDSS 赋值为 1，否则为 0
CDSS_R	董事会所有成员中与 CEO 姓氏相同成员数占董事会人数(除 CEO 以外)的比例
COM_SUR	CEO 姓氏的普遍性变量，等于"使用 CEO 姓氏的人口数/全国人口总数"
FIRST	第一大股东持股比例，第一大股东持有股份与公司总股份的比值
INST_SHR	机构投资者持股比例
BOARD	董事会规模，等于董事会总人数的自然对数
INDR	独立董事比例，独立董事人数与董事会总人数的比值

续表

变量	变量定义
BUSY	兼任其他公司董事虚拟变量，若公司董事兼任其他公司董事，则赋值为1，否则为0
AGE_CEO	CEO的年龄
SIZE	公司规模，公司总资产的自然对数
LEV	财务杠杆，公司总负债与总资产的比值
ROA	总资产收益率，等于“净利润/资产总额”
TOBINQ	托宾Q值，等于“股权市值/资产总额”
ISSUE	发行权益或债券虚拟变量，若公司当年发行权益或债券则赋值为1，否则为0
ATR	流通股年换手率
ANALYST	分析师关注，等于跟踪公司的分析师数量加1后，取自然对数
MKT	省级市场化指数，衡量我国省际制度发展与投资者保护的指标(樊纲 等，2011)
STATE	最终控制人性质，若公司的最终控制人是中央或地方政府、政府控股公司则赋值为1，否则赋值为0

四、实证结果及分析

(一)描述性统计

变量的描述性统计见表3.3.2。被解释变量公司违规(MIS_CON)均值为0.1110，说明大约有11.1%的公司存在违规行为。CDSS的均值为0.232 8，表明CEO—董事会姓氏关联占比为23.28%。CEO的姓氏普遍度变量(COM_SUR)的中值为1.070 0，表明过半数上市公司的CEO的姓氏普遍度超过1%，反映了我国姓氏分布不平衡的客观现状。其他控制变量的分布类似于同类文献(陆瑶，李茶，2016；陆瑶，胡江燕，2016)。

表3.3.2 变量的描述性统计

变量	观测值	均值	标准差	最小值	1/4分位	中值	3/4分位	最大值
MIS_CON	17 274	0.111 0	0.314 2	0.000 0	0.000 0	0.000 0	0.000 0	1.000 0
MIS_CON_N	17 274	0.141 2	0.448 9	0.000 0	0.000 0	0.000 0	0.000 0	5.000 0
CDSS	17 274	0.232 8	0.422 7	0.000 0	0.000 0	0.000 0	0.000 0	1.000 0
CDSS_R	17 274	0.035 9	0.076 7	0.000 0	0.000 0	0.000 0	0.000 0	0.666 7
COM_SUR	17 274	2.485 3	2.722 8	0.010 0	0.330 0	1.070 0	5.340 0	7.380 0
FIRST	17 274	38.461 4	16.093 0	8.990 0	25.585 0	36.640 0	50.520 0	76.890 0
INST_SHR	17 274	0.168 6	0.189 8	0.000 0	0.022 6	0.091 9	0.256 9	1.593 7

续表

变量	观测值	均值	标准差	最小值	1/4 分位	中值	3/4 分位	最大值
BOARD	17 274	2.208 6	0.208 9	1.609 4	2.197 2	2.197 2	2.302 6	2.708 1
INDR	17 274	0.335 1	0.092 6	0.000 0	0.333 3	0.333 3	0.363 6	0.555 6
BUSY	17 274	2.799 1	3.634 3	0.000 0	1.000 0	2.000 0	4.000 0	62.000 0
AGE_CEO	17 274	46.580 1	6.466 2	24.000 0	42.000 0	47.000 0	51.000 0	75.000 0
SIZE	17 274	21.617 7	1.233 0	18.760 2	20.773 3	21.461 0	22.282 7	25.991 1
LEV	17 274	0.485 3	0.227 9	0.049 6	0.325 5	0.485 6	0.629 4	1.517 6
ROA	17 274	0.031 0	0.065 9	−0.332 1	0.011 8	0.033 0	0.059 1	0.205 3
TOBINQ	17 274	1.806 0	1.558 2	0.187 4	0.785 4	1.349 5	2.256 1	9.397 9
ISSUE	17 274	0.009 0	0.094 3	0.000 0	0.000 0	0.000 0	0.000 0	1.000 0
ATR	17 274	468.662 4	388.391 5	25.486 0	179.096 6	334.486 0	638.348 2	1 778.827 1
ANALYST	17 274	1.115 2	1.152 8	0.000 0	0.000 0	0.693 1	2.079 4	4.174 4
MKT	17 274	8.213 4	2.224 1	0.290 0	6.580 0	8.240 0	9.870 0	11.800 0
STATE	17 274	0.616 5	0.486 2	0.000 0	0.000 0	1.000 0	1.000 0	1.000 0

(二)Pearson 相关系数分析

表 3.3.3 是 Pearson 相关系数分析的结果。CEO—董事会姓氏关联(CDSS)与公司违规(MIS_CON)的相关系数为负,且在 1%的统计水平上显著,为假设 3.3.1 提供了初步的支持。CEO 的姓氏普遍度(COM_SUR)与公司违规变量的相关系数为负,且在 1%的统计水平上显著,表明姓氏的普遍度确实会对公司违规水平产生影响。控制变量中,代表公司内部治理水平的变量 FIRST、INST _ SHR、BOARD、INDR 以及公司外部环境的变量 ANALYST、MKT 与 MIS_CON 显著负相关,表明完善公司内部治理机制与外部监管环境可以抑制公司违规水平。BUSY、AGE_CEO 和 MIS_CON 的相关系数显著为负,说明连锁董事的社会资源越丰富,CEO 工作经验越长,公司违规水平越低。LEV 和 ATR 的系数表明,公司的财务风险越大,股票的关注度越高,违规水平也越高。相反,ROA 的系数表明,公司的经营业绩越好,违规水平越低。STATE 的系数显著为负,表明企业的所有权性质也会显著影响公司违规水平。

表 3.3.3 Pearson 相关系数

	变量	(1)	(2)	(3)	(4)	(5)	(6)	(7)	(8)	(9)	(10)	(11)	(12)	(13)	(14)	(15)	(16)	(17)	(18)
(1)	MIS_CON	1																	
(2)	CDSS	−0.028***	1																
(3)	COM_SUR	−0.029***	0.391***	1															
(4)	FIRST	−0.074***	−0.023***	−0.004	1														
(5)	INST_SHR	−0.022***	−0.017**	0.007	−0.044***	1													
(6)	BOARD	−0.033***	0.047***	0.015**	0.022***	0.040***	1												
(7)	INDR	−0.036***	0.005	−0.012	−0.091***	0.053***	−0.179***	1											
(8)	BUSY	−0.015**	0.032***	−0.005	−0.006	0.080***	−0.007	0.174***	1										
(9)	AGE_CEO	−0.039***	−0.067***	−0.012	0.037***	0.031***	0.057***	0.067***	0.053***	1									
(10)	SIZE	−0.082***	−0.008	−0.004	0.213***	0.062***	0.223***	0.174***	0.171***	0.209***	1								
(11)	LEV	0.077***	−0.055***	−0.029***	−0.038***	0.011	0.057***	0.039***	−0.068***	0.003	0.199***	1							
(12)	ROA	−0.135***	0.017**	0.001	0.101***	0.078***	0.035***	0.048***	0.107***	0.041***	0.154***	−0.444***	1						
(13)	TOBINQ	0.008	0.001	0.012	−0.074***	0.096***	−0.136***	−0.064***	−0.004	−0.037***	−0.436***	−0.278***	0.174***	1					
(14)	ISSUE	−0.008	0.010	0.001	−0.002	0.013*	0.024***	−0.025***	−0.008	−0.011	0.054***	−0.015*	0.026***	−0.021***	1				
(15)	ATR	0.052***	0.017**	0.012	−0.099***	0.021***	−0.068***	0.175***	0.038***	−0.055***	−0.176***	−0.023***	0.006	0.165***	0.002	1			
(16)	ANALYST	−0.080***	0.039***	−0.001	0.044***	0.171***	0.075***	0.279***	0.272***	0.113***	0.487***	−0.140***	0.378***	0.061***	0.037***	0.065***	1		
(17)	MKT	−0.056***	0.032***	−0.049***	−0.094***	0.063***	−0.090***	0.325***	0.261***	0.078***	0.175***	−0.055***	0.131***	0.028***	−0.014*	0.098***	0.296***	1	
(18)	STATE	−0.071***	−0.071***	0.031***	0.268***	0.017**	0.217***	−0.161***	−0.162***	0.125***	0.199***	0.126***	−0.067***	−0.168***	0.003	−0.092***	−0.101***	−0.244***	1

注：***、**、* 分别代表 1%、5%和 10%的显著性水平。

(三)多元回归结果及分析

表 3.3.4 报告了针对本节假设 3.3.1 和假设 3.3.2 的分步回归结果。表 3.3.4 的结果表明，分步回归的模型都是显著的(见 LR 值)，模型的解释力也逐步增加(见 ΔR^2 和 LR Chi^2 检验)。其中表 3.3.4 第(1)列报告了所有的控制变量与公司违规(MIS_CON)的回归结果。第一大股东持股比例(FIRST)、分析师关注(ANALYST)以及市场化指数(MKT)与公司违规水平显著负相关；代表公司经营能力的变量(ROA)与托宾 Q 值(TOBINQ)，以及代表 CEO 工作经验的变量(AGE_CEO)也与公司违规水平负相关，且在统计上显著；公司的财务风险(LEV)与流通股年换手率(ATR)与公司违规水平的关系为正。总体而言，控制变量的回归结果与理论预期相符。

表 3.3.4 第(2)列报告了 CEO—董事会姓氏关联对公司违规的影响。主要的解释变量 CDSS 的系数为负(系数＝－0.259，z 值＝－4.15，边际值＝－0.024)，且在 1%的统计水平上显著，表明 CEO 与董事会的姓氏关联减少了公司违规风险，支持了本节的假设 3.3.1。表 3.3.4 第(3)列报告了 CEO—董事会姓氏关联，CEO 姓氏的普遍度以及所有的控制变量与公司违规的回归结果。CDSS 的系数显著为负，进一步支持了假设 3.3.1。COM_SUR 的系数为负，且在 1%的统计水平上显著，表明 CEO 姓氏的普遍度确实会对公司违规风险产生影响。表 3.3.4 第(4)列报告了假设 3.3.2 的回归结果。交乘项 CDSS×COM_SUR 系数为正，且在 5%的统计水平上显著(系数＝0.056，z 值＝2.41，边际值＝0.005)说明 CEO 的姓氏越普遍，与董事会建立的姓氏关联则越弱，支持了本节的假设 3.3.2。

表 3.3.4 CEO—董事会的姓氏关联与公司违规

变量	因变量：MIS_CON							
	(1)		(2)		(3)		(4)	
	系数 (z 值)	边际值	系数 (z 值)	边际值	系数 (z 值)	边际值	系数 (z 值)	边际值
CDSS			－0.259*** (－4.15)	－0.024	－0.183*** (－2.75)	－0.017	－0.389*** (－3.50)	－0.036
COM_SUR					－0.030*** (－2.99)	－0.003	－0.045*** (－3.70)	－0.004
CDSS× COM_SUR							0.056** (2.41)	0.005
FIRST	－0.008*** (－4.63)	－0.001	－0.008*** (－4.64)	－0.001	－0.008*** (－4.68)	－0.001	－0.008*** (－4.67)	－0.001
INST_SHR	－0.101 (－0.69)	－0.009	－0.113 (－0.77)	－0.011	－0.101 (－0.68)	－0.009	－0.107 (－0.73)	－0.010
BOARD	－0.100 (－0.74)	－0.009	－0.063 (－0.46)	－0.006	－0.073 (－0.54)	－0.007	－0.079 (－0.58)	－0.007

续表

变量	因变量:MIS_CON							
	(1)		(2)		(3)		(4)	
	系数（z 值）	边际值	系数（z 值）	边际值	系数（z 值）	边际值	系数（z 值）	边际值
INDR	−0.215 (−0.49)	−0.020	−0.228 (−0.52)	−0.021	−0.242 (−0.55)	−0.023	−0.254 (−0.58)	−0.024
BUSY	0.011 (1.42)	0.001	0.011 (1.50)	0.001	0.011 (1.51)	0.001	0.011 (1.48)	0.001
AGE_CEO	−0.009** (−2.13)	−0.001	−0.010** (−2.42)	−0.001	−0.010** (−2.37)	−0.001	−0.010** (−2.47)	−0.001
SIZE	−0.114*** (−3.13)	−0.011	−0.119*** (−3.24)	−0.011	−0.116*** (−3.17)	−0.011	−0.114*** (−3.12)	−0.011
LEV	0.589*** (4.95)	0.055	0.565*** (4.71)	0.053	0.560*** (4.67)	0.052	0.555*** (4.63)	0.052
ROA	−3.452*** (−8.76)	−0..322	−3.487*** (−8.84)	−0.324	−3.493*** (−8.84)	−0.325	−3.485*** (−8.82)	−0.324
TOBINQ	−0.069*** (−2.90)	−0.006	−0.071*** (−2.99)	−0.007	−0.070*** (−2.93)	−0.007	−0.070*** (−2.94)	−0.007
ISSUE	−0.156 (−0.53)	−0.015	−0.147 (−0.50)	−0.014	−0.149 (−0.51)	−0.014	−0.142 (−0.49)	−0.013
ATR	0.000*** (2.80)	0.000	0.000*** (2.80)	0.000	0.000*** (2.78)	0.000	0.000*** (2.84)	0.000
ANALYST	−0.119*** (−3.59)	−0.011	−0.116*** (−3.48)	−0.011	−0.119*** (−3.55)	−0.011	−0.120*** (−3.59)	−0.011
MKT	−0.088*** (−6.90)	−0.008	−0.088*** (−6.89)	−0.008	−0.090*** (−7.03)	−0.008	−0.088*** (−6.88)	−0.008
STATE	−0.506*** (−8.51)	−0.047	−0.514*** (−8.65)	−0.048	−0.508*** (−8.52)	−0.047	−0.513*** (−8.60)	−0.048
常数项	3.216*** (4.03)		3.379*** (4.22)		3.422*** (4.27)		3.433*** (4.28)	
年度/行业	控制		控制		控制		控制	
观测值	17 274		17 274		17 274		17 274	
Pseudo R^2	0.070 7		0.072 2		0.072 9		0.073 4	
Log Likelihood	−5 596.981		−5 588.096		−5 583.719		−5 580.869	
LR Chi^2	853.78***		871.32***		878.21***		887.07***	
ΔR^2(LR Chi^2)			17.77***		8.75***		5.70**	
系数测试(F 值)							5.82**	

注：***、**、* 分别表示在 1%、5%、10% 的水平上显著；所有 z 值均经过了异方差稳健标准误（Huber-White）调整。

五、稳健性检验

(一)针对解释变量的稳健性检验

第一，为了检验表 3.3.4 结果的稳健性，本节计算了 CEO—董事会姓氏关联的比例，替换 CEO—董事会姓氏关联的虚拟变量重新回归，表 3.3.5 列示了相应的回归结果[①]。表 3.3.5 第(1)列中，CDSS_R 的系数为负，且在 1%的统计水平上显著，支持本节的假设 3.3.1。第(3)列的结果显示交乘项(COM_SUR ×CDSS_R)的系数为正，且在 1%的统计水平上显著，进一步支持了本节的假设 3.3.2。

表 3.3.5 CEO—董事会的姓氏匹配比例与公司违规

变量	因变量：MIS_CON					
	(1)		(2)		(3)	
	系数 (z 值)	边际值	系数 (z 值)	边际值	系数 (z 值)	边际值
CDSS_R	−1.073*** (−3.09)	−0.100	−0.667* (−1.90)	−0.062	−2.191*** (−3.61)	−0.204
COM_SUR			−0.035*** (−3.53)	−0.003	−0.052*** (−4.52)	−0.005
CDSS_R×COM_SUR					0.401*** (3.32)	0.037
控制变量	控制		控制		控制	
常数项	3.384*** (4.23)		3.427*** (4.27)		3.432*** (4.28)	
年度/行业	控制		控制		控制	
观测值	17 274		17 274		17 274	
Pseudo R^2	0.071 6		0.072 6		0.073 5	
Log Likelihood	−5 591.761		−5 585.605		−5 580.248	
LR Chi^2	867.61***		876.50***		890.53***	
ΔR^2(LR Chi^2)	10.44***		12.31***		10.71***	
系数测试(F 值)					11.02***	

注：***、**、* 分别表示在 1%、5%、10% 的水平上显著；所有 z 值均经过了异方差稳健标准误(Huber-White)调整。

第二，进一步，本节将董事会中的高管团队成员全部剔除，构建 CEO—外部董事会姓氏关联的虚拟变量(CDSS*)。根据 Baysinger 和 Bulter(1985)的研究，外部董事和内部董事

① 表 3.3.5 和 3.3.6 中控制变量与公司违规(MIS_CON)的回归结果与表 3.3.4 第(1)列结果相同，因此结果从略。

的角色侧重点并不一致，具体而言，独立性更高的外部董事主要履行控制角色，而内部董事则主要履行服务角色。照此，本节所识别的CEO—董事会的姓氏连带关系对公司违规行为的影响可能实际上只是高管团队内部合作加强后的结果。表3.3.6第(1)列和第(3)列中，CDSS*的系数依然显著为负，交乘项(CDSS*×COM_SUR)的系数为正，且在1%的统计水平上显著。在考虑了可能的内外部董事的角色差异之后，表3.3.6的回归结果与表3.3.4依然一致。说明不论是内部董事还是外部董事，与CEO的姓氏关联都能促进协作、减少公司违规行为。

表3.3.6 CEO—外部董事的姓氏关联与公司违规

变量	因变量：MIS_CON					
	(1)		(2)		(3)	
	系数 (z值)	边际值	系数 (z值)	边际值	系数 (z值)	边际值
CDSS*	−0.251*** (−3.88)	−0.023	−0.173** (−2.55)	−0.016	−0.449*** (−3.83)	−0.042
COM_SUR			−0.032*** (−3.19)	−0.003	−0.049*** (−4.15)	−0.005
CDSS*×COM_SUR					0.073*** (3.05)	0.007
控制变量	控制		控制		控制	
常数项	3.353*** (4.19)		3.407*** (4.25)		3.437*** (4.28)	
年度/行业	控制		控制		控制	
观测值	17 274		17 274		17 274	
Pseudo R^2	0.072 0		0.072 8		0.073 6	
Log Likelihood	−5 589.246		−5 584.267		−5 579.695	
LR Chi^2	869.69***		877.43***		891.30***	
ΔR^2(LR Chi^2)	15.47***		9.96***		9.14***	
系数测试(F值)					9.29***	

注：***、**、*分别表示在1%、5%、10%的水平上显著；所有z值均经过了异方差稳健标准误(Huber-White)调整。

(二)针对被解释变量的稳健性检验

表3.3.7是用公司每年违规的次数变量(MIS_CON_N)代替表3.3.4中代表公司是否违规的虚拟变量(MIS_CON)，并采用泊森回归所得到的结果。表3.3.7的第(2)～(4)的回归结果表明，CEO与董事会姓氏匹配的虚拟变量(CDSS)的系数都显著为负，与假设3.3.1的结论一致。假设3.3.2主要关注表3.3.7第(4)列交乘项(CDSS×COM_SUR)的回归结果，CDSS×COM_SUR的系数为正，且在5%的统计水平上显著，进一步支持了假设3.3.2的结论。

表 3.3.7 CEO—董事会的姓氏连带关系与公司违规次数

变量	因变量：MIS_CON_N							
	(1)		(2)		(3)		(4)	
	系数（z 值）	边际值	系数（z 值）	边际值	系数（z 值）	边际值	系数（z 值）	边际值
CDSS			−0.233*** (−3.90)	−0.033	−0.160** (−2.53)	−0.023	−0.330*** (−3.09)	−0.047
COM_SUR					−0.028*** (−2.93)	−0.004	−0.040*** (−3.44)	−0.006
CDSS×COM_SUR							0.046** (2.06)	0.006
控制变量	控制		控制		控制		控制	
常数项	2.161*** (2.98)		2.310*** (3.17)		2.351*** (3.22)		2.358*** (3.24)	
年度/行业	控制		控制		控制		控制	
观测值	17 274		17 274		17 274		17 274	
Pseudo R^2	0.071 9		0.073 3		0.074 1		0.074 4	
Log Likelihood	−7 089.702		−7 079.150		−7 073.405		−7 070.628	
LR Chi^2	1 132.00***		1 142.91***		1 146.95***		1 154.08***	
ΔR^2(LR Chi^2)			21.10***		11.49***		5.55**	
系数测试（F 值）							4.24**	

注：***、**、* 分别表示在 1%、5%、10% 的水平上显著；所有 z 值均经过了异方差稳健标准误（Huber-White）调整。

（三）倾向得分匹配检验

CEO 与董事会之间的姓氏匹配对公司违规的影响可能实际反应的是其他因素的作用，即 CEO—董事会姓氏关联与公司违规行为可能存在内生性问题。为此，本节采纳倾向得分匹配法（PSM）来控制内生性。在倾向得分匹配的第一阶段，本节选用了两个外生变量：CSRP、GT。CSRP 指的是与 CEO 姓氏相同的高管在公司所在地（年度—省级层面）所有高管中的比例，该比例越高，CEO 与董事会高管姓氏匹配的可能性就越大；GT 度量了公司所在城市是否开通高铁的虚拟变量，是衡量公司所在城市交通基础设施建设水平的指标。交通基础设施的完善会促进人才的流动，因而也会影响董事会与 CEO 的姓氏匹配。除了宏观层面的外生工具变量，第一阶段还选用了 BOARD、INDR、SIZE、LEV、ROA、TOBINQ、STATE 作为公司层面特征变量，以及 BUSY、AGE_CEO 作为高管层面特征变量。表 3.3.8 的第一部分（Panel A）对第一阶段变量的均值进行了姓氏匹配组和姓氏未匹配组的 t 检验。结果表明，在配对前的总样本中，这些变量在处理组和控制组间存在显著的差异，而在配对后的样本中，这些变量均值在处理组和控制组间不再有明显的差异。

表 3.3.8 的第二部分（Panel B）报告了使用倾向得分匹配样本的回归结果，在第（2）～

(4)列中，CEO与董事会的姓氏关联变量(CDSS)的系数都显著为负，且在1%的统计水平上显著，表明CEO与董事会的姓氏关联降低了公司违规水平，支持了本节的假设3.3.1，在第(4)列中，CEO—董事会的姓氏关联与CEO姓氏普遍度的交乘项(CDSS×COM_SUR)的系数显著为正(系数=0.075，z=2.70，边际值=0.007)，支持了本节的假设3.3.2，即CEO姓氏的普遍性弱化了CEO—董事会的姓氏关联对公司违规行为的负向影响。上述结果表明，在控制了CEO—董事会的姓氏关联与公司违规行为的内生性之后，本节的主要研究发现保持不变。

表3.3.8　CEO—董事会的姓氏关联与公司违规：使用倾向得分匹配控制内生性后的结果

Panel A：t-test

变量	总样本 配对样本					配对样本				
	姓氏匹配组		姓氏未匹配组		t-test	姓氏匹配组		姓氏未匹配组		t-test
	(1)		(2)			(3)		(4)		
	Mean	S.D	Mean	S.D		Mean	S.D	Mean	S.D	
CSRP	5.2138	3.3491	2.3086	2.5977	−57.82***	4.7870	3.1085	4.7546	3.3031	−0.43
GT	0.604 9	0.488 9	0.549 0	0.497 6	−6.27***	0.604 9	0.488 9	0.617 9	0.486 0	1.15
BOARD	2.226 4	0.206 1	2.203 2	0.209 5	−6.15***	2.222 8	0.206 1	2.222 1	0.202 2	−0.14
INDR	0.335 9	0.091 3	0.334 8	0.093 0	−0.65	0.335 7	0.092 0	0.336 9	0.086 3	0.57
BUSY	3.011 9	4.011 2	2.734 5	3.509 5	−4.24***	2.932 5	3.784 4	2.991 3	3.542 0	0.69
AGE_CEO	45.795 9	6.920 1	46.818 1	6.303 0	8.80***	45.918 4	6.961 4	45.857 7	6.128 2	−0.40
SIZE	21.599 2	1.202 5	21.623 4	1.242 2	1.09	21.593 6	1.201 7	21.601 2	1.183 4	0.27
LEV	0.462 7	0.226 1	0.492 1	0.228 0	7.19***	0.465 4	0.227 4	0.461 6	0.214 2	−0.73
ROA	0.033 0	0.062 1	0.030 3	0.067 1	−2.24**	0.032 8	0.062 5	0.034 4	0.060 2	1.13
TOBINQ	1.808 8	1.471 5	1.805 2	1.583 6	−0.13	1.810 8	1.488 9	1.798 6	1.444 0	−0.36
STATE	0.553 7	0.497 2	0.635 6	0.481 3	9.38***	0.560 4	0.496 4	0.542 5	0.498 3	−1.54

Panel B：PSM第二阶段回归结果

变量	第一阶段		第二阶段					
	(1)		(2)		(3)		(4)	
	系数 (z值)	边际值	系数 (z值)	边际值	系数 (z值)	边际值	系数 (z值)	边际值
CSRP	0.307*** (47.17)	0.044						
GT	0.206*** (2.60)	0.030						
CDSS			−0.238*** (−3.01)	−0.021	−0.229*** (−2.89)	−0.020	−0.525*** (−3.84)	−0.046
COM_SUR					−0.039*** (−2.71)	−0.003	−0.073*** (−3.79)	−0.006
CDSS× COM_SUR							0.075*** (2.70)	0.007

续表

变量	第一阶段		第二阶段					
	(1)		(2)		(3)		(4)	
	系数(z 值)	边际值	系数(z 值)	边际值	系数(z 值)	边际值	系数(z 值)	边际值
FIRST			−0.011*** (−3.61)	−0.001	−0.011*** (−3.59)	−0.001	−0.011*** (−3.55)	−0.001
INST_SHR			−0.306 (−1.24)	−0.027	−0.277 (−1.12)	−0.024	−0.289 (−1.17)	−0.025
BOARD	1.150*** (10.04)	0.166	−0.091 (−0.41)	−0.008	−0.142 (−0.64)	−0.012	−0.179 (−0.80)	−0.016
INDR	0.250 (0.66)	0.036	0.351 (0.51)	0.031	0.351 (0.51)	0.031	0.322 (0.47)	0.028
BUSY	0.007 (1.19)	0.001	0.012 (1.03)	0.001	0.012 (0.97)	0.001	0.011 (0.94)	0.001
AGE_CEO	−0.028*** (−7.91)	−0.004	−0.011* (−1.70)	−0.001	−0.010 (−1.45)	−0.001	−0.010 (−1.52)	−0.001
SIZE	−0.047* (−1.93)	−0.007	−0.151** (−2.42)	−0.013	−0.146** (−2.34)	−0.013	−0.137** (−2.19)	−0.012
LEV	−0.682*** (−5.97)	−0.098	0.639*** (3.16)	0.056	0.660*** (3.25)	0.058	0.653*** (3.22)	0.057
ROA	−0.301 (−0.79)	−0.043	−4.060*** (−6.32)	−0.357	−4.097*** (−6.39)	−0.340	−4.083*** (−6.37)	−0.358
TOBINQ	−0.059*** (−3.33)	−0.008	−0.046 (−1.19)	−0.004	−0.042 (−1.08)	−0.004	−0.043 (−1.09)	−0.004
ISSUE			0.025 (0.06)	0.002	0.029 (0.07)	0.003	0.053 (0.12)	0.005
ATR			0.000** (2.31)	0.000	0.000** (2.26)	0.000	0.000** (2.38)	0.000
ANALYST			−0.166*** (−3.15)	−0.015	−0.168*** (−3.19)	−0.015	−0.172*** (−3.27)	−0.015
MKT			−0.093*** (−4.62)	−0.008	−0.097*** (−4.82)	−0.009	−0.095*** (−4.70)	−0.008
STATE	−0.451*** (−9.89)	−0.065	−0.437*** (−4.64)	−0.038	−0.410*** (−4.30)	−0.036	−0.415*** (−4.34)	−0.036
常数项	−2.110*** (−3.88)		4.328*** (3.17)		4.421*** (3.24)		4.428*** (3.25)	
年度/行业	控制		控制		控制		控制	
观测值	17 268		7 380		7 380		7 380	
Pseudo R^2	0.165 4		0.087 6		0.089 1		0.090 6	
Log Likelihood	−7 822.226		−2 267.993		−2 264.279		−2 260.719	
LR Chi^2	2497.64***		413.07***		421.09***		433.75***	
ΔR^2(LR Chi^2)			9.09***		7.43***		7.12***	
系数测试(F 值)							7.31***	

注:***、**、* 分别表示在 1%、5%、10% 的水平上显著;所有 z 值均经过了异方差稳健标准误(Huber-White)调整。

六、分组检验结果及分析

（一）基于市场化水平的分组测试

市场化水平被认为是一种重要的公司外部治理机制，本节按照市场化水平（樊纲 等，2011）的行业均值进行分组，分析不同的市场化水平下CEO—董事会姓氏关联对公司违规的影响。正如表3.3.9第（1）列所示，在市场化水平高的组别，CEO—董事会姓氏关联对公司违规有显著为负的影响，但在市场化水平较低的组则无显著影响。这一结果表明，CEO—董事会姓氏关联对公司违规的影响，在一定程度上依赖于上市公司所在地区的市场化水平。

（二）基于机构投资者持股比例的分组测试

为了检验CEO—董事会姓氏关联对公司违规的影响是否也依赖于机构投资者的持股比例，本节按照机构投资者持股比例的高低（行业均值）进行了分组测试。表3.3.9第（2）列的结果表明，仅当机构投资者比例较高时，CEO—董事会姓氏关联对降低公司违规有显著的影响，在机构投资者持股比例较低的企业中则不显著。这一结果表明，公司内部治理机制对CEO—董事会姓氏关联与公司违规间的负向关系有重要的调节作用。

（三）基于产权性质的分组测试

为了检验CEO—董事会姓氏关联对公司违规的影响是否因产权性质差异而不同，本节进一步对国有企业与非国有企业进行了分组测试。表3.3.9第（3）列的结果表明，CEO—董事会姓氏关联在非国有企业中对公司违规具有显著的负向影响，但在国有企业中则不显著。可能的解释是，从广义上来说，公司治理结构只是企业所有权安排的具体化，国有体制的一个很严重的问题是没有一个实际的控制主体，国家作为股东是抽象的，行使权力的是政府官员，而官员的利益无法与企业的绩效挂钩（张维迎，2014）。因此，CEO—董事会姓氏关联对公司违规行为的影响效果在不同产权性质的上市公司中具有不对称性。

（四）基于姓氏普遍度的分组测试

表3.3.9第（4）列是按照CEO姓氏的普遍度进行分组测试的结果[①]，CEO—董事会姓氏关联在姓氏普遍度低的子样本中具有显著为负的影响，而在姓氏普遍度高的子样本中则不具有显著影响。这一结果进一步揭示稀缺姓（小姓）网络的关系强度要大于大姓，稀缺姓（小姓）群体内部更容易形成凝聚力。

---

① 表3.3.9第（4）列以CEO的同姓氏人口数占全国总人口数的比例是否高于10%为标准进行分组测试。如果以CEO姓氏在全国姓氏中的排名是否为前20为标准进行分组测试也能得到一致的结论，受篇幅所限，结果从略。

表 3.3.9 分组检验 CEO—董事会姓氏关联对公司违规的影响

变量	市场化水平		机构投资者持股比例		企业所有权性质		姓氏的普遍度	
	(1)	(2)	(3)	(4)	(5)	(6)	(7)	(8)
	高	低	高	低	国企	非国企	高	低
	系数 (z 值)	系数 (z 值)	系数 (z 值)	系数 (z 值)	系数 (z 值)	系数 (z 值)	系数 (z 值)	系数 (z 值)
CDSS	−0.326*** (−3.26)	−0.057 (−0.63)	−0.373*** (−3.00)	−0.107 (−1.35)	−0.038 (−0.39)	−0.309*** (−3.30)	−0.086 (−1.11)	−0.458*** (−3.34)
COM_SUR	−0.027* (−1.75)	−0.033** (−2.44)	−0.035** (−2.00)	−0.028** (−2.27)	−0.052*** (−3.55)	−0.009 (−0.61)		
FIRST	−0.009*** (−3.13)	−0.009*** (−3.64)	−0.005 (−1.36)	−0.011*** (−4.93)	−0.005** (−2.09)	−0.012*** (−4.02)	−0.008*** (−2.84)	−0.009*** (−3.80)
INST_SHR	−0.023 (−0.11)	−0.146 (−0.71)			−0.217 (−1.11)	−0.036 (−0.16)	−0.033 (−0.16)	−0.176 (−0.85)
BOARD	0.038 (0.16)	−0.084 (−0.50)	0.209 (0.84)	−0.205 (−1.28)	0.003 (0.02)	−0.159 (−0.78)	−0.419** (−2.14)	0.152 (0.80)
INDR	0.959 (1.18)	−0.876* (−1.66)	−0.750 (−0.90)	−0.007 (−0.01)	−0.226 (−0.41)	−0.245 (−0.33)	0.623 (1.05)	−1.260* (−1.96)
BUSY	0.016* (1.70)	0.008 (0.56)	0.020* (1.76)	0.006 (0.57)	0.015 (1.18)	0.007 (0.68)	−0.002 (−0.20)	0.022** (2.21)
AGE_CEO	−0.005 (−0.67)	−0.016*** (−2.89)	0.002 (0.23)	−0.015*** (−2.95)	−0.016*** (−2.68)	−0.004 (−0.64)	−0.015** (−2.32)	−0.007 (−1.32)
SIZE	−0.296*** (−5.19)	0.017 (0.35)	−0.068 (−1.11)	−0.154*** (−3.32)	−0.147*** (−2.90)	−0.068 (−1.23)	−0.191*** (−3.38)	−0.052 (−1.07)
LEV	0.794*** (4.37)	0.413** (2.50)	0.889*** (4.26)	0.419*** (2.81)	1.052*** (5.71)	0.096 (0.57)	0.487*** (2.74)	0.606*** (3.72)
ROA	−2.827*** (−4.24)	−4.138*** (−8.26)	−2.793*** (−4.27)	−3.849*** (−7.65)	−2.874*** (−5.04)	−3.974*** (−7.00)	−3.896*** (−6.87)	−3.205*** (−5.76)
TOBINQ	−0.083** (−2.45)	−0.065* (−1.89)	−0.023 (−0.62)	−0.097*** (−3.12)	−0.045 (−1.23)	−0.071** (−2.20)	−0.084** (−2.35)	−0.065** (−1.99)
ISSUE	−0.027 (−0.06)	−0.286 (−0.77)	−1.845* (−1.82)	0.337 (1.08)	−0.442 (−0.97)	0.088 (0.23)	−0.130 (−0.30)	−0.190 (−0.49)
ATR	0.000** (2.09)	0.000 (1.47)	0.000*** (2.90)	0.000 (1.12)	0.000** (2.06)	0.000* (1.86)	0.000 (1.11)	0.000*** (2.97)
ANALYST	−0.116** (−2.41)	−0.088* (−1.86)	−0.151*** (−2.67)	−0.087** (−2.07)	−0.138*** (−2.80)	−0.106** (−2.23)	−0.114** (−2.34)	−0.127*** (−2.71)
MKT			−0.066*** (−2.82)	−0.102*** (−6.67)	−0.077*** (−4.07)	−0.096*** (−5.39)	−0.080*** (−4.11)	−0.091*** (−5.32)
STATE	−0.383*** (−4.22)	−0.581*** (−7.32)	−0.709*** (−6.97)	−0.413*** (−5.58)			−0.548*** (−6.37)	−0.457*** (−5.50)

续表

变量	市场化水平		机构投资者持股比例		企业所有权性质		姓氏的普遍度	
	(1)	(2)	(3)	(4)	(5)	(6)	(7)	(8)
	高	低	高	低	国企	非国企	高	低
	系数 (z 值)	系数 (z 值)	系数 (z 值)	系数 (z 值)	系数 (z 值)	系数 (z 值)	系数 (z 值)	系数 (z 值)
常数项	6.443*** (5.10)	0.647 (0.58)	0.464 (0.35)	5.111*** (5.04)	3.272*** (2.95)	2.657** (2.12)	5.19*** (4.17)	1.96* (1.85)
年度/行业	控制	控制	控制	控制	控制	控制	控制	控制
观测值	8 656	8 618	6 199	11 075	10 650	6 624	8 933	8 341
Pseudo R^2	0.086 4	0.065 6	0.090 3	0.072 4	0.068 9	0.076 0	0.084 8	0.076 7
Log Likelihood	−2 478.080	−3 071.490	−1 863.131	−3 683.735	−3 079.929	−2 469.586	−2 667.266	−2 860.795
LR Chi^2	464.04***	425.59***	336.79***	590.33***	503.00***	376.84***	451.93***	510.39***

注：***、**、* 分别表示在 1%、5%、10% 的水平上显著；所有 z 值均经过了异方差稳健标准误（Huber-White）调整。

七、研究结论

当公司发生违规时，最难辞其咎的是掌握着公司各方面资源，承担着公司战略制定、决策执行等重要使命的 CEO 和董事会。在我国“人情社会”的环境下，研究者开始从文化、社会习惯等非正式契约角度研究公司违规的影响因素。其中，CEO 与董事会的私人关联对公司违规的影响便是这少量文献中的研究视角之一。本节通过 2001—2014 年 A 股上市公司的数据，研究 CEO—董事会姓氏关联对公司违规的影响。结果发现 CEO—董事会姓氏关联会显著减少公司的违规行为，且这种内部凝聚力所造成的影响会随着姓氏普遍度的提高而下降。在分别使用 CEO—董事会姓氏关联和公司违规的替代度量进行回归，以及控制了可能存在的内生性问题之后，该结论依然稳健。分组测试的结果表明，CEO—董事会姓氏关联对公司违规行为的负向影响仅存在于高市场化水平、高机构投资者持股比例和非国有企业子样本中。

提高董事会治理的有效性，保护投资者的利益一直受到监管部门和投资者的高度重视，为了更好地防范和治理公司违规首先需要了解影响公司违规的因素及其作用机制。目前民族文化的凝聚力再次成为人们关注的热点，因此，本节基于姓氏文化的角度研究公司违规，可以弥补现有文献从非正式契约角度研究公司治理问题的不足。此外，不同于现有文献主要从董事会的监督角色出发，研究 CEO 与董事会的私人关联对公司违规的影响，本节强调董事会服务角色的重要性。在我国不完善的公司治理机制与不健全的法制环境下，董事会的监督职能被严重削弱了。相反，在注重人情关系的中国社会，CEO—董事会姓氏关联会促使董事会有更强的责任感帮助企业获取成功运营所需的关键资源和外部信息，从而优化决策过程，克服经营环境的不确定性。另外，本节的研究也表明，“关系”董事能够增加 CEO

感知到的信任和支持,因而可以获得企业运营管理有关的更多信息,这些信息对于提高董事会治理有效性至关重要。因此除非让董事会更好地获取信息,简单地增加董事会的独立性不足以改善公司治理问题。通过更准确地反映董事会运作的真实情况,本节的研究克服了仅选择一种视角而忽视另一种视角所带来的理论缺陷,同时也可以为有关职能部门提供一些政策上的启示,避免过激的改革举措。

参考文献

蔡志岳,吴世农,2007. 董事会特征影响上市公司违规行为的实证研究[J]. 南开管理评论,(6):62-68.

杜若甫,袁义达,1993. 中国姓氏的进化及不同方言区的姓氏频率[J]. 中国社会科学,(4):177-190.

樊纲,王小鲁,朱恒鹏,2011. 中国市场化指数——各地区市场化相对进程2011年报告[M]. 北京:经济科学出版社.

梁杰,王璇,李进中,2004. 现代公司治理结构与会计舞弊关系的实证研究[J]. 南开管理评论,(6):47-51.

刘春,李善民,孙亮,2015. 独立董事具有咨询功能吗?——异地独董在异地并购中功能的经验研究[J]. 管理世界,(3):124-136.

陆瑶,胡江燕,2016. CEO与董事间"老乡"关系对公司违规行为的影响研究[J]. 南开管理评论,(2):52-62.

陆瑶,李茶,2016. CEO对董事会的影响力与上市公司违规犯罪[J]. 金融研究,(1):176-191.

陆瑶,沈小力,2011. 股票价格的信息含量与盈余管理——基于中国股市的实证分析[J]. 金融研究,(12):131-146.

肖锐,2015. 论中国姓氏文化研究意义[J]. 中南民族大学学报(人文社会科学版),35(4):63-66.

袁义达,张诚,马秋云,等,2000. 中国人姓氏群体遗传—Ⅰ. 姓氏频率分布与人群遗传分化[J]. 遗传学报,(6):471-476.

张维迎,2014. 理解公司[M]. 第一版. 上海:上海人民出版社.

ADAMS R, FERREIRA D, 2003. Diversity and incentives: evidence from corporate boards[R]. Working Paper.

ALMAZAN A, HARTZELL J C, STARKS L T, 2005. Active institutional shareholders and costs of monitoring: evidence from executive compensation[J]. Financial management, 34(4):5-34.

BAI Y, KUNG K S, 2014. Does genetic distance have a barrier effect on technology diffusion? Evidence from historical China[R]. Working Paper.

BAYSINGER B D, BUTLER H N, 1985. Corporate governance and the board of directors: performance effects of changes in board composition[J]. Journal of law, economics, & organization, 1(1): 101-124.

CHEN X, HARFORD J, LI K, 2007. Monitoring: which institutions matter? [J]. Journal of financial economics, 86(2): 279-305.

CHIDAMBARAN N K, KEDIA S, PRABHALA N, 2011. CEO director connections and corporate fraud[R]. Working Paper, Available at SSRN.

COLES J L, DANIEL N D, NAVEEN L, 2014. Co-opted boards[J]. Review of financial studies, 27(6): 1751-1796.

DU R., YUAN Y, HWANG J, MOUNTAIN J, et al, 1992. Chinese surnames and the genetic differences between north and south China[J]. Journal of Chinese linguistics monograph series,(5): 1-93.

GREIF A, TABELLINI G, 2017. The clan and the corporation: sustaining cooperation in China and Europe[J]. Journal of comparative economics, 45(1): 1-35.

HACKMAN J R, 1992. Group influences on individuals in organizations[M]. California: Consulting Psychologists Press.

HAMBRICK D C, MASON P A, 1984. Upper echelons: the organization as a reflection of its top managers[J]. Academy of management review, 9(2): 193-206.

HILLMAN A J, DALZIEL T, 2003. Boards of directors and firm performance: integrating agency and resource dependence perspectives[J]. Academy of management review, 28(3): 383-396.

JENSEN M C, MECKLING W H, 1976. Theory of the firm: managerial behavior, agency costs and ownership structure[J]. Journal of financial economics, 3(4): 305-360.

JOHNSON S A, RYAN H E, TIAN Y S, 2009. Managerial incentives and corporate fraud: the sources of incentives matter[J]. Review of finance, 13(1): 115-145.

KHANNA V, KIM E, LU Y, 2015. CEO connectedness and corporate fraud[J]. The journal of finance, 70(3): 1203-1252.

LIU Y, CHEN L, YUAN Y, et al, 2012. A study of surnames in China through isonymy[J]. American journal of physical anthropology, 148(3): 341-350.

NGUYEN B D, 2012. Does the Rolodex matter? Corporate elite's small world and the effectiveness of boards of directors[J]. Management Science, 58(2): 236-252.

PAYNE G T, BENSON G S, FINEGOLD D L, 2009. Corporate board attributes, team effectivenessand financial performance[J]. Journal of management studies, 46(4): 704-731.

PENROSE E T, PITELIS C, 2002. The growth of the firm: the legacy of edith penrose[M]. New York: Oxford University Press.

PFEFFER J, 1973. Size, composition, and function of hospital boards of directors: a study of organization-environment linkage[J]. Administrative science quarterly, 349-364.

PFEFFER J, SALANCIK G R, 2003. The external control of organizations: a resource dependence perspective[M]. California: Stanford University Press.

ROSEN S, 1983. Perceived inadequacy and help-seeking [J]. New directions in helping,(2): 73-107.

WESTPHAL J D, 1999. Collaboration in the boardroom: behavioral and performance consequences of CEO-board social ties[J]. Academy of management journal, 42(1): 7-24.

第四节　董事会姓氏多元化与审计师选择：基于宗族文化的视角

摘要：本节以中国A股上市公司为研究样本，实证检验了董事会姓氏多元化对审计师选择的影响。研究结果表明，董事会姓氏多元化与高质量审计师选择正相关，即董事会姓氏多元化增加了公司选择高质量审计师的可能性；进一步研究发现，考虑到企业的所有权性质，董事会姓氏多元化与高质量审计师之间的正相关关系只存在于国有企业中。本节的研究为董事会多元化影响公司治理提供了增量的经验证据，丰富和拓展了影响审计师选择的相关研究。

一、引言

董事会作为公司治理机制有效运行的关键所在，其重要职能之一就是聘请外部审计师[①]。前期文献表明董事会运行的有效性是影响审计师选择的重要因素，高质量的董事会为降低代理成本、维护股东利益、降低自身风险，更倾向于选择高质量的审计师（Carcello et al.,2002；李明辉，刘笑霞，2008）。

与西方国家相比，中国是一个关系型社会。在当今时代，“关系”仍是维系经济活动和社会生活的基本纽带，在商业环境和人际交往中普遍存在且至关重要（Xin，Pearce，1996）。受中国传统文化，尤其是儒家思想的影响，中国社会的关系呈现差序格局的特点，人们对家族、宗族有着高度的认同感（Yang，1995）。姓氏作为中国特色的文化现象，是传统宗族观念的主要外在表现形式，同姓通常代表着属于同一宗。因此，姓氏是血亲关系的象征之一

① 按照《公司法》和《董事会审计委员会工作制度》的规定，在选择外部审计师时，董事会下设的审计委员会以决议的形式将拟聘请的外部审计师提交给董事会，最终由董事会决定。

(Finch, Mason, 2000)，是建立关系的重要基础(Tsui, Farh, 1997)，是确立归属感的重要纽带(Edwards, Caballero, 2008)。近期文献表明基于相同姓氏构建起来的宗族网络强调人情关系、互惠互利，影响着劳动力的流动(郭云南，姚洋，2013)、资源的获取(林建浩 等，2016)、私营企业的发展(Peng, 2004)等。董事会作为一个决策群体，是由偏好不同的个体所组成的。前期文献表明董事会成员在观点、特质等方面的差异会影响成员之间的关系以及决策，进而影响董事会治理的效率与效果(Adams, Ferreira, 2009)、公司业绩(Erhardt et al., 2003; Carter et al., 2003; Francis et al., 2015)、审计师选择(况学文，陈俊，2011)等。那么，董事会成员之间的姓氏多元化是否以及如何对审计师选择产生影响？就笔者所知，目前尚未有文献对此进行研究。基于此，本节从中国特色的姓氏文化出发，探讨董事会成员之间的姓氏多元化对审计师选择的影响。本节以中国 A 股上市公司为研究样本，根据 CSMAR 数据库中的人物特征数据库，整理了董事会成员的姓氏数据，分析并探讨了董事会成员的姓氏多元化对审计师选择的影响。研究发现，董事会姓氏多元化与选择四大会计师事务所显著正相关，说明董事会姓氏多元化提高了公司选择高质量审计师的概率；进一步研究发现，考虑到公司的所有权性质，董事会姓氏多元化与高质量审计师的正相关关系在国有企业中表现得更强。

本节研究分析了董事会姓氏多元化与审计师选择之间的关系，可能的研究贡献和意义在于：(1)本节首次将姓氏文化纳入公司董事会的研究中，以往文献大多研究董事会成员社会网络或人口统计学特征对董事会治理效果的影响，而本节基于我国特色的人情关系，从董事会成员的姓氏多元化出发，探讨姓氏多元化带来的影响，研究结果表明姓氏多元化提高了董事会治理效果与效率。(2)本节的结论表明姓氏多元化有利于提高董事会的治理效果，为董事会多元化对公司治理具有正向作用提供了进一步的经验证据。现存的文献主要关注董事会多元化对公司业绩的影响，而 Byoun 等(2016)发现董事会多元化影响着公司的决策(股利分配)，本节从审计师选择这一重要的公司决策出发，发现姓氏多元化增加了公司选择国际四大会计师事务所的可能性，支持了 Byoun 等(2016)的研究，拓展了相关文献。(3)本节丰富了有关董事会影响审计师选择研究。前期的文献表明董事会的独立性、专业性、勤勉度等影响着审计师的选择，而本节从董事会成员之间的人情关系出发，探讨董事之间的关系对董事会独立性、专业性等的影响，从而对审计师选择的影响，拓展和丰富了相关研究。(4) Piotroski 和 Wong(2012)建议学者应该更多关注社会规范和文化因素对我国公司决策与行为的影响，而本节从一个特殊的文化维度——姓氏出发，探讨其对审计师选择的影响，回应了 Piotroski 和 Wong(2012)的呼吁。而且，本节的结论表明关系作为一种非正式制度确实对公司的治理和决策有着重要的影响，支持和拓展了相关研究。(5)考虑到中国特有的制度背景，国有企业与非国有企业往往在公司运作方面存在着显著的差异，而董事会姓氏多元化与高质量审计师的正相关关系在国有企业中表现得更强，补充和丰富了相关研究。

二、理论分析与假设提出

董事会作为控制和监督管理层机会主义行为的重要制度安排(Fama, Jensen, 1983)，是公司治理机制的核心。高效运行的董事会可以有效提高公司的财务报告质量(Fich，Shivdasani，2007)。审计师作为外部监督机制，在保证财务报告真实可靠方面发挥着关键的作用(Fan，Wong，2005)。选择和聘请审计师是董事会的一项重要职责，董事会的有效运行影响着公司对审计师的选择(Carcello et al.，2002)。前期大量文献表明董事会在独立性、专业性、勤勉度等方面的差异导致公司对不同质量审计师的诉求。Beasley 和 Petroni(2001)、车宣呈(2007)发现外部董事所占的比例越高，公司越可能选择高质量的审计师；Carcello 等(2002)发现独立董事比例越高、董事会开会的频率越高、任职多家公司董事的成员越多，越可能选择高质量的审计师进行审计；同样地，李明辉和刘笑霞(2008)发现董事会会议次数与公司选择国际四大会计师事务所的可能性正相关。Abbott 等(2003)的研究表明审计委员会的独立性与高质量的审计需求正相关；进一步，Lee 和 Mande(2005)发现审计委员会的财务专业性和会议次数与审计费用存在显著的正相关关系。可见，董事会运行的效率与效果是研究审计师选择时不可忽略的重要方面。

董事会作为一个团队，其作用的有效发挥依赖于董事会成员。作为社会人，董事的决策不仅取决于自身的特质，而且还受他人的影响(Granovetter，1985)，董事之间的关系或相似性是影响董事会有效运行不可忽视的重要因素(Tsui，Farh，1997)。Kim(2005)发现若董事之间的关系太过亲密，会带来监督力度不足、决策效率低下等问题，从而导致公司业绩的下降。Adams 和 Ferreira(2009)发现董事会成员间的差异化程度是影响董事会效率和公司业绩的重要因素。况学文和陈俊(2011)发现董事会性别多元化与公司选择国际四大会计师事务所和十大会计师事务所正相关，说明董事会多元化增加了公司对高质量审计的需求。不可否认的是，中国是一个典型的关系社会，“关系”作为一种弥足珍贵的资源，是经济、社会组织的基础(Hwang，1987)。Xin 和 Pearce(1996)发现“关系”可以为经理提供信息、人脉等资源，因此对于经理的职业晋升发挥着重要作用。“关系”往往产生于人与人之间共同的身份、特质或祖籍等(Jacobs，1979)。中国传统社会往往是同姓聚族而居，这样一种生存逻辑逐渐塑造出家庭、家族、宗族为主体的社会文化格局。姓氏作为传统文化的重要组成部分，是宗族的主要外在表现形式。受宗族文化和儒家思想的影响，同姓通常被认为是来自于同一个祖先，所谓同姓者五百年前是一家。因此，Finch 和 Mason(2000)指出姓氏可能是血亲关系的象征之一，它代表着关系的质量和个人的身份。Syed 和 Ozbilgin(2009)指出在中国，姓氏是旁系血缘关系的重要依据之一，同姓往往被认为是亲属关系，而且，同姓之间的相处讲究人情法则。Edwards 和 Caballero(2008)指出姓氏是建立个体对特定宗族、种族归属感的关键纽带。郭云南和姚洋(2013)以家庭所属姓氏宗族的人口比例衡量宗族网络，发现宗族网络促进了家庭外出打工的概率，原因在于宗族成员间基于“人情关系”，相互赠送或往来礼金，巩固了宗族成员间的社会关系，为劳动力流动提供了社会保障。虽然同姓并不一定是亲人关系，但是姓氏是一种社会身份的象征，是建立社会认同感、关系的重要基础(Jacobs，1979)。可见，姓氏是宗族关系的重要象征，同时也是建立社会认同感的重要基础，是影响人与人关系的重要因素。

相似性产生关联性(similarity breeds connection)，人们往往偏好于与自己相似的个体，所谓“物以类聚，人以群分”(birds of a feather flock together)(McPherson et al.,2001)。在中国宗族文化和儒家思想的影响下，董事会中同姓董事因彼此同宗有着很强的认同感，从而容易结成内群体，形成圈子，彼此之间交流便捷，易于建立亲密的关系(Tsui,Farh,1997)。虽然同姓带来了成员间沟通交流成本的降低，但不可忽视的是，在中国传统文化和人情关系的影响下，圈子内成员的相处通常讲求互惠、面子以及集体主义原则(罗家德,2012)。而面子、人情等非理性因素往往会影响董事会的有效运行，弱化董事会监督和咨询职能的发挥。在圈子文化的影响下，圈内人更加强调圈子利益，圈子成员对圈子内部的承诺胜于其对企业制度规范的承诺(梁钧平,1998)，弱化正式制度的约束力。例如，在潮汕，宗族观念根深蒂固，讲“人情”、讲“关系”的思想弥漫到潮汕人工作与生活的每一个细节。跑关系、走路子，人情关系网可以解决很多的问题，所谓关系战胜实力。而且，在潮汕社会中，人情世故在一定程度上甚至比法律法规高(何东霞 等,2014)。当董事会姓氏趋于集中时，“圈子文化”盛行，侵蚀到企业的正式制度规范，董事会正式的规章制度对董事的约束力大大降低，董事之间的相处更倾向于依靠不成文的圈子规则即所谓的“哥们儿规则”。在这样的氛围下，董事会的规章制度往往会流于形式、表面化，带来董事会“失序”(朱羿锟,2010;朱羿锟,2015)。而且，同姓董事对圈子群体有着高度的认同感，在圈子利益的牵引下，董事在决策时往往首先考虑到圈内人的利害关系，并不将保护股东利益奉为圭臬，当圈子利益与公司利益相冲突时，同姓董事自然会心照不宣地选择维护圈内利益，将小团体利益凌驾于股东利益之上。在这样的影响下，董事会很难发挥应有的监督控制作用，降低对高质量审计师的需求。

独立性是董事会发挥监督职能的关键所在。前期文献表明董事会成员在性别、种族、职业等方面的多元化会提高董事会的独立性(Adams,Ferreira,2009;Erhardt et al.,2003;Carter et al.,2003;Francis et al.,2015)。同姓董事之间相互吸引，彼此认同，彼此信任，相互监督与约束的动机就会减弱，董事会独立性也随之减弱；而当姓氏多元化程度较高时，彼此之间相互监督的动机增强，缓解董事会中“搭便车”的现象，更好地代表股东履行监督职能。而且，在人情关系的影响下，同姓董事秉着“同宗”的共同属性，互相给面子、送人情，互惠互利，投桃报李，为了维持圈内友好、和谐的关系，在决策时更加看重感情，而不是基于事实，不太可能质疑或否决圈内人的决策，“董董”相护、相互包庇，严重损害了董事会的独立性，而独立性较差的董事会更不倾向于选择高质量的审计师。

前期文献表明董事会成员间的差异程度越大，在决策时越能提供更多的知识、观点和创造力，董事会决策的效率与质量越高(Adams,Ferreira,2009;Erhardt et al.,2003;Carter et al.,2003;Francis et al.,2015)。姓氏群体遗传学认为姓氏是一种基因符号，姓氏通过父系得到继承，姓氏与Y染色体遗传方式一致(Kimura,1983)。姓氏的差异，可以在一定程度上代表基因的差异，而基因的不同导致人们行为、观念、思维模式等方面的差异，董事会成员姓氏的多元化，即遗传多元化有利于在董事会决策过程中提供更多的专业知识、想法、观点，为董事会决策带来更多的活力与创造力(Delis et al.,2017)，从而更有利于董事会咨询职能的发挥，提高董事会决策的效率与效果。而且，社会心理学的研究表明高水平的群体凝聚力越高，越容易发生群体决策失误，更有可能表现出群体思维现象(Janis,1982)。当董事会成员的姓氏趋于集中时，在高度认同感的基础上很容易建立坚实的感情纽带，带来高的群体凝聚力，从而增加董事会产生群体思维的可能性，严重损害董事会决策的质量，制约董事会咨询职能的发挥。可见，当董事会姓氏趋于集中时，会带来董事会群体思维、决策效率低下等问题，弱化董事会的治理效果。

依据资源依赖理论，董事会的多元化可以为公司带来更多有价值的资源，提高董事会运行的效率与效果。作为一个关系型社会，社会关系网络对资源的获取有着重要的作用。宗族网络作为强有力的关系网，可以为劳动力流动提供社会保障(郭云南，姚洋，2013)、帮助家庭获得贷款(林建浩 等，2016)、促进私有企业的发展(Peng，2004)。董事会成员姓氏越分散，则往往意味着董事外部网络结构越发达，获得外部信息和资源的途径渠道越多，从而有利于为董事会提供更及时的信息、更多元化观点，以及关键性的资源等，有利于提高董事会治理的效果。

综上所述，董事会的姓氏多元化有利于保证董事会的规范运作，避免董事会出现结构偏差，提高董事会的独立性和决策的效率与效果，从而促进董事会治理效果的提高。独立且专业的董事会为更好地监督管理层、维护股东利益、降低代理成本、发挥信号作用，更倾向于选择高质量的审计师(Carcello et al.，2002；李明辉，刘笑霞，2008)。基于此，本节提出假设 3.4.1：

假设 3.4.1：董事会姓氏多元化与公司选择高质量审计师的概率正相关。

企业的所有权性质影响着审计师的选择。国有企业因与政府之间的密切关系，不仅有政府的隐性担保，而且更容易获得上市资格和银行贷款等优待，从而导致国有企业并不需要聘请高质量的审计师发挥信号作用；而且，控股股东—政府可以直接干预企业的治理与运营，为攫取私人利益、追求社会收益或政治目标，往往会操纵财务报告信息以掩盖其掏空行为，更倾向于选择合谋成本低的低质量审计师(孙铮，曹宇，2004；Wang et al.，2008)。可见，审计师选择在国有企业和非国有企业中存在差异。

非国有企业，尤其是民营企业、家族企业，主要还是家族式治理，公司在用人上亲疏有别，具有浓厚的任人唯亲色彩，难以突破家族、老乡的圈子(李亚，2007)，因此，董事会本身“关系”色彩浓厚，即使董事会成员姓氏呈现多元化的特点，也并不代表彼此之间的独立性高，异性董事之间可能是旁系血亲、老乡或一致行动人的关系，从而导致董事姓氏多元化的积极作用无法充分发挥，然而在国有企业中，有关高管的任命都是来自政府(李寿喜，2007)，董事会成员不大可能是亲属或一致行动人的关系，所以董事会姓氏多元化的作用更能充分发挥。因此，本节认为董事会姓氏多元化与高质量审计师的正相关关系在国有企业中更显著，而在非国有企业中会减弱甚至消失。基于此，本节提出假设 3.4.2：

假设 3.4.2：相比于国有企业，董事会姓氏多元化与审计师选择的正相关关系在非国有企业组中更弱。

三、模型设计与变量定义

（一）样本选择与数据来源

本节以 2001—2014 年 A 股上市公司为初始样本(24 713),并按照如下原则进行筛选：(1)剔除金融保险证券行业的公司样本(522);(2)剔除上市不满一年的样本(1 871);(3)剔除控制变量数据缺失的样本(318)。本节最终得到 22 002 个观测值。董事会姓氏多元化的数据在 CSMAR 数据库中的人口特征数据库的基础上计算而得。法律环境指数来自樊纲等(2011),其余数据来自 CSMAR 上市公司金融研究数据库。为了消除极端值可能带来的影响,本节对所有连续变量在 1%和 99%分位数进行缩尾处理。

（二）模型设定

为了检验假设 3.4.1 和假设 3.4.2,本节构建了如下的模型[式(3.4.1)]:

$$\begin{aligned}BIG4 = {} & \alpha_0 + \alpha_1 EI + \alpha_2 FIRST + \alpha_3 INDR + \alpha_4 MEET\_BOARD + \alpha_5 BGDR + \alpha_6 AGE\_BOARD + \\ & \alpha_7 DUAL + \alpha_8 MAN\_SHR + \alpha_9 SIZE + \alpha_{10} LEV + \alpha_{11} ROA + \alpha_{12} GROWTH + \\ & \alpha_{13} COMPLEX + \alpha_{14} LISTAGE + \alpha_{15} AC\_AUR + \alpha_{16} STATE + \alpha_{17} LAW + \\ & \text{Industry Dummies} + \text{Year Dummies} + \varepsilon \end{aligned} \tag{3.4.1}$$

式(3.4.1)为 Logit 模型。依据假设 3.4.1,本节预期董事会姓氏多元化(EI)的系数 α_1 显著大于 0。为检验假设 3.4.2,本节将样本分成国有企业组与非国有企业组,检验董事会姓氏多元化与四大会计师事务所之间的关系在这两个子样本中是否存在差异。依据假设 3.4.2,本节预期董事会姓氏多元化与选择四大会计师事务所之间的关系在国有企业中的显著程度大于其在非国有企业中。

（三）变量定义

1.审计师质量

本节的被解释变量为四大会计师事务所(BIG4)。前期文献使用国际四大会计师事务所(孙铮,曹宇,2004)、国内十大会计师事务所(刘笑霞 等,2016)来衡量高质量审计师。因此,本节在主回归中使用国际四大会计师事务所(BIG4),在稳健性检验中,使用国内十大会计师事务所(BIG10)来衡量。

2.姓氏多元化

本节的解释变量为董事会成员姓氏多元化。本节根据 CSMAR 数据库中的人物特征数据库,整理了董事会成员的名单,在此基础上,借鉴 Khanna 和 Palepu(2000),使用熵指数来衡量姓氏多元化的程度。计算公式为：$\sum_1^n p\ln(1/p)$,其中,p 代表某一姓氏在董事会中所占的比例。此外,在稳健性测试中,本节使用赫芬达尔指数(HHI)与最大姓氏比例衡量董事会姓氏多元化，其中，HHI= $\sum_{1}^{n} p^2$。

3.控制变量

借鉴以往的研究，在式(3.4.1)中加入以下控制变量：(1)公司治理特征变量，包括第一大股东持股比例(FIRST)、独立董事比例(INDR)、董事会会议召开情况(MEET_BOARD)、女性董事比例(BGDR)、董事会成员的平均年龄(AGE_BOARD)、董事长与CEO两职合一(DUAL)、管理层持股比例(MAN_SHR)；(2)公司财务特征变量：公司规模(SIZE)、财务杠杆(LEV)、总资产收益率(ROA)、销售收入变化(GROWTH)、审计复杂程度(COMPLEX)、公司年龄(LISTAGE)、资产周转率(AC_AUR)、最终控制人性质(STATE)；(3)外部环境变量：法律环境指数(LAW)。此外，模型中还控制了年度(YEAR)和行业(INDUSTRY)层面的虚拟变量。具体的变量定义见表3.4.1。

表3.4.1 变量定义

变量名	变量定义
BIG4	国际四大会计师事务所的虚拟变量，当公司聘请国际四大会计师事务所审计师赋值为1，否则赋值为0
EI	董事会姓氏多元化，计算公式= $\sum_{1}^{n} p_i \ln(1/p_i)$，其中 p 代表某一姓氏在董事会中所占的比例
FIRST	第一大股东持股比例
INDR	独立董事比例，等于董事会中独立董事人数除以董事会总人数
MEET_BOARD	当年召开董事会会议的自然对数
BGDR	女性董事比例，等于女性董事人数除以董事会总人数
AGE_BOARD	董事会成员的平均年龄
DUAL	董事长和CEO两职合一的虚拟变量，若董事长和CEO由同一人担任则赋值为1，否则赋值为0
MAN_SHR	管理层的持股比例
SIZE	公司规模，等于总资产的自然对数
LEV	财务杠杆，等于总负债除以总资产
ROA	总资产收益率，等于净利润与年末总资产的比值
GROWTH	销售收入变化，等于销售收入增长率
COMPLEX	审计复杂程度，存货与应收账款之和与总资产的比值
LISTAGE	公司年龄，等于公司上市年限加1后，取自然对数
AC_AUR	资产周转率，销售收入与总资产的比值
STATE	最终控制人性质，若公司的最终控制人是中央或地方政府、政府控股公司则赋值为1，否则赋值为0
LAW	法律环境指数，公司注册地所在省、自治区或直辖市的法律环境指数

四、实证结果分析

（一）变量描述性统计

本节的变量描述性统计见表3.4.2。被解释变量四大会计师事务所（BIG4）的平均值（中位数）为0.061（0.000），标准差为0.239，最小值为0.000，最大值为1.000，说明四大会计师事务所的市场份额仍然较少。董事会姓氏多元化（EI）的平均值（中位数）为3.028（3.027），标准差为0.375，最大值为3.880；第一大股东持股比例（FIRST）平均值（中位数）为0.376（0.355）；独立董事比例（INDR）的平均值（中位数）为0.342（0.333）；董事会会议召开情况（MEET_BOARD）的均值为2.098，中位数为2.079；女性董事比例（BGDR）的平均值为0.111；董事会成员年龄（AGE_BOARD）的均值为49.439；董事长和CEO两职合一（DUAL）的均值为0.166，说明16.6%的上市公司董事长和CEO两职合一；管理层持股比例（MAN_SHR）的均值（中位数）为0.027（0.000）；企业规模（SIZE）的均值为21.592，中位数为21.453；财务杠杆（LEV）均值（中位数）为0.496（0.488），说明上市公司的财务杠杆水平比较高；总资产收益率（ROA）的平均值（中位数）为0.032（0.033）；销售收入变化（GROWTH）的平均值为0.211，中位数为0.127；审计复杂程度（COMPLEX）的均值为0.277；公司年龄（LISTAGE）的平均值为8.472，中位数为8.000；资产周转率（AC_AUR）的均值为0.680，中位数为0.559；国有企业（STATE）平均占比为57.5%，中位数为1.000，说明国有企业在本节研究样本中占有较大比重。法律环境指数（LAW）的均值（中位数）为9.386（7.690）。

表3.4.2　变量描述性统计

变量	观测值	平均值	标准差	最小值	1/4分位	中位数	3/4分位	最大值
BIG4	22 002	0.061	0.239	0.000	0.000	0.000	0.000	1.000
EI	22 002	3.028	0.375	1.922	2.807	3.027	3.278	3.880
FIRST	22 002	0.376	0.160	0.089	0.249	0.355	0.498	0.752
INDR	22 002	0.342	0.089	0.000	0.333	0.333	0.375	0.556
MEET_BOARD	22 002	2.098	0.375	1.099	1.792	2.079	2.303	3.045
BGDR	22 002	0.111	0.107	0.000	0.000	0.111	0.182	0.444
AGE_BOARD	22 002	49.439	3.935	40.000	46.727	49.500	52.111	59.071
DUAL	22 002	0.166	0.372	0.000	0.000	0.000	0.000	1.000
MAN_SHR	22 002	0.027	0.089	0.000	0.000	0.000	0.000	0.510
SIZE	22 002	21.592	1.223	18.847	20.766	21.453	22.261	25.341

续表

变量	观测值	平均值	标准差	最小值	1/4 分位	中位数	3/4 分位	最大值
LEV	22 002	0.496	0.256	0.054	0.324	0.488	0.637	1.773
ROA	22 002	0.032	0.071	−0.312	0.011	0.033	0.063	0.223
GROWTH	22 002	0.211	0.560	−0.748	−0.024	0.127	0.305	3.868
COMPLEX	22 002	0.277	0.177	0.004	0.143	0.253	0.382	0.784
LISTAGE	22 002	8.472	5.222	1.000	4.000	8.000	12.000	20.000
AC_AUR	22 002	0.680	0.501	0.034	0.347	0.559	0.856	2.778
STATE	22 002	0.575	0.494	0.000	0.000	1.000	1.000	1.000
LAW	22 002	9.386	5.284	0.180	5.440	7.690	13.870	19.890

（二）变量的相关性分析

表 3.4.3 列示了变量之间的相关性分析。由表 3.4.3 可知，四大会计师事务所（BIG4）与董事会姓氏多元化熵指数（EI）在 1%水平上显著正相关，与本节假设 3.4.1 的预测一致，为假设 3.4.1 提供了初步的经验证据。此外，国际四大会计师事务所（BIG4）与第一大股东持股比例（FIRST）、独立董事比例（INDR）、董事会会议召开情况（MEET_BOARD）、董事会成员年龄（AGE_BOARD）、公司规模（SIZE）、总资产收益率（ROA）、公司年龄（LISTAGE）、资产周转率（AC_AUR）、最终控制人性质（STATE）法律环境指数（LAW）显著正相关；与董事长和 CEO 两职合一（DUAL）、女性董事比例（BGDR）、管理层持股比例（MAN_SHR）、审计复杂程度（COMPLEX）显著负相关。上述为单变量分析结果，更加全面的分析有待于多元回归的检验。

表 3.4.3 Pearson 相关性分析

变量		(1)	(2)	(3)	(4)	(5)	(6)	(7)	(8)	(9)	(10)	(11)	(12)	(13)	(14)	(15)	(16)	(17)	(18)
BIG4	(1)	1.000																	
EI	(2)	0.095***	1.000																
FIRST	(3)	0.122***	−0.001	1.000															
INDR	(4)	0.024***	−0.078***	−0.088***	1.000														
MEET_BOARD	(5)	0.025***	0.034***	−0.067***	0.195***	1.000													
BGDR	(6)	−0.073***	−0.058***	−0.080***	0.059***	0.037***	1.000												
AGE_BOARD	(7)	0.146***	0.109***	0.103***	0.201***	−0.007	−0.077***	1.000											
DUAL	(8)	−0.057***	−0.080***	−0.079***	0.090***	0.023***	0.085***	−0.031***	1.000										
MAN_SHR	(9)	−0.062***	−0.089***	−0.082***	0.132***	0.055***	0.092***	−0.019***	0.391***	1.000									
SIZE	(10)	0.333***	0.199***	0.228***	0.140***	0.176***	−0.105***	0.379***	−0.101***	−0.108***	1.000								
LEV	(11)	0.006	0.069***	−0.063***	0.015**	0.094***	−0.034***	−0.064***	−0.076***	−0.228***	0.114***	1.000							
ROA	(12)	0.068***	0.006	0.111***	0.054***	0.012*	0.009	0.110***	0.025***	0.116***	0.176***	−0.436***	1.000						
GROWTH	(13)	−0.009	0.003	0.051***	0.010	0.064***	−0.003	−0.054***	0.005	0.011	0.046***	0.012*	0.231***	1.000					
COMPLEX	(14)	−0.067***	−0.055***	−0.004	−0.014**	0.069***	0.002	−0.067***	0.041***	0.020***	−0.033***	0.201***	−0.099***	0.056***	1.000				
LISTAGE	(15)	0.038***	0.087***	−0.169***	0.171***	0.101***	0.013*	0.165***	−0.117***	−0.318***	0.215***	0.279***	−0.098***	−0.022***	−0.004	1.000			
AC_AUR	(16)	0.037***	0.048***	0.086***	0.054***	−0.014**	−0.017**	0.096***	−0.028***	−0.031***	0.141***	0.056***	0.198***	0.131***	0.077***	0.035***	1.000		
STATE	(17)	0.120***	0.180***	0.275***	−0.179***	−0.112***	−0.174***	0.139***	−0.237***	−0.332***	0.236***	0.110***	−0.057***	−0.026***	−0.085***	0.185***	0.079***	1.000	
LAW	(18)	0.059***	0.005	−0.059***	0.238***	0.115***	0.095***	0.192***	0.119***	0.200***	0.118***	−0.102***	0.119***	−0.025***	0.058***	0.114***	0.081***	−0.236***	1.000

注：***、**、* 分别表示在 1%、5%、10% 的水平上显著。

(三)多元回归结果分析

1.董事会姓氏多元化与国际四大会计师事务所

为检验假设 3.4.1，本节对式(3.4.1)进行了 Logit 回归。在回归中，本节控制了年度和行业的固定效应。本节中报告的所有 z 值均经过公司和年度的 cluster 调整(Petersen，2009)。

表 3.4.4 第列示了假设 3.4.1 的检验结果。从表 3.4.4 的结果来看，董事会姓氏多元化熵指数(EI)与四大会计师事务所(BIG4)在 5%的水平上显著正相关(系数=0.437，z 值=2.25)。进一步，EI 对 BIG4 的边际影响为 0.009，占 BIG4 均值的 14.8%。上述结果说明董事会姓氏多元化增加了公司选择四大会计师事务所的概率，支持了本节的假设 3.4.1。并且该回归结果具有统计上和经济意义上的显著性。

在控制变量方面，独立董事比例(INDR)与四大会计师事务所(BIG4)在 10%的水平上显著正相关，说明董事会越独立，越容易选择高质量审计师；公司规模(SIZE)与四大会计师事务所(BIG4)在 1%水平上显著正相关，表明公司规模越大，对高质量审计师的需求越大。财务杠杆(LEV)与四大会计师事务所(BIG4)显著负相关，显著性水平为 1%。销售收入变化(GROWTH)与四大会计师事务所(BIG4)在 1%水平上显著负相关。审计复杂程度(COMPLEX)与四大会计师事务所(BIG4)呈负相关的关系，显著性水平为 10%。资产周转率(AC_AUR)与四大会计师事务所(BIG4)在 10%水平上显著正相关。法律环境指数(LAW)与四大会计师事务所(BIG4)在 1%水平上显著正相关，表明法律环境越好，越可能聘请四大会计师事务所。

表 3.4.4 董事会姓氏多元化与审计师选择

变量	(1)	
	BIG4	
	系数	z 值
EI	0.437**	2.25
FIRST	0.222	0.46
INDR	1.841*	1.92
MEET_BOARD	0.163	0.99
BGDR	−0.723	−0.90
AGE_BOARD	0.037	1.54
DUAL	−0.215	−0.96
MAN_SHR	−1.576	−0.82
SIZE	1.179***	12.65
LEV	−1.656***	−3.34
ROA	1.507	0.98

续表

变量	(1)	
	BIG4	
	系数	z 值
GROWTH	−0.376***	−4.54
COMPLEX	−0.956*	−1.77
LISTAGE	0.021	0.99
AC_AUR	0.278*	1.86
STATE	0.129	0.61
LAW	0.074***	4.00
常数项	−8.572***	−5.29
年度	控制	
行业	控制	
观测值	22 002	
Pseudo R^2	0.299	
LR Chi^2	3 017.978***	

注：***、**、*分别表示在1%、5%、10%的水平上显著；所有 z 值经过公司与年度的双重聚类调整(Petersen，2009)。

2.董事会姓氏多元化、国有企业与国际四大会计师事务所

表3.4.5列示了假设3.4.2的检验结果。从表3.4.5可以看出，在国有企业组中，董事会姓氏多元化(EI)与四大会计师事务所(BIG4)在5%的水平上显著正相关(系数=0.466，z 值=2.12)，而在非国有企业组中，董事会姓氏多元化与四大会计师事务所之间的系数为正，但不显著，说明董事会姓氏多元化与审计师选择的正相关关系在国有企业组中表现得更强。上述结果支持了本节的假设3.4.2。

表3.4.5 按国有性质分组：董事会姓氏多元化与审计师选择

变量	(1)		(2)	
	STATE=1		STATE=0	
	系数	z 值	系数	z 值
EI	0.466**	2.12	0.199	0.55
FIRST	−0.672	−1.16	0.452	0.48
INDR	1.447	1.53	1.481	0.66
MEET_BOARD	0.133	0.72	0.030	0.08
BGDR	−0.253	−0.27	−0.706	−0.48
AGE_BOARD	0.020	0.70	0.045	1.04
DUAL	−0.524**	−2.40	0.344	0.98
MAN_SHR	−15.322	−1.20	−1.891	−0.89

续表

变量	(1)		(2)	
	STATE=1		STATE=0	
	系数	z 值	系数	z 值
SIZE	1.308***	11.47	1.352***	8.42
LEV	−2.910***	−4.72	−0.506	−0.90
ROA	0.192	0.11	5.184	1.61
GROWTH	−0.314***	−2.90	−0.759***	−5.43
COMPLEX	−0.757	−1.13	−0.797	−0.90
LISTAGE	0.018	0.58	−0.038	−1.21
AC_AUR	0.482***	2.88	−0.456*	−1.68
LAW	0.106***	4.67	0.035	1.20
常数项	−46.539***	−20.27	−35.052***	−9.51
行业/年度	控制		控制	
城市	控制		控制	
观测值	12 646		9 356	
Pseudo R^2	0.329		0.259	
LR Chi^2	2 429.599***		613.825***	

注:***、**、* 分别表示在 1%、5%、10% 的水平上显著;所有 z 值经过公司与年度的双重聚类调整(Petersen,2009)。

(四)稳健性检验

1.董事会姓氏多元化与十大会计师事务所

本节使用十大会计师事务所(BIG10)代表高质量审计师,重复表 3.4.4、表 3.4.5 的回归,表 3.4.6 列示了相关的结果。表 3.4.6 的结果表明,董事会姓氏多元化增加了选择十大会计师事务所的概率,进一步支持了假设 3.4.1。董事会姓氏多元化与十大会计师事务所的正相关关系在国有企业组中表现得更显著,在非国有企业组中不显著,进一步支持了假设 3.4.2。

表 3.4.6 稳健性测试:董事会姓氏多元化与审计师选择(因变量)

变量	BIG10					
	假设 3.4.1		假设 3.4.2			
			STATE=0		STATE=1	
	(1)		(2)		(3)	
	系数	z 值	系数	z 值	系数	z 值
EI	0.246***	3.41	0.329***	3.13	0.152	1.56
FIRST	0.193	0.87	0.255	0.86	0.038	0.12
INDR	0.681	1.48	1.051	1.51	−0.232	−0.34

续表

变量	BIG10					
	假设 3.4.1		假设 3.4.2			
			STATE=0		STATE=1	
	(1)		(2)		(3)	
	系数	z 值	系数	z 值	系数	z 值
MEET_BOARD	0.082	1.23	0.193**	2.25	−0.049	−0.43
BGDR	0.306	1.12	0.580	1.46	0.086	0.25
AGE_BOARD	0.015	1.62	0.024**	1.97	−0.003	−0.23
DUAL	0.105	1.17	0.062	0.53	0.126	1.06
MAN_SHR	0.072	0.23	3.101	1.21	−0.341	−1.08
SIZE	0.296***	6.07	0.376***	6.62	0.177***	3.04
LEV	−0.183	−1.04	−0.358	−1.38	−0.014	−0.08
ROA	0.187	0.46	−0.904	−1.53	1.515**	2.48
GROWTH	−0.059*	−1.70	−0.003	−0.06	−0.126***	−2.89
COMPLEX	−0.296	−1.37	−0.093	−0.30	−0.324	−1.23
LISTAGE	−0.020**	−2.57	−0.006	−0.53	−0.022**	−2.22
AC_AUR	0.092	1.19	0.201**	1.97	−0.093	−0.96
STATE	0.139	1.60				
LAW	0.077***	6.25	0.071***	4.30	0.078***	5.71
常数项	−9.751***	−7.84	−11.840***	−9.28	−6.134***	−4.22
年度	控制		控制		控制	
行业	控制		控制		控制	
观测值	22 002		12 646		9 356	
Pseudo R^2	0.154		0.156		0.163	
LR Chi²	4 481.790***		2 559.112***		2 055.981 5***	

注：***、**、* 分别表示在 1%、5%、10% 的水平上显著；所有 z 值经过公司与年度的双重聚类调整(Petersen,2009)。

2.董事会姓氏多元化(HHI、MAXRATIO)与四大会计师事务所

本节使用赫芬达尔指数(HHI)和最大姓氏所占比(MAXRATIO)[①]衡量姓氏多元化程度,重复表 3.4.4 与表 3.4.5 的回归。表 3.4.7、表 3.4.8 的结果与表 3.4.4、表 3.4.5 的结果一致,假设 3.4.1、假设 3.4.2 得到进一步的支持。

① 赫芬达尔指数(HHI)和最大姓氏所占比(MAXRSTIO)均是负指标,数值越大,代表多元化程度越小。

表 3.4.7 稳健性测试：董事会姓氏多元化与审计师选择（自变量）

变量	BIG4			
	(1)		(2)	
	系数	z 值	系数	z 值
HHI	−4.245**	−2.05		
MAXRATIO			−2.673***	−2.75
FIRST	−0.188	−0.39	−0.215	−0.44
INDR	1.602	1.63	1.309	1.30
MEET_BOARD	0.148	0.90	0.150	0.92
BGDR	−0.372	−0.45	−0.337	−0.41
AGE_BOARD	0.026	1.06	0.026	1.04
DUAL	−0.216	−0.95	−0.220	−0.97
MAN_SHR	−1.229	−0.65	−1.267	−0.66
SIZE	1.273***	13.50	1.290***	13.58
LEV	−2.251***	−4.33	−2.274***	−4.38
ROA	1.143	0.72	1.108	0.70
GROWTH	−0.392***	−4.57	−0.394***	−4.59
COMPLEX	−0.885	−1.57	−0.892	−1.57
LISTAGE	0.018	0.82	0.017	0.77
AC_AUR	0.268*	1.75	0.262*	1.71
STATE	0.079	0.38	0.080	0.38
LAW	0.082***	4.20	0.081***	4.17
常数项	−32.012***	−15.64	−32.381***	−15.93
年度	控制		控制	
行业	控制		控制	
观测值	22 002		22 002	
Pseudo R^2	0.315		0.315	
LR Chi^2	3 179.051***		3 187.541***	

注：***、**、* 分别表示在 1%、5%、10% 的水平上显著；所有 z 值经过公司与年度的双重聚类调整（Petersen，2009）。

表 3.4.8 稳健性测试：按国有性质分组：董事会姓氏多元化与审计师选择（自变量）

变量	BIG4							
	(1)		(2)		(3)		(4)	
	STATE=1		STATE=0		STATE=1		STATE=0	
	系数	z 值	系数	z 值	系数	z 值	系数	z 值
HHI	−5.197**	−2.21	−1.947	−0.56				
MAXRATIO					−2.747***	−2.65	−2.375	−1.22
FIRST	−0.575	−0.94	0.475	0.51	−0.610	−1.00	0.456	0.49
INDR	1.395	1.47	1.577	0.69	1.063	1.11	1.586	0.65

续表

变量	BIG4							
	(1)		(2)		(3)		(4)	
	STATE=1		STATE=0		STATE=1		STATE=0	
	系数	z 值	系数	z 值	系数	z 值	系数	z 值
MEET_BOARD	0.117	0.64	0.034	0.09	0.125	0.68	−0.003	−0.01
BGDR	−0.112	−0.12	−0.716	−0.48	−0.088	−0.10	−0.620	−0.42
AGE_BOARD	0.014	0.50	0.043	1.00	0.014	0.48	0.043	0.99
DUAL	−0.520**	−2.26	0.341	0.97	−0.521**	−2.26	0.343	0.96
MAN_SHR	−17.652	−1.26	−1.872	−0.89	−17.341	−1.24	−1.868	−0.88
SIZE	1.331***	11.04	1.342***	8.38	1.348***	11.06	1.357***	8.60
LEV	−2.922***	−4.79	−0.409	−0.71	−2.952***	−4.85	−0.406	−0.70
ROA	0.008	0.00	5.138	1.58	−0.074	−0.04	5.106	1.56
GROWTH	−0.322***	−3.05	−0.762***	−5.32	−0.320***	−3.10	−0.763***	−5.27
COMPLEX	−1.079	−1.52	−0.790	−0.88	−1.115	−1.55	−0.862	−0.97
LISTAGE	0.017	0.57	−0.038	−1.20	0.015	0.51	−0.039	−1.22
AC_AUR	0.517***	3.02	−0.469*	−1.75	0.515***	3.01	−0.486*	−1.81
LAW	0.101***	4.46	0.033	1.13	0.100***	4.39	0.033	1.15
常数项	−31.818***	−14.12	−48.166***	−12.76	−32.390***	−14.61	−35.801***	−9.71
年度	控制		控制		控制		控制	
行业	控制		控制		控制		控制	
观测值	12 646		9 356		12 646		9 356	
Pseudo R^2	0.324		0.243		0.329		0.267	
LR Chi^2	2 399.233***		575.952***		2 436.018***		632.812***	

注：***、**、* 分别表示在 1%、5%、10% 的水平上显著；所有 z 值经过公司与年度的双重聚类调整(Petersen，2009)。

3.内生性测试

为控制董事会姓氏多元化与审计师选择之间可能的内生性问题，本节采用两阶段(2SLS)回归。在第一阶段的回归中，本节借鉴相关的文献，加入了公司所在省份人口迁移率(PM_REG)、公司所在地是否为 36 个中心城市(CITY)、公司所在省份所有上市公司高管姓氏数量的自然对数(LNSURNUM)、公司所在省份的经济发展水平(GDP_PC)这四个工具变量。表 3.4.9 列示了相关的结果，表 3.4.9 的结果表明在控制了可能存在的内生性后，本节的结论依然成立。董事会姓氏多元化增加了高质量的审计师选择，而且二者之间的关系在国有企业组中表现得更强，进一步支持了假设 3.4.1 和假设 3.4.2。

表 3.4.9 内生性测试：董事会姓氏多元化与审计师选择

Panel A：第一阶段

变量	EI	
	系数	t 值
PM_REG	0.001***	3.97
CITY	0.044***	7.95
LNSURNUM	0.032***	3.46
GDP_PC	−0.076***	−7.47
FIRST	−0.204***	−12.20
INDR	−1.130***	−26.73
MEET_BOARD	0.020***	2.95
BGDR	−0.062***	−2.69
AGE_BOARD	0.003***	4.44
DUAL	−0.018**	−2.55
MAN_SHR	−0.122***	−3.67
SIZE	0.045***	18.35
LEV	0.074***	6.35
ROA	0.033	0.81
GROWTH	0.003	0.61
COMPLEX	−0.070***	−4.38
LISTAGE	−0.002***	−4.17
AC_AUR	0.031***	5.48
STATE	0.107***	17.82
LAW	0.004***	4.46
常数项	2.362***	23.21
年度/行业	控制	
观测值	22 002	
Adj_R^2	0.118	
F	67.656	

Panel B：第二阶段

变量	BIG4					
	假设 3.4.1		假设 3.4.2			
			STATE=0		STATE=1	
	(1)		(2)		(3)	
	系数	z 值	系数	z 值	系数	z 值
EI	7.632**	2.18	7.947**	2.03	6.560	1.20
FIRST	1.293	1.60	0.868	1.00	1.796	1.26
INDR	9.859**	2.48	10.006**	2.28	8.490	1.38
MEET_BOARD	−0.012	−0.07	−0.039	−0.19	−0.102	−0.27
BGDR	0.216	0.26	0.366	0.39	−0.224	−0.15

续表

变量	BIG4					
	假设 3.4.1		假设 3.4.2			
			STATE=0		STATE=1	
	(1)		(2)		(3)	
	系数	z 值	系数	z 值	系数	z 值
AGE_BOARD	0.003	0.10	−0.005	−0.15	0.024	0.53
DUAL	−0.064	−0.27	−0.362	−1.58	0.473	1.29
MAN_SHR	−0.549	−0.28	−14.069	−1.07	−1.132	−0.50
SIZE	0.945***	5.34	0.974***	5.17	1.055***	3.62
LEV	−2.766***	−5.19	−3.468***	−5.14	−0.880	−1.32
ROA	0.963	0.59	−0.103	−0.06	5.003	1.54
GROWTH	−0.420***	−4.57	−0.340***	−2.95	−0.784***	−5.70
COMPLEX	−0.436	−0.75	−0.308	−0.43	−0.379	−0.41
LISTAGE	0.033	1.54	0.031	1.05	−0.022	−0.64
AC_AUR	0.050	0.29	0.250	1.36	−0.672**	−2.21
STATE	−0.707*	−1.65				
LAW	0.070***	3.31	0.095***	4.06	0.020	0.60
常数项	−47.061***	−6.53	−61.112***	−7.50	−60.871***	−5.50
年度/行业	控制		控制		控制	
观测值	22 002		12 646		9 356	
Pseudo R^2	0.315		0.326		0.268	
LR Chi^2	3 187.621		2 408.227		634.067	

注：***、**、* 分别表示在 1%、5%、10% 的水平上显著；所有 z 值经过公司与年度的双重聚类调整(Petersen，2009)。

五、研究结论与启示

董事会的治理效率问题一直以来是公司治理机制的重要方面，本节基于中国特有的人情关系文化，从董事会姓氏多元化出发，探讨了董事会成员之间的姓氏多元化对审计师选择的影响。本节的结果表明董事姓氏多元化有利于提高董事会的治理效果，从而提高公司选择高质量审计师的概率；进一步，本节发现，当区分国有与非国有企业时，董事会姓氏多元化与高质量审计师的正相关关系在国有企业中表现得更强。本节的结论拓展了以往对董事会多元化的研究范畴，为董事会多元化对公司治理的影响提供了进一步的经验证据，丰富了审计师选择的研究文献。

本节的研究意义在于：首先，对公司来说，在选择董事会成员时，应该将董事会成员的姓氏纳入考虑范围中，尤其是国有企业。公司可以利用董事会成员的姓氏多元化更好地发挥董事会的作用，改善公司的治理机制。其次，对监管者来说，应该注意到董事会成员的姓氏多元化程度，重点关注董事会姓氏集中的公司。最后，对投资者来说，应该注意到董事会成员的姓氏多元化程度，以此来获得更多的信息。

本节研究了董事会姓氏多元化对审计师选择的影响，未来进一步的研究方向：(1)审计师选择是企业决策的重要组成部分，企业的决策还涉及很多方面如投资、筹资等，那么董事会姓氏多元化是否以及如何影响企业的其他决策(如异地并购等)与公司的业绩，有待于进一步的检验；(2)在公司治理中，CEO与董事长发挥着重要作用，那么CEO与董事长姓氏相同或CEO与董事会成员姓氏相同会对公司的治理产生怎样的影响呢？这需要进一步的考察。

参考文献

车宣呈，2007. 独立审计师选择与公司治理特征研究——基于中国证券市场的经验证据[J]. 审计研究，(2)：61-68.

樊纲，王小鲁，朱恒鹏，2011. 中国市场指数：各省区市场化相对进程2011年度报告[M]. 北京：经济科学出版社.

郭云南，姚洋，2013. 宗族网络与农村劳动力流动[J]. 管理世界，(3)：69-81.

何东霞，易顺，李彬联，等，2014. 宗族制度，关系网络与经济发展：潮汕地区经济落后的文化原因研究[J]. 华南师范大学学报(社会科学版)，(2)：64-72.

况学文，陈俊，2011. 董事会性别多元化，管理者权力与审计需求[J]. 南开管理评论，(6)：48-56.

李明辉，刘笑霞，2008. 董事会特征与审计师选择——基于中国上市公司2002—2003年数据的研究[J]. 山西财经大学学报，30(6)：104-112.

李寿喜，2007. 产权，代理成本和代理效率[J]. 经济研究，(1)：102-113.

李亚，2007. 中国民营中小企业公司治理研究[J]. 管理评论，19(9)：55-61.

梁钧平，1998. 企业组织中的“圈子文化”：关于组织文化的一种假说[J]. 经济科学，(5)：12-17.

林建浩，吴冰燕，李仲达，2016. 家庭融资中的有效社会网络：朋友圈还是宗族？[J]. 金融研究，(1)：130-144.

刘笑霞，李明辉，杨鑫，2016. 审计师质量对资本结构的影响[J]. 科研管理，37(11)：127-134.

罗家德，2012. 关系与圈子：中国人工作场域中的圈子现象[J]. 管理学报，9(2)：165-171.

孙铮，曹宇，2004. 股权结构与审计需求[J]. 审计研究，(3)：7-14.

朱羿锟，2010. 董事会结构性偏见的心理学机理及问责路径[J]. 法学研究，(3)：92-105

朱羿锟，2015. 董事会运行中非理性因素的法律规制[J]. 中国社会科学，(8)：68-83.

ABBOTT L J，PARKER S，PETERS G F，et al，2003. The association between audit committee characteristics and audit fees[J]. Auditing：a journal of practice and theory，22(2)：17-32.

ADAMS R B，FERREIRA D，2009. Women in the boardroom and their impact on governance and performance[J]. Journal of financial economics，94(2)：291-309.

BEASLEY M S，PETRONI K R，2001. Board independence and audit-firm type [J]. Auditing：a journal of practice and theory，20(1)：97-114.

BYOUN S，CHANG K，KIM Y S，2016. Does corporate board diversity affect corporate payout policy? [J]. Asia-Pacific journal of financial studies，45(1)：48-101.

CARCELLO J V，HERMANSON D R，NEAL T L，et al，2002. Board characteristics and audit fees[J]. Contemporary accounting research，19(3)：365-384.

CARTER D A，SIMKINS B J，SIMPSON W G，2003. Corporate governance，board diversity，and firm value[J]. Financial review，38(1)：33-53.

DELIS M D，GAGANIS C，HASAN I，PASIOURAS F，2017. The effect of board directors from countries with different genetic diversity levels on corporate performance [J]. Management science，63(1)：231-249.

EDWARDS R，CABALLERO C，2008. What's in a name? An exploration of the significance of personal naming of 'mixed' children for parents from different racial，ethnic and faith backgrounds[J]. The sociological review，56(1)：39-60.

ERHARDT N L，WERBEL J D，SHRADER C B，2003. Board of director diversity and firm financial performance[J]. Corporate governance：an international review，11(2)：102-111.

FAMA E F，JENSEN M C，1983. Separation of ownership and control[J]. Journal of law and economics，26(2)：301-325.

FAN J P H，WONG T J，2005. Do external auditors perform a corporate governance role in emerging markets? Evidence from East Asia[J]. Journal of accounting research，43(1)：35-72.

FICH E M，SHIVDASANI A，2007. Financial fraud，director reputation，and shareholder wealth[J]. Journal of financial economics，86(2)：306-336.

FINCH J，MASON J，2000. Passing on：kinship and inheritance in England[M]. London：Routledge.

FRANCIS B，HASAN I，WU Q，2015. Professors in the boardroom and their impact on corporate governance and firm performance[J]. Financial management，44(3)：547-581.

GRANOVETTER M，1985. Economic action and social structure：the problem of embeddedness[J]. American journal of sociology，91(3)：481-510.

HWANG K，1987. Face and favor：The Chinese power game[J]. American Journal of Sociology，92(4)：944-974.

JACOBS J B, 1979. A preliminary model of particularistic ties in Chinese political alliances: Kan-ch'ing and Kuan-hsi in a rural Taiwanese township[J]. The China quarterly, 78: 237-273.

JANIS I L, 1982. Groupthink: psychological studies of policy decisions and fiascoes [M]. Boston: Houghton Mifflin.

KHANNA T, PALEPU K, 2000. Is group affiliation profitable in emerging markets? An analysis of diversified Indian business groups[J]. The journal of finance, 55(2): 867-891.

KIM Y, 2005. Board network characteristics and firm performance in Korea[J]. Corporate governance: an international review, 13(6): 800-808.

KIMURA M, 1983. The neutral theory of molecular evolution[M]. Cambridge: Cambridge University Press.

LEE H Y, MANDE V, 2005. The relationship of audit committee characteristics with endogenously determined audit and non-audit fees[J]. Quarterly journal of business and economics, 44(3～4): 93-112.

MCPHERSON M, SMITH-LOVIN L, COOK J M, 2001. Birds of a feather: homophily in social networks[J]. Annual review of sociology, 27(1): 415-444.

PENG Y, 2004. Kinship networks and entrepreneurs in China's transitional economy [J]. American journal of sociology, 109(5): 1045-1074.

PETERSEN M A, 2009. Estimating standard errors in finance panel data sets: comparing approaches[J]. The review of financial studies, 22(1): 435-480.

PIOTROSKI J D, WONG T J, 2012. Institutions and information environment of Chinese listed firms. In: Capitalizing China[M]. Chicago: University of Chicago Press: 201-246.

SYED J, ÖZBILGIN M, 2009. A relational framework for international transfer of diversity management practices[J]. The international journal of human resource management, 20(12): 2435-2453.

TSUI A S, FARH J L L, 1997. Where guanxi matters relational demography and guanxi in the Chinese context[J]. Work and occupations, 24(1): 56-79.

WANG Q, WONG T J, XIA L, 2008.State ownership, the institutional environment and auditor choice: evidence from China[J]. Journal of accounting and economics, 46(1): 112-134.

XIN K K, PEARCE J L, 1996. Guanxi: connections as substitutes for formal institutional support[J]. Academy of management journal, 39(6): 1641-1658.

YANG K S, 1995. Chinese social orientation: an integrative analysis[J]. Chinese societies and mental health, 19-39.

第四章 “尊尊原则”与会计审计行为Ⅰ：论资排辈、敬语与学者董事

“尊尊原则”是儒家文化下人与人交往的另一重要原则。“尊尊原则”强调社会地位差异和相应的社会规范。譬如，论资排辈、敬语的使用、“学而优则仕”、“外来的和尚会念经”等都是“尊尊原则”的具象化。第四章主要讨论论资排辈、敬语、学者董事（学而优则仕的一个维度）对会计审计行为的影响，而“外来的和尚会念经”维度下的境外董事、国际化董事会、审计师（高管）的海外经历对公司治理与会计审计行为的影响，则留待第五章进行研究。

第四章的主要内容包括：

（1）论资排辈是否为股价崩盘的文化诱因；

（2）审计报告中的敬语与财务错报风险；

（3）学者型董事与公司环境绩效。

第一节 论资排辈是股价崩盘的文化诱因吗？

摘要：本节通过分析独立董事在年报中的排序方式，度量一家公司中是否存在论资排辈的现象，并手工搜集了相关数据。以2004—2013年期间所有A股上市公司为研究对象，本节考察了论资排辈对股价崩盘风险的影响，研究发现：（1）论资排辈和个股收益的负偏态系数显著正相关，说明论资排辈的传统文化增加了股价崩盘风险；（2）论资排辈对股价崩盘风险的影响在第一大股东持股比例较低的情况下更加突出，揭示了大股东对管理当局的监督弱化了论资排辈对崩盘风险的影响；（3）采纳个股收益的上下波动比率、改用股价崩盘风险的虚拟变量、改变负收益偏态系数的计算方法、使用双重聚类调整以及控制公司治理变量等一系列方法的敏感性测试，仍然不改变本节的发现；（4）利用配对样本和公司层面的固定效应模型对内生性问题进行控制后，本节结论依然成立；（5）附加测试显示，降低信息披露质量与导致管理者决策失误是论资排辈影响股价崩盘风险的两条具体机制；（6）随着市场化进程加快、经济发展水平提高以及国际机场数量增多，论资排辈的文化传统不断遭受西方文化的冲击，它对股价崩盘风险的影响也将逐渐减弱。本节结论对全面认识论资排辈这一儒家文化具体维度的经济后果，以及如何降低中国的股价崩盘风险具有重要的理论和现实意义。

一、引言

欧美国家上市公司的年度报告中，董事会成员往往根据英文字母顺序进行排序。然而，绝大部分中国上市公司将董事长排在第一位，随后根据职位的高低以此类推进行排序。Zhu 等(2016)通过对管理层的访谈，发现上市公司董事会成员的先后次序往往具备一定的信息含量，独立董事排列的位置反映了他们的受重视程度和地位。实证结果显示，位次靠前的独立董事在董事会会议中投反对票的概率显著更高，他们所在的公司盈余管理的程度显著更小、公司价值显著更大。杜兴强等(2017)认为中国上市公司特有的、有别于欧美国家的排序方式是几千年来论资排辈的传统文化在现代企业中的缩影，是中国资本市场上一个有趣的现象。由于几乎没有公司不按照职位对董事会成员进行排序，观察全体董事的排序规律也就无法确定一个公司受到论资排辈传统文化的影响程度。此外，由于公司是否以论资排辈为标准进行人才选拔、资源分配往往具有隐蔽性，难以被观测，所以鲜有学者对论资排辈的经济后果进行实证检验。幸运的是，在中国制度背景下，学者可以关注数名独立董事之间的排序方式，借此判断特定公司是否存在论资排辈的现象。

对公司股东而言，公司股价的稳定是他们关注的一项重要内容。股价崩盘会造成极其恶劣的后果，不仅严重损害了投资者的财富，还会导致投资者对资本市场丧失信心，不利于社会经济的长远发展。中国的资本市场起步较晚，上市公司股价“暴跌”的情况更是频繁发生。例如，乐视网(SZ.300104)创始人贾跃亭于 2016 年 11 月 6 日发布内部信自曝公司陷入财务危机，资金链面临极大挑战，此后乐视网的负面消息便接连不断，导致乐视网的股价持续下跌，两年下跌的幅度高达 90%。长生生物(SZ.002680)于 2018 年 7 月 15 日被曝出狂犬疫苗造假事件之后，股价连续 32 个交易日跌停，由每股 24.55 元断崖式下跌至 3.26 元，市值损失超过 200 亿人民币。探究中国资本市场之中股价崩盘风险居高不下并且处于世界前列的原因，已经成为理论界和实务界亟须解决的问题(罗进辉，杜兴强，2014；王化成 等，2015)。

从文化的角度出发，Callen 和 Fang(2015)基于美国数据的研究发现，宗教氛围浓郁的地区，上市公司股价崩盘风险显著更低。Cao 等(2016)和 Li 等(2017)使用中国数据检验了社会信任对股价崩盘的风险的影响。相关结果显示，上市公司所在省份的社会信任程度越高，上市公司股价崩盘风险则越低。但是，上述文献中对文化的度量是粗线条的，并非公司层面的，因此可能带来较为严重的截面自相关问题。相比而言，影响中国数千年的儒家文化则可以细化为不同的维度，可以在一定程度上避免上述问题。Hwang(2001)曾经指出儒家文化主要包括“亲亲原则”和“尊尊原则”，论资排辈就是“尊尊原则”的具象化。文化的影响往往具有稳定性和持续性，且近年来随着党中央对儒家文化重视程度的提高，可以预期儒家文化迄今依然能潜移默化地影响中国人的行为(古志辉，2015；金智 等，2017；Du，2015，2016)。基于此，论资排辈是否为中国上市公司股价崩盘风险的文化诱因？这是一个值得深入研究的问题。

本节通过逐一翻阅上市公司年度财务报告的“董事、监事、高级管理人员及员工情况”部分，来确定独立董事之间的排序标准，进而手工搜集了论资排辈的数据。基于2004—2013年中国A股上市公司13 449个公司—年度观测值的实证结果表明，论资排辈和个股收益的负偏态系数、上下波动比率以及股价崩盘的虚拟变量都呈现出显著正相关关系，这意味着论资排辈的传统文化提高了股价崩盘的风险。分组测试揭示，以上正相关关系只在第一大股东持股比例较低的情况下显著，大股东对管理当局的监督程度负向调节了论资排辈对股价崩盘风险的影响。

本节可能的理论贡献如下：(1)以往的文献普遍根据公司注册地和孔庙、儒家书院遗址之间的地理距离来构建儒家文化相关变量（古志辉，2015；金智 等，2017；Du，2015，2016）。本节另辟蹊径地选择独立董事的排序方式作为切入点，借此度量公司内部是否存在论资排辈的文化传统。该度量方法聚焦于儒家文化的一个具体维度（论资排辈），而不是儒家文化的整体，有助于以后的学者进一步探索儒家文化不同维度可能产生的影响。(2)本节拓宽了儒家文化经济后果的研究范围，以往的文献已经实证检验了儒家文化对代理成本（古志辉，2015）、大股东资金占用（Du，2015）、公司风险承担（金智 等，2017）以及董事会多元化（Du，2016）等一系列公司问题的影响。特别地，杜兴强等（2017）考察了论资排辈对独立董事异议意见的抑制作用。本节发现论资排辈还会导致股价崩盘风险提高，帮助学者们更加全面地认识儒家文化（论资排辈）的经济后果。(3)中国资本市场上股价“暴跌”的案例绝非少数，2015年甚至出现了千股跌停的奇观。除却中国资本市场起步较晚、相关制度尚未建立健全以外，本节尝试从文化的视角给出中国股价崩盘风险遥遥领先于欧美国家的可能原因。基于中国上市公司特有的论资排辈现象，本节考察了它对股价崩盘风险的影响，丰富了相关领域的文献。(4)本节注意到论资排辈对股价崩盘风险的影响会随着第一大股东持股比例的变化而有所不同，该结论可促使未来研究更多关注非正式制度和正式制度对公司问题的交互作用。

本节余下内容安排如下：第二部分是文献回顾和理论分析；第三部分是研究设计，包括数据来源、变量定义、模型构建；第四部分是实证结果；第五部分是总结与政策性建议。

二、文献回顾与理论分析

（一）文献回顾

近年来，股价崩盘风险一直是财务会计领域研究的热点问题。Jin 和 Myers（2006）认为，管理者隐藏坏消息是股价崩盘的根本原因。具体地，管理者出于薪酬、职位稳定、打造商业帝国和政治晋升等目的，往往会选择“报喜不报忧”；继而当坏消息累积到一定程度、无法继续掩盖时，坏消息的集中释放就会导致股价崩盘。基于 Jin 和 Myers（2006）的研究，国内外学者从管理者自利动机、信息披露质量和公司治理机制三个方面分析了股价崩盘风险的影响因素或预防因素。

在管理者自利动机方面，Kim 等(2011)发现高管的股权激励和股价崩盘风险显著正相关，因为高管为了最大化股权的价值会采取更多的短期行为(如隐藏坏消息)，进而导致股价崩盘风险提高。Xu 等(2014)利用中国国有企业的数据，发现高管的超额薪酬和股价崩盘风险显著正相关。Piotroski 等(2015)考察了政治因素对中国上市公司股价崩盘风险的影响，发现股价崩盘风险在政治敏感期间(包括党的全国代表大会和省部级官员轮换的年度)显著更低，而在政治敏感期间以后显著更高，意味着管理者在政治敏感期间更倾向于隐藏坏消息。

在信息披露质量方面，Hutton 等(2009)、Kim 和 Zhang(2014)关注了信息透明度对股价崩盘风险的抑制作用。Kim 和 Zhang(2016)发现会计信息稳健性有助于降低未来股价崩盘的可能性。一些学者还指出，随着内部控制信息(叶康涛 等，2015)和社会责任信息(宋献中 等，2017)披露水平的提高，股价崩盘风险将会显著下降。

在公司治理机制方面，李小荣和刘行(2012)、蒋德权等(2018)、王化成等(2015)、罗进辉和杜兴强(2014)分别研究了高管性别、高管权力、大股东持股比例、新闻媒体和股价崩盘风险之间的关系，实证结果显示女性 CEO、处在较高地位的 CFO、较高的大股东持股水平、新闻媒体的频繁报道都可以有效降低股价崩盘风险，起到稳定资本市场的作用。除了管理者自利动机、信息披露质量和公司治理机制，少数学者分析了宗教与社会信任对股价崩盘风险的影响(Callen，Fang，2015；Cao et al.，2016；Li et al.，2017)。

值得指出的是，国内外学者的研究结论并不完全一致。Callen 和 Fang(2013)基于美国数据，发现机构投资者可以对管理者形成有效的监督，进而降低股价崩盘风险；但是，曹丰等(2015)利用中国数据却指出，机构投资者持股比例和股价崩盘风险显著正相关。上述不一致的结论敦促学者扎根于中国独特的制度背景，深入挖掘中国文化因素，进而分析股价崩盘风险的影响因素。儒家文化是中国有别于欧美国家的、影响最为深远的非正式制度之一。本节集中于儒家文化中最典型的一个维度——论资排辈，从董事会中数位独立董事之间的排序方式出发，研究论资排辈的文化传统对股价崩盘风险的影响。

(二)理论分析与研究假设

文化是历史积淀的结果。文化通过塑造人们的认知方式和价值观念，潜移默化地影响着人们的经济行为(Hofstede，1984；Jaggi，1975)。例如，语言是文化的重要组成部分，Chen(2013)发现不同语言在未来时态表述方面存在差异，弱未来时态表述语言的使用者更愿意从事储蓄、锻炼、戒烟等着眼于未来的活动。原因在于，弱未来时态的表述使得人们认为未来和现在是没有差别的，未来是近在咫尺的。儒家文化在中国有着两千多年的悠久历史，尽管新文化运动等历史事件使得儒家文化受到了一定的抑制和破坏，但是在党的十八大“建设文化强国”战略的指引下，儒家文化近年来有复兴的趋势。一些学者发现儒家文化在当今社会依然会对人们的行为产生影响(古志辉，2015；金智 等，2017；Du，2015，2016)。古志辉(2015)指出，儒家一方面教导管理者要进行“修身”，学会克制私欲；另一方面要求管理者要“忠信”，不能偷懒懈怠，最终降低了股东—管理当局的代理成本。Du(2015)发现，儒家通过宣扬“仁”“义”“礼”“智”“信”等美德，有效地缓解了大股东—中小股东之间的代理冲突。Du

（2016）考察了儒家文化对女性董事的影响，发现儒家文化比较浓郁的地区，“男尊女卑”的观念更加盛行，当地的上市公司聘任女性董事的概率更低、数量更少。

论资排辈是儒家文化的一个典型维度（Hwang，2001），它主张人应该恪守自己的位置，不能逾越等级，体现了儒家文化的等级观念。论资排辈的传统可以追溯到周朝王位继承采用的“嫡长子继承制”，而西汉时期董仲舒的“三纲”更是强调臣子对君主、子女对父亲和妻子对丈夫的无条件服从。照此，当公司内部存在论资排辈文化时，论资排辈及蕴含的等级观念容易影响公司员工，因为这和他们所受的教育、形成的价值观念并不矛盾。杜兴强等（2017）指出，作为公司聘请的外部专家，尽管独立董事在公司工作的时间较短，但是他们的行为也依然不可避免地受到公司内部论资排辈文化（等级氛围）的影响。针对股价崩盘风险，论资排辈营造的等级氛围和等级观念，将会从以下两个方面提高公司的股价崩盘风险：

首先，论资排辈可能导致公司的信息披露质量下降。在等级社会中，在位者为了巩固等级结构、维护自身的地位，通常会选择对信息进行严格把控。长此以往，人们也就逐渐习惯了低水平的信息披露，而不会对此感到不满（Gray，1988；Williams，2004；Zarzeski，1996）。相反，在崇尚平等文化的国家（如美国），如果在位者在制定决策的过程中没有向公众披露决策有关的信息，使得公众不了解相关情况并未参与决策，则可能招致公众的不满（Lind，Tyler，1988）。沿用这一逻辑，Gray（1988）认为，高权力距离国家的投资者对会计信息的要求较低，他们普遍尊重管理当局的权威、依赖管理当局来解决公司遇到的问题，因而当地公司的会计信息透明度较低。Zarzeski（1996）利用涵盖法国、德国、中国香港、日本、挪威、英国和美国等 7 个国家和地区的数据检验并且支持了 Gray（1988）的观点。Williams（2004）基于全球各地公司在 2000 年前后普遍遭遇信息技术和通信问题的制度背景，发现公司所在国家权力距离越小，公司对信息技术和通信问题的披露越详尽。李虹和霍达（2018）发现权力距离不利于公司环境信息披露质量的提高。进一步，受到等级观念影响的公司员工对他们和领导之间权力、地位的差距更加敏感，往往不愿意和领导发生冲突，当他们和领导意见不一致的时候，他们会不加批判地服从领导的指令（Kirkbride et al.，1991；魏昕，张志学，2010）。Chow 等（1999）对比了中国台湾和澳大利亚员工的行为模式，发现在高权力距离文化下（中国台湾），员工认为他们和上级之间存在着不可逾越的等级差距，因而很少质疑上级的决定。Brockner 等（2001）还指出，低权力距离国家的员工在无法向上级表达自己的不同意见时，往往会产生不满的情绪；但是，高权力距离国家的员工在这种情况下却不会有任何怨言。特别地，杜兴强等（2017）发现论资排辈显著降低了独立董事提出异议的概率和数量。基于上述，在论资排辈的公司中，无论是内部员工还是独立董事都很难在管理当局怠于履行信息披露义务时起到督促的作用。从这个角度来看，论资排辈及其蕴含的等级观念对公司信息披露质量的影响是负面的，导致相对不透明和低质量的信息披露，从而导致了未来股价崩盘的风险。

其次，论资排辈提高了管理者决策失误的可能性。伴随着经济全球化，日益增强的竞争压力和瞬息万变的市场都给公司的经营带来了巨大的挑战。为此，提高决策质量不仅要依靠管理者的智慧，还必须广泛地听取来自员工的建议（Mesmer-Magnus，DeChurch，2009）。

然而，论资排辈文化经常导致中国企业的员工知而不言。陈文平等(2013)认为，等级观念是阻碍中国员工积极为公司出谋划策的文化根源之一。周建涛和廖建桥(2012)发现，员工的等级观念和建言行为呈现出显著的负相关关系。对于管理者而言，等级观念会使他们更加注重自己的权威地位，更多采用独裁的领导方式，在决策时不愿意听取下属的意见，从而形成“一言堂”的局面(Earley，1999；Wade-Benzoni et al.，2002)。“兼听则明，偏听则暗”，等级文化可能导致公司内部不同声音的弱化甚至消失，显然不利于公司的决策过程。在现代股份有限公司中，因为管理者和股东之间的信息不对称，管理者可能基于自利目的或出于维持职位等动机，往往不披露公司经营过程中的负面信息(Jin，Myers，2006)。实际上，当公司决策失误过多或投资项目频繁亏损时，管理当局若如实向投资者披露相关信息，他们则很可能因为经营不善而无法获得年终奖金，甚至面临被辞退的风险。为了防止投资者知晓企业财务绩效不佳及决策失误等真相，管理当局会倾向于刻意地隐瞒相关的不利信息。Bleck 和 Liu(2007)指出，管理当局隐藏坏消息的行为，将会导致投资者无法在第一时间识别出净现金流为负的投资项目，进而无法及时地约束和敦促管理当局退出这些项目、避免损失继续扩大，当然也就埋下了未来股价崩盘的隐患。江轩宇和许年行(2015)发现公司过度投资(通常意味着投资于净现金流为负的项目)的程度越严重，未来股价的崩盘风险也相应越高，支持了上述观点。基于上述，提出本节的第一个假设。

H4.1.1：限定其他条件，论资排辈和未来股价的崩盘风险之间存在正相关关系。

因为信息不对称，管理当局可能有选择地对股东披露正面消息，但隐瞒或不披露负面消息，这将导致股东对公司经营过程中遇到的困难和挑战缺乏了解。由于负面消息无法及时地反映在公司股价之中，从而导致未来的股价崩盘风险(Jin，Myers，2006；Hutton et al.，2009)。随着第一大股东持股比例不断提高，第一大股东的自身利益和公司利益逐渐一致，因此他们更可能积极主动地了解公司的经营状况，防止自身利益受到侵害。例如，王化成等(2015)发现第一大股东持股比例对股价崩盘风险的影响显著为负，这一结果支持了更少“掏空”行为的观点。此外，大股东还可以对管理当局形成有效的监督，缓解管理当局—股东之间的代理冲突(Shleifer，Vishny，1986；王化成 等，2015)。根据如上逻辑与文献中的发现，本节可以合理地预测：在第一大股东持股比例较高的情况下，一方面股东主动搜集的信息数量更多，另一方面管理当局受到的监督程度更大，因此论资排辈对公司股价崩盘风险的正向影响将受到一定程度的弱化。基于此提出第二个假设。

H4.1.2：限定其他条件，论资排辈和股价崩盘风险之间的正关系在第一大股东持股比例低的样本中更显著。

三、研究设计

(一)样本选择和数据来源

本节以 2004—2013 年所有 A 股上市公司为研究对象(18 480 个公司—年度观测值)。

随后对初始样本进行了如下处理：(1)剔除金融保险行业的上市公司(283 个公司—年度观测值)；(2)剔除交易状态异常的上市公司，具体包括 ST、*ST 和 PT 三类上市公司(1 388 个公司—年度观测值)；(3)剔除股票交易周数低于 30 的上市公司(572 个公司—年度观测值)；(4)剔除论资排辈数据缺失的观测值(90 个公司—年度观测值)，论资排辈数据缺失的原因包括已退市公司年度财务报告缺失、部分上市公司未披露独立董事的个人简历、独立董事的排序在年度财务报告的不同部分不一致等；(5)剔除控制变量数据缺失的观测值(2 698 个公司—年度观测值)。基于以上处理，本节得到的研究样本涉及 2 293 家上市公司，共有 13 449 条公司—年度观测值。为了降低极端值对研究结论的干扰，本节对连续变量在 1% 和 99%分位处分别做了缩尾处理。除论资排辈数据是作者从上市公司年度财务报告中手工搜集以外，股价崩盘风险和控制变量数据都来自国泰安(CSMAR)数据库。

(二)变量定义

1.股价崩盘风险

借鉴 Kim 等(2011)、Kim 和 Zhang(2014)、王化成等(2015)、蒋德权等(2018)的做法，本节采用三个指标衡量股价崩盘风险，具体的做法如下：

第一步，利用式(4.1.1)对每一家上市公司逐年进行回归，借此排除市场收益率对个股收益率的影响。被解释变量 $R_{i,t}$ 是公司 i 第 t 周不考虑现金再投资的周收益率，解释变量 $R_{m,t}$ 是所有公司第 t 周的周收益率经过总市值加权平均之后得到的市场收益率。式(4.1.1)还对市场收益率的超前项和滞后项进行了控制，由此得到的残差项 $\varepsilon_{i,t}$ 就是个股收益率无法被市场收益率所解释的部分。通过计算 $W_{i,t}=\text{Ln}(1+\varepsilon_{i,t})$，得到公司 i 第 t 周的特定收益率 $W_{i,t}$。

$$R_{i,t}=\alpha_0+\alpha_1 R_{m,t-2}+\alpha_2 R_{m,t-1}+\alpha_3 R_{m,t}+\alpha_4 R_{m,t+1}+\alpha_5 R_{m,t+2}+\varepsilon_{i,t} \tag{4.1.1}$$

第二步，将 $W_{i,t}$ 代入式(4.1.2)和式(4.1.3)之中，计算出股价崩盘风险的衡量指标：(1)负收益偏态系数(NCSKEW)，根据式(4.1.2)计算。在式(4.1.2)中，n 是公司 i 在特定年度股票交易的周数。(2)收益上下波动比率(DUVOL)，根据式(4.1.3)计算。式(4.1.3)中，$n_u(n_d)$ 是公司 i 的特定周收益率高于(低于)当年特定周收益率均值的周数。NCSKEW 和 DUVOL 都是股价崩盘风险的正指标，取值越大，公司股价的崩盘风险也相应越大。(3)股价是否发生崩盘的虚拟变量(CRASH3.20)，如果某一周的特定收益率低于全年周特定收益率均值以下 3.20 个标准差，赋值为 1，否则为 0。

$$\text{NCSKEW}_{i,t}=\frac{-[n(n-1)^{3/2}\sum(W_{i,t})^3]}{(n-1)(n-2)[\sum(W_{i,t})^2]^{3/2}} \tag{4.1.2}$$

$$\text{DUVOL}_{i,t}=\text{Ln}\left[\frac{(n_u-1)\sum(W_{i,t})^2}{(n_d-1)\sum(W_{i,t})^2}\right] \tag{4.1.3}$$

本节选取 NCSKEW 作为主要的被解释变量，并且把 DUVOL 和 CRASH 3.20 作为被解释变量的敏感性测试，以期得到更加稳健的研究结果。

2.论资排辈

参照杜兴强等(2017),通过分析多位独立董事之间的排序方式,借此度量论资排辈是否存在于特定的上市公司之中。本节一共列举出 11 项可能的排序标准,分别为“笔画”“拼音”“英文”“国籍”“性别”“年龄”“任期”“政治联系”“专长”“职务”“其他”。同杜兴强等(2017)一致,本节把“年龄”“政治联系”“职位”作为论资排辈的标准,其余各类则被界定为非论资排辈的标准。

3.控制变量

根据国内外关于股价崩盘风险影响因素的研究(Cao et al.,2016;Hutton et al.,2009;Kim,Zhang,2014;王化成 等,2015;江轩宇,许年行,2015),本节控制了月均超额换手率(DTURN)、当期的负收益偏态系数(NCSKEW)、股票回报率(RET)、收益的波动性(SIGMA)、公司规模(SIZE)、财务杠杆(LEV)、净资产收益率(ROE)、账面市值比(BM)、考虑经营活动现金流的盈余管理(|DA_CF|)、公司年龄(LISTAGE)、行业(INDUSTRY)和年度(YEAR)固定效应。为了检验第一大股东持股比例的调节效应,本节也对第一大股东持股比例(FIRST)进行了控制,所有变量的符号和定义参见表 4.1.1。

表 4.1.1 变量说明

变量名称	说明
NCSKEW	负收益偏态系数,衡量了股价崩盘风险的大小,NCSKEW 越大,公司股价崩盘风险就越大,具体计算过程见式(4.1.2)
SENIORITY	论资排辈的虚拟变量,如果独立董事优先按照“年龄”“政治联系”“职务”标准排序则赋值为 1,否则为 0
FIRST	第一大股东持股比例,第一大股东持有股份与公司总股份的比值
DTURN	月均超额换手率,等于公司当年股票的月平均换手率减去上一年股票的月平均换手率
RET	平均周收益率,等于公司当年股票周收益率的均值
SIGMA	收益的波动性,等于公司当年股票周收益率的标准差
SIZE	公司规模,公司总资产的自然对数
LEV	财务杠杆,公司有息负债与总资产的比值
ROE	净资产收益率,等于净利润与股东权益的比值
BM	账面市值比,等于公司账面总资产与股票总市值的比值
|DA_CF|	基于 Ball 和 Shivakumar(2006)调整的琼斯模型计算的考虑经营活动现金流的可操纵性应计的绝对值
LISTAGE	公司年龄,等于公司上市年限

(三)研究模型

本节构建了 OLS 模型[式(4.1.4)]用以检验论资排辈和股价崩盘风险之间是否存在正

相关关系。其中，被解释变量是第 $t+1$ 期的负收益偏态系数（$NCSKEW_{t+1}$），解释变量是第 t 期论资排辈虚拟变量（$SENIORITY_t$），所有控制变量的取值都是第 t 期。式(4.1.4)中，如果 $SENIORITY_t$ 的系数（β_1）显著为正，假设 4.1.1 就为经验证据所支持。

$$NCSKEW_{t+1}=\beta_0+\beta_1 SENIORITY_t+\beta_2 FIRST_t+\beta_3 DTURN_t+\beta_4 NCSKEW_t+\beta_5 RET_t+\beta_6 SIGMA_t+\beta_7 SIZE_t+\beta_8 LEV_t+\beta_9 ROE_t+\beta_{10} BM_t+\beta_{11}|DA\_CF_t|+\beta_{12} LISTAGE_t+\text{Industry Dummies}+\text{Year Dummies}+\varepsilon \tag{4.1.4}$$

本节采用分组回归检验第一大股东持股比例的调节效应。具体地，本节根据第一大股东是否拥有绝对控股地位（≥50%）将全样本分成第一大股东持股比例高组和低组，然后对两个子样本范围内分别使用式(4.1.4)进行回归。如果 $SENIORITY_t$ 的回归系数（β_1）在第一大股东持股比例高组不显著、在低组显著为正，或者 $SENIORITY_t$ 的回归系数（β_1）在第一大股东持股比例高组和低组都显著为正，但是高组的回归系数显著低于低组，假设 4.1.2 就为经验证据所支持。

四、实证结果

（一）描述性统计

表 4.1.2 列示了主要变量的描述统计。$NCSKEW_{t+1}$ 的均值是 −0.223，这一分布和王化成等(2015)、江轩宇和许年行(2015)、蒋德权等(2018)报告的结果基本一致。此外，$NCSKEW_{t+1}$ 的标准差是 0.677，不同公司未来股价的崩盘风险存在比较大的差异。$SENIORITY_t$ 的均值是 0.235，大约 23.5%的样本公司内部存在论资排辈的文化。$FIRST_t$ 的描述性结果揭示，第一大股东持股比例的平均水平是 37%，和王化成等(2015)报告的 38%相差不大，中国的上市公司股权集中度依然较高。其余控制变量的描述性结果也都在合理范围之内。

表 4.1.2　描述性统计

变量	观测值	均值	标准差	最小值	1/4 分位数	中位数	3/4 分位数	最大值
$NCSKEW_{t+1}$	13 449	−0.223	0.677	−2.323	−0.592	−0.181	0.205	1.451
$SENIORITY_t$	13 449	0.235	0.424	0.000	0.000	0.000	0.000	1.000
$FIRST_t$	13 449	0.370	0.156	0.089	0.243	0.351	0.488	0.758
$DTURN_t$	13 449	0.024	0.194	−0.516	−0.071	0.015	0.119	0.552
$NCSKEW_t$	13 449	−0.185	0.670	−2.192	−0.554	−0.155	0.231	1.551
RET_t	13 449	0.004	0.013	−0.023	−0.004	0.002	0.012	0.044
$SIGMA_t$	13 449	0.064	0.021	0.029	0.048	0.060	0.076	0.134
$SIZE_t$	13 449	21.759	1.177	18.721	20.923	21.616	22.398	26.483

续表

变量	观测值	均值	标准差	最小值	1/4 分位数	中位数	3/4 分位数	最大值
LEV_t	13 449	0.187	0.143	0.000	0.067	0.169	0.282	0.710
ROE_t	13 449	0.055	0.164	−1.164	0.026	0.068	0.117	0.919
BM_t	13 449	0.603	0.252	0.092	0.405	0.595	0.796	1.133
$\|DA\_CF_t\|$	13 449	0.056	0.056	0.001	0.018	0.039	0.075	0.313
$LISTAGE_t$	13 449	10.138	4.921	2.000	6.000	10.000	14.000	21.000

(二)Pearson 相关系数

表 4.1.3 列示了 Pearson 相关系数。论资排辈虚拟变量($SENIORITY_t$)和负收益偏态系数($NCSKEW_{t+1}$)在 10%的统计水平下显著正相关,初步支持了本节的假设 4.1.1。第一大股东持股比例($FIRST_t$)和负收益偏态系数($NCSKEW_{t+1}$)在 1%的统计水平下显著负相关,符合本节的预期。其余控制变量方面,月均超额换手率($DTURN_t$)、当期的负收益偏态系数($NCSKEW_t$)、股票回报率(RET_t)、收益的波动性($SIGMA_t$)、财务杠杆(LEV_t)和负收益偏态系数($NCSKEW_{t+1}$)都在 1%的统计水平上显著正相关,而公司规模($SIZE_t$)、账面市值比(BM_t)、公司年龄($LISTAGE_t$)和负收益偏态系数($NCSKEW_{t+1}$)都在 1%的统计水平上显著负相关,说明本节在回归模型中控制这些因素是恰当的。此外,绝大部分变量两两之间的相关系数都较小,多元回归过程中不大可能产生严重的多重共线性问题。

表 4.1.3 Pearson 相关系数

变量		(1)	(2)	(3)	(4)	(5)	(6)	(7)	(8)	(9)	(10)	(11)	(12)	(13)
$NCSKEW_{t+1}$	(1)	1.000												
$SENIORITY_t$	(2)	0.013^{+}	1.000											
$FIRST_t$	(3)	−0.037*	0.036*	1.000										
$DTURN_t$	(4)	0.0141*	−0.006	−0.039*	1.000									
$NCSKEW_t$	(5)	0.093*	0.008	−0.031*	−0.099*	1.000								
RET_t	(6)	0.170*	−0.006	−0.040*	0.599*	−0.155*	1.000							
$SIGMA_t$	(7)	0.052*	0.002	−0.075*	0.263*	−0.041*	0.328*	1.000						
$SIZE_t$	(8)	−0.128*	−0.004	0.221*	−0.047*	−0.120*	−0.053*	−0.211*	1.000					
LEV_t	(9)	0.013*	−0.020*	−0.039*	0.038*	0.010	−0.017$^{\#}$	0.064*	0.062*	1.000				
ROE_t	(10)	0.001	0.013^{+}	0.076*	−0.011	−0.026*	0.089*	−0.031*	0.098*	−0.128*	1.000			
BM_t	(11)	−0.151*	−0.010	0.103*	−0.156*	−0.013^{+}	−0.422*	−0.298*	0.487*	0.232*	−0.123*	1.000		
$\|DA\_CF_t\|$	(12)	0.003	0.019$^{\#}$	−0.019$^{\#}$	−0.017$^{\#}$	−0.004	0.014^{+}	0.084*	−0.053*	−0.013	−0.143*	−0.105*	1.000	
$LISTAGE_t$	(13)	−0.101*	0.003	−0.146*	−0.001	−0.117*	0.045*	0.007	0.166*	0.117*	−0.041*	0.116*	0.044*	1.000

注:*、#、+分别表示在 1%、5%、10%的水平上显著。

（三）多元回归

1.论资排辈和未来股价的崩盘风险：假设 4.1.1 的检验

本节构建了 OLS 模型[式(4.1.4)]对假设 4.1.1 进行检验，即检验论资排辈是否导致未来股价崩盘的风险。表 4.1.4 列示了多元回归的结果，第(1)、(2)两列的 F 检验都在 1%的统计水平上显著，拒绝了全部解释变量系数都等于 0 的零假设，同时调整后的 R^2 分别为 8.60%、10.97%，这意味着回归模型具有一定的解释力。

表 4.1.4 第(1)列只控制了行业和年度的固定效应，表 4.1.4 第(2)列中加入了一系列控制变量。表 4.1.4 第(1)列中，论资排辈虚拟变量($SENIORITY_t$)的回归系数在 5%的统计水平上显著为正(0.029，t=2.24)。表 4.1.4 第(2)列中，论资排辈虚拟变量($SENIORITY_t$)仍和负收益偏态系数($NCSKEW_{t+1}$)在 1%的统计水平上显著正相关(0.034，t=2.59)。上述结果说明，相比于非论资排辈公司，论资排辈公司的负收益偏态系数平均而言高出 0.034，相当于 $NCSKEW_{t+1}$ 均值(绝对数)的 15.25%(0.034/|−0.223|)，因此具有经济显著性。以上结果支持了假设 4.1.1。控制变量方面，$FIRST_t$、BM_t、$LISTAGE_t$ 的回归系数显著为负，$NCSKEW_t$ 的回归系数显著为正，和已有研究报告的回归结果是一致的(Cao et al.，2016；王化成等，2015)。

表 4.1.4　论资排辈对股价崩盘风险的回归结果

变量	被解释变量：$NCSKEW_{t+1}$			
	(1)		(2)	
	系数	t 值	系数	t 值
$SENIORITY_t$	0.029**	2.24	0.034***	2.59
$FIRST_t$			−0.181***	−4.73
$DTURN_t$			0.063	1.45
$NCSKEW_t$			0.060***	6.60
RET_t			0.700	0.71
$SIGMA_t$			−0.338	−0.71
$SIZE_t$			0.009	1.36
LEV_t			0.032	0.73
ROE_t			0.017	0.43
BM_t			−0.374***	−10.36
$\|DA\_CF_t\|$			0.041	0.40
$LISTAGE_t$			−0.010***	−7.83
常数项	0.048	1.25	0.110	0.77
行业/年度	控制		控制	
观测值	13 449		13 449	
Adj_R^2	8.60%		10.97%	
F(p-value)	61.29*** (0.000)		52.76*** (0.000)	

注：***、**、* 分别表示在 1%、5%、10%的水平上显著；所有 t 值均经过了异方差稳健标准误(Huber-White)调整。

2.第一大股东持股比例的调节效应:假设 4.1.2 的检验

本节通过分组回归对假设 4.1.2 进行检验,即第一大股东持股比例是否弱化了论资排辈和股价崩盘风险之间的正关系。表 4.1.5 列示了相关结果,第(1)、(2)两列的 F 检验都在 1%的统计水平下显著,拒绝了全部解释变量系数都等于 0 的零假设,同时 Adj_R^2 分别为 11.47%、10.74%,说明回归模型具有一定的解释力。

表 4.1.5 第(1)列报告了第一大股东持股比例高组的回归结果,$SENIORITY_t$ 的系数虽然为正但不显著(0.014,t=0.53)。第(2)列报告了第一大股东持股比例低组的回归结果,$SENIORITY_t$ 和负收益偏态系数($NCSKEW_{t+1}$)在 1%的统计水平下显著正相关(0.039,t=2.64)。上述结果表明,论资排辈对未来股价崩盘风险的正向影响只在第一大股东持股比例较低的情况下显著,支持了假设 4.1.2。

表 4.1.5 按照第一大股东持股比例分组的回归结果

变量	被解释变量:$NCSKEW_{t+1}$			
	(1)		(2)	
	第一大股东持股比例高组		第一大股东持股比例低组	
	系数	t 值	系数	t 值
$SENIORITY_t$	0.014	0.53	0.039***	2.64
$FIRST_t$	−0.271	−1.63	−0.172***	−2.77
$DTURN_t$	−0.001	−0.01	0.059	1.24
$NCSKEW_t$	0.074***	3.93	0.054***	5.19
RET_t	−2.384	−1.18	1.410	1.25
$SIGMA_t$	0.058	0.06	−0.328	−0.59
$SIZE_t$	−0.009	−0.76	0.016*	1.95
LEV_t	−0.016	−0.18	0.049	0.98
ROE_t	0.122	1.31	−0.006	−0.14
BM_t	−0.310***	−4.38	−0.401***	−9.43
$\|DA\_CF_t\|$	0.206	1.02	0.001	0.01
$LISTAGE_t$	−0.009***	−3.31	−0.011***	−7.12
常数项	0.669**	2.54	−0.049	−0.30
行业/年度	控制		控制	
观测值	3 108		10 341	
Adj_R^2	11.47%		10.74%	
F (p-value)	13.58*** (0.000)		39.89*** (0.000)	

注:***、**、* 分别表示在 1%、5%、10%的水平上显著;所有 t 值均经过了异方差稳健标准误(Huber-White)调整。

（四）敏感性测试

1.改用收益上下波动比率（DUVOL）作为被解释变量

表 4.1.6 改用收益上下波动比率（DUVOL）进行敏感性测试。第（1）列结果说明，论资排辈虚拟变量（$SENIORITY_t$）和第 $t+1$ 期收益上下波动比率（$DUVOL_{t+1}$）显著正相关，支持了假设 4.1.1。第（2）、（3）列的结果说明 $SENIORITY_t$ 对 $DUVOL_{t+1}$ 的正影响仅在第一大股东持股比例低组更加明显，支持了假设 4.1.2。

表 4.1.6　改用收益上下波动比率衡量股价崩盘风险

变量	被解释变量：$DUVOL_{t+1}$					
	（1）		（2）		（3）	
	全样本		第一大股东持股比例高组		第一大股东持股比例低组	
	系数	t 值	系数	t 值	系数	t 值
$SENIORITY_t$	0.019**	2.10	0.011	0.62	0.020**	1.99
$FIRST_t$	−0.113***	−4.28	−0.198*	−1.73	−0.106**	−2.47
$DTURN_t$	0.058**	1.99	−0.003	−0.04	0.060*	1.86
$DUVOL_t$	0.047***	5.29	0.065***	3.49	0.041***	4.00
RET_t	0.717	1.04	−0.776	−0.56	1.010	1.25
$SIGMA_t$	−0.767**	−2.33	−0.228	−0.35	−0.858**	−2.23
$SIZE_t$	−0.009*	−1.88	−0.016*	−1.89	−0.005	−0.89
LEV_t	0.041	1.37	0.029	0.49	0.045	1.29
ROE_t	−0.009	−0.32	0.053	0.78	−0.023	−0.76
BM_t	−0.228***	−9.09	−0.234***	−4.71	−0.229***	−7.79
$\|DA\_CF_t\|$	−0.002	−0.03	0.048	0.34	−0.009	−0.11
$LISTAGE_t$	−0.008***	−9.02	−0.006***	−3.01	−0.009***	−8.58
常数项	0.474***	4.77	0.731***	3.87	0.306***	2.67
行业/年度	控制		控制		控制	
观测值	13 449		3 108		10 341	
Adj_R^2	11.64%		12.77%		11.17%	
F（p-value）	56.38***（0.000）		15.22***（0.000）		41.62***（0.000）	

注：***、**、* 分别表示在 1%、5%、10%的水平上显著；所有 t 值均经过了异方差稳健标准误（Huber-White）调整。

2.改用股价是否发生崩盘的虚拟变量（CRASH 3.20）作为被解释变量

表 4.1.7 改用股价是否发生崩盘的虚拟变量（CRASH 3.20）作为股价崩盘风险的替代变量。表 4.1.7 第（1）列揭示，$SENIORITY_t$ 的回归系数在 5%的统计水平上显著为正，这意味着论资排辈加剧了未来股价发生崩盘的概率，进一步支持了假设 4.1.1。表 4.1.7 第（2）列

和第(3)列揭示,SENIORITY_t 的回归系数只在第一大股东持股比例较低的情况下显著,假设 4.1.2 依旧被经验证据所支持。

表 4.1.7 改用股价是否发生崩盘的虚拟变量衡量股价崩盘风险

变量	被解释变量:CRASH3.20_{t+1}					
	(1)		(2)		(3)	
	全样本		第一大股东持股比例高组		第一大股东持股比例低组	
	系数	z 值	系数	z 值	系数	z 值
SENIORITY_t	0.174**	2.07	0.219	1.25	0.165*	1.71
FIRST_t	−0.115	−0.44	0.546	0.48	−0.009	−0.02
DTURN_t	−0.092	−0.30	−0.472	−0.56	−0.093	−0.28
CRASH3.20_t	−0.183	−1.19	0.236	0.85	−0.367*	−1.95
RET_t	−11.796*	−1.67	−18.461	−1.27	−11.196	−1.37
SIGMA_t	−7.307**	−2.03	−10.611	−1.39	−5.929	−1.44
SIZE_t	−0.116**	−2.56	−0.092	−1.05	−0.119**	−2.22
LEV_t	0.418	1.52	0.068	0.11	0.542*	1.72
ROE_t	−0.017	−0.07	−0.436	−0.67	0.067	0.27
BM_t	−0.151	−0.61	−0.405	−0.80	−0.097	−0.34
$\lvert\text{DA\_CF}_t\rvert$	0.655	0.93	−2.396	−1.32	1.346*	1.76
LISTAGE_t	0.005	0.61	0.023	1.15	0.001	0.09
常数项	−0.449	−0.48	−0.374	−0.19	−0.800	−0.72
行业/年度	控制		控制		控制	
观测值	13 449		3 108		10 341	
Pseudo R^2	4.22%		6.08%		4.41%	
Log Likelihood	−2 889.49		−624.55		−2 247.57	
LR Chi² (p-value)	254.55*** (0.000)		80.82*** (0.000)		207.46*** (0.000)	

注:***、**、* 分别表示在 1%、5%、10%的水平上显著;所有 z 值均经过了异方差稳健标准误(Huber-White)调整。

3.改用考虑行业收益率的扩展模型重新计算的负收益偏态系数(NCSKEW_R1)

本节的式(4.1.1)在计算市场调整过后的个股收益率时,没有考虑行业收益率的影响。借鉴 Hutton 等(2009)、罗进辉和杜兴强(2014)的做法,本节利用式(4.1.5)重新对每一家上市公司的周收益率逐年进行回归,$R_{ind,t}$ 是行业内所有公司第 t 周的周收益率经过总市值加权平均之后得到的行业收益率。在此基础上,本节重新计算个股的特定周收益率,然后根据式(4.1.2)得到一个新的负收益偏态系数指标(NCSKEW_R1)。改用 NCSKEW_R1 对式(4.1.4)重新回归之后,本节的研究结论依然成立,具体回归结果参见表 4.1.8。

$$R_{i,t}=\eta_0+\eta_1 R_{m,t-1}+\eta_2 R_{ind,t-1}+\eta_3 R_{m,t}+\eta_4 R_{ind,t}+\eta_5 R_{m,t+1}+\eta_6 R_{ind,t+1}+\varepsilon_{i,t} \tag{4.1.5}$$

表 4.1.8 改用考虑行业收益率的扩展模型重新计算的负收益偏态系数

变量	被解释变量：$NCSKEW\_R1_{t+1}$					
	(1)		(2)		(3)	
	全样本		第一大股东持股比例高组		第一大股东持股比例低组	
	系数	t 值	系数	t 值	系数	t 值
$SENIORITY_t$	0.024*	1.92	0.012	0.45	0.028*	1.94
$FIRST_t$	−0.122***	−3.21	−0.045	−0.27	−0.143**	−2.37
$DTURN_t$	−0.035	−0.82	−0.163	−1.36	−0.028	−0.61
$NCSKEW\_R1_t$	0.060***	6.66	0.062***	3.37	0.056***	5.46
RET_t	3.769***	3.91	1.170	0.59	4.471***	4.05
$SIGMA_t$	−0.494	−1.07	−1.246	−1.33	−0.227	−0.43
$SIZE_t$	0.046***	7.06	0.020*	1.66	0.055***	6.85
LEV_t	−0.003	−0.06	0.093	1.07	−0.026	−0.52
ROE_t	−0.044	−1.18	0.150*	1.70	−0.086**	−2.08
BM_t	−0.405***	−11.29	−0.287***	−4.04	−0.444***	−10.59
$\|DA\_CF_t\|$	0.109	1.07	0.470**	2.24	0.014	0.12
$LISTAGE_t$	−0.008***	−6.46	−0.007**	−2.54	−0.009***	−5.93
常数项	−0.850***	−6.07	−0.149	−0.56	−1.010***	−6.25
行业/年度	控制		控制		控制	
观测值	13 449		3 108		10 341	
Adj_R^2	7.75%		8.22%		7.82%	
F(p-value)	36.32*** (0.000)		9.70*** (0.000)		28.40*** (0.000)	

注：***、**、* 分别表示在 1%、5%、10%的水平上显著；所有 t 值均经过了异方差稳健标准误（Huber-White）调整。

4.改用考虑现金红利再投资的个股收益率重新计算的负收益偏态系数（NCSKEW_R2）

本节进一步参照江轩宇和许年行（2015）采用考虑现金红利再投资的个股收益率，进而计算出一个新的负收益偏态系数指标（NCSKEW_R2），借此进行敏感性测试。基于 NCSKEW_R2 的回归结果依然支持了本节的假设 4.1.1、假设 4.1.2，具体回归结果参见表 4.1.9。

表 4.1.9 改用考虑现金红利再投资的个股收益率重新计算的负收益偏态系数

变量	被解释变量：$NCSKEW\_R2_{t+1}$					
	(1)		(2)		(3)	
	全样本		第一大股东持股比例高组		第一大股东持股比例低组	
	系数	t 值	系数	t 值	系数	t 值
$SENIORITY_t$	0.032**	2.49	0.013	0.47	0.038**	2.57
$FIRST_t$	−0.179***	−4.68	−0.242	−1.46	−0.174***	−2.80

续表

变量	被解释变量:NCSKEW_R2$_{t+1}$					
	(1)		(2)		(3)	
	全样本		第一大股东持股比例高组		第一大股东持股比例低组	
	系数	t 值	系数	t 值	系数	t 值
DTURN$_t$	0.064	1.49	0.005	0.04	0.060	1.25
NCSKEW_R2$_t$	0.063***	6.97	0.081***	4.31	0.056***	5.40
RET$_t$	0.841	0.86	−2.297	−1.14	1.569	1.39
SIGMA$_t$	−0.446	−0.94	−0.070	−0.07	−0.440	−0.80
SIZE$_t$	0.009	1.28	−0.010	−0.87	0.016*	1.93
LEV$_t$	0.033	0.76	−0.013	−0.15	0.050	1.00
ROE$_t$	0.025	0.66	0.133	1.44	0.003	0.06
BM$_t$	−0.372***	−10.30	−0.302***	−4.25	−0.401***	−9.45
|DA_CF$_t$|	0.027	0.26	0.174	0.86	−0.008	−0.06
LISTAGE$_t$	−0.010***	−7.80	−0.009***	−3.29	−0.010***	−7.10
常数项	0.122	0.86	0.682***	2.59	−0.006	−0.04
行业/年度	控制		控制		控制	
观测值	13 449		3 108		10 341	
Adj_R^2	11.15%		11.85%		10.88%	
F(p-value)	53.72*** (0.000)		14.05*** (0.000)		40.43*** (0.000)	

注:***、**、* 分别表示在 1%、5%、10%的水平上显著;所有 t 值均经过了异方差稳健标准误(Huber-White)调整。

5.改用流通市值加权平均的市场收益率重新计算的负收益偏态系数(NCSKEW_R3)

本节的式(4.1.1)原本使用的是总市值加权平均的市场收益率,此处参照李小荣和刘行(2012)采用流通市值进行加权平均,进而得到一个新的负收益偏态系数指标(NCSKEW_R3)。基于 NCSKEW_R3 的回归结果依然支持了本节的假设 4.1.1、假设 4.1.2,具体回归结果参见表 4.1.10。

表 4.1.10 改用流通市值加权平均的市场收益率重新计算的负收益偏态系数

变量	被解释变量:NCSKEW_R3$_{t+1}$					
	(1)		(2)		(3)	
	全样本		第一大股东持股比例高组		第一大股东持股比例低组	
	系数	t 值	系数	t 值	系数	t 值
SENIORITY$_t$	0.031**	2.46	0.015	0.58	0.036**	2.48
FIRST$_t$	−0.181***	−4.77	−0.228	−1.38	−0.179***	−2.90
DTURN$_t$	0.042	0.98	−0.011	−0.10	0.038	0.80

续表

变量	被解释变量：$NCSKEW\_R3_{t+1}$					
	(1)		(2)		(3)	
	全样本		第一大股东持股比例高组		第一大股东持股比例低组	
	系数	t 值	系数	t 值	系数	t 值
$NCSKEW\_R3_t$	0.053***	5.95	0.060***	3.25	0.049***	4.77
RET_t	2.205**	2.29	−0.145	−0.07	2.655**	2.38
$SIGMA_t$	−0.506	−1.09	−0.650	−0.71	−0.329	−0.60
$SIZE_t$	0.025***	3.81	0.007	0.58	0.031***	3.83
LEV_t	0.003	0.07	−0.025	−0.29	0.017	0.34
ROE_t	−0.033	−0.87	0.089	0.95	−0.058	−1.38
BM_t	−0.454***	−12.71	−0.402***	−5.78	−0.473***	−11.22
$\|DA\_CF_t\|$	0.036	0.35	0.228	1.12	−0.009	−0.08
$LISTAGE_t$	−0.011***	−8.47	−0.010***	−3.61	−0.011***	−7.64
常数项	−0.347**	−2.49	0.226	0.88	−0.614***	−3.76
行业/年度	控制		控制		控制	
观测值	13 449		3 108		10 341	
Adj_R^2	8.47%		9.18%		8.17%	
F(p-value)	39.89*** (0.000)		10.82*** (0.000)		29.75*** (0.000)	

注：***、**、* 分别表示在 1%、5%、10%的水平上显著；所有 t 值均经过了异方差稳健标准误(Huber-White)调整。

6.采用双重聚类调整(Two-way cluster)

本节表 4.1.4 和表 4.1.5 列示的是根据 Huber-White(White,1980)调整的标准差计算的 t 值。借鉴 Petersen(2009)的研究结果，表 4.1.11 报告了双重聚类调整(Two-way cluster)之后的结果，表 4.1.4 和表 4.1.5 的结果依然保持不变。

表 4.1.11　采用双重聚类调整(Two-way cluster)

变量	被解释变量：$NCSKEW_{t+1}$					
	(1)		(2)		(3)	
	全样本		第一大股东持股比例高组		第一大股东持股比例低组	
	系数	t 值	系数	t 值	系数	t 值
$SENIORITY_t$	0.034**	2.03	0.014	0.89	0.039*	1.87
$FIRST_t$	−0.181***	−5.01	−0.271*	−1.77	−0.172***	−2.81
$DTURN_t$	0.063	0.91	−0.001	−0.01	0.059	0.78
$NCSKEW_t$	0.060***	3.22	0.074***	3.52	0.054***	2.76
RET_t	0.700	0.20	−2.384	−0.67	1.410	0.39

续表

变量	被解释变量：$NCSKEW_{t+1}$					
	(1)		(2)		(3)	
	全样本		第一大股东持股比例高组		第一大股东持股比例低组	
	系数	t 值	系数	t 值	系数	t 值
$SIGMA_t$	−0.338	−0.31	0.058	0.06	−0.328	−0.27
$SIZE_t$	0.009	0.38	−0.009	−0.44	0.016	0.59
LEV_t	0.032	0.60	−0.016	−0.21	0.049	0.76
ROE_t	0.017	0.49	0.122***	2.63	−0.006	−0.14
BM_t	−0.374***	−2.79	−0.310**	−2.44	−0.401***	−2.83
$\|DA\_CF_t\|$	0.041	0.50	0.206**	2.18	0.001	0.01
$LISTAGE_t$	−0.010***	−3.94	−0.009***	−3.57	−0.011***	−3.71
常数项	0.110	0.22	0.669	1.55	−0.049	−0.10
行业/年度	控制		控制		控制	
观测值	13 449		3 108		10 341	
Adj_R^2	10.97%		11.47%		10.74%	
F(p-value)	52.76*** (0.000)		13.58*** (0.000)		39.89*** (0.000)	

注：***、**、* 分别表示在 1%、5%、10%的水平上显著；所有 t 值经过公司与年度的双重聚类调整(Petersen，2009)。

7.控制公司治理变量

考虑到公司治理因素会对股价崩盘风险产生影响(Xu et al.，2014；王化成 等，2015)，本节进一步控制了董事长与 CEO 两职合一(DUAL：董事长与 CEO 两职合一的虚拟变量，若董事长与 CEO 两职合一则赋值为 1，否则为 0)、董事会规模(BOARD：等于董事会总人数的自然对数)、独立董事比例(INDR)等公司治理变量。表 4.1.12 列示了相关的回归结果，从中可知，本节的假设 4.1.1、假设 4.1.2 依然成立。

表 4.1.12　控制公司治理变量

变量	被解释变量：$NCSKEW_{t+1}$					
	(1)		(2)		(3)	
	全样本		第一大股东持股比例高组		第一大股东持股比例低组	
	系数	t 值	系数	t 值	系数	t 值
$SENIORITY_t$	0.032**	2.45	0.018	0.67	0.036**	2.43
$FIRST_t$	−0.182***	−4.68	−0.263	−1.55	−0.178***	−2.83
$DUAL_t$	0.023	1.48	0.054	1.44	0.016	0.91
$BOARD_t$	−0.058*	−1.83	−0.032	−0.52	−0.067*	−1.81

续表

变量	被解释变量：$NCSKEW_{t+1}$					
	(1)		(2)		(3)	
	全样本		第一大股东持股比例高组		第一大股东持股比例低组	
	系数	t 值	系数	t 值	系数	t 值
$INDR_t$	−0.018	−0.15	−0.023	−0.09	0.005	0.03
$DTURN_t$	0.065	1.49	−0.003	−0.02	0.063	1.30
$NCSKEW_t$	0.061***	6.68	0.073***	3.87	0.056***	5.28
RET_t	0.612	0.62	−2.532	−1.24	1.311	1.14
$SIGMA_t$	−0.338	−0.70	0.056	0.06	−0.319	−0.57
$SIZE_t$	0.012*	1.80	−0.005	−0.42	0.019**	2.28
LEV_t	0.036	0.81	−0.012	−0.13	0.054	1.06
ROE_t	0.023	0.59	0.111	1.15	0.004	0.09
BM_t	−0.372***	−10.19	−0.316***	−4.38	−0.396***	−9.21
$\|DA\_CF_t\|$	0.026	0.25	0.199	0.98	−0.016	−0.13
$LISTAGE_t$	−0.010***	−7.44	−0.008***	−2.95	−0.010***	−6.85
常数项	0.220	1.47	0.654**	2.28	0.054	0.29
行业/年度	控制		控制		控制	
观测值	13 269		3 065		10 204	
Adj_R^2	10.83%		11.23%		10.61%	
F(p-value)	47.04*** (0.000)		12.08*** (0.000)		35.62*** (0.000)	

注：***、**、* 分别表示在 1%、5%、10% 的水平上显著；所有 t 值均经过了异方差稳健标准误（Huber-White）调整。

（五）内生性测试

本节可能遗漏其他会同时影响论资排辈和公司未来股价崩盘风险的因素，从而导致内生性问题。因此，本节采用配对样本和固定效应模型对内生性问题加以控制。

1.配对方法

本节根据同行业、同年度、净资产收益率（ROE）最为接近并且差异不超过 10% 这三条标准，为每一个论资排辈的公司—年度观测值配对一个最为相似的非论资排辈公司—年度观测值，最终得到的配对样本含有 2 662 个公司—年度观测值。利用配对样本重新回归之后，本节的假设 4.1.1、假设 4.1.2 依然成立，具体回归结果参见表 4.1.13。

表 4.1.13 基于配对样本的回归结果

变量	被解释变量:$NCSKEW_{t+1}$					
	(1)		(2)		(3)	
	全样本		第一大股东持股比例高组		第一大股东持股比例低组	
	系数	t 值	系数	t 值	系数	t 值
$SENIORITY_t$	0.054**	2.14	0.020	0.35	0.062**	2.15
$FIRST_t$	−0.357***	−4.02	−0.651	−1.62	−0.129	−0.88
$DTURN_t$	−0.125	−1.23	−0.472	−1.59	−0.089	−0.82
$NCSKEW_t$	0.065***	3.17	0.082*	1.82	0.047**	2.01
RET_t	2.917	1.17	−2.576	−0.49	3.643	1.28
$SIGMA_t$	0.350	0.30	2.413	1.03	−0.046	−0.03
$SIZE_t$	−0.008	−0.42	−0.037	−1.12	0.018	0.80
LEV_t	−0.021	−0.23	0.203	1.06	−0.094	−0.87
ROE_t	−0.053	−0.50	−0.008	−0.04	−0.058	−0.46
BM_t	−0.207**	−2.10	−0.112	−0.54	−0.303***	−2.61
$\|DA\_CF_t\|$	0.038	0.14	0.575	1.10	−0.138	−0.44
$LISTAGE_t$	−0.008***	−2.64	−0.010*	−1.68	−0.008**	−2.13
常数项	0.312	0.86	1.438**	2.05	−0.254	−0.60
行业/年度	控制		控制		控制	
观测值	2 662		589		2 073	
Adj_R^2	11.72%		12.88%		11.04%	
F(p-value)	12.04*** (0.000)		3.72*** (0.000)		9.30*** (0.000)	

注:***、**、* 分别表示在 1%、5%、10%的水平上显著;所有 t 值均经过了异方差稳健标准误(Huber-White)调整。

2.公司层面的固定效应回归

本节在回归中加入公司固定效应,借以消除公司层面、不随时间变化的、可能被忽略的其他因素对于本节研究结论的干扰。具体回归结果如表 4.1.14 所示,本节的研究结论保持不变。

表 4.1.14 固定效应模型的回归结果

变量	被解释变量:$NCSKEW_{t+1}$					
	(1)		(2)		(3)	
	全样本		第一大股东持股比例高组		第一大股东持股比例低组	
	系数	t 值	系数	t 值	系数	t 值
$SENIORITY_t$	0.038*	1.80	0.056	1.06	0.044*	1.84
$FIRST_t$	−0.399***	−3.84	−0.474	−1.28	−0.340**	−1.97
$DTURN_t$	0.030	0.68	0.036	0.31	0.009	0.18

续表

变量	被解释变量：$NCSKEW_{t+1}$					
	(1)		(2)		(3)	
	全样本		第一大股东持股比例高组		第一大股东持股比例低组	
	系数	t 值	系数	t 值	系数	t 值
$NCSKEW_t$	−0.101***	−10.51	−0.148***	−6.45	−0.117***	−10.39
RET_t	−4.504***	−4.07	−6.837***	−3.08	−4.838***	−3.68
$SIGMA_t$	0.028	0.05	−0.521	−0.45	0.238	0.37
$SIZE_t$	0.177***	9.35	0.066	1.52	0.221***	8.91
LEV_t	0.031	0.38	0.237	1.14	−0.023	−0.24
ROE_t	0.015	0.30	0.059	0.50	0.018	0.33
BM_t	−0.703***	−11.20	−0.726***	−5.68	−0.770***	−10.12
$\|DA\_CF_t\|$	0.127	1.12	0.293	1.17	0.048	0.37
$LISTAGE_t$	0.086	1.01	0.186	1.12	0.072	0.81
常数项	−4.982***	−3.99	−3.788	−1.56	−5.988***	−4.51
公司/行业/年度	控制		控制		控制	
观测值	13 449		3 108		10 341	
Adj_R^2	12.96%		13.73%		13.30%	
F(p-value)	51.74*** (0.000)		11.41*** (0.000)		40.07*** (0.000)	

注：***、**、*分别表示在1%、5%、10%的水平上显著；所有 t 值均经过了异方差稳健标准误（Huber-White）调整。

（六）机制测试

1.根据传统文化受到冲击的程度进行分组测试

本节认为，论资排辈影响公司未来股价的崩盘风险是有着前提条件的，即论资排辈蕴含的等级观念需要被人们所接纳。平等、自由等思想和论资排辈是相互冲突的，因此若本节的逻辑成立，那么在传统文化受冲击越大的地区，论资排辈对股价崩盘风险的影响应该越弱。基于此，本节选取以下三个指标衡量传统文化受到冲击的程度：(1)MKT，省级市场化指数，衡量我国省际制度发展与投资者保护的指标，来自樊纲等（2009）；(2)GDP_PC，代表人均GDP，等于公司所在省区的人均 GDP 的自然对数；(3)AIRPORT，公司注册地方圆 150 千米范围内国际机场的数量。随后，本节根据这三个指标进行分组测试，表 4.1.15 列示了分组测试的结果，$SENIORITY_t$ 的回归系数只在市场化水平低组、人均 GDP 低组和国际机场数量低组显著为正，而在市场化水平高组、人均 GDP 高组和国际机场数量高组不显著，符合本节的理论预期。

表 4.1.15 根据传统文化受冲击程度分组的回归结果

Panel A:按照市场化指数(MKT)进行分组

变量	被解释变量:$NCSKEW_{t+1}$			
	(1)		(2)	
	MKT 高组		MKT 低组	
	系数	t 值	系数	t 值
$SENIORITY_t$	0.027	1.54	0.042**	2.14
$FIRST_t$	−0.158***	−3.01	−0.203***	−3.58
$DTURN_t$	0.116*	1.96	0.002	0.03
$NCSKEW_t$	0.064***	5.09	0.048***	3.66
RET_t	1.918	1.38	−0.686	−0.49
$SIGMA_t$	−0.441	−0.64	−0.291	−0.44
$SIZE_t$	0.013	1.42	0.003	0.35
LEV_t	0.084	1.40	−0.011	−0.17
ROE_t	0.173**	2.41	−0.067	−1.46
BM_t	−0.412***	−7.96	−0.315***	−6.13
$\|DA\_CF_t\|$	0.070	0.51	−0.016	−0.10
$LISTAGE_t$	−0.012***	−7.65	−0.005**	−2.31
常数项	0.068	0.35	−0.242	−1.14
行业/年度	控制		控制	
观测值	7 145		6 304	
Adj_R^2	11.79%		10.05%	
F(p-value)	30.84*** (0.000)		23.00*** (0.000)	

Panel B:按照人均 GDP(GDP_PC)进行分组

变量	被解释变量:$NCSKEW_{t+1}$			
	(1)		(2)	
	GDP_PC 高组		GDP_PC 低组	
	系数	t 值	系数	t 值
$SENIORITY_t$	0.026	1.47	0.042**	2.19
$FIRST_t$	−0.157***	−2.97	−0.173***	−3.09
$DTURN_t$	0.109*	1.82	−0.005	−0.07
$NCSKEW_t$	0.082***	6.59	0.022*	1.66
RET_t	3.718***	2.67	−2.833**	−2.06
$SIGMA_t$	−0.138	−0.20	−0.658	−1.00
$SIZE_t$	0.018**	2.03	0.002	0.21

续表

变量	被解释变量：$NCSKEW_{t+1}$			
	(1)		(2)	
	GDP_PC 高组		GDP_PC 低组	
	系数	t 值	系数	t 值
LEV_t	0.070	1.15	0.004	0.06
ROE_t	0.107	1.53	−0.043	−0.91
BM_t	−0.452***	−8.79	−0.267***	−5.15
$\|DA\_CF_t\|$	−0.018	−0.14	0.125	0.75
$LISTAGE_t$	−0.012***	−7.81	−0.003	−1.05
常数项	−0.052	−0.27	−0.134	−0.63
行业/年度	控制		控制	
观测值	7 223		6 226	
Adj_R^2	10.66%		9.62%	
F(p-value)	27.92*** (0.000)		21.71*** (0.000)	

Panel C：按照国际机场数量(AIRPORT)进行分组

变量	被解释变量：$NCSKEW_{t+1}$			
	(1)		(2)	
	AIRPORT 高组		AIRPORT 低组	
	系数	t 值	系数	t 值
$SENIORITY_t$	0.023	1.22	0.040**	2.27
$FIRST_t$	−0.190***	−3.32	−0.163***	−3.13
$DTURN_t$	0.139**	2.07	0.011	0.19
$NCSKEW_t$	0.078***	5.72	0.041***	3.34
RET_t	0.928	0.64	−0.070	−0.05
$SIGMA_t$	0.132	0.19	−0.731	−1.15
$SIZE_t$	0.006	0.57	0.012	1.36
LEV_t	0.067	1.05	0.015	0.25
ROE_t	0.181**	2.55	−0.059	−1.27
BM_t	−0.340***	−6.00	−0.402***	−8.46
$\|DA\_CF_t\|$	0.047	0.32	0.022	0.15
$LISTAGE_t$	−0.012***	−6.67	−0.008***	−3.90
常数项	0.175	0.86	0.129	0.70
行业/年度	控制		控制	
观测值	5 971		7 478	
Adj_R^2	11.67%		10.79%	
F(p-value)	25.64*** (0.000)		29.25*** (0.000)	

注：***、**、* 分别表示在1%、5%、10%的水平上显著；所有 t 值均经过了异方差稳健标准误(Huber-White)调整。

2.论资排辈和信息披露质量

论资排辈损害了信息披露质量，是本节提出的论资排辈影响股价崩盘风险的第一个机制。为了检验这一机制，本节选取以下三个指标作为信息披露质量的替代变量：(1)RANK，深交所信息披露评级的虚拟变量，如果公司的信息披露质量被深交所评为优秀，赋值为1，否则赋值为0；(2)SP，微利虚拟变量，若每股收益处于(0，0.01)区间则取值为1，否则为0；(3)|DA_CF|，考虑经营活动现金流的盈余管理，为基于Ball和Shivakumar(2006)调整的琼斯模型计算的考虑经营活动现金流的可操纵性应计的绝对值。表4.1.16列示了相关的回归结果，论资排辈虚拟变量(SENIORITY)和RANK在5%的统计水平上显著负相关，和|DA_CF|、SP分别在5%、10%的统计水平上显著正相关。以上结果说明论资排辈的公司信息披露质量相对较差，和本节的理论预期一致。

表4.1.16 论资排辈对信息披露质量的回归结果

变量	(1)		(2)		(3)	
	RANK		SP		|DA_CF|	
	系数	z 值	系数	z 值	系数	t 值
SENIORITY	−0.165**	−2.10	0.258*	1.88	0.002**	2.09
FIRST	0.220	1.00	−1.303**	−2.51	0.007**	2.04
DUAL	0.076	1.00	−0.194	−1.17	0.002	1.45
INDR	−1.503**	−2.20	4.575***	3.84	0.010	1.06
$SIZE_t$	0.710***	18.61	−0.491***	−5.71	0.002***	4.51
LEV_t	−3.308***	−11.43	0.012	0.03	−0.002	−0.61
ROE_t	2.415***	10.78	−0.545***	−6.12	−0.047***	−9.01
BM_t	−1.344***	−6.34	1.481***	3.84	−0.031***	−11.41
LOSS					0.012***	5.64
LAG|DA_CF|					0.181***	9.50
常数项	−15.768***	−18.53	4.051**	2.16	−0.003	−0.31
行业/年度	控制		控制		控制	
观测值	8 684		16 772		12 763	
Pseudo R^2/Adj_R²	12.11%		5.27%		13.54%	
LR Chi²/F(p-value)	842.20*** (0.000)		146.41*** (0.000)		67.63*** (0.000)	

注：***、**、*分别表示在1%、5%、10%的水平上显著；所有t值和z值均经过了异方差稳健标准误(Huber-White)调整。

3.论资排辈和过度投资行为

论资排辈增加了管理者决策失误的可能性，这是本节提出的第二个机制。过度投资通常意味着管理者投资于净现金流为负的项目，本节通过分析论资排辈和过度投资行为之间的联系，尝试对以上机制进行检验。借鉴Richardson(2006)，本节利用式(4.1.6)估计公司的投资水平。其中，INV=(构建固定资产、无形资产和其他长期资产支付的现金－处置固定资产、无形资产和其他长期资产收回的现金净额)/公司年初总资产，TOBINQ等于公司的托宾 Q 值，CASH 等于年末现金与公司总资产的比值，其余变量的定义参见表 4.1.1。式(4.1.6)回归之后的残差项 $\varepsilon_{i,t}$ 反映了公司的过度投资程度。本节根据残差项 $\varepsilon_{i,t}$ 定义 OINV，衡量公司过度投资的程度：当 $\varepsilon_{i,t}>0$ 时，OINV 取值为 $\varepsilon_{i,t}$；当 $\varepsilon_{i,t}\leqslant 0$ 时，OINV 为 0（江轩宇，许年行，2015）。表 4.1.17 中论资排辈对过度投资行为影响的回归结果表明，论资排辈虚拟变量(SENIORITY)和 OINV 在 10%的统计水平上显著正相关，和本节的理论预期一致。

$$\begin{aligned}\mathrm{INV}_{i,t}=&\gamma_0+\gamma_1\mathrm{TOBINQ}_{i,t-1}+\gamma_2\mathrm{CASH}_{i,t-1}+\gamma_3\mathrm{SIZE}_{i,t-1}+\gamma_4\mathrm{LEV}_{i,t-1}+\\&\gamma_5\mathrm{ROE}_{i,t-1}+\gamma_6\mathrm{LISTAGE}_{i,t-1}+\gamma_7\mathrm{INV}_{i,t-1}+\text{Industry Dummies}+\\&\text{Year Dummies}+\varepsilon_{i,t}\end{aligned}\tag{4.1.6}$$

表 4.1.17 论资排辈对过度投资行为的回归结果

变量	被解释变量：OINV	
	系数	t 值
SENIORITY	0.003*	1.77
FIRST	−0.007	−1.42
DUAL	0.002	0.92
INDR	−0.026*	1.91
COMMITTEE	−0.001	−0.35
MEETING	0.001***	7.11
BIG10	0.003**	2.08
ANALYST	0.011***	15.40
FCF	−0.235***	−25.33
LOSS	−0.023***	−9.84
SOE	−0.010***	−6.54
GDP_PC	−0.007***	−4.60
常数项	0.057***	3.23
行业/年度	控制	
观测值	13 437	
Left-censoredobservations	6 955	
LR Chi^2 (p-value)	1 697.83*** (0.000)	

注：***、**、*分别表示在 1%、5%、10%的水平上显 著；所有 t 值均经过了异方差稳健标准误(Huber-White)调整。

五、总结及政策性建议

中国文化中自古以来就有论资排辈的传统，例如西周的嫡长子继承制、西汉董仲舒提出的“三纲”。时至今日，大部分上市公司的董事排名都遵循了论资排辈的惯例。具体到独立董事，不同公司就是否采用论资排辈的排序方式有着不同的选择，本节以此为切入点刻画公司受论资排辈文化传统的影响程度，并且考察了论资排辈和公司未来股价崩盘之间的关系。基于 2004—2013 年所有 A 股上市公司 13 449 个观测值的实证结果显示，论资排辈和个股收益的负偏态系数显著正相关，说明论资排辈是公司未来股价崩盘的文化诱因。分组结果进一步揭示，在第一大股东持股比例较低的情况下，论资排辈对股价崩盘风险的正向影响更加明显。本节进一步通过改用个股收益的上下波动比率作为被解释变量，采纳股价崩盘风险的虚拟变量，改变负收益偏态系数的计算方法，使用双重聚类调整以及控制公司治理变量等一系列方法进行了敏感性测试，研究结论依然保持不变。针对可能存在的内生性问题，本节利用配对样本和固定效应模型加以控制，发现结果不变。本节通过机制检验还发现，降低信息披露质量、提高管理者决策失误的可能性是论资排辈影响股价崩盘风险的两条具体机制。随着市场化进程加快、经济发展水平提高以及国际机场数量增多，论资排辈的文化传统不断受到西方文化的冲击，对股价崩盘风险的影响也将逐渐减弱。

本节研究可能具有如下的政策效应：(1)党的十九大报告指出，“深入挖掘中华优秀传统文化蕴含的思想观念、人文精神、道德规范，结合时代要求继承创新，让中华文化展现出永久魅力和时代风采”。儒家文化有着丰富的内涵，提倡“仁、义、礼、智、信”等传统美德，也蕴含“男尊女卑”的思想观念。只有全面认识儒家文化不同组成部分各自的经济后果，才能真正地做到继承和发展。本节分析了论资排辈(儒家文化的一个重要维度)对股价崩盘风险的影响，相关结论对于儒家文化在我国的重建和进一步发展具有一定的启示作用。(2)本节附加测试结果显示，公司所在地区的市场化水平越高、经济发展越快、国际机场数量越多，论资排辈的文化传统能够产生的影响也相应越弱，这意味着在当今经济全球化的背景之下，中国的传统文化也在经受着制度环境变化的冲击。(3)中国的资本市场起步较晚，相关法律法规、投资者保护等正式制度依然未臻完善，以文化为代表的非正式制度对中国上市公司的行为有着不可忽视的影响。本节从传统文化中寻求中国上市公司股价频繁“暴跌”的原因，并且指出论资排辈通过降低信息披露质量和提高决策失误可能性这两个机制，加剧了公司未来股价崩盘的风险，能够帮助投资者作出更加合理的投资决策。(4)本节发现大股东不仅能抑制公司未来的股价崩盘风险，而且能够削弱论资排辈对股价崩盘风险的不利影响。以上结论有助于完善公司的治理机制，也为监管部门采取措施防范股价崩盘风险、促进资本市场健康发展提供了新的视角。

本节的研究存在如下局限性可供未来的研究进一步进行拓展：第一，本节根据数位独立董事之间的排序规律判断上市公司受到论资排辈的影响程度，进而分析论资排辈对股价崩盘风险的影响，该度量方法具备一定的合理性，同时具备一定的可重复性，已经为以往的研究所采纳(杜兴强 等，2017)。但是它的精确性可能不如实地调研数据，所以未来的研究可以通过实地调研了解上市公司内是否存在论资排辈的文化传统，借此考察论资排辈的经济后果。第二，论资排辈只是儒家文化的一个方面而已，未来的研究应当进一步挖掘儒家文化其他方面对公司行为的影响，例如中庸思想、宗族观念等。

参考文献

曹丰，鲁冰，李争光，等，2015. 机构投资者降低了股价崩盘风险吗？[J].会计研究，(11)：55-61，97.

陈文平，段锦云，田晓明，2013. 员工为什么不建言：基于中国文化视角的解析[J].心理科学进展，21(5)：905-913.

杜兴强，殷敬伟，赖少娟，2017. 论资排辈、CEO 任期与独立董事的异议行为[J].中国工业经济，(12)：151-169.

樊纲、王小鲁、朱恒鹏，2009. 中国市场化指数——各地区市场化相对进程报告[M]. 北京：经济科学出版社.

古志辉，2015. 全球化情境中的儒家伦理与代理成本[J].管理世界，(3)：113-123.

蒋德权，姚振晔，陈冬华，2018. 财务总监地位与企业股价崩盘风险[J].管理世界，34(3)：153-166.

金智，徐慧，马永强，2017. 儒家文化与公司风险承担[J].世界经济，40(11)：170-192.

江轩宇，许年行，2015. 企业过度投资与股价崩盘风险[J].金融研究，(8)：141-158.

李虹，霍达，2018. 管理层能力与企业环境信息披露——基于权力距离与市场化进程调节作用视角[J].上海财经大学学报，20(3)：79-92.

李小荣，刘行，2012. CEO VS. CFO：性别与股价崩盘风险[J].世界经济，35(12)：102-129.

罗进辉，杜兴强，2014. 媒体报道、制度环境与股价崩盘风险[J].会计研究，(9)：53-59，97.

宋献中，胡珺，李四海，2017. 社会责任信息披露与股价崩盘风险——基于信息效应与声誉保险效应的路径分析[J].金融研究，(4)：161-175.

王化成，曹丰，叶康涛，2015. 监督还是掏空：大股东持股比例与股价崩盘风险[J].管理世界，(2)：45-57，187.

魏昕，张志学，2010. 组织中为什么缺乏抑制性进言？[J].管理世界，(10)：99-109，121.

叶康涛，曹丰，王化成，2015. 内部控制信息披露能够降低股价崩盘风险吗？[J].金融研究，(2)：192-206.

周建涛，廖建桥，2012. 权力距离导向与员工建言：组织地位感知的影响[J].管理科学，25(1)：35-44.

BALL R，SHIVAKUMAR L，2006. The role of accruals in asymmetrically timely gain and loss recognition[J]. Journal of accounting research，44(2)：207-242.

BLECK A，LIU X，2007. Market transparency and the accounting regime[J]. Journal of accounting research，45(2)：229-256.

BROCKNER J，ACKERMAN G，GREENBERG J，et al，2001. Culture and procedural justice：the influence of power distance on reactions to voice[J]. Journal of experimental social psychology, 37(4): 300-315.

CALLEN J L, FANG X, 2013. Institutional investor stability and crash risk: monitoring versus short-termism? [J]. Journal of banking & finance, 37(8): 3047-3063.

CALLEN J L, FANG X, 2015. Religion and stock price crashrisk[J]. Journal of financial and quantitative analysis, 50(1~2): 169-195.

CAO C, XIA C, CHAN K C, 2016. Social trust and stock price crash risk: evidence from China[J]. International review of economics & finance, 46: 148-165.

CHEN M K, 2013. The effect of language on economic behavior: evidence from savings rates, health behaviors, and retirement assets[J]. American economic review, 103(2): 690-731.

CHOW C W, HARRISON G L, MCKINNON J L, et al, 1999. Cultural influences on informal information sharing in Chinese and Anglo-American organizations: an exploratory study[J]. Accounting, organizations and society, 24(7): 561-582.

DU X, 2015. Does Confucianism reduce minority shareholder expropriation? Evidence from China[J]. Journal of business ethics, 132(4): 661-716.

DU X, 2016. Does Confucianism reduce board gender diversity? Firm-level evidence from China[J]. Journal of business ethics, 136(2): 399-436.

EARLEY P C, 1999. Playing follow the leader: status-determining traits in relation to collective efficacy across cultures[J]. Organizational behavior and human decision processes, 80(3): 192-212.

GRAY S J, 1988. Towards a theory of cultural influence on the development of accounting systems internationally[J]. Abacus, 24(1): 1-15.

HOFSTEDE G, 1984. Culture's consequences: international differences in work-related values[M]. London: Sage Publications.

HUTTON A P, MARCUS A J, TEHRANIAN H, 2009. Opaque financial reports, R^2, and crash risk[J]. Journal of financial economics, 94(1): 67-86.

HWANG K K, 2001. The deep structure of Confucianism: a social psychological approach[J]. Asian philosophy, 11(3): 179-204.

JAGGI B L, 1975. The impact of the cultural environment on financial disclosures[J]. International journal of accounting, 10(2): 75-84.

JIN L, MYERS S C, 2006. R^2 around the world: new theory and new tests[J]. Journal of financial economics, 79(2): 257-292.

KIM J B, LI Y, ZHANG L, 2011. CFOs versus CEOs: equity incentives and crashes[J]. Journal of financial economics, 101(3): 713-730.

KIM J B, ZHANG L, 2014. Financial reporting opacity and expected crash risk: evidence from implied volatility smirks[J]. Contemporary accounting research, 31(3):

851-875.

KIM J B, ZHANG L, 2016. Accounting conservatism and stock price crash risk: firm-level evidence[J]. Contemporary accounting research, 33(1): 412-441.

KIRKBRIDE P S, TANG S F Y, WESTWOOD R I, 1991. Chinese conflict preferences and negotiating behaviour: cultural and psychological influences[J]. Organization studies, 12(3): 365-386.

LI X, WANG S S, WANG X, 2017. Trust and stock price crash risk: evidence from China[J]. Journal of banking & finance, 76: 74-91.

LIND E A, TYLER T R, 1988. The social psychology of procedural justice[M]. New York: Plenum Press.

MESMER-MAGNUS J R, DECHURCH L A, 2009. Information sharing and team performance: a meta-analysis[J]. Journal of Applied Psychology, 94(2): 535.

PETERSEN M A, 2009. Estimating standard errors in finance panel data sets: comparing approaches[J]. The review of financial studies, 22(1): 435-480.

PIOTROSKI J D, WONG T J, ZHANG T, 2015. Political incentives to suppress negative information: evidence from Chinese listed firms[J]. Journal of accounting research, 53(2): 405-459.

RICHARDSON S, 2006. Over-investment of free cash flow[J]. Review of accounting studies, 11(2-3): 159-189.

SHLEIFER A, VISHNY R W, 1986. Large shareholders and corporate control [J]. Journal of political economy, 94(3): 461-488.

WADE-BENZONI K A, OKUMURA T, BRETT J M, et al, 2002. Cognitions and behavior in asymmetric social dilemmas: a comparison of two cultures[J]. Journal of applied psychology, 87(1): 87.

WHITE H, 1980. A heteroskedasticity-consistent covariance matrix estimator and a direct test for heteroskedasticity[J]. Econometrica, 48(4): 817-838.

WILLIAMS S M, 2004. An international investigation of associations between societal variables and the amount of disclosure on information technology and communication problems: the case of Y2K[J]. The international journal of accounting, 39(1): 71-92.

XU N, LI X, YUAN Q, et al, 2014. Excess perks and stock price crash risk: evidence from China[J]. Journal of corporate finance, 25: 419-434.

ZARZESKI M T, 1996. Spontaneous harmonization effects of culture and market forces on accounting disclosure practices[J]. Accounting horizons, 10(1): 18.

ZHU J, YE K, TUCKER J W, et al, 2016. Board hierarchy, independent directors, and firm value: evidence from China[J]. Journal of corporate finance, 41: 262-279.

第二节 审计报告中的敬语与财务错报风险

摘要:从社会语言学的角度来看,本节探究了中国审计师在审计报告中使用敬语或实名对财务错报风险的不同影响。具体来说,本节认为审计师使用敬语体现出其相对于客户的较弱势地位,由此损害了审计独立性及导致更高的财务错报风险。本节发现,相比于使用实名的公司,使用敬语的公司出现财务错报的可能性及程度都更高。进一步,与审计师习惯性使用敬语的情况相比,选择性使用敬语更有可能导致财务错报。本节更进一步发现上述影响在十大会计师事务所、拥有行业专长的会计师事务所、合伙制会计师事务所以及审计市场集中度较高的情况下有所减弱。本节丰富了会计领域有关社会语言学的文献,同时为国际审计与鉴证准则理事会为提高审计报告有用性提出的改革议案提供了证据支持。

一、引言

语言中的用词是个人意识受社会影响而逐渐形成的,同时这些用词反映出一定的社会关系(Schatzman,Strauss,1955;Ervin-Tripp,1969;Luckmann,1975)。中国审计报告中的敬语使用不失为会计领域中一种有趣的语言现象。与美国类似,中国的许多审计师通常在审计报告中对客户使用公司的实名或简称(例如“某公司”)。然而,部分中国审计师在审计报告中使用敬语(例如“贵公司”),其中“贵”作为敬语表达了审计师对客户管理层的尊重态度。

从社会语言学理论视角出发,本节探究了审计报告中使用敬语所传递的信息。在某种程度上审计报告使用者大多关心审计报告是否能提供有关财务报告质量和风险的信息,而本节则重点关注了敬语与财务报告风险之间的关系。根据社会语言学理论,使用敬语来称呼另一方不但直接表达出尊重,更体现出双方社会地位的差异(Brown,Gilman,1960),这种现象在儒家文化根深蒂固的中国尤为明显(Gu,1990;Du,2015)。儒家文化强调以论资排辈为代表的严苛的社会等级制度,该严苛的等级制度常常在中国的商务场合中体现出来。

本节认为审计师使用敬语反映出其在与客户的关系中处于弱势地位,并且有意无意地顺从了客户。当客户管理层意识到这一点时,便可能利用审计师独立性受损这一优势隐匿财务错报。此外,部分审计师对所有审计客户均使用敬语,而另一部分审计师则有选择性地对部分客户使用敬语,本节推断选择性使用敬语的审计师可能展现出更强烈的顺从客户倾向。因此本节认为,相比起习惯性敬语,选择性敬语与财务错报风险存在更强的正相关关系。

本节手工搜集了中国上市公司2003—2012年审计报告称谓的数据。在样本期间内,审计报告采用了两种称谓:(1)敬语,即“贵公司”;(2)实名,如“XYZ公司”。本节使用几种不同的方法度量财务错报风险，包括发生财务错报的可能性、财务错报的金额大小、发生财务错报高估的可能性、财务错报高估的金额大小以及是否受到中国证监会的行政处罚。

本节在控制了过往研究中影响财务错报的审计师个体层面因素、会计师事务所层面因素以及客户层面因素后进行了多元回归分析，发现相比起使用公司实名的情况下，使用敬语的审计报告中财务错报的概率上升了1.31%。由于本节样本中发生财务错报的公司占比为7%，因此使用敬语而造成的财务错报概率提升具有经济显著性。尽管习惯性敬语和选择性敬语都与财务错报有正相关关系，但选择性使用敬语时，发生财务错报可能性和金额都更大，该结果支持了本节的假设。

此外，本节还检验了敬语与财务错报之间的正关系是否因间接影响审计师敬语使用以及相对社会地位的会计师事务所特征不同而有所差异。本节发现十大会计师事务所、行业专长会计师事务所、合伙制会计师事务所以及本地审计市场集中程度较高等因素在其他条件相同的情况下会削弱审计师使用敬语与财务错报之间的相关关系，以上结果支持了本节的判断。具体而言，敬语与财务错报之间的正关系在非十大会计师事务所、非行业专长会计师事务所以及有限责任制会计师事务所中更显著，同时在当地审计市场竞争程度较高时也更显著。

本节进行了两个附加测试来解决内生性问题。第一，为了让使用敬语和实名的两组审计师的个人特征和客户特征相似，本节采用倾向得分匹配的方法，首先估计使用敬语的决定因素，选取使用敬语和实名的配对样本，然后使用配对样本进行回归。第二，本节计算解释变量和被解释变量的逐年变化加入回归，该利用审计客户自身加入控制变量的方法能够控制未知且不随时间变化的因素。本节的主要结果通过以上两种测试仍然成立。第三，本节采用2010年会计师事务所强制转换为合伙制的外生监管事件进行测试，强制转换意味着有限责任制下的审计合伙人审计责任的提高，进而会削弱敬语损害审计师独立性的影响。本节发现从有限责任制转换为合伙制削弱了敬语与财务错报之间的关系，与预期相符。总体而言，以上测试支持了本节的推测，即审计报告中敬语的使用意味着审计师的顺从行为以及审计客户更可能出现财务错报。最后，本节发现当审计报告使用敬语时，出具非标准审计意见的概率也有所降低。

本节除丰富了学术文献外，对监管和实践同样具有指导意义。最重要的是，本节丰富了社会语言学及审计的相关文献。早期使用社会语言学理论的审计研究着眼于审计报告中投资者信息的差异，同时使用实验设计的方法进行探究(Libby，1979；Belkaoui，1980)。目前为止仅有一篇基于中国台湾数据的文章(Duh et al.，2014)探究了审计准则中中文术语的引申义。因此本节是首篇有关审计师使用敬语对审计独立性损害及审计客户财务错报的文献，丰富了该方面的研究。

此外，本节的发现表明即使审计报告的内容不变，审计报告中用词的变化也可能隐含着审计报告和财务报告质量的增量信息。从该角度来看，本节对国际审计与鉴证准则理事会(IAASB)发布的旨在提高审计报告有用性的监管条例具有直接启示(见IAASB，2011，2013)。最后，本节发现的中国审计报告中的敬语使用有信息价值，能够帮助中国投资者形成投资决策。

本节余下部分安排为：第二部分为研究假设，第三部分对样本选择、模型构建以及变量度量进行讨论，第四部分为实证分析，第五部分讨论了有关敬语与财务错报可能存在的内生性问题及测试，第六部分进行总结。

二、研究假设

（一）敬语在审计报告中的运用

社会语言学认为语言能够传递出个人意识的社会化及社会关系（Bernstein，1958；Luckmann，1975）。此外，语言编码在定义社会环境认知过程中扮演着重要的中介角色（Schatzman，Strauss，1955；Ervin-Tripp，1969）。目前鲜有从社会语言学视角进行会计与审计研究的文献，例如，Belkaoui（1980）使用实验研究的方法，将社会语言学引入解释了实验参与者的不同会计语言行为；Olson 和 Wootton（1991）分析了过去审计报告中使用的术语并比较了关键部分社会、经济、政治方面的术语变化。部分有关审计和语言学的研究（Libby，1979；Bailey，1981；Bailey et al.，1983；Holt，Moizer，1990）探究了审计报告使用者对报告传递信息的感知，但并未将审计报告中使用的语言与社会因素联系起来。目前为止，未有文献从社会语言学视角研究审计报告中用词的隐含意。

就称谓而言，社会语言学理论认为使用实名称呼代表交谈两方关系的平等（Brown，Gilman，1960；Brown，Levinson，1987）。相比之下，是否使用敬语则通常取决于交谈双方的关系、相对权力和地位。此外，在中国的特定背景下，“儒家文化是中国和海外华人潜在的文化特质”（Lew，1979），该文化将社会地位和等级的概念注入敬语的使用中。“礼”作为儒家文化最重要的组成部分之一，强调身份低者对身份高者应当使用敬语的原则。因此，在中国，敬语具有强烈的社会地位和权力的内涵（Scotton，Zhu，1983）。在中文的口语或书面语中使用敬语通常是在人或者公司名的前面加上敬称。例如，当使用敬语来称呼一家公司时，中国的审计师可能会称其为“贵公司”。与美国的审计师均需使用公司实名称呼审计客户不同的是，中国的审计师对审计报告中是否使用敬语具有自由裁量权。根据社会语言学相对地位和权力决定交谈者使用敬语的观点，本节认为中国的审计报告中使用敬语传递出审计师相对客户较低的地位，因而缺乏议价能力。

过往研究发现，审计师与被审计单位管理层之间的相对地位反映出审计师与客户的关系，同时会影响审计师独立性和审计质量。其中审计质量被定义为发现并报告审计客户会计系统漏洞的联合概率（DeAngelo，1981）。由于社会地位被认为有更强的能力进而令人肃然起敬（D'Aveni，1990；Pollock et al.，2010），所以管理层相对较高的地位通常被签字审计师认为更为权威并不愿提出质疑和挑战（Badolato et al.，2014），这意味着处于较低地位的审计师独立性受到损害，他们不愿质疑管理层的错报，并容忍审计客户的财务错报（尤其是高估类错报），这将影响审计师发现和更正错报的可能，进而导致低审计质量和高财务错报风险。审计师独立性是高审计质量的基石（DeAngelo，1981；DeFond，Zhang，2014），同时财务错报及重述是用于衡量审计质量的外在度量方式，其中低审计质量通常表现为高频率、大范围的财务错报及重述（如 Chin，Chi，2009；Gul et al.，2013；DeFond，Zhang，2014）。近期，Koch 和 Salterio（2017）的实验研究表明，审计师与客户关系密切以及承受较大客户压力时，均会损害审计师独立性，导致对激进财务报告的纵容。尽管没有直接证据表明在相对社会地位差异的情境中，审计师独立性受损会导致审计质量下降，但 Bennett 和 Hatfield（2013）的调查和实验证据表明，审计师的较低地位会抑制他们搜集审计证据并质疑财务错报的行为。Giordano（1983）的研究发现，当社会地位较高的群体犯错时，裁决者通常会对其作出更轻的判罚，由此可见，较低地位的审计师不愿对潜在的问题进行深入调查并要求较高地位的管理层进行更正。此外，由于较高地位意味着权威及受尊重，较低地位则与之相反，审计师的较低地位将直接导致管理层有更强的动机进行盈余操纵（Pollock et al.，2010；Badolato et al.，2014），这将进一步在审计师较低地位与财务错报风险的相关关系中起到推波助澜的作用。总而言之，前期研究已证明，较低地位的审计师易受审计客户压力影响而丧失独立性，因此会漠视审计客户可能导致重大财务错报的行为（Lord，DeZoort，2001）。

综上所述，结合社会语言学理论、相对社会理论以及中国文化（如儒家文化），本节认为审计师在审计报告中使用敬语反映出其较低的社会地位以及独立性易受损害，进而将导致较低的审计质量和较多的财务错报。因此，本节推断审计师使用敬语将会导致更高的财务错报风险，由此提出如下假设：

假设 4.2.1：审计师在审计报告中对客户使用敬语与未来的财务错报存在正相关关系。

（二）习惯性敬语和选择性敬语的使用

部分签字审计师在审计报告中一贯地使用敬语，对此现象存在两种可能的解释：第一，习惯性使用敬语的审计师可能在所有客户关系中均处于较低的地位；第二，习惯性使用敬语的审计师可能受到更好的教育，因此使用敬语仅仅是表达对客户的礼貌。在后一种情况下，将不会导致审计独立性受损，因此前文预测敬语使用与财务错报的关系将不成立[①]。相反，部分审计师选择性地对部分客户使用敬语而对另一部分客户使用实名，审计师不一致的行为表明他们仅仅相对部分而非全部客户管理层处于较低地位。进一步，选择性敬语可能表明该部分审计师独立性受到了影响，更倾向于顺从客户。因此，本节预测选择性敬语与审计客户财务错报存在更强的相关关系。由此本节提出如下假设：

假设 4.2.2：相比习惯性敬语，审计师选择性使用敬语与未来的财务错报存在更强的相关关系。

（三）横截面分析

根据审计师在审计报告中对客户使用敬语与未来财务错报存在正关系的假设，本节进

---

① 尽管本节无法将这两种可能的解释区分开来，但在第五部分进行了进一步分析。

行如下截面分析:

第一,本节推断如果审计师使用敬语与财务错报风险的相关关系假设成立,那么这种关系在会计师事务所为十大会计师事务所时较弱。十大会计师事务所更高的审计质量控制制度将抑制审计师向较高地位的客户管理层屈服的倾向。除此之外,在十大会计师事务所工作会为审计师带来额外的声誉和权威性,因此在与客户的议价中更可能占据强势地位。

第二,当审计师所在会计师事务所拥有行业专长时,上述假设的相关关系会减弱。某种程度上,行业专长意味着审计师在本地市场具有较多的份额,因此在与管理层的议价中能占据有利地位。此外,行业专长使审计师更具专业权威,因此能抵消其处于较低地位带来的负面影响。以上两方面原因使得主假设中的结果将在审计师来自行业专长会计师事务所时有所减弱。

第三,审计师使用敬语与财务错报风险的正相关关系在会计师事务所是合伙制时较弱。在本节的样本期间,中国有两种不同的会计师事务所组织形式:合伙制和有限责任制。当审计失败时,合伙制会计师事务所的审计师相较于有限责任制会计师事务所的审计师会承担更多的责任(Firth et al.,2012)。因此,合伙制会计师事务所中审计师之间的相互监督普遍存在。此外,在外人不易评价审计服务质量的情况下,合伙制会计师事务所中的审计师利润分享制度相较于公司制会计师事务所能更好地督促审计师提供高质量的审计服务(Levin, Tadelis,2005)。以上研究表明合伙制会计师事务所的内部控制机制强于公司制会计师事务所。因此,合伙制能够有效降低审计师独立性受损。本节据此推断,审计师使用敬语与财务错报风险的正相关关系在会计师事务所是合伙制时较弱。

第四,审计师使用敬语与财务错报风险的正相关关系在审计市场集中度较高时较弱。当本地审计市场集中度较高时,审计师会占有更大量的本地市场份额。相较于处于竞争激烈审计市场的审计师,他们无需为获取更多的市场份额担忧。因此,这些审计师有更强的客户议价能力。集中度较高的审计市场暗含着审计师相对客户身份的提高,因此会削弱使用敬语与财务错报风险之间的正相关关系。

三、样本选择和研究设计

(一)样本选择

从 2003 年起,中国注册会计师协会允许审计师在审计报告中自主决定对客户使用敬语或是实名[①]。该规定的变化使本节能够检验审计师敬语使用情况与财务错报风险之间的关系。本节手工搜集了 2003—2012 年所有中国上市公司审计报告中审计师对客户称谓的数据,获得 17 173 条公司—年度初始观测值。具体而言,若审计师在当年的审计报告中使用敬语,例如使用"贵公司"来称呼审计客户,则将敬语使用情况变量 HONOR 赋值为 1,否则

① 在 2003 年之前,中国注册会计师协会规定审计师应当在审计报告中对客户使用敬语。

赋值为0。进一步，若审计师当年在审计报告中对部分公司使用了敬语，但对其他公司并未使用敬语，则将选择性敬语变量HONOR_DIS赋值为1，否则赋值为0。此外，如果审计师在当年对所有公司均使用敬语而非带有选择性，则将习惯性敬语变量HONOR_CON赋值为1，否则赋值为0。接下来，本节剔除了金融服务行业的观测值、审计师特征和公司特征数据缺失以及股票市场数据缺失的观测值。具体样本选择过程见表4.2.1，最终获取了14 276条观测值。同时为减少极端值影响，本节对所有连续变量进行了上下1%分位的缩尾处理。

表4.2.1 样本选择

初始观测值	17 173
剔除金融服务行业的观测值	(202)
剔除缺少审计师相关信息的观测值	(181)
剔除缺少公司特定会计数据的观测值	(950)
剔除缺少股票市场数据的观测值	(1 564)
有效公司—年度观测值	14 276

（二）敬语使用情况

本节设定虚拟变量HONOR，当审计师以敬语称呼审计客户时赋值为1，否则赋值为0。中国的审计准则要求审计师在审计报告中签字（中华人民共和国财政部，1995），通常情况下有两位审计师要为同一审计项目签字，包括一位现场审计师（负责具体审计工作）和一位复核审计师（负责质量控制复核工作）。运用现场审计师出具的审计报告，本节进一步将习惯性敬语（HONOR_CON）的情况与选择性敬语（HONOR_DIS）的情况进行区分。具体来说，本节将样本期间内审计师对所有客户均使用敬语定义为习惯性敬语。相应地，当现场审计师仅对部分客户使用敬语时本节将变量HONOR_DIS赋值为1，否则为0[①]。如前所述，本节推断选择性敬语标志着审计师相对客户处于较低的社会地位。

（三）财务错报风险

本节使用以下方法度量诸如财务错报发生可能性及影响程度等财务错报风险：财务错报的可能性、财务错报金额大小、发生财务错报高估的可能性、财务错报高估金额大小以及是否受到中国证监会的行政处罚。具体而言，本节定义虚拟变量MIS_DUM度量财务错报的可能性，当公司财务报表在以后年份（3年内）重述（损益相关事项）时赋值为1，否则赋值为0；同时定义虚拟变量OVER_DUM度量高估的财务错报，当公司财务报告在以后年份（3年内）重述（损益相关事项），重述向下更正，赋值为1，否则赋值为0。此外本节还分别定义了度量财务错报和财务错报高估的影响程度的变量MIS_MAG和OVER_MAG。MIS_

① 类似的，本节同样使用了复核审计师区分习惯性敬语与选择性敬语的情况，并得到了类似的结果（未列示）。

MAG 表示总资产标准化的财务错报的金额;OVER_MAG 则表示总资产标准化的高估盈利错报的金额。最后,本节定义虚拟变量 ENFORCE 度量是否受到中国证监会处罚,当公司当年的财务报表在接下来三年内因虚构利润、虚构资产或虚假披露受中国证监会处罚时,该变量赋值为 1,否则赋值为 0。

(四)回归模型

本节采用如下多元回归模型[式(4.2.1)]检验敬语使用情况对财务错报的影响:

$$\begin{aligned} MISSTATE_{it} = {} & \alpha_0 + \alpha_1 HONOR_{it} + Client\ Company\ Characteristics_{it} + \\ & Client\ Importance_{it} + \varepsilon_{it} \end{aligned} \tag{4.2.1}$$

被解释变量 $MISSTATE_{it}$ 代表 i 公司在 t 年的财务错报,包括第三部分描述的五种度量方式:MIS_DUM_{it}、MIS_MAG_{it}、$OVER\_DUM_{it}$、$OVER\_MAG_{it}$ 和 ENFORCE。主要解释变量 $HONOR_{it}$ 为 i 公司在 t 年的审计报告中敬语使用情况的虚拟变量,本节进一步区分了习惯性敬语和选择性敬语两种情况,分别用 $HONOR\_CON_{it}$ 和 $HONOR\_DIS_{it}$ 表示。

参考 Chin 和 Chi(2009)以及 Lennox 和 Pittman(2010)的研究,本节控制了以下可能影响审计客户财务错报的公司层面因素,包括总资产收益率(ROA)、外部融资水平(FINANCING)、公司规模(SIZE)、财务杠杆(LEV)、资产周转率(AC_AUR)、公司年龄(LISTAGE)以及最终控制人性质(STATE)。同时本节还将市值账面比(MTB)、市盈率(PE)和股票收益率的标准差(STD_RET)加入作为控制变量。参考 Chen 等(2010)的研究,本节还控制了审计客户的盈余管理动机(EMI),包括避免报告亏损、"洗大澡"(Riedl,2004)以及达到股权融资监管要求的动机①。此外,前人研究发现审计客户对审计师业务组合的经济重要性可能会影响审计质量(如 Reynolds,Francis,2001;Li,2009),因此本节在会计师事务所层面以及审计师层面分别控制了客户重要性(CI_FIRM 和 CI_AUD)。CI_FIRM 的度量方法为被审计单位总资产的自然对数除以会计师事务所当年审计的所有公司总资产的自然对数;而 CI_AUD 为被审计单位总资产的自然对数除以审计师当年审计的所有公司总资产的自然对数。变量定义详见表 4.2.2。

表 4.2.2 变量定义

变量	定义	数据来源
被解释变量		
MIS_DUM	财务错报虚拟变量,当公司财务报表在以后年份(三年内)重述(损益相关事项)时赋值为 1,否则赋值为 0	CSMAR/手工搜集
OVER_DUM	虚拟变量,当公司财务报告在以后年份(三年内)重述(损益相关事项),重述向下更正,赋值为 1,否则赋值为 0	CSMAR/手工搜集

① 具体来说,当满足以下条件之一时赋值为 1:(1)微利(0<ROA<1%);(2)公司亏损,ROA 低于当年亏损的所有上市公司 ROA 的中位数;(3)ROE 略高于(6%~7%)证监会规定的增发条件。否则为 0。

续表

变量	定义	数据来源
被解释变量		
MIS_MAG	总资产标准化的财务错报的金额	CSMAR/手工搜集
OVER_MAG	总资产标准化的高估盈利错报的金额	CSMAR/手工搜集
ENFORCE	虚拟变量，当公司当年的财务报表在接下来三年因虚构利润、虚构资产或虚假披露受中国证监会处罚时，该变量赋值为1，否则赋值为0	CSMAR
MAO	审计意见虚拟变量，若上市公司当年被审计师出具非标准审计意见则取值为1，否则为0	CSMAR
OP	审计意见的变量赋值从0～3分别代表无保留意见、带强调事项段的无保留意见、保留意见、否定意见或无法表示意见	CSMAR
主要解释变量		
HONOR	敬语使用情况的虚拟变量，当现场审计师在当年的审计报告中对客户使用敬语时赋值为1，否则赋值为0	CSMAR/手工搜集
HONOR_DIS	选择性敬语的虚拟变量，当现场审计师在当年的审计报告中对客户使用敬语，但并非对所有客户均使用敬语时赋值为1，否则赋值为0	CSMAR/手工搜集
HONOR_CON	习惯性敬语的虚拟变量，当现场审计师在当年的审计报告中对客户使用敬语，并且对所有客户均使用敬语时赋值为1，否则赋值为0	CSMAR/手工搜集
控制变量		
CI_FIRM	会计师事务所层面的客户重要性，等于被审计单位总资产的自然对数除以会计师事务所当年审计的所有公司总资产的自然对数	CSMAR
CI_AUD	审计师层面的客户重要性，等于被审计单位总资产的自然对数除以审计师当年审计的所有公司总资产的自然对数	CSMAR
ROA	总资产收益率，等于息税前利润与总资产的比值	CSMAR
FINANCING	外部融资，用普通股、优先股及长期负债之和除以总资产	CSMAR
SIZE	公司规模，公司总资产的自然对数	CSMAR
LEV	财务杠杆，公司总负债与总资产的比值	CSMAR
AC_AUR	资产周转率，等于营业收入除以总资产	CSMAR
EMI	盈余管理动机虚拟变量，当满足以下条件之一时赋值为1：(1)微利(0<ROA<1%)；(2)公司亏损，ROA低于当年亏损的所有上市公司ROA的中位数；(3)ROE略高于(6%～7%)证监会规定的增发条件。否则为0	CSMAR
MTB	市值账面比，用当年公司权益的市值除以账面价值来衡量	CSMAR
PE	市盈率，等于当年公司年末市值除以息税前利润	CSMAR
STD_RET	股票收益率的标准差，等于用当年公司股票周回报率计算的市场调整后的股票回报率标准差	CSMAR

续表

变量	定义	数据来源
控制变量		
LISTAGE	公司年龄,等于公司上市年限加1后,取自然对数	CSMAR
STATE	最终控制人性质,若公司的最终控制人是中央或地方政府、政府控股公司则赋值为1,否则赋值为0	CSMAR
横截面分析变量		
BIG10	会计师事务所虚拟变量,当公司聘请国际四大会计师事务所或国内六大会计师事务所审计师时赋值为1,否则赋值为0	www.cicpa.org.cn 手工搜集
IND_SPEC	会计师事务所行业专长的虚拟变量,若按两位数证监会行业分类的客户审计收费计算,会计师事务所拥有最大的市场份额,则为1,否则为0	CSMAR
LIMIT	事务所组织形式,若会计师事务所为合伙制则取值为1,有限责任制则取值为0	从审计报告中手工搜集
CONCENT	当地审计市场集中程度,会计师事务所所在区域内的所有会计师事务所市场份额的平方和(以审计费用衡量)	CSMAR
倾向得分匹配第一阶段变量		
EDU_DIF	虚拟变量,当 EDU_AUD－EDU_CEO＞0 时赋值为1,否则赋值为0。EDU_AUD 为现场审计师教育水平的虚拟变量,若现场审计师获得本科及以上学历,则为1,否则为0。EDU_CEO 为 CEO 的教育水平,当 CEO 拥有本科或以上学历时赋值为1,否则赋值为0	从 CSMAR 和 www.cicpa.org.cn 手工搜集
FEXP_DIF	虚拟变量,当 FEXP_AUD－FEXP_CEO＞0 时赋值为1,否则赋值为0。FEXP_AUD 为现场审计师的财务与会计专业性,当现场审计师取得会计、审计或金融本科学历时赋值为1,否则赋值为0。FEXP_CEO 为 CEO 的财务与会计专业性,当 CEO 拥有经济、金融、会计或审计方面的专业称号时赋值为1,否则赋值为0	从 CSMAR 和 www.cicpa.org.cn 手工搜集
REP_DIF	虚拟变量,当 REP_AUD－REP_CEO＞0 时赋值为1,否则赋值为0。REP_AUD 为现场审计师专业领域的声誉,当现场审计师在国际四大会计师事务所工作时赋值为1,否则赋值为0。REP_CEO 为公司专业领域的声誉,当被审计单位为国企或为同行业中总资产规模最大的公司时赋值为1,否则赋值为0	从 CSMAR 和 www.cicpa.org.cn 手工搜集
GDP_DIF	虚拟变量,当 GDP_AUD－GDP_PC＞0 赋值为1,否则赋值为0。GDP_AUD 为会计师事务所所在地的人均 GDP,GDP_PC 为公司所在省区的人均 GDP	中国统计年鉴
GENDER_AUD	现场审计师性别的虚拟变量,若现场审计师为女性赋值为1,否则为0	www.cicpa.org.cn 手工搜集

当被解释变量 $MISSTATE_{it}$ 采用 MIS_MAG_{it} 和 $OVER\_MAG_{it}$ 度量时,本节采用 OLS 回归式(4.2.1);而当 $MISSTATE_{it}$ 采用 MIS_DUM_{it}、$OVER\_DUMi_{t}$ 和 ENFORCE 度量时,本节采用 logistic 回归式(4.2.1)。假设 4.2.1 推断 HONOR 的系数为正,而假设 4.2.2

中 HONOR_DIS 的系数应显著大于 HONOR_CON。该情况下，z 值为公司—年度聚类调整后的稳健标准差计算而得(Petersen,2009)。

四、回归结果

（一）描述性统计

表 4.2.3 为逐年审计报告中使用敬语和实名的情况。在样本期间内，36.31%的审计报告使用了敬语，63.69%的审计报告则使用了公司实名。值得注意的是，使用实名的比例在2003—2009 年间稳步上升，并于 2012 年稳定在 66%左右。在使用敬语的子样本中，仅有17.98%为选择性敬语，其余大部分则为习惯性敬语(82.02%)[①]。

表 4.2.3　审计报告中敬语使用与实名使用情况样本分布

年度	年度审计报告	使用敬语						使用公司实名	
		合计	使用敬语占比总样本/%	选择性敬语		习惯性敬语		合计	使用公司实名占比总样本/%
				观测值	选择性敬语占比子样本/%	观测值	习惯性敬语占比子样本/%		
2003	1 036	517	49.90	172	33.27	345	66.73	519	50.10
2004	1 104	549	49.73	118	21.49	431	78.51	555	50.27
2005	1 090	531	48.72	105	19.77	426	80.23	559	51.28
2006	1 157	424	36.65	122	28.77	302	71.23	733	63.35
2007	1 266	417	32.94	98	23.50	319	76.50	849	67.06
2008	1 348	419	31.08	70	16.71	349	83.29	929	68.92
2009	1 356	410	30.24	55	13.41	355	86.59	946	69.76
2010	1 784	566	31.73	71	12.54	495	87.46	1 218	68.27
2011	1 946	604	31.04	52	8.61	552	91.39	1 342	68.96
2012	2 189	746	34.08	69	9.25	677	90.75	1 443	65.92
合计	14 276	5 183	36.31	932	17.98	4 251	82.02	9 093	63.69

表 4.2.4 Panel A 中列示了回归中使用的主要变量的描述性统计。财务错报(MIS_DUM)的均值为 0.07，表明仅有 7%的样本观测值存在财务重述。OVER_DUM 是财务错报高估的虚拟变量，与 MIS_DUM 不同的是，该变量剔除了 312 条财务错报低估的样本观测值，OVER_DUM 均值和中位数分别为 0.05 和 0，与 MIS_DUM 的统计结果类似。此外，

① 如表 4.2.3 中所示，选择性使用敬语的情况在 2008 显著下降，可能是由于中国的上市公司开始使用 2007 颁布的新会计准则。为了减小准则变化可能造成的影响，本节将原样本分为 2008 年之前及 2008 年之后两个子样本重新进行回归，结果仍然成立。

财务错报程度(MIS_MAG)的均值为 0.07，表明平均错报金额占总资产的 7%。MAO 的均值为 7%，说明样本中仅有 7%的审计报告被出具了非标准审计意见。同时可以看到会计师事务所层面(CI_FIRM)和审计师层面(CI_AUD)的客户重要性均值分别为 0.03 和0.31，这与 Chen 等(2010)的研究结果相似。最后，有 31%的样本公司由十大会计师事务所审计，而13%的样本公司则是由行业专长会计师事务所审计。

表 4.2.4 Panel B 报告了主要测试变量的 Pearson 和 Spearman 相关系数。具体而言，敬语使用情况(包括 HONOR、HONOR_CON 和 HONOR_DIS)与 MIS_DUM 的 Pearson 和 Spearman 相关系数均在 10%的水平上正相关。相关关系的初步证据支持了本节的假设。此外，由于 MIS_DUM 和的观测值 OVER_DUM 几乎相同，因此相关系数为1.00。无论习惯性敬语(HONOR_CON)还是选择性敬语(HONOR_DIS)均与敬语使用情况变量(HONOR)显著相关，从不同角度揭示了上述度量敬语使用情况的有效性。

表 4.2.4 描述性统计与相关系数矩阵

Panel A：描述性统计

变量	观测值	均值	标准差	最小值	1/4 分位	中位数	3/4 分位	最大值
MIS_DUM	14 276	0.07	0.26	0	0	0	0	1
OVER_DUM	13 964	0.05	0.22	0	0	0	0	1
MIS_MAG	14 276	0.07	1.57	−35.36	0	0	0	66.70
OVER_MAG	13 964	0.10	1.44	0	0	0	0	66.70
ENFORCE	14 276	0.02	0.13	0	0	0	0	1
MAO	14 276	0.07	0.25	0	0	0	0	1
OP	14 276	0.10	0.42	0	0	0	0	3
HONOR	14 276	0.36	0.48	0	0	0	1	1
HONOR_DIS	14 276	0.06	0.25	0	0	0	0	1
HONOR_CON	14 276	0.30	0.46	0	0	0	1	1
CI_FIRM	14 276	0.03	0.06	0.00	0.00	0.01	0.03	0.45
CI_AUD	14 276	0.31	0.31	0.00	0.07	0.18	0.46	1.00
ROA	14 276	0.05	0.08	−0.34	0.03	0.05	0.08	0.28
FINANCING	14 276	0.02	0.09	−0.02	0.00	0.00	0.00	1.30
SIZE	14 276	21.49	1.18	18.74	20.69	21.36	22.14	26.04
LEV	14 276	0.49	0.26	0.05	0.32	0.49	0.64	1.80
AC_AUR	14 276	0.67	0.48	0.04	0.35	0.55	0.84	2.63
EMI	14 276	0.24	0.43	0	0	0	0	1
MTB	14 276	3.45	3.56	−5.65	1.65	2.53	4.16	23.95
PE	14 276	64.43	132.15	−157.30	16.71	31.21	61.37	929.80

续表

变量	观测值	均值	标准差	最小值	1/4 分位	中位数	3/4 分位	最大值
STD_RET	14 276	0.06	0.03	0.02	0.04	0.06	0.08	0.33
LISTAGE	14 276	9.05	5.16	1.00	5.00	9.00	13.00	23.00
STATE	14 276	0.56	0.50	0	0	1	1	1
BIG10	14 276	0.31	0.46	0	0	0	1	1
IND_SPEC	14 276	0.13	0.34	0	0	0	0	1
LIMIT	14 276	0.78	0.41	0	1	1	1	1
CONCENT	14 276	0.19	0.11	0.07	0.10	0.17	0.24	0.69

Panel B：Pearson 和 Spearman 相关系数矩阵

变量		(1)	(2)	(3)	(4)	(5)	(6)	(7)	(8)
MIS_DUM	(1)	1.00	**1.00**	**0.96**	**0.97**	0.01	**0.02**	**0.02**	**0.02**
OVER_DUM	(2)	**1.00**	1.00	**0.97**	**0.97**	0.01	**0.02**	**0.03**	**0.02**
MIS_MAG	(3)	**0.96**	**0.97**	1.00	**1.00**	0.01	**0.02**	**0.03**	**0.02**
OVER_MAG	(4)	**0.97**	**0.97**	**1.00**	1.00	0.01	**0.02**	**0.02**	**0.03**
ENFORCE	(5)	0.01	0.01	0.01	0.01	1.00	−0.01	−0.01	−0.01
HONOR	(6)	**0.02**	**0.02**	**0.02**	**0.02**	−0.01	1.00	**0.46**	**0.72**
HONOR_DIS	(7)	**0.02**	**0.03**	**0.03**	**0.02**	−0.01	**0.46**	1.00	**−0.10**
HONOR_CON	(8)	**0.02**	**0.02**	**0.02**	**0.03**	−0.01	**0.72**	**−0.10**	1.00

注：Panel A 为本节变量的描述性统计。Panel B 为主检验中使用的变量的 Pearson 相关系数（对角线下方）与 Spearman 相关系数（对角线上方）。表中基于双尾检验的相关系数在 10%或以上的水平显著时加粗。

（二）敬语使用与财务错报

表 4.2.5 为敬语使用情况与财务错报的 logistic 回归结果，其中 HONOR 的系数为 0.106且在 1%的水平上正显著。该系数表明当审计师对审计客户使用敬语时，财务错报风险平均上升了 1.31%（未列示）。考虑到本节样本中公司发生财务错报的平均概率为 7%（见表 4.2.4 Panel A），因此由敬语使用引起的财务错报风险上升具有经济上的显著性。该结果支持了假设 4.2.1，即审计师在审计报告中对客户使用敬语与未来的财务错报存在正相关关系。此外，会计师事务所层面及审计师层面的客户重要性变量（CI_FIRM 和 CI_AUD）均与财务错报风险显著正相关，这意味着敬语使用与财务错报之间的联系，是在前期大量有关客户重要性与财务错报联系的文献上的增量补充。另外，该结果中其他控制变量也与过往研究的结果一致。

表 4.2.5 敬语使用情况对财务错报的影响

变量	被解释变量：MIS_DUM			
	(1)假设 4.2.1		(2)假设 4.2.2	
	系数	z 值	系数	z 值
HONOR	0.106***	2.96		
HONOR_DIS			0.183***	3.70
HONOR_CON			0.080**	2.09
CI_FIRM	1.163***	8.03	1.170***	8.44
CI_AUD	0.169*	1.77	0.168*	1.79
ROA	−1.370***	−5.01	−1.366***	−4.97
FINANCING	0.019	0.08	0.020	0.09
SIZE	−0.070**	−2.50	−0.068**	−2.49
LEV	0.325***	3.81	0.324***	3.79
AC_AUR	−0.101*	−1.93	−0.100*	−1.96
EMI	0.027	1.01	0.026	0.96
MTB	0.054	1.04	0.055	1.07
PE	0.005**	1.97	0.005**	2.00
STD_RET	0.247*	1.92	0.261*	1.89
LISTAGE	0.000	0.01	0.000	0.02
STATE	0.113**	2.30	0.113**	2.33
常数项	−1.548***	−2.83	−1.578***	−2.94
行业	控制		控制	
年度	控制		控制	
会计师事务所	控制		控制	
Pseudo R^2	10.10%		10.56%	
观测值	14 276		14 276	
系数差异：HONOR_DIS-HONOR_CON			7.57***	

注：***、**、* 分别表示在 1%、5%和 10%的水平上显著(双尾)。所有 z 值经过公司与年度的双重聚类调整(Petersen，2009)。该表为敬语使用情况对财务错报的 logistic 回归结果，被解释变量为 MIS_DUM。变量定义见表 4.2.2。

本节进一步区分选择性敬语（HONOR_DIS）和习惯性敬语（HONOR_CON）的情况，并探究其是否与财务错报风险有不一致的关系。如表 4.2.5 第（2）列所示，HONOR_DIS 和 HONOR_CON 的系数均显著为正，而 HONOR_DIS 的系数显著大于 HONOR_CON 的系数。*F* 值等于 7.57 表明 HONOR_DIS 和 HONOR_CON 的系数估计值在 1%的水平上有显著差异。该结果支持了假设 4.2.2，说明相比习惯性敬语，选择性敬语与财务错报风险存在更强的相关关系。

接下来，本节使用了以下财务错报的替代度量方式来检验主假设：（1）OVER_DUM，高估的财务错报，为虚拟变量；（2）MIS_MAG，财务错报的影响程度；（3）OVER_MAG，财务错报高估的影响程度；（4）ENFORCE，是否受到中国证监会处罚的虚拟变量。本节采用 logistic 回归以及 OLS 回归检验了上述替代变量与敬语使用情况的关系并在表 4.2.6 中列示。表 4.2.6 Panel A 为以高估的财务错报（OVER_DUM）作为被解释变量的 logistic 回归结果，结果显示 HONOR、HONOR_CON 和 HONOR_DIS 均与财务错报高估存在显著的正相关关系。此外，HONOR_DIS 和 HONOR_CON 的系数在 5%的水平上有显著差异。Panel B 和 Panel C 分别报告了以财务错报的影响程度（MIS_MAG）和财务错报高估的影响程度（OVER_MAG）作为被解释变量时的 OLS 回归结果，以上三种敬语使用情况的系数均显著为正；更重要的是 HONOR_DIS 的系数在 1%的水平上显著大于 HONOR_CON 的系数。表 4.2.6 Panel D 为是否受到中国证监会处罚的 logistic 回归结果，HONOR 和 HONOR_DIS 的系数仍显著为正，同时 HONOR_DIS 和 HONOR_CON 的系数也存在显著差异。总体而言，表 4.2.6 的结果再一次为假设 4.2.1 和假设 4.2.2 提供了支持，并进一步佐证了表 4.2.5 中的结果。

表 4.2.6 敏感性测试—敬语使用情况对财务错报的影响

Panel A：被解释变量敏感性测试（OVER_DUM）

变量	被解释变量：OVER_DUM			
	（1）假设 4.2.1		（2）假设 4.2.2	
	系数	*z* 值	系数	*z* 值
HONOR	0.150***	5.43		
HONOR_DIS			0.213***	3.68
HONOR_CON			0.128***	4.64
控制变量	控制		控制	
行业	控制		控制	
年度	控制		控制	
会计师事务所	控制		控制	
Pseudo R^2	10.52%		10.96%	
观测值	13 964		13 964	
系数差异：HONOR_DIS-HONOR_CON			5.43**	

续表

Panel B:被解释变量敏感性测试(MIS_MAG)				
变量	被解释变量:MIS_MAG			
	(1)假设 4.2.1		(2)假设 4.2.2	
	系数	t 值	系数	t 值
HONOR	0.011**	2.01		
HONOR_DIS			0.020**	2.04
HONOR_CON			0.008**	2.24
控制变量	控制		控制	
行业	控制		控制	
年度	控制		控制	
会计师事务所	控制		控制	
Adj_R^2	4.20%		4.66%	
观测值	14 276		14 276	
系数差异:HONOR_DIS-HONOR_CON			130.27***	

Panel C:被解释变量敏感性测试(OVER_MAG)				
变量	被解释变量:OVER_MAG			
	(1)假设 4.2.1		(2)假设 4.2.2	
	系数	t 值	系数	t 值
HONOR	0.010**	1.97		
HONOR_DIS			0.023**	2.36
HONOR_CON			0.007**	2.06
控制变量	控制		控制	
行业	控制		控制	
年度	控制		控制	
会计师事务所	控制		控制	
Adj_R^2	3.16%		3.45%	
观测值	13 964		13 964	
系数差异:HONOR_DIS-HONOR_CON			46.01***	

续表

Panel D:被解释变量敏感性测试(ENFORCE)				
变量	被解释变量:ENFORCE			
	(1)假设 4.2.1		(2)假设 4.2.2	
	系数	z 值	系数	z 值
HONOR	0.202**	2.09		
HONOR_DIS			0.241***	2.62
HONOR_CON			0.115	0.62
控制变量	控制		控制	
行业	控制		控制	
年度	控制		控制	
会计师事务所	控制		控制	
Pseudo R^2	13.08%		13.11%	
观测值	14 276		14 276	
系数差异: HONOR_DIS-HONOR_CON			2.72*	

注：***、**、* 分别表示在 1%、5%和 10%的水平上显著(双尾)。所有 z 值与 t 值均经过公司与年度的双重聚类调整(Petersen,2009)。该表为敬语使用情况对财务错报的 logistic 回归结果(Panel A 与 Panel D)及 OLS 回归结果(Panel B 与 Panel C)。使用了四种替代度量方式,包括 OVER_DUM、MIS_MAG、OVER_MAG 和 ENFORCE。

(三)横截面测试结果

本节继续测试会计师事务所特征对敬语使用与财务错报间关系的调节作用。本节考虑了四种会计师事务所特征:会计师事务所规模、会计师事务所行业专长、会计师事务所组织形式以及会计师事务所面临的当地审计市场的竞争状况。第一,采用虚拟变量 BIG10 度量会计师事务所规模,即是否为十大会计师事务所。若公司聘请国际四大会计师事务所或国内六大会计师事务所审计师赋值为 1,否则赋值为 0。第二,本节采用虚拟变量 IND_SPEC 度量会计师事务所行业专长,若按两位数证监会行业分类的客户审计收费计算,会计师事务所拥有最大的市场份额赋值为 1,否则为 0。第三,本节构建虚拟变量 LIMIT 度量事务所组织形式,若会计师事务所为合伙制赋值为 1,有限责任制则赋值为 0。第四,本节采用会计师事务所所在区域内的所有会计师事务所市场份额的平方和(以审计费用衡量)度量当地审计市场的集中程度(CONCENT)。为了检验会计师事务所特征对敬语使用与财务错报之间关系的影响,本节在式(4.2.1)中加入这些会计师事务所特征的变量以及这些变量与敬语使用变量的交乘项,其中交乘项为本节重点关注的变量。

表 4.2.7 为使用扩展的式(4.2.1)并以 MIS_DUM 为被解释变量的横截面测试结果。Panel A 报告了十大会计师事务所的虚拟变量作为调节变量的结果,变量 BIG10 与敬语使用变量 HONOR、HONOR_CON 和 HONOR_DIS 的交乘项系数均显著为负,且 z 值在 5%和 1%的水平上显著。同时,所有敬语使用变量(HONOR、HONOR_CON 和 HONOR_

DIS)仍保持与财务错报显著正相关。十大会计师事务所客户的审计报告中敬语使用情况与财务错报的相关关系较弱,该结果支持了本节的推断,即十大会计师事务所帮助审计师提升了相对社会地位及与客户管理层的议价能力,因此减弱了使用敬语与财务错报的正关系。

Panel B 报告了会计师事务所行业专长(IND_SPEC)的影响。IND_SPEC 与敬语使用情况的交乘项系数均在 5%的水平上负显著,且敬语使用情况变量的系数仍保持正显著。该结果进一步支持了本节对会计师事务所行业专长能提升其与审计客户相对社会地位的判断,因此该特征削弱了使用敬语与财务错报的正关系[①]。

Panel C 的结果为事务所组织形式(LIMIT)的影响[②]。本节发现 LIMIT 与三种敬语使用情况的交乘项系数均为负显著,而三种敬语使用情况自身的系数显著为正。该结果支持了前文的推断,即合伙制会计师事务所中审计师使用敬语与财务错报的关系较弱。

Panel D 的结果则为当地审计市场的集中程度(CONCENT)的影响。结果显示 CONCENT 与敬语使用情况 HONOR 和 HONOR_DIS 的交乘项系数显著为负,支持了前文有关审计市场的高集中度会削弱使用敬语与财务错报之间关系的推断。

表 4.2.7 敬语使用情况与财务错报横截面测试

Panel A:十大会计师事务所				
变量	被解释变量:MIS_DUM			
	(1)假设 4.2.1		(2)假设 4.2.2	
	系数	z 值	系数	z 值
HONOR	0.216***	3.92		
HONOR_DIS			0.255***	4.34
HONOR_CON			0.197***	3.38
BIG10	−0.098	−0.28	−0.108	−0.29
HONOR×BIG10	−0.365***	−4.11		
HONOR_DIS×BIG10			−0.456**	−2.30
HONOR_CON×BIG10			−0.339***	−3.50
控制变量	控制		控制	
行业/年度、会计师事务所	控制		控制	
Pseudo R^2	10.17%		10.30%	
观测值	14 276		14 276	
系数差异: HONOR_DIS-HONOR_CON			5.15**	

① 存在一种可能为具有行业专长的会计师事务所同时也是十大会计师事务所,该情况下 Panel B 的结果可能是由十大会计师事务所的效应导致。为了解决该问题,本节尝试剔除了由既具有行业专长又是十大会计师事务所审计的观测值,结果仍保持不变。

② 本节在未列示的测试中证实了合伙制会计师事务所相比公司制会计师事务所有显著更小的财务错报风险。

续表

Panel B:会计师事务所行业专长				
变量	被解释变量:MIS_DUM			
	(1)假设 4.2.1		(2)假设 4.2.2	
	系数	z 值	系数	z 值
HONOR	0.145***	3.81		
HONOR_DIS			0.251***	3.77
HONOR_CON			0.112***	2.67
IND_SPEC	−0.061**	−2.08	−0.063	−1.48
HONOR× IND_SPEC	−0.134**	−2.14		
HONOR_DIS× IND_SPEC			−0.170**	−1.98
HONOR_CON× IND_SPEC			−0.121**	−2.00
控制变量	控制		控制	
行业/年度、会计师事务所	控制		控制	
Pseudo R^2	10.20%		10.25%	
观测值	14 276		14 276	
系数差异: HONOR_DIS-HONOR_CON			10.37***	

Panel C:会计师事务所组织形式				
变量	被解释变量:MIS_DUM			
	(1)假设 4.2.1		(2)假设 4.2.2	
	系数	z 值	系数	z 值
HONOR	0.319***	3.78		
HONOR_DIS			0.483***	3.77
HONOR_CON			0.338**	2.44
LIMIT	0.411***	4.40	0.495***	2.86
HONOR× LIMIT	−0.238**	−2.45		
HONOR_DIS× LIMIT			−0.326***	−4.05
HONOR_CON× LIMIT			−0.296*	−1.85
控制变量	控制		控制	
行业/年度、会计师事务所	控制		控制	
Pseudo R^2	10.41%		10.47%	
观测值	14 276		14 276	
系数差异: HONOR_DIS-HONOR_CON			3.47*	

续表

Panel D:审计市场集中度

变量	被解释变量:MIS_DUM			
	(1)假设 4.2.1		(2)假设 4.2.2	
	系数	z 值	系数	z 值
HONOR	0.097***	2.70		
HONOR_DIS			0.146***	3.30
HONOR_CON			0.078**	2.26
CONCENT	−2.210***	−5.58	−2.206***	−5.60
HONOR×CONCENT	−0.314**	−2.30		
HONOR_DIS×CONCENT			−0.529***	−3.74
HONOR_CON×CONCENT			0.687	0.78
控制变量	控制		控制	
行业/年度、会计师事务所	控制		控制	
Pseudo R^2	10.81%		10.85%	
观测值	14 276		14 276	
系数差异:HONOR_DIS-HONOR_CON			10.45***	

注:***、**、* 分别表示在 1%、5%和 10%的水平上显著(双尾)。所有 z 值经过公司与年度的双重聚类调整(Petersen,2009)。该表为敬语使用情况对财务错报的回归结果。被解释变量均为 MIS_DUM。Panel A、B、C、D 测试的交乘项分别为会计师事务所规模、会计师事务所行业专长、会计师事务所组织形式以及当地审计市场集中度等横截面因素。在 Panel D 中,当审计收费大于样本中位数时 CONCENT 被赋值为 1,否则为 0。

五、内生性测试及稳健性测试

前文的研究仅能揭示相关关系而非因果关系。因此,本节用以下三种方法检验使用敬语与财务错报的因果关系:倾向得分匹配、差分模型、利用外生监管事件进行准自然实验。

(一)倾向得分匹配(PSM)

本节在研究假设部分提出审计师与客户管理层之间的相对社会地位差异[如 Bennett 和 Hatfield(2013)、Badolato 等(2014)]会导致本节的主要结果,但目前本节尚未明确地检验该因果关系。这其中可能存在既影响敬语使用情况又影响财务错报的遗漏变量,同时审计师对敬语的使用也可能反映出他们对客户的经济依赖性。高经济依赖性可能会导致审计师屈服于客户压力,进而丧失独立性并损害审计质量。因此,本节使用倾向得分匹配(PSM)的方法来解决该问题(Stuart,Rubin,2008),PSM 的具体分析包括两个阶段。

在 PSM 第一阶段,采用可能决定是否使用敬语的三组变量与敬语使用情况进行 probit 回归。第一组变量为现场审计师的性别虚拟变量(GENDER_AUD)。第二组变量则是根据 Bennett 和 Hatfield(2013)及 Badolato 等(2014)的研究构建的代表审计师与客户管理层之间相对社会地位的代理变量。具体来说，该组变量包括现场审计师与审计客户 CEO 之间的教育背景差异(EDU_DIF)、财务与会计专业性差异(FEXP_DIS)以及专业领域内声誉上的差异(REP_DIF)。此外，本节还计算了会计师事务所所在地及审计客户所在地的人均 GDP 差异(GDP_DIF)。在上述变量中，正值代表审计师相对客户管理层有较高的社会地位。最后，本节还纳入了会计师事务所及审计师层面的客户重要性(CI_FIRM 和 CI_AUD)。

在表 4.2.8 Panel A 报告的结果中可以看出，敬语使用情况与不同维度度量相对社会地位的变量显著相关，包括财务与会计专业性差异、专业领域内声誉差异以及地区人均 GDP 差异。该结果支持了本节第二部分提出的假设 4.2.2，换言之，现场审计师与客户管理层之间的相对社会地位差异是导致选择性敬语的主要因素。相反，习惯性敬语则是由于审计师与 CEO 之间教育背景的差异导致的。更重要的是，客户重要性变量对三种敬语使用情况均无显著影响，表明是否使用敬语并非由客户重要性决定。该阶段的结果表明了相对社会地位的差异是选择性敬语的动因。

接下来，采用 probit 回归对使用敬语的观测值与使用实名的观测值进行一对一最邻近匹配，该过程中匹配出 2 557 条使用敬语的观测值及相应的使用实名的观测值，最终通过 PSM 获得包含 5 114 条公司—年度观测值的子样本①。

PSM 的第二阶段采用配对样本进行分析，表 4.2.8 Panel B 报告的结果进一步支持了假设 4.2.1 和假设 4.2.2，即敬语使用与财务错报存在相关关系，且选择性敬语相比习惯性敬语有更强的相关关系②。

表 4.2.8　倾向得分匹配(PSM)样本中敬语使用情况对财务错报的影响

Panel A：倾向得分匹配(PSM)第一阶段 probit 回归

变量	(1)被解释变量：HONOR		(2)被解释变量：HONOR_DIS		(3)被解释变量：HONOR_CON	
	系数	z 值	系数	z 值	系数	z 值
EDU_DIF	−0.135**	−2.12	0.098	0.75	−0.185***	−3.16
FEXP_DIF	−0.081**	−2.05	−0.225**	−2.41	0.001	0.01
REP_DIF	0.547	1.42	−0.588**	−2.24	0.675	1.62
GDP_DIF	−0.178***	−2.88	−0.220***	−2.65	−0.105	−1.22
CI_FIRM	0.020	0.11	−0.090	−0.25	0.082	0.69
CI_AUD	0.425	0.75	0.470	0.79	0.203	0.37
GENDER_AUD	−0.025	−0.57	−0.246***	−4.46	0.061	1.26
常数项	−3.133***	−2.89	9.245	0.01	−3.618***	−3.38
行业	控制		控制		控制	
年度	控制		控制		控制	

① 未列示的 t 检验结果显示，配对组与处理组的倾向得分均值无显著差异。

② 在未列示的测试中，本节分别对选择性敬语及习惯性敬语构建了倾向得分匹配的样本，替代样本的测试结果与主结果一致。

续表

变量	(1)被解释变量：HONOR		(2)被解释变量：HONOR_DIS		(3)被解释变量：HONOR_CON	
	系数	z 值	系数	z 值	系数	z 值
会计师事务所	控制		控制		控制	
Pseudo R^2	24.15%		5.96%		22.97%	
观测值	14 276		14 276		14 276	

Panel B：第二阶段使用配对样本回归结果

变量	被解释变量：MIS_DUM			
	(1)假设 4.2.1		(2)假设 4.2.2	
	系数	z 值	系数	z 值
HONOR	0.155***	3.71		
HONOR_DIS			0.262***	3.47
HONOR_CON			0.121***	2.97
CI_FIRM	1.474***	4.45	1.472***	4.41
CI_AUD	0.057	0.29	0.061	0.32
ROA	−1.974***	−6.40	−1.981***	−6.27
FINANCING	−0.229	−0.60	−0.225	−0.58
SIZE	−0.097***	−3.36	−0.096***	−3.35
LEV	0.290**	2.03	0.290**	2.01
AC_AUR	−0.100**	−2.44	−0.099**	−2.40
EMI	−0.034	−0.45	−0.035	−0.45
MTB	0.021	0.51	0.023	0.56
PE	0.007**	2.18	0.007**	2.22
STD_RET	−0.089	−0.19	−0.113	−0.24
LISTAGE	−0.006	−0.90	−0.006	−0.91
STATE	0.003	0.85	0.003	0.83
常数项	−0.315	−0.63	−0.348	−0.71
行业	控制		控制	
年度	控制		控制	
会计师事务所	控制		控制	
Pseudo R^2	13.58%		13.60%	
观测值	6 364		6 364	
系数差异：HONOR_DIS-HONOR_CON			6.11**	

注：***、**、* 分别表示在 1%、5%和 10%的水平上显著(双尾)。所有 z 值经过公司与年度的双重聚类调整(Petersen,2009)。该表使用倾向得分匹配得到配对样本，第一阶段(Panel A)的被解释变量分别为 HONOR、HONOR_DIS 和 HONOR_CON。Panel A 中配对得到 5 114 条公司—年度观测值，包括 2 557条使用敬语的审计报告观测值及 2 557 条未使用敬语的审计报告观测值。第二阶段(Panel B)使用 Panel A 中配对的样本采用式(4.2.1)进行回归，被解释变量为 MIS_DUM。

（二）差分模型

为了进一步探究敬语使用与财务错报间潜在的因果关系，本节使用差分模型将审计客户作为控制变量，进而控制公司层面不随时间改变的未知因素①。具体而言，本节计算了被解释变量和解释变量不同年之间的变化并以差分变量对式(4.2.1)进行估计。被解释变量 ΔMIS_DUM 为虚拟变量并按照如下方式定义：若公司 t 年的财务报表被重述而 $t-1$ 年的财务报表未被重述，则该变量赋值为 2；若公司 t 年和 $t-1$ 年的财务报表均被重述或均未被重述，则该变量赋值为 1；若公司 $t-1$ 年的财务报表被重述而 t 年的财务报表未被重述，则该变量赋值为 0。变量 ΔHONOR 则定义如下：当 t 年的称谓为敬语而 $t-1$ 年为实名时，该变量赋值为 3；当 t 年和 $t-1$ 年的称谓均使用敬语时，该变量赋值为 2；当 t 年的称谓为公司实名而 $t-1$ 年为敬语时，该变量赋值为 1；最后当 t 年和 $t-1$ 年自始至终都使用实名时，该变量赋值为 0。

本节使用 ΔMIS_DUM 和 ΔHONOR 分别作为被解释变量和解释变量进行 ordered logit 回归，该模型作为 logistic 回归模型的扩展模型，允许被解释变量取超过两个值。表 4.2.9的结果显示审计师称谓使用的变化(ΔHONOR)仍与财务错报变化显著相关。该证据表明是审计师敬语使用情况而非其他因素影响了财务报告质量。

表 4.2.9 敬语使用情况对财务错报影响的差分模型

变量	被解释变量：ΔMIS_DUM	
	系数	z 值
ΔHONOR	0.094**	2.47
ΔCI_FIRM	−0.214	−0.37
ΔCI_AUD	−0.044	−0.51
ΔROA	0.000*	1.68
ΔFINANCING	0.321	1.10
ΔSIZE	0.215*	1.85
ΔLEV	−0.214	−1.13
ΔAC_AUR	−0.117	−0.85
ΔEMI	0.061	0.92
ΔMTB	0.018	0.99
ΔPE	−0.006	−1.06
ΔSTD_RET	−0.833	−0.54
ΔLISTAGE	−0.006***	−3.34

① 此外，从公司的时间序列上看，称谓使用的变化是审计师更替造成的，该情况通常被认为属于外生事件。

续表

变量	被解释变量:ΔMIS_DUM	
	系数	z 值
ΔSTATE	−0.124	−0.50
CUT1	−2.798***	−12.57
CUT2	3.109***	15.75
行业	控制	
年度	控制	
会计师事务所	控制	
Pseudo R^2	1.10%	
观测值	11 905	

注:***、**、*分别表示在1%、5%和10%的水平上显著(双尾)。所有 z 值经过公司与年度的双重聚类调整(Petersen,2009)。该表为敬语使用变化对财务错报变化的 ordered logit 回归结果。其他所有变量均采用一阶差分。

(三)外生监管事件

2010年之前,样本中的大部分会计师事务所均为有限责任公司制的会计师事务所。2010年财政部颁布了新规,所有大型会计师事务所均应在2010年底前转变为有限合伙制的形式,而中型会计师事务所也应在2011年底前完成相应转换(中华人民共和国财政部,2010)①。该外生监管事件的冲击意味着审计师面临审计失败时应承担的责任有所提升。从某种程度上来说,该外生事件会造成审计师对客户管理层的顺从行为有所改变(同时会改变称谓的形式),利用该外生冲击进行测试能缓解潜在的内生性问题②。具体而言,本节构建虚拟变量 PARTNER 并令会计师事务所在该事件当年转换为合伙制企业的情况下为1,而在转换之前则赋值为0。接着本节在式(4.2.1)中加入 PARTNER 和 PARTNER 与敬语使用情况的交乘项。

表4.2.10的结果为该外生事件冲击下敬语使用情况对财务错报的 logistic 回归结果(时间区间为事件年和前一年)。在第(1)列中,HONOR×PARTNER 的系数显著为负而 HONOR 的系数则保持显著为正。与之相似的,在第二列中 HONOR_DIS×PARTNER 及 HONOR_CON×PARTNER 的系数均显著为负且 HONOR_DIS 与 HONOR_CON 的系数保持显著为正。由此,正如本节推断的,会计师事务所强制转换为有限合伙制削弱了使用敬语与财务错报间的因果关系。

① 事实上,截至2012年底,绝大多数会计师事务所均将组织形式转换为有限合伙制,因此仅有极少数审计师需要承担无限连带责任。

② Wang 等(2008)与本节有类似的观点。

表 4.2.10 外生监管事件冲击下使用敬语对财务错报的影响

变量	被解释变量:MIS_DUM			
	(1)		(2)	
	系数	z 值	系数	z 值
HONOR	1.081**	2.37		
HONOR_DIS			1.110***	4.04
HONOR_CON			1.013***	3.35
PARTNER	0.692	0.93	0.627	1.24
HONOR×PARTNER	−0.939**	−2.06		
HONOR_DIS×PARTNER			−0.799**	−2.31
HONOR_CON×PARTNER			−0.964***	−3.02
CI_FIRM	−1.675	−0.42	−1.528	−0.39
CI_AUD	−1.244***	−2.82	−1.206	−1.52
ROA	−0.537	−0.80	−0.346	−0.22
FINANCING	0.314	0.38	0.246	0.25
SIZE	−0.019	−0.49	−0.018	−0.24
LEV	0.201	0.27	0.178	0.20
AC_AUR	−0.880***	−4.37	−0.872***	−3.34
EMI	−0.078	−0.45	−0.043	−0.18
MTB	−0.023	−0.22	−0.020	−0.23
PE	0.033	0.92	0.031	1.26
STD_RET	−0.536	−0.26	−0.372	−0.19
LISTAGE	0.045	1.24	0.043*	1.91
STATE	−0.363*	−1.92	−0.360	−1.31
常数项	−1.971	−1.54	−2.441	−1.19
行业	控制		控制	
年度	控制		控制	
会计师事务所	控制		控制	
Pseudo R^2	21.34%		21.49%	
观测值	540		540	

注：***、**、* 分别表示在 1%、5%和 10%的水平上显著(双尾)。所有 z 值经过公司与年度的双重聚类调整(Petersen,2009)。

(四)出具非标准审计意见的可能

该部分为进一步测试，考虑到审计意见是审计师最重要的工作成果，本节期望检验敬语使用情况影响审计师出具非标准审计意见的可能(MAO)。如果敬语的使用损害了审计师的独立性，那么本节预期敬语使用情况将与出具非标准审计意见的可能呈负相关关系。由此构建了如下模型：

$$P(MAO_{it}=1)=\beta_0+\beta_1 HONOR_{it}+\beta_2 MAO\_LAG_{it}+Client\ Company\ Characteritics_{it}+Client\ Importance_{it}+\varepsilon_{it} \quad (4.2.2)$$

在式(4.2.2)中，当 i 公司在 t 年被审计师出具非标准审计意见时 MAO_{it} 的取值为 1，否则为 0。与式(4.2.1)相同的是，本节重点关注变量 $HONOR_{it}$ 以及从中区分的两种敬语使用情况，即 $HONOR\_CON_{it}$ 和 $HONOR\_DIS_{it}$，同时加入与式(4.2.1)相同的控制变量。此外，参照 Chen 等(2010)的做法，本节在式(4.2.2)中加入滞后的审计意见虚拟变量 MAO(MAO_LAG)、速动比率(QUICK)以及应收账款及存货周转率(ARINV)。若假设 4.2.1 成立则 HONOR 的系数为负，若假设 4.2.2 成立则 HONOR_DIS 的系数应显著大于 HONOR_CON 的系数。

表 4.2.11 的 Panel A 为 logistic 回归的结果，第(1)列中 HONOR 的系数在 5%的水平上负显著。此外，第(2)列的结果显示 HONOR_DIS 的系数显著为负，而 HONOR_CON 的系数则不显著。在表 4.2.11 的 Panel B 中，本节使用 OP 作为式(4.2.2)的被解释变量，变量 OP 在审计结论为无保留意见、带强调事项段的无保留意见、保留意见、否定意见或无法表示意见时分别被赋值为 0～3。Panel B 中 ordered logit 回归的结果与 Panel A 中类似。综合来看，MAO 的测试结果表明敬语使用情况与审计师独立性受损之间存在正相关关系，并且，导致这种关系的主要因素为选择性敬语。

表 4.2.11　敬语使用情况对非标准审计意见的影响

Panel A：logistic 回归结果

变量	被解释变量：MAO			
	(1)假设 4.2.1		(2)假设 4.2.2	
	系数	z 值	系数	z 值
HONOR	−0.184**	−2.14		
HONOR_DIS			−0.195***	−2.79
HONOR_CON			−0.181	−1.46
CI_FIRM	2.024**	2.02	2.024**	2.02
CI_AUD	−0.039	−0.15	−0.041	−0.15
ROA	−11.426***	−14.56	−11.426***	−14.58
FINANCING	0.339***	4.51	0.338***	4.52
SIZE	−0.383***	−7.15	−0.383***	−7.01
LEV	2.427***	20.18	2.427***	20.81
AC_AUR	−0.306*	−1.92	−0.307*	−1.91
EMI	0.319*	1.85	0.319*	1.85
MTB	−0.032**	−2.49	−0.032***	−2.59

续表

变量	被解释变量:MAO			
	(1)假设 4.2.1		(2)假设 4.2.2	
	系数	z 值	系数	z 值
PE	−0.018	−0.90	−0.018	−0.90
STD_RET	−1.124	−1.49	−1.123	−1.48
LISTAGE	0.030***	2.94	0.030***	2.89
STATE	−0.245	−1.48	−0.245	−1.48
MAO_LAG	3.134***	15.97	3.134***	15.75
QUICK	0.239***	3.85	0.239***	3.84
ARINV	−0.853**	−2.08	−0.853**	−2.11
常数项	8.502***	7.83	8.502***	7.83
行业	控制		控制	
年度	控制		控制	
会计师事务所	控制		控制	
Pseudo R^2	55.19%		55.41%	
观测值	12 178		12 178	

Panel B:ordered logit 回归结果

变量	被解释变量:OP			
	(1)假设 4.2.1		(2)假设 4.2.2	
	系数	z 值	系数	z 值
HONOR	−0.186***	−4.49		
HONOR_DIS			−0.302***	−2.96
HONOR_CON			−0.152	−1.06
CI_FIRM	0.490	0.46	0.490	0.41
CI_AUD	0.045	0.27	0.028	0.13
ROA	−8.869***	−8.01	−8.874***	−6.92
FINANCING	0.156	0.66	0.155	0.59
SIZE	−0.260***	−5.18	−0.258***	−3.76
LEV	1.142***	7.79	1.147***	7.52
AC_AUR	−0.177	−1.24	−0.179	−1.01
EMI	0.540***	3.73	0.541***	4.06
MTB	0.003	0.23	0.003	0.42
PE	−0.021	−1.18	−0.021	−1.23
STD_RET	−0.699	−1.11	−0.702	−1.27
LISTAGE	0.051***	5.30	0.051***	4.69

续表

变量	被解释变量:OP			
	(1)假设 4.2.1		(2)假设 4.2.2	
	系数	z 值	系数	z 值
STATE	−0.259*	−1.79	−0.261***	−2.98
MAO_LAG	1.542***	14.09	1.540***	10.19
QUICK	0.084	0.88	0.085	0.70
ARINV	−0.215	−0.54	−0.227	−0.59
CUT1	1.577**	2.31	1.634	1.49
CUT2	3.525***	5.30	3.582***	3.55
CUT3	5.248***	10.74	5.303***	5.49
行业	控制		控制	
年度	控制		控制	
会计师事务所	控制		控制	
Pseudo R^2	40.93%		41.14%	
观测值	12 178		12 178	

注:***、**、* 分别表示在 1%、5%和 10%的水平上显著(双尾)。Panel A 中 z 值经过公司与年度的双重聚类调整(Petersen,2009),Panel B 中 z 值经过公司层面的聚类调整及异方差稳健标准误(Huber-White)调整。该表报告了敬语使用情况与出具非标准审计意见可能(MAO)之间的关系。MAO_LAG 为 MAO 的滞后变量;OP_LAG 为 OP 的滞后变量,QUICK 为速动比率,为现金、短期投资及应收账款之和除以总流动资产;ARINV 为应收账款及存货周转率,为应收账款及存货之和除以总资产。Panel A 中被解释变量为 MAO;Panel B 中被解释变量为 OP。

六、研究结论

本节从社会语言学的视角,以中国的审计报告为对象探究了审计师对客户使用敬语对财务报告质量的影响。社会语言学理论认为敬语的使用反映出对话双方相对社会地位的不同(Brown,Gilman,1960)。同时,在中国盛行的儒家文化强调论资排辈以及相对社会地位较低者对相对社会地位高者的服从。本节认为在中国的审计报告中使用敬语传递出审计师相对客户弱势及顺从的信息。本节发现敬语的使用可能导致更高的财务错报风险,如错报的可能性及程度。此外,选择性敬语较习惯性敬语有着更强的影响。进一步研究发现这种关系在会计师事务所为十大会计师事务所、拥有行业专长、合伙制、处于相对集中的审计市场时有所减弱。最后,在通过稳健性测试和内生性测试后,本节结果仍然成立。

参考文献

中华人民共和国财政部，1995-12-25. 独立审计具体准则第 7 号——审计报告[EB/OL]. 2022-03-24]. http://www.mof.gov.cn/gkml/caizhengwengao/caizhengbuwengao2003/caizhengbuwengao20039/200805/t20080519_20967.htm.

中华人民共和国财政部，2010-07-29. 关于推动大中型会计师事务所采用特殊普通合伙组织形式及暂行规定[EB/OL]. http://gd.mof.gov.cn/lanmudaohang/zhengcefagui/201007/t20100729_330661.htm

BADOLATO P G，DONELSON D C，EGE M，2014. Audit committee financial expertise and earnings management: the role of status[J]. Journal of accounting and economics，58(2-3)：208-230.

BAILEY K E，BYLINSKI J H，SHIELDS M D，1983. Effects of audit report wording changes on the perceived message[J]. Journal of accounting research，21(2)：355-370.

BAILEY W T，1981. The effects of audit reports on chartered financial analysts perceptions of the sources of financial-statement and audit-report messages [J]. The accounting review，56(4)：882-896.

BELKAOUI A，1980. The inter-professional linguistic communication of accounting concepts - an experiment in sociolinguistics[J]. Journal of accounting research，18(2)：362-374.

BENNETT G B，HATFIELD R C，2013. The effect of the social mismatch between staff auditors and client management on the collection of audit evidence[J]. The accounting review，88(1)：31-50.

BERNSTEIN B，1958. Some sociological determinants of perception: an enquiry into sub-cultural differences[J]. The British journal of sociology，9(2)：159-174.

BROWN P，LEVINSON S C，1987. Politeness: Some Universals in Language Usage [M]. Cambridge: Cambridge university press.

BROWN R，GILMAN A，1960. The pronouns of power and solidarity [A]//SEBEOK T A. Style in language[C]. Cambridge: The MIT Press：253-276

CHEN S，SUN S Y J，WU D，2010. Client importance，institutional improvements，and audit quality in China: an office and individual auditor level analysis[J]. The accounting review，85(1)：127-158.

CHIN C-L，CHI H-Y，2009. Reducing restatements with increased industry expertise [J]. Contemporary accounting research，26(3)：729-765.

D'AVENI R A，1990. Top managerial prestige and organizational bankruptcy[J]. Organization science，1(2)：121-142.

DEANGELO L E, 1981. Auditor size and audit quality[J]. Journal of Accounting and Economics, 3(3): 183-199.

DEFOND M, ZHANG J, 2014. A review of archival auditing research[J]. Journal of accounting and economics, 58(2～3): 275-326.

DU X, 2015. Does confucianism reduce minority shareholder expropriation? Evidence from China[J]. Journal of business ethics, 132(4): 661-716.

DUH R-R, LIN H-L, CHOW C W, 2014. Connotative meaning and the challenges of international financial reporting/auditing standards convergence: the case of Taiwan's statement of auditing standards number 33[J]. Asia-Pacific journal of accounting & economics, 21(4): 368-388.

ERVIN-TRIPP S, 1969. Sociolinguistics[A]//BERKOWITZ L. Advances in Experimental Social Psychology[C]. New York: Academic Press: 91-165.

FIRTH M, MO P L L, WONG R M K, 2012. Auditors' organizational form, legal liability, and reporting conservatism: evidence from China[J]. Contemporary accounting research, 29(1): 57-93.

GIORDANO P C, 1983. Sanctioning the high-status deviant - an attributional analysis [J]. Social psychology quarterly, 46(4): 329-342.

GU Y G, 1990. Politeness phenomena in modern chinese[J]. Journal of pragmatics, 14(2): 237-257.

GUL F A, WU D, YANG Z, 2013. Do individual auditors affect audit quality? Evidence from archival data[J]. The accounting review, 88(6): 1993-2023.

HOLT G, MOIZER P, 1990. The meaning of audit reports[J]. Accounting and business research, 20(78): 111-121.

INTERNATIONAL AUDITING AND ASSURANCE STANDARDS BOARD (IAASB), 2011. Enhancing the value of auditor reporting: exploring options for change [R]. New York: International Federation of Accountants.

INTERNATIONAL AUDITING AND ASSURANCE STANDARDS BOARD(IAASB), 2013. Reporting on audited financial statements: proposed new and revised international standards on auditing(ISAs)[R]. New York: International Federation of Accountants.

KOCH C, SALTERIO S E, 2017. The effects of auditor affinity for client and perceived client pressure on auditor proposed adjustments[J]. The accounting review, 92(5): 117-142.

LENNOX C, PITTMAN J A, 2010. Big five audits and accounting fraud[J]. Contemporary accounting research, 27(1): 209-247.

LEVIN J, TADELIS S, 2005. Profit sharing and the role of professional partnerships [J]. Quarterly journal of economics, 120(1): 131-171.

LEW W J F，1979. A Chinese woman intellectual：family，education，and personality [J]. Educational journal，11：36-46.

LI C，2009. Does client importance affect auditor independence at the office level? Empirical evidence from going - concern opinions[J]. Contemporary accounting research，26(1)：201-230.

LIBBY R，1979. Bankers' and auditors' perceptions of the message communicated by the audit report[J]. Journal of accounting research，17(1)：99-122.

LORD A T，DEZOORT F T，2001. The impact of commitment and moral reasoning on auditors' responses to social influence pressure[J]. Accounting organizations and society，26(3)：215-235.

LUCKMANN T，1975. The sociology of language[M]. Indiaapolis：Bobbs-Merrill Company.

OLSON S K，WOOTTON C W，1991. Substance and semantics in the auditor's standard report[J]. Accounting historians journal，18(2)：85-111.

PETERSEN M A，2009. Estimating standard errors in finance panel data sets：comparing approaches[J]. Review of financial studies，22(1)：435-480.

POLLOCK T G，CHEN G，JACKSON E M，et al，2010. How much prestige is enough? Assessing the value of multiple types of high-status affiliates for young firms [J]. Journal of business venturing，25(1)：6-23.

REYNOLDS J K，FRANCIS J R，2000. Does size matter? The influence of large clients on office-level auditor reporting decisions[J]. Journal of accounting and economics，30(3)：375-400.

RIEDL E J，2004. An examination of long-lived asset impairments [J]. The accounting review，79(3)：823-852.

SCHATZMAN L，STRAUSS A，1955. Social class and modes of communication [J]. American journal of sociology，60(4)：329-338.

SCOTTONC M，ZHU W J，1983. Tongzhi in China - language change and its conversational consequences[J]. Language in society，12(4)：477-494.

STUART E A，RUBIN D B，2008. Best practices in quasi-experimental designs：matching methods for causal inference [A]// OSBORNE J W. Best practices in quantitative methods[C].Thousand Oaks：Sage Publications：155-176.

WANG Q，WONG T J，XIA L，2008. State ownership，the institutional environment，and auditor choice：evidence from China[J]. Journal of accounting and economics，46(1)：112-134.

WHITE H，1980. A heteroskedasticity-consistent covariance-matrix estimator and a direct test for heteroskedasticity[J]. Econometrica，48(4)：817-838.

第三节 学者型董事与公司环境绩效

摘要：以2008—2016年中国股市的17 139个公司—年度观测值为样本，本节检验了学者型董事对公司环境绩效的影响，并进一步探究了上述影响是否取决于污染控制部门的设立。本节研究发现拥有学者型董事的公司较其他公司而言表现出显著更好的环境绩效，说明学者型董事能够有效地监督公司环境决策。此外，相比于没有设立污染控制部门的公司，设有污染控制部门的公司学者型董事对环境绩效的正向影响更显著。而且，本节的结论在采用学者型董事和环境绩效的其他度量方式进行敏感性测试后依然稳健，并且在采用倾向得分匹配法、差分模型方法以及双重差分法来控制潜在的内生性问题后依然成立。进一步分析表明本节的结论仅适用于未担任行政职务、45岁及以上、拥有正教授职称、在知名高校任教和兼任多家公司独立董事的学者型董事。最后，学者型董事与公司环境投资显著正相关，支持了本节的结论。

一、引言

本节研究了学者担任公司独立董事对公司环境绩效的影响。已有大量文献关注包括董事会在内的公司治理和经济后果之间的关系，但现有研究的结论并不一致（Agrawal，Knoeber，1996；Baysinger，Butler，1985；Bhagat，Black，2001；Dahya et al.，2008）。例如，Dahya等（2008）发现董事会独立性与公司绩效之间的显著正关系，而Agrawal和Knoeber（1996）发现二者之间存在显著的负相关关系。此外，Baysinger和Butler（1985）以及Bhagat和Black（2001）发现，独立董事更多的公司并不比其他公司表现更佳。总之，前期研究表明，独立董事的能力存在差异。在这种背景下，学者们开始关注董事会成员异质性的经济后果，包括女性董事（Adams，Ferreira，2009；Gul et al.，2011；Liu et al.，2014）、少数族裔董事（Gyapong et al.，2016）、境外董事（Masulis et al.，2012）、担任过CEO的董事（Andres et al.，2014；Fahlenbrach et al.，2011）、创始人董事（Li，Srinivasan，2011）、银行家董事（Güner et al.，2008；Huang et al.，2014）、律师董事（Litov et al.，2013）、分析师董事（Cohen et al.，2012）和学者型董事（Cho et al.，2017；Fan et al.，2019；Francis et al.，2015；Reeb，Zhao，2013）。

据本节统计，中国上市公司中有近40%的独立董事为学者型董事。具体而言，大约4/5的中国A股上市公司在公司董事会中至少有一名学者型董事（见表4.3.3）。作为对比，在美国背景下，Cho等（2017）和Francis等（2015）发现，标准普尔1500的公司中，超过1/3的公司聘请一名及以上的教授担任董事会成员。任命教授担任独立董事的做法，即众所周知的学者型董事，在世界各地都很普遍。

学者型董事在以下几方面有别于其他独立董事。第一，学者型董事具有较高的独立性。

学者通常是诸如经济学、商学、工程学等特定领域的专家。因此，学者型董事往往享有较高的声誉，尤其是来自知名高校的学者型董事，这在一定程度上保证了他们的独立性（Francis et al.，2015；Quan，Li，2017；White et al.，2014）。此外，几乎所有的教授在其日常的学术研究中都养成了独立思考的习惯，所以即便在巨大的压力下他们也更有可能坚持自己的观点（Jiang，Murphy，2007）。第二，学者型董事可能更有道德和社会责任感。前期文献也认为教育者（如大学教授）有义务具备更高的道德标准（Charnov，1987；O'Connell，1998）。事实上，教学、研究以及服务大学和社区是教授的三个主要职责（Tierney，1997），这些都是面向未来的活动，可以长期造福社会。第三，教育水平是个人地位的一项重要决定因素（Badolato et al.，2014；Erkens，Bonner，2013）。在这方面，学者型董事大多具有博士学位，促使他们在董事会中拥有更高的地位。第四，由于儒家文化所倡导的“尊师重教”的中华传统，教授受到全社会的广泛尊重（Huang et al.，2016；Li，2003，2005）。综上所述，由于学者型董事更加独立，更有社会责任感，具有更高的董事会地位以及受到广泛的尊重，所以他们的建议，包括但不限于环境问题，能够得到董事会的充分尊重。因此，本节推测学者型董事有意愿也有能力监督公司在环境问题上的决策。

本节着眼于中国背景进行实证分析，有两点原因。第一，与西方国家（如美国）相比，任命学者担任独立董事的做法在中国更为普遍（Huang et al.，2016）。第二，中国背景为研究者提供了公司层面环境绩效相当大的差异（Du，2015，2018）。自 20 世纪末以来，来自政府、非政府组织和公众的压力迫使发达国家的大多数企业将环境保护纳入其文化和管理过程中（Berry，Rondinelli，1998；Darrell，Schwartz，1997），但上海和深圳证券交易所直到 2007 年才要求上市公司披露企业社会责任（CSR）报告（包括环境绩效）。也就是说，中国仍处于环境治理的初级阶段（Du et al.，2014），这使得研究者可以更好地探究学者型董事对公司环境绩效的影响。

以 2008—2016 年中国股市 17 139 个公司—年度观测值为样本，本节研究了学者型董事对公司环境绩效的影响，并进一步探讨了上述影响是否取决于企业内部的污染控制部门。参考 Clarkson 等（2008）和 Du 等（2014），本节采用文本分析指标来度量自愿性环境披露并作为环境绩效的代理变量。Clarkson 等（2008）、Du（2015，2018）、Du 等（2014，2016，2017，2018）、Rahman 和 Post（2012）以及日益发展的相关文献（Clarkson et al.，2011；Meng et al.，2014）支持了自愿性环境披露是环境绩效的合适的代理变量。

简言之，本节的研究结果揭示了如下几方面：第一，董事会中有学者型董事的公司与其他公司相比表现出显著更好的环境绩效。这一发现表明，学者型董事改善了公司治理，有效地监督了公司的环境决策，并最终有利于公司环境绩效。第二，与未设立污染控制部门的公司相比，学者型董事与公司环境绩效间的正关系在设有污染控制部门的公司更为显著。第三，在使用学者型董事和公司环境绩效的其他度量方式进行敏感性测试后本节的结果依然稳健，而且进一步采用倾向得分匹配（PSM）法、双重差分（DID）法和差分模型方法来控制内生性问题后本节结论依然成立。第四，进一步分析表明，学者型董事对环境绩效的促进作用仅对未担任行政职务、45 岁及以上、具有正教授职称、来自知名高校和兼任多家公司独立董事的学者型董事有效。第五，学者型董事与公司环境投资显著正相关，为本节提供了支持性证据。

本节对现存文献的贡献有以下几方面：

首先，根据所掌握的知识和文献，本节首次探讨了具有学术背景的独立董事是否会影响公司环境绩效。部分文献已经探讨了独立董事的社会异质性对经济后果的影响，例如性别(Adams，Ferreira，2009；Gul et al.，2011；Liu et al.，2014)、种族(Gyapong et al.，2016)和国籍(Du et al.，2017；Masulis et al.，2012)。也有部分文献揭示了独立董事的职业异质性，包括前任 CEO(Andres et al.，2014；Fahlenbrach et al.，2011)、创始人(Li，Srinivasan，2011)、银行家(Güner et al.，2008；Huang et al.，2014)、律师(Litov et al.，2013)、分析师(Cohen et al.，2012)，并进一步实证检验了其对公司行为的影响。此外，近年来，密切关注学者型董事经济后果的文献日益丰富(Cho et al.，2017；Fan et al.，2019；Francis et al.，2015；Huang et al.，2016)。然而，对于学者型董事是否会影响公司环境绩效这一 CSR 的极其重要的维度，现有文献并未提供充分证据。因此，本节通过探究学者型董事与公司环境绩效之间的关系补充了有关董事会成员异质性的先前文献。

其次，监督和建议是董事会影响经济后果的两个重要途径。具体到学者，Audretsch 和 Stephan(1996)以及 Jiang 和 Murphy(2007)认为，学者聪慧且具有批判性思维，这有助于他们被任命为独立董事后提供专业知识并监督管理者。此外，Anderson 等(2011)和 Knyazeva 等(2013)认为学者型董事与 CEO(董事、高管)之间的沟通与协调可能会损害董事会的有效性[①]。在这种背景下，学者型董事能否提高监督效力并为董事会提供宝贵建议，仍是一个悬而未决的问题。Huang 等(2016)已证实了学者型董事对财务信息质量的监督效益。类似地，本节聚焦于公司环境绩效，以补充先前关于学者型董事监督效益的文献。

再次，本节发现学者型董事与公司环境绩效间的正关系取决于公司是否有专设的污染控制部门。这一发现表明，污染控制部门可以促使学者型董事关注环境问题、改善环境相关的决策并提升公司环境绩效。因此，本节对关于董事会导向有用性的争论作出了贡献。例如，Kassinis 和 Vafeas(2002)认为环境委员会能够提高董事的环保意识，但 McKendall 等(1999)发现环境委员会与环境违法行为之间并没有显著关系[②]。

最后，本节检验了教授其他的个人特征是否会影响学者型董事与环境绩效之间的正相关关系(简称为关系)，研究发现：(1)这种关系仅对未担任行政职务的学者有效，与行政职务可能会带来学者与公司间的社会关联(如大学捐赠)(Francis et al.，2015)并损害独立性的观点相吻合。(2)这种关系仅适用于 45 岁及以上的学者型董事，体现了中国“尊老”的儒家文化。(3)与仅担任一家公司独立董事的学者相比，这种关系在兼任多家公司独立董事的学者中更为显著。根据 Badolato 等(2014)以及 Erkens 和 Bonner(2013)，董事兼职席位的数量是董事地位的代理变量。(4)这种关系仅适用于正教授和“985/211 工程”高校的学者，因

① White 等(2014)认为学者型董事可能在经济上依赖于公司并且较不熟悉现实世界中的商业实践。

② 中国仍处于环境治理的初级阶段(Du et al.，2014)。中国 A 股上市公司很少设立环境委员会，因此受数据限制，本节无法直接检验环境委员会的调节作用。

为他们的声誉相对较高。总之，上述结果为独立董事异质性（Anderson et al.，2011）的观点提供了证据，从而再次对有关董事会成员异质性的文献作出了贡献。

本节的余下部分安排如下：第二部分讨论董事会成员异质性的相关文献，并提出研究假设；第三部分阐述研究设计，包括模型、变量、样本和数据来源；第四部分提供描述性统计、t/z 检验、Pearson 相关性分析、多元回归结果和敏感性测试；第五部分包括内生性和进一步测试；第六部分为研究结论。

二、文献综述与假设提出

（一）董事会成员异质性及其经济后果

董事会成员异质性作为董事会有效性的潜在来源，已有大量相关文献（Adams，Ferreira，2009；Andres et al.，2014；Cohen et al.，2012；Fahlenbrach et al.，2011；Gul et al.，2011；Gyapong et al.，2016；Huang et al.，2014；Li，Srinivasan，2011；Litov et al.，2013；Liu et al.，2014；Masulis et al.，2012）。根据 Anderson 等（2011），董事会成员异质性通常可以分为两种类型，即社会异质性和职业异质性。

董事会社会异质性源于性别、种族和国籍等方面的各种差异。Adams 和 Ferreira（2009）发现，女性董事勤于出席董事会会议，更有可能成为监督委员会的成员，提高了 CEO 变更与公司绩效间的敏感性，这表明女性董事对董事会发挥监督职能有利。Gul 等（2011）发现，拥有女性董事的公司股票价格信息含量显著高于其他公司。此外，Gyapong 等（2016）检验了种族异质性对公司价值的影响，发现少数族裔董事（在其研究中指非白人董事）与托宾 Q 值之间存在显著正关系。Masulis 等（2012）和 Du 等（2017）检验了境外董事的咨询和监督效益[①]。

董事会职业异质性聚焦于个人经验和职业上。Fahlenbrach 等（2011）发现，前任 CEO 留任董事的经验可以帮助董事减少对继任 CEO 的依赖、获取足够的公司特有的信息，有助于他们监督继任 CEO 并为公司运营提供有价值的建议[②]。Andres 等（2014）发现在宣布前任 CEO 被任命为董事会成员后，公司的市场价值会增加。类似地，Li 和 Srinivasan（2011）通过对创始人董事的研究，发现在有创始人董事的公司中，CEO 变更（薪酬）对公司绩效更加敏感，意味着创始人董事对发挥监督职能有利。对于卖方分析师，Cohen 等（2012）发现，乐观分析师被其所跟踪的公司任命为董事的可能性更高，而反过来该公司表现出更高的盈

---

① Masulis 等（2012）发现当收购方拥有至少一名与目标公司来自相同国家的境外董事时，市场对跨境收购公告的反应更加强烈，证实了境外董事的咨询作用。发展中国家（如中国）的公司可以选择来自于更先进地区的境外董事，而且境外董事通常比本地董事拥有相对较高的知识和声誉。Du 等（2017）基于中国背景提供了关于境外董事对财务信息质量的监督效益的经验证据。

② 特别地，前任 CEO 留任董事的公司表现较佳，新任 CEO 更可能由于公司绩效不佳而被辞退（Fahlenbrach et al.，2011）。

余管理水平，表明董事的分析师背景可能不利于董事会的有效性。此外，Güner 等(2008)认为具有商业和投资银行背景的董事可能会面临公司股东和银行之间的利益冲突。他们还发现有商业银行工作背景的董事与外部资金显著正相关，但这种关系仅存在于没有融资约束的公司。同时，拥有投资银行家董事的公司的收购收益明显低于其他公司，这意味着投资银行家董事防范不良收购的动机较弱。Huang 等(2014)拓展了 Güner 等(2008)的研究，发现具有过往投资银行经验的董事在公司收购决策中发挥着重要的咨询作用。Litov 等(2013)发现律师董事也可以增加公司价值。

简言之，有关董事社会背景和职业背景差异的研究表明，拥有某些特征的董事相比于其他董事表现更好(更差)，不同类型的独立董事引发不同的经济后果。因此，学者型董事在影响经济后果(本节指环境绩效)中所起的作用值得探讨。

(二)学者型董事的经济后果

最近，一些研究探讨了学者型董事对经济后果的影响(Cho et al.，2017；Fan et al.，2019；Francis et al.，2015；Huang et al.，2016)。例如，Francis 等(2015)发现学者型董事显著提高了以托宾 Q 值和资产回报率为代理变量的公司绩效。具体而言，拥有学者型董事的公司表现出更好的收购绩效、更高的创新水平、更高的财务信息质量以及 CEO 变更与公司绩效间更高的敏感性。Huang 等(2016)发现，会计专业的学者型董事对财务信息的价值相关性有正向影响。Fan 等(2019)发现学者型董事可以缩小高管与员工间的薪酬差距。

有别于上述文献，本节探讨学者型董事是否会影响公司环境绩效这一 CSR 的具体维度。Cho 等(2017)证实了学者型董事与 CSR 评级间的正相关关系。然而，CSR 是一个多维概念，不同的 CSR 维度——工作场所安全、产品质量、慈善和环境责任——是相互独立的。正如 Bansal 和 Gao(2008)以及 Walls 等(2012)所说，环境责任与 CSR 的其他维度存在极大的差异性，因为环境实践需要大量的资本投资(如废气处理设备)，并因此受到更为严格的监管。因此，环境问题在实际中往往被区别对待(Bansal，Gao，2008；Walls et al.，2012)。综上所述，学者型董事是否对公司环境绩效有影响，仍然是一个悬而未决又不乏趣味性的问题。

(三)学者型董事和公司环境绩效

公司董事会的监督有效性取决于监督的意愿和监督的能力(Brickley et al.，1994；Ravina，Sapienza，2010；White et al.，2014)。本节认为学者型董事可以强化公司董事会对环境问题的监督职能。

第一，学者型董事独立于内部人。学者型董事或教授在博士阶段被培养为独立思考者、不易受到他人的影响，因此能够坚持自己的观点并且不屈服于他人施加的巨大压力(Jiang，Murphy，2007)。此外，特定领域的专业知识为教授带来了很高的声誉，特别是来自知名高校的教授(Francis et al.，2015；Quan，Li，2017；White et al.，2014)。在这方面，White 等(2014)发现，市场会对自然科学、医学和工程学背景的学者型董事的任命作出正向反应，意味着股东看重教授的专业知识和声誉。类似地，Quan 和 Li(2017)发现市场反应与公司独立董事受到监管机构惩罚显著负相关，而且这种关系在学者型董事受到惩罚时更为显著，意味着学者型董事由于其声誉和股东期望较高而受到不同的对待。综上所述，对声誉的看重和独立思考的习惯使得学者型董事更不可能与内部人合谋，从而在很大程度上保证了他们的独立性。

第二，教授通常与更高的道德和更强的企业社会责任意识联系在一起。Tierney(1997)认为教学、研究和为大学(社区)服务是大学教授的三大主要职责。因为这三种职责都与面向未来的活动有关，所以学者型董事有能力也有意愿造福社会。日复一日地履行上述三种职责，培养了学者型董事比其他职业背景的独立董事更强的包括关注环境问题在内的企业社会责任意识。Baumgarten(1982)认为，教授对于帮助公民和为社区做贡献有着义不容辞的责任。此外，作为对几代人的价值观都有着重要影响的教育者，大学教授有责任成为榜样并具备更高的道德水平(Charnov,1987;O'Connell,1998)。因此，学者型董事往往有着更强的社区利益相关者视角[①]，进而有更强的动机就环境问题向内部人施压，因为环境污染通常不利于整个社区的福利。前期文献已证实了利益相关者的压力同环境实践间的联系(Buysse,Verbeke,2003;Eesley,Lenox,2006;Kassinis,Vafeas,2006)。Kassinis 和 Vafeas(2006)发现，社区利益相关者可能会向企业施压，要求其提高工厂层面的环境绩效。类似地，Buysse 和 Verbeke(2003)发现企业感知的利益相关者的重要性与环境领导力呈正相关。Eesley 和 Lenox(2006)聚焦于利益相关者的权力、合法性和要求紧迫性，揭示了利益相关者的压力增加了企业回应利益相关者关于环境问题的要求的可能性。

第三，学者型董事在公司董事会中的地位更高，因此对公司决策(如环境问题)的影响力远高于其他职业背景的独立董事。正如 Badolato 等(2014)以及 Erkens 和 Bonner(2013)所说，教育水平和董事兼职席位数是衡量个人在公司董事会地位的两个重要指标。教授通常具有博士学位，这可能是他们地位相对较高的第一个原因。具体到中国背景下，在儒家文化和尊师重教风尚的驱动下，中国人对老师总是极为尊重，无论是在私下还是在公开场合，都很少挑战老师的权威(Huang et al.,2016;Li,2003,2005)，这是第二个原因。关于个人地位和对决策的影响力之间的关系，Gould(2002)和 Jetten 等(2006)发现地位相对较高的人通常为讨论定下基调并自由阐述自己的观点，而地位相对较低的人们总是保留他们的态度并充当听众的角色。Zhu 等(2016)发现，独立董事在董事会中的排序越靠前，其对公司决策的影响力就越强。Badolato 等(2014)也发现审计委员会的地位与财务报告质量正相关，意味着董事会中相对较高的地位可以提高审计委员会成员有效监督财务报告过程的能力。

综上所述，学者型董事较高的独立性、道德标准和社会责任感使得他们有更强烈的动机去监督内部人，尤其在环境问题上。同时，在董事会中相对较高的地位确保了学者型董事有效监督环境决策的能力。因此，提出如下假设 4.3.1：

H4.3.1：限定其他条件，学者型董事与公司环境绩效正相关。

---

① Berman 等(1999)明确了四种外部利益相关者：社区、政府(监管机构)、组织和媒体。

(四)污染控制部门的调节作用

高层基调是企业决策和道德模式的另一个重要决定因素(Patelli,Pedrini,2015;Weber,2010)。具体到环境问题,公司可以引入独立的污染控制部门来表明其对环境问题的重视。于是,一个有趣的问题出现了:学者型董事对公司环境绩效的正向作用是否取决于公司的污染控制部门。

参考 Williamson(2000)的制度分析框架①,学者型董事(董事职业异质性)应该位于社会制度的第三层次——治理机制。然而,在 Williamson(2000)的社会制度体系中,污染控制部门可被划分为第四层次,即资源分配与使用。前期文献表明不同层次的社会制度相互补充,影响着企业决策(如 Du et al.,2014)。具体而言,污染控制部门可能促使学者型董事更加重视环境问题。此外,如果企业设立了专门的污染控制部门,学者型董事可能会对公司在环境方面的努力有更加全面和详细的了解,这反过来有利于学者型董事对环境问题的监督。因此,提出如下假设 4.3.2:

H4.3.2:限定其他条件,学者型董事与公司环境绩效的正关系在企业专设污染控制部门的样本中更显著。

三、研究设计

(一)假设 4.3.1 的模型说明

为检验“学者型董事与公司环境绩效正相关”的假设 4.3.1,本节采用 Tobit 回归模型[式(4.3.1)]将环境绩效指标(EPI)与学者型董事(AD_DUM)以及其他控制变量相联系:

$$\begin{aligned} EPI = {} & \alpha_0 + \alpha_1 AD\_DUM + \alpha_2 PCD + \alpha_3 FIRST + \alpha_4 MAN\_SHR + \alpha_5 DUAL + \\ & \alpha_6 BOARD + \alpha_7 INDR + \alpha_8 SIZE + \alpha_9 TANGIBLE + \alpha_{10} LEV + \alpha_{11} ROA + \\ & \alpha_{12} GROWTH + \alpha_{13} ISSUE + \alpha_{14} SIGMA + \alpha_{15} CAPIN + \alpha_{16} STATE + \\ & \alpha_{17} LISTAGE + \alpha_{18} LAW + Industry\ Dummies + Year\ Dummies + \varepsilon \end{aligned} \tag{4.3.1}$$

式(4.3.1)中,因变量为公司的环境绩效指标 EPI。根据全球报告倡议组织(Global Reporting Initiative,GRI)发布的《可持续发展报告指南》,Clarkson 等(2008)提出了一个用以度量自愿性环境披露的文本分析指标,并进一步证实自愿性环境披露能够反映公司环境绩效(Rahman,Post,2012;Clarkson et al.,2011;Ilinitch et al.,1998;Du,2015;Du et al.,2014,2016)。本节采用自愿性环境披露作为环境绩效的代理变量,包括以下 10 个部分:(1)关于能源使用、使用效率的环境业绩指标;(2)关于水资源使用、使用效率的环境业绩指标;(3)关于温室气体排放的环境业绩指标;(4)关于其他气体排放的环境业绩指标;(5)

① Williamson(2000)的框架包含四个层次:(1)非正式制度(例如,风俗、规范);(2)制度环境(如,司法体制、官僚制度);(3)治理机制;(4)资源的分配与使用。

EPA-TRI 数据库中土地、水资源、空气的污染总量（EPA：U. S. Environmental Protection Agency，美国环境保护局；TRI：Toxics Release Inventory，排放毒性化学品目录）；（6）其他土地、水资源、空气的污染总量（除 EPA-TRI 数据库）；（7）关于废弃物质产生和（或）管理的环境业绩指标（回收、再利用、降低使用、处置和清理）；（8）关于土地和资源使用、生物多样性和保护的环境业绩指标；（9）关于环保对产品、服务影响的环境业绩指标；（10）关于承诺表现的环境业绩指标（例如，可报告事件）①。基于 GRI《可持续发展报告指南》和 Clarkson 等（2008）的评分方法，得到 10 个组成部分的分值，加总起来计算出环境绩效指标（EPI）。

在式（4.3.1）中，自变量为学者型董事 AD_DUM。具体而言，AD_DUM 是一个虚拟变量，若有一名或多名独立董事来自学术界则赋值为 1，否则为 0。在式（4.3.1）中，若 AD_DUM 的系数（α_1）显著为正，则假设 4.3.1 被经验证据支持。

为分离出学者型董事对环境绩效的增量影响，在式（4.3.1）中加入了一系列控制变量。第一，为控制治理机制对公司环境绩效的影响（Du et al.，2014；Khan et al.，2013），本节将 FIRST、MAN_SHR、DUAL、BOARD 和 INDR 加入式（4.3.1）。FIRST 为第一大股东持股比例，等于第一大股东持有股份与公司总股份的比值。MAN_SHR 是管理层的持股比例。DUAL 是董事长与 CEO 两职合一的虚拟变量，若董事长与 CEO 两职合一则赋值为 1，否则为 0。BOARD 是董事会规模，等于董事会总人数。INDR 表示独立董事比例，等于独立董事人数与董事会总人数的比值。

第二，参考前期文献（Brammer，Pavelin，2008；Clarkson et al.，2008；Huang，Kung，2010），将公司层面的特征加入式（4.3.1）中。SIZE 是公司规模，等于公司市场价值的自然对数。TANGIBLE 等于固定资产与资产总额的比值。LEV 是财务杠杆，等于公司总负债与总资产的比值。ROA 等于净利润与平均总资产的比值。GROWTH 是销售收入变化，等于销售收入增长率。

第三，参考 Clarkson 等（2008）和 Du 等（2014），本节将 ISSUE、SIGMA 和 CAPIN 加入式（4.3.1）。ISSUE 指公司再融资，等于公司当年发行债务和权益的总和与总资产的比值。SIGMA 是收益的波动性，等于公司当年经市场调整的股票周收益率的标准差。CAPIN 是资本支出，等于购建固定资产、无形资产和其他长期资产支付的金额除以销售收入。

第四，公司上市前后可能有不同的环境实践（Du et al.，2014；Khan et al.，2013）。因此，公司年龄 LISTAGE，即公司上市年限，被包含在式（4.3.1）中。此外，式（4.3.1）控制了 STATE。STATE 是国有企业的虚拟变量。本节还引入 LAW 来控制中介机构发展和法律执行是否会影响公司的环境绩效（王小鲁 等，2019）。

第五，为控制行业和时间的固定效应，在式（4.3.1）中加入了一系列行业和年度的虚拟变量。

---

① 每个组成部分的得分为 0～6，符合以下任一项得 1 分：（1）提供绩效数据；（2）绩效数据与同行、竞争对手或行业相比较；（3）绩效数据与过去期间相比较（趋势分析）；（4）绩效数据与目标相比较；（5）绩效数据同时以绝对数和相对数形式呈现；（6）提供分解的绩效数据（工厂、业务单位、地理分布）。

(二)假设 4.3.2 的模型说明

为检验“污染控制部门强化了学者型董事对公司环境绩效的促进作用”的假设 4.3.2,本节将全样本分为两个子样本:有污染控制部门的子样本和没有污染控制部门的子样本。然后将 PCD 从式(4.3.1)中删除,并分别对两个子样本重新运行式(4.3.1)。假设 4.3.2 在以下情况得到支持:(1)两个子样本 AD_DUM 系数均显著为正,且有污染控制部门的子样本 AD_DUM 的系数值显著大于无污染控制部门的子样本;(2)有污染控制部门的子样本 AD_DUM 系数显著为正,而没有污染控制部门的子样本 AD_DUM 系数不显著。

(三)样本识别

本节进行实证分析的初始样本包括 2008—2016 年中国所有的 A 股上市公司,包括 21 587个公司—年度观测值。受限于公司环境绩效的数据,本节的样本区间从 2008 年开始。然后,按照以下原则选出最终的研究样本(详见表 4.3.1 的 Panel A):(1)删除银行、保险和其他金融行业的观测值;(2)删除股东权益(净资产)为负的观测值;(3)删除公司环境绩效数据缺失的观测值;(4)删除学者型董事数据缺失的观测值;(5)删除控制变量数据缺失的观测值。最后,本节获得包含 2 764 家公司、17 139 个公司—年度观测值的最终研究样本。为减轻极端值对结果的影响,本节对所有连续变量进行了 1%和 99%分位的缩尾处理。

表 4.3.1 的 Panel B 列示了样本的年度、行业分布情况。如 Panel B 所示,集聚现象仅存在于少数行业,在最终的研究样本中并不严重。

(四)数据来源

主检验中使用的变量数据从多个途径搜集:(1)关于公司环境绩效的原始信息从年度报告、社会责任报告和企业网站中手工搜集。参考 Clarkson 等(2008),本节对原始信息进行分析,基于 GRI《可持续发展报告指南》进行评分,然后计算得出环境绩效指标(EPI;因变量)。(2)通过仔细阅读年度报告中的董事简历确定了每名董事的职业背景,并手工搜集了学者型董事的数据(AD_DUM,自变量)。(3)用于分组测试的污染控制部门的数据(PCD,调节变量),从年度报告、社会责任报告和企业网站手工搜集。(4)法律环境指数(LAW)的数据来源于王小鲁等(2019)。(5)其他控制变量的数据均来自 CSMAR 数据库。最后,稳健性、内生性和进一步测试中使用的变量的数据来源在表 4.3.2 中报告。

表 4.3.1 样本选择和样本分布

Panel A:样本选择	
原始样本	21 587
剔除银行、保险和其他金融行业的观测值	−363
剔除净资产或股东权益为负的观测值	−496
剔除环境绩效数据缺失的观测值	−104

续表

原始样本	21 587
剔除学者型董事数据缺失的观测值	－54
剔除控制变量数据缺失的观测值	－3 431
有效的公司—年度观测值	17 139
公司数目	2 764

Panel B:年度、行业样本分布

行业	代码	年度									合计	年度占比/%
		2008	2009	2010	2011	2012	2013	2014	2015	2016		
农、林、牧、渔业	A	26	29	30	45	48	39	38	38	43	336	1.96
采矿业	B	21	26	32	42	48	56	53	59	54	391	2.28
食品和饮料业	C0	51	59	61	73	90	89	87	93	101	704	4.11
纺织、服装制造、皮革和毛皮制品业	C1	56	55	51	68	80	70	66	68	72	586	3.42
木材和家具业	C2	2	4	6	7	12	11	10	10	15	77	0.45
造纸和印刷业	C3	25	28	33	34	43	44	36	35	42	320	1.87
石油、化工、塑料和橡胶制品业	C4	128	143	144	195	250	238	216	241	244	1 799	10.50
电子设备业	C5	59	63	74	104	130	141	136	153	157	1 017	5.93
金属和非金属业	C6	115	118	122	158	188	189	177	188	191	1 446	8.44
机械、设备和仪器制造业	C7	196	209	246	355	432	447	421	477	514	3 297	19.24
医药和生物制品制造业	C8	77	82	92	113	135	138	137	140	154	1 068	6.23
其他制造业	C9	18	21	25	26	27	23	24	26	28	218	1.27

续表

行业	代码	年度									合计	年度占比/%
		2008	2009	2010	2011	2012	2013	2014	2015	2016		
电力、热力、燃气及水生产和供应业	D	50	53	53	63	66	71	61	63	65	545	3.28
建筑业	E	26	31	31	38	48	50	45	46	57	372	2.17
交通运输、仓储业	F	54	52	54	65	70	72	61	67	67	562	3.28
信息技术业	G	77	79	105	155	191	191	180	196	197	1 371	8.00
批发和零售业	H	72	81	91	105	114	123	112	115	119	932	5.44
房地产业	J	58	75	81	86	99	117	107	113	101	837	4.88
居民服务业	K	42	43	49	61	69	77	67	86	94	588	3.43
通信和文化业	L	8	8	11	19	28	32	33	35	36	210	1.23
综合性行业	M	61	60	54	51	58	47	40	46	46	463	2.70
年度合计		1 222	1 319	1 445	1 863	2 226	2 265	2 107	2 295	2 397	17 139	
年度占比/%		7.13	7.70	8.43	10.87	12.99	13.22	12.29	13.39	13.99		100

表 4.3.2 变量定义

变量	定义	数据来源
主检验中的变量		
EPI	环境绩效指标的原值	手工搜集
AD_DUM	虚拟变量,若有一名或多名独立董事来自学术界则赋值为 1,否则为 0	手工搜集
PCD	虚拟变量,若公司专设污染控制部门则赋值为 1,否则为 0	手工搜集
FIRST	第一大股东持股比例,第一大股东持有股份与公司总股份的比值	CSMAR
MAN_SHR	管理层的持股比例	CSMAR
DUAL	董事长与 CEO 两职合一的虚拟变量,若董事长与 CEO 两职合一则赋值为 1,否则为 0	CSMAR
BOARD	董事会规模,等于董事会总人数	CSMAR
INDR	独立董事比例,独立董事人数与董事会总人数的比值	CSMAR
SIZE	公司规模,公司市场价值的自然对数	CSMAR
TANGIBLE	固定资产与资产总额的比值	CSMAR

续表

变量	定义	数据来源
主检验中的变量		
LEV	财务杠杆，公司总负债与总资产的比值	CSMAR
ROA	总资产收益率，等于净利润与平均总资产的比值	CSMAR
GROWTH	销售收入变化，销售收入增长率	CSMAR
ISSUE	公司再融资，等于公司当年发行债务和权益的总和与总资产的比值	CSMAR
SIGMA	收益的波动性，等于公司当年经市场调整的股票周收益率的标准差	CSMAR
CAPIN	等于购建固定资产、无形资产和其他长期资产支付的金额除以销售收入	CSMAR
STATE	最终控制人性质，若公司的最终控制人是中央或地方政府、政府控股公司则赋值为1，否则赋值为0	CSMAR
LISTAGE	公司年龄，等于公司上市年限。	CSMAR
LAW	省级法律环境指数，衡量我国省际的市场中介机构发展、产权保护和制度环境	王小鲁等(2019)
稳健性检验、内生性测试和进一步分析中的变量		
EPI_STD	标准化的环境绩效指标，等于“$(EPI_{i,t}-EPI_{min,t})/(EPI_{max,t}-EPI_{min,t})$”($EPI_{i,t}$表示公司$i$在$t$年环境绩效指标的原值；$EPI_{min,t}$表示所有样本公司在$t$年的环境绩效指标的最小值；$EPI_{max,t}$表示所有样本公司在$t$年的环境绩效指标的最大值)	手工搜集
LN(1+EPI)	(1+环境绩效指标的原值)的自然对数	手工搜集
AD_RATIO	学者型董事占董事会中独立董事总人数的比例	手工搜集
AD_SPT	考虑职称的学者型董事的平均得分，等于“$\sum SPT/N$”(SPT表示职称得分，对正教授、副教授和助理教授分别赋值3、2和1；N表示学者型董事的人数)	手工搜集
AD_SPA	考虑学术声望的学者型董事的平均得分，等于“$\sum SPA/N$”(SPA表示学术声望得分，对于“985工程”高校、“211工程”高校和其他高校，SPA分别赋值3、2和1；N表示学者型董事的人数)	手工搜集
MASTER	董事长教育水平的虚拟变量，若董事长为硕士及以上学历，赋值为1，否则为0	CSMAR
CONF_100	等于公司注册地100千米半径内孔庙或书院的数量	手工搜集
AD_TURN	虚拟变量，学者型董事强制变更后的年份赋值为1，否则为0	手工搜集
TREAT	虚拟变量，若公司在样本期间经历了学者型董事的强制变更，则赋值为1，否则为0	手工搜集
POST	虚拟变量，独立董事强制变更后的年份赋值为1，否则为0	手工搜集
AD_AP (AD_NAP)	虚拟变量，若一名或多名(未)担任行政职务的教授在董事会任职，则赋值为1，否则为0	手工搜集
AD_45A (AD_45B)	虚拟变量，若有一名或多名年龄在45岁及以上(以下)的学者型董事在董事会任职，则赋值为1，否则为0	手工搜集

续表

变量	定义	数据来源
稳健性检验、内生性测试和进一步分析中的变量		
AD_MUL (AD_SIN)	虚拟变量,若有一名或多名学者型董事兼任多家(仅担任一家)上市公司独立董事,则赋值为1,否则为0	手工搜集
AD_FP (AD_NFP)	虚拟变量,若有一名或多名(未)拥有正教授职称的教授在董事会任职,则赋值为1,否则为0	手工搜集
AD_PU (AD_NPU)	虚拟变量,若一名或多名学者型董事(不是)来自知名高校(“985/211工程”高校),则赋值为1,否则为0	手工搜集
ENV_INV	虚拟变量,若公司在技术、R&D或者创新方面投入来提高其环境绩效,赋值为1,否则为0	手工搜集

四、实证结果

(一)描述性统计和 t/z 检验

表4.3.3的Panel A报告了描述性统计结果。EPI的均值为0.748 8,表明中国上市公司的环境绩效较差。此外,EPI的范围从0到24,这与本节的观点一致,即中国背景为研究者提供了不同公司间环境绩效方面的巨大差异。AD_DUM的均值为0.803 4,表明80.34%的样本公司至少有一名学者型董事。PCD的均值为0.106 9,表明10.69%的样本公司设立了专门的污染控制部门。

表4.3.3 描述性统计和 t/z 检验

Panel A:描述性统计								
变量	观测值	均值	标准差	最小值	1/4分位	中位数	3/4分位	最大值
EPI	17 139	0.748 8	2.193 3	0.000 0	0.000 0	0.000 0	0.000 0	24.000 0
AD_DUM	17 139	0.803 4	0.397 4	0.000 0	1.000 0	1.000 0	1.000 0	1.000 0
PCD	17 139	0.106 9	0.309 1	0.000 0	0.000 0	0.000 0	0.000 0	1.000 0
FIRST	17 139	0.353 6	0.151 6	0.085 0	0.232 5	0.333 6	0.459 4	0.757 8
MAN_SHR	17 139	0.054 7	0.125 6	0.000 0	0.000 0	0.000 1	0.022 2	0.612 1
DUAL	17 139	0.230 9	0.421 4	0.000 0	0.000 0	0.000 0	0.000 0	1.000 0
BOARD	17 139	8.823 3	1.744 3	5.000 0	8.000 0	9.000 0	9.000 0	15.000 0
INDR	17 139	0.370 7	0.052 7	0.300 0	0.333 3	0.333 3	0.400 0	0.571 4
SIZE	17 139	22.616 8	1.121 8	20.436 8	21.836 2	22.502 7	23.256 5	27.067 3
TANGIBLE	17 139	0.233 3	0.171 4	0.001 7	0.099 0	0.199 1	0.335 5	0.731 9
LEV	17 139	0.447 7	0.214 3	0.045 6	0.278 3	0.446 5	0.615 3	0.998 1

续表

变量	观测值	均值	标准差	最小值	1/4 分位	中位数	3/4 分位	最大值
ROA	17 139	0.042 0	0.058 1	−0.219 0	0.013 5	0.037 5	0.069 7	0.241 4
GROWTH	17 139	0.211 0	0.607 3	−0.649 3	−0.032 3	0.109 3	0.279 1	4.711 9
ISSUE	17 139	0.037 7	0.090 6	0.000 0	0.000 0	0.000 0	0.018 5	0.655 0
SIGMA	17 139	0.069 5	0.028 1	0.028 2	0.049 9	0.062 2	0.082 4	0.220 2
CAPIN	17 139	0.127 7	0.172 1	0.000 5	0.026 8	0.068 9	0.155 3	1.035 5
STATE	17 139	0.442 0	0.496 6	0.000 0	0.000 0	0.000 0	1.0000	1.000 0
LISTAGE	17 139	9.672 0	6.267 2	0.000 0	4.000 0	9.000 0	15.000 0	23.000 0
LAW	17 139	8.544 9	4.940 6	1.040 0	4.230 0	7.540 0	12.150 0	20.006 4

Panel B：有学者型董事公司与无学者型董事公司间差异的 t/z 检验

变量	(1)			(2)			(3)	
	AD_DUM=1 (N=13 770)			AD_DUM=0 (N=3 369)				
	均值	中位数	标准差	均值	中位数	标准差	t 检验	z 检验
EPI	0.778 2	0.000 0	2.256 9	0.628 7	0.000 0	1.907 3	3.55***	3.63***
PCD	0.109 6	0.000 0	0.312 4	0.096 2	0.000 0	0.294 9	2.26**	2.26**
FIRST	0.356 0	0.337 7	0.152 6	0.343 5	0.3202	0.147 1	4.32***	3.96***
MAN_SHR	0.054 6	0.000 1	0.125 1	0.055 2	0.000 0	0.127 5	−0.28	2.65***
DUAL	0.227 0	0.000 0	0.418 9	0.247 0	0.000 0	0.431 3	−2.46**	−2.46**
BOARD	8.883 7	9.000 0	1.733 3	8.576 4	9.000 0	1.767 1	9.19***	9.47***
INDR	0.370 5	0.333 3	0.052 3	0.371 6	0.333 3	0.054 6	−1.01	0.07
SIZE	22.651 5	22.545 8	1.116 0	22.475 4	22.326 3	1.134 4	8.18***	9.60***
TANGIBLE	0.233 1	0.198 6	0.171 0	0.234 1	0.202 2	0.172 7	−0.30	−0.09
LEV	0.447 4	0.445 9	0.213 2	0.449 1	0.453 9	0.218 5	−0.41	−0.67
ROA	0.042 9	0.038 0	0.057 9	0.038 5	0.035 5	0.058 7	3.89***	3.07***
GROWTH	0.213 2	0.109 2	0.612 5	0.202 2	0.109 4	0.585 8	0.94	0.22
ISSUE	0.038 0	0.000 1	0.090 0	0.036 4	0.000 0	0.092 9	0.91	2.95***
SIGMA	0.069 8	0.062 5	0.028 5	0.067 9	0.061 5	0.026 4	3.59***	2.44**
CAPIN	0.123 3	0.067 1	0.165 6	0.145 7	0.077 7	0.195 3	−6.78***	−5.46***
STATE	0.456 9	0.000 0	0.498 2	0.381 1	0.000 0	0.485 7	7.96***	7.94***
LISTAGE	9.709 5	9.000 0	6.299 1	9.518 6	9.000 0	6.133 5	1.59	1.44
LAW	8.601 9	7.540 0	5.016 2	8.312 1	7.650 0	4.612 1	3.05***	2.06**

注：***、**、*分别表示在1%、5%、10%的水平上显著(双尾)。

控制变量的均值统计如下:(1)在治理机制方面,第一大股东持股比例(FIRST)大约为35.36%,管理层持股比例(MAN_SHR)大约为5.47%,在最终的研究样本中约有23.09%的公司CEO兼任董事长(DUAL),董事总人数(BOARD)约为8.823 3,独立董事比例(INDR)约为37.07%。(2)对于公司层面的特征,公司规模(SIZE)约为66.4亿元人民币($e^{22.6168}$),固定资产比例(TANGIBLE)约为23.33%,财务杠杆(LEV)约为44.77%,总资产收益率(ROA)约为4.20%,销售收入变化(GROWTH)约为21.10%。(3)当年债务和权益再融资占总资产的比例(ISSUE)约为3.77%,经市场调整的股票周收益率的标准差(SIGMA)约为0.069 5,资本支出(CAPIN)约为12.77%。(4)国有企业(STATE)约占所有企业的44.20%,公司年龄(LISTAGE)约为9.672 0,法律环境指数(LAW)约为8.544 9。

表4.3.3的Panel B将全样本分为两个子样本:有学者型董事的子样本(AD_DUM=1;AD子样本)和没有学者型董事的子样本(非AD子样本)。本节进行t/z检验来分析两个子样本间变量的均值和中位数的差异。如表4.3.3的Panel B所示,AD子样本EPI的均值为0.778 2,非AD子样本EPI的均值为0.628 7,在1%的水平上差异显著(t值=3.55)。类似地,AD子样本的EPI中位数也在1%的水平上显著大于非AD子样本的EPI中位数(z值=3.63)。一般而言,拥有学者型董事的公司,其公司环境绩效更好,与假设4.3.1一致。

相比于非AD子样本,AD子样本设有污染控制部门(PCD)的可能性显著更高,第一大股东持股比例(FIRST)显著更高,董事长与CEO两职合一的可能性(DUAL)显著更低,董事会规模(BOARD)显著更大,公司规模(SIZE)显著更大,总资产收益率(ROA)显著更高,收益的波动性(SIGMA)显著更大,资本支出(CAPIN)显著更低,是国有企业(STATE)的可能性显著更大,法律环境指数(LAW)显著更高。

(二)Pearson相关性分析

表4.3.4列示了主检验中使用的变量之间的相关系数。EPI与AD_DUM显著正相关(0.027 1,$p<0.01$),表明学者型董事提高了公司环境绩效,初步支持了假设4.3.1。此外,EPI与PCD之间存在显著正关系,促使本节进一步探讨学者型董事与环境绩效之间的关系是否取决于污染控制部门的设立。对于控制变量,EPI与FIRST、BOARD、SIZE、TANGIBLE、LEV、CAPIN、STATE和LISTAGE显著正相关,与MAN_SHR、DUAL、GROWTH、SIGMA和LAW显著负相关。此外,几乎所有的相关系数都较小(<0.30),表明多重共线性可忽略不计。

表 4.3.4　Pearson 相关性分析

变量		(1)	(2)	(3)	(4)	(5)	(6)	(7)	(8)	(9)	(10)	(11)	(12)	(13)	(14)	(15)	(16)	(17)	(18)	(19)
EPI	(1)	1.0000																		
AD_DUM	(2)	0.0271***	1.0000																	
PCD	(3)	0.3773***	0.0173**	1.0000																
FIRST	(4)	0.1506***	0.0330***	0.0746***	1.0000															
MAN_SHR	(5)	−0.0775***	−0.0021	−0.0426***	−0.0482***	1.0000														
DUAL	(6)	−0.0728***	−0.0188**	−0.0476***	−0.0614***	0.4550***	1.0000													
BOARD	(7)	0.1528***	0.0700***	0.0921***	0.0242***	−0.1592***	−0.1747***	1.0000												
INDR	(8)	−0.0100	−0.0077	0.0080	0.0496***	0.0983***	0.0983***	−0.4163***	1.0000											
SIZE	(9)	0.3311***	0.0624***	0.1979***	0.1982***	−0.2278***	−0.1375***	0.2285***	0.0519***	1.0000										
TANGIBLE	(10)	0.1687***	−0.0023	0.1269***	0.0634***	−0.1439***	−0.0894***	0.1634***	−0.0596***	0.0279***	1.0000									
LEV	(11)	0.0981***	−0.0031	0.0254***	0.0695***	−0.2932***	−0.1489***	0.1702***	−0.0230***	0.3807***	0.1016***	1.0000								
ROA	(12)	0.0108	0.0297***	0.0102	0.1017***	0.1410***	0.0514***	−0.0062	−0.0109	0.0813***	−0.1645***	−0.3653***	1.0000							
GROWTH	(13)	−0.0248***	0.0071	−0.0273***	0.0305***	0.0277***	0.0136*	−0.0203***	0.0092	0.0569***	−0.0984***	0.0537***	0.2220***	1.0000						
ISSUE	(14)	−0.0033	0.0070	0.0156**	−0.0525***	0.0687***	0.0452***	−0.0112	0.0137*	0.0600***	−0.0893***	−0.1197***	0.0748***	0.0833***	1.0000					
SIGMA	(15)	−0.1195***	0.0274***	−0.0764***	−0.0638***	0.0685***	0.0480***	−0.1096***	0.0254***	−0.0475***	−0.0831***	−0.0191**	−0.0720***	0.0842***	0.0468***	1.0000				
CAPIN	(16)	0.0189**	−0.0518***	0.0182**	−0.0239***	0.0819***	0.0524***	0.0378***	−0.0100	−0.0390***	0.1799***	−0.0949***	−0.0087	−0.0137*	0.1202***	−0.0377***	1.0000			
STATE	(17)	0.1626***	0.0607***	0.1029***	0.2071***	−0.3710***	−0.2853***	0.2730***	−0.0679***	0.2759***	0.2050***	0.3108***	−0.1366***	−0.0541***	−0.0976***	−0.1018***	−0.0536***	1.0000		
LISTAGE	(18)	0.0263***	0.0121	0.0089	−0.0773***	−0.4369***	−0.2049***	0.0967***	−0.0346***	0.3084***	0.0449***	0.3724***	−0.1755***	0.0058	−0.0802***	−0.0441***	−0.1564***	0.4055***	1.0000	
LAW	(19)	−0.0281***	0.0233***	−0.0412***	0.0175**	0.1775***	0.1182***	−0.1074***	0.0219***	0.0934***	−0.2005***	−0.1417***	0.0835***	−0.0115	0.0495***	0.0655***	−0.0790***	−0.2190***	−0.1057***	1.0000

注：***、**、* 分别表示在 1%、5%、10%的水平上显著。

（三）假设 4.3.1 的多元检验

表 4.3.5 报告了学者型董事、污染控制部门和其他影响因素与环境绩效的回归结果，两个模型均在 1%的水平上显著。此外，从第(1)列到第(2)列，Pseudo R^2 增加且 ΔPseudo R^2 在 1%的水平上显著，表明在回归模型中加入 AD_DUM 后模型的解释力增加。所有的 t 值均基于参考 White(1980)调整的标准误(下同)。

表 4.3.5 学者型董事对公司环境绩效的影响(假设 4.3.1)

变量	因变量:EPI			
	(1)		(2)	
	系数	t 值	系数	t 值
AD_DUM			0.589 4***	3.44
PCD	4.796 4***	25.14	4.787 6***	25.15
FIRST	2.344 7***	5.05	2.302 4***	4.97
MAN_SHR	0.840 7	1.20	0.866 3	1.23
DUAL	−0.239 1	−1.24	−0.239 9	−1.25
BOARD	0.133 5***	3.26	0.122 1***	2.97
INDR	−2.294 0*	−1.71	−2.320 2*	−1.73
SIZE	2.281 9***	29.21	2.293 4***	29.29
TANGIBLE	4.276 6***	9.44	4.281 4***	9.45
LEV	−1.944 3***	−4.56	−1.978 0***	−4.64
ROA	−1.228 2	−0.92	−1.460 1	−1.09
GROWTH	−0.413 9***	−2.71	−0.417 8***	−2.73
ISSUE	−0.775 5	−0.97	−0.773 3	−0.97
SIGMA	−20.451 1***	−5.11	−20.475 5***	−5.11
CAPIN	−0.752 5*	−1.77	−0.702 6*	−1.65
STATE	1.076 7***	6.28	1.048 7***	6.11
LISTAGE	−0.118 2***	−8.19	−0.117 8***	−8.17
LAW	0.028 4*	1.89	0.028 7*	1.92
常数项	−59.023 6***	−31.90	−59.647 0***	−31.99
行业/年度	控制		控制	
观测值	17 139		17 139	
Left-censored observations	13 994		13 994	
Pseudo R^2	13.33%		13.37%	
Log Likelihood	−13 611.70		−13 605.82	
LR Chi^2 (p-value)	4 187.42*** (0.000 0)		4 199.18*** (0.000 0)	
ΔPseudo R^2	11.76*** (0.000 6)			

注：***、**、* 分别表示在 1%、5%、10%的水平上显著；所有 t 值均经过了异方差稳健标准误(Huber-White)调整。

表 4.3.5 的第(1)列列示了控制变量对环境绩效(EPI)的影响。污染控制部门(PCD)、第一大股东持股比例(FIRST)、董事会规模(BOARD)、公司规模(SIZE)、固定资产比例(TANGIBLE)、最终控制人性质(STATE)和法律环境指数(LAW)的系数显著为正，而独立董事比例(INDR)、财务杠杆(LEV)、销售收入变化(GROWTH)、收益的波动性(SIGMA)、资本支出(CAPIN)、公司年龄(LISTAGE)的系数显著为负，与前期文献(如 Du et al.,2014)相吻合。

表 4.3.5 的第(2)列报告了假设 4.3.1 的结果。与预期一致，AD_DUM 与 EPI 在 1%的水平上显著正相关(系数=0.589 4，t 值=3.44)，支持了假设 4.3.1。随后，本节计算了 AD_DUM 对 EPI 的边际效应。平均而言，有学者型董事的公司，其公司环境绩效显著高于其他公司 0.107 7，约占 EPI 均值(0.748 8)的 14.38%。显然，该系数不仅统计显著，而且具有一定的经济意义。

(四)假设 4.3.2 的多元检验

表 4.3.6 报告了假设 4.3.2 的多元回归结果，即污染控制部门强化了学者型董事对公司环境绩效的正影响。在表 4.3.6 中，本节将全样本划分为有污染控制部门的子样本(PCD=1;PCD 子样本)和无污染控制部门的子样本(PCD=0;非 PCD 子样本)，然后分别对两个子样本重新运行式(4.3.1)。

对于 PCD 子样本，如表 4.3.6 第(1)列所示，AD_DUM 的系数在 1%的水平上显著为正(系数=1.589 8，t 值=3.98)。同时，对于非 PCD 子样本，如表 4.3.6 第(2)列所示，AD_DUM 的系数在 5%的水平上也显著为正(系数=0.398 0，t 值=2.24)。但是，从表 4.3.6 底部报告的 Chow test 结果来看，PCD 子样本 AD_DUM 的系数估计值显著大于非 PCD 子样本。上述结果联合表明，与非 PCD 子样本相比，PCD 子样本的学者型董事与公司环境绩效之间的正关系更为显著，支持了假设 4.3.2。

表 4.3.6　分组测试：公司有无专设污染控制部门(假设 4.3.2)

变量	因变量：EPI			
	(1)		(2)	
	PCD=1		PCD=0	
	系数	t 值	系数	t 值
AD_DUM	1.589 8***	3.98	0.398 0**	2.24
FIRST	4.120 2***	3.76	2.037 3***	4.13
MAN_SHR	−0.267 3	−0.13	1.175 7*	1.66
DUAL	0.299 0	0.62	−0.288 5	−1.44
BOARD	−0.073 3	−0.73	0.180 6***	4.16
INDR	−15.974 3***	−4.99	0.848 2	0.61
SIZE	2.175 7***	10.94	2.245 0***	27.27

续表

变量	因变量:EPI			
	(1)		(2)	
	PCD=1		PCD=0	
	系数	t 值	系数	t 值
TANGIBLE	4.744 5***	4.00	3.924 0***	8.34
LEV	1.299 6	1.19	−2.551 7***	−5.80
ROA	−1.569 8	−0.45	−0.874 6	−0.63
GROWTH	−0.555 5	−1.28	−0.395 9**	−2.51
ISSUE	3.595 7*	1.79	−1.777 4**	−2.08
SIGMA	−37.482 3***	−3.45	−16.093 9***	−3.97
CAPIN	0.292 2	0.23	−1.261 8***	−2.93
STATE	0.254 8	0.53	1.169 1***	6.57
LISTAGE	−0.109 6***	−2.96	−0.114 7***	−7.59
LAW	0.193 1***	5.06	−0.010 6	−0.68
常数项	−50.648 0***	−11.36	−58.771 6***	−29.53
行业	控制		控制	
年度	控制		控制	
观测值	1 833		15 306	
Left-censored observations	849		13 145	
Pseudo R^2	7.28%		9.72%	
Log Likelihood	−3 664.66		−9 839.36	
LR Chi^2 (p-value)	575.14*** (0.000 0)		2 118.00*** (0.000 0)	
两个子样本的 Chow test	1 289.16*** (0.000 0)			
系数差异检验:AD_DUM	7.43*** (0.006 4)			

注:***、**、* 分别表示在 1%、5%、10%的水平上显著;所有 t 值均经过了异方差稳健标准误(Huber-White)调整。

(五)使用公司环境绩效的其他度量方式进行的稳健性检验

表 4.3.7 另采用两个变量对假设 4.3.1 和假设 4.3.2 重新进行检验:(1)标准化的环境绩效指标 EPI_STD(Du et al.,2014),等于"$(EPI_{i,t}-EPI_{min,t})/(EPI_{max,t}-EPI_{min,t})$"。$EPI_{i,t}$ 表示公司 i 在 t 年的环境绩效指标的原值;$EPI_{min,t}$ 为所有样本公司在 t 年的环境绩效指标的最小值;$EPI_{max,t}$ 为所有样本公司在 t 年环境绩效指标的最大值。(2)LN(1+EPI),等于(1+环境绩效指标原值)的自然对数。

表 4.3.7 使用公司环境绩效其他度量方式的稳健性检验

Panel A:使用 EPI_STD 的稳健性检验

变量	因变量:EPI_STD					
	假设 4.3.1		假设 4.3.2			
	(1)		(2)		(3)	
	全样本		PCD=1		PCD=0	
	系数	t 值	系数	t 值	系数	t 值
AD_DUM	0.003 1**	1.98	0.035 5***	3.41	0.000 9	0.71
PCD	0.090 8***	21.22				
FIRST	0.025 4***	4.77	0.074 3**	2.56	0.019 1***	4.49
MAN_SHR	0.014 4**	2.55	0.072 8	1.60	0.007 7*	1.80
DUAL	−0.001 6	−0.98	−0.007 9	−0.64	−0.001 1	−0.78
BOARD	0.001 0*	1.87	−0.002 7	−0.93	0.001 6***	3.56
INDR	−0.021 7	−1.46	−0.420 4***	−5.51	0.021 3*	1.69
SIZE	0.029 8***	25.68	0.067 3***	11.38	0.021 6***	23.03
TANGIBLE	0.044 5***	8.92	0.125 8***	4.04	0.030 4***	7.73
LEV	−0.026 2***	−6.52	−0.012 2	−0.43	−0.019 8***	−6.79
ROA	−0.071 1***	−5.62	−0.177 9**	−2.00	−0.035 3***	−3.73
GROWTH	−0.000 7	−0.73	−0.009 7	−1.03	−0.000 9	−1.05
ISSUE	−0.008 1	−1.25	0.077 5	1.58	−0.012 7***	−2.90
SIGMA	−0.112 9***	−3.71	−0.643 5***	−2.75	−0.078 2***	−3.34
CAPIN	−0.008 2*	−1.95	0.016 8	0.46	−0.011 4***	−3.87
STATE	0.005 5***	3.33	−0.005 9	−0.49	0.0069***	5.32
LISTAGE	−0.000 9***	−6.37	−0.002 7***	−2.88	−0.000 8***	−6.63
LAW	0.000 5***	3.35	0.004 4***	4.63	−0.000 1	−1.27
常数项	−0.631 2***	−25.21	−1.274 1***	−10.13	−0.480 9***	−22.90
行业	控制		控制		控制	
年度	控制		控制		控制	
观测值	17 139		1 833		15 306	
Adj_R^2	26.12%		24.16%		13.50%	
F(p-value)	132 .74*** (0.000 0)		13.97*** (0.000 0)		54.07*** (0.000 0)	
两个子样本的 Chow test			467.73*** (0.000 0)			
系数差异检验: AD_DUM			11.19** (0.000 8)			

续表

Panel B:使用 LN(1+EPI)的稳健性检验						
	因变量:LN(1+EPI)					
变量	假设 4.3.1		假设 4.3.2			
	(1)		(2)		(3)	
	全样本		PCD=1		PCD=0	
	系数	t 值	系数	t 值	系数	t 值
AD_DUM	0.016 1*	1.69	0.151 5***	2.99	0.009 0	1.02
PCD	0.521 7***	24.10				
FIRST	0.192 9***	6.36	0.520 7***	3.79	0.155 6***	5.48
MAN_SHR	0.070 3**	2.02	0.079 7	0.36	0.067 2**	2.13
DUAL	−0.009 7	−0.96	0.042 5	0.73	−0.013 0	−1.38
BOARD	0.009 5***	3.04	−0.006 7	−0.51	0.012 4***	4.09
INDR	0.024 3	0.27	−1.876 6***	−5.06	0.219 5**	2.52
SIZE	0.190 7***	32.42	0.301 6***	12.55	0.164 5***	27.45
TANGIBLE	0.316 6***	10.56	0.647 1***	4.20	0.258 3***	9.20
LEV	−0.178 7***	−7.64	0.081 3	0.60	−0.175 1***	−8.15
ROA	−0.358 6***	−4.65	−0.478 4	−1.07	−0.230 7***	−3.31
GROWTH	−0.012 2**	−2.07	−0.064 4	−1.30	−0.012 6**	−2.32
ISSUE	−0.059 8	−1.49	0.466 4*	1.89	−0.094 3***	−2.72
SIGMA	−0.958 2***	−4.95	−3.804 6***	−3.19	−0.719 4***	−4.11
CAPIN	−0.080 6***	−3.39	−0.127 3	−0.82	−0.088 1***	−4.21
STATE	0.060 9***	5.99	0.082 3	1.42	0.060 7***	6.44
LISTAGE	−0.006 4***	−7.34	−0.017 1***	−3.75	−0.005 7***	−6.81
LAW	0.002 1**	2.26	0.021 6***	4.68	−0.000 9	−1.08
常数项	−4.096 1***	−31.46	−5.703 9***	−10.64	−3.680 1***	−27.27
行业	控制		控制		控制	
年度	控制		控制		控制	
观测值	17 139		1 833		15 306	
Adj_R^2	28.21%		26.44%		15.59%	
F(p-value)	147 .39*** (0.000 0)		15.63*** (0.000 0)		63.80*** (0.000 0)	
两个子样本的 Chow test			524 .71*** (0.000 0)			
系数差异检验:AD_DUM			7.88*** (0.005 0)			

注:***、**、* 分别表示在 1%、5%、10%的水平上显著;所有 t 值均经过了异方差稳健标准误(Huber-White)调整。

表 4.3.7 的 Panel A 报告了使用 EPI_STD 作为因变量的 OLS 回归结果。在 Panel A 的第(1)列中，AD_DUM 与 EPI_STD 显著正相关(系数=0.003 1，t 值=1.98)。此外，AD_DUM 和 EPI_STD 间的正关系仅在第(2)列的 PCD 子样本中显著，而在第(3)列的非 PCD 子样本中不显著。上述结果再次支持了假设 4.3.1 和假设 4.3.2。

表 4.3.7 的 Panel B 报告了使用 LN(1+EPI)作为因变量的 OLS 回归结果。在 Panel B 的第(1)列中，AD_DUM 与 LN(1+EPI)显著正相关(系数=0.016 1，t 值=1.69)，与假设 4.3.1 一致。在分组测试中，AD_DUM 的系数仅在第(2)列 PCD 子样本中显著，而在第(3)列非 PCD 子样本中不显著，与假设 4.3.2 一致。

(六)使用学者型董事的替代度量进行稳健性检验

表 4.3.8 采用学者型董事的三种替代度量来替换学者型董事(AD_DUM)这一虚拟变量：(1)AD_RATIO，等于学者型董事占董事会中独立董事总人数的比例。(2)AD_SPT，即考虑职称的学者型董事的平均得分，等于"∑SPT/N"(SPT 表示职称得分，对正教授、副教授和助理教授分别赋值 3、2 和 1；N 表示学者型董事的人数)。(3)AD_SPA，即考虑学术声望的学者型董事的平均得分，等于"∑SPA/N"(SPA 表示学术声望得分，对于"985 工程"高校、"211 工程"高校和其他高校，SPA 分别赋值 3、2 和 1；N 表示学者型董事的人数)。

表 4.3.8 的 Panel A 报告了使用 AD_RATIO 作为自变量的结果。在 Panel A 的第(1)列中，AD_RATIO 与 EPI 显著正相关(系数=0.501 1，t 值=2.27)，与假设 4.3.1 一致。此外，第(2)列 PCD 子样本的 AD_RATIO 系数显著为正，而第(3)列非 PCD 子样本的 AD_RATIO 系数为正但不显著，再次支持了假设 4.3.2。

表 4.3.8 的 Panel B 报告了使用 AD_SPT 作为自变量的结果。在 Panel B 的第(1)列中，AD_SPT 与 EPI 显著正相关(系数=0.176 0，t 值=2.29)，与假设 4.3.1 一致。此外，AD_SPT的系数只有在第(2)列有污染控制部门的公司中显著为正，支持了假设 4.3.2。

Panel C 列示了使用 AD_SPA 作为自变量的结果。在第(1)列中，AD_SPA 的系数显著为正(系数=0.248 2，t 值=2.81)，与假设 4.3.1 一致。此外，只有第(2)列 PCD 子样本的 AD_SPA 系数显著为正，与假设 4.3.2 一致。

表 4.3.8 使用学者型董事的替代度量的稳健性检验

Panel A：使用 AD_RATIO 的稳健性检验

变量	因变量：EPI					
	假设 4.3.1		假设 4.3.2			
	(1)		(2)		(3)	
	全样本		PCD=1		PCD=0	
	系数	t 值	系数	t 值	系数	t 值
AD_RATIO	0.501 1**	2.27	2.147 9***	3.82	0.200 0	0.88
PCD	4.796 3***	25.17				

续表

变量	因变量：EPI					
	假设 4.3.1		假设 4.3.2			
	(1)		(2)		(3)	
	全样本		PCD=1		PCD=0	
	系数	t 值	系数	t 值	系数	t 值
FIRST	2.316 1***	5.00	4.000 2***	3.65	2.068 9***	4.19
MAN_SHR	0.825 7	1.17	−0.324 5	−0.16	1.152 9	1.63
DUAL	−0.229 5	−1.19	0.349 0	0.72	−0.285 1	−1.42
BOARD	0.136 1***	3.33	−0.035 9	−0.36	0.189 7***	4.38
INDR	−2.072 4	−1.55	−15.246 1***	−4.77	0.966 3	0.69
SIZE	2.282 7***	29.20	2.175 6***	10.88	2.236 5***	27.24
TANGIBLE	4.290 6***	9.46	4.915 4***	4.10	3.931 6***	8.35
LEV	−1.954 8***	−4.58	1.285 6	1.18	−2.525 4***	−5.74
ROA	−1.342 5	−1.00	−1.310 8	−0.38	−0.773 0	−0.56
GROWTH	−0.413 3***	−2.70	−0.557 0	−1.26	−0.392 7**	−2.49
ISSUE	−0.776 2	−0.97	3.704 0*	1.84	−1.786 6**	−2.09
SIGMA	−20.216 4***	−5.05	−36.149 4***	−3.35	−16.015 5***	−3.95
CAPIN	−0.704 3*	−1.66	0.445 7	0.36	−1.282 1***	−2.98
STATE	1.063 1***	6.20	0.243 8	0.51	1.183 5***	6.65
LISTAGE	−0.118 7***	−8.22	−0.113 4***	−3.03	−0.115 4***	−7.62
LAW	0.029 1*	1.94	0.196 1***	5.11	−0.010 4	−0.67
常数项	−59.416 2***	−31.86	−51.174 1***	−11.40	−58.497 2***	−29.43
行业	控制		控制		控制	
年度	控制		控制		控制	
观测值	17 139		1 833		15 306	
Left-censoredobservations	13 994		849		13 145	
Pseudo R^2	13.35%		7.29%		9.70%	
Log Likelihood	−13 609.17		−3 664.26		−9 841.45	
LR Chi^2 (p-value)	4 192.48*** (0.000 0)		575.94*** (0.000 0)		2 113.84*** (0.000 0)	
两个子样本的 Chow test			1 266.36*** (0.000 0)			
系数差异检验：AD_RATIO			10.32*** (0.001 3)			

续表

Panel B:使用 AD_SPT 的稳健性检验						
变量	因变量:EPI					
	假设 4.3.1		假设 4.3.2			
	(1)		(2)		(3)	
	全样本		PCD=1		PCD=0	
	系数	t 值	系数	t 值	系数	t 值
AD_SPT	0.176 0**	2.29	0.775 7***	3.92	0.065 9	0.83
PCD	4.798 0***	25.17				
FIRST	2.321 1***	5.01	4.052 5***	3.70	2.070 6***	4.20
MAN_SHR	0.819 3	1.16	−0.411 5	−0.20	1.151 6	1.62
DUAL	−0.229 8	−1.20	0.346 0	0.71	−0.285 3	−1.42
BOARD	0.135 9***	3.32	−0.038 8	−0.39	0.189 6***	4.37
INDR	−2.077 9	−1.55	−15.187 2***	−4.75	0.957 7	0.69
SIZE	2.280 6***	29.19	2.167 0***	10.84	2.235 7***	27.24
TANGIBLE	4.291 4***	9.46	4.899 5***	4.09	3.932 4***	8.35
LEV	−1.950 9***	−4.57	1.270 1	1.16	−2.523 0***	−5.74
ROA	−1.343 2	−1.00	−1.466 8	−0.42	−0.767 0	−0.55
GROWTH	−0.413 8***	−2.70	−0.560 2	−1.26	−0.392 9**	−2.49
ISSUE	−0.778 1	−0.97	3.612 5*	1.80	−1.785 5**	−2.09
SIGMA	−20.266 1***	−5.06	−36.412 7***	−3.38	−16.036 4***	−3.96
CAPIN	−0.707 5*	−1.67	0.410 4	0.33	−1.284 0***	−2.99
STATE	1.062 3***	6.19	0.232 8	0.49	1.183 7***	6.65
LISTAGE	−0.118 4***	−8.20	−0.112 6***	−3.01	−0.115 3***	−7.62
LAW	0.029 1*	1.94	0.195 7***	5.10	−0.010 4	−0.67
常数项	−59.340 7***	−31.89	−50.842 2***	−11.38	−58.462 5***	−29.45
行业	控制		控制		控制	
年度	控制		控制		控制	
观测值	17 139		1 833		15 306	
Left-censored observations	13 994		849		13 145	
Pseudo R^2	13.35%		7.30%		9.70%	
Log Likelihood	−13 609.12		−3 663.82		−9 841.48	
LR Chi^2 (p-value)	4 192.58*** (0.000 0)		576.83*** (0.000 0)		2 113.76*** (0.000 0)	
两个子样本的 Chow test			1 263.71*** (0.000 0)			
系数差异检验：AD_SPT			11.09*** (0.000 9)			

续表

Panel C:使用 AD_SPA 的稳健性检验						
变量	因变量:EPI					
	假设 4.3.1		假设 4.3.2			
	(1)		(2)		(3)	
	全样本		PCD=1		PCD=0	
	系数	t 值	系数	t 值	系数	t 值
AD_SPA	0.248 2***	2.81	0.981 9***	4.20	0.091 9	1.01
PCD	4.796 7***	25.19				
FIRST	2.309 2***	4.98	3.929 2***	3.59	2.068 9***	4.19
MAN_SHR	0.846 1	1.20	−0.149 3	−0.07	1.160 0	1.64
DUAL	−0.225 3	−1.17	0.379 2	0.78	−0.284 1	−1.41
BOARD	0.137 2***	3.35	−0.034 8	−0.35	0.190 0***	4.38
INDR	−2.000 0	−1.50	−15.096 2***	−4.75	0.986 4	0.71
SIZE	2.273 9***	29.13	2.152 0***	10.81	2.232 8***	27.23
TANGIBLE	4.317 0***	9.51	5.165 8***	4.27	3.938 2***	8.37
LEV	−1.936 7***	−4.54	1.280 0	1.17	−2.516 2***	−5.72
ROA	−1.339 7	−1.00	−1.080 7	−0.31	−0.771 3	−0.56
GROWTH	−0.411 1***	−2.69	−0.539 0	−1.24	−0.392 1**	−2.48
ISSUE	−0.7736	−0.97	3.733 7*	1.85	−1.785 4**	−2.09
SIGMA	−20.041 4***	−5.01	−35.140 2***	−3.27	−15.970 1***	−3.94
CAPIN	−0.694 3	−1.63	0.400 0	0.32	−1.277 7***	−2.97
STATE	1.063 8***	6.21	0.314 7	0.66	1.183 1***	6.65
LISTAGE	−0.119 4***	−8.27	−0.120 2***	−3.17	−0.115 6***	−7.64
LAW	0.028 5*	1.90	0.187 3***	4.89	−0.010 5	−0.67
常数项	−59.306 1***	−31.90	−50.860 3***	−11.42	−58.437 6***	−29.47
行业	控制		控制		控制	
年度	控制		控制		控制	
观测值	17 139		1 833		15 306	
Left-censored observations	13 994		849		13 145	
Pseudo R^2	13.36%		7.34%		9.70%	
Log Likelihood	−13 607.87		−3 662.21		−9 841.33	
LR Chi² (p-value)	4 195.07*** (0.000 0)		580.04*** (0.000 0)		2 114.06** (0.000 0)	
两个子样本的 Chow test			1 262.00*** (0.000 0)			
系数差异检验:AD_SPA			12.61*** (0.000 4)			

注:***、**、* 分别表示在 1%、5%、10%的水平上显著;所有 t 值均经过了异方差稳健标准误(Huber-White)调整。

五、内生性和进一步测试

(一)使用倾向得分匹配法进行内生性测试

本节无法事先排除表 4.3.5 和表 4.3.6 的结果是由于同时影响学者型董事任命和环境绩效的遗漏变量导致的可能性，由此带来了学者型董事与公司环境绩效间潜在的内生性问题。因此，本节分别采用倾向得分匹配(PSM)法、差分模型方法和基于中国证券监督管理委员会(2002)强制要求的独立董事强制变更的双重差分(DID)法来解决内生性问题。

在 PSM 法的第一阶段，本节考虑了两个可能影响学者型董事任命的变量，即 MASTER 和 CONF_100。具体而言，MASTER 是董事长教育水平的虚拟变量，若董事长为硕士及以上学历则赋值为 1，否则为 0。在中国，每名研究生都有一名副教授或正教授作为导师。拥有硕士及以上学位的董事长更有可能在其研究生课程中与教授建立个人联系，甚至可能对教授抱有更大的尊敬。因此，本节推测董事长的教育水平与学者型董事的任命之间存在正相关关系。CONF_100 等于公司注册地 100 千米半径内的孔庙或书院的数量。参考 Huang 等(2016)和 Li(2003，2005)，儒家文化是中国上市公司学者型董事盛行的一个重要原因。

接下来，在表 4.3.9 的 Panel A 中本节进行第一阶段 Probit 回归，来估计任命教授担任独立董事的概率。AD_DUM 为因变量，MASTER 和 CONF_100 为主要自变量。此外，本节还进一步考虑了公司层面特征的影响，包括 FIRST、DUAL、BOARD、SIZE、LEV、ROA、STATE 和 LISTAGE。和预期一致，MASTER 的系数在 1%的水平上显著为正(系数＝0.086 8，z 值＝3.58)，CONF_100 的系数在 1%的水平上也显著为正(系数＝0.027 9，z 值＝4.50)。

遵循一对一非重复匹配的原则，并要求倾向得分距离＜0.01，本节得到了包含 3 305 个处理组公司(有学者型董事的公司)和 3 305 个匹配组公司(没有学者型董事的公司)的 PSM 子样本。如表 4.3.9 的 Panel B 所示，在 PSM 子样本中，有学者型董事的公司(ACD_DUM＝1)和没有学者型董事的公司(AD_DUM＝0)之间的 MASTER、CONF_100 和公司层面特征的差异不显著，表明配对效果较好。

表 4.3.9 的 Panel C 报告了第二阶段的回归结果。在第(1)列中，AD_DUM 与 EPI 在 1%的水平上显著正相关(系数＝0.713 4，t 值＝3.49)，与假设 4.3.1 一致。然后，在第(2)列和第(3)列中，PCD 和非 PCD 子样本的 AD_DUM 系数分别显著为正，但是 PCD 子样本的 AD_DUM 系数估计值显著较大，再次支持了假设 4.3.2。

表 4.3.9 使用倾向得分匹配(PSM)法的内生性测试

Panel A:倾向得分匹配(PSM)法的第一阶段的结果

变量	因变量:AD_DUM	
	系数	z 值
MASTER	0.086 8***	3.58
CONF_100	0.027 9***	4.50
FIRST	0.217 9***	2.71
DUAL	−0.026 6	−0.96
BOARD	0.065 6***	8.78
SIZE	−0.035 1**	−2.51
LEV	0.106 0	1.49
ROA	1.047 5***	4.72
STATE	0.282 5***	9.93
LISTAGE	−0.009 9***	−4.31
常数项	1.100 1***	3.59
行业	控制	
年度	控制	
观测值	17 139	
Pseudo R^2	4.59%	
Log Likelihood	−8 104.53	
LR Chi^2 (p-value)	779.43*** (0.000 0)	

Panel B:PSM 过程的 t 检验

变量	全样本					PSM 样本				
	AD_DUM=1 (N=13 770)		AD_DUM=0 (N=3 369)			AD_DUM=1 (N=3 305)		AD_DUM=0 (N=3 305)		
	均值	标准差	均值	标准差	t 检验	均值	标准差	均值	标准差	t 检验
MASTER	0.371 9	0.483 3	0.309 3	0.462 3	6.80***	0.298 3	0.457 6	0.312 0	0.463 4	−1.20
CONF_100	2.099 9	1.900 7	1.942 4	1.775 5	4.37***	1.948 6	1.818 9	1.956 7	1.780 2	−0.18
FIRST	0.356 0	0.152 6	0.343 5	0.147 1	4.32***	0.345 6	0.155 4	0.344 7	0.147 1	0.23
DUAL	0.227 0	0.418 9	0.247 0	0.431 3	−2.46**	0.252 3	0.434 4	0.246 3	0.430 9	0.57
BOARD	8.889 0	1.760 0	8.579 7	1.789 1	9.11***	8.581 5	1.656 1	8.596 1	1.780 3	−0.34
SIZE	22.651 5	1.116 0	22.475 4	1.134 4	8.18***	22.461 8	1.092 6	22.481 3	1.135 2	−0.71
LEV	0.447 4	0.213 2	0.449 1	0.218 5	−0.41	0.447 5	0.213 2	0.448 6	0.218 5	−0.20
ROA	0.042 9	0.057 9	0.038 5	0.058 7	3.89***	0.039 6	0.059 6	0.039 3	0.058 0	0.16
STATE	0.456 9	0.498 2	0.381 1	0.485 7	7.96***	0.374 3	0.484 0	0.386 1	0.486 9	−0.99
LISTAGE	9.709 5	6.299 1	9.518 6	6.133 5	1.59	9.408 8	6.150 2	9.466 3	6.148 7	−0.38

续表

Panel C:使用倾向得分匹配(PSM)样本的假设 4.3.1 和 4.3.2 的结果						
变量	因变量:EPI					
	假设 4.3.1		假设 4.3.2			
	(1)		(2)		(3)	
	全样本		PCD=1		PCD=0	
	系数	t 值	系数	t 值	系数	t 值
AD_DUM	0.713 4***	3.49	1.941 9***	13.37	0.462 9**	2.16
PCD	4.773 7***	15.79				
FIRST	1.605 8**	2.17	3.801 1***	10.17	1.296 4*	1.65
MAN_SHR	3.084 6***	2.98	1.415 3**	2.40	3.461 6***	3.29
DUAL	−0.558 9*	−1.83	0.602 8***	3.92	−0.775 9**	−2.37
BOARD	0.062 8	0.91	−0.259 6***	−12.60	0.157 2**	2.17
INDR	−2.047 5	−0.98	−15.8471***	−30.98	1.468 3	0.67
SIZE	2.213 8***	18.28	1.715 6***	201 .69	2.263 0***	17.00
TANGIBLE	4.032 6***	5.70	3.884 2***	9.20	3.718 7***	4.92
LEV	-1.896 9***	−2.85	0.444 2	1.39	−2.363 9***	−3.43
ROA	0.297 3	0.14	−7.953 7***	−6.85	2.626 2	1.19
GROWTH	−0.316 5	−1.23	0.164 1	1.45	−0.410 6	−1.44
ISSUE	−0.417 9	−0.37	4.771 6***	8.07	−1.837 9	−1.46
SIGMA	−19.269 7***	−2.87	−67.516 3***	−23.29	−11.327 8*	−1.68
CAPIN	−0.753 6	−1.22	1.363 0***	3.15	−1.440 7**	−2.30
STATE	1.275 8***	4.65	2.126 0***	12.88	1.161 4***	4.03
LISTAGE	−0.173 9***	−7.50	−0.151 2***	−11.36	−0.170 2***	−6.67
LAW	0.036 7	1.45	0.294 4***	18.83	−0.015 8	−0.59
常数项	−55.878 0***	−19.07	−67.127 4***	−337 .08	−57.699 1***	−17.97
行业	控制		控制		控制	
年度	控制		控制		控制	
观测值	6 610		652		5 958	
Left-censoredobservations	5 465		291		5 174	
Pseudo R^2	14.61%		9.92%		10.82%	
Log Likelihood	−4 904.27		−1 276.91		−3 552.05	
LR Chi^2 (p-value)	1 678.36*** (0.000 0)		281.19*** (0.000 0)		861.67*** (0.000 0)	
两个子样本的 Chow test			3 779.71*** (0.000 0)			
系数差异检验:AD_DUM			32.73*** (0.000 0)			

注:***、**、* 分别表示在 1%、5%、10% 的水平上显著;所有 t/z 值均经过了异方差稳健标准误(Huber-White)调整。

(二)使用差分模型方法进行内生性测试

根据中国证券监督管理委员会(2002)的强制性要求，独立董事(包括学者型董事)在连任后必须辞去董事会职务，这为研究者检验学者型董事的强制变更是否会降低公司环境绩效提供了独特背景。

首先，本节挑选出包括294家在样本期间经历了学者型董事强制变更的公司的子样本，共有1 185个公司—年度观测值。然后，将AD_TURN定义为一个虚拟变量，学者型董事强制变更后的年份赋值为1，否则为0。最后，采用差分模型方法来检验学者型董事的强制变更与环境绩效的变化之间的关系。

如表4.3.10第(1)列所示，AD_TURN与EPI在1%的水平上显著负相关(系数=−0.572 7，t值=−3.59)，表明随着学者型董事离开董事会，公司环境绩效下降，在采用差分模型方法控制内生性后假设4.3.1依然成立。

表4.3.10 基于学者型董事强制变更的内生性测试

变量	因变量：EPI			
	(1)		(2)	
	差分模型方法		双重差分法	
	系数	t值	系数	t值
AD_TRUN	−0.572 7***	−3.59		
TREAT			0.786 3***	4.74
POST			0.577 8***	3.18
TREAT×POST			−1.299 8***	−7.19
PCD	5.667 6***	40.58	5.888 5***	41.41
FIRST	4.039 6***	9.69	0.759 0*	1.76
MAN_SHR	−7.363 3***	−8.66	−10.024 4***	−12.41
DUAL	1.142 5***	6.74	1.247 1***	7.61
BOARD	0.379 5***	18.82	0.258 6***	11.96
INDR	−9.163 7***	−16.50	−15.387 6***	−27.01
SIZE	1.548 5***	166 .63	1.267 2***	132 .32
TANGIBLE	2.680 1***	6.04	0.436 9	0.87
LEV	−2.354 0***	−7.25	−4.728 6***	−13.78
ROA	−1.338 1	−1.25	7.556 6***	5.63
GROWTH	0.327 2***	3.14	0.360 1***	3.30
ISSUE	0.018 0	0.07	−0.018 0	−0.06
SIGMA	−35.049 4***	−9.04	−39.048 2***	−9.87
CAPIN	−3.145 1***	−7.48	−3.719 5***	−8.52

续表

变量	因变量:EPI			
	(1)		(2)	
	差分模型方法		双重差分法	
	系数	t 值	系数	t 值
STATE	1.764 0***	9.92	1.732 5***	10.16
LISTAGE	−0.246 6***	−16.66	−0.231 7***	−15.32
LAW	0.120 3***	9.40	0.224 8***	17.71
常数项	−73.961 8***	−354.43	−59.496 2***	−280.98
行业	控制		控制	
年度	控制		未控制	
观测值	1 185		1 142	
Left-censored observations	954		922	
Pseudo R^2	17.45%		14.90%	
Log Likelihood	−947.46		−922.60	
LR Chi^2 (p-value)	400.49*** (0.000 0)		322.98*** (0.000 0)	

注：***、**、*分别表示在1%、5%、10%的水平上显著；所有t值均经过了异方差稳健标准误(Huber-White)调整。

(三)使用双重差分法进行内生性测试

本节将中国证券监督管理委员会(2002)强制要求的独立董事强制变更作为一种独特的准自然实验背景，然后采用双重差分(DID)法来解决内生性问题。为此，本节定义了三个相关变量：TREAT、POST和TREAT×POST。TREAT是一个虚拟变量，若公司在样本期间经历了学者型董事的强制变更则赋值为1，否则为0。POST是一个虚拟变量，独立董事强制变更后的年份赋值为1，否则为0。TREAT×POST是TREAT和POST的交乘项。

首先，本节将全样本分为三组：(1)学者型董事强制变更组(即处理组)；(2)除学者型董事外的其他独立董事强制变更组(即对照组)；(3)没有任何独立董事强制变更组。然后按照一对一原则，将处理组的每个公司与对照组进行匹配，并按照以下标准构建匹配样本：(1)强制变更发生在同一年；(2)属于同一行业；(3)公司规模(SIZE)尽可能接近且差异在±25%的范围内。最后，本节得到了包含280家公司的最终匹配样本，具体而言，处理组有140家公司，对照组有140家公司，共1 142个公司—年度观测值。

和预期一致，表4.3.10的第(2)列中，TREAT与EPI在1%的水平上显著正相关(系数=0.786 3，t值=4.74)，表明在学者型董事被迫离开董事会前，处理组的公司比控制组公司环境绩效表现更佳。POST的系数也显著为正，揭示了公司环境绩效日益增长以及中国上市公司环保意识逐渐增强的时间趋势。此外，TREAT×POST的系数显著为负，表明处理组的公司相对对照组更好的环境绩效受到了学者型董事强制变更的抑制。使用DID法控制内生性后，上述结果联合为假设4.3.1提供了强有力的额外支持。

(四)考虑学者型董事其他特征的进一步测试

前期文献指出,担任行政职务的教授更有可能通过大学捐赠与内部人建立社会联系,这损害了他们的独立性,从而不利于学者型董事发挥监督作用(例如,Francis et al.,2015)。然而,Fan 等(2019)认为,在中国,行政职务级别高的教授也是高级政府官员,政治联系可能会提高董事会的效率。针对上述结论不一致的发现,本节将 Tobit 回归模型[式(4.3.1)]中的 AD_DUM 替换为 AD_AP 和 AD_NAP。AD_AP(AD_NAP)是一个虚拟变量,若一名或多名(未)担任行政职务的教授在董事会任职,则赋值为 1,否则为 0。然后重新运行式(4.3.1),结果列示在表 4.3.11 的 Panel A 中。具体而言,AD_NAP 的系数显著为正,AD_AP 的系数不显著,与 Francis 等(2015)相呼应。

表 4.3.11 考虑学者型董事其他特征的进一步测试

Panel A:考虑行政职务的进一步测试		
变量	因变量:EPI	
	系数	*t* 值
AD_AP	0.087 9	0.38
AD_NAP	0.593 1***	3.47
FIRST	2.379 2***	4.86
MAN_SHR	0.948 9	1.27
DUAL	−0.274 6	−1.35
BOARD	0.150 0***	3.47
INDR	−2.010 7	−1.45
SIZE	2.767 1***	31.98
TANGIBLE	5.009 8***	10.54
LEV	−2.756 4***	−6.14
ROA	−2.426 0*	−1.72
GROWTH	−0.486 9***	−3.09
ISSUE	−0.397 0	−0.47
SIGMA	−24.564 7***	−5.76
CAPIN	−0.603 6	−1.32
STATE	1.364 1***	7.54
LISTAGE	−0.135 6***	−8.93
LAW	0.033 6**	2.09
常数项	−70.322 4***	−34.03
行业和年度	控制	
观测值	17 139	
Left-censoredobservations	13 994	
Pseudo R^2	10.98%	
Log Likelihood	−13 980.65	
LR Chi^2 (p-value)	3 449.51*** (0.000 0)	

续表

Panel B:考虑年龄和董事会兼职席位的进一步测试

变量	因变量:EPI			
	(1)		(2)	
	系数	t 值	系数	t 值
AD_45A	0.540 9***	3.25		
AD_45B	0.223 8	1.23		
AD_MUL			0.526 8**	2.14
AD_SIN			0.096 3	0.43
FIRST	2.382 1***	4.85	2.422 9***	4.94
MAN_SHR	0.959 0	1.29	0.890 7	1.19
DUAL	−0.272 3	−1.34	−0.272 9	−1.34
BOARD	0.146 2***	3.37	0.158 0***	3.66
INDR	−2.126 9	−1.53	−2.008 2	−1.45
SIZE	2.766 4***	31.95	2.751 9***	31.92
TANGIBLE	5.001 9***	10.53	5.002 6***	10.53
LEV	−2.766 5***	−6.17	−2.734 6***	−6.10
ROA	−2.442 7*	−1.73	−2.234 5	−1.59
GROWTH	−0.481 4***	−3.05	−0.478 1***	−3.04
ISSUE	−0.418 9	−0.49	−0.412 3	−0.49
SIGMA	−24.590 8***	−5.77	−24.266 6***	−5.70
CAPIN	−0.604 7	−1.33	−0.642 7	−1.41
STATE	1.357 6***	7.51	1.373 4***	7.60
LISTAGE	−0.134 9***	−8.89	−0.136 7***	−8.99
LAW	0.033 9**	2.10	0.032 6**	2.02
常数项	−70.236 1***	−34.03	−69.981 3***	−33.94
行业和年度	控制		控制	
观测值	17 139		17 139	
Left-censored observations	13 994		13 994	
Pseudo R^2	10.98%		10.96%	
Log Likelihood	−13 980.71		−13 984.26	
LR Chi^2 (p-value)	3 449.40*** (0.000 0)		3 442.29*** (0.000 0)	

Panel C:考虑职称和大学声誉的进一步测试

变量	因变量:EPI			
	(1)		(2)	
	系数	t 值	系数	t 值
AD_FP	0.427 4***	2.74		
AD_NFP	0.253 2	1.50		

续表

变量	因变量:EPI			
	(1)		(2)	
	系数	t 值	系数	t 值
AD_PU			0.608 9***	4.07
AD_NPU			−0.151 8	−1.04
FIRST	2.393 9***	4.89	2.358 7***	4.81
MAN_SHR	0.960 6	1.29	0.997 1	1.34
DUAL	−0.278 5	−1.37	−0.266 9	−1.31
BOARD	0.149 3***	3.45	0.156 3***	3.60
INDR	−2.033 9	−1.46	−1.895 3	−1.37
SIZE	2.762 4***	31.94	2.738 6***	31.89
TANGIBLE	5.010 0***	10.54	5.076 5***	10.68
LEV	−2.756 7***	−6.14	−2.730 9***	−6.09
ROA	−2.351 2*	−1.67	−2.322 1*	−1.65
GROWTH	−0.483 2***	−3.07	−0.485 8***	−3.09
ISSUE	−0.416 7	−0.49	−0.410 0	−0.48
SIGMA	−24.560 8***	−5.76	−24.373 2***	−5.71
CAPIN	−0.608 4	−1.34	−0.597 4	−1.31
STATE	1.367 3***	7.55	1.363 9***	7.55
LISTAGE	−0.135 5***	−8.91	−0.136 8***	−9.01
LAW	0.033 0**	2.05	0.032 0**	1.98
常数项	−70.121 9***	−34.06	−69.689 2***	−34.13
行业和年度	控制		控制	
观测值	17 139		17 139	
Left-censoredobservations	13 994		13 994	
Pseudo R^2	10.97%		11.00%	
Log Likelihood	−13 982.13		−13 977.22	
LR Chi² (p-value)	3 446.55*** (0.000 0)		3 456.36*** (0.000 0)	

注:***、**、*分别表示在1%、5%、10%的水平上显著;所有 t 值均经过了异方差稳健标准误(Huber-White)调整。

本节提出研究假设时的一个重要论点是,与其他独立董事相比,学者型董事在董事会中的地位可能更高,高地位确保了他们对环境问题的影响。前期文献发现董事会兼职席位数是独立董事在公司董事会中地位的重要决定因素(Badolato et al.,2014)。此外,在中国,在儒家文化的影响下,“尊老”的传统已深入人心,这也可能使得年长的学者型董事获得更高的地位。因此,本节根据学者型董事的年龄和董事会兼职席位数来定义以下变量:(1)若有一名或多名年龄在45岁及以上(以下)的学者型董事在董事会任职,则AD_45A(AD_45B)赋值为1,否则为0;(2)若有一名或多名学者型董事兼任多家(仅担任一家)上市公司独立董事,则AD_MUL(AD_SIN)赋值为1,否则为0。如Panel B的第(1)列所示,AD_45A的系数显著为正,而AD_45B的系数不显著。在Panel B的第(2)列中,AD_MUL与EPI显著正相关,但AD_SIN与EPI间的关系并不显著。上述结果证实了本节的观点,即学者型董事与公司环境绩效间的正向关系部分由其相对较高的地位导致。

最后,考虑到职称和大学声誉导致个人声誉的差异,本节进一步检验职称和大学声誉是否会影响学者型董事与公司环境绩效间的正向关系。具体而言,AD_FP(AD_NFP)是一个虚拟变量,若有一名或多名(未)拥有正教授职称的教授在董事会任职则赋值为1,否则为0。AD_PU(AD_NPU)是一个虚拟变量,若一名或多名学者型董事(不是)来自知名高校("985/211工程"高校),则赋值为1,否则为0。如表4.3.11Panel C的第(1)列所示,AD_FP的系数显著为正,而AD_NFP不显著。同样地,在Panel C的第(2)列中,AD_PU与EPI显著正相关,但AD_NPU的系数不显著,与理论预期一致。

(五)关于学者型董事对公司环境投资影响的进一步测试

根据前期文献,企业环境责任有别于CSR的其他维度,因为环境实践需要大量的资本投资,如工业废气处理设备(Bansal,Gao,2008;Walls et al.,2012)。因此,公司环境投资是学者型董事对公司环境绩效施加影响的一个重要渠道。本节定义了一个虚拟变量ENV_INV来检验学者型董事对公司环境投资的影响,若公司在技术、R&D或者创新方面投入来提高其环境绩效,则将该变量赋值为1,否则为0。如表4.3.12所示,和预期一致,AD_DUM与ENV_INV显著正相关,支持了本节的结论。

表4.3.12 关于学者型董事对公司环境投资的影响的进一步测试

变量	因变量:ENV_INV	
	系数	z 值
AD_DUM	0.119 1**	2.09
FIRST	0.1957	1.32
MAN_SHR	0.067 2	0.32
DUAL	0.010 5	0.18
BOARD	0.031 8**	2.18
INDR	−0.410 3	−0.88
SIZE	0.428 9***	16.46
TANGIBLE	1.385 1***	9.18
LEV	−0.328 7**	−2.38
ROA	−0.147 9	−0.34
GROWTH	−0.089 4**	−2.01

续表

变量	因变量:ENV_INV	
	系数	z 值
ISSUE	−0.190 5	−0.78
SIGMA	−5.012 5***	−3.90
CAPIN	0.143 9	1.07
STATE	0.132 2**	2.35
LISTAGE	−0.046 7***	−9.92
LAW	0.016 7***	3.38
常数项	−11.166 0***	−18.59
行业	控制	
年度	控制	
观测值	17 139	
Pseudo R^2	11.00%	
Log Likelihood	−7 030.53	
LR Chi^2 (p-value)	1 737.02*** (0.000 0)	

注:***、**、* 分别表示在 1%、5%、10%的水平上显著;所有 z 值均经过了异方差稳健标准误(Huber-White)调整。

六、结论、管理启示、局限性和未来方向

本节检验了学者型董事能否提升环境绩效。研究发现,学者型董事在提高公司环境绩效方面发挥了重要作用。此外,与没有设立污染控制部门的公司相比,这种正向作用在设有污染控制部门的公司中更显著。进一步测试表明,只有未担任行政职务、45 岁及以上、兼任多家上市公司独立董事、正教授以及来自"985/211 工程"高校的学者型董事才能显著提升公司环境绩效。与本节的推测一致,学者型董事与环境绩效间的正相关关系很大程度上是由于其相对较高的独立性、地位和 CSR 意识。最后,学者型董事促进了公司的环境投资。总而言之,本节的研究结果为学者型董事对环境问题的监督成效提供了稳健的、强有力的证据。

除了引言部分所提到的理论贡献外,本节也有一些管理方面的贡献:

首先,学者型董事对公司环境绩效的正向作用可以促使中国证券监督管理委员会(CSRC)重视董事会职业异质性的经济后果,特别是学者型董事对董事会职业异质性的贡献和学者型董事在改善董事会环境问题方面决策的积极作用。事实上,根据 CSRC 的要求,董事会职业异质性并不意味着公司必须在董事会中纳入教授(学者)作为学者型董事。然而,本节揭示了学者型董事与其他职业背景的董事相比在促进环境友好性方面具有优势,揭示了学者型董事在公司治理中的合理性。

其次，公司的污染控制部门本身可以提高环境绩效，并进一步强化学者型董事与公司环境绩效之间的正相关关系，可以促使中国上市公司密切关注设立污染控制部门的效益和信号效应。污染控制部门至少可以表明一家公司积极应对环境问题的决心，而这有利于企业绿色发展和环境友好的形象。

最后，学者型董事总体上可以提高企业的环境绩效，但CSRC等监管机构和投资者应牢记，学者型董事对公司环境绩效的作用并不是完全相同的。事实上，只有未担任行政职务、45岁及以上、有正教授职称、任职于知名（“985/211工程”）高校、兼任多家公司独立董事的学者型董事，才能更好地发挥其在促进企业环境友好方面的作用。因此，具备上述特征的教授或学者应具有当选独立董事（即学者型董事）的特权或优先权。同时，考虑到中国股市监管力度大的特点，或许CSRC出台相关指引以引导中国上市公司选择具有上述特征的学者型董事是可行的。

本节研究有两点局限性，可以在未来研究中加以解决。首先，受中国环境信息披露数据的限制，本节仅采用自愿性环境披露作为环境绩效的代理变量。然而，尽管这种度量没有直接衡量公司环境绩效，但它是合理（Clarkson et al.，2008，2011）且被广泛接受的（Rahman，Post，2012；Du et al.，2014）。因此，本节呼吁更多对公司环境绩效的度量问题的研究，提供更加丰富的实证结果，并与本节的研究相互印证。其次，本节关注公司环境绩效并检验了学者型董事的监督效益，但学者型董事的监督效益是否以及如何拓展到诸如工作场所安全、产品质量和企业慈善等CSR的其他维度仍为空白。因此，本节建议未来的研究者可以解决上述问题。

然而，教授可能在经济上依赖于公司，因为他们收入的很大一部分来自董事职务（Francis et al.，2015），在这种情况下并具体到国际背景下，学者型董事是否不利于董事会的独立性仍然是一个悬而未决的问题，因为学者型董事的任命可能仅仅是因为他们与高管的社会联系，而不是因为他们的咨询和监督价值。未来的研究可以进一步考察学者型董事对除环境问题外的董事会独立性的其他维度的影响。

参考文献

王小鲁，樊纲，胡李鹏，2019. 中国分省份市场化指数报告（2018）[M]. 北京：社会科学文献出版社.

中国证券监督管理委员会，2002-01-07. 关于发布《上市公司治理准则》的通知[EB/OL]. [2022-04-18]. http://www.gov.cn/gongbao/content/2003/content_62538.htm.

ADAMS R B，FERREIRA D，2009. Women in the boardroom and their impact on governanceand performance[J]. Journal of financial economics，94(2)：291-309.

AGRAWAL A，KNOEBER C R，1996. Firm performance and mechanisms to control agency problems between managers and shareholders[J]. Journal of financial and quantitative analysis，31(3)：377-397.

ANDERSON R C, REEB D M, UPADHYAY A, et al, 2011. The economics of director heterogeneity[J]. Financial management, 40(1): 5-38.

ANDRES C, FERNAU E, THEISSEN E, 2014. Should I stay or should I go? Former CEOs as monitors[J]. Journal of corporate finance, 28: 26-47.

AUDRETSCH D B, STEPHAN P E, 1996. Company-scientist locational links: the case of biotechnology[J]. The American economic review, 86(3): 641-652.

BADOLATO P G, DONELSON D C, EGE M, 2014. Audit committee financial expertise and earnings management: the role of status[J]. Journal of accounting and economics, 58(2～3): 208-230.

BANSAL P, GAO J, 2008. Dual mechanisms of business sustainability: unique effects and simultaneous effects[C]. Anaheim, CA: Annual Meeting of the Academy of Management.

BAUMGARTEN E, 1982. Ethics in the academic profession: a socratic view[J]. The journal of higher education, 53(3): 282-295.

BAYSINGER B D, BUTLER H N, 1985. Corporate governance and the board of directors: performance effects of changes in board composition[J]. Journal of law, economics, & organization, 1(1): 101-124.

BERMAN S L, WICKS A C, KOTHA S, et al, 1999. Does stakeholder orientation matter? The relationship between stakeholder management models and firm financial performance[J]. Academy of management journal, 42(5): 488-506.

BERRY M A, RONDINELLI D A, 1998. Proactive corporate environmental management: a new industrial revolution[J]. Academy of management perspectives, 12(2): 38-50.

BHAGAT S, BLACK B, 2001. The non-correlation between board independence and long-term firm performance[J]. Journal of corporation law, 27(2): 231-273.

BRAMMER S, PAVELIN S, 2008. Factors influencing the quality of corporate environmental disclosure[J]. Business strategy and the environment, 17(2): 120-136.

BRICKLEY J A, COLES J L, TERRY R L, 1994. Outside directors and the adoption of poison pills[J]. Journal of financial economics, 35(3): 371-390.

BUYSSE K, VERBEKE A, 2003. Proactive environmental strategies: a stakeholder management perspective[J]. Strategic management journal, 24(5): 453-470.

CHARNOV B H, 1987. The academician as good citizen[A]//PAYNE S L, CHARNOV B H. Ethical dilemmas for academic professionals[C]. Springfield: Charles C. Thomas: 3-20.

CHO C H, JUNG J H, KWAK B, et al, 2017. Professors on the board: do they contribute to society outside the classroom? [J]. Journal of business ethics, 141(2):

393-409.

CLARKSON P M, LI Y, RICHARDSON G D, et al, 2008. Revisiting the relation between environmental performance and environmental disclosure: an empirical analysis [J]. Accounting, organizations and society, 33(4～5): 303-327.

CLARKSON P M, OVERELL M B, CHAPPLE L, 2011. Environmental reporting and its relation to corporate environmental performance[J]. Abacus, 47(1): 27-60.

COHEN L, FRAZZINI A, MALLOY C J, 2012. Hiring cheerleaders: board appointments of "independent" directors[J]. Management science, 58(6): 1039-1058.

DAHYA J, DIMITROV O, MCCONNELL J J, 2008. Dominant shareholders, corporate boards, and corporate value: a cross-country analysis[J]. Journal of financial economics, 87(1): 73-100.

DARRELL W, SCHWARTZ B N, 1997. Environmental disclosures and public policy pressure[J]. Journal of accounting and public policy, 16(2): 125-154.

DU X, 2015. How the market values greenwashing? Evidence from China[J]. Journal of business ethics, 128(3): 547-574.

DU X, 2018. A tale of two segmented markets in China: the informative value of corporate environmental information disclosure for foreign investors[J]. The international journal of accounting, 53(2): 136-159.

DU X, CHANG Y, ZENG Q, et al, 2016. Corporate environmental responsibility (CER) weakness, media coverage, and corporate philanthropy: evidence from China [J]. Asia Pacific journal of management, 33(2): 551-581.

DU X, JIAN W, LAI S, 2017. Do foreign directors mitigate earnings management? Evidence from China[J]. The international journal of accounting, 52(2): 142-177.

DU X, JIAN W, ZENG Q, et al, 2018. Do auditors applaud corporate environmental performance? Evidence from China[J]. Journal of business ethics, 151(4): 1049-1080.

DU X, JIAN W, ZENG Q, et al, 2014. Corporate environmental responsibility in polluting industries: does religion matter? [J]. Journal of business ethics, 124 (3): 485-507.

DU X, WENG J, ZENG Q, et al, 2017. Do lenders applaud corporate environmental performance? Evidence from Chinese private-owned firms[J]. Journal of business ethics, 143(1): 179-207.

EESLEY C, LENOX M J, 2006. Firm responses to secondary stakeholder action [J]. Strategic management journal, 27(8): 765-781.

ERKENS D H, BONNER S E, 2013. The role of firm status in appointments of accounting financial experts to audit committees [J]. The accounting review, 88 (1): 107-136.

FAHLENBRACH R, MINTON B A, PAN C H, 2011. Former CEO directors: lingering CEOs or valuable resources? [J]. The review of financial studies, 24 (10): 3486-3518.

FAN H, SONG X, ZHOU L, 2019. Executive-employee pay gap and academic directors-a Chinese study[R]. Working Paper, Available at SSRN.

FRANCIS B, HASAN I, WU Q, 2015. Professors in the boardroom and their impact on corporate governance and firm performance [J]. Financial management, 44 (3): 547-581.

GOULD R V, 2002. The origins of status hierarchies: a formal theory and empirical test[J]. American journal of sociology, 107(5): 1143-1178.

GUL F A, SRINIDHI B, NG A C, 2011. Does board gender diversity improve the informativeness of stock prices? [J]. Journal of accounting and economics, 51 (3): 314-338.

GÜNER A B, MALMENDIER U, Tate G, 2008. Financial expertise of directors [J]. Journal of financial economics, 88(2): 323-354.

GYAPONG E, MONEM R M, HU F, 2016. Do women and ethnic minority directors influence firm value? Evidence from post-apartheid South Africa[J]. Journal of business finance & accounting, 43(3～4): 370-413.

HUANG C L, KUNG F H, 2010. Drivers of environmental disclosure and stakeholder expectation: evidence from Taiwan[J]. Journal of business ethics, 96(3): 435-451.

HUANG H, LEE E, LYU C, et al, 2016. The effect of accounting academics in the boardroom on the value relevance of financial reporting information [J]. International review of financial analysis, 45: 18-30.

HUANG Q, JIANG F, LIE E, et al, 2014. The role of investment banker directors in M&A[J]. Journal of financial economics, 112(2): 269-286.

ILINITCH A Y, SODERSTROM N S, THOMAS T E, 1998. Measuring corporate environmental performance [J]. Journal of accounting and public policy, 17 (4 ～ 5): 383-408.

JETTEN J, HORNSEY M J, ADARVES-YORNO I, 2006. When group members admit to being conformist: the role of relative intragroup status in conformity self-reports [J]. Personality and social psychology bulletin, 32(2): 162-173.

JIANG B, MURPHY P J, 2007. Do business school professors make good executive managers? [J]. Academy of management perspectives, 21(3): 29-50.

KASSINIS G, VAFEAS N, 2002. Corporate boards and outside stakeholders as determinants of environmental litigation [J]. Strategic management journal, 23 (5):

399-415.

KASSINIS G, VAFEAS N, 2006. Stakeholder pressures and environmental performance[J]. Academy of management journal, 49(1): 145-159.

KHAN A, MUTTAKIN M B, SIDDIQUI J, 2013. Corporate governance and corporate social responsibility disclosures: evidence from an emerging economy [J]. Journal of business ethics, 114(2): 207-223.

KNYAZEVA A, KNYAZEVA D, RAHEJA C G, 2013. The benefits of focus vs. heterogeneity: dissimilar directors and coordination within corporate boards [R]. Working Paper, Available at SSRN.

LI C, 2005. Prestige stratification in the contemporary China: occupational prestige measures and socio-economic index[J]. Sociological research, 2(74): 74-102.

LI F, SRINIVASAN S, 2011. Corporate governance when founders are directors [J]. Journal of financial economics, 102(2): 454-469.

LI J, 2003. US and Chinese cultural beliefs about learning[J]. Journal of educational psychology, 95(2): 258.

LITOV L P, SEPE S M, WHITEHEAD C K, 2013. Lawyers and fools: lawyer-directors in public corporations[J]. Georgetown law journal, 102(2): 413-480.

LIU Y, WEI Z, XIE F, 2014. Do women directors improve firm performance in China? [J]. Journal of corporate finance, 28: 169-184.

MASULIS R W, WANG C, XIE F, 2012. Globalizing the boardroom—the effects of foreign directors on corporate governance and firm performance[J]. Journal of accounting and economics, 53(3): 527-554.

MCKENDALL M, SÁNCHEZ C, SICILIAN P, 1999. Corporate governance and corporate illegality: the effects of board structure on environmental violations[J]. The international journal of organizational analysis, 7(3), 201-223.

MENG X H, ZENG S X, SHI J J, et al, 2014.The relationship between corporate environmental performance and environmental disclosure: an empirical study in China [J]. Journal of environmental management, 145: 357-367.

O'CONNELL D M, 1998. From the universities to the marketplace: the business ethics journey[J]. Journal of business ethics, 17(15): 1617-1622.

PATELLI L, PEDRINI M, 2015. Is tone at the top associated with financial reporting aggressiveness? [J]. Journal of business ethics, 126(1): 3-19.

QUAN Y, LI S, 2017. Are academic independent directors punished more severely when they engage in violations? [J]. China journal of accounting research, 10(1): 71-86.

RAHMAN N, POST C, 2012. Measurement issues in environmental corporate social responsibility(ECSR): toward a transparent, reliable, and construct valid instrument

[J]. Journal of business ethics, 105(3): 307-319.

RAVINA E, SAPIENZA P, 2010. What do independent directors know? Evidence from their trading[J]. The review of financial studies, 23(3): 962-1003.

REEB D M, ZHAO W, 2013. Director capital and corporate disclosure quality [J]. Journal of accounting and public policy, 32(4): 191-212.

TIERNEY W G, 1997. Organizational socialization in higher education[J]. The Journal of Higher Education, 68(1): 1-16.

WALLS J L, BERRONE P, PHAN P H, 2012. Corporate governance and environmental performance: is there really a link? [J]. Strategic management journal, 33(8): 885-913.

WEBER J, 2010. Assessing the"tone at the top": the moral reasoning of CEOs in the automobile industry[J]. Journal of business ethics, 92(2): 167-182.

WHITE H, 1980. A heteroskedasticity-consistent covariance matrix estimator and a direct test for heteroskedasticity[J]. Econometrica, 48(4): 817-838.

WHITE J T, WOIDTKE T, BLACK H A, et al, 2014. Appointments of academic directors[J]. Journal of corporate finance, 28: 135-151.

WILLIAMSON O E, 2000. The new institutional economics: taking stock, looking ahead[J]. Journal of economic literature, 38(3): 595-613.

ZHU J, YE K, TUCKER J W, et al, 2016. Board hierarchy, independent directors, and firm value: evidence from China[J]. Journal of corporate finance, 41: 262-279.

第五章　“尊尊原则”与会计审计行为Ⅱ：外来的和尚会念经？

儒家文化的“尊尊原则”有一项重要的内容，那就是“外来的和尚会念经”。中国作为礼仪之邦，历来重视群体之外的人的意见。具体到中国资本市场背景，境外董事与拥有境外经历的高管/审计师可能相对于本土董事/审计师而言，更能体现其治理角色。基于此，本章围绕国际化董事会（境外董事）和具有境外经历的审计师对会计审计行为的影响展开研究，主要内容包括：

（1）境外独立董事是否更独立——基于境外独立董事投票的证据；

（2）国际化董事会与审计师选择；

（3）国际化董事、分析师关注与现金股利；

（4）境外董事、语言与企业环境信息透明度；

（5）审计师境外经历与审计质量。

第一节　境外独立董事是否更独立 ——基于独立董事投票的证据

摘要：本节实证研究了中国上市公司境外独立董事独立性的问题。通过手工搜集中国上市公司的境外独立董事数据，以独立董事对公司董事会议案所投非赞同票作为独立性的替代变量，研究发现境外独立董事显著提高了董事会议案被出具非赞同票的可能性。研究还发现，董事会持股强化了境外独立董事的独立性，即随着董事会持股比例上升，董事会议案被境外独立董事出具非赞同票的可能性增加。进一步研究发现，境外独立董事在非国有企业和市场化程度较高的地区独立性更强。本节的研究拓展了境外独立董事的公司治理作用，丰富了公司治理相关领域的文献。

一、引言

2014 年 5 月 26 日，浙江天目药业两名独立董事因对企业 2013 年财务报表审计出具反对意见，遭到公司解聘，在业内引起轩然大波。一直以来，中国上市公司独立董事因缺乏独立性，被广大股民戏称为“花瓶董事”“人情董事”“轿夫”等。天目药业两名独立董事因对公司年报提出质疑而遭到“清洗”，显然是将独立董事视为企业的一种“摆设”。这一事件也将独立董事的独立性问题再次推到了风口浪尖。人们不禁要问：有多少上市公司的独立董事敢于对公司的重大表决事项提出异议？哪些独立董事能保持应有的独立性、能代表和维护中小股东利益？独立董事制度是公司治理的重要制度安排（杜兴强，周泽将，2010），受到理论界和实务界的持续关注。独立性是独立董事发挥作用的基础（谭劲松，2003），因此如何确保独立董事的独立性也就成为各方关注的焦点。

随着中国改革开放和企业“走出国门、走向世界”战略目标的推进，越来越多的企业聘请外国人担任独立董事。境外独立董事能够提供有价值的国际市场信息和独特的资源（Masulis et al.，2012），能够提供解决问题的新视角和新方法（Alli et al.，2010），从而有助于提升公司的价值（Oxelheim，Randoy，2003），即境外独立董事的咨询功能得到了理论研究的支持。那么，境外独立董事是否也能有效地发挥监督作用？境外独立董事的监督效果如何？对这一问题的分析和探讨，将有助于进一步了解独立董事独立性的影响因素以及境外独立董事在公司治理中的作用。对此，本节以中国上市公司聘请的境外独立董事为研究对象，实证分析了境外独立董事的独立性问题。本节的研究以独立董事对公司董事会议案的表决意见为切入点，以独立董事出具的非赞同票作为独立性的替代变量，实证结果表明，有境外独立董事的企业董事会议案被出具非赞同票的可能性更高，境外独立董事表现出较强的独立性；而且，随着董事会持股比例的增加，有境外独立董事的企业董事会议案被出具非赞同票的可能性显著增加。进一步研究发现，境外独立董事在非国有企业的独立性更强，表现为非国有企业境外独立董事与非赞同票显著正相关，而在国有企业则不显著；同时还发现，在市场化进程较高的地区，境外独立董事与非赞同票显著正相关，在市场化程度较低的地区不显著，表明境外独立董事独立性的发挥受到公司最终控制人性质和外部环境的影响。

本节可能的贡献在于：(1)独立性是独立董事履行职责的基础和前提。以往的研究发现，独立董事的声誉、财务金融背景以及任期等都会影响其独立性。本节以中国上市公司境外独立董事为研究对象，研究了独立董事的国籍特征对其独立性的影响，丰富了独立董事独立性影响因素的研究。(2)国外文献研究了境外独立董事对企业价值的影响，而对境外独立董事的独立性问题却研究不多。中国资本市场有关独立董事的相关规定，为本节研究境外独立董事的独立性提供了一个绝佳的制度背景。2004 年，上交所和深交所发布规定，要求上市公司将独立董事对董事会议案所发表的具体意见进行披露。这为本节考察境外独立董事监督大股东和管理层行为提供了机会。因此，本节的研究可以丰富独立董事公司治理方面的文献。(3)本节将董事会持股纳入研究范围，进一步考察了董事会持股对境外独立董事独立性的影响,拓展了公司治理结构的相关研究。(4)本节的研究发现,境外独立董事独立性的发挥受到公司最终控制人性质和外部环境的影响,这一发现有助于指导独立董事的相关制度安排。

本节后续部分安排如下:第二部分是对制度背景的介绍,相关的文献回顾和假设的推导;第三部分是研究设计和变量的选取;第四部分是实证研究结果和敏感性测试;第五部分是研究结论和进一步研究方向。

二、制度背景、文献回顾和研究假设

(一)独立董事相关制度背景

我国独立董事制度兴起于20世纪末。1997年证监会提出,如果有需要,上市公司可以视情况设立独立董事(1997年《上市公司章程指引》)。随后,对在境外上市的公司,国家经贸委和证监会要求配备至少2名独立董事,并要求将独立董事对重要事项的表决意见在董事会决议中公布。2001年证监会又进一步要求所有上市公司必须聘请独立董事参与公司治理,以完善治理结构,规范公司运作;同时强调了相关法律法规所确定的独立董事的权利和义务,并赋予独立董事对公司重大事项发表独立意见的职权。2004年上海证券交易所和深圳证券交易所发布股票上市规则,要求公司披露"每项议案获得的同意、反对和弃权的票数,以及有关董事反对或弃权的理由""需要独立董事事前认可或者独立发表意见的,说明事前认可情况或者所发表的意见"。结合2001年证监会的规定和2004年的股票上市规则,目前我国独立董事所发表的意见类型可分为同意、保留意见、反对意见、无法发表意见、弃权、提出异议和其他。独立董事的制度变迁表明,监管机构希望独立董事能通过监督公司重大事项的决策,来保护中小股东利益,从而在公司治理中发挥积极有效的作用。

独立董事发表独立意见是履行职责的重要表现形式。然而,在我国制度背景下,独立董事是否会独立、客观、公正地发表独立意见来维护中小股东利益则是一个有待检验的命题。首先,在独立董事的提名方面,除了公司的董事会、监事会可以提出独立董事的候选人之外,持有公司1%以上股份的股东也可以提名。但选举和任命则需通过股东大会投票决定。在我国"一股独大"或"内部人控制"的背景下,独立董事多由大股东和内部控制人提名和任命,导致独立董事不发表意见(如弃权)或不发表与大股东、内部控制人相左的意见(王兵,2007),其独立性受到严重影响。其次,独立董事"津贴的标准应当由董事会制定预案,股东大会审议通过"。在大股东或内部控制人占主导地位的情况下,独立董事的津贴实际上是由他们来控制的。当公司存在违规行为或侵占中小股东利益行为时,大股东或内部控制人会通过支付较高的薪酬和津贴购买独立董事意见。面对较高的薪酬补贴,独立董事对表决事项说"不"的概率会降低(唐雪松 等,2010)。

因此,在独立董事普遍顺从、"懂事"的情况下,对董事会议案表达不同的意见,可以被视为独立董事保持独立性的一个重要表征。除了以较为激烈的反对票的形式表达异议之外,通常情况下,独立董事更多地通过委婉的方式如保留意见、无法发表意见、弃权等方式来表达异议。在本节的研究中,将独立董事发表的同意意见之外的其他意见形式都视为独立董事表达异议、保持独立性的一个替代变量。

(二)独立董事履职动机影响因素的文献回顾

咨询和监督是独立董事的两个基本职能,二者相互补充、不可分割(Brickley,Zimmerman,2010)。独立董事勤勉尽责,对公司战略决策提供建议,可以提高公司价值(Brickley et al.,1994;Hempel,Fay,1994);对大股东和管理层的行为进行监督,可以减少代理成本,维护中小股东利益(Fama,Jensen,1983;叶康涛 等,2007)。从现有文献来看,影响独立董事履行职责的动机主要源自四个方面:维持市场声誉、规避法律风险、避免财富损失、保持商业联系。

独立董事的行为会受到人力资本市场的约束,独立董事有动机通过认真履行职责来维护自身的声誉,进而得到市场的认可和获得声誉溢价(Fama,1980)。在人力资本市场上,独立董事的声誉越高,所带来的溢价也越高,反之亦然。Srinivasan(2005)发现,发生向下盈余重述的公司中,重述发生后三年内有将近一半的董事出现了离职;在发生向下盈余重述和未发生盈余重述公司同时任职的董事,被未重述的公司辞聘的可能性显著增加。李焰和秦义虎(2011)发现,在中国资本市场上,媒体负面报道越多的公司,独立董事离职的概率越大,声誉机制对独立董事的行为起到了一定的约束作用(陈艳,2009)。

独立董事是风险规避者(周繁 等,2008)。法律风险的存在使得独立董事在决策前必须进行风险的权衡。法律环境越好,执法质量越高,对投资者保护越充分,董事会成员中就越有可能出现代表少数股东利益的独立董事(Kim et al.,2007)。除此之外,各国法律法规和监管机构对独立董事的履职要求进行了明确的规定,独立董事违反相关法律法规将会面临监管处罚。辛清泉等(2013)以中国资本市场 2003—2010 年的数据发现,在此期间有 302 人/次的独立董事遭到监管处罚,独立董事的处罚程度没有随着他们的提前离职而有所降低。

独立董事人力资本的付出会为其带来一定的津贴和报酬。为了避免现有和潜在的财富损失,独立董事会努力工作。研究表明,独立董事的付出为公司带来效益的增加,独立董事的薪酬也随之增加(Cordeiro et al.,2000;Yermack,2004)。股票期权是企业用来激励独立董事的常用措施之一。Fich 和 Shivdasani(2005)通过研究 1997—1999 年 Fortune 1000 公司推行的股票期权计划对独立董事的影响,结果发现这些激励政策的实施使独立董事的利益和股东利益连为一体,独立董事会更加勤勉地工作以获得相应的激励和报酬。而且,独立董事还对公司隐含的代理风险要求更高的津贴(谢德仁,黄亮华,2013)。

获取商业信息,建立商业联系是一部分高管到其他企业担任独立董事的动机。Fahlenbrach 等(2010)发现,高管更愿意到与自己企业具有相似财务和投资环境的企业担任独立董事,并且他们由此获得了更多的商业机会。相反,如果这些高管自身所在的企业具有较好的发展机会时,他们更不愿意去其他企业担任独立董事(Booth,Deli,1996)。通过在其他企业担任独立董事,高管还能获得融资、投资、产品研发、市场拓展等有价值的商业信息,使高管自身所在的企业捕捉到更多的发展机会。

（三）境外独立董事的相关文献回顾

董事会聘请外国人担任董事（即国际化董事会，globalization board）是随着经济全球化动态发展的一个过程（Heijltjes et al.，2003）。以全球最大的80家跨国企业为例，1993年这些跨国企业董事会至少有一名外国董事的企业所占比例为36.3％，而到2005年这一比例达到了75％（Gillies，Dickinson，1999；Staples，2007）。不同国家董事会的国际化程度存在一定的差异。Veen和Elbertsen（2008）从德国、荷兰和英国的公司治理制度的比较出发，分析了不同国家董事会成员国籍多元化差异产生的原因。他们认为利益相关者在公司治理中的角色差异，以及聘用董事制度、程序的不同是导致这些国家的跨国公司外国董事比例不同的主要影响因素。董事会的国籍多元化会对企业产生影响。Giannetti等（2015）以中国上市公司为研究对象，发现有海外经历的董事可以为董事会带来新的知识，公司的海外并购绩效、海外收入及融资水平等都出现了显著的增加，公司的绩效也得到提升。

部分学者关注到了董事会的境外独立董事对企业价值的影响。Oxelheim和Randoy（2003）以总部在挪威和瑞士的公司为研究样本，发现董事会聘任英美人士担任独立董事可以向市场传递出公司治理较好的信号，提升了公司在市场的声誉，增加了公司的市场价值。聘请境外独立董事还可以提高企业在该独立董事来源国的并购绩效（Masulis et al.，2012）。境外独立董事特有的知识、技能、社会网络以及不同的价值观、规则意识、工作经验、学习经历等（Ruigrok et al.，2007）成为影响他们在董事会的决策行为的人力资本因素。但是，也有研究发现境外独立董事可能减少公司价值。Masulis等（2009）发现，美国上市公司中的境外独立董事与公司价值显著负相关。

综合上述文献可以发现，尽管有关国际化董事会的研究在国内外学术界取得一定进展，但是对于国际化董事会聘请的境外独立董事的研究还存在较大的空间。尤其是在经济全球化和一体化进程中，人力资本跨国界流动越来越成为一种常态，在这一背景下研究境外独立董事的独立性问题，一方面可以了解不同国籍和文化背景下人力资本的交互作用，另一方面可以为完善公司治理提供经验证据。

（四）理论分析与研究假设

董事会多元化对改进公司治理具有积极影响（Erhardt et al.，2003）。董事会的多元化包括董事的性别、年龄、教育背景、种族、国籍等。国籍多元化对公司治理影响的研究还不多见。就境外独立董事而言，他们可能从多个角度对公司治理产生影响。中国企业聘请的外国董事或者拥有较高的学历，或者拥有出色的管理才能，或者拥有特定的技术专长，或者拥有独特的市场资源。例如复兴集团2010年邀请美国前财长约翰·斯诺担任其董事会顾问，目的是想利用约翰·斯诺的社会资源和商业经验开拓美国市场。一方面，境外独立董事能为公司的战略和经营决策带来知识和资源（Sihgh，2007）。Masulis等（2012）发现，由于境外独立董事对其来源国并购标的资产更熟悉，他们特有的知识显著增加了公司在其来源国的并购绩效。这些人力资本在给公司带来利益的同时，也增加了境外独立董事在公司的话语权，使他们敢于对公司的议案提出质疑，对议案说“不”的可能性更高。另一方面，境外独立董事来自不同的国家，其背后代表着不同类型的文化和价值观。具有相同文化背景的董事，看待问题的视角和处理问题的方式比较接近，对公司议案提出尖锐问题的可能性较小(Ramirez，2003)。而具有不同文化背景的境外独立董事，可以为董事会带来新鲜的观念和解决问题的新视角，有助于打破董事会原有的“小团体”决策的格局，董事会议案被出具非赞同票的可能性增加，董事会决策质量和监督效率也随之提高。

中国社会是典型的“人情社会”，重人情、拉关系的观念根深蒂固。人情社会的交往，并没有规定对方必须给予回报。但是受到约定俗成的社交礼仪和风俗习惯的影响，对方一般都会在适当的时候进行回报。因此，人情的实质是特殊的利益交换(冯必扬，2011)。相比于境外独立董事，“土生土长”的中国独立董事受“人情”观念的影响较大。中国上市公司独立董事的聘请多由大股东或内部控制人提议，并以公司的名义支付给他们一定的报酬。作为对大股东或内部控制人的回报，在董事会的表决中，得到聘请的中国独立董事往往会碍于“情面”而给他们“抬轿子”，附和他们的提案和决议。这一现象的存在导致上市公司得到异议的议案较少。例如，2011 年上海证券交易所的报告显示，该年沪市仅有 26 家上市公司的相关事项被独立董事提出异议，不到沪市上市公司的 5%。而境外独立董事从小就生活在规则社会和法制社会中，法制社会是契约社会，遵循契约和按规则办事是法制社会运行的基础(陈刚，2002)，因而境外独立董事的行为方式和工作方式受法制和规则的影响较大。从行为一致性的角度，境外独立董事在中国公司工作的过程中，也很可能会按照规则行事。因此，境外独立董事被“收买”的可能性比中国本土独立董事要小，他们对公司议案表达异议的可能性更高。

资本市场声誉机制的存在，使境外独立董事会注重自身声誉。Fama(1980)认为，人力资本市场会对外部董事的努力程度进行评价，并反映在外部董事的聘任和报酬上。境外独立董事在中国资本市场的不当履职，会给其声誉和薪酬带来较大的损失。尤其是随着中国经济的快速发展，在中国资本市场获得良好的声誉对其在中国建立商业联系和获得长远发展皆有裨益。而且，独立董事也是风险规避者(周繁 等，2008)。在其他国家和地区工作，会使境外独立董事对自身的诉讼风险保持更敏锐的认知(Herrmann，Datta，2005)。为了避免监督失败给自身带来的法律风险和声誉损失，境外独立董事在对企业董事会议案的表决中会通过保持独立性，来维护中小股东的利益，降低潜在的风险。综合以上分析，本节提出假设 5.1.1：

H5.1.1：限定其他条件，境外独立董事增加了董事会议案被出具非赞同票的可能性。

两权分离的企业中，容易出现各种代理问题。董事会是为缓解公司代理冲突、降低代理成本而设立的监督机制。然而，董事会成员的目标函数也可能与股东的目标函数不一致，导致董事会监督弱化。董事会持股可以在一定程度上使董事目标与股东目标趋同。随着董事会持股比例的增加，董事对公司剩余收益的要求权也随之增加，董事个人利益与公司利益结合得更紧密，从而产生利益协同效应。Cosh 等(2006)以英国 1985—1996 年 363 个并购事件为研究样本，分析发现董事会持股比例与公司并购后的长期股票回报显著正相关。董事会持股比例的提高，使董事会决策更注重公司的长远利益，而非短期利益。以研发支出作为公司长期发展潜力的替代变量,刘小元和李永壮(2012)发现,创业企业的研发支出随着董事会持股比例的增加而增加。对公司剩余收益的要求权越多,董事会维护自身利益的动机越强烈,他们会通过信息的搜集来缓解信息不对称、降低代理成本。薛祖云和黄彤(2004)就发现,董事会持股比例的增加,促使管理层提高企业的会计信息质量,降低了企业的信息不对称程度。

在其他条件相同的情形下,董事会持股比例越高,承担的经营风险也越高。为了减少利益损失,董事会有动力投入更多监督成本,获取更好的经营绩效。一方面,持股比例越高的董事会本身具有较强的监督动机,他们希望企业的决策能实现利益的最大化。Shah 和 Sunder(2004)发现,董事薪酬与业绩之间的敏感性随董事持股比例的增加而上升。因此,当境外独立董事运用其专业技能和特有知识对董事会议案进行决策时,持有公司股份越多的董事会将积极地创造条件,保障境外独立董事职能的发挥,境外独立董事投非赞同票的可能性提高。另一方面,董事会持股比例的增加有助于强化董事会的监督效果。吕峻等(2008)以非国有企业为研究对象,发现董事会持股比例增加对于减少代理成本、提升公司绩效具有积极的作用。董事会持股比例的增加还可以在一定程度上抑制大股东的掏空行为(郑国坚,2013)。当境外独立董事履行监督职能,维护股东利益,表现出较强的独立性时,持有公司股份越多的董事会越可能采取支持的态度,以达到更好的监督效果。据此,本节提出假设5.1.2:

H5.1.2:限定其他条件,董事会持股比例增强了境外独立董事与非赞同票的正相关关系。

三、样本选择与研究设计

(一)样本选择与数据来源

本节选择 2004—2012 年中国上市公司作为研究样本。样本进行了如下筛选:(1)剔除金融保险证券行业上市公司;(2)剔除相关变量数据缺失的公司。最终本节得到 7 387 个观测值。样本数据来源如下:(1)境外独立董事的数据系本节作者根据 CSMAR 数据库提供的高管简历手工搜集而来;(2)企业性质数据来自北京大学中国经济研究中心的 CCER 数据库;(3)其余数据均来自 CSMAR 数据库。为了避免极端值对研究结论造成的干扰,增强研究结论的可靠性,本节将所有连续变量在 1%和 99%分位进行缩尾处理。

(二)模型和变量设计

为了检验假设 5.1.1,本节设计了如下 LOGIT 模型:

$$\begin{aligned} BB\_DUM = {} & \beta_0 + \beta_1 FID + \beta_2 BD\_SHR + \beta_3 FIRST + \beta_4 BOARD + \beta_5 DUAL + \beta_6 INDR + \\ & \beta_7 SIZE + \beta_8 LEV + \beta_9 ROA + \beta_{10} GROWTH + \beta_{11} BIG10 + \beta_{12} ANALYST + \\ & \beta_{13} GDP\_PC + \beta_{14} STATE + \text{Industry Dummies} + \text{Year Dummies} + \varepsilon \end{aligned} \tag{5.1.1}$$

在式(5.1.1)中,BB_DUM 代表独立董事出具的非赞同票的意见。前已述及,我国独立董事的意见类型包括“同意”“保留意见”“反对意见”“无法发表意见”“弃权”“提出异议”“其他”七类。借鉴叶康涛等(2011)的做法,本节将除“同意”之外的其他意见类型都视为独立董事的异议意见，即非赞同票(BB_DUM)。将 BB_DUM 作为独立董事独立性的替代变量。FID(foreign indpendent directors)为境外独立董事的虚拟变量，若独立董事为外国人，则 FID=1，否则为 0。此外，本节还控制了公司治理变量如董事会持股比例(BD_SHR)、第一大股东持股比例(FIRST)、董事会规模(BOARD)、董事长和 CEO 两职合一(DUAL)、独立董事比例(INDR)，公司财务特征变量如公司规模(SIZE)、财务杠杆(LEV)、总资产收益率(ROA)、销售收入变化(GROWTH)，公司外部治理变量如十大会计师事务所(BIG10)、分析师关注(ANALYST)以及企业所处经营环境经济发展水平(GDP_PC)和最终控制人性质(STATE)。此外，本节还对行业和年度进行了控制。

在式(5.1.1)的基础上，本节进一步纳入境外独立董事 FID 和董事会持股 BD_SHR 的交乘项，构建模型如式(5.1.2)：

$$\begin{aligned} \text{BB\_DUM} = & \beta_0 + \beta_1 \text{FID} + \beta_2 \text{BD\_SHR} + \beta_3 \text{BD\_SHR} \times \text{FID} + \beta_4 \text{FIRST} + \\ & \beta_5 \text{BOARD} + \beta_6 \text{DUAL} + \beta_7 \text{INDR} + \beta_8 \text{SIZE} + \beta_9 \text{LEV} + \beta_{10} \text{ROA} + \\ & \beta_{11} \text{GROWTH} + \beta_{12} \text{BIG10} + \beta_{13} \text{ANALYST} + \beta_{14} \text{GDP\_PC} + \\ & \beta_{15} \text{STATE} + \text{Industry Dummies} + \text{Year Dummies} + \varepsilon \end{aligned} \tag{5.1.2}$$

式(5.1.2)各变量所代表的含义与式(5.1.1)相同。变量的具体定义如表 5.1.1 所示。

表 5.1.1 变量定义

变量符号	变量定义
BB_DUM	异议意见的虚拟变量，若独立董事对某一决议事项出具“反对”“提出异议”“弃权”“无法表示意见”“保留意见”“其他”的意见类型则赋值为 1，否则赋值为 0
FID	境外独立董事的虚拟变量，若独立董事为外国人，则 FID=1，否则为 0
BD_SHR	公司董事会持股比例
FIRST	第一大股东持股比例，第一大股东持有股份与公司总股份的比值
BOARD	董事会规模，等于董事会总人数的自然对数
DUAL	董事长与 CEO 两职合一的虚拟变量，若董事长与 CEO 两职合一则赋值为 1，否则为 0
INDR	独立董事比例，独立董事人数与董事会总人数的比值
SIZE	公司规模，公司总资产的自然对数
LEV	财务杠杆，公司总负债与总资产的比值
ROA	总资产收益率，等于净利润与年末总资产的比值
GROWTH	销售收入变化，主营业务收入增长率
BIG10	会计师事务所虚拟变量，当公司聘请十大会计师事务所审计师赋值为 1，否则赋值为 0
ANALYST	分析师关注，等于跟踪公司的分析师加 1 后，取自然对数
GDP_PC	公司注册地所在省区的人均 GDP 的自然对数
STATE	最终控制人性质，若公司的最终控制人是中央或地方政府、政府控股公司则赋值为 1，否则赋值为 0

四、实证研究结果与分析

(一)变量的描述性统计

表 5.1.2 报告了本节变量的描述性统计结果:(1)BB_DUM 的均值为 5.36%,这一观察结果与叶康涛等(2011)比较接近,说明在中国资本市场上,独立董事出具非赞同票的比例还比较低,大多数独立董事的监督作用未得到切实有效的发挥,独立董事"不懂事""不独立"的现象普遍存在。(2)境外独立董事哑变量 FID 均值为 0.47%,说明中国资本市场独立董事的遴选主要集中在境内。

表 5.1.2 变量的描述性统计

变量	观测值	均值	标准差	最小值	1/4 分位	中位数	3/4 分位	最大值
BB_DUM	7 387	0.053 6	0.225 2	0.000 0	0.000 0	0.000 0	0.000 0	1.000 0
FID	7 387	0.004 7	0.068 7	0.000 0	0.000 0	0.000 0	0.000 0	1.000 0
BD_SHR	7 387	0.034 5	0.113 5	0.000 0	0.000 0	0.000 0	0.000 2	0.625 0
FIRST	7 387	0.370 4	0.154 2	0.092 3	0.247 0	0.348 3	0.489 7	0.750 0
BOARD	7 387	2.202 8	0.204 8	1.609 4	2.197 2	2.197 2	2.302 6	2.708 1
DUAL	7 387	0.157 5	0.364 3	0.000 0	0.000 0	0.000 0	0.000 0	1.000 0
INDR	7 387	0.359 7	0.048 9	0.250 0	0.333 3	0.333 3	0.375 0	0.555 6
SIZE	7 387	21.485 4	1.179 4	18.496 6	20.689 0	21.385 1	22.151 8	24.964 1
LEV	7 387	0.543 2	0.358 6	0.056 6	0.364 0	0.517 9	0.654 0	3.295 2
ROA	7 387	0.032 9	0.080 9	−0.384 1	0.010 3	0.033 9	0.066 6	0.265 3
GROWTH	7 387	0.239 0	0.668 0	−0.782 3	−0.016 5	0.141 3	0.330 7	5.161 7
BIG10	7387	0.294 8	0.456 0	0.000 0	0.000 0	0.000 0	1.000 0	1.000 0
ANALYST	7 387	1.219 7	1.188 6	0.000 0	0.000 0	1.098 6	2.197 2	3.737 7
GDP_PC	7 387	10.206 8	0.584 7	8.963 0	9.760 5	10.225 4	10.688 3	11.239 5
STATE	7 387	0.595 2	0.490 9	0.000 0	0.000 0	1.0000	1.000 0	1.000 0

在控制变量方面，董事会持股(BD_SHR)的均值为3.45%，说明在我国企业董事会持股比例普遍较低，董事会持股比例最大值为62.5%，表明企业间董事会持股比例差异较大。第一大股东持股比例(FIRST)均值为37.04%，“一股独大”现象在我国仍然较为普遍(杜兴强，冯文滔，2012)。董事会规模(BOARD)均值为9人左右，最少的仅为5人，最多为15人，说明董事会规模在不同企业间存在一定差异。董事长和CEO两职合一(DUAL)均值为15.75%。独立董事比例(INDR)均值为35.97%，表明大部分企业配备独立董事主要是为了满足证监会的监管要求，企业并没有形成对独立董事监督的真正需求。公司规模(SIZE)的自然对数均值为21.4854，标准差约为均值的1.18倍，表明公司规模差异显著。资产负债率(LEV)均值为54.32%，说明在我国企业的发展中，来自银行的债务融资依然是企业重要的资金来源渠道。总资产收益率(ROA)均值为3.29%，最小值为－38.41%，最大值为26.53%，说明企业总资产收益率呈现出参差不齐的状况。销售收入变化(GROWTH)均值为23.9%，表明企业的成长状况总体良好。由十大会计师事务所审计的企业约为30%，大部分的企业是由十大会计师事务所以外的其他会计师事务所审计的。由分析师关注(ANALYST)可看出，每家企业平均得到3名分析师的关注。经济发展水平(GDP_PC)最小值约为7 808元，最大值约为7 6076元，表明我国企业所处地区的经济发展水平存在较大差异，这也与我国区域发展不平衡的事实相吻合。企业最终控制人性质(STATE)的均值为59.52%，说明样本中的国有企业约占60%。

(二)变量的相关性分析

表5.1.3报告了变量的Pearson相关系数。因变量BB_DUM与自变量FID之间呈正相关关系，初步支持了本节假设5.1.1。其余自变量之间相关系数最大为0.408，说明模型的设计不存在严重的多重共线性问题。董事会持股比例(BD_SHR)与非赞同票(BB_DUM)之间呈负相关关系。其他变量的相关性方面，第一大股东持股比例(FIRST)、公司规模(SIZE)、十大会计师事务所(BIG10)、分析师关注(ANALYST)、经济发展水平(GDP_PC)与非赞同票(BB_DUM)在1%水平上显著负相关。总资产收益率(ROA)和最终控制人性质(STATE)与非赞同票(BB_DUM)在5%和10%的水平上显著负相关。董事长和CEO两职合一(DUAL)与非赞同票(BB_DUM)在10%的水平上显著正相关。上述变量之间的相关性分析为单变量分析结果，更加全面的结论有待多元回归分析的进一步检验。

表 5.1.3 Pearson 相关系数

变量	(1)	(2)	(3)	(4)	(5)	(6)	(7)	(8)	(9)	(10)	(11)	(12)	(13)	(14)	(15)
(1)BB_DUM	1														
(2)FID	0.0186	1													
(3)BD_SHR	−0.0030	−0.0128	1												
(4)FIRST	−0.0512***	0.0060	−0.0967***	1											
(5)BOARD	0.0012	0.0302***	−0.1177***	0.0300***	1										
(6)DUAL	0.0192*	0.0081	0.1665***	−0.0675***	−0.1304***	1									
(7)INDR	−0.0187	−0.0185	0.0760***	−0.0049	−0.3203***	0.0721***	1								
(8)SIZE	−0.0741***	0.0631***	−0.1421***	0.2852***	0.2649***	−0.1377***	0.0190	1							
(9)LEV	0.0603***	−0.0058	−0.1573***	−0.0822***	−0.0245**	−0.0096	0.0101	−0.0576***	1						
(10)ROA	−0.0284**	0.0182	0.1467***	0.1172***	0.0515***	0.0102	−0.0086	0.1775***	−0.3970***	1					
(11)GROWTH	−0.0080	−0.0084	0.0030	0.0981***	−0.0048	−0.0009	0.0250**	0.0908***	−0.0202*	0.2157***	1				
(12)BIG10	−0.0339***	0.0678***	0.0556***	0.0869***	0.0678***	−0.0034	0.0252**	0.2367***	−0.0456***	0.0746***	−0.0104	1			
(13)ANALYST	−0.0957***	0.0447***	0.1887***	0.1567***	0.1571***	0.0142	0.0337***	0.5014***	−0.1850***	0.4079***	0.0735***	0.2168***	1		
(14)GDP_PC	−0.0641***	0.0283**	0.1779***	0.0202*	−0.0440***	0.0831***	0.0763***	0.1605***	−0.0842***	0.1258***	0.0063	0.2441***	0.2217***	1	
(15)STATE	−0.0192*	−0.0234**	−0.3509***	0.2267***	0.2238***	−0.1853***	−0.0911***	0.2716***	−0.0177	−0.0443***	−0.0112	0.0435***	0.0065	−0.1140***	1

注：***、**、* 分别表示在 1%、5%、10% 的水平上显著。

(三)境外独立董事、董事会持股与独立董事独立性多元回归结果

1.境外独立董事与独立性

假设 5.1.1 预测境外独立董事的独立性更强。表 5.1.4 报告了境外独立董事及其独立性的实证结果,第一列报告了境外独立董事(FID)与非赞同票(BB_DUM)的回归系数和 z 值。从表 5.1.4 可以看到,是否有境外独立董事(FID)与公司董事会议案被出具非赞同票(BB_DUM)在 1%水平上显著正相关(系数=1.7501,z 值=2.63),说明我国上市公司独立董事中有外国人参与,可以显著增加董事会议案被出具非赞同票的概率。境外独立董事对董事会议案被出具非赞同票的边际影响为 9.63%,这一比例有显著的经济意义,表明在其他条件相同的情形下,有境外独立董事的企业董事会议案被出具非赞同票的概率要增加 9.63%。由于境外独立董事参与到董事会的决策和治理,打破了董事会原有的决策格局,且境外独立董事按规则办事的处事风格和对自身声誉及风险的权衡,使其表现出更强的独立性。本节的假设 5.1.1 得到了实证结果的支持。

表 5.1.4 境外独立董事、董事会持股与独立董事独立性

变量	假设 5.1.1		假设 5.1.2	
	系数	z 值	系数	z 值
FID	1.750 1***	2.63	1.813 4**	2.53
BD_SHR	2.040 1***	2.91	2.023 9***	2.82
BD_SHR×FID			44.724 3***	7.14
FIRST	−0.421 6	−0.78	−0.385 3	−0.73
BOARD	0.241 3	0.90	0.245 4	0.90
DUAL	0.270 7	1.56	0.276 1	1.57
INDR	−1.058 9	−1.49	−1.032 2	−1.41
SIZE	−0.194 4*	−1.72	−0.185 6	−1.62
LEV	0.302 7**	2.51	0.305 9**	2.55
ROA	−0.867 6*	−1.92	−0.889 4**	−1.98
GROWTH	−0.072 6	−1.27	−0.076 2	−1.36
BIG10	0.172 3	0.81	0.181 9	0.86
ANALYST	−0.125 8	−0.77	−0.138 0	−0.82
GDP_PC	−0.093 9	−0.95	−0.091 9	−0.90
STATE	−0.168 6**	−2.06	−0.169 5**	−2.07
常数项	1.027 3	0.33	0.847 0	0.26
行业	控制		控制	
年度	控制		控制	
观测值	7 387		7 387	
Pseudo R^2	0.205 1		0.207 3	
Wald Chi^2	474.88***		478.18***	
(p-value)	(<0.000 0)		(<0.000 0)	

注:***、**、* 分别表示在 1%、5%、10% 的水平上显著;所有 z 值经过公司与年度的双重聚类调整(Petersen,2009)。

控制变量方面，董事会持股(BD_SHR)与 BB_DUM 在 1%水平上显著正相关，说明董事会持股表现出利益协同效应，这与 Cosh 等(2006)的结论比较一致。第一大股东持股比例(FIRST)与 BB_DUM 负相关，但不显著。董事会规模(BOARD)与 BB_DUM 正相关不显著，表明董事会人数的增加可能使董事会议案被出具非赞同票的比例提高。董事长和 CEO 两职合一(DUAL)与 BB_DUM 正相关，原因可能是由于董事长和 CEO 两职合一存在着较大的代理风险，得到了独立董事的更多关注，导致投非赞同票的可能性增加了。独立董事比例(INDR)与 BB_DUM 负相关，这可能是由于独立董事比例越高，人数越多，独立董事之间存在的意见和分歧越大，降低了董事会议案被出具非赞同票的可能性。公司规模(SIZE)与 BB_DUM 在 10%的水平上显著负相关，表明公司规模越大，被出具非赞同票的可能性越低，这可能是由于规模大的公司，其大股东和管理层的行为受到外部的监管和关注较多，公司的经营行为受到一定的约束。财务杠杆(LEV)与 BB_DUM 在 5%的水平上显著正相关，表明企业资产负债率越高，被出具非赞同票的可能性越大，这可能是由于资产负债率高的企业，经营风险也相对较高，独立董事保持了应有的谨慎态度。总资产收益率(ROA)与 BB_DUM 在 10%水平上显著负相关，表明盈利能力强的企业，被出具非赞同票的可能性较低。销售收入变化(GROWTH)与 BB_DUM 负相关，表明成长性较好的企业被出具非赞同票的可能性较低。十大会计师事务所(BIG10)与 BB_DUM 正相关，表明十大会计师事务所发挥的外部治理作用有限。分析师关注(ANALYST)与 BB_DUM 负相关，这或许是由于证券分析师对企业的关注提高了企业的信息透明度(陈德球 等，2013)，公司治理得到一定程度的规范。经济发展水平与 BB_DUM 负相关。人均 GDP 高的地区，其法律制度、市场环境、政府治理等比较完善，在这些地区经营的公司治理水平整体要高于人均 GDP 低的地区，从而董事会议案被出具非赞同票的可能性降低。最终控制人性质(STATE)与 BB_DUM 在 5%的水平上显著负相关。这可能是因为国有上市公司本身已经受到各级国有资产管理部门的监督和约束，经营行为比较规范。

2.境外独立董事与独立性：董事会持股的增强作用。

假设 5.1.2 预测董事会持股会增强境外独立董事与独立性的正相关关系。为了检验假设 5.1.2，本节进一步放入董事会持股(BD_SHR)与境外独立董事的交乘项，以观察董事会持股对境外独立董事与独立性之间关系的增强作用。表 5.1.4 第二列列示了董事会持股(BD_SHR)与是否有境外独立董事(FID)交乘的回归结果。如表 5.1.4 所示，境外独立董事 FID 在 5%的水平上显著，为假设 5.1.1 的成立提供了进一步的证据。交乘项 BD_SHR×FID 在 1%的水平上显著为正。上述结果联合支持了本节的假设 5.1.2，表明董事会持股使得境外独立董事的独立性得到了增强。原因可能是持有公司股份后，董事会成员的个人财富与公司财富紧密地联系在一起，董事会出于维护公司财富、监督管理层的动机，对境外独立董事的勤勉监督行为积极地给予支持和配合；而且，董事会持股比例的增加赋予董事会更多的公司控制权，他们会利用手中的权力对不符合股东利益的董事会议案提出异议，从而使境外独立董事的监督作用得到发挥，境外独立董事的独立性得到了加强。

其他控制变量方面与假设 5.1.1 的实证结果比较接近，具体来说 BB_DUM 与 ROA、

STATE 显著负相关，与 FIRST、INDR、SIZE、GROWTH、ANALYST、GDP_PC 负相关；BB_DUM 与 LEV 显著正相关，与 BOARD、DUAL、BIG10 正相关。

(四)进一步分析

1.最终控制人性质的影响

最终控制人性质是影响公司治理的重要因素。为了检验境外独立董事的独立性在不同最终控制人性质的上市公司是否存在差异，本节按最终控制人性质对上市公司进行了分组。表 5.1.5 的分组回归结果表明，境外独立董事在国有企业与非赞同票正相关，但不显著；在非国有企业中，境外独立董事与非赞同票在 1%的水平上显著正相关。出现这一结果的原因可能在于，转型时期的中国，国有企业承担了部分社会性负担，且政府对国有企业的干预更严重，公司经营信息更加不透明，导致境外独立董事的治理作用下降，提出异议的可能性降低。而非国有企业聘请境外独立董事主要是为了获取资源和提升公司治理，因此非国有企业会创造条件维护境外独立董事的独立性，使其能保持独立性。

表 5.1.5 境外独立董事、董事会持股与独立董事独立性：按最终控制人性质分组

变量	STATE=1		STATE=0	
	系数	z 值	系数	z 值
FID	0.927 2	1.63	1.969 6***	2.92
BD_SHR	11.057 4***	2.92	1.477 4**	2.19
FIRST	−0.374 1	−0.50	−0.541 3	−0.54
BOARD	−0.277 2	−1.32	0.911 4**	2.18
DUAL	−0.128 7	−0.78	0.597 7***	2.56
INDR	0.731 4	0.72	−2.410 6*	−1.65
SIZE	−0.095 4	−0.70	−0.334 9***	−2.88
LEV	0.369 3***	3.16	0.213 3**	2.00
ROA	−1.382 8	−1.20	−0.667 9	−0.92
GROWTH	0.036 6	0.41	−0.217 6*	−1.93
BIG10	0.372 9*	1.77	−0.108 8	−0.73
ANALYST	−0.141 9	−1.34	−0.117 0	−0.47
GDP_PC	−0.368 2***	−3.03	0.250 9	1.56
常数项	3.138 4	0.68	−1.066 5	−0.47
行业	控制		控制	
年度	控制		控制	
Pseudo R^2	0.191 8		0.261 4	
Wald Chi^2	232.69***		300.50***	
(p-value)	(<0.000 0)		(<0.000 0)	

注：***、**、* 分别表示在 1%、5%、10% 的水平上显著；所有 z 值经过公司与年度的双重聚类调整(Petersen，2009)。

2.市场化程度的影响

独立董事的行为会受到公司外部市场环境的影响。中国的市场化进程呈现出不均衡的发展态势，不同地区的市场化环境存在显著的差异。对此，本节以市场化指数(MKT)的中位数为基准，将上市公司所在地的市场化程度高于中位数的划分为高市场环境组，反之则划分为低市场环境组。表5.1.6的分组回归结果表明，在高市场环境组，境外独立董事与非赞同票在1%水平上显著正相关；在低市场环境组，境外独立董事与非赞同票正相关，但不显著。造成这一结果的原因可能在于，市场化程度高的地区，公司内外部治理相对较好，可用于提高决策质量的信息更加充分，法律执行更加规范，从而有利于境外独立董事保持独立性。反之，在市场化程度低的地区，公司治理更加不透明，法律和制度相对较弱，境外独立董事面临的法律风险相对较小，境外独立董事的独立性受到影响。这一回归结果也表明，境外独立董事独立性的发挥受到公司外部治理环境的影响。

表5.1.6 境外独立董事、董事会持股与独立董事独立性：按市场环境分组

变量	高市场环境组		低市场环境组	
	系数	z 值	系数	z 值
FID	1.860 6***	2.70	1.067 5	1.33
BD_SHR	1.467 5**	2.11	2.587 0**	2.08
FIRST	−0.173 8	−0.29	−0.670 3	−0.93
BOARD	0.130 5	0.22	0.250 7	0.73
DUAL	0.304 1	0.92	0.197 0*	1.72
INDR	−2.483 4	−1.44	−0.023 9	−0.01
SIZE	−0.212 3	−1.22	−0.204 4***	−3.22
LEV	0.285 6	1.47	0.251 8	1.46
ROA	−0.556 4	−0.69	−1.041 4	−1.44
GROWTH	−0.113 1	−1.06	−0.064 6	−0.74
BIG10	−0.115 9	−0.26	0.436 5***	2.91
ANALYST	−0.067 1	−0.33	−0.188 7	−1.61
GDP_PC	−0.169 8	−0.64	−0.396 2	−1.44
STATE	−0.414 2***	−3.09	0.077 8	0.63
常数项	2.9066	0.44	3.979 5	1.37
行业	控制		控制	
年度	控制		控制	
Pseudo R^2	0.227 5		0.204 2	
Wald Chi^2 (p-value)	255.16*** (<0.0000)		274.13*** (<0.0000)	

注：***、**、*分别表示在1%、5%、10%的水平上显著；所有 z 值经过公司与年度的双重聚类调整(Petersen，2009)。

（五）敏感性测试与内生性测试

1.敏感性测试

本节进行了如下敏感性测试：(1)本节对因变量进行了敏感性测试。将独立董事是否对董事会议案投非赞同票的哑变量(BB_DUM)换成非赞同票占当年所有董事会议案表决事项的比例(BB_DUMR)。将BB_DUMR代入式(5.1.1)，得到回归结果如表5.1.7第一列所示。FID与BB_DUMR在5%的水平上显著正相关(系数为0.524 1，t值=2.24)。将BB_DUMR代入式(5.1.2)，FID与BB_DUMR的系数为0.040 6，t值为1.89。FID与BB_DUMR在10%的水平正相关。董事会持股(BD_SHR)与BB_DUMR的系数为正，但不显著。交乘项BD_SHR×FID与BB_DUMR在5%的水平上显著为正(系数为0.807 0，t值=2.04)。(2)对自变量进行了相关敏感性测试。将是否有境外独立董事的哑变量(FID)替换成境外独立董事在独立董事中所占的比例(FIDR)。将FIDR代入式(5.1.1)和式(5.1.2)中，得到的回归结果如表5.1.8所示。假设5.1.1和5.1.2也得到了实证结果的进一步支持。(3)考虑到中国香港地区和中国台湾地区在经济制度、市场环境等方面的特殊性，以及中国上市公司中来自中国香港地区和中国台湾地区的独立董事所占比重较大，因此本节将董事会中是否有来自境外或中国港澳台地区的独立董事设定为哑变量FGATID。将FGATID代入模型中，回归结果列示在表5.1.8。研究结论依然成立。(4)海外独立董事中还有少部分是华裔。他们从小就在不同的文化环境中长大，受到不同的社会环境、风俗习惯、价值观念等的熏陶，他们的行为与来自中国本土的独立董事相比可能存在某些方面的差异。因此，本节在(3)的基础上进一步扩大范围，将独立董事是不是外国人、中国港澳台居民或华裔设定为哑变量FGATHID。将FGATHID代入模型中，假设5.1.1和假设5.1.2仍旧成立。

表5.1.7 境外独立董事、董事会持股与独立董事独立性：基于非赞同票的比例(BB_DUMR)

变量	假设5.1.1		假设5.1.2	
	系数	t值	系数	t值
FID	0.524 1**	2.24	0.040 6*	1.89
BD_SHR	0.524 6**	2.45	0.009 8	1.11
BD_SHR×FID			0.807 0**	2.04
FIRST	−0.187 8	−1.27	−0.006 8	−0.87
BOARD	0.082 5	0.75	0.003 2	0.47
DUAL	0.075 1	1.37	0.002 8	0.85
INDR	−0.231 0	−0.51	−0.011 0	−0.39
SIZE	−0.050 5**	−2.10	−0.003 2**	−2.28
LEV	0.139 0***	2.88	0.015 6***	2.90
ROA	−0.285 6	−1.11	−0.006 7	−0.28
GROWTH	−0.028 2	−0.87	−0.003 3**	−2.29

续表

变量	假设 5.1.1		假设 5.1.2	
	系数	t 值	系数	t 值
BIG10	0.074 1	1.52	0.005 1*	1.76
ANALYST	−0.059 9**	−2.35	−0.001 8	−1.44
GDP_PC	−0.034 1	−0.86	−0.002 9	−1.14
STATE	−0.045 2	−0.97	−0.001 8	−0.63
常数项	−0.067 3	−0.10	0.112 4**	2.51
行业	控制		控制	
年度	控制		控制	
观测值	7 387		7 387	
Adj_R²	0.2059		0.0989	
F(p-value)	639.96*** (<0.000 0)		1 333.96*** (<0.000 0)	

注：***、**、* 分别表示在 1%、5%、10% 的水平上显著；所有 t 值经过公司与年度的双重聚类调整(Petersen，2009)。

2.内生性测试

本节还对潜在的内生性问题进行了测试。上市公司的境外独立董事可能并非随机分布，公司治理越好的上市公司越可能吸引境外独立董事，境外独立董事的选择与公司之间可能存在自选择问题。为控制自选择可能给研究结论带来的偏差，本节采用 Heckman(1979)两阶段法来处理该问题。具体来说，做法如下：在第一阶段，用 Probit 模型估计式(5.1.3)，同时计算 IMR(Inverse Mills Ratios)；然后，在第二步，将估计的 FID 和 IMR 放入式(5.1.1)和式(5.1.2)。在式(5.1.3)中，AIRPT100 表示公司所在地 100 千米之内是否有国际机场，用以衡量上市公司所在地的交通便捷程度；CROSS 表示上市公司是否交叉上市；REGIS_DUM 表示上市公司距离三个金融监管中心(北京、上海、深圳)的远近，若距离大于所有上市公司距离三个金融监管中心的均值，则取值为 1；FRSHR 为境外企业或个人所持上市公司股份；MANSHR 为管理层所持股份；HHI5 为公司前五大股东的赫芬达尔指数；MV 为企业市值，其余变量定义与前文相同。

$$\begin{aligned}FID=&\beta_0+\beta_1 AIRPT100+\beta_2 CROSS+\beta_3 REGIS\_DUM+\beta_4 FRSHR+\beta_5 MANSHR+\\&\beta_6 HHI5+\beta_7 MV+\beta_8 BD\_SHR+\beta_9 BOARD+\beta_{10} DUAL+\beta_{11} INDR+\beta_{12} SIZE+\\&\beta_{13} LEV+\beta_{14} ROA+\text{Industry Dummies}+\text{Year Dummies}+\varepsilon\end{aligned} \tag{5.1.3}$$

Heckman 两阶段回归结果如表 5.1.9 所示。在第一阶段，AIRPT100 与 FID 在 5%的水平上显著正相关，FRSHR 和 MANSHR 与 FID 在 1%的水平上显著正相关，说明第一阶段变量的选取具有一定的合理性。将第一阶段估计的 IMR 代入第二阶段的回归结果显示，对于假设 5.1.1，FID 与是否出具非赞同票(BB_DUM)在 5%的水平上显著正相关(系数为1.5811，z 值=2.51)。对于假设 5.1.2，FID 与是否出具非赞同票(BB_DUM)在 5%水平上显著正相关，董事会持股(BD_SHR)与 BB_DUM 在 5%的水平上显著正相关(系数为

1.9168，z 值=2.50)。交乘项 BD_SHR×FID 与 BB_DUM 在 1%的水平显著正相关。在控制了可能的自选择问题之后，假设 5.1.1 和假设 5.1.2 都成立。以上敏感性测试结果均表明，本节的结论较为稳健、可靠。

表 5.1.8 境外独立董事、董事会持股与独立董事独立性：基于境外独立董事的不同衡量方法

变量	假设 5.1.1			假设 5.1.2		
	系数 (z 值)	系数 (z 值)	系数 (z 值)	系数 (z 值)	系数 (z 值)	系数 (z 值)
FIDR	5.478 0*** (3.00)			4.254 6* (1.94)		
FGATID		0.723 8* (1.77)			0.744 9* (1.84)	
FGATHID			0.636 9* (1.69)			0.665 3* (1.79)
BD_SHR	2.049 7*** (2.92)	2.006 8*** (2.81)	2.009 2*** (2.82)	2.048 2*** (2.90)	1.968 6*** (2.75)	1.967 2*** (2.74)
BD_SHR×FIDR				54.001 4*** (3.36)		
BD_SHR×FGATID					5.356 8* (1.68)	
BD_SHR×FGATHID						5.585 6* (1.79)
FIRST	−0.424 4 (−0.78)	−0.427 5 (−0.80)	−0.425 7 (−0.80)	−0.398 2 (−0.74)	−0.431 0 (−0.81)	−0.430 0 (−0.81)
BOARD	0.249 7 (0.93)	0.241 4 (0.90)	0.237 3 (0.89)	0.250 1 (0.92)	0.239 5 (0.89)	0.235 1 (0.88)
DUAL	0.271 4 (1.56)	0.271 8 (1.60)	0.272 8 (1.61)	0.271 3 (1.54)	0.269 0 (1.58)	0.269 9 (1.60)
INDR	−1.055 7 (−1.49)	−1.211 9* (−1.89)	−1.204 1* (−1.87)	−1.024 5 (−1.40)	−1.212 1* (−1.89)	−1.205 6* (−1.87)
SIZE	−0.191 8* (−1.68)	−0.197 8* (−1.74)	−0.195 1* (−1.70)	−0.187 2 (−1.62)	−0.196 7* (−1.72)	−0.194 2* (−1.68)
LEV	0.304 2** (2.51)	0.293 3** (2.33)	0.296 7** (2.34)	0.306 5** (2.53)	0.297 5** (2.41)	0.300 9** (2.41)
ROA	−0.868 8* (−1.92)	−0.866 1* (−1.94)	−0.847 5** (−1.96)	−0.874 9** (−1.96)	−0.866 4** (−1.96)	−0.846 4** (−1.97)
GROWTH	−0.072 1 (−1.26)	−0.072 0 (−1.26)	−0.073 0 (−1.28)	−0.074 4 (−1.32)	−0.072 9 (−1.28)	−0.073 7 (−1.30)
BIG10	0.1754 (0.81)	0.177 3 (0.83)	0.180 3 (0.84)	0.177 2 (0.82)	0.175 5 (0.82)	0.178 1 (0.83)
ANALYST	−0.126 7 (−0.78)	−0.123 5 (−0.76)	−0.124 2 (−0.76)	−0.134 6 (−0.81)	−0.124 6 (−0.77)	−0.125 2 (−0.77)

续表

变量	假设 5.1.1			假设 5.1.2		
	系数 （z 值）	系数 （z 值）	系数 （z 值）	系数 （z 值）	系数 （z 值）	系数 （z 值）
GDP_PC	−0.098 9 （−1.02）	−0.096 1 （−0.96）	−0.094 7 （−0.94）	−0.095 5 （−0.97）	−0.094 2 （−0.94）	−0.092 8 （−0.91）
STATE	−0.165 2** （−1.99）	−0.181 6** （−2.54）	−0.180 6** （−2.49）	−0.166 8** （−2.02）	−0.182 4** （−2.56）	−0.181 6** （−2.51）
常数项	0.992 5 （0.32）	1.219 1 （0.39）	1.146 8 （0.36）	0.856 9 （0.27）	1.195 6 （0.38）	1.1311 （0.36）
行业/年度	控制	控制	控制	控制	控制	控制
观测值	7 387	7 387	7 387	7 387	7 387	7 387
Pseudo R^2	0.205 2	0.203 9	0.203 8	0.206 1	0.204 3	0.204 1
Wald Chi^2 （p-value）	477.63*** （<0.0000）	469.74*** （<0.0000）	470.24*** （<0.0000）	476.17*** （<0.0000）	479.05*** （<0.0000）	480.19*** （<0.0000）

注：***、**、* 分别表示在 1%、5%、10% 的水平上显著；所有 z 值经过公司与年度的双重聚类调整（Petersen，2009）。

表 5.1.9　Heckman 两阶段

变量	第一阶段		第二阶段			
	（1）		（2）假设 5.1.1		（3）假设 5.1.2	
	系数	z 值	系数	z 值	系数	z 值
AIRPT100	0.635 7**	2.01				
CROSS	−0.425 8	−0.82				
FRSHR	1.984 0***	2.93				
REGIS_DUM	0.146 7	0.62				
MANSHR	6.266 3***	3.26				
HHI5	−0.618 9	−0.84				
MV	0.000 0	1.42				
FID			1.581 1**	2.51	1.636 5**	2.40
BD_SHR	−7.561 2***	−3.91	1.939 1**	2.60	1.916 8**	2.50
BD_SHR×FID					45.446 0***	7.91
FIRST			−0.420 6	−0.77	−0.386 3	−0.72
BOARD	0.253 4	0.48	0.275 7	0.99	0.281 4	0.99
DUAL	0.242 9	1.55	0.315 6*	1.90	0.323 2*	1.92
INDR	−3.478 8***	−3.25	−1.205 8	−1.66	−1.191 2	−1.62
SIZE	0.139 5	0.99	−0.171 9	−1.50	−0.161 8	−1.38
LEV	−0.295 7	−0.51	0.307 4**	2.52	0.310 9***	2.56

续表

变量	第一阶段		第二阶段			
	(1)		(2)假设 5.1.1		(3)假设 5.1.2	
	系数	z 值	系数	z 值	系数	z 值
ROA	0.901 8	0.80	−0.755 9	−1.60	−0.772 9*	−1.65
GROWTH			−0.068 8	−1.18	−0.072 5	−1.27
BIG10			0.178 5	0.83	0.188 8	0.88
ANALYST			−0.115 8	−0.73	−0.127 3	−0.78
GDP_PC			−0.068 6	−0.62	−0.065 1	−0.57
STATE			−0.184 5**	−2.30	−0.185 8**	−2.33
IMR			6.524 9*	1.80	6.846 9*	1.82
常数项	−5.396 6**	−2.19	0.072 8	0.02	−0.167 7	0.05
行业	控制		控制		控制	
年度	控制		控制		控制	
观测值	7 354		7 354		7 354	
Pseudo R^2	0.223 5		0.207 3		0.209 6	
Wald Chi^2 (p-value)	92.47*** (<0.000 0)		471.18*** (<0.000 0)		474.41*** (<0.000 0)	

注：***、**、* 分别表示在 1%、5%、10% 的水平上显著；所有 z 值经过公司与年度的双重聚类调整(Petersen，2009)。

五、研究结论与进一步研究方向

“外来的和尚会念经”，中国资本市场上的境外独立董事在提升公司治理、维护投资者利益方面扮演了重要角色。本节实证分析了境外独立董事的独立性问题。研究结果发现，境外独立董事更可能对董事会议案提出异议，境外独立董事有着更强的独立性；同时，董事会持股比例的增加会使境外独立董事的独立性得到进一步增强，表明董事会持股与境外独立董事之间存在相互强化的作用。研究还发现，境外独立董事在非国有企业和市场化进程较高的地区独立性更强。本节为独立董事的独立性研究提供了增量的经验证据，拓展了独立董事独立性影响因素的研究。

本节研究的政策意义在于：(1)独立董事的独立性是影响公司治理的重要一环，而境外独立董事表现出较强的独立性。因此，监管机构可以鼓励有条件的上市公司引入境外独立董事，实现董事会的国际化与多元化来完善公司治理结构。(2)对于上市公司而言，境外独立董事可以给公司带来国外的公司治理理念和治理经验，聘请境外独立董事可以向市场传递出公司治理状况较好的信号，有助于公司获得市场声誉、提升投资者信心。(3)董事会持股作为一种利益分配机制，能有效激励董事会成员作出有利于增加公司财富的决策。因此，监管机构可以对董事会持股进行必要的制度规范。

随着中国经济的持续发展，可以预期今后会有更多的境外独立董事被聘请到中国上市公司。境外独立董事的经济行为所产生的后果还留有大量研究空间。因而，对境外独立董事的研究方兴未艾。未来可能的进一步研究方向：首先，企业聘请境外独立董事是一种自发行为，那么什么样的企业愿意聘请境外独立董事？这些企业在公司治理、所有权结构、投资者关系方面具有哪些特征？值得进一步探讨。其次，来自不同国家和地区的独立董事代表着各自不同的公司治理模式和商业文化。今后可以按境外独立董事的来源国与文化背景等进行细分，分别研究他们对企业的不同影响。

参考文献

陈刚，2002. 法制社会与人情社会[J]. 社会科学，11：53-57.

陈艳，2009. 独立董事声誉与独立董事劳动力市场有效性[J]. 经济学家，4：5-15.

陈德球，肖泽忠，董志勇，2013. 家族控制权结构与银行信贷合约：寻租还是效率？[J]. 管理世界，9：130-143.

杜兴强，周泽将，2010. 制度环境、公司治理与独立董事：依据伊利股份案例的研究[J]. 审计与经济研究，11：75-82.

杜兴强，冯文滔，2012. 女性高管、制度环境与慈善捐赠[J]. 经济管理，11：53-63.

冯必扬，2011. 人情社会与契约社会[J]. 社会科学，9：67-75.

刘小元，李永壮，2012. 董事会、资源约束与创新环境影响下的创业企业研发强度[J]. 软科学，6：99-104.

吕峻，李朝霞，胡洁，2008. 基于公司治理视角的上市公司经营者监督实证研究[J]. 数量经济技术经济研究，25(9)：101-116.

李焰，秦义虎，2011. 媒体监督、声誉机制与独立董事辞职行为[J]. 财贸经济，3：36-41.

谭劲松，2003. 独立董事"独立性"研究[J]. 中国工业经济，10：64-73.

唐雪松，杜军，申慧，2010. 独立董事监督中的动机：基于独立意见的经验证据[J]. 管理世界，9：138-149.

王兵，2007. 独立董事监督了吗?：基于中国上市公司盈余质量的视角[J]. 金融研究，1：109-121.

谢德仁，黄亮华，2013. 代理成本、机构投资者监督与独立董事津贴[J]. 财经研究，2：92-102.

辛清泉，黄曼丽，易浩然，2013. 上市公司虚假陈述与独立董事监管处罚：基于独立董事个体视角的分析[J]. 管理世界，5：131-143.

薛祖云，黄彤，2004. 董事会、监事会制度特征与会计信息质量：来自中国资本市场的经验分析[J]. 财经理论与实践，7：84-89.

叶康涛，陆正飞，张志华，2007. 独立董事能否抑制大股东的"掏空"？[J]. 经济研究，4：

101-111.

叶康涛,祝继高,陆正飞,等,2011. 独立董事的独立性:基于董事会投票的证据[J]. 经济研究,1:126-139.

郑国坚,林东杰,张飞达,2013. 大股东财务困境、掏空与公司治理的有效性:来自大股东财务数据的证据[J]. 管理世界,5:157-168.

周繁,谭劲松,简宇寅,2008. 声誉激励还是经济激励:独立董事“跳槽”的实证研究[J]. 中国会计评论,2:177-192.

ALLI K L, CHAN K C, SUBRAHMANYAM V, THAPA S, 2010. Multinational board diversity and firm value[J]. International journal of the academic business world, 4(2): 1-9.

BOOTH J R, DELI D N, 1996. Factors affecting the number of outside directorships held by CEOs[J]. Journal of financial economics, 40(1): 81-104.

BRICKLEY J A, COLES J L, TERRY R. L, 1994. Outside directors and the adoption of poison pills[J]. Journal of financial economics, 35(3): 371-390.

BRICKLEY J A, ZIMMERMAN J L, 2010. Corporate governance myths: comment-son Armstrong, Guay, and Web[J]. Journal of accounting and economics, 50: 235-245.

CORDEIRO J, VELIYATH R, ERAMUS E, 2000. An empirical investigation of the determinants of outside director compensation[J]. Corporate governance: an international review, 8(3): 268-279.

COSH A, GUEST P M, HUGHES A, 2006. Board share-ownership and takeover performance[J]. Journal of business finance & accounting, 33(3): 459-510.

ERHARDT N L, WERBEL J D, SHRADER C B, 2003. Board of director diversity and firm financial performance[J]. Corporate governance: an international review, 11(2): 102-111.

FAHLENBRACHA R, LOWB A, STULZC R M, 2010. Why do firms appoint CEOs as outside directors? [J]. Journal of financial economics, 97(1): 12-32.

FAMA E F, 1980. Agency problems and the theory of the firm[J]. The journal of political economy, 88(2): 288-307.

FAMA E F, JENSEN M C, 1983.Separation of ownership and control[J]. Journal of law and economics, 26: 301-325.

FICH E M, SHIVDASANI A, 2005. The impact of stock-option compensation for outside directors on firm value[J]. The journal of business, 78(6): 2229-2254.

GIANNETTI M, LIAO G, YU X, 2015. The brain gain of corporate boards: evidence from China[J]. The journal of finance, 70(8): 1629-1682

GILLIES J, DICKINSON M, 1999. The governance of transnational firms: some preliminary hypotheses[J]. Corporate governance: an international review, 7(3): 237-247.

HECKMAN J J, 1979. Sample selection bias as a specification error [J]. Econometrica, 47(1): 153-161.

HEIJLTJESA M, OLIEB R, GLUNKA U, 2003. Internationalization of top management teams in Europe[J]. European management journal, 21(1): 89-97.

HEMPEL P, FAY C, 1994. Outside director compensation and firm performance [J]. Human resource management, 33(1): 111-133.

HERRMANN P, DATTA D K, 2005. Relationships between top management team characteristics and international diversification: an empirical investigation[J]. British journal of management, 16: 69-78.

KIM K A, CHATJUTHAMARD P K, NOFSINGER J R, 2007. Large shareholders, board independence, and minority shareholder rights: evidence from Europe[J]. Journal of corporate finance, 13(5): 859-880.

MASULIS R W, WANG C, XIE F, 2012. Globalizing the boardroom—the effects of foreign directors on corporate governance and firm performance[J]. Journal of accounting and economics, 53: 527-554.

MASULIS R W, WANG C, XIE F, 2009. Are foreign directors valuable advisors or ineffective monitors? [Z]. ECGI Working Paper.

OXELHEIM L, RANDOY T, 2003. The impact of foreign board membership on firm value[J]. Journal of banking & finance, 27: 2369-2392.

PETERSEN M, 2009. Estimating standard errors in finance panel data sets: comparing approaches [J]. The review of financial studies, 22(1), 435-480.

RAMIREZ S A, 2003. A flaw in the Sarbanes-Oxley reform: can diversity in the boardroom quell corporate corruption[J]. St. John's law review, 77: 837-866

RUIGROK W, PECK S, TACHEVA S, 2007. Nationality and gender diversity on Swiss corporate boards [J]. Corporate governance: an international review, 15 (4): 546-557.

Shah,A. and Sunder S, 2004. 董事激励与公司业绩:实验的证据[J]. 南开管理评论,4: 4-14.

SINGH V, 2007. Ethnic diversity on top corporate boards: a resource dependency perspective[J]. The International journal of human resource management, 18 (12): 2128-2146.

SRINIVASAN S, 2005. Consequences of financial reporting failure for outside directors: evidence from accounting restatements and audit committee members[J]. Journal of accounting research, 43(2), 291-334.

STAPLES C L, 2007. Board globalization in the world's largest TNCs 1993-2005 [J]. Corporate governance: an international review, 15(2): 311-321.

VEEN K V, ELBERTSEN J, 2008. Governance regimes and nationality diversity in corporate boards: a comparative study of Germany, the Netherlands and the United Kingdom[J]. Corporate governance: an international review, 16(5): 386-399.

YERMACK D, 2004. Remuneration, retention, and reputation incentives for outside directors[J]. The journal of finance, 59(5): 2281-2308.

第二节 国际化董事会与审计师选择

摘要：通过手工搜集2004—2014年中国上市公司国际化董事会数据，实证研究了国际化董事会对审计师选择的影响。研究发现：(1)国际化董事会更倾向于聘请高质量审计师来协助其参与公司治理；(2)国际化董事会的境外独立董事和境外非独立董事对审计师的选择都有影响，境外独立董事的比例越高，对高质量审计师选择的影响越大。(3)国际化董事会对审计师选择的影响在境内实际控制人组显著，在境外实际控制人组不显著。经过一系列敏感性测试后研究结论依然成立。

一、引言

董事会是为了缓解公司股东和管理层之间代理冲突、降低交易成本而设立的一种公司治理机制(Fama,Jensen,1983)。董事会主要通过对管理层的监督(Beasley,1998)和咨询(Drymiotes,Sivaramakrishnan,2012)，为公司战略决策提供资源支持，使企业经营目标和股东利益最大化目标最终得以实现。因此，董事会能否有效履行职能对公司发展具有重要影响。21世纪初的一系列公司治理丑闻(如安然、世通等)也表明，现代公司治理结构中董事会的作用不容忽视。随着经济全球化和一体化的纵深发展，企业董事会中出现了越来越多的外国董事(Staples, 2007)，董事会呈现出国际化趋势，形成了国际化董事会(globalization board)。已有研究发现，国际化董事会有着更强的独立性(Ruigrok et al., 2007)，能为企业境外并购提供咨询信息(Masulis et al.,2012)，从而增加企业的价值(Oxelheim,Randoy,2003)。国际化董事会的咨询作用得到了研究的支持。然而，目前对国际化董事会监督职能的研究还凤毛麟角。

我国《公司法》规定，公司重大经营决策都需经董事会制定和股东大会批准。因此，董事会在审计师选择上也具有举足轻重的作用(李明辉，刘笑霞，2008)。监督管理层，使管理层的行为活动符合股东利益最大化预期，是董事会的工作职责之一。高质量审计师可以揭露管理层的舞弊、合谋等机会主义行为，起到约束管理层、降低代理成本的作用。因此，董事会可以通过聘请高质量审计师协助其进行监督和治理，使受托责任得以解除。那么，国际化董事会是否有意愿通过聘请高质量审计师来向股东提供高质量会计信息，从而协助其有效监督管理层、缓解股东与管理层的代理冲突?对此,本节研究以中国上市公司为研究对象,以聘请国际四大会计师事务所为高质量审计需求的替代变量(Teoh,Wong,1993;Abbott,Parker,2000;Behn et al.,2008),实证检验了国际化董事会对审计师选择的影响。研究结果发现,国际化董事会更倾向于选择国际四大会计师事务所对公司财务报表进行审计,向市场传递其具有较强治理愿望的信号;区分国际化董事会的境外独立董事和境外非独立董事后发现,两者对审计师选择都具有正向影响,但是境外独立董事的比例越高,对审计师选择的影响越大。经过一系列敏感性测试之后,研究结论依然成立。

本节可能的贡献在于:(1)董事会对审计师的选择可以反映出其监督意愿和监督能力。现有的文献大多表明国际化董事会具有咨询职能,本节以中国上市公司为研究对象,研究了国际化董事会对审计师选择的影响,试图探讨国际化董事会的监督职能,以弥补现有文献的不足。(2)越来越多的文献关注董事会构成对公司治理效果的影响。本节从董事会的国际化特征出发,研究国际化董事会如何选聘审计师,丰富了董事会治理影响企业经营行为的相关文献。(3)现有关于董事会特征对审计师选择的研究关注了董事会的性别组成、董事会规模、董事会独立性等对审计师选择的影响,本节关注董事会的国际化特征对审计师选择的影响,丰富了审计师选择方面的相关文献。

本节其余部分结构安排如下:第二部分为文献回顾、理论分析与假设提出;第三部分为数据来源与研究设计;第四部分为实证研究结果和稳健性测试;第五部分为研究结论与进一步研究方向。

二、文献回顾、理论分析与假设提出

(一)国际化董事会文献回顾

经济的全球化,使生产要素得以在全世界范围内进行流动和配置。人力资本的跨国界流动使国际化董事会的出现成为可能。现有关于国际化董事会的研究,主要集中于描述国际化董事会的发展现状和国际化董事会对企业价值的影响。(1)国际化董事会的现状。Staples(2007)跟踪调查了 Gillies 和 Dickinson(1999)研究的世界最大的 80 家跨国企业后发现,聘请外国董事的企业比例由 1999 年的 36.3%增加到 2005 年的 75%;同时他也发现,在这些跨国公司董事会中仅有 10%的董事会,其外国董事所占比例超过本国董事,尽管聘请外国董事在广度上较为普遍,但深度上还不够。不同国家之间董事会国际化的程度存在一定的差异。Veen 和 Elbertsen(2008)以德国、荷兰、英国的公司为研究样本,发现德国企业董事会国际化程度低于荷兰和英国,不同国家对公司治理管制的不同是造成董事会国际化程度产生差异的主要原因。(2)国际化董事会对企业价值的影响。Carter 等(2003)研究了董事会性别和种族多元化对企业价值的影响,种族多元化主要是指董事会非裔美国人、亚裔和西班牙裔所占比例,在控制了其他变量和行业特征之后,他们发现董事会性别和种族的多元化与企业价值显著正相关。Oxelheim 和 Randoy(2003)也发现国际化董事会与企业价值正相关。但是，也有研究发现，董事会聘请外国董事并未显著增加企业价值（Alli et al.，2010）。Masulis 等（2012）则研究了董事会聘请外国独立董事对企业价值的影响。他们研究发现，外国独立董事可以提高企业在外国独立董事来源国的并购绩效，但是并没有使企业价值得到提高。Giannetti 等（2015）以中国上市公司为研究对象，发现有境外经历的董事可以为董事会带来新的知识，公司的境外并购绩效、境外收入及融资水平等都出现了显著的增加，从而公司的绩效也得到提升。现有关于国际化董事会的文献，大多表明国际化董事会具有咨询职能，可以为企业战略决策和经营运作提供智力支持。然而，对国际化董事会监督职能的研究还不多见。本节从国际化董事会对审计师选择的角度，探讨国际化董事会的监督职能，以期丰富国际化董事会的相关研究。

（二）审计师选择文献回顾

审计师选择是审计研究中经久不衰的话题。审计师的选择首先取决于企业聘请审计师的动机。现有关于企业聘请审计师的动机，主要有三种代表性的理论：代理理论、信号理论和保险理论。代理理论认为，随着现代企业所有权与控制权的分离，导致管理层与股东目标函数的不相容，股东有必要采取措施防范管理层的道德风险。审计作为客观独立的第三方，具有监督管理层经营行为的作用（Jensen，Meckling，1976）。信号理论认为，企业聘请不同声誉和质量的审计师，向市场传递出了公司治理和公司经营等方面的信息，可以缓解企业与投资者之间的信息不对称（Beatty，1989）。比如，规模大的会计师事务所因审计失败而丧失的“准租”更多，大的会计师事务所更可能提供高质量的审计服务（DeAngelo，1981），因此聘请规模大的会计师事务所可以被视为企业有意愿提供更高质量会计信息的表征。保险理论则认为，审计师可以为企业会计信息的准确性和可靠性提供一定程度的担保。如果出现审计失败，投资者可以要求审计师进行赔偿（Dye，1993）。

学者们从不同角度关注了中国资本市场上审计师选择的影响因素。（1）公司对审计质量需求的差异会影响其对审计师的选择。DeFond 等（2000）发现，随着中国资本市场上审计师独立性的提高，审计质量也相应得到提高，然而具有较高审计质量的“大所”的市场份额却出现了下降，这主要是由于上市公司对审计质量的需求不高所导致的。朱红军等（2004）从 IPO 公司审计需求的角度分析了公司对审计师的选择，他们发现 IPO 公司对审计师的选择主要是为了迎合政府监管，审计质量不是 IPO 公司选择审计师的主要考虑因素。部分学者认为政府干预或政治联系可能是引起部分上市公司审计需求不高的原因。Wang 等（2008）发现地方国有企业更倾向于聘请本地区的“小所”进行审计，导致这种选择的原因之一是政府官员为了实现财政和就业等目标，选择本地区的“小所”有助于“合谋”实现这一目标。杜兴强和周泽将（2010）则发现有政治联系的民营企业更可能选择非十大的会计师事务所进行审计。无政治联系的上市公司则更可能选择高质量的审计师向外界传递公司治理较好的信号（雷光勇 等，2009）。（2）股权结构对审计师选择的影响。除了政府干预等外部影响因素之外，公司的内部特征如股权结构等也会影响到审计师的选择。例如，现有研究发现上市公司大股东持股比例与高质量审计师选择之间呈现倒 U 形关系（倪慧萍，王跃堂，

2012；曾颖，叶康涛，2005）。孙铮和曹宇（2004）则发现，境外机构或个人持股与高质量审计显著正相关。Fan 和 Wong（2005）发现控制权和现金流权分离越严重的公司，越可能聘请"五大"会计师事务所进行审计，以降低代理成本。（3）董事会特征对审计师选择的影响。在董事会对审计师选择方面，涌现出了丰硕的成果，如现有研究发现，规模越大的董事会（Chen，Zhou，2007）、女性董事比例越高的董事会（况学文，陈俊，2011）以及独立性越强的董事会（车宣臣，2007）更可能聘请高质量审计师来协助其进行监督。然而，国际化董事会对审计师的选择会产生怎样的影响，现有的文献却鲜有触及。本节试图对这一问题进行探讨，以弥补现有文献的不足。

（三）理论分析与假设提出

在两权分离的企业中，代理问题普遍存在。董事会是为缓解股东与管理层代理冲突而设立的一种机制。董事会一般掌握着制定和监督企业重要决策的权力（Fama，Jensen，1983）。尽管董事会下属审计委员会对审计师提名和任命具有一定权限，但最终的聘请需经过董事会的认可。因此，董事会对审计师的选择具有重要影响。选择何种类型的审计师，可以在一定程度上反映董事会对管理层的监督能力和监督动机。国际化董事会主要通过以下途径影响审计师的选择：

第一，国际化董事会具有更强的独立性。境外董事与中国董事在语言、文化、价值观等方面存在着不同程度的差异，"物以类聚，人以群分"，从而境外董事不太容易融入中国董事的圈子，国际化董事会被管理层"集体收买"的可能性较小。境外董事在不同国家和地区的工作经历，一方面使他们拥有丰富的工作经验，另一方面使他们可以多角度地解决公司面对的问题，从而有可能打破董事会原有的"小团体"决策格局，使董事会出现不同利益群体的声音，董事会的独立性得到提高。再加之国际化董事会的境外董事来自中国境外的国家和地区，他们的人际关系和社交网络也主要集中在其来源地，从而境外董事受人情关系干扰的影响要小（Giannetti et al.，2015），更容易保持独立性。Carcello 等（2002）发现，独立性强的董事会对审计质量有着更高的需求，他们愿意支付更多的审计费用以获得高质量的审计服务。La Porta 等（2002）也发现，独立性越强的董事会更可能聘请高质量的审计师进行审计。

第二，国际化董事会对法律风险的规避。一方面，境外董事大多来自经济发展程度较高的国家和地区，法制观念深入人心，他们具有较强的法制精神。在中国上市公司工作的过程中，他们也更可能按规则办事，与审计师"合谋"的可能性较小。另一方面，对高管监督不力或企业经营失败也可能给境外董事带来风险。Srinivasan（2005）发现，发生盈余重述的上市公司外部董事离职概率显著增加，且有可能遭到 SEC 的惩罚。Fich 和 Shivdasani（2007）则发现，董事所任职的公司发生集体诉讼之后，他们在其他公司担任董事的职位数出现了显著下降。这也就意味着，董事如果履职不当，将遭遇资本市场严酷的声誉惩罚和法律风险。高质量审计可以降低企业可操纵性应计，更有可能查出企业财务信息的错漏（Chan et al.，2012），可以对管理层形成较好的监督和约束。而且，根据审计师选择的保险理论，通过聘请高质量审计师，国际化董事会可以将一部分风险“转嫁”给审计师，从而降低自身面临的执业风险。因此国际化董事会有动力聘请高质量审计师。

第三，国际化董事会对投资者利益的保护。国际化董事会的境外董事可以分为两类，即境外独立董事和境外非独立董事。对于境外非独立董事来说，他们出现在董事会主要是受外资股东的委托和派遣。监督管理层的机会主义行为、维护外资股东的利益是境外非独立董事应尽的职责。对于境外独立董事来说，他们从小就在不同的社会环境下长大，具有不同于中国本土董事的文化理念和价值取向，对公司的决策更可能提供不同的思路和方法，从而也更可能保持独立性，保护中小股东的利益。所以总体而言，国际化董事会保护投资者利益的意愿更强。然而转型发展时期的中国，相关的法律制度和法律执行还不完善，公司治理机制不健全，仅依靠国际化董事会的治理无法实现对投资者的保护。Fan 和 Wong(2005)发现，在制度环境和法律执行较弱的国家和地区，高质量审计可以起到较好的公司治理作用。一方面，高质量审计可以揭露公司内部人的机会主义行为，减少投资者所面临的信息不对称，有助于投资者更好地进行投资决策；另一方面，高质量审计可以向外界传递公司的治理信息，有助于投资者了解和判断公司的治理状况。因此从保护投资者的角度，国际化董事会也更愿意聘请高质量审计师。

第四，国际化董事会对高质量审计师的文化认同。国际化董事会的境外董事来自中国大陆之外的国家和地区，成长于不同的社会环境。在中国上市公司工作的过程中，境外董事属于“少数群体”和“外来者”。人们普遍具有群体的认同需求，为了寻求文化上的支持与交流以及身心的安适，身处不同文化环境下的人更倾向于选择与自身价值取向和文化认同方面较为接近的群体(Tajfel，Turner，1986)。以国际四大会计师事务所为代表的高质量审计师，其经营理念、发展目标、企业文化与中国本土审计师相比存在显著的差异。国际四大会计师事务所的企业文化更多体现西方的经营价值和发展理念(张立民，李洁雯，2005)，与境外董事在文化上存在天然的联系。境外董事更容易从文化和心理上对国际四大会计师事务所产生认同感。而且，在中国审计市场上，国际四大会计师事务所的市场认可度较高，境外董事也更容易对他们产生信赖，聘请他们作为审计师的可能性更高。据此，提出假设 H 5.2.1。

H5.2.1：在其他条件相同的情况下，国际化董事会更可能聘请高质量审计师。

三、数据来源与研究设计

(一)样本选择与数据来源

国泰安数据库从 2004 年开始提供较为详细的高管简历，因此本节选择 2004—2014 年中国上市公司作为研究对象。样本进行了如下筛选：(1)剔除金融保险证券行业上市公司；(2)剔除相关变量数据缺失的公司，最终得到 17 449 个观测值。样本数据来源如下：(1)国际化董事会的数据系根据 CSMAR 数据库提供的高管简历手工搜集而来；(2)其余数据均来自 CSMAR 数据库。为了避免极端值对研究结论造成的干扰，增强研究结论的可靠性，本节将所有连续变量在 1%和 99%分位进行了 Winsorize 处理。

（二）模型和变量设计

本节借鉴 Wang et al.(2008)、杜兴强和周泽将(2010)的研究，设计了如下 Logistic 回归模型：

$$\begin{aligned} BIG4 = {} & \beta_0 + \beta_1 GB + \beta_2 FIRST + \beta_3 DUAL + \beta_4 INDR + \beta_5 SIZE + \beta_6 LEV + \beta_7 CA\_CL + \\ & \beta_8 INVN + \beta_9 ACCRE + \beta_{10} ROA + \beta_{11} GROWTH + \beta_{12} ISSUE + \beta_{13} CROSS + \\ & \beta_{14} STATE + \beta_{15} MKT + Industry\ Dummies + Year\ Dummies + \varepsilon \end{aligned} \tag{5.2.1}$$

规模大的会计师事务所可以提供更多培训资源和发展机会，吸引更多高水平的审计师，且更注重自身声誉，能提供更高质量的审计服务(DeAngelo，1981；漆江娜 等，2004)。国际四大会计师事务所常常被用来作为高审计质量的衡量指标(Khurana，Raman，2004)。因此，在本节研究中也将国际四大会计师事务所(BIG4)作为高质量审计师的替代变量。董事会聘请境外董事，即为国际化董事会(Masulis et al.，2012)。考虑到中国港澳台地区在制度环境、经济发展水平等方面与中国境内的区别，因而将外国人和中国港澳台人士统一定义为境外董事。GB(globalization board)为衡量国际化董事会的变量，它包含哑变量 GBD 和比例变量 GBR。

此外，本节还控制了公司治理变量如第一大股东持股比例(FIRST)、董事长与 CEO 两职合一(DUAL)、独立董事的比例(INDR)，公司特征变量如公司资产规模(SIZE)、资产负债率(LEV)、流动比率(CA_CL)、存货比率(INVN)、应收项目(ACCRE)、总资产收益率(ROA)、公司成长性(GROWTH)、是否发行权益证券(ISSUE)等，以及公司是否交叉上市(CROSS)、公司的产权性质(STATE)和公司所处的市场环境(MKT)。除此之外，本节还对公司所处行业和年度进行了控制。

表 5.2.1　变量及其定义

变量	变量定义
BIG4	会计师事务所虚拟变量，当公司聘请四大会计师事务所审计师时赋值为 1，否则赋值为 0
GBD	国际化董事会的虚拟变量，若董事会含外国人或中国港澳台人士则 GBD=1，否则为 0
GBR	国际化董事会的比例变量，外国人与中国港澳台人士占公司董事会比例
FIRST	第一大股东持股比例，第一大股东持有股份与公司总股份的比值
DUAL	董事长与 CEO 两职合一的虚拟变量，若董事长与 CEO 两职合一则赋值为 1，否则为 0
INDR	独立董事比例，独立董事人数与董事会总人数的比值
SIZE	公司规模，公司总资产的自然对数
LEV	财务杠杆，公司总负债与总资产的比值
CA_CL	流动比率，等于流动资产除以流动负债

续表

变量	变量定义
INVN	存货比率，等于年末存货除以年末资产总额
ACCRE	应计项目，等于年末应收项目除以年末资产总额
GROWTH	销售收入变化，主营业务收入增长率
ROA	总资产收益率，等于净利润与平均总资产的比值
ISSUE	公司再融资，若公司下一年发行权益证券则赋值为1，否则赋值为0
CROSS	虚拟变量，如果公司在B股或H股上市则赋值为1，否则赋值为0
STATE	最终控制人性质，若公司的最终控制人是中央或地方政府、政府控股公司则赋值为1，否则赋值为0
MKT	省级市场化指数，衡量我国省际制度发展与投资者保护的指标(樊纲 等，2011)

四、实证研究结果和稳健性测试

(一)变量的描述性统计

表5.2.2的Panel A报告了变量的描述性统计结果：(1)BIG4的均值为5.42%，说明样本中约有5.42%的上市公司聘请国际四大会计师事务所进行审计，大部分上市公司聘请国内会计师事务所进行年报审计，这也与我国上市公司一直以来对高质量审计需求不足的事实一致；(2)GBD的均值为6.18%，表明样本中约有6.18%的上市公司聘请了境外董事；GBR的均值为0.99%，说明董事会的国际化程度总体上还较低，样本中最大值为29.41%，不同公司聘请境外董事的比例差异显著。

在其他控制变量方面，第一大股东持股比例(FIRST)均值为36.34%，说明在我国“一股独大”的现象还比较普遍。董事长与CEO两职合一(DUAL)的均值为19.94%，约有80%的上市公司实行了两职分离。独立董事的比例(INDR)均值为36.55%，75%分位为38.46%，表明我国上市公司独立董事的聘请主要是为了迎合证监会的监管需要。资产规模(SIZE)的自然对数均值约为21.70，标准差为1.28倍，公司规模差异显著。资产负债率(LEV)均值为48.98%。流动比率(CA_CL)均值为2.15，标准差约为2.65，流动比率在不同企业之间差别明显。存货比率(INVN)均值为16.86%，平均来说存货占总资产的比例约为17%。应收项目(ACCRE)约占企业总资产的19.41%。总资产收益率(ROA)均值为3.31%，上市公司资产收益率总体不高。企业成长性(GROWTH)均值为0.210 9。是否交叉上市(CROSS)的均值为4.60%，绝大部分上市公司通过国内资本市场进行融资。在样本中约有50.79%的国有企业(STATE)。市场化指数(MKT)均值为8.75，最小值仅为3.95，最大值为11.8，各地区市场化进程发展不均衡。

表 5.2.2　变量描述性统计及单变量检验

Panel A：变量的描述性统计

变量	观测值	均值	标准差	最小值	1/4 分位	中位数	3/4 分位	最大值
BIG4	17 449	0.054 2	0.226 3	0.000 0	0.000 0	0.000 0	0.000 0	1.000 0
GBD	17 449	0.061 8	0.240 8	0.000 0	0.000 0	0.000 0	0.000 0	1.000 0
GBR	17 449	0.009 9	0.043 2	0.000 0	0.000 0	0.000 0	0.000 0	0.294 1
FIRST	17 449	0.363 4	0.154 9	0.088 9	0.239 2	0.343 0	0.478 8	0.751 0
DUAL	17 449	0.199 4	0.399 6	0.000 0	0.000 0	0.000 0	0.000 0	1.000 0
INDR	17 449	0.365 5	0.051 7	0.250 0	0.333 3	0.333 3	0.384 6	0.571 4
SIZE	17 449	21.704 3	1.277 2	18.724 5	20.840 2	21.565 7	22.395 9	26.489 7
LEV	17 449	0.489 8	0.258 3	0.046 1	0.312 3	0.485 4	0.639 5	1.784 3
CA_CL	17 449	2.151 2	2.645 7	0.158 1	0.933 9	1.366 6	2.190 7	19.117 0
INVN	17 449	0.168 6	0.154 5	0.000 0	0.065 6	0.130 6	0.215 7	0.751 2
ACCRE	17 449	0.194 1	0.139 0	0.004 5	0.090 1	0.168 2	0.265 1	0.775 4
ROA	17 449	0.033 1	0.068 5	−0.332 1	0.011 6	0.033 3	0.062 8	0.220 4
GROWTH	17 449	0.210 9	0.569 9	−0.758 6	−0.021 0	0.124 7	0.296 1	4.073 0
ISSUE	17 449	0.112 3	0.315 8	0.000 0	0.000 0	0.000 0	0.000 0	1.000 0
CROSS	17 449	0.046 0	0.209 5	0.000 0	0.000 0	0.000 0	0.000 0	1.000 0
STATE	17 449	0.507 9	0.500 0	0.000 0	0.000 0	1.000 0	1.000 0	1.000 0
MKT	17 449	8.749 6	2.022 9	3.950 0	7.300 0	8.930 0	10.420 0	11.800 0

Panel B：国际化董事和非国际化董事会上市公司的 t/z 检验

变量	非国际化董事会子样本(16 371)			国际化董事会子样本(1 078)			t 检验	z 检验
	均值	中位数	标准差	均值	中位数	标准差	t-value	z-value
BIG4	0.042 9	0.000 0	0.2027	0.224 5	0.000 0	0.417 4	−26.00***	−25.51***
FIRST	0.361 6	0.341 0	0.154 7	0.390 1	0.368 1	0.155 3	−5.84***	−5.75***
DUAL	0.195 7	0.000 0	0.396 8	0.256 0	0.000 0	0.436 6	−4.80***	−4.80***
INDR	0.365 3	0.333 3	0.051 4	0.367 6	0.333 3	0.055 1	−1.41	−1.36
SIZE	21.673 6	21.551 4	1.245 5	22.171 2	21.863 2	1.616 8	−12.45***	−8.60***
LEV	0.492 6	0.488 3	0.259 5	0.447 5	0.443 3	0.236 0	5.56***	6.28***
CA_CL	2.140 4	1.360 0	2.635 4	2.314 9	1.436 3	2.794 4	−2.10**	−4.05***
INVN	0.169 5	0.130 3	0.156 2	0.155 3	0.133 3	0.125 1	2.91***	0.27

续表

变量	非国际化董事会子样本(16 371)			国际化董事会子样本(1 078)			t 检验	z 检验
	均值	中位数	标准差	均值	中位数	标准差	t-value	z-value
ACCRE	0.195 0	0.168 4	0.140 4	0.180 1	0.165 0	0.114 2	3.41***	1.64
ROA	0.032 3	0.032 6	0.068 9	0.046 0	0.042 7	0.062 1	−6.37***	−7.92***
GROWTH	0.214 1	0.125 7	0.578 4	0.163 7	0.110 3	0.418 4	2.81***	1.83*
ISSUE	0.113 4	0.000 0	0.317 1	0.095 5	0.000 0	0.294 1	1.80*	1.80*
CROSS	0.042 0	0.000 0	0.200 5	0.107 6	0.000 0	0.310 0	−9.99***	−9.96***
STATE	0.515 4	1.000 0	0.499 8	0.394 2	0.000 0	0.488 9	7.72***	7.71***
MKT	8.713 9	8.930 0	2.035 4	9.291 9	9.870 0	1.735 1	−9.11***	−8.88***

注:***、**、*分别表示在1%、5%、10%的水平上显著。

(二)单变量 t/z 检验

表5.2.2的Panel B是将样本划分为国际化董事会和非国际化董事会两个子样本后,进行单变量 t/z 检验的结果。从表5.2.2的Panel B可以发现,国际化董事会的子样本中,约有22.45%的上市公司聘请国际四大会计师事务所进行审计,而非国际化董事会子样本中,这一比例仅为4.29%,二者之间的差异在1%的水平上显著,初步支持了本节的假设。在其他控制变量方面,第一大股东持股比例(FIRST)、董事长与CEO两职合一(DUAL)、资产规模(SIZE)、资产负债率(LEV)、总资产收益率(ROA)、交叉上市(CROSS)、产权性质(STATE)、市场化指数(MKT)在国际化董事会子样本和非国际化董事会子样本之间存在明显的差别,且都在1%水平上显著。流动比率(CA_CL)、公司成长性(GROWTH)、是否发行权益证券(ISSUE)也存在显著的差异。

(三)变量之间的相关性分析

表5.2.3报告了变量之间的Pearson相关系数。国际化董事会的哑变量GBD和比例变量GBR与BIG4关系为正,且在1%水平上显著,初步支持了本节的假设。其他的变量方面,第一大股东持股比例(FIRST)、独立董事比例(INDR)、资产规模(SIZE)、资产负债率(LEV)、总资产收益率(ROA)、交叉上市(CROSS)、产权性质(STATE)、市场化程度(MKT)等与国际四大会计师事务所显著正相关,两职合一(DUAL)、流动比率(CA_CL)、存货比率(INVN)、应收项目(ACCRE)、成长性(GROWTH)等与国际“四大”显著负相关。上述变量的相关性分析为单变量分析结果,更加全面可靠的结论有待多元回归的进一步分析和检验。

表 5.2.3　Pearson 相关系数

变量		(1)	(2)	(3)	(4)	(5)	(6)	(7)	(8)	(9)	(10)	(11)	(12)	(13)	(14)	(15)	(16)	(17)
BIG4	(1)	1.000 0																
GBD	(2)	0.193 1 (0.000 0)	1.000 0															
GBR	(3)	0.176 3 (0.000 0)	0.897 6 (0.000 0)	1.000 0														
FIRST	(4)	0.138 1 (0.000 0)	0.044 2 (0.000 0)	0.044 1 (0.000 0)	1.000 0													
DUAL	(5)	−0.060 5 (0.000 0)	0.036 3 (0.000 0)	0.028 5 (0.000 2)	−0.076 2 (0.000 0)	1.000 0												
INDR	(6)	0.030 7 (0.000 0)	0.010 7 (0.158 2)	−0.002 4 (0.754 3)	0.021 3 (0.005 0)	0.093 2 (0.000 0)	1.000 0											
SIZE	(7)	0.355 9 (0.000 0)	0.093 8 (0.000 0)	0.061 6 (0.000 0)	0.280 2 (0.000 0)	−0.144 5 (0.000 0)	0.037 9 (0.000 0)	1.000 0										
LEV	(8)	0.025 9 (0.000 6)	−0.042 0 (0.000 0)	−0.047 4 (0.000 0)	−0.028 5 (0.000 2)	−0.104 3 (0.000 0)	−0.014 3 (0.059 1)	0.166 5 (0.000 0)	1.000 0									
CA_CL	(9)	−0.069 9 (0.000 0)	0.015 9 (0.036 0)	0.015 5 (0.040 5)	−0.026 9 (0.000 4)	0.150 1 (0.000 0)	0.041 5 (0.000 0)	−0.204 7 (0.000 0)	−0.551 2 (0.000 0)	1.000 0								
INVN	(10)	−0.033 9 (0.000 0)	−0.022 1 (0.003 6)	−0.022 7 (0.002 7)	0.059 5 (0.000 0)	−0.018 9 (0.012 6)	0.018 6 (0.014 1)	0.120 2 (0.000 0)	0.205 5 (0.000 0)	−0.087 4 (0.000 0)	1.000 0							
ACCRE	(11)	−0.077 1 (0.000 0)	−0.025 8 (0.000 6)	−0.026 6 (0.000 4)	−0.068 6 (0.000 0)	0.051 2 (0.000 0)	0.001 2 (0.875 2)	−0.195 1 (0.000 0)	0.153 6 (0.000 0)	−0.054 1 (0.000 0)	−0.074 8 (0.000 0)	1.000 0						
ROA	(12)	0.056 4 (0.000 0)	0.048 1 (0.000 0)	0.047 3 (0.000 0)	0.111 2 (0.000 0)	0.015 4 (0.042 3)	−0.008 1 (0.284 5)	0.124 2 (0.000 0)	−0.423 3 (0.000 0)	0.206 1 (0.000 0)	−0.033 0 (0.000 0)	−0.121 0 (0.000 0)	1.000 0					

续表

变量	(1)	(2)	(3)	(4)	(5)	(6)	(7)	(8)	(9)	(10)	(11)	(12)	(13)	(14)	(15)	(16)	(17)
GROWTH (13)	−0.015 3	−0.021 3	−0.022 0	0.060 2	−0.002 1	0.003 2	0.045 5	0.016 6	−0.027 2	0.066 0	0.017 0	0.201 9	1.000 0				
	(0.043 5)	(0.004 9)	(0.003 7)	(0.000 0)	(0.781 5)	(0.675 5)	(0.000 0)	(0.027 9)	(0.000 3)	(0.000 0)	(0.024 7)	(0.000 0)					
ISSUE (14)	−0.014 6	−0.013 6	−0.014 7	−0.013 3	0.015 9	0.016 6	−0.004 8	0.043 6	−0.040 5	0.003 9	0.032 8	0.024 9	0.048 4	1.000 0			
	(0.054 5)	(0.071 7)	(0.052 5)	(0.078 1)	(0.035 2)	(0.028 2)	(0.527 7)	(0.000 0)	(0.000 0)	(0.607 8)	(0.000 0)	(0.001 0)	(0.000 0)				
CROSS (15)	0.178 3	0.075 4	0.069 7	−0.022 7	−0.022 7	−0.018 2	0.049 5	0.054 1	−0.061 3	0.001 6	−0.025 8	−0.013 0	−0.021 9	−0.024 4	1.000 0		
	(0.000 0)	(0.000 0)	(0.000 0)	(0.002 7)	(0.002 7)	(0.016 5)	(0.000 0)	(0.000 0)	(0.000 0)	(0.829 7)	(0.000 7)	(0.086 8)	(0.003 8)	(0.001 3)			
STATE (16)	0.112 4	−0.058 4	−0.081 5	0.232 5	−0.250 6	−0.091 1	0.279 4	0.170 1	−0.232 5	−0.003 7	−0.106 3	−0.067 1	−0.024 4	−0.035 4	0.083 2	1.000 0	
	(0.000 0)	(0.000 0)	(0.000 0)	(0.000 0)	(0.000 0)	(0.000 0)	(0.000 0)	(0.000 0)	(0.000 0)	(0.622 3)	(0.000 0)	(0.000 0)	(0.001 3)	(0.000 0)	(0.000 0)		
MKT (17)	0.067 6	0.068 8	0.069 8	0.008 5	0.121 0	0.038 5	0.058 6	−0.141 6	0.124 8	0.032 1	−0.024 7	0.122 0	−0.026 2	0.004 7	0.105 7	−0.210 1	1.000 0
	(0.000 0)	(0.000 0)	(0.000 0)	(0.261 3)	(0.000 0)	(0.000 0)	(0.000 0)	(0.000 0)	(0.000 0)	(0.000 0)	(0.001 1)	(0.000 0)	(0.000 5)	(0.534 3)	(0.000 0)	(0.000 0)	

（四）国际化董事会与审计师选择：多元回归结果

假设H5.2.1预测了国际化董事会更可能聘请高质量审计师。表5.2.4报告了国际化董事会与审计师选择的实证研究结果。第(1)列和(2)列分别对应主要解释变量GBD和GBR，以及它们对审计师选择的影响结果。从表5.2.4第(1)列可以看到，国际化董事会的哑变量GBD与BIG4在1%水平上显著正相关(系数=1.409 8，t值=5.70)，说明我国上市公司董事会有境外董事可以显著提高聘请国际“四大”会计师事务所的概率。表5.2.4第(2)列可以看到，国际化董事会境外董事比例GBR与BIG4在1%水平上显著正相关(系数=8.084 3，t值=5.94)，说明更高的境外董事比例显著增加了聘请国际四大会计师事务所进行审计的可能性，进一步支持了国际化董事会选择高质量审计师进行审计的预测。这主要是因为国际化董事会拥有更强的独立性，具有更强的股东保护意识，他们愿意借助外部审计师的专业技能对管理层进行监督；境外董事为了规避自身的风险，通过聘请高质量审计将部分风险“转嫁”给审计师，以及境外董事对国际四大会计师事务所文化上的认同感。具体来说，是不是国际化董事会(GBD)以及董事会国际化程度(GBR)对选择国际四大会计师事务所的边际影响分别为4.93%和28.20%，这一结果具有显著的经济意义，国际化董事会显著提高了企业对高质量审计的需求。假设H5.2.1得到了实证结果的支持。

表5.2.4　国际化董事会与审计师选择：多元回归结果

变量	(1)BIG4		(2)BIG4	
	系数	t值	系数	t值
GBD	1.409 8***	5.70		
GBR			8.084 3***	5.94
FIRST	0.851 1	1.45	0.701 3	1.19
DUAL	−0.270 9	−1.13	−0.230 4	−0.96
INDR	0.430 1	0.27	0.644 5	0.41
SIZE	1.255 0***	12.65	1.282 0***	13.12
LEV	−2.973 8***	−3.93	−3.063 3***	−4.03
CA_CL	−0.227 1***	−2.74	−0.232 2***	−2.65
INVN	−1.063 2	−1.50	−1.006 0	−1.39
ACCRE	−0.320 2	−0.36	−0.217 3	−0.25
ROA	2.18 74	1.17	2.070 0	1.09
GROWTH	−0.394 5***	−3.82	−0.382 1***	−3.94
ISSUE	0.001 6	0.01	0.018 0	0.16
CROSS	1.597 3***	5.46	1.580 0***	5.43
STATE	−0.080 7	−0.38	0.015 2	0.07
MKT	0.176 6***	3.06	0.177 2***	3.05

续表

变量	(1)BIG4		(2)BIG4	
	系数	t 值	系数	t 值
常数项	−44.055 8***	−24.75	−44.670 5***	−22.05
行业	控制		控制	
年度	控制		控制	
观测值	17 449		17 449	
Pseudo R^2	0.387 5		0.390 5	
LR Chi^2	2 836.81***		2 858.68***	

注：***、**、*分别表示在1%、5%、10%的水平上显著；所有 t 值经过公司与年度的双重聚类调整(Petersen，2009)。

在控制变量方面，表5.2.4第(1)列和第(2)列基本一致。考虑其他影响因素之后，企业规模(SIZE)与国际四大会计师事务所的选择在1%的水平上显著正相关，这可能是由于规模越大的企业，经营业务更复杂，管理层实施机会主义行为的可能性越大，企业倾向于聘请国际四大会计师事务所来减少代理成本。资产负债率(LEV)与BIG4的选择在1%的水平上显著负相关，债权人可以起到一定的治理作用，资产负债率高的企业不愿聘请国际四大会计师事务所进行审计。流动资产与流动负债比(CA_CL)与国际四大会计师事务所的选择在1%水平上显著负相关，流动性越好的公司聘请国际四大会计师事务所审计的可能性更低。公司成长性(GROWTH)与国际四大会计师事务所的选择在1%的水平上显著负相关，成长性越好的企业越不愿意聘请国际四大会计师事务所。是否交叉上市(CROSS)与BIG4的选择在1%的水平上显著正相关，表明交叉上市的企业对审计质量有着更高需求。市场化指数(MKT)与BIG4的选择在1%的水平上显著正相关，说明在市场化进程较高的地区，企业更愿意聘请国际四大会计师事务所进行审计。在其他控制变量方面，第一大股东持股比例(FIRST)、独立董事比例(INDR)、是否发行权益证券(ISSUE)与BIG4正相关，不显著。两职合一(DUAL)、存货比率(INVN)和应收项目(ACCRE)与BIG4的选择负相关，但不显著。

(五)进一步分析

1.国际化董事会与审计师选择：按境外独立董事和非独立董事分类

独立董事和非独立董事在公司治理中扮演着不同的角色。对审计师选择拥有提名权的审计委员会中，独立董事占多数。因此一般认为，独立董事对审计师的选择可能具有较大影响，对高质量审计的需求可能主要来自独立董事。为了检验国际化董事会的境外独立董事和境外非独立董事对高质量审计师选择是否存在显著差异，本节将境外独立董事和境外非独立董事放入回归模型。得到的回归结果如表5.2.5所示。表5.2.5的结果表明，境外独立董事和境外非独立董事都对审计师的选择具有重要影响。通过比较两者的系数发现，是否有境外独立董事和是否有境外非独立董事的系数不存在显著差异；境外独立董事的比例与境外非独立董事的比例两者的系数在1%的水平上显著，表明在其他条件相同的情况下，境外独立董事的比例越高，对审计师选择的影响越大。境外独立董事对高质量审计的需求更高。

表 5.2.5 国际化董事会与审计师选择：按境外独立董事和非独立董事分类

变量	(1)BIG4		(2)BIG4	
	系数	t 值	系数	t 值
GBD_IND	1.645 1***	5.46		
GBD_NIND	1.036 8***	3.13		
GBR_IND			13.242 9***	5.19
GBR_NIND			4.586 6***	4.36
FIRST	0.777 7	1.33	0.581 8	0.98
DUAL	−0.269 7	−1.12	−0.241 0	−1.00
INDR	0.461 1	0.29	0.490 7	0.32
SIZE	1.242 7***	12.46	1.264 6***	12.81
LEV	−3.010 0***	−3.94	−3.045 2***	−4.00
CA_CL	−0.224 5***	−2.75	−0.228 8***	−2.72
INVN	−1.010 0	−1.41	−1.043 1	−1.44
ACCRE	−0.386 7	−0.44	−0.446 9	−0.51
ROA	2.244 9	1.21	2.161 0	1.16
GROWTH	−0.386 6***	−3.68	−0.373 5***	−3.84
ISSUE	−0.007 0	−0.06	−0.014 5	−0.12
CROSS	1.654 9***	5.72	1.651 1***	5.80
STATE	−0.083 6	−0.40	−0.016 9	−0.08
MKT	0.169 5***	2.91	0.166 9***	2.85
常数项	−43.828 3***	−16.29	−43.129 2***	−20.83
行业	控制		控制	
年度	控制		控制	
观测值	17 449		17 449	
Pseudo R^2	0.390 8		0.391 6	
LR Chi^2	2 860.82		2 866.67	
p-value	0.000 0		0.000 0	
系数比较	1.63		9.76***	

注：***、**、* 分别表示在 1%、5%、10% 的水平上显著；所有 t 值经过公司与年度的双重聚类调整（Petersen，2009）。

2.国际化董事会与审计师选择：按实际控制人是否为境外企业或个人分组

企业对高质量审计师的选择可能由实际控制人所决定。如果实际控制人为境外企业或个人，则企业选择国际四大会计师事务所的可能性更高。为了检验企业对高质量审计师选择是否受到实际控制人的影响,本节进一步按照实际控制人是否为境外企业或个人进行分组检验。将实际控制人为境外企业或个人的上市公司设为 Control=1,否则为 0。分组回归结果如表 5.2.6 所示。从表 5.2.6 可以看到,当自变量为 GBD 时,在境外实际控制人组,国际化董事会对国际四大会计师事务所的选择不显著,而在境内实际控制人组,国际化董事会与国际四大会计师事务所在 1%的水平上显著。自变量为 GBR 时也有相同的结论。回归结果表明,境外实际控制人组对高质量审计的需求反而更低,在实际控制人为非境外企业或个人的样本中,国际化董事会对审计师选择的影响更大。这也就意味着,对高质量审计的需求并不是实际控制人的境外性质所引起的。

表 5.2.6 国际化董事会与审计师选择:按实际控制人性质分组

变量	(1)Control=1		(2)Control=0		(3)Control=1		(4)Control=0	
	系数	t 值	系数	t 值	系数	t 值	系数	t 值
GBD	0.801 2	0.95	1.234 7***	4.81				
GBR					3.239 2	1.29	6.912 9***	5.30
FIRST	0.830 4	0.31	0.804 7	1.37	0.130 4	0.04	0.759 8	1.27
DUAL	−0.437 1	−0.36	−0.175 2	−0.72	−0.515 5	−0.37	−0.160 8	−0.67
INDR	−8.935 3	−1.36	0.70 06	0.42	−8.245 2	−1.22	0.923 4	0.57
SIZE	1.767 9***	4.09	1.275 9***	12.16	1.746 4***	3.83	1.296 2***	12.47
LEV	−9.178 4***	−4.09	−2.963 2***	−3.58	−8.723 2***	−4.11	−3.075 9***	−3.76
CA_CL	−0.517 3**	−2.16	−0.196 5**	−2.43	−0.512 5**	−2.07	−0.202 6**	−2.41
INVN	−1.633 2	−0.62	−0.767 1	−1.04	−1.956 4	−0.82	−0.711 3	−0.94
ACCRE	−7.360 8	−1.26	−0.151 9	−0.16	−8.201 6	−1.36	−0.112 0	−0.12
ROA	−1.036 6	−0.14	1.839 2	0.93	−0.184 0	−0.03	1.756 1	0.88
GROWTH	−0.812 8*	−1.65	−0.369 0***	−3.13	−0.804 2*	−1.67	−0.352 7***	−3.11
ISSUE	0.035 6	0.04	−0.005 6	−0.05	0.167 2	0.20	0.004 2	0.04
CROSS	2.776 6**	2.13	1.654 5***	5.53	2.998 6***	2.68	1.645 9***	5.56
STATE	−0.558 4	−0.29	0.112 4	0.50	−0.571 1	−0.27	0.156 3	0.70
MKT	−0.187 3	−0.88	0.185 6***	3.20	−0.256 4	−1.18	0.190 5***	3.26
常数项	−43.347 9***	−5.50	−44.156 1***	−20.60	−43.740 0***	−5.25	−45.773 5***	−19.08
行业	控制		控制		控制		控制	
年度	控制		控制		控制		控制	
观测值	462		16 987		462		16 987	
Pseudo R^2	0.477 9		0.394 4		0.478 9		0.394 7	
LR Chi^2	175.17***		2 709.66***		175.53***		2 711.79***	

注:***、**、* 分别表示在 1%、5%、10% 的水平上显著;所有 t 值经过公司与年度的双重聚类调整(Petersen,2009)。

3.国际化董事会与审计师选择:按业绩匹配

国际化董事会所在企业聘请高质量审计师或许是为了向市场传递公司业绩较好的信号。换言之,对高质量审计师的选择可能并非受国际化董事会影响,而是受公司业绩影响,业绩越好的公司越可能选择高质量审计师。为检验国际化董事会所在企业对审计师的选择是否由业绩所引起,本节对国际化董事会企业和非国际化董事会企业进行业绩匹配。具体来说,对国际化董事会企业和非国际化董事会企业在同一年度和同一行业,按照总资产收益率(ROA)进行 1∶1 匹配,将匹配之后的样本进行回归。匹配样本 t/z 检验如表 5.2.7 所示,匹配之后的国际化董事会公司和样本公司在业绩方面无显著差异。匹配样本回归结果表明,控制公司业绩影响因素之后,国际化董事会对审计师选择的影响依旧显著为正,支持了本节的研究假设。

表 5.2.7 匹配样本 t/z 检验

变量	国际化董事会子样本(N=1078)			匹配样本(N=1078)				
	均值	中位数	标准差	均值	中位数	标准差	t 检验	z 检验
BIG4	0.076 9	0	0.266 5	0.043 1	0	0.203 1	3.47***	3.46***
ROA	0.021 9	0.027 8	0.081 1	0.023 1	0.025 7	0.086 3	−0.34	0.68

注:***、**、* 分别表示在 1%、5%、10% 的水平上显著。

表 5.2.8 国际化董事会与审计师选择:业绩匹配回归

变量	(1)		(2)	
	系数	t 值	系数	t 值
GBD	1.806 2***	2.68		
GBR			13.130 4***	2.95
FIRST	0.479 5	0.40	0.105 0	0.08
DUAL	−1.418 3**	−2.17	−1.417 8**	−2.31
INDR	−1.213 3	−0.31	−1.797 8	−0.43
SIZE	1.555 0***	6.14	1.587 6***	5.92
LEV	−2.836 7**	−2.45	−3.112 3***	−2.65
CA_CL	−0.411 6*	−1.91	−0.490 4*	−1.76
INVN_ASSET	−1.498 0	−0.92	−0.795 0	−0.48
ACCRE_ASSET	−0.950 5	−0.49	−0.52 09	−0.27
ROA	0.068 0	0.02	0.283 0	0.08
GROWTH	−0.693 0***	−3.56	−0.701 1***	−3.49
ISSUE	0.169 8	0.41	0.251 8	0.61
CROSS	2.776 3***	4.61	2.972 3***	4.69

续表

变量	(1)		(2)	
	系数	t 值	系数	t 值
STATE	−0.678 5*	−1.69	−0.513 2	−1.42
MKT	−0.227 5	−1.19	−0.275 5	−1.44
常数项	−43.345 6***	−8.07	−42.486 3***	−7.56
行业	控制		控制	
年度	控制		控制	
观测值	215 6		215 6	
Pseudo R^2	0.455 5		0.473 0	
LR Chi^2	478.97***		497.36***	

注：***、**、* 分别表示在1%、5%、10% 的水平上显著；所有 t 值经过公司与年度的双重聚类调整(Petersen，2009)。

(六)敏感性测试

在前文的分析中，对国际化董事会的度量主要考虑董事会是否有外国人或中国港澳台人士及其在董事会中所占比例。为了检验研究结论是否稳健、可靠，本节采用不同的标准对国际化董事会进行度量。(1)缩小国际化董事会的范围，仅将董事会是否有外国人(GBD_N)及外国人在董事会中所占比例(GBR_N)代入回归方程，回归结果如表5.2.9第(1)、(2)列所示。从表5.2.9可以看出，GBD_N与BIG4的回归系数和 t 值分别为1.172 2、3.55，GBR_N与BIG4的回归系数和 t 值分别为5.150 5、3.50，表明董事会中有外国人可以显著增加公司聘请高质量审计师进行审计的可能性，本节的研究假设是成立的。(2)扩大国际化董事会的范围，被聘请到董事会的境外人士，除了外国人、中国港澳台人士之外，还有部分华裔。考虑到华裔从小就在不同的文化环境下长大，他们的价值标准、风俗习惯与中国本土董事存在一定的差异，因此，我们在董事会聘请外国人、中国港澳台人士的基础上，再加入华裔，同样将其设定为哑变量和比例变量，分别为GBD_B和GBR_B，将它们分别代入回归方程，得到回归结果如表5.2.9第(3)和(4)列所示。从表5.2.9可以看到，GBD_B和GBR_B与BIG4在1%水平上显著正相关，表明董事会境外人士考虑了外国人、中国港澳台人士和华裔之后，本节的假设依然成立。

表5.2.9 国际化董事会与审计师选择：自变量稳健性测试

变量	(1)GBD_N		(2)GBR_N		(3)GBD_B		(4)GBR_B	
	系数	t 值	系数	t 值	系数	t 值	系数	t 值
GB	1.172 2***	3.55	5.150 5***	3.50	1.400 0***	5.80	7.870 4***	5.95
FIRST	0.924 0	1.60	0.811 5	1.37	0.845 8	1.44	0.662 5	1.12
DUAL	−0.241 3	−1.02	−0.218 7	−0.93	−0.270 4	−1.14	−0.235 5	−0.99

续表

变量	(1)GBD_N		(2)GBR_N		(3)GBD_B		(4)GBR_B	
	系数	t 值	系数	t 值	系数	t 值	系数	t 值
INDR	0.757 9	0.49	0.845 3	0.55	0.421 1	0.27	0.690 1	0.44
SIZE	1.284 7***	13.40	1.295 1***	13.49	1.2562 ***	12.67	1.284 1***	13.16
LEV	−3.094 2***	−4.26	−3.097 8***	−4.29	−2.977 8***	−3.93	−3.070 0***	−4.04
CA_CL	−0.230 9***	−2.77	−0.229 4***	−2.78	−0.225 2***	−2.73	−0.229 2***	−2.63
INVN	−1.070 2	−1.49	−1.081 1	−1.50	−1.065 2	−1.51	−0.970 9	−1.35
ACCRE	−0.288 1	−0.34	−0.361 6	−0.43	−0.342 1	−0.39	−0.217 5	−0.25
ROA	2.068 8	1.12	1.934 7	1.06	2.183 6	1.17	2.069 5	1.09
GROWTH	−0.388 4***	−4.01	−0.393 2***	−4.07	−0.402 8***	−4.02	−0.382 7***	−4.03
ISSUE	−0.006 6	−0.06	−0.002 3	−0.02	0.000 8	0.01	0.014 8	0.13
CROSS	1.585 1***	5.47	1.584 9***	5.54	1.601 1***	5.49	1.587 5***	5.48
STATE	−0.101 3	−0.48	−0.070 1	−0.33	−0.082 4	−0.39	0.012 1	0.06
MKT	0.193 3***	3.43	0.191 3***	3.38	0.176 1***	3.05	0.176 6***	3.04
常数项	−44.905 8***	−25.81	−45.736 7***	−15.98	−44.081 8***	−22.60	−44.726 6***	−26.46
行业	控制		控制		控制		控制	
年度	控制		控制		控制		控制	
观测值	17 449		17 449		17 449		17 449	
Pseudo R^2	0.375 4		0.375 4		0.387 6		0.390 7	
LR Chi²	2 748.11***		2 747.92***		2 837.77***		2 860.60***	

注：***、**、* 分别表示在 1%、5%、10% 的水平上显著；所有 t 值经过公司与年度的双重聚类调整(Petersen，2009)。

审计质量越高的审计师，通常付出的审计成本也越多，从而会收取更高的审计费用。因此，审计费用可以在一定程度上作为审计质量的替代变量。参考 Carcello et al.(2002)的做法，以上市公司审计费用的自然对数(AUD_FEE)作为审计质量的替代变量，得到的回归结果如表 5.2.10 所示。表 5.2.10 的结果表明，国际化董事会与审计费用在 1%的水平上显著正相关，国际化董事会愿意支付更高的审计费用以获得高质量审计服务，研究结果支持了本节的假设。

表 5.2.10　国际化董事会与审计师选择：因变量稳健性测试

变量	(1)AUD_FEE		(2)AUD_FEE	
	系数	t 值	系数	t 值
GBD	0.341 0***	2.59		
GBR			2.054 4***	3.44
FIRST	0.188 1	0.71	0.179 2	0.67
DUAL	−0.166 0	−1.11	−0.163 0	−1.09

续表

变量	(1)AUD_FEE		(2)AUD_FEE	
	系数	t 值	系数	t 值
INDR	0.612 4	1.02	0.634 0	1.05
SIZE	0.385 6***	11.71	0.387 7***	11.47
LEV	0.342 8	1.57	0.343 9	1.58
CA_CL	−0.033 7*	−1.73	−0.033 3*	−1.71
INVN	−0.102 9	−0.43	−0.102 2	−0.43
ACCRE	−0.389 1	−1.06	−0.385 0	−1.06
ROA	1.737 3**	2.08	1.731 3**	2.07
GROWTH	−0.121 1*	−1.94	−0.120 6*	−1.93
ISSUE	−0.136 1	−1.53	−0.135 1	−1.51
CROSS	0.586 2***	3.12	0.584 7***	3.12
STATE	0.155 7	1.24	0.161 1	1.26
MKT	0.033 3	1.34	0.033 0	1.33
常数项	3.193 6***	3.76	3.143 6***	3.63
行业	控制		控制	
年度	控制		控制	
观测值	17 449		17 449	
R^2	0.120 3		0.120 4	
F	57.701 3***		57.834 3***	

注:***、**、* 分别表示在 1%、5%、10% 的水平上显著;所有 t 值经过公司与年度的双重聚类调整(Petersen,2009)。

考虑到上市公司中有一部分是交叉上市,交叉上市的公司可能吸引更多境外董事,而且由于交叉上市的公司可能采用不同国家和地区的会计准则编制财务报告,他们更可能聘请国际四大会计师事务所进行审计。为了避免这部分样本对研究结论造成的干扰,本节将交叉上市的公司从样本中剔除后重新进行回归。回归结果如表 5.2.11 所示。从表 5.2.11 可以看到,将交叉上市的公司从样本中剔除之后,研究结论依然稳健。

表 5.2.11 国际化董事会与审计师选择:剔除交叉上市公司

变量	(1)GBD_N	(2)GBR_N	(3)GBD	(4)GBR	(5)GBD_B	(6)GBR_B
	系数 (t 值)	系数 (t 值)	系数 (t 值)	系数 (t 值)	系数 (t 值)	系数 (t 值)
GB	1.550 1*** (4.50)	5.456 5*** (3.12)	1.694 1*** (6.47)	6.070 0*** (6.33)	1.676 8*** (6.52)	6.016 6*** (6.33)
FIRST	0.903 9 (1.44)	0.819 2 (1.27)	0.800 2 (1.25)	0.600 4 (0.93)	0.785 0 (1.23)	0.546 8 (0.85)

续表

变量	(1)GBD_N	(2)GBR_N	(3)GBD	(4)GBR	(5)GBD_B	(6)GBR_B
	系数 (t 值)	系数 (t 值)	系数 (t 值)	系数 (t 值)	系数 (t 值)	系数 (t 值)
DUAL	−0.078 7 (−0.31)	−0.062 5 (−0.25)	−0.117 0 (−0.46)	−0.066 5 (−0.26)	−0.117 7 (−0.47)	−0.066 7 (−0.27)
INDR	2.351 0 (1.47)	2.245 6 (1.42)	1.891 7 (1.17)	2.122 0 (1.34)	1.885 2 (1.18)	2.185 6 (1.40)
SIZE	1.331 6*** (12.52)	1.346 4*** (12.69)	1.301 9*** (11.80)	1.349 8*** (12.52)	1.303 0*** (11.77)	1.349 9*** (12.49)
LEV	−3.572 7*** (−4.70)	−3.520 8*** (−4.68)	−3.476 5*** (−4.39)	−3.489 2*** (−4.45)	−3.477 6*** (−4.38)	−3.473 3*** (−4.40)
CA_CL	−0.268 0*** (−2.96)	−0.264 0*** (−2.91)	−0.260 7*** (−3.02)	−0.271 6*** (−2.87)	−0.257 3*** (−3.02)	−0.266 8*** (−2.84)
INVN	−1.147 5 (−1.41)	−1.156 6 (−1.43)	−1.006 9 (−1.28)	−1.099 9 (−1.37)	−1.013 4 (−1.30)	−1.065 8 (−1.33)
ACCRE	−0.666 0 (−0.78)	−0.771 6 (−0.90)	−0.795 5 (−0.88)	−0.861 8 (−0.96)	−0.834 9 (−0.92)	−0.872 1 (−0.97)
ROA	1.165 8 (0.58)	0.992 4 (0.49)	1.221 8 (0.60)	1.211 4 (0.59)	1.204 0 (0.59)	1.185 4 (0.57)
GROWTH	−0.428 7*** (−4.80)	−0.440 2*** (−4.97)	−0.432 8*** (−4.32)	−0.416 6*** (−4.89)	−0.443 8*** (−4.57)	−0.414 2*** (−4.97)
ISSUE	−0.072 8 (−0.53)	−0.079 3 (−0.55)	−0.061 3 (−0.43)	−0.064 4 (−0.44)	−0.060 5 (−0.42)	−0.065 9 (−0.45)
STATE	−0.139 1 (−0.61)	−0.148 5 (−0.65)	−0.125 1 (−0.53)	−0.059 2 (−0.25)	−0.124 8 (−0.53)	−0.056 5 (−0.24)
MKT	0.206 4*** (3.34)	0.201 3*** (3.25)	0.185 8*** (2.92)	0.177 8*** (2.76)	0.185 5*** (2.91)	0.178 2*** (2.77)
常数项	−45.644 6*** (−20.47)	−45.361 7*** (−20.52)	−45.437 9*** (−19.22)	−46.171 5*** (−21.21)	−45.474 1*** (−22.58)	−46.412 0*** (−20.00)
行业	控制	控制	控制	控制	控制	控制
年度	控制	控制	控制	控制	控制	控制
观测值	16 646	16 646	16 646	16 646	16 646	16 646
Pseudo R^2	0.365 5	0.361 6	0.381 1	0.376 6	0.381 2	0.377 4
LR Chi^2	2 235.93	2 212.05	2 331.17	2 303.49	2 331.79	2 308.31

注：***、**、*分别表示在1%、5%、10%的水平上显著；所有 t 值经过公司与年度的双重聚类调整(Petersen，2009)。

（七）内生性测试

为了排除审计师选择内生于其他因素的可能性，本节进一步采用 Heckman 两阶段和 2SLS 来对这一问题进行探讨。第一阶段选取的外生变量包括：境外机构或个人持股比例

(FSHR),境外机构或个人持股比例越高,越可能出现境外董事;上市公司是否有境外收入(OVERINC),拥有境外收入的公司,一般都具有开拓境外市场的意愿和战略,其对外开放和交流程度越高,越可能吸引境外董事。表5.2.12分别报告了Heckman两阶段和2SLS的回归结果。表5.2.12可以看到,在第一阶段中,境外机构或个人持股比例(FSHR)与国际化董事会在1%水平上显著正相关。是否有境外收入(OVERINC)与国际化董事会也显著正相关。过度识别检验的结果不拒绝“所有变量均外生”的原假设,表明这两个变量的选取具有一定的合理性。第二阶段中,估计的国际化董事会的哑变量(GBD_P)和国际化董事会的比例变量(GBR_P)与国际四大会计师事务所均在1%的水平上显著正相关,而且公司规模(SIZE)、交叉上市(CROSS)、市场化进程(MKT)与国际四大会计师事务所显著正相关,资产负债率(LEV)、流动比率(CA_CL)、公司成长性(GROWTH)与国际四大会计师事务所显著负相关。表5.2.12的研究结果表明,综合考虑了这些因素之后,本节的研究结论依然成立。

表5.2.12 国际化董事会与审计师选择:Heckman两阶段和Tobit-Logistic两阶段

变量	Heckman两阶段				Tobit-Logistic两阶段			
	第一阶段		第二阶段		第一阶段		第二阶段	
	(1)		(2)		(3)		(4)	
	系数	t 值	系数	t 值	系数	t 值	系数	t 值
FSHR	4.773 6***	32.62			1.358 8***	31.12		
OVERINC	0.094 6**	2.38			0.032 3***	3.07		
GBD_P/GBR_P			1.077 4***	6.53			3.705 7***	6.34
FIRST	0.267 7**	2.18	0.690 4	1.16	0.091 8***	2.83	0.587 6	0.98
DUAL	0.159 3***	3.72	−0.364 1	−1.54	0.037 1***	3.27	−0.316 1	−1.36
INDR	−0.195 9	−0.59	0.235 3	0.14	−0.118 1	−1.33	0.447 4	0.27
SIZE	0.168 5***	10.30	1.088 1***	10.71	0.040 5***	9.10	1.124 2***	11.29
LEV	−0.134 4	−1.23	−2.983 6***	−3.91	−0.044 2	−1.52	−3.132 6***	−4.27
CA_CL	−0.012 3	−1.52	−0.230 4***	−2.63	−0.004 1*	−1.92	−0.239 8***	−2.74
INVN_ASSET	−0.144 9	−0.88	−0.727 1	−1.00	−0.020 9	−0.48	−0.725 8	−0.99
ACCRE_ASSET	−0.373 3**	−2.29	−0.158 2	−0.18	−0.101 4**	−2.35	−0.208 7	−0.23
ROA	0.644 1*	1.95	1.377 0	0.72	0.163 0*	1.87	1.205 0	0.63
GROWTH	−0.119 5***	−2.94	−0.281 6***	−2.76	−0.034 8***	−3.18	−0.277 7***	−2.81
ISSUE	−0.059 8	−1.03	0.122 6	1.13	−0.018 0	−1.17	0.129 7	1.22
CROSS	0.327 1***	4.77	1.23 28***	3.96	0.076 2***	4.22	1.292 5***	4.23
STATE	−0.210 0***	−4.87	0.273 0	1.19	−0.062 6***	−5.45	0.295 0	1.31
MKT	0.006 8	0.66	0.140 8**	2.41	0.002 7	0.98	0.139 9**	2.43
IMR			0.483 9***	3.54				
常数项	−5.316 4***	−13.96	−38.373 4***	−16.18	−1.319 4***	−12.35	−38.515 8***	−17.67

续表

变量	Heckman 两阶段				Tobit-Logistic 两阶段			
	第一阶段		第二阶段		第一阶段		第二阶段	
	(1)		(2)		(3)		(4)	
	系数	t 值	系数	t 值	系数	t 值	系数	t 值
行业	控制		控制		控制		控制	
年度	控制		控制		控制		控制	
观测值	17 449		17 449		17 449		17 449	
Pseudo R^2	0.238 3		0.400 8		0.339 2		0.393 4	
LR Chi^2	1 928.27***		2 934.48***		2 201.75***		2 879.91***	
工具变量过度识别检验	Amemiya-Lee-Newey minimum chi-sq statistic 1.953 Chi-sq(1) P-value=0.162 2				Amemiya-Lee-Newey minimum chi-sq statistic 2.304 Chi-sq(1) P-value=0.129 0			

注：***、**、* 分别表示在 1%、5%、10% 的水平上显著；所有 t 值经过公司与年度的双重聚类调整(Petersen，2009)。

倾向得分匹配法(PSM)能够较好地克服选择性偏差，近年来在财务金融领域越来越多的学者采用该方法处理内生性问题(Amrstrong et al.，2010)。本节也采用倾向得分匹配法来控制内生性问题可能对研究结论造成的干扰。首先，本节选取一些变量来预测公司是否聘请境外董事，组成国际化董事会。本节选取的变量有：(1)采用两阶段选择的变量：境外机构或个人持股比例(FSHR)以及上市公司是否有境外收入(OVERINC)；(2)其他公司变量还包括第一大股东持股比例(FIRST)、两职合一(DUAL)、独立董事比例(INDR)及产权性质(STATE)，公司财务特征如公司规模(SIZE)、资产负债率(LEV)、总资产收益率(ROA)、公司成长性(GROWTH)。估计的模型如下：

$$GB=\beta_0+\beta_1 FSHR+\beta_2 OVERINC+\beta_3 FIRST+\beta_4 DUAL+\beta_5 INDR+\beta_6 SIZE+\beta_7 LEV+\beta_8 ROA+\beta_9 GROWTH+\beta_{10} STATE+\text{Industry Dummies}+\text{Year Dummies}+\varepsilon \tag{5.2.2}$$

如表 5.2.13 所示，第一阶段匹配之后，主要变量大多无显著差异，匹配较为成功。第二阶段中，GBD 和 GBR 均在 1%水平上显著，假设 H5.2.1 得到实证结果的支持。

表 5.2.13 国际化董事会与审计师选择：PSM 匹配样本 t 检验

变量	全样本					PSM 样本				
	GBD=0		GBD=1			GBD=0		GBD=1		
	均值	标准差	均值	标准差	t-test	均值	标准差	均值	标准差	t-test
FSHR	0.016 1	0.061 9	0.150 1	0.166 2	−58.52***	0.147 9	0.163 7	0.150 1	0.166 2	−1.01
OVERINC	0.457 7	0.498 2	0.602 0	0.489 7	−9.22***	0.599 3	0.490 3	0.602 0	0.489 7	−0.13
FIRST	0.361 6	0.154 7	0.390 1	0.155 3	−5.84***	0.389 6	0.153 9	0.390 1	0.155 3	−0.78
DUAL	0.195 7	0.396 8	0.256 0	0.436 6	−4.80***	0.272 7	0.445 6	0.256 0	0.436 6	0.88

续表

变量	全样本					PSM 样本				
	GBD=0		GBD=1			GBD=0		GBD=1		
	均值	标准差	均值	标准差	t-test	均值	标准差	均值	标准差	t-test
INDR	0.365 3	0.051 4	0.367 6	0.055 1	−1.41	0.368 0	0.054 8	0.367 6	0.055 1	0.16
SIZE	21.673 6	1.245 5	22.171 2	1.616 8	−12.45***	22.372 4	1.610 9	22.171 2	1.616 8	2.89***
LEV	0.492 6	0.259 5	0.447 5	0.236 0	5.56***	0.449 9	0.226 1	0.447 5	0.236 0	0.23
ROA	0.032 3	0.068 9	0.046 0	0.062 1	−6.37***	0.047 7	0.056 6	0.046 0	0.062 1	0.69
GROWTH	0.214 1	0.578 4	0.163 7	0.418 4	2.81***	0.149 9	0.377 4	0.163 7	0.418 4	−0.80
STATE	0.515 4	0.500 0	0.394 2	0.488 9	7.72***	0.411 9	0.492 4	0.394 2	0.488 9	0.83

表 5.2.14 国际化董事会与审计师选择：PSM 检验

变量	第一阶段		第二阶段			
	(1)		(2)		(3)	
	系数	t 值	系数	t 值	系数	t 值
FSHR	7.684 3***	30.97				
OVERINC	0.328 1***	4.61				
GBD			0.890 3***	2.94		
GBR					5.639 8***	3.31
FIRST	−0.052 0	−0.21	0.399 3	0.40	0.087 9	0.09
DUAL	0.365 6***	4.30	−0.278 4	−0.88	−0.251 9	−0.78
INDR	−0.679 6	−1.01	−2.382 5	−1.09	−2.152 2	−0.99
SIZE	0.355 7***	11.98	1.187 8***	8.51	1.217 8***	8.60
LEV	−0.581 8***	−2.95	−2.753 6***	−2.73	−2.896 2***	−2.67
CA_CL			−0.438 6**	−2.52	−0.454 6**	−2.51
INVN_ASSET			−1.186 1	−1.12	−0.992 7	−0.92
ACCRE_ASSET			−3.271 6**	−2.23	−2.997 9**	−2.08
ROA	1.480 1**	2.09	1.188 5	0.38	1.233 3	0.39
GROWTH	−0.311 6***	−3.48	−0.338 0**	−2.41	−0.325 2**	−2.49
ISSUE			0.010 1	0.05	0.074 4	0.39
CROSS			0.974 8**	2.38	0.916 9**	2.21
STATE	−0.330 4***	−4.12	−0.238 4	−0.80	−0.069 2	−0.23
MKT			0.028 4	0.31	0.020 8	0.23
常数项	0.042 9***	24.74	−37.551 3***	−13.30	−38.429 0***	−13.43
行业	控制		控制		控制	
年度	控制		控制		控制	
观测值	17 449		2 116		2 116	
Pseudo R^2	0.191 6		0.413 2		0.420 5	
LR Chi^2	1 550.28***		852.63***		867.73***	

注：***、**、*分别表示在1%、5%、10%的水平上显著；所有 t 值经过公司与年度的双重聚类调整(Petersen，2009)。

五、研究结论与进一步研究方向

国际化董事会在公司治理中扮演着重要角色。本节以2004—2012年中国上市公司为研究对象实证分析了国际化董事会是否对审计质量有着更高的需求。研究结果发现国际化董事会增加了企业聘请国际四大会计师事务所进行审计的可能性,表明国际化董事会确实有着较强的监督和治理意愿,审计质量的需求也更高。本节的研究为国际化董事会对企业会计审计信息及公司治理的经济后果提供了经验证据,丰富了国际化董事会治理和审计师选择的相关文献。

本节的研究意义在于:(1)董事会是公司治理的重要环节。以往的研究发现,国际化董事会可以为企业市场扩张、企业境外并购等提供资源支持,提升了公司绩效。本节研究发现,国际化董事会为了维护自身声誉、规避法律风险、保护投资者利益以及与高质量审计师的文化认同等,有动机加大对管理层的监督,增强了监督效果。国际化董事会表现出较强的治理作用。因此,监管机构可以鼓励有条件的公司聘请境外人士参与公司治理,提高公司治理水平。(2)对审计质量的需求是影响审计师选择的重要因素。完善的公司治理对审计质量有着更高的需求。因此,市场监管者可以通过规范公司治理来引导上市公司对审计的需求。

本节的研究探讨了国际化董事会与审计师选择之间的关系,未来进一步可能的研究方向包括:国际化董事会的境外董事来自不同的国家和地区,他们代表着不同的文化价值观念和公司治理模式,那么这些来自不同国家和地区的董事参与到董事会中,会对企业的投融资决策产生哪些影响?企业聘请境外董事,组成国际化董事会,可以分别从代理理论和资源依赖理论的视角进行解读,本节的研究支持了引进境外董事可以加强对管理层监督、缓解代理问题的作用,那么,国际化董事会是否也可以为企业带来独特的资源,提升企业经营业绩?例如,境外董事对本国或地区的市场环境较为熟悉,他们能否提高中国企业在其来源国和地区的企业并购绩效?等等。这些问题都值得进一步探讨。

参考文献

车宣臣,2007.独立审计师选择与公司治理特征研究[J].审计研究,2:61-68.

杜兴强,周泽将,2010.政治联系与审计师选择[J].审计研究,2:47-53.

樊纲,王小鲁,朱恒鹏,2011.中国市场化指数——各地区市场化相对进程2011年报告[M].北京:经济科学出版社.

况学文,陈俊,2011.董事会性别多元化、管理者权力与审计需求[J].南开管理评论,6:48-56.

雷光勇,李书锋,王秀娟,2009.政治关联、审计师选择与公司价值[J].管理世界,7:145-155.

李明辉,刘笑霞, 2008. 董事会特征与审计师选择[J].山西财经大学学报,6:104-112.

倪慧萍,王跃堂, 2012. 大股东持股比例、股权制衡与审计师选择[J].南京社会科学,7:30-36.

漆江娜,陈慧霖,张阳, 2004. 事务所规模·品牌·价格与审计质量[J].审计研究,3:59-65.

孙铮,曹宇, 2004. 股权结构与审计需求[J].审计研究,3:7-14.

曾颖,叶康涛, 2005. 股权结构、代理成本与外部审计需求[J].会计研究,10:63-70.

张立民,李洁雯.2015. 会计师事务所组织文化研究述要 [J].审计研究,1:16-21.

朱红军,夏立军,陈信元, 2004. 转型经济中审计市场的需求特征研究[J].审计研究,5:53-62.

ABBOTT L J, PARKER S, 2000. Auditor selection and audit committee characteristics [J]. Auditing: a journal of practice & theory, 19(2): 47-66.

ALLI K L, CHAN K C, SUBRAHMANYAM V, et al, 2010. Multinational board diversity and firm value [J]. International journal of the academic business world, 4(2): 1-9.

ARMSTRONG C, JAGOLINZER A, LARCKER D, 2010. Chief executive officer equity incentives and accounting irregularities [J]. Journal of accounting research, 48(2): 225-271.

BEASLEY M S, 1998. Boards of directors and fraud [J]. CPA journal, 68(4): 56-58.

BEATTY R P, 1989. Auditor reputation and the pricing of initial public offerings [J]. The accounting review, 64(4): 693-709.

BEHN B K, CHOI J H, TONY K, 2008. Audit quality and properties of analyst earnings forecasts [J]. The accounting review, 83(2): 327-349.

CARCELLO J V, HERMANSON D R, NEAL T L, et al, 2002. Board characteristics and audit fees [J]. Contemporary accounting research, 19(3): 365-384.

CARTER D A, SIMKINS B J, SIMPSON W G, 2003.Corporate governance, board diversity, and firm value [J]. The financial review, 38: 33-53.

CHAN K H, K Z LIN, R R Wang, 2012. Government ownership, accounting-based regulations, and the pursuit of favorable audit opinions: evidence from China [J]. Auditing: a journal of practice & theory, 31(4): 47-64.

CHEN K Y, ZHOU J, 2007. Audit committee, board characteristics, and auditor switch decision by Andersen's clients [J]. Contemporary accounting research, 24(4): 1085-1117.

DEANGELO L E, 1981. Auditor size and auditor quality [J]. Journal of accounting and economics, 3: 183-199.

DEFOND M, WONG T J, LI S, 2000. The impact of improved auditor independence on audit market concentration in China [J]. Journal of accounting and economics, 28: 269-305.

DRYMIOTES G, SIVARAMAKRISHNAN K, 2012. Board monitoring, consulting and reward structures [J]. Contemporary accounting research, 29(2): 453-486.

DYE R A, 1993. Auditing standards, legal liability, and auditor wealth [J]. Journal of political economy, 101(5): 887-914.

FAMA E F, JENSEN M C, 1983. Separation of ownership and control [J]. Journal of law and economics, 26: 301-325.

FAN J P H, WONG T J, 2005. Do external auditors perform a corporate governance role in emerging market——evidence from East Asia [J]. Journal of accounting research, 43(1): 35-72.

FICH E M, SHIVDASANI A, 2007. Financial fraud, director reputation, and shareholder wealth [J]. Journal of financial economics, 86: 306-336.

GIANNETTI M, LIAO G, YU X, 2015. The brain gain of corporate boards: evidence from China [J]. The journal of finance, 70(8): 1629-1682.

GILLIES J, DICKINSON M, 1999. The governance of transnational firms: some preliminary hypotheses [J]. Corporate governance: an international review, 7(3): 237-247.

JENSEN M, MECKLING W, 1976. Theory of the firm: managerial behavior, agency costs and ownership structure [J]. Journal of financial economics, 3: 305-360.

KHURANA I, RAMANK, 2004. Litigation risk and the financial reporting credibility of Big 4 versus non-Big 4 audits: evidence from Anglo-American countries [J]. The accounting review, 79(2): 473-495.

LA PORTA R, FLORENCIO L S, SHLEIFER A, et al, 2002. Investor protection and corporate valuation [J]. The journal of finance, 37(4): 1147-1170.

MASULIS R W, WANG C, XIE F, 2012. Globalizing the boardroom—the effects of foreign directors on corporate governance and firm performance [J]. Journal of accounting and economics, 53: 527-554.

OXELHEIM L, RANDOY T, 2003. The impact of foreign board membership on firm value [J]. Journal of banking & finance, 27: 2369-2392.

PETERSEN M, 2009. Estimating standard errors in finance panel data sets: comparing approaches [J]. The review of financial studies, 22(1), 435-480.

RUIGROK W, PECK S, TACHEVA S, 2007. Nationality and gender diversity on Swiss corporate boards [J]. Corporate governance: an international review, 15(4): 546-557.

SRINIVASAN S, 2005. Consequences of financial reporting failure for outside directors: evidence from accounting restatements and audit committee members [J]. Journal of accounting research, 43(2): 291-334.

STAPLES C L, 2007. Board globalization in the world's largest TNCs 1993-2005 [J]. Corporate governance: an international review, 15(2): 311-321.

TAJFEL H, TURNER J C, 1986. The social identity theory of intergroup behavior [M]. Chicago, IL: Nelson-Hall.

TEOH S H, WONG T J, 1993. Perceived auditor quality and the earnings response coefficient [J]. The accounting review, 68(2): 346-366.

VEEN K V, ELBERTSEN J, 2008. Governance regimes and nationality diversity in corporate boards: A comparative study of Germany, the Netherlands and the United Kingdom [J]. Corporate governance: an international review, 16(5): 386-399.

WANG Q, WONG T. J, XIA L J, 2008. State ownership, the institutional environment, and auditor choice: evidence from China [J]. Journal of accounting and economics, 46(1): 112-134.

第三节 国际化董事会、分析师关注与现金股利

摘要：基于手工搜集的、中国上市公司国际化董事会的数据，本节实证研究了国际化董事会对公司现金股利分配的影响。研究发现，国际化董事会显著增加了现金股利支付率，但分析师关注负向调节了国际化董事会与现金股利分配之间的正向关系。此外，考虑半强制分红政策后发现，国际化董事会与现金股利的正向关系在政策变更之前相对于政策变更之后更为显著。采纳其他方法度量国际化董事会与现金股利，并控制了国际化董事会与现金股利的内生性后，上述结论依然成立。此外，按市场化水平与最终控制人性质的分组检验表明，国际化董事会对现金股利分配的正向影响仅存在于高市场化子样本与非国有企业子样本中。

一、引言

股利分配是投资者获取投资回报的重要途径。然而，不完善的公司治理机制与不健全的法律制度导致中国上市公司长期以来在现金股利的分配方面存在主动性不强、股利支付率低等典型的现象。董事会治理是公司治理的核心环节，在股利分配中扮演着重要角色。此外，中国证监会也一直强调董事会在公司股利分配中的重要作用。例如，早在2004年证监会就指出，“上市公司董事会未作出现金利润分配预案的，应当在定期报告中披露原因，独立董事应当对此发表独立意见”。现有研究也发现，董事会的独立性（Hu，Kumar，2004）、董

事长与CEO两职合一（Officer，2006）、董事会规模（陈立泰，林川，2011）等董事会特征与股利支付密切相关。

随着经济全球化的日益发展，越来越多的中国企业开始聘请境外人士进入董事会，参与公司治理，从而国际化董事会开始在中国资本市场中不断涌现。董事会具有监督和咨询职能（Beasley，1998；Drymiotes，Sivaramakrishnan，2012）。之前的文献研究发现，国际化董事会可以为企业经营管理提供咨询服务，进而提高企业境外并购绩效（Masulis et al.，2012）与提升企业市场价值（Oxelheim，Randoy，2003）。然而，国际化董事会是否以及如何影响公司现金股利分配这一问题在目前的文献中却鲜有触及。对这一问题的探讨，将有助于我们进一步了解国际化董事会的经济后果及拓宽学术界对现金股利分配影响因素的理解。因此，本节以中国上市公司为研究对象，通过手工搜集国际化董事会的数据，实证检验了国际化董事会对企业现金股利分配的影响。研究发现，国际化董事会显著增加了现金股利支付率，但分析师关注负向调节了国际化董事会与现金股利分配之间的正向关系。在考虑了半强制分红政策的影响之后，国际化董事会对股利支付显著为正的影响仍然存在。分组测试的结果表明，国际化董事会对现金股利分配的正向影响主要体现在高市场化子样本和非国有企业子样本中，而这一关系并不存在于低市场化子样本和国有企业子样本中。

本节可能的贡献在于：第一，虽然已有文献开始关注国际化董事会这一公司治理的典型现象（Ruigrok et al，2007），但鲜有文献关注国际化董事会是否以及如何影响现金股利分配。本节的研究在一定程度上丰富了董事会治理的相关文献，为国际化董事会参与公司经营决策及其经济后果提供了重要的经验证据。第二，关于董事会与现金股利分配的研究，国内外的研究往往侧重于分析董事会权力结构（Officer，2006）与董事会的独立性（Hu，Kumar，2004）对股利分配的影响，本节另辟蹊径，将董事会的国际化特征考虑进来，重点探讨了国际化董事会对企业现金股利分配的作用机理，丰富了现金股利分配影响因素研究。第三，本节在分析国际化董事会对现金股利分配影响的基础之上，进一步探讨了分析师关注如何调节国际化董事会对现金股利的影响，发现分析师关注负向调节了国际化董事会与现金股利之间的正向关系，为不同公司治理机制之间交互作用的相关研究提供了经验证据。第四，本节从微观层面关注了半强制分红政策对上市公司股利分配行为的影响，发现国际化董事会在半强制分红政策实施以前的影响更显著。该结果表明，在不完善的市场条件下，政府适当干预可以起到保护投资者利益的作用。

本节其余内容的篇章安排如下：第二部分介绍了股利分配的制度背景、回顾了相关文献，并提出了研究假设；第三部分报告了样本选择、模型设计与变量定义；第四部分报告了本文的实证研究结果；第五部分报告了内生性测试与敏感性测试；第六部分为研究结论与启示。

二、制度背景、文献回顾与假设提出

(一)制度背景

中国股市设立的初衷是帮助国有企业“脱贫解困”，缓解国有企业发展所面临的巨大资金缺口。因此，中国资本市场成立伊始，“重融资、轻回报”便成为其固有的特点。虽然中国资本市场已经发展了近三十年，但由于投资者回报机制不健全、上市公司违法违规等行为，“融资者强、投资者弱”的现象依旧存在。这一现象具体表现为股利支付率低、股利支付缺乏稳定性和连续性。证监会主席肖钢 2013 年指出，2001—2011 年中国 A 股上市公司现金股利占净利润的比例仅为 25.3%，远低于境外成熟资本市场的 40%，而且自 2006 年以来，上市公司平均年化股息率只有 1%左右，投资回报率显著偏低。实际上，导致中国上市公司现金股利分配迷局的因素较为复杂。从制度层面来看，经济体制不健全、市场机制不完善、金融环境发展滞后等因素影响着企业的股利分配；从企业层面来看，“一股独大”、信息披露不透明、公司治理不规范等都是造成现金股利分配乱象的原因。

在投资者保护不健全的制度背景下，加上缺乏完善的公司治理制度，上市公司不发放或少发放现金股利的现象容易诱发管理层的自利行为。为了保护投资者的利益，中国证监会采取了一系列措施对现金股利进行监管。实际上，证监会对企业支付股利的监管，经历了一个从自愿到半强制的政策变更过程(李常青 等，2010)。2004 年以前，证监会对企业的现金股利分配比例没有任何强制性规定，企业分配何种股利(即现金股利或股票股利)及分配多少全凭自愿。这一阶段，企业股利分配的意愿和比例都较低。2004 年，证监会发布了《关于加强社会公众股股东权益保护的若干规定》(以下简称《若干规定》)，规定公司近三年未进行现金利润分配的不能进行再融资。《若干规定》的实施，标志着半强制分红政策的发轫。但是，这一时期的半强制分红政策依旧没有明确规定企业现金分红的比例大小。因此，半强制分红政策对公司现金股利支付的约束力仍相对较小。此后，2008 年《关于修改上市公司现金分红若干规定的决定》(以下简称《决定》)又进一步规定，上市公司公开发行证券应符合“最近三年以现金方式累计分配的利润不少于最近三年实现的年均可分配利润的 30%”。该《决定》明确了再融资必须要求现金股利达到近三年年均可分配利润的 30%，这一规定既明确了分红的方式，又规定了分红的比例，从而对企业形成了一定程度的约束。

监管机构对上市公司股利政策的监管，除了从现金股利发放的具体比例进行规定，还强调公司董事会在股利发放中的责任。对于未进行现金利润分配的，董事会应当说明原因且需征求独立董事意见(《若干规定》)，对于在年度内盈利但未进行现金分红的企业，(董事会)应对未分红原因及留存收益用途等进行详细说明(《决定》)。这些都表明，监管当局希望公司董事会能发挥治理作用，监督企业现金股利发放，保护投资者利益。那么，董事会是否达到监管机构的预期，起到监督企业发放股利的作用呢？本节以国际化董事会为研究对象，研究了中国上市公司国际化董事会对企业现金股利发放的影响。研究结果表明，国际化董事会提高了企业的现金股利支付率。考虑了 2008 年《决定》实施的影响后，国际化董事会对现金股利支付的影响依然显著；同时通过比较系数发现，2008 年之后国际化董事会对现金股利支付的影响要小于 2008 年之前，表明该监管政策具有一定的有效性。

（二）文献回顾

1.股利分配的影响因素研究

Miller 和 Modigliani（M&M）（1961）在其开创性的研究中，通过一系列严格的假设，认为在无摩擦的世界里，只要不改变投资政策，企业是否发放股利与公司价值无关，即股利政策无关论。然而，现实世界比 M&M 假定的完美世界更为复杂，股利问题也因此吸引了大批研究者，涌现出了股利客户效应理论（Elton，Gruber，1970；Allen et al.，2000）、股利信号理论（Miller，Rock，1985；John，Williams，1985；Bar-Yosef，Huffman，1986；Chen，Fu，2011）、股利生命周期理论（Grullon et al.，2002；DeAngelo et al.，2004，2006）与股利代理理论（Jensen，Meckling，1976；Easterbrook，1984；La porta et al.，2000）等。

上述代表性理论都能不同程度地解释上市公司股利分配的异象。但是，鉴于转型时期的中国法律制度不健全、股权结构集中等问题普遍存在，导致学者将上述理论应用于分析中国上市公司的股利分配之谜时产生了诸多不适应。实际上，从公司自身角度来看，股利分配高低与公司治理质量息息相关。Adjaoud 和 Ben-Amar（2010）以加拿大上市公司为研究对象，利用公司治理指数作为公司治理的替代变量，研究发现治理质量越好的上市公司，股利支付率越高。基于中国资本市场的制度背景，研究者则发现管理层权力越大、企业现金股利支付率越低（王茂林 等，2014）；家族控股公司发放现金股利的意愿和比例更低（魏志华 等，2010，2012）；企业未发放股利导致了较高的留存收益，这容易引发管理层的过度投资行为（肖珉，2010）。

董事会是公司治理的关键环节，董事会的行为深刻影响公司的股利分配政策（Schellenger et al.，1989）。Belden 等（2005）研究了董事会的独立性对股利政策的影响，他们发现董事会独立性越强，支付的股利越高，公司的代理成本越低。Chang 和 Dutta（2012）发现董事会规模、非关联董事比例、两职合一等特征与股利支付显著正相关。陈立泰和林川（2011）从 2003—2008 年沪深 A 股上市公司数据中发现，规模越大、独立性越强、对董事激励程度越高的董事会，越倾向于发放更高的现金股利，而董事长与 CEO 两职合一的董事会与效率较低的董事会则派发了更低的现金股利。本节侧重于研究国际化董事会对企业股利分配的影响。对这一问题的研究，可以进一步了解国际化董事会对企业经营行为所产生的经济后果；同时，通过探讨国际化董事会和分析师关注对股利分配的交互作用，可以探寻国际化董事会与不同公司治理机制之间的相互影响，从而为完善公司治理和投资者保护提供经验证据。

2.国际化董事会的成因

中国上市公司聘请境外董事，由此形成国际化的董事会的原因，既有可能是公司主动安排，也有可能体现为外国股权投资衍生的被动安排。中国上市公司主动聘请境外董事、形成国际化董事会的原因在于：第一，经济全球化背景下，人力资源跨国界流动越来越频繁。伴随着中国经济的发展和繁荣，许多境外人士开始在中国寻求发展和就业机会①。加之现代交通和通信技术越来越方便快捷，使中国上市公司聘请境外董事成为可能且越来越普遍(Barrios et al.,2015)。第二，改革开放以来，各个省份都将人才竞争摆在重要位置，制定了吸引境外优秀人才的优惠政策，使得相当一部分来华的境外人士进入中国上市公司担任董事，起到重要的咨询和监督作用，并参与公司的经营和管理(Giannetti et al.,2015)。第三，中国企业在实施“走出去”战略的过程中，由于对目标国或目标市场的风俗习惯、风土人情、法律法规等不熟悉，所以一方面希望聘请境外董事降低企业境外扩张面临的风险，另一方面可以为中国企业带来国外公司治理经验，提高公司治理水平(Giannetti et al.,2015)。当然，部分中国企业在发展过程中，引进了外资股东，因此持股比例较高的外资股东可以向企业委派董事作为其利益的代表(Choi et al.,2012)，这往往体现为一种被动安排。

3.国际化董事会的相关研究

国际化董事会受到越来越多的关注。对国际化董事会的观察最早源于实务界。Alexander 和 Esser(1999)发现，1995—1998 年全球 500 强企业中拥有外国董事的企业比例由 39%增加到 60%。学者的研究发现，国际化董事会是企业多样性的一种体现，能为企业树立开放、包容的形象，而且国际化董事会可以为企业发展带来多样性的资源，从而有助于提升企业的价值(Oxelheim，Randoy，2003；Giannetti et al.,2015)。另一部分学者则认为，国际化董事会没有起到提升企业价值的作用(Alli et al.,2010)。换言之，当前学术界对国际化董事会的探讨主要集中于国际化董事会对企业价值的影响，且未达成一致的结论。事实上，国际化董事会对企业的影响是多维度的。董事会是公司最高的决策机构，影响着公司的发展方向、经营领域、产品生产、投融资及利润分配等重要战略决策。本节重点探讨国际化董事会对现金股利分配的影响，一方面是由于现金股利分配一直是理论界和实务界关注的焦点，而董事会对股利分配具有重大影响，本节的研究可以丰富董事会治理与股利分配相关领域的文献；另一方面则可以通过分析国际化董事会对现金股利分配的影响，来了解国际化董事会在公司治理中所扮演的角色。

(三)理论分析与假设提出

1.国际化董事与现金股利(假设 5.3.1)

在中国资本市场上，过低的股利支付率不仅打击了投资者的积极性，也不利于股市的健康发展。国际化董事会能否有效发挥治理作用，通过支付更高的现金股利保护投资者利益呢？从现有文献来看，检验国际化董事会治理能力的研究并不多见。中国企业聘请的境外

---

① 据国家统计局第六次人口普查的结果显示，截至 2010 年在中国居住的境外人士达 102 万人，其中以商务和就业目的来中国的境外人士约为 40 万人。详情请参考：http://www.stats.gov.cn/tjsj/tjgb/rkpcgb/qgrkpcgb/201104/t20110429_30329.html

董事，大多来自公司治理比较完善和规范的欧美国家和地区，他们能为中国企业的内部治理和投资者保护提供有益的思路和建议。因此，在中国的制度背景下，聘任境外董事形成的国际化董事会往往能给中国企业带来积极的“正能量”。

第一，中国企业聘请境外董事组成国际化董事会本身就向市场传递了公司实施国际化战略、进行境外市场扩张的强烈信号。为了能够顺利开拓境外市场，并在境外市场寻求更多合作伙伴、获得合作伙伴的信任和支持，国际化董事会需要树立保护投资者利益的良好形象。向投资者发放股利是保护投资者的一种有效方式（Alli et al.，1993；Adjaoud，Ben-Amar，2010）。一方面，现金股利的发放，可以直接减少管理层控制的自由现金流，降低了管理层“帝国构建”和无效率投资的风险（Jensen，1986）；另一方面，企业发放现金股利之后，为维持经营发展所需资金，需向市场进行融资，接受市场的监管，管理层的经营行为也将受到市场的约束（Easterbrook，1984），由此投资者的利益将得到进一步的保障。从股利分配代理理论的角度来看，能否有效监督管理层和维护投资者利益还关系到国际化董事会是否能够得到国内外潜在投资者的认可。现金股利可以视为国际化董事会向潜在的投资者、合作伙伴，以及利益相关者表明公司有意愿维护股东利益的直接手段。另外，在中国上市公司现金股利发放水平普遍偏低的制度背景下，现金股利支付往往能够起到信号传递的作用，对不同质量的公司予以区分（王静 等，2014）。具体来说，连续支付现金股利及现金股利支付率较高的公司更容易受到市场的青睐，且支付更高的现金股利还有助于国际化董事会赢得市场声誉。基于此，国际化董事会就有动力通过现金股利发放以及适时地提高股利支付率来向市场传递其治理下的公司价值更高的信号。因此，基于公司发展战略和市场形象的权衡，国际化董事会有动力促使企业提高现金股利支付率。

第二，能够被中国企业聘请的境外董事，或者拥有较高的学历，或者拥有某一领域的技术专长，或者管理才能出众，都拥有独特的人力资本。境外董事不仅可以利用自身的能力为企业的经营管理和战略决策提供参考和建议，还拥有保护投资者利益的能力。加上国际化董事会的境外董事通常有着较为广泛的社交网络（Pfeffer，1972），他们也可以利用这一特点监督企业的现金股利发放。一方面，广泛的社交网络使境外董事更加珍惜自身的声誉，从而约束他们更多地从保护股东利益的角度出发进行财务决策。对于境外董事来说，中国经济的日益发展和繁荣，在中国资本市场上树立良好的声誉有助于他们将来在中国建立更多商业联系和获得更多利益，而对管理层监管的失败则会影响境外董事在中国资本市场的长远发展。另一方面，广泛的社交网络使境外董事得以与企业的投资者、供应商、消费者、债权人等利益相关者建立密切的联系，并通过他们来获取与企业相关的其他增量信息，从而帮助企业对是否发放股利及股利分配比例等重要财务决策形成正确判断。

第三，中国上市公司国际化董事会中聘请的境外董事相当一部分来自欧美发达国家和地区。在欧美国家和地区的资本市场上，公司支付的现金股利占净利润的比例往往相对较高（可达40%以上）、投资者利益往往能够得到保护（Barroso et al.，2011）。因为境外董事主要通过为企业的经营管理和战略决策提供建议（Barroso et al.，2011）来参与公司治理，因此他们的价值取向会渗透于企业的各项决策之中。股利支付是公司的一项重要财务决策，境外董事具有的保护投资者利益的法律意识与价值取向，也会潜移默化地影响其行为，导致其所任职的中国上市公司发放更多现金股利给投资者。

第四，大多数境外董事成长于“规则社会”，迥异于中国的“人情社会”，因此他们有着不同的规则意识和法制观念，在公司治理中表现出较强的独立性。Ruigrok 等(2007)就发现，在瑞士的 210 家上市公司中，外国董事的独立性更强。重要的是，更强的独立性使国际化董事会不太可能附和管理层的决策、沦为管理层的附庸，而是会遵循相应的法律制度和公司治理规范进行决策。Belden 等(2005)就发现，董事会独立性越强的企业，支付的股利越多。另外，境外董事是理性经济人，声誉机制与法律风险的存在使得境外董事在决策前必须进行风险的权衡。由于中国的法律制度与国外存在一定的差异，声誉机制与法律风险使得境外董事对企业管理和经营风险有着更敏锐的认知(Herrmann，Datta，2005)。出于维持独立性和规避风险的考量，境外董事也更有可能从保护股东利益的角度出发进行决策、支付更多的现金股利给投资者。综上分析，本节提出如下假设 5.3.1：

H 5.3.1：限定其他条件，国际化董事会与公司现金股利正相关。

2.分析师关注对国际化董事会与现金股利的调节作用(假设 5.3.2)

证券分析师不仅是资本市场重要的信息中介，还是一种重要的外部治理机制(Du，2014)。研究发现，分析师关注会影响公司的财务行为(Barth et al.，2001；Chang et al.，2006)。具体地，分析师关注对现金股利分配的影响主要通过以下途径来实现：第一，信息渠道。分析师通过发布研究报告，向市场传递信息，可以缓解企业和投资者之间的信息不对称，以及改善企业面临的信息环境。一方面，分析师关注能够降低投资者与上市公司管理当局之间的信息不对称程度，这意味着分析师关注较多的上市公司的财务信息更加公开和透明，企业盈利能力和盈利信息更容易被投资者所掌握。随着信息的公开，有盈利却不分配股利的企业将面临较大的市场压力，企业将盈利“留而不发”的可能性随之降低。另一方面，分析师关注改善了上市公司的信息环境，使得企业更容易从外界获取资金，融资约束得到缓解，从而企业对内部资金的依赖程度降低，分配股利的可能性更高(张纯，吕伟，2009)。第二，治理渠道。分析师关注可以约束管理层行为、降低代理成本(Jensen，Meckling，1976)、降低盈余管理程度(Yu，2008)、减少股价暴跌风险(潘越 等，2011)，起到保护投资者的作用。此外，分析师关注降低了管理当局的“自利”动机，避免其将企业盈利用于过度投资或构建经济帝国。实际上，分析师研究报告的发布，还会影响现有与潜在投资者的决策。企业分配较多的现金股利，可以展现企业较强的盈利能力并吸引更多的投资者。因此，分析师关注会影响企业现金股利的分配。

进一步，之前的文献研究表明，分析师关注与其他治理机制之间存在着相互替代的效应(Knyazeva，2007)。Sun(2009)发现在法律保护较弱的地区，受到分析师关注越多的公司，盈余管理的行为越少。分析师关注在一定程度上替代了法律制度。Sun 和 Liu(2011)发现，类似于审计师的外部监督，分析师关注也可以起到监督管理当局的作用，分析师关注越多的公司，外部董事聘请具有行业专长的审计师协助其监督管理层的可能性越小，即分析师关注和审计师之间也存在相互替代的关系。具体到本节的研究，分析师关注可能调节国际化董事会对现金股利分配的影响的原因在于：第一，从信息传递的角度来看，国际化董事会通过提高现金股利发放，能够向市场展现出公司较好的治理状况和盈利能力。而分析师则可以通过实地调查、定期跟踪、发布报告等方式，将特定公司的治理状况和未来发展情况等信息传递给投资者。因此，分析师关注越多，投资者获取信息的途径和总量越多，国际化董事会通过发放现金股利释放的信号效应则相对减弱。第二，从监督的角度来看，国际化董事会发放现金股利，可以降低代理风险，发挥监督作用。相对于国际化董事会，分析师往往能更广泛地传递公司的信息，并可以提高信息传递的速度和效率。分析师是企业行为的放大镜（Knyazeva，2007），分析师关注越多，说明企业受到市场的关注越多，企业将得到更多监督。第三，从投资者保护的角度来看，现金股利的发放，是国际化董事会保护投资者利益的重要途径。前已述及，分析师关注也具有保护投资者的作用。当公司受到较多的分析师关注时，保护投资者利益的角色可以部分转由分析师承担。在此情形下，国际化董事会通过提高现金股利保护投资者利益的动机降低。综合以上分析，本节提出假设 5.3.2：

H5.3.2：限定其他条件，分析师关注负向调节了国际化董事会与现金股利之间的正向关系。

3.国际化董事会与现金股利：半强制分红政策的影响（假设 5.3.3）

长期以来，中国上市公司派发现金股利的意愿和支付现金股利的水平都相对较低，这不利于保护投资者的利益，现金股利政策也因此成为监管部门关注的重点。为此，监管部门从完善公司治理的角度进行规范，明确要求董事会针对有盈利但未分红的情况和原因予以说明（并需征求独立董事的意见），明晰了董事会在股利分配决策中的责任。但是，考虑到我国上市公司的公司治理水平整体不高，且缺乏严格的法律执行力度，仅依靠董事会的治理无法达到提高股利支付的目标。因此，自 2001 年以来，中国证监会逐步出台了一系列规范企业现金股利支付的政策措施，旨在提高现金股利支付水平。这些政策措施并不是强制所有上市公司都必须发放确定比例的现金股利，而只是对有再融资需求的企业规定了现金股利支付水平，从而对这部分企业形成一定程度的约束。这一政策也由此被称为半强制分红政策。

半强制分红政策实施以来，其政策效果备受资本市场关注。陈云玲（2014）实证分析了半强制分红政策的实施效果，发现伴随着半强制分红政策从无到有的过程，企业现金股利分配意愿和股利支付水平显著提高了。魏志华等（2014）发现，半强制分红政策从整体上提高了上市公司的现金股利支付水平，对维护资本市场稳定、保护投资者利益具有积极的作用。换言之，半强制分红政策从制度层面对上市公司股利分配进行规范，减少企业内部人股利分配动机不足的局面，在一定程度上形成较强的外部监管压力，从而使得上市公司现金股利支付水平得到提高（魏志华 等，2014）。毋庸置疑，半强制分红政策能够产生积极的监管效果，并可以部分替代其他治理机制对股利分配的影响（陈云玲，2014），所以该政策的实施降低了其他公司治理机制对现金股利分配的影响。因此，可以合理预期，在半强制分红政策实施之后，国际化董事会对现金股利分配的影响相对弱化。据此，本节提出假设 5.3.3：

H5.3.3：限定其他条件，国际化董事会与现金股利的正向关系在半强制分红政策实施后相对较弱。

三、数据来源与研究设计

（一）样本选择与数据来源

本节选择 2004—2014 年中国上市公司进行研究，并对样本进行了如下的筛选：(1)剔除金融、保险、证券行业的上市公司；(2)剔除有关变量数据缺失的样本，最终得到 18 109 个观测值。样本数据来源如下：(1)国际化董事会的数据根据 CSMAR 数据库提供的高管简历手工搜集而来；(2)其余数据均来自 CSMAR 数据库。为了避免极端值造成的干扰，增强结论的可靠性，将所有连续变量在 1%和 99%分位进行了 Winsorize 缩尾处理。

（二）模型和变量设计

为了检验假设 5.3.1，本节设计如下研究模型：

$$\begin{aligned}DIV=&\alpha_0+\alpha_1 GB+\alpha_2 FIRST+\alpha_3 BOARD+\alpha_4 INDR+\alpha_5 DUAL+\alpha_6 SIZE+\\&\alpha_7 LEV+\alpha_8 TOBINQ+\alpha_9 ROA+\alpha_{10} OCF+\alpha_{11} CROSS+\alpha_{12} STATE+\\&\alpha_{13} MKT+\text{Industry Dummies}+\text{Year Dummies}+\varepsilon\end{aligned} \tag{5.3.1}$$

式(5.3.1)中，因变量为现金股利的支付率(DIV)，等于每股现金股利除以每股净利润。主要的解释变量为国际化的董事会(GB)，包括虚拟变量 GBD 与比例变量 GBR(Masulis et al.,2012)。考虑到中国港澳台地区在制度环境、经济发展水平等方面与中国内地/大陆的区别，本节将董事会聘请的外国人和中国港澳台人士定义为境外董事。此外，还控制了公司治理变量如第一大股东持股比例(FIRST)、董事会规模(BOARD)、独立董事的比例(INDR)、董事长与 CEO 两职合一(DUAL)，公司特征变量如公司资产规模(SIZE)、资产负债率(LEV)、公司成长性(TOBINQ)、总资产收益率(ROA)、自由现金流(OCF)等，以及公司是否交叉上市(CROSS)、公司的最终控制人性质(STATE)和公司所处的市场环境(MKT)。最后，对行业和年度进行了控制。

在式(5.3.1)的基础上，进一步放入分析师关注(ANALYST)及其与国际化董事会 GB 的交乘项，构建式(5.3.2)，用以检验假设 5.3.2：

$$\begin{aligned}DIV=&\beta_0+\beta_1 GB+\beta_2 ANALYST+\beta_3 GB\times ANALYST+\beta_4 FIRST+\beta_5 BOARD+\\&\beta_6 INDR+\beta_7 DUAL+\beta_8 SIZE+\beta_9 LEV+\beta_{10} TOBINQ+\beta_{11} ROA+\beta_{12} OCF+\\&\beta_{13} CROSS+\beta_{14} STATE+\beta_{15} MKT+\text{Industry Dummies}+\text{Year Dummies}+\varepsilon\end{aligned} \tag{5.3.2}$$

为了检验半强制分红政策实施前后国际化董事会对现金股利的影响，针对式(5.3.1)、区分半强制分红政策实施前和实施后两个区间，进行子样本测试，检验假设 5.3.3。

式(5.3.1)、式(5.3.2)中各变量的具体定义如表 5.3.1 所示。

表 5.3.1　变量及其定义

变量	变量定义
DIV	现金股利支付率，等于每股现金股利/每股净利润
GBD	国际化董事会的虚拟变量，若公司董事会中存在外国人或中国港澳台人士担任董事则 GBD 赋值为 1，否则为 0
GBR	国际化董事会的比例变量，外国人与中国港澳台人士占公司董事会比例，衡量董事会的国际化程度
ANALYST	分析师关注，等于跟踪公司的分析师加 1 后，取自然对数
FIRST	第一大股东持股比例，第一大股东持有股份与公司总股份的比值
BOARD	董事会规模，等于董事会总人数的自然对数
INDR	独立董事比例，独立董事人数与董事会总人数的比值
DUAL	董事长与 CEO 两职合一的虚拟变量，若董事长与 CEO 两职合一则赋值为 1，否则为 0
SIZE	公司规模，公司总资产的自然对数
LEV	财务杠杆，公司总负债与总资产的比值
TOBINQ	托宾 Q 值，(流通股数量×年末股价＋非流通股数量×每股净资产)/资产账面价值
ROA	总资产收益率，等于净利润与年末总资产的比值
OCF	经营活动现金流，经营活动现金流量净额与总资产的比值
CROSS	虚拟变量，如果公司在 B 股或 H 股上市则赋值为 1，否则赋值为 0
STATE	最终控制人性质，若公司的最终控制人是中央或地方政府、政府控股公司则赋值为 1，否则赋值为 0
MKT	省级市场化指数，衡量我国省际制度发展与投资者保护的指标(樊纲 等，2011)

四、实证研究结果

(一)变量的描述性统计及单变量检验

表 5.3.2 的 Panel A 列示了本节变量的描述性统计结果。DIV 的均值为 0.239 5，表明企业支付的现金股利约占企业净利润的 23.95%，该结果类似于魏志华等(2012)的统计，表明我国企业现金股利支付率普遍不高。GBD 的均值为 0.065 3，表明约有 6.5%的上市公司拥有国际化董事会，这一比例远低于美国公司中境外董事的比例(Masulis et al.，2012)；GBR 的均值为 1.18%，说明上市公司境外董事在董事会中总体比例偏低。分析师关注(ANALYST)的均值为 3.02，说明平均每家上市公司得到约 3 名分析师的关注。

关于控制变量，描述性统计表明，第一大股东(FIRST)持股比例均值为36.66%，董事会规模(BOARD)均值为 9 人左右，独立董事(INDR)占董事会比例均值为 36.53%(说明我国上市公司聘请独立董事往往是为了迎合监管需求)，约 20.71%的样本上市公司董事长和

CEO存在两职合一的现象(DUAL)，资产规模(SIZE)均值约为26亿，资产负债率(LEV)约为47.16%，公司成长性与投资机会的变量TOBINQ的均值约为1.94，总资产收益率(ROA)均值为3.55%，自由现金流(OCF)的均值约为4.26%，交叉上市(CROSS)的公司约占样本的4.51%，国有企业(STATE)约占样本的49.56%，企业所处市场环境(MKT)的均值约为8.7998。

表 5.3.2 变量描述性统计及单变量检验

Panel A：描述性统计

变量	观测值	均值	标准差	最小值	1/4分位	中位数	3/4分位	最大值
DIV	18 109	0.239 5	0.292 4	0.000 0	0.000 0	0.1690	0.356 5	1.613 3
GBD	18 109	0.065 3	0.247 0	0.000 0	0.000 0	0.000 0	0.000 0	1.000 0
GBR	18 109	0.011 8	0.055 4	0.000 0	0.000 0	0.000 0	0.000 0	0.800 0
ANALYST	18 109	1.390 5	1.163 0	0.000 0	0.000 0	1.386 3	2.397 9	3.688 9
FIRST	18 109	0.366 6	0.154 6	0.088 9	0.242 8	0.348 5	0.481 9	0.751 0
BOARD	18 109	2.181 2	0.201 8	1.609 4	2.079 4	2.197 2	2.197 2	2.708 1
INDR	18 109	0.365 3	0.051 4	0.250 0	0.333 3	0.333 3	0.384 6	0.571 4
DUAL	18 109	0.207 1	0.405 2	0.000 0	0.000 0	0.000 0	0.000 0	1.000 0
SIZE	18 109	21.701 7	1.269 1	18.724 5	20.824 9	21.542 6	22.376 9	26.489 7
LEV	18 109	0.471 6	0.247 9	0.046 1	0.294 6	0.470 5	0.627 8	1.784 3
TOBINQ	18 109	1.944 4	1.714 6	0.138 4	0.811 4	1.447 3	2.450 0	10.121 5
ROA	18 109	0.035 5	0.065 5	−0.332 1	0.013 2	0.036 1	0.064 8	0.220 4
OCF	18 109	0.042 6	0.079 7	−0.226 5	0.001 0	0.042 7	0.088 2	0.275 7
CROSS	18 109	0.045 1	0.207 4	0.000 0	0.000 0	0.000 0	0.000 0	1.000 0
STATE	18 109	0.495 6	0.500 0	0.000 0	0.000 0	0.000 0	1.000 0	1.000 0
MKT	18 109	8.799 8	2.019 5	3.950 0	7.390 0	8.930 0	10.420 0	11.800 0

Panel B：单变量 t/z 检验

变量	国际化董事会子样本(N=1 182)			非国际化董事会子样(N=16 927)				
	均值	中位数	标准差	均值	中位数	标准差	t 检验	z 检验
DIV	0.318 2	0.266 1	0.315 7	0.234 0	0.162 2	0.289 9	9.60***	10.86***
ANALYST	1.805 7	1.945 9	1.150 9	1.361 5	1.386 3	1.158 3	12.75***	12.54***
FIRST	0.393 1	0.370 3	0.155 3	0.364 7	0.345 8	0.154 4	6.11***	5.93***
BOARD	2.233 4	2.197 2	0.198 8	2.178 6	2.197 2	0.201 8	6.49***	6.32***
INDR	0.367 3	0.333 3	0.055 2	0.365 1	0.333 3	0.051 1	1.36	1.11

续表

变量	国际化董事会子样本（$N=1\ 182$）			非国际化董事会子样（$N=16\ 927$）				
	均值	中位数	标准差	均值	中位数	标准差	t 检验	z 检验
DUAL	0.269 0	0.000 0	0.443 6	0.202 8	0.000 0	0.402 1	5.44***	5.44***
SIZE	22.154 9	21.814 9	1.634 1	21.670 1	21.525 7	1.233 5	12.75***	8.46***
LEV	0.434 5	0.425 9	0.231 1	0.474 2	0.473 6	0.248 8	−5.32***	−5.93***
TOBINQ	2.012 9	1.549 9	1.724 0	1.939 6	1.441 8	1.713 9	1.42	2.18**
ROA	0.047 8	0.044 7	0.060 2	0.034 6	0.035 4	0.065 8	6.71***	8.42***
OCF	0.061 6	0.062 0	0.075 7	0.041 3	0.041 4	0.079 8	8.48***	9.63***
CROSS	0.104 9	0.000 0	0.306 6	0.040 9	0.000 0	0.198 0	10.29***	10.26***
STATE	0.387 5	0.000 0	0.487 4	0.503 1	1.000 0	0.500 0	−7.70***	−7.69***
MKT	9.334 9	9.870 0	1.716 8	8.762 5	8.930 0	2.033 8	9.44***	9.14***

表 5.3.2 的 Panel B 将样本划分为国际化董事会和非国际化董事会两个子样本，然后进行单变量 t/z 检验。在国际化董事会的子样本中，上市公司现金股利支付率约为 31.82%，而在非国际化董事会子样本中，这一比例仅为 23.40%，二者相差约 8%，且该差异在 1% 的水平上显著，初步支持了假设 H5.3.1。国际化董事会公司受到分析师关注的均值为 5 人左右，中位数约为 6 人；非国际化董事会公司受到分析师关注的均值为 3 人左右，中位数约为 3 人，两个子样本之间也存在显著的差异。在其他控制变量方面，第一大股东持股比例（FIRST）、董事会规模（BOARD）、董事长与 CEO 两职合一（DUAL）、资产规模（SIZE）、资产负债率（LEV）、总资产收益率（ROA）、自由现金流（OCF）、交叉上市（CROSS）、最终控制人性质（STATE）、市场化指数（MKT）在国际化董事会子样本和非国际化董事会子样本之间存在明显的差别，且都在 1% 水平上显著。

（二）主要变量之间的相关性分析

表 5.3.3 报告了变量之间的 Pearson 相关系数。从表 5.3.3 可以发现，国际化董事会与现金股利支付率（DIV）在 1% 的水平显著正相关，表明在没有其他因素影响的情况下，国际化董事会的企业支付了更高的现金股利，初步支持了假设 H5.3.1。分析师关注（ANALYST）与现金股利支付率在 1% 的水平上显著正相关。上述变量的关系为单变量分析的结果，更加全面、可靠的结论有待多元回归的进一步检验。

表 5.3.3 Pearson 相关系数

	变量	(1)	(2)	(3)	(4)	(5)	(6)	(7)	(8)	(9)	(10)	(11)	(12)	(13)	(14)	(15)	(16)
(1)	DIV	1															
(2)	GBD	0.0711***	1														
(3)	GBR	0.0754***	0.8085***	1													
(4)	ANALYST	0.1798***	0.0944***	0.0659***	1												
(5)	FIRST	0.1192***	0.0454***	0.0504***	0.1350***	1											
(6)	BOARD	0.0483***	0.0481***	0.0250***	0.1101***	0.0202***	1										
(7)	INDR	−0.0153**	−0.0101	−0.0061	0.0429***	0.0268***	−0.3989***	1									
(8)	DUAL	0.0368***	0.0404***	0.0326***	0.0628***	−0.0672***	−0.1570***	0.0870***	1								
(9)	SIZE	0.0496***	0.0943***	0.0407***	0.4189***	0.2653***	0.2609***	0.0422***	−0.1536***	1							
(10)	LEV	−0.2644***	−0.0395***	−0.0507***	−0.2072***	−0.0134*	0.1015***	−0.0182**	−0.1412***	0.2454***	1						
(11)	TOBINQ	−0.0159**	0.0106	0.0122	0.0880***	−0.0970***	−0.1520***	0.0579***	0.1280***	−0.4534***	−0.2764***	1					
(12)	ROA	0.1997***	0.0498***	0.0422***	0.4189***	0.1148***	0.0263***	−0.0033	0.0348***	0.1055***	−0.4596***	0.2238***	1				
(13)	OCF	0.1082***	0.0629***	0.0599***	0.1698***	0.0759***	0.0752***	−0.0456***	−0.0404***	0.0642***	−0.1311***	0.0959***	0.2984***	1			
(14)	CROSS	−0.0421***	0.0762***	0.0522***	−0.0461***	−0.0245***	0.0374***	−0.0159**	−0.0302***	0.0629***	0.0703***	−0.0072	−0.0177*	−0.0094	1		
(15)	STATE	−0.0595***	−0.0571***	−0.0887***	−0.0671***	0.2212***	0.2553***	−0.0873***	−0.2631***	0.2961***	0.2228***	−0.2257***	−0.0885***	0.0737***	0.0930***	1	
(16)	MKT	0.1150***	0.0700***	0.0773***	0.1614***	0.0071	−0.0844***	0.0416***	0.1280***	0.0439***	−0.1542***	0.0506***	0.1307***	−0.0264***	0.0991***	−0.2214***	1

注：***、**、* 分别表示在 1%、5%、10% 的水平上显著。

(三)国际化董事会、分析师关注与现金股利分配：多元回归结果

1.国际化董事会与现金股利分配

由于现金股利支付(DIV)变量并不服从标准正态分布[①]，而是存在明显的截尾现象，因此采用Tobit回归来检验假设。表5.3.4的第(1)列和第(2)列报告了国际化董事会对企业现金股利分配影响的结果，第(1)列和第(2)列分别对应解释变量为GBD和GBR的实证结果。从表5.3.4的结果可以看到，是不是国际化董事会(GBD)与现金股利分配(DIV)在1%的水平上显著正相关(系数=0.045 0，t 值=2.96)，说明国际化董事会的企业支付了更多的现金股利给投资者。董事会国际化程度(GBR)与现金股利分配(DIV)正相关，在1%水平上显著(系数=0.275 4，t 值=2.61)，表明董事会国际化程度越高，企业支付的现金股利越多。上述结果联合支持了假设H5.3.1，说明国际化董事会显著增加了企业现金股利分配。这一结果可能的解释在于，国际化董事会较强的法律意识和规则意识、对声誉的重视及较强的股东保护意识等，促使企业发放了更多的现金股利。这一结果的政策意义在于，企业可以通过聘请境外董事，改善董事会治理，保护投资者利益。

表5.3.4 国际化董事会、分析师关注与现金股利分配

变量	H5.3.1				H5.3.2			
	(1)		(2)		(3)		(4)	
	系数	t 值	系数	t 值	系数	t 值	系数	t 值
GBD	0.045 0***	2.96			0.162 2***	5.35		
GBR			0.275 4***	2.61			0.887 7***	4.03
ANALYST					0.052 3***	14.87	0.051 9***	14.71
GBD×ANALYST					−0.062 4***	−5.47		
GBR×ANALYST							−0.336 9***	−5.75
FIRST	0.227 3***	8.73	0.225 9***	8.66	0.229 2***	9.04	0.228 8***	9.00
BOARD	0.131 6***	5.72	0.132 0***	5.74	0.114 0***	5.03	0.114 3***	5.05
INDR	0.021 7	0.24	0.024 9	0.27	0.012 0	0.13	0.011 5	0.13
DUAL	0.009 4	1.18	0.009 9	1.25	0.001 7	0.22	0.002 7	0.35
SIZE	0.046 9***	10.44	0.047 3***	10.59	0.022 2***	4.76	0.022 1***	4.75
LEV	−0.667 5***	−5.85	−0.667 9***	−5.84	−0.638 9***	−5.25	−0.637 5***	−5.23
TOBINQ	−0.048 6***	−17.65	−0.048 4***	−17.63	−0.054 8***	−19.60	−0.054 7***	−19.55
ROA	2.014 3***	24.42	2.012 2***	24.41	1.696 9***	22.28	1.697 0***	22.21

① 现金股利分配(DIV)正态性分布检验结果：Kolmogorov-Smirmov检验(D=0.206 4，p 值<0.001)，Shapiro-Wilk检验(z=18.416，p 值<0.001)，Shapiro-Francia检验(z=19.002，p 值<0.01)。这些结果都拒绝“现金股利分配服从正态性分布”的假设。

续表

变量	H5.3.1				H5.3.2			
	(1)		(2)		(3)		(4)	
	系数	t 值	系数	t 值	系数	t 值	系数	t 值
OCF	0.116 1	1.43	0.1135	1.39	0.116 9	1.40	0.115 2	1.36
CROSS	−0.107 8***	−4.59	−0.108 3***	−4.63	−0.092 1***	−3.99	−0.090 1***	−3.88
STATE	−0.028 0***	−3.15	−0.027 1***	−3.05	−0.014 8*	−1.69	−0.014 2	−1.62
MKT	0.019 8***	8.75	0.019 8***	8.73	0.019 0***	8.58	0.018 8***	8.52
常数项	−0.968 7***	−4.62	−0.979 6***	−4.66	−0.434 5***	−2.63	−0.432 1***	−2.64
行业/年度	控制		控制		控制		控制	
观测值	18 109		18 109		18 109		18 109	
Pseudo R^2	0.204 8		0.205 0		0.213 8		0.213 8	
LR Chi^2	4 784.84***		4 787.76***		4 995.22***		4 995.10***	

注：***、**、* 分别表示在 1%、5%、10% 的水平上显著；所有 t 值经过公司与年度的双重聚类调整(Petersen,2009)。

在控制变量方面，表 5.3.4 的第(1)和(2)列基本保持一致。第一大股东(FIRST)与现金股利分配在 1%的水平上显著正相关，说明股权集中度越高，企业支付的现金股利越多。董事会规模(BOARD)与现金股利正相关，在 1%的水平上显著，揭示了董事会规模越大，维护投资者利益的董事可能越多，越可能发放现金股利给投资者。公司规模(SIZE)与现金股利在 1%的水平上显著正相关，说明公司规模越大，受到外界关注越多，公司越可能发放更多股利。企业负债(LEV)与现金股利显著负相关，说明企业负债越高，需要留存越多的收益用于偿还债务。企业发展机会(TOBINQ)与现金股利显著负相关，揭示了企业发展机会越多，支付的股利越少。资产收益率(ROA)与现金股利分配在 1%的水平上显著正相关，说明会计业绩越好的公司，支付的现金股利越多。交叉上市(CROSS)与现金股利分配在 1%的水平上显著负相关，说明交叉上市的企业支付了更少的股利。最终控制人性质(STATE)与现金股利分配显著负相关，意味着国有企业的股利支付率更低。企业所处市场环境(MKT)与现金股利分配在 1%水平上显著正相关，企业所处地区市场化程度越高，法制越健全、投资者保护越完善，企业越可能支付更多的现金股利。

2.国际化董事会与现金股利分配：分析师关注的调节作用

假设 H 5.3.2 预测分析师关注负向调节了国际化董事会与现金股利之间的正向关系。为了检验假设 H 5.3.2，在式(5.3.1)的基础上，进一步放入分析师关注(ANALYST)及国际化董事会与分析师关注的交乘项(GB×ANALYST)。表 5.3.4 的第(3)和第(4)列报告了假设 H 5.3.2 的回归结果，其结果说明，是否为国际化董事会(GBD)与现金股利分配在 1%的水平上显著正相关，董事会国际化程度(GBR)与现金股利分配也在 1%的水平上显著正相关，这些结果进一步支持了假设 H5.3.1。同时，从表 5.3.4 的第(3)和第(4)列可以发现，分析师关注与现金股利分配在 1%的水平上显著为正，分析师关注越多，企业支付越多的现金股利。国际化董事会与分析师关注的交乘项(GBD×ANALYST)的系数为−0.062 4,t 值为−5.47,该交乘项在1%的水平上显著;董事会国际化程度与分析师关注的交乘项(GBR×ANALYST)的系数为−0.336 9,t 值为−5.75,该交乘项也在1%的水平上显著。假设H5.3.2得到了实证结果的支持,即分析师关注负向调节了国际化董事会与现金股利之间的正相关关系。原因可能在于:分析师关注作为一种外部监督机制,可以约束管理层的经营行为。分析师关注越多,越可能起到监督管理层和传递信息的作用,从而国际化董事会促使企业提高股利支付率的意愿降低。在控制变量方面,表5.3.4第(3)列和第(4)列基本保持一致,并与第(1)与(2)列基本相似,这里不再赘述。

3.国际化董事会与现金股利分配:半强制分红政策的影响

假设H 5.3.3预测了半强制分红政策实施之后,国际化董事会对现金股利分配的正向影响会降低。为此,本节按照该政策变更前后进行分组,2008年以前划分为政策变更前,将2008年及以后年度划分为政策变更后,分组回归结果如表5.3.5所示。正如表5.3.5的第(1)和(2)列所示,在2008年前的子样本中,GBD与现金股利分配都在1%的水平上显著正相关;在2008年后的子样本中,GBD与现金股利分配都在5%的水平上显著正相关,表明即使企业股利分配受到监管政策的影响,国际化董事会依然对企业现金股利分配具有较大的影响。同时,在其他条件相同的情况下,通过比较政策变更前后GBD的系数发现,政策变更前GBD的系数显著大于政策变更之后,说明政策变更前国际化董事会的作用更加显著,也即意味着,该半强制分红政策在一定程度上促使企业发放了更多股利,起到了一定的监管作用。进一步,当自变量为董事会国际化程度(GBR)时,上述结论依然成立。这一发现的政策意义在于,在弱投资者保护和不完善公司治理的环境下,政府监管和适当的干预可以起到保护投资者的作用。

表5.3.5 国际化董事会与现金股利分配:半强制分红政策的影响

变量	2008年前		2008年后		2008年前		2008年后	
	系数	t 值	系数	t 值	系数	t 值	系数	t 值
GBD	0.131 3***	6.05	0.032 5**	2.25				
GBR					0.947 4***	7.82	0.176 2**	2.37
FIRST	0.296 4***	6.58	0.204 8***	8.25	0.294 8***	6.56	0.002 0***	8.20
BOARD	0.168 8***	4.99	0.121 8***	5.38	0.167 4***	4.96	0.122 5***	5.40
INDR	−0.185 2	−1.41	0.049 4	0.64	−0.169 2	−1.29	0.051 6	0.67
DUAL	−0.043 4**	−2.31	0.014 1*	1.86	−0.042 2**	−2.25	0.014 5*	1.91
SIZE	0.045 3***	6.19	0.046 0***	10.83	0.046 0***	6.32	0.046 4***	10.99
LEV	−0.590 7***	−14.70	−0.670 4***	−28.14	−0.585 4***	−14.68	−0.671 2***	−28.22
TOBINQ	−0.046 8***	−12.27	−0.051 5***	−18.97	−0.046 6***	−12.45	−0.051 4***	−18.91
ROA	3.692 1***	23.91	1.628 1***	20.37	3.695 7***	24.05	1.626 3***	20.36
OCF	−0.072 5*	−1.74	0.175 5**	2.08	−0.081 4*	−1.95	0.174 5**	2.04

续表

变量	2008年前		2008年后		2008年前		2008年后	
	系数	t 值	系数	t 值	系数	t 值	系数	t 值
CROSS	−0.170 6***	−5.70	−0.091 4***	−3.74	−0.175 2***	−5.98	−0.091 3***	−3.73
STATE	0.063 0***	4.06	−0.051 1***	−6.18	0.066 9***	4.31	−0.050 7***	−6.11
MKT	0.034 5***	8.83	0.016 7***	7.82	0.034 2***	8.78	0.016 7***	7.81
常数项	−1.189 5***	−3.36	−0.980 2***	−4.04	−1.213 0***	−3.43	−0.990 8***	−4.06
行业/年度	控制		控制		控制		控制	
观测值	4 035		14 074		4 035		14 074	
Pseudo R^2	0.219 5		0.205 3		0.220 9		0.205 3	
LR Chi^2	1 286.47***		3 541.32***		1 295.11***		3 541.13***	
系数测试(t-value)	6.85***				5.87***			
组间 Chow 测试(F)	49.93***				64.16***			

注:***、**、*分别表示在1%、5%、10%的水平上显著;所有 t 值经过公司与年度的双重聚类调整(Petersen,2009)。

五、内生性测试与敏感性测试

(一)国际化董事会、分析师关注与现金股利:内生性测试

公司的特征可能会影响到境外董事的聘请,但境外董事也可能选择股利支付率高的公司。换言之,国际化董事会与现金股利分配可能存在内生性问题。对此,本节主要采用三种方法来对内生性进行有效控制:(1)Heckman 二阶段(针对国际化董事会的虚拟变量 GBD-DUM)与二阶段 Tobit-Tobit 回归(针对国际化董事会比例变量 GBR);(2)倾向得分匹配法(PSM)(Armstrong et al.,2010);(3)基于规模与盈利能力的匹配样本。

对于前两种方法,在第一阶段,本节选用了三个外生变量:AIRPORT、FSHR、UNV。其中,AIRPORT 指的是公司注册地100千米之内国际机场的个数,用于衡量公司注册地的交通便捷度;FSHR 度量公司是否有境外机构或个人持股;UNV 代表公司所在省份的大学数量,用来度量公司所在地的文化水平和创新力。对应于自变量是否为国际化董事会(GBD)和董事会国际化程度(GBR)分别采用 Heckman 两阶段和 Tobit-Tobit 两阶段进行回归。首先,参考 Basmann(1960)对工具变量进行了过度识别检验(表5.3.6、Panel A 的最后一行),结果不拒绝“所有工具变量均外生”的原假设,说明上述工具变量的选取相对合理。其次,Panel A 的第(2)、(3)、(5)、(6)列结果表明,采用两阶段控制内生性的方法后,假设 H5.3.1 和假设 H5.3.2 都是成立的。

进一步地,用上述三个外生变量以及公司主要特征变量进行倾向得分匹配。表5.3.6

的 Panel B 报告了使用倾向得分匹配样本的回归结果。正如第一阶段的结果表明的，国际化董事会与公司方圆 100 千米内国际机场数量、境外机构或个人持股与大学数量显著正相关。进一步，正如倾向得分匹配的第二阶段结果所示，在第(2)、(3)列中，GBD 与 GBR 的系数均显著为正，支持了 H5.3.1 即国际化董事会促进了中国上市公司现金股利的支付。在第(4)、(5)列中，GBD× ANALYST 与 GBR× ANALYST 的系数均显著为负，支持了H5.3.2 即分析师关注负向调节了国际化董事会与现金股利之间的正向关系。表 5.3.6 的 Panel B 回归结果第(6)、(7)列和第(8)、(9)列还显示，半强制分红政策变更前国际化董事会对股利分配的影响显著大于政策变更之后。

上述结果表明，在控制了国际化董事会与现金股利的内生性问题之后，本节的主要研究发现保持不变。

表 5.3.6　国际化董事会与现金股利：控制内生性后的结果

Panel A：Heckman 两阶段和二阶段(Tobit-Tobit)回归

变量	第一阶段	第二阶段		第一阶段	第二阶段	
		H5.3.1	H5.3.2		H5.3.1	H5.3.2
	(1)	(2)	(3)	(4)	(5)	(6)
	系数 (t 值)	系数 (t 值)	系数 (t 值)	系数 (t 值)	系数 (t 值)	系数 (t 值)
AIRPORT	0.104 6*** (6.96)			0.033 9*** (7.54)		
FSHR	1.064 8*** (29.57)			0.337 5*** (26.45)		
UNV	0.002 6*** (4.16)			0.000 6*** (3.46)		
GBD		0.028 0*** (4.20)	0.075 2*** (6.46)			
GBR*					0.088 9*** (4.17)	0.242 5*** (3.27)
ANALYST			−0.008 2 (−0.93)			−0.007 9 (−0.91)
GBD× ANALYST			−0.030 6*** (−7.10)			
GBR* × ANALYST						−0.099 0*** (−7.14)
FIRST	0.493 1*** (4.19)	0.214 7*** (8.27)	0.214 9*** (8.42)	0.192 7*** (5.48)	0.211 3*** (8.11)	0.211 5*** (8.24)
BOARD	0.562 8*** (5.62)	0.117 2*** (5.14)	0.098 6*** (4.39)	0.164 0*** (5.44)	0.118 5*** (5.20)	0.099 3*** (4.43)
INDR	0.573 2 (1.61)	0.003 3 (0.04)	0.006 1 (0.07)	0.117 6 (1.10)	0.008 9 (0.10)	0.009 7 (0.11)

续表

变量	第一阶段	第二阶段		第一阶段	第二阶段	
		H5.3.1	H5.3.2		H5.3.1	H5.3.2
	(1)	(2)	(3)	(4)	(5)	(6)
	系数 (*t* 值)	系数 (*t* 值)	系数 (*t* 值)	系数 (*t* 值)	系数 (*t* 值)	系数 (*t* 值)
DUAL	0.140 3*** (3.42)	0.005 6 (0.70)	−0.001 7 (−0.22)	0.033 1*** (2.71)	0.006 5 (0.81)	−0.000 8 (−0.10)
SIZE	0.153 2*** (8.51)	0.041 9*** (8.93)	0.020 2*** (4.24)	0.038 2*** (7.00)	0.042 8*** (9.24)	0.020 7*** (4.37)
LEV	−0.238 5** (−2.51)	−0.659 1*** (−5.82)	−0.629 5*** (−5.31)	−0.074 6*** (−2.63)	−0.659 9*** (−5.84)	−0.630 3*** (−5.33)
TOBINQ	0.044 6*** (3.46)	−0.049 9*** (−17.93)	−0.054 6*** (−19.29)	0.011 5*** (2.97)	−0.049 8*** (−17.89)	−0.054 7*** (−19.30)
ROA	−0.798 0** (−2.34)	2.029 7*** (24.67)	1.738 9*** (22.91)	−0.253 6** (−2.49)	2.029 6*** (24.64)	1.741 7*** (22.91)
OCF	1.103 0*** (4.49)	0.086 0 (1.10)	0.093 2 (1.14)	0.368 8*** (5.01)	0.084 4 (1.07)	0.089 9 (1.10)
CROSS	−0.090 7 (−1.38)	−0.122 1*** (−5.02)	−0.113 8*** (−4.61)	−0.035 2* (−1.82)	−0.121 4*** (−4.94)	−0.113 5*** (−4.55)
STATE	−0.348 4*** (−8.18)	−0.018 8** (−2.06)	−0.005 0 (−0.55)	−0.120 4*** (−9.33)	−0.017 9* (−1.93)	−0.003 9 (−0.42)
MKT	−0.024 5** (−2.09)	0.019 0*** (8.43)	0.018 1*** (8.21)	−0.005 3 (−1.50)	0.018 9*** (8.37)	0.017 9*** (8.14)
常数项	−6.875 2*** (−15.71)	−0.763 3*** (−3.79)	−0.194 5 (−1.23)	−1.895 4*** (−13.72)	−0.786 6*** (−3.91)	−0.206 3 (−1.31)
IMR		0.015 7* (1.95)	0.015 2* (1.89)			
行业/年度	控制	控制	控制	控制	控制	控制
观测值	18 109	18 109	18 109	18 109	18 109	18 109
Pseudo R^2	0.219 8	0.205 2	0.214 7	0.294 5	0.204 9	0.214 4
LR Chi^2	1 920.73***	4 792.57***	5 014.90***	2 054.37***	4 787.11***	5 009.33***
工具变量过度识别检验 (Basmann，1960)	Chi^2(*p*-value)：0.043(0.978 6)			Chi^2(*p*-value)：0.086(0.957 9)		

续表

Panel B：国际化董事会与现金股利分配：倾向得分匹配（PSM）检验

变量	H5.3.1			H5.3.2		H5.3.3			
	(1)	(2)	(3)	(4)	(5)	(6)	(7)	(8)	(9)
						2008 年前	2008 年后	2008 年前	2008 年后
	系数 (t 值)	系数 (t 值)	系数 (t 值)	系数 (t 值)	系数 (t 值)	系数 (t 值)	系数 (t 值)	系数 (t 值)	系数 (t 值)
AIRPORT	0.168 0*** (6.08)								
FSHR	2.103 6*** (29.31)								
UNV	0.004 3*** (3.73)								
GBD		0.037 0** (2.39)		0.086 4** (2.36)		0.103 0*** (2.75)	0.030 3* (1.78)		
GBR			0.173 5** (2.12)		0.476 6** (2.50)			0.753 3*** (3.71)	0.099 9 (1.12)
ANALYST				0.018 0 (1.49)	0.018 2 (1.58)				
GBD×ANALYST				−0.025 9* (−1.75)					
GBR×ANALYST					−0.163 4** (−2.11)				
FIRST	0.725 1*** (3.20)	0.206 4*** (3.97)	0.200 7*** (3.86)	0.208 7*** (4.00)	0.204 9*** (3.93)	−0.024 4 (−0.17)	0.215 4*** (3.86)	−0.038 3 (−0.27)	0.213 4*** (3.82)
BOARD		0.156 0*** (3.20)	0.160 6*** (3.30)	0.154 8*** (3.16)	0.157 9*** (3.23)	0.256 3** (2.32)	0.123 7** (2.25)	0.248 5** (2.27)	0.130 5** (2.37)
INDR		0.121 6 (0.80)	0.131 5 (0.87)	0.117 3 (0.77)	0.116 9 (0.77)	0.431 9 (1.13)	0.090 1 (0.53)	0.501 9 (1.34)	0.099 7 (0.59)
DUAL		−0.037 2* (−1.85)	−0.034 8* (−1.73)	−0.038 7* (−1.94)	−0.034 7* (−1.73)	−0.108 0* (−1.90)	−0.027 0 (−1.25)	−0.097 1* (−1.70)	−0.025 4 (−1.18)
SIZE	0.327 1*** (10.26)	0.026 8*** (3.31)	0.027 7*** (3.44)	0.025 0*** (2.85)	0.025 0*** (2.87)	0.004 1 (0.22)	0.029 8*** (3.30)	0.006 6 (0.35)	0.030 4*** (3.38)
LEV	−0.471 6** (−2.58)	−0.695 5*** (−11.90)	−0.698 0*** (−11.96)	−0.698 1*** (−11.99)	−0.694 9*** (−11.96)	−0.726 3*** (−5.77)	−0.698 7*** (−10.68)	−0.697 8*** (−5.62)	−0.703 3*** (−10.79)
TOBINQ	0.068 0*** (2.74)	−0.039 9*** (−6.09)	−0.039 4*** (−6.02)	−0.040 3*** (−6.09)	−0.039 9*** (−6.03)	−0.046 9*** (−3.42)	−0.041 9*** (−5.70)	−0.047 4*** (−3.55)	−0.041 5*** (−5.65)
ROA		1.384 7*** (6.61)	1.376 8*** (6.56)	1.342 6*** (5.94)	1.341 5*** (5.90)	3.259 6*** (5.64)	1.101 7*** (4.68)	3.364 1*** (5.84)	1.089 6*** (4.64)
OCF		0.221 5* (1.86)	0.214 3* (1.79)	0.212 5* (1.79)	0.210 0* (1.76)	−0.002 2 (−0.01)	0.280 5** (2.14)	−0.047 5 (−0.17)	0.283 0** (2.14)

续表

变量	H5.3.1			H5.3.2		H5.3.3			
	(1)	(2)	(3)	(4)	(5)	(6)	(7)	(8)	(9)
						2008年前	2008年后	2008年前	2008年后
	系数 (t 值)	系数 (t 值)	系数 (t 值)	系数 (t 值)	系数 (t 值)	系数 (t 值)	系数 (t 值)	系数 (t 值)	系数 (t 值)
CROSS	−0.172 8 (−1.46)	−0.039 3 (−1.56)	−0.041 0 (−1.62)	−0.034 8 (−1.39)	−0.032 3 (−1.28)	−0.118 0** (−2.17)	−0.016 9 (−0.60)	−0.124 3** (−2.31)	−0.017 8 (−0.63)
STATE	−0.654 4*** (−7.98)	−0.063 4*** (−3.07)	−0.059 8*** (−2.87)	−0.060 5*** (−2.90)	−0.056 8*** (−2.71)	−0.008 0 (−0.16)	−0.070 3*** (−3.13)	0.009 5 (0.19)	−0.068 3*** (−3.01)
MKT		0.017 1*** (3.17)	0.016 8*** (3.12)	0.017 2*** (3.19)	0.016 5*** (3.06)	0.031 0** (2.17)	0.014 1** (2.42)	0.030 0** (2.12)	0.013 8** (2.38)
常数项	0.234 0*** (104.36)	−0.485 9** (−2.36)	−0.511 2** (−2.50)	−0.474 9** (−2.09)	−0.475 3** (−2.14)	−0.347 1 (−0.93)	−0.615 8** (−2.50)	−0.440 8 (−1.21)	−0.636 0*** (−2.60)
行业/年度	控制	控制	控制	控制	控制	控制	控制	控制	控制
观测值	18 109	2 364	2 364	2 364	2 364	430	1 934	430	1 934
Pseudo R^2	0.210 8	0.191 3	0.190 9	0.192 7	0.192 9	0.319 6	0.179 0	0.329 9	0.178 2
LR Chi^2	1 841.31	532.84***	531.70***	536.76***	537.21***	182.18***	395.41***	188.08***	393.51***
系数测试(t-value)							2.39**		2.59**
Chow test(F)							5.70***		5.93***

注:***、**、* 分别表示在 1%、5%、10% 的水平上显著;所有 t 值经过公司与年度的双重聚类调整(Petersen,2009)。

(二)国际化董事会与现金股利分配:基于匹配样本的检验

进一步,为了控制内生性,本节依据同一年度和同一行业对国际化董事会按照资产规模(SIZE)和盈利能力(ROA)进行匹配,以考察国际化董事会对现金股利分配的影响。表5.3.7的 Panel A 中匹配样本的 t/z 检验结果表明,国际化董事会子样本和匹配样本之间在资产规模(SIZE)和盈利能力(ROA)方面无显著差异。进而,在表 5.3.7 的 Panel B 中(限于篇幅,仅报告主要变量的结果),利用该匹配样本,进一步检验了假设 H5.3.1、H5.3.2、H 5.3.3(仅报告了主要变量的结果,控制变量结果从略)。表 5.3.7 的 Panel B 的结果表明:在第(1)列中,GBD 与 GBR 的系数均显著为正,支持了假设 H5.3.1;在第(2)列中,GBD×ANALYST 与 GBR×ANALYST 的系数均显著为负,支持了假设 H5.3.2;在第(3)和第(4)列中,虽然 GBD 与 GBR 的系数在半强制分红政策实施前后均显著为正,但明显的,半强制分红政策实施后(2008 年后)两者的系数均显著小于半强制分红政策实施前(2008 年前),支持了假设 H5.3.3。表 5.3.7 的结果表明,使用匹配样本,假设 H 5.3.1、H5.3.2 和 H5.3.3 都得到了经验证据的支持。

表 5.3.7　国际化董事会与现金股利：匹配样本的回归结果

Panel A：匹配样本 t/z 检验

变量	国际化董事会子样本（N＝1 182）			匹配样本（N＝1 182）				
	均值	中位数	标准差	均值	中位数	标准差	t 检验	z 检验
DIV	0.318 2	0.266 1	0.315 7	0.217 5	0.174 2	0.244 6	11.57***	8.13***
SIZE	22.154 9	21.814 9	1.634 1	22.138 8	21.813 5	1.586 2	1.04	0.02
ROA	0.047 8	0.044 7	0.060 2	0.047 1	0.044 7	0.046 9	0.51	1.19

Panel B：匹配样本的回归结果

变量	H5.3.1		H5.3.2		H5.3.3			
	(1)		(2)		(3)		(4)	
					2008 年前	2008 年后	2008 年前	2008 年后
	系数 t 值	系数 t 值	系数 t 值	系数 t 值	系数 t 值	系数 t 值	系数 t 值	系数 t 值
GBD	0.058 5* (1.65)		0.186 0*** (2.86)		0.139 1** (2.02)	0.045 9*** (8.11)		
GBR		0.373 7* (1.81)		0.881 5** (2.27)			0.693 6** (2.46)	0.345 8*** (11.07)
ANALYST			0.035 3*** (2.78)	0.034 3*** (2.71)				
GBD×ANALYST			−0.067 8*** (−2.89)					
GBR×ANALYST				−0.298 0* (−1.72)				
控制变量	控制	控制	控制	控制	控制	控制	控制	控制
常数项	−2.929 9*** (−8.97)	−2.870 9*** (−8.92)	−2.483 9*** (−6.84)	−2.403 6*** (−6.49)	−3.530 3*** (−5.67)	−4.184 5*** (−469.37)	−0.348 9 (−1.01)	−4.178 4*** (−469.00)
行业/年度	控制	控制	控制	控制	控制	控制	控制	控制
观测值	2 364	2 364	2 364	2 364	729	1 635	729	1 635
Pseudo R^2	0.293 9	0.299 2	0.302 2	0.301 6	0.338 5	0.308 8	0.310 4	0.309 1
F	18.649 5***	18.937 5***	18.691 2***	18.674 3***	18.723 3***	18.682 4***	18.599 4***	18.576 7***
系数测试（t-value）					6.85***		2.00**	
Chow test(F)					49.93***		8.77**	

注：***、**、* 分别表示在 1%、5%、10% 的水平上显著；所有 t 值经过公司与年度的双重聚类调整（Petersen，2009）。

（三）基于不同的国际化董事变量的敏感性测试

为了检验研究结论是否稳健，本节采用不同的国际化董事会范畴：

1.缩小国际化董事会的定义范围

在前文的分析中，本节对国际化董事会的度量主要是考虑国际化董事会是否含外国人或中国港澳台人士（GBD）及外国人和中国港澳台人士在董事会中所占的比例（GBR）。本节仅将董事会是否有外国人（GBD_N）及外国人占董事会比例（GBR_N）分别代入回归式（5.3.1）和（5.3.2），回归结果如表 5.3.8 所示（限于篇幅，仅报告主要变量的结果）。从表5.3.8 的 Panel A 的第（1）和第（2）列可以发现，董事会是否有外国人（GBD_N）与现金股利分配在5%水平显著正相关；外国人占董事会比例（GBR_N）与现金股利分配在 10%水平上显著正相关，表明董事会含有外国人的企业显著增加了现金股利分配。进一步地，表 5.3.8 的 Panel B 的第（1）和第（2）列表明，外国人与分析师关注的交乘项 GBD_N×ANALYST 和 GBR_N×ANALYST 的回归系数分别在 1%和 5%的水平上显著，说明分析师关注负向调节了国际化董事会与现金股利之间的正相关关系。为此，假设 H5.3.1 和 H5.3.2 再次得到了经验证据的支持。表 5.3.8 的 Panel C 的第（1）～（4）列报告了缩小范围之后的国际化董事会对现金股利分配的影响，结果表明，缩小国际化董事会范围之后，国际化董事会对现金股利分配的影响在半强制分红政策之前更为显著，假设 H5.3.3 是成立的。

2.扩大国际化董事会的定义范围

除了外国人、中国港澳台人士被企业聘请到董事会，还有部分境外华裔人士也被聘请成为公司的董事参与公司治理。因此，本节在董事会聘请外国人、中国港澳台人士的基础上，进一步扩大范围，再加入华裔，同样将其设定为哑变量和比例变量，分别为 GBD_E 和 GBR_E，将它们分别代入式（5.3.1）和（5.3.2），得到回归结果如表 5.3.8 所示。Panel A 的第（3）和（4）列支持了假设 H5.3.1，Panel B 的第（3）和（4）列支持了假设 H5.3.2，Panel C 的第（5）～（8）列支持了假设 H5.3.3。

表 5.3.8 基于不同范畴的国际化董事会的敏感性测试

Panel A：假设 H5.3.1								
变量	(1)		(2)		(3)		(4)	
	系数	*t* 值	系数	*t* 值	系数	*t* 值	系数	*t* 值
GBD_N	0.055 5**	2.23						
GBR_N			0.420 5*	1.79				
GBD_E					0.042 0***	2.82		
GBR_E							0.269 0***	2.63
控制变量	控制		控制		控制		控制	
常数项	−0.987 1***	−4.69	−0.990 0***	−4.70	−0.971 2***	−4.66	−0.979 9***	−4.67
行业/年度	控制		控制		控制		控制	

续表

变量	(1)		(2)		(3)		(4)	
	系数	t 值	系数	t 值	系数	t 值	系数	t 值
观测值	18 109		18 109		18 109		18 109	
Pseudo R^2	0.204 6		0.204 8		0.204 8		0.205 0	
LR Chi^2	4 780.51***		4 783.29***		4 783.53***		4 788.18***	

Panel B：假设 H5.3.2

变量	(1)		(2)		(3)		(4)	
	系数	t 值	系数	t 值	系数	t 值	系数	t 值
GBD_N	0.187 4***	3.60						
GBR_N			1.180 0***	2.64				
GBD_E					0.144 3***	4.82		
GBR_E							0.786 0***	3.85
ANALYST	0.050 3***	14.37	0.050 1***	14.30	0.052 1***	14.76	0.051 6***	14.62
GBD_N×ANALYST	−0.069 5***	−3.51						
GBR_N×ANALYST			−0.407 8**	−2.54				
GBD_E×ANALYST					−0.054 6***	−4.88		
GBR_E×ANALYST							−0.287 9***	−4.85
控制变量	控制		控制		控制		控制	
常数项	−0.434 4***	−2.62	−0.430 9***	−2.60	−0.433 8***	−2.63	−0.430 3***	−2.63
行业/年度	控制		控制		控制		控制	
观测值	18 109		18 109		18 109		18 109	
Pseudo R^2	0.213 0		0.212 9		0.213 5		0.213 6	
LR Chi^2	4 974.70***		4 973.11***		4 986.97***		4 989.17***	

Panel C：假设 H5.3.3

变量	(1)	(2)	(3)	(4)	(5)	(6)	(7)	(8)
	2008 年前	2008 年后	2008 年前	2008 年后	2008 年前	2008 年后	2008 年前	2008 年后
	系数 (t 值)	系数 (t 值)	系数 (t 值)	系数 (t 值)	系数 (t 值)	系数 (t 值)	系数 (t 值)	系数 (t 值)
GBD_N	0.197 2*** (6.42)	0.027 6 (1.16)						
GBR_N			0.990 2*** (5.39)	0.076 1 (0.48)				
GBD_E					0.122 8*** (5.76)	0.030 2** (2.12)		
GBR_E							0.757 0*** (9.61)	0.142 9*** (2.64)

续表

变量	(1)	(2)	(3)	(4)	(5)	(6)	(7)	(8)
	2008年前	2008年后	2008年前	2008年后	2008年前	2008年后	2008年前	2008年后
	系数 (t值)	系数 (t值)	系数 (t值)	系数 (t值)	系数 (t值)	系数 (t值)	系数 (t值)	系数 (t值)
控制变量	控制	控制	控制	控制	控制	控制	控制	控制
常数项	−1.210 1*** (−3.41)	−0.999 4*** (−4.09)	−1.230 0*** (−3.47)	−1.005 6*** (−4.11)	−1.195 4*** (−3.42)	−0.982 3*** (−4.07)	−1.226 3*** (−3.46)	−0.993 9*** (−4.08)
行业/年度	控制	控制	控制	控制	控制	控制	控制	控制
观测值	4 035	14 074	4 035	14 074	4 035	14 074	4 035	14 074
Pseudo R^2	0.219 8	0.205 0	0.219 7	0.205 0	0.219 2	0.205 2	0.220 6	0.205 3
LR Chi^2	1 288.56***	3 537.00***	1 288.08***	3 535.67***	1 285.14***	3 540.64***	1 293.24***	3 541.86***
系数测试(t-value)	12.52***		2.40**		6.57***		3.90***	
Chow测试(F)	159.64***		7.04**		45.72***		98.36***	

注：***、**、*分别表示在1%、5%、10%的水平上显著；所有 t 值经过公司与年度的双重聚类调整(Petersen，2009)。

(四)基于不同的现金股利支付率的敏感性测试

在如上的测试中，本节采纳每股现金股利/每股净利润来度量现金股利支付比率。进一步，本节借鉴 Chay 和 Suh(2009)的做法，现金股利支付率采用“现金股利/销售收入”(DIV_SALE)来衡量。将该变量代入式(5.3.1)和(5.3.2)，得到回归结果如表5.3.9所示。表5.3.9中 Panel A 第(1)和第(2)列表明，国际化董事会显著增加了公司的现金股利支付水平，支持了假设 H5.3.1；第(3)和第(4)结果表明，GBD×ANALYST 与 GBR×ANALYST 的系数均显著为负，支持了假设 H5.3.2。表5.3.9的 Panel B 结果表明，国际化董事会与现金股利的正关系在半强制分红政策实施后(2008年后)比该政策实施前(2008年前)相对较弱(系数较小)，支持了假设 H5.3.3。概括起来，采纳不同的现金股利支付比率进行敏感性测试，本节的基本结论基本保持不变。

表5.3.9 基于不同的现金股利支付率的敏感性测试

Panel A：假设 H5.3.1 和 H5.3.2								
变量	H5.3.1				H5.3.2			
	(1)		(2)		(3)		(4)	
	系数	t值	系数	t值	系数	t值	系数	t值
GBD	0.003 7**	2.41			0.013 3***	4.98		
GBR			0.029 0***	3.50			0.037 6***	4.07
ANALYST					0.006 9***	15.37	0.006 7***	14.99

续表

变量	H5.3.1				H5.3.2			
	(1)		(2)		(3)		(4)	
	系数	t 值	系数	t 值	系数	t 值	系数	t 值
GBD×ANALYST					−0.005 0***	−3.93		
GBR×ANALYST							−0.012 1**	−1.98
控制变量	控制		控制		控制		控制	
常数项	−0.176 1***	−17.25	−0.176 5***	−17.35	−0.102 8***	−9.14	−0.102 7***	−9.17
行业/年度	控制		控制		控制		控制	
观测值	18 109		18 109		18 109		18 109	
Pseudo R^2	−0.403 2		−0.403 5		−0.413 7		−0.413 4	
LR Chi²	116.81***		117.04***		117.94***		118.23***	

Panel B：假设 H5.3.3

变量	(1)		(2)		(3)		(4)	
	2008 年前		2008 年后		2008 年前		2008 年后	
	系数	t 值	系数	t 值	系数	t 值	系数	t 值
GBD	0.011 2***	3.01	0.002 9*	1.78				
GBR					0.084 8***	5.23	0.012 5*	1.83
控制变量	控制		控制		控制		控制	
常数项	−0.189 2***	−7.88	−0.169 7***	−14.87	−0.191 7***	−7.99	−0.182 7***	−16.02
行业	控制		控制		控制		控制	
年度	控制		控制		控制		控制	
观测值	4 035		14 074		4 035		14 074	
Pseudo R^2	−0.682 5		−0.364 6		−0.686 6		−0.357 0	
LR Chi²	2 105.76***		7 331.64***		2 118.29***		7 332.30***	
系数测试(t-value)	2.79***				1.92*			
Chow 测试(F)	8.63**				8.28***			

注：***、**、* 分别表示在 1%、5%、10% 的水平上显著；所有 t 值经过公司与年度的双重聚类调整(Petersen，2009)。

(五)国际化董事会与现金股利分配：基于异常国际化董事会的检验

本节进一步采用异常的国际化董事会水平作为考察变量，分析其对现金股利分配的影响。具体步骤如下：

(1)利用如下模型，在控制行业和年度之后，用公司实际的国际化董事会和影响国际化董事会的变量估计出变量的系数。

$$\text{GBD(GBR)} = \alpha_0 + \alpha_1 \text{SIZE}_{t-1} + \alpha_2 \text{LEV}_{t-1} + \alpha_3 \text{ROE}_{t-1} + \alpha_4 \text{CROSS}_{t-1} + \alpha_5 \text{STATE}_{t-1} + \alpha_6 \text{JCK}_{t-1} + \varepsilon \quad (5.3.3)$$

式(5.3.3)中,SIZE 为公司资产规模的自然对数;LEV 为总资产负债率;ROE 为净资产收益率;CROSS 为公司是否交叉上市的哑变量,若为交叉上市则赋值为 1,否则为 0;STATE 为最终控制人性质,若公司为国有企业则赋值为 1,否则为 0;JCK 为公司注册地所在省份进出口总额(千美元)取自然对数,用来衡量公司注册地所在地区的对外交流和开放程度。模型中所有自变量都进行了滞后一期处理。

(2)利用样本中公司的实际数据和估计的系数,估计出期望的国际化董事会变量 PRE_GBD(PRE_GBR)。

(3)计算 GBD(GBR)和 PRE_GBD(PRE_GBR)之间的残差,即为异常的国际化董事会 ΔGBD(ΔGBR)=GBD−PRE_GBD(GBR−PRE_GBR)。

表 5.3.10 报告了异常的国际化董事会对现金股利的影响。其中,Panel A 中,第(1)列的预测模型表明,资产规模、净资产收益率、交叉上市与注册地所在省份的进出口总额与国际化董事会显著正相关,最终控制人性质与国际化董事会显著负相关;Panel A 第(2)列的结果表明,异常的国际化董事会虚拟变量(ΔGBD)与现金股利显著正相关,支持了假设 H5.3.1;第(3)列的结果表明,异常的国际化董事会虚拟变量(ΔGBD)与分析师关注(ANALYST)的交乘项 ΔGBD×ANALYST 的系数在 1%的水平上显著,支持了假设 H5.3.2;第(4)和(5)列的结果表明,异常的国际化董事会与现金股利在半强制分红政策实施前后均显著正相关,但系数测试(Panel A 的最后两行)显示,该正向影响在半强制分红政策实施后相对较弱,上述结果支持了假设 H5.3.3。Panel B 则报告了使用异常国际化董事会的比例变量(ΔGBR)的回归结果,与 Panel A 的结果类似,假设 H5.3.1、H5.3.2、H5.3.3 均得到了经验证据的再次支持。

表 5.3.10 异常国际化董事会与现金股利分配

Panel A:预测是否为国际化董事会与现金股利分配

变量			H5.3.1		H5.3.2		H5.3.3			
	(1)		(2)		(3)		(4)2008 年前		(5)2008 年后	
	系数	t 值	系数	t 值	系数	t 值	系数	t 值	系数	t 值
$SIZE_{t-1}$	0.203 3***	14.03								
LEV_{t-1}	0.001 7	0.07								
ROE_{t-1}	0.196 1*	1.65								
$CROSS_{t-1}$	0.463 4***	7.16								
$STATE_{t-1}$	−0.339 8***	−8.45								
JCK_{t-1}	0.106 5***	8.89								
ΔGBD			0.039 6**	2.52	0.122 3***	2.84	0.098 0**	2.19	0.035 5*	1.71
ANALYST					0.035 1***	6.50				
ΔGBD×ANALYST					−0.044 2***	−2.66				
FIRST			0.228 8***	8.41	0.233 2***	6.51	0.259 5***	3.10	0.216 8***	5.92
BOARD			0.135 7***	5.54	0.122 5***	3.81	0.186 3***	3.00	0.125 6***	3.73

续表

变量	(1)		H5.3.1 (2)		H5.3.2 (3)		H5.3.3 (4)2008年前		(5)2008年后	
	系数	t 值	系数	t 值	系数	t 值	系数	t 值	系数	t 值
INDR			0.033 6	0.32	0.027 8	0.28	−0.246 1	−1.01	0.062 0	0.59
DUAL			0.002 8	0.34	−0.002 1	−0.18	−0.036 5	−1.02	0.004 3	0.35
SIZE			0.046 0***	10.33	0.026 7***	4.12	0.050 0***	3.93	0.045 1***	7.57
LEV			−0.626 7***	−24.22	−0.610 5***	−17.83	−0.610 7***	−8.20	−0.622 1***	−17.35
TOBINQ			−0.050 5***	−17.82	−0.055 6***	−13.03	−0.054 2***	−5.92	−0.053 0***	−12.29
ROA			1.957 9***	7.56	1.718 9***	14.62	3.321 6***	11.73	1.743 7***	14.29
OCF			0.210 6***	3.65	0.200 7***	3.59	0.229 4*	1.71	0.215 9***	3.63
CROSS			−0.093 0***	−3.97	−0.080 2***	−2.90	−0.130 6***	−2.96	−0.085 6***	−2.86
STATE			−0.025 9***	−2.95	−0.018 4	−1.55	0.075 5***	2.67	−0.044 3***	−3.71
MKT			0.018 8***	8.20	0.018 5***	6.23	0.028 7***	3.99	0.017 1***	5.73
常数项	−7.934 8***	−20.10	−1.046 8***	−5.39	−0.636 3***	−4.02	−1.364 3***	−4.64	−0.988 8***	−6.41
行业/年度	控制		控制		控制		控制		控制	
观测值	14 920		14 920		14 920		2 503		12 417	
Pseudo R^2	0.097 1		0.196 7		0.201 5		0.216 7		0.194 9	
LR Chi^2/F	705.000 0***		34.630 0***		34.233 2***		15.632 4***		33.145 6***	
系数测试(t-value)								3.96***		
Chow test(F)								19.29***		

Panel B：预测董事会国际化程度与现金股利分配

变量	(1)		H5.3.1 (2)		H5.3.2 (3)		H5.3.3 (4)2008年前		(5)2008年后	
	系数	t 值	系数	t 值	系数	t 值	系数	t 值	系数	t 值
$SIZE_{t-1}$	0.066 1***	12.34								
LEV_{t-1}	0.000 3	0.03								
ROE_{t-1}	0.079 4*	1.89								
$CROSS_{t-1}$	0.158 1***	6.87								
$STATE_{t-1}$	−0.134 1***	−9.23								
JCK_{t-1}	0.037 8***	8.75								
ΔGBR			0.035 3**	2.10	0.117 8***	4.48	0.070 2*	1.83	0.033 8**	2.01
ANALYST					0.009 1	1.20				
ΔGBR×ANALYST					−0.048 9***	−5.06				
FIRST			0.228 2***	6.45	0.233 7***	6.68	0.275 6***	3.32	0.213 9***	5.98
BOARD			0.130 7***	4.11	0.118 4***	3.76	0.180 2***	2.92	0.121 4***	3.67

续表

变量	(1)		H5.3.1 (2)		H5.3.2 (3)		H5.3.3 (4)2008年前		H5.3.3 (5)2008年后	
	系数	t 值	系数	t 值	系数	t 值	系数	t 值	系数	t 值
INDR			0.026 6	0.26	0.025 5	0.26	−0.276 7	−1.15	0.059 8	0.57
DUAL			0.003 4	0.29	−0.001 9	−0.16	−0.035 8	−1.00	0.004 9	0.41
SIZE			0.043 2***	7.18	0.024 8***	3.81	0.041 8***	3.22	0.042 7***	6.98
LEV			−0.621 4***	−18.20	−0.608 3***	−17.95	−0.603 4***	−8.15	−0.616 8***	−17.42
TOBINQ			−0.049 7***	−12.15	−0.054 5***	−13.02	−0.055 2***	−6.04	−0.051 8***	−12.34
ROA			1.947 2***	16.69	1.710 9***	14.71	3.358 0***	11.93	1.728 2***	14.37
OCF			0.200 2***	3.60	0.198 0***	3.60	0.236 4*	1.78	0.200 3***	3.43
CROSS			−0.099 9***	−3.55	−0.090 4***	−3.23	−0.142 8***	−3.12	−0.092 3***	−3.08
STATE			−0.021 9*	−1.83	−0.011 7	−0.98	0.083 8***	2.93	−0.040 3***	−3.36
MKT			0.017 6***	5.86	0.016 7***	5.58	0.025 9***	3.49	0.016 1***	5.35
常数项	−2.688 1***	−17.30	−0.948 5***	−6.12	−0.509 0***	−3.15	−1.114 2***	−3.69	−0.901 7***	−5.61
行业/年度	控制		控制		控制		控制		控制	
观测值	15 115		15 115		15 115		2 535		12 580	
Pseudo R^2	0.127 7		0.198 7		0.205 3		0.219 3		0.196 6	
LR Chi^2/F	742.820 0***		34.429 40***		34.399 1***		15.358 0***		32.814 4***	
系数测试(t-value)							1.80*			
Chow test(F)							10.04***			

注：***、**、* 分别表示在1%、5%、10%的水平上显著；所有 t 值经过公司与年度的双重聚类调整(Petersen，2009)。

(六)国际化董事会与现金股利分配：按市场化水平与最终控制人性质进行分组

市场化水平高的地区，法制更加完善，企业经营更加规范，投资者保护更加健全。因此市场化水平也被视为一种重要的外部治理机制。将市场化水平按照中位数进行分组，回归结果如表5.3.11的Panel A所示，在市场化水平高的组，国际化董事会对现金股利分配的影响更显著，在市场化水平较低的组则无显著影响。国际化董事会对现金股利分配的影响受外部治理水平的影响。

进一步，为检验国际化董事会对现金股利分配的影响是否在不同最终控制人性质的企业之间存在差异，本节将最终控制人性质按国有和非国有进行了分组检验，结果如表5.3.11的Panel B所示。从Panel B可以看到，国际化董事会在非国有企业中对现金股利分配具有显著的正向影响，分别在1%和5%水平上显著，而国际化董事会在国有企业中则不显著，这可能是由于：国有企业享有更多的政策支持和政府补助，更容易获取发展所需的各种资源，且公司内部治理较弱，国际化董事会无法充分发挥监督作用；而非国有企业在发展中则受到不同程度的歧视，为了能够在激烈的竞争环境中脱颖而出，非国有企业董事会必须通过各种措施来建立市场声誉，获得市场信任。因此非国有企业中的国际化董事会有动力通过促使企业发放更多现金股利来树立市场形象。

表 5.3.11　国际化董事会与现金股利：基于市场化水平与最终控制人性质的分组测试

Panel A：按市场化水平分组

变量	(1)		(2)		(3)		(4)	
	高市场化水平组		低市场化水平组		高市场化水平组		低市场化水平组	
	系数	t 值	系数	t 值	系数	t 值	系数	t 值
GBD	0.057 9***	2.62	0.059 2	1.52				
GBR					0.254 1***	2.95	0.199 7	0.93
控制变量	控制		控制		控制		控制	
常数项	−0.475 1**	−2.42	−1.590 4***	−7.48	−0.502 7**	−2.57	−1.60 22***	−7.54
行业/年度	控制		控制		控制		控制	
观测值	8 861		8 486		8 861		8 486	
Pseudo R^2	0.193 9		0.207 5		0.194 2		0.207 2	
LR Chi^2	1 969.75***		2 448.50***		1 972.57***		2 444.91***	

Panel B：按最终控制人性质分组

变量	国有企业		非国有企业		国有企业		非国有企业	
	系数	t 值	系数	t 值	系数	t 值	系数	t 值
GBD	0.027 0	1.01	0.055 8***	3.30				
GBR					0.179 8	0.82	0.287 4**	2.16
控制变量	控制		控制		控制		控制	
常数项	−0.818 2***	−5.23	−1.248 2***	−3.99	−0.824 5***	−5.22	−1.258 3***	−4.08
行业/年度	控制		控制		控制		控制	
观测值	8 974		9 135		8 974		9 135	
Pseudo R^2	0.190 5		0.237 3		0.190 5		0.237 4	
LR Chi^2	2 187.05***		2 799.63***		2 187.02***		2 800.01***	

注：***、**、* 分别表示在 1%、5%、10% 的水平上显著；所有 t 值经过公司与年度的双重聚类调整 (Petersen，2009)。

五、研究结论与进一步研究方向

本节以董事会的国际化这一新特征为研究契机，以 2004—2014 年中国上市公司为研究对象，实证分析了国际化董事会对企业现金股利支付率的影响，并探讨了分析师关注的调节效应。研究发现，国际化董事会显著增加了现金股利支付率，但分析师关注负向调节了国际化董事会与现金股利分配之间的正向关系。此外，虽然国际化董事会对现金股利的正向影响在半强制分红政策实施前后均存在，但这一正向影响在半强制分红政策实施后相对较小。分组测试的结果表明，国际化董事会对现金股利分配的正向影响主要体现在非国有企业子样本中，而这一关系并不存在于国有企业子样本中。本节的研究拓展了现有文献的研究视角，丰富了股利政策影响因素的研究。此外，本节的研究不仅有助于深化对股利政策影响因素的认识，也有助于理解公司不同治理机制之间的交互作用机理，为监管机构进一步规范公司治理和企业现金股利分配提供现实依据。

本节的研究意义在于：企业的国际化是大势所趋，随之而来的董事会的国际化也越来越普遍。尽管国际化董事会自身的监督能力受到诸多因素的制约，但国际化董事会基于规避风险、维持声誉等的权衡，有动力借助诸如高质量审计师、股利政策等措施来加强对管理层的监督，提高监督能力，降低代理成本。对于企业而言，在公司董事会中适当引入境外人士，一方面可以增加企业董事会的多元性，为企业发展带来多样性的资源；另一方面，国际化董事会积极参与公司治理，有助于保护投资者利益。本节还发现分析师关注对约束管理层行为具有一定作用，因此，企业可以通过健全公司治理机制，引入多种治理制度完善公司治理。

本节研究了国际化董事会对现金股利分配的影响，那么国际化董事会又会对企业投融资决策产生何种影响？企业聘请的境外董事可能具有财务专长，他们的专业知识在中国的制度背景下又会对企业产生何种影响？能否提高企业的财务信息质量？上述问题都值得我们进行深入探讨。

参考文献

陈立泰，林川，2011. 董事会特征与现金股利分配倾向[J]. 管理世界，10：178-179.

陈云玲，2014. 半强制分红政策的实施效果研究[J]. 金融研究，8：162-177.

李常青，魏志华，吴世农，2010. 半强制分红政策的市场反应研究[J]. 经济研究，3：144-155.

潘越，戴亦一，林超群，2011. 信息不透明、分析师关注与个股暴跌风险[J]. 金融研究，9：138-151.

王茂林，何玉润，林慧婷，2014. 管理层权力、现金股利与企业投资效率[J]. 南开管理评论，2：13-22.

王静，张天西，郝东洋，2014. 发放现金股利的公司具有更高盈余质量吗？——基于信号传递理论新视角的检验[J]. 管理评论，4：50-59.

魏志华，李茂良，李常青，2014. 半强制分红政策与中国上市公司分红行为[J]. 经济研究，49(06)：100-114.

魏志华，吴育辉，李常青，2012. 家族控制、双重委托代理冲突与现金股利政策——基于中国上市公司的实证研究[J]. 金融研究，7：168-181.

魏志华，林亚清，黄寿峰，2010. 家族控制、金融发展与上市公司现金股利政策[J]. 投资研究，8：45-59.

肖珉，2010. 现金股利、内部现金流与投资效率[J]. 金融研究，10：117-134.

樊纲，王小鲁，朱恒鹏，2011. 中国市场化指数——各地区市场化相对进程 2011 年报告[M]. 北京：经济科学出版社.

张纯，吕伟，2009. 信息环境、融资约束与现金股利[J]. 金融研究，7：81-94.

ADJAOUD F，BEN-AMAR W，2010. Corporate governance and dividend policy：shareholders' protection or expropriation? [J]. Journal of business finance & accounting，37(5)&(6)：648-667.

ALEXANDER L，ESSER S. U，1999. Globalizing the board of director[J]. New York：The Conference Board.

ALLEN F，BERNARDO A E，WELCH I，2000. A theory of dividends based on tax clienteles[J]. The journal of finance，55(6)：2499-2536.

ALLI K L，CHAN K. C，SUBRAHMANYAM V，et al，2010. Multinational board diversity and firm value[J]. International journal of the academic business world，4(2)：1-9.

ALLI K L，KHAN A Q，RAMIREZ G. G，1993. Determinants of corporate dividend policy：a factorial analysis[J]. The financial review，28(4)：523-547.

ARMSTRONG C，JAGOLINZER A，LARCKER D，2010. Chief executive officer equity incentives and accounting irregularities[J]. Journal of accounting research，48(2)：225-271.

BARRIOS J M，BIANCHI P A，ISIDRO H，et al，2015. Foreign directors[Z]. Working Paper.

BARTH M，KASNIK R，MCNICHOLS M，2001. Analyst coverage and intangible assets[J]. Journal of accounting research，39：1-34.

BAR-YOSEF S，HUFFMAN L，1986. The information content of dividends：a signaling approach[J]. Journal of financial and quantitative analysis，21(1)：47-58.

BARROSO C，VILLEGAS M M，PÉREZ-CALERO L，2011. Board influence on a firm's internationalization[J]. Corporate governance：an international review，19(4)：351-367.

BASMANN R L，1960. On finite sample distributions of generalized classical linear identifiability test statistics[J]. Journal of the american statistical association，55：650-659.

BEASLEY M S，1998. Boards of directors and fraud[J]. CPA journal，68(4)：56-58.

BELDEN S，FISTER T，KNAPP B，2005.Dividends and directors：do outsiders reduce agency costs? [J]. Business and society review，110(2)：171-180.

CHANG B，DUTTA S，2012. Dividends and corporate governance：Canadian evidence

[J]. The IUP journal of applied finance, 18(4): 5-30.

CHANG X, DASGUPTA S, HILLARY G, 2006. Analyst coverage and financing decisions[J]. Journal of finance, 61: 3009-3048.

CHAY J B, SUH J, 2009. Payout policy and cash-flow uncertainty[J].Journal of financial economics, 93(1): 88-107.

CHEN S, FU K, 2011. An examination of the free cash flow and information/signaling hypotheses using unexpected dividend changes inferred from option and stock prices: the case of regular dividend increases[J]. Review of Pacific basin financial markets and policies, 14(3): 563-600.

CHOI H M, SUL W, MIN S.K, 2012. Foreign board membership and firm value in Korea[J]. Management decision, 50(2): 207-233.

DEANGELO H, DEANGELO L, SKINNER D J, 2004. Are dividends disappearing? Dividend concentration and the consolidation of earnings [J]. Journal of financial economics, 72: 425-456.

DEANGELO H, DEANGELO L, STULZ R M, 2006. Dividend policy and the earned/contributed capital mix: a test of the lifecycle theory[J]. Journal of financial economics, 81: 227-254.

DRYMIOTES G, SIVARAMAKRISHNAN K, 2012. Board monitoring, consulting and reward structures[J]. Contemporary accounting research, 29(2): 453-486.

DU X, 2014. Does religion mitigate tunneling? Evidence from Chinese Buddhism [J]. Journal of business ethics, 125(2): 299-327.

EASTERBROOK F H, 1984. Two agency-cost explanations of dividends [J]. American Economic Review, 74(4): 650-659.

ELTON E J, GRUBER M J, 1970. Marginal stockholder tax rates and the clientele effect[J]. Review of economics and statistics, 52: 68-74.

GIANNETTI M, LIAO G, YU X, 2015. The brain gain of corporate boards: evidence from China[J]. The journal of finance, 70(8): 1629-1682.

GRULLON G, MICHAELY R, SWAMINATHAN B, 2002. Are dividend changes a sign of firm maturity? [J]. Journal of business, 75(3): 387-424.

HERRMANN P, DATTA D K, 2005. Relationships between top management team characteristics and international diversification: an empirical investigation[J]. British journal of management, 16: 69-78.

HU A, KUMAR P, 2004. Managerial entrenchment and payout policy[J]. Journal of financial and quantitative analysis, 39(4): 759-790.

JENSEN M, MECKLING W, 1976. Theory of the firm: managerial behavior, agency costs and ownership structure[J]. Journal of financial economics, 3: 305-360.

JENSEN M C，1986. Agency costs of free cash flow，corporate finance，and takeovers [J]. American economic review，76(2)：323-329.

JOHN K，WILLIAMS J，1985. Dividends，dilution and taxes：a signaling equilibrium [J]. Journal of finance，40：1053-1070.

KNYAZEVA D，2007. Corporate governance，analyst following，and firm behavior [J]. New York University，Working paper.

LA PORTA R，LOPEZ-DE-SILANES F，SHLEIFER A，et al，2000. Agency problems and dividend policies around the world[J]. The journal of finance，LV(1)：1-33.

MASULIS R W，WANG C，XIE F，2012. Globalizing the boardroom—the effects of foreign directors on corporate governance and firm performance[J]. Journal of accounting and economics，53：527-554.

MILLER M H，MODIGLIANI F，1961.Dividend policy，growth，and the valuation of shares[J]. The journal of business，34(4)：411-433.

MILLER M H，ROCK K，1985. Dividend policy under asymmetric information [J]. The journal of finance，40(4)：1031-1051.

OFFICER M S，2006. Dividend policy，dividen dinitiations，and governance[J]. University of Southern California.

OXELHEIM L，RANDOY T，2003. The impact of foreign board membership on firm value[J]. Journal of banking & finance，27：2369-2392.

PETERSEN M，2009. Estimating standard errors in finance panel data sets：comparing approaches [J]. The Review of financial studies，22(1)，435-480.

PFEFFER J，1972. Size and composition of corporate boards of directors：the organization and its environment[J]. Administrative science quarterly，17(2)：218-228.

RUIGROK W，PECK S，TACHEVA S，2007. Nationality and gender diversity on Swiss corporate boards [J]. Corporate governance：an international review，15(4)：546-557.

SCHELLENGER M H，WOOD D D，TASHAKORI A，1989. Board of director composition，shareholder wealth，and dividend policy[J]. Journal of management，15(3)：457-467.

SUN J，2009. Governance role of analyst coverage and investor protection[J]. Financial analysts journal，65(6)：1-13.

SUN J，LIU G，2011. Industry specialist auditors，outsider directors，and financial analysts[J]. Journal of account and public policy，30：367-382.

YU F F，2008. Analyst coverage and earnings management[J]. Journal of financial economics，88：245-27.

第四节 境外董事、语言和企业环境信息透明度

摘要：合法性理论强调企业的合法化经营活动是企业履行环境责任的关键动机，而翔实的环境信息披露往往意味着企业在环境方面表现良好。本节以沪深两市A股国有上市公司为样本，研究境外董事能否对企业的环境问题进行监督，进而帮助企业维持合法性的地位。相关的实证结果揭示：(1)境外董事的虚拟变量与境外董事的比例都和企业环境信息透明度显著正相关；(2)当境外董事来自官方语言属于弱将来时态表述的国家(或地区)时，境外董事和企业环境信息透明度之间的正关系更突出。本节不仅发现境外董事有助于强化董事会的监督职能，还指出语言通过影响人们对未来的重视程度，可以促使个人乃至企业更多地从事未来导向的活动(例如环境保护)。此外，以上结论对监管部门制定相应的环境政策也具有启示作用。

一、引言

近年来，全球自然环境不断遭受破坏、环境问题也因此变得越来越紧迫。在中国，不佳的空气质量、受污染的水源和土地已对人们的生存造成了严重的威胁。现代企业通常被认为是环境污染的罪魁祸首之一(王霞 等，2013；Wei et al.，2017)。投资者大多期望管理层能够充分披露上市公司在环境保护方面作出的努力，抑或者存在的不足，借此督促上市公司履行相关的社会责任。此外，中国政府也相继出台了一系列法律法规来规范上市公司环境信息的披露(毕茜 等，2012；沈洪涛，冯杰，2012)。换句话说，企业的环境信息披露已经成为他们获取合法性地位的重要途径。合法性指的是，企业的行为被整个社会认为是合适的、至少是没有越过底线的一种状态(Dowling，Pfeffer，1975)。基于合法性理论，环境信息披露能够给企业带来长期经济利益流入，对于企业的存续是至关重要的(Deegan，2002；Dowling，Pfeffer，1975)。然而，承担环境责任同时也会导致大量额外的支出、给企业的短期业绩带来负面影响(McWilliams，Siegel，2001；Walley，Whitehead，1994)。因此，管理层在环境问题上需要权衡长短期的利益得失，然后再作出决策。

由于代理问题的存在，管理层往往为追求短期利润而不顾企业经营过程中对自然环境造成的破坏，并且有选择性地披露环境信息，掩盖其不当的行为。前期文献发现，有效的董事会治理(如设立审计委员会、提高独立董事占比、董事长和CEO两职分离)可以抑制管理层在环境信息披露方面的机会主义行为(毕茜 等，2012；杨熠 等，2011；Khan et al.，2013)。本节关注国际化董事会，即境外董事对环境问题可能存在的影响。一方面，境外董事往往不了解中国基于关系、人情和面子等因素建立起来的社交圈子，也很难融入其中(Ruigrok et al.，2007)。相比于中国董事，他们的独立性更高、监督意愿也更强。另一方面，中国企业一

般倾向于从经济更为发达的国家（或地区）引进境外董事（Du et al.，2017），因而他们通常具备较强的环保意识，拥有丰富的环境治理经验，有助于提高董事会对环境问题的治理能力。

文化背景对人们的行为有着不可忽视的影响。语言是一个重要的文化维度，能够反映出特定群体思考问题的方式（Whorf et al.，1956）。根据其是否要求使用者在语法上严格区分现在和未来，语言可以分为强、弱将来时态表述两类（strong versus weak future-time reference）（Dahl，2000）。强将来时态表述的语言要求人们在描述未来的时候，必须在句子中加入一些特定的、用以标记时间的词汇；然而，弱将来时态表述的语言则不存在此类语法标记。[①] 当一门语言特别强调将来时态时，会导致使用者更多地关注当下和未来的差异，不停地暗示他们未来是遥不可及的，从而负面影响他们对将来的重视程度。反之，人们则会觉得将来是近在咫尺的，更愿意为了长远的收益而抵制眼前的诱惑（Chen，2013；Pérez，Tavits，2017）。Chen（2013）发现弱将来时态表述语言与储蓄行为（增加将来的保障）显著正相关，与吸烟行为（损害将来的健康）显著负相关。Pérez 和 Tavits（2017）指出弱将来时态表述语言的使用者更倾向于支持政府征收绿色汽油税（一项着眼于环境保护的政策）。因此，当境外董事来源国的官方语言属于弱将来时态表述时，他们更担忧未来、更关注环境责任的履行以及披露情况。

为了对上述问题进行实证检验，本节逐一查阅上市公司公开披露的董事简历，并根据国籍信息判断其是否为境外董事以及使用的语言类型。此外，本节还通过年度报告、社会责任报告、官方网站等途径手工搜集企业的环境信息，进而基于全球报告倡议组织（GRI）2006年发布的《可持续发展报告指南》对相关指标进行赋值（Clarkson et al.，2008；Du et al.，2014）。相关的实证结果揭示：（1）境外董事的存在、比例都和企业环境信息透明度显著正相关；（2）当境外董事来自官方语言属于弱将来时态表述的国家（或地区）时，境外董事和企业环境信息透明度之间的正关系更突出。[②]

本节可能的理论贡献如下：（1）目前已有不少学者关注董事会治理因素对企业环境问题的影响，然而他们只是着眼于独立董事、审计委员会或者董事长和 CEO 是否由同一人兼任等方面（毕茜 等，2012；杨熠 等，2011；Khan et al.，2013），本节则将相关研究的范围进一步拓展至境外董事。（2）本节的结论有助于增进理论界对境外董事经济后果的认识。以往的研究关于境外董事能否增强董事会的监督职能存在一定的争议，一方面，基于发达国家（例如美国）的数据，Masulis 等（2012）认为国际化董事会虽然可以提供更为有效的咨询，但是

---

① 例如，英语是典型的强将来时态表述语言，它的使用者在谈到当前的天气情况时会说"It is cold today"，但是谈到未来的天气情况时则会说"It will be cold tomorrow"，句子里加入"will"以强调这是未来将要发生的事情。中文属于弱将来时态表述的语言，中国人在描述未来的天气情况时可以直接说"明天很冷"。毫无疑问，中国人也可以用"明天将会很冷"来强调这是未来将要发生的事情，只是中文的语法并不强制要求他们这么做，他们也不习惯如此表达。

② 董事的监督职能受到多种因素共同影响，包括独立性、专业能力以及语言等文化因素。中国董事作为弱未来时态表述语言（中文）的使用者无法对环境问题形成有效监督的可能原因在于，中国董事的独立性和专业能力相对较差，语言对环境问题的积极影响不足以弥补独立性和专业能力缺乏产生的消极作用。

监督效果却较差;另一方面,以发展中国家(例如中国)为背景,Du 等(2017)指出境外董事在财务报告编制过程中能够发挥监督作用。本节揭示了境外董事在企业环境问题方面的监督职能,在很大程度上丰富了相关领域的文献。(3)本节注意到语言中特定的语法结构(弱将来时态表述)通过强化境外董事对未来的忧患意识,能够对企业环境治理的效果产生影响。该发现为理论界全面认识语言对于个人行为乃至公司治理的影响提供了重要的经验证据(Chen,2013;Chen et al.,2017;Liang et al.,2014;Pérez,Tavits,2017),也将促使未来研究更多地关注语言作为一种非正式制度安排在公司治理中扮演的角色。

本节余下内容安排如下:第二部分是理论框架和研究假设;第三部分是研究设计,包括数据来源、变量定义、模型构建;第四部分是实证结果;第五部分是总结与政策性建议。

二、理论框架和研究假设

(一)合法性理论

合法性理论假定企业只是一个更为宏大的社会系统的一部分,并且受到其所处社会环境的影响,合法性指的是社会系统关于企业的所有生产经营活动都符合社会预期的一般感知(Deegan,2002)。随后,Wei 等(2017)进一步将合法性分成政治合法性和商业合法性。政治合法性要求企业不能违反法律法规,商业合法性主要是强调企业需要恪守道德的底线。以往的研究指出,社会系统中的利益相关者(主要是政府和社会公众)大多依靠公开披露的信息来认识和了解企业,进而判断企业的经营过程有没有超出社会系统所能够接受的范围(沈洪涛 等,2014;Dowling,Pfeffer,1975)。那么,企业的环境信息自然也会改变外界关于企业合法性地位的感知。Gray 等(1996)分析过管理层主动披露环境信息的动机,主要包括监管要求、舆论压力、责任心、吸引投资、赢取特定奖励等。企业处于巨大的监管和舆论压力之下、合法性受到威胁往往被认为是最关键的原因(毕茜 等,2012;沈洪涛,冯杰,2012;王霞等,2013)。Deegan 和 Rankin(1996)发现,当澳大利亚的企业被当地环境主管部门起诉以后,环境信息的披露数量(特别是有利的信息)明显增加。类似地,肖华和张国清(2008)关注重大环境事件对企业环境信息披露行为的影响,结果发现"松花江水污染事件"促使化工企业在年度报告中披露更为翔实的环境信息,他们将其看作一种为合法性辩护的自利行为。

随着社会经济的蓬勃发展、人们生活条件的不断提高,环境问题在中国逐渐受到重视。面对日益恶化的生态环境,国家环境保护总局于 2007 年出台《环境信息公开办法(试行)》,借此规范政府和企业环境信息的披露。随后,上海和深圳证券交易所也在《上海证券交易所关于做好上市公司 2008 年年度报告工作的通知》《深圳证券交易所关于做好上市公司 2008 年年度报告工作的通知》中鼓励上市公司更多地披露其履行环境责任的相关信息。此外,社会公众对于那些为追求经济利益而不惜牺牲环境的企业同样表现出越来越多的不满(Du,2015)。紫金矿业集团有限公司(股票代码:601899)下属工厂于 2010 年发生酮酸水泄漏事故并造成汀江部分水域严重污染,该事故不仅导致公司被处以 3 000 万元的巨额罚款,还引发股价暴跌将近13%。《南方周末》是中国最受欢迎的报纸之一，它每年都会披露一份宣称环保却言行不一的企业名单（或称为漂绿榜）。Du(2015)发现企业是否上榜与超额累计收益显著负相关。不难看出，积极履行环境责任已经成为中国资本市场的企业获取和维持合法性地位（包括政治合法性和商业合法性）的重要手段(Wei et al.,2017)。

（二）环境信息披露相关的长、短期利益权衡

基于合法性理论，企业的环境信息披露会带来长期的经济利益流入，有助于企业的基业长青(Deegan,2002;Dowling,Pfeffer,1975)。具体地，政治合法性可以帮助企业获得财政补贴和土地等政治资源，商业合法性使企业更容易赢得合作伙伴、债权人以及投资者的信任，降低交易成本(Wei et al.,2017)。翔实的信息披露往往意味着企业在环境保护方面付出了大量努力(Clarkson et al.,2008)，另一支文献于是主张它会导致经营成本上升（例如购买污染治理设备、使用可回收材料），从而对当前的经营绩效产生负面影响(McWilliams,Siegel,2001;Walley,Whitehead,1994)。迄今为止关于环境信息透明度和企业绩效之间关系的实证结果是不一致的，一些研究发现它们是显著正相关的(Du,2015)，但是也有其他文献指出它们之间的关系并不显著，甚至负显著(Jaggi,Freedman,1992;Walker,Wan,2012)。Wilmshurst 和 Frost(2000)认为履行环境责任更像是一把双刃剑，从长远来看可以获得收益，但在短期内需要付出代价。

管理层有义务准确地评估社会系统中利益相关者对于企业在环境方面的预期，并且通过环境信息披露的方式获取和维持企业的合法性地位(Khan et al.,2013;Wilmshurst,Frost,2000)。但是管理层通常面临着短期的业绩压力，很可能出于自利的动机刻意地减少环保支出，同时有选择性地披露环境信息、掩盖其不当的行为；同时也并不是所有管理者都能够及时甄别企业已经或者将要偏离社会预期，进而采取应对的措施(Deegan,2002)。因此，本节认为探讨公司治理机制（特别是境外董事）能否对企业的环境问题进行监督，进而帮助企业获取和维持合法性的地位是一次有益的尝试。

（三）境外董事和企业环境信息透明度

国际化董事会意味着董事会中至少有一个来自其他国家（或地区）的成员(Staples,2007)。境外董事会给董事会带来不同视角的声音，缓解集体思维的缺陷，进而提高董事会的治理效率(Du et al.,2017;Masulis et al.,2012)。具体地，当企业计划在其他国家（或地区）进行投资或者并购当地企业时，境外董事可以提供相关的咨询信息(Masulis et al.,2012)；当管理层企图操纵会计盈余以谋求自身的私利时，国际化董事会更可能及时发现并且加以制止(Du et al.,2017)。针对企业的环境问题，本节认为境外董事能够起到监督效果：

第一，境外董事更为独立。独立性是所有监督机制有效运作的先决条件，Khan 等(2013)认为董事会独立性往往和企业的自愿披露行为密切相关。关系、人情和面子都是中国社会的普遍现象，深深扎根于中国人的价值观念之中，并且对组织运作有着深远的影响。

陆瑶和胡江燕(2014)指出，董事会成员和CEO之间存在老乡关系的比例越大，企业的风险水平也就越高。Du(2019)着眼于审计师和CEO之间的方言关系，结果揭示它和审计质量显著负相关。不难看出，社会关系损害了监督方(包括董事会和审计师)的独立性、削弱了他们的监督意愿。如果董事来自五湖四海，他们和管理层存在社会关系的可能性较小，独立性则相应地较高。Ruigrok等(2017)认为境外董事既不太可能融入企业内部原有的社交圈子，也很难在短时间内建立起新的社交网络。境外董事(特别是来自西方国家的境外董事)一般更看重规则而不是人情，即使他们顺利地和管理层打成一片，也不容易受到“人情法则”的约束。

第二，境外董事更关注政府和投资者的诉求。中国企业一般倾向于从经济更为发达的国家(或地区)聘请境外董事(Du et al.,2017)。这些国家(例如美国)的正式制度往往更加成熟和完善，董事如果无法对管理层进行有效的监督，他们将遭受严重的声誉损失，甚至需要承担法律责任。以美国为背景，Srinivasan(2005)发现财务错报和董事离职、接受SEC处罚的概率都显著正相关。因此，境外董事通常具有更强的法制意识，也更可能督促管理层遵循法律、法规积极地履行环境责任。Ibrahim等(2003)指出，董事会成员的独立性越高，他们越能够站在投资者的角度考虑问题，追求企业的长远发展。此外，境外董事通常还是外资股东的代表，存在更强烈的动机监督管理层充分披露企业的环境信息，借此增进境外投资者对企业的了解和认识。

第三，境外董事关于企业环境问题的治理经验更为丰富。董事会成员具备相关的专业知识、管理经验，有助于提高董事会对环境问题的治理能力。经济更为发达的国家(或地区)大多早就经历过工业化进程导致的环境污染，例如伦敦的煤烟污染、洛杉矶的光化学烟雾事件。当地企业普遍将环境责任作为一项基本的价值观，并且在生产经营过程中尽可能地避免对生态环境造成污染(Berry,Rondinelli,1998)。可以合理地相信，境外董事更了解企业行为在哪些方面会对环境产生危害、应该采取怎样的预防措施。Post等(2011)发现，曾经前往欧洲国家接受教育的董事所占比例越高，企业越积极地承担环境责任、环境信息的披露也越翔实。相比于经济更为发达的国家(或地区)，中国企业在环境治理方面才刚刚起步(Du,2015)，境外董事所拥有的相关经验将有助于其对环境问题进行监督。基于此，提出本节的第一个假设。

H5.4.1：限定其他条件，境外董事和企业环境信息透明度正相关。

(四)不同语言时态的影响

基于语言学著名的萨丕尔—沃尔夫假说，语言中语法结构的差异会导致使用者将注意力放在不同的方面，从而改变他们看待世界的方式以及行为(Whorf et al.,1956)。Liang等(2014)也指出，语言不仅仅是人们表达想法的工具，也参与塑造人们的思维方式。例如，俄语对于蓝色的深浅作出严格的区分，但是英语没有，因此俄语的使用者就能够更加准确地分辨出深蓝、浅蓝之间的差异，但英语使用者很难作出如此区分(Winawer et al.,2007)。

不同语言在是否在语法上严格区分现在和未来的表述方面存在明显差异(Dahl,2000)。

有些语言对于将来时态存在特定的语法标记(强将来时态表述的语言,例如英语的"will""be going to");然而,另一些语言不存在现在和未来的语法时态之分(弱将来时态表述的语言,例如中文)。具体地,英国人在描述明天的气温时会说"It will be cold tomorrow",今天的气温则是"It is cold today";中国人不管事件发生在何时都会直接说"明天很冷"或者"今天很冷"。当然,中国人也可以用"明天将会很热"来强调时间差异,但是他们并不被强制,也不习惯于这样做。

既然 Winawer 等(2007)发现语言能够影响人们对于颜色的认知,那么强、弱将来时态表述语言的使用者在时间维度上应当也有着不同的感受。强将来时态表述的语言会让使用者清晰地感知到"今天"和"明天"的差别,令未来显得更加遥远,从而导致未来在使用者心中的重要性有所下降。相反地,当一门语言在语法结构中不突出时间差异,人们往往倾向于认为未来是近在咫尺的,他们当下的行为会对将来造成深远的影响。因此,相比于强将来时态表述的语言,弱将来时态表述语言的使用者更不愿意为眼前的利益而牺牲未来,更可能支持着眼于未来的行为(Chen,2013;Chen et al.,2017;Liang et al.,2014;Pérez,Tavits,2017)。站在个人层面,Chen(2013)发现弱将来时态表述的语言促使人们更多地储蓄、锻炼、戒烟等等;从组织层面出发,Chen 等(2017)指出所在地的语言类型对于企业的现金持有量也具有显著的影响。

企业主动地承担环境责任(例如购置污染治理设备、使用可回收材料)会导致当下的成本提高以换取未来更多的收益,无疑是未来导向的活动(Deegan,2002;McWilliams,Siegel,2001)。Liang 等(2014)通过跨国比较分析指出,在官方语言属于弱将来时态表述的国家中,企业更加积极地履行包括环境保护在内的各项社会责任。Pérez 和 Tavits(2017)分别使用爱沙尼亚语(弱将来时态表述)和俄语(强将来时态表述)进行访谈,询问人们是否支持绿色汽油税,结果揭示前者对于该税的支持率显著高于后者。这意味着,语言的确可以通过塑造时间观念,进而影响人们对环保行为的偏好。基于此,提出本节的第二个假设。

H5.4.2:限定其他条件,当境外董事来源国的官方语言属于弱将来时态表述时,境外董事和企业环境信息透明度之间的正关系更突出。

三、研究设计

(一)样本选择和数据来源

本节选取 2008—2014 年沪深两市 A 股国有上市公司作为研究对象(6 974 个公司—年度观测值)。[①] 选择国有上市公司的原因在于,他们兼具营利法人和公益法人的双重身份,

① 如果改用 2008—2014 年沪深两市 A 股所有上市公司作为研究对象(13 375 个公司—年度观测值),本节的假设 5.4.1、假设 5.4.2 依旧能够被经验证据所支持,具体回归结果参见本节的表 5.4.9。

无论是政府、还是社会公众都期望他们能够率先履行环境责任，从而起到示范作用。① 在此基础上，本节按照如下的原则进行样本的筛选：(1)剔除金融保险行业的观测值(128 个)；(2)剔除企业环境透明度数据缺失的观测值(12 个)；(3)剔除财务会计数据或者治理结构数据缺失的观测值(335 个)，最终得到的有效公司—年度观测值为 6 499 个。2008—2014 年各年的观测值分别为 869、901、909、945、965、963 和 947 个。境外董事、企业环境信息透明度的相关数据以及内生性测试中涉及的机场数据由作者手工搜集而得。此外，本节所使用的其余数据都来自国泰安数据库(CSMAR)。为免受极端值过大的影响，本节对所有连续变量按照 1%与 99%分位进行了必要的缩尾处理。本节主要使用 Stata 14.0 软件进行经验分析。

(二)变量定义

1.解释变量

本节首先通过年度报告、社会责任报告、官方网站等途径获得企业公开披露的环境信息，再基于文本分析以及全球报告倡议组织(GRI)2006 年发布的《可持续发展报告指南》对相关指标进行赋值。具体地，《可持续发展报告指南》将环境信息分为 7 大类，共 45 个指标。参照 Clarkson 等(2008)、Du 等(2014)的做法，本节分别对各个指标进行打分、并将分数加总得到企业环境信息透明的原始得分(EIT_RAW)。基于此，本节计算企业环境信息透明度的标准化得分(EIT)作为被解释变量，详细的计算过程是“$(EIT\_RAW-EIT\_RAW_{min})/(EIT\_RAW_{max}-EIT\_RAW_{min})$”，其中 EIT_RAW 为目标企业在特定年度环境信息透明度的原始得分，EIT_RAW_{min} 为其所属行业在特定年度环境信息透明度的最低得分，EIT_RAW_{max}则为其所属行业在特定年度环境信息透明度的最高得分。此外，本节将企业环境信息透明原始得分(EIT_RAW)作为被解释变量的敏感性测试，以期得到更加稳健的研究结果。

2.解释变量

同 Du 等(2017)一致，本节将来自中国境外的董事都归为境外董事，并且手工搜集了相关数据，具体的做法是：逐一查阅企业公开披露的董事简历，详细记录每一名董事的国籍信息。在此基础上，进一步整理出境外董事是否存在的虚拟变量(GBD)以及境外董事在全部董事中所占的比例(GBR)。此外，根据境外董事来源国的官方语言(强或弱将来时态表述)，本节采用 WFTR_DUM(SFTR_DUM)、WFTR_RATIO(SFTR_RATIO)分别衡量使用弱(强)将来时态表述语言的境外董事存在与否以及他们和董事会总人数的比值。本节的样本企业一共从 19 个国家(或地区)引进了境外董事，其中 10 个国家(或地区)的官方语言

① 参见以下网页：www.gov.cn/zwgk/2008－01/04/content_850589.htm，www.bjnews.com.cn/opinion/2010/04/04/22949.html。

属于弱将来时态表述，另外9个国家则是强将来时态表述。[①] 此外，19个国家（或地区）中只有巴西和印度属于发展中国家，并且来自巴西或印度的境外董事仅占其总人数的3.37%。

3.控制变量

借鉴企业环境信息透明度影响因素的研究（Clarkson et al.，2008；Du et al.，2014；Khan et al.，2013），本节选取如下控制变量：第一大股东持股比例（FIRST）、机构投资者持股比例（INST_SHR）、董事长和CEO两职合一（DUAL）、董事会规模（BOARD）、独立董事比例（INDR）、公司规模（SIZE）、资产负债率（LEV）、净资产收益率（ROE）、营业收入增长率（GROWTH）、融资状况（ISSUE）、收益的波动性（SIGMA）、资本支出（CAPIN）、上市年限（LISTAGE）、外部审计（BIG10），并且对年度（YEAR）、行业（INDUSTRY）的可能影响加以控制。所有变量的符号和定义见表5.4.1。

表5.4.1　变量的符号和定义

变量符号	变量定义
EIT	企业环境信息透明度的标准化得分，详细的计算过程是“($EIT\_RAW-EIT\_RAW_{min}$)/($EIT\_RAW_{max}-EIT\_RAW_{min}$)”，其中EIT_RAW为目标企业在特定年度环境信息透明度的原始得分，EIT_RAW_{min}为其所属行业在特定年度环境信息透明度的最低得分，EIT_RAW_{max}则为其所属行业在特定年度环境信息透明度的最高得分
GBD	境外董事的虚拟变量，若董事会含外国人或中国港澳台人士（不包括移民海外进而取得居住国国籍的华人），则GBD=1，否则为0
GBR	境外董事的比例变量，外国人与中国港澳台人士占公司董事会比例
WFTR_DUM (SFTR_DUM)	如果至少有一名董事来自中国境外，并且来源国的官方语言属于弱（强）将来时态表述，赋值为1，否则为0
WFTR_RATIO (SFTR_RATIO)	来源国的官方语言属于弱（强）将来时态表述的境外董事人数和董事会总人数的比值
FIRST	第一大股东持股比例，第一大股东持有股份与公司总股份的比值
INST_SHR	机构投资者的持股比例
DUAL	董事长与CEO两职合一的虚拟变量，若董事长与CEO两职合一则赋值为1，否则为0
BOARD	董事会规模，等于董事会总人数的自然对数
INDR	独立董事比例，独立董事人数与董事会总人数的比值
SIZE	公司规模，公司年末总资产所处的分位（全样本被20等分，资产规模越大、分位越高）
LEV	资产负债率，公司年末有息负债（包括长期借款、短期借款、应付债券和应付票据）和总资产的比值

① 本节直接采用Chen（2013）、Chen等（2017）对各个国家官方语言的划分。具体地，官方语言属于弱将来时态表述的10个国家（或地区）是巴西、奥地利、比利时、丹麦、德国、日本、新加坡、中国香港、中国澳门、中国台湾；官方语言属于强将来时态表述的9个国家包括美国、加拿大、英国、法国、意大利、西班牙、印度、韩国、澳大利亚。

续表

变量符号	变量定义
ROE	净资产收益率，等于净利润与股东权益的比值
GROWTH	销售收入变化，主营业务收入增长率
ISSUE	股权和债权的融资额除以期初资产总额，融资额等于吸收投资收到的现金加取得借款收到的现金
SIGMA	收益的波动性，股票周收益率的标准差
CAPIN	等于购建固定资产、无形资产和其他长期资产支付的现金除以销售收入
LISTAGE	公司年龄，等于公司上市年限加 1 后，取自然对数
BIG10	会计师事务所虚拟变量，当公司聘请十大会计师事务所审计师时赋值为 1，否则赋值为 0

（三）研究模型

为了检验假设 5.4.1，即“境外董事是否能够促进企业的环境信息透明度”，本节构建了如下 OLS 模型[式(5.4.1)]：

$$\begin{aligned} EIT = {} & \alpha_0 + \alpha_1 GB + \alpha_2 FIRST + \alpha_3 INST\_SHR + \alpha_4 DUAL + \alpha_5 BOARD + \\ & \alpha_6 INDR + \alpha_7 SIZE + \alpha_8 LEV + \alpha_9 ROE + \alpha_{10} GROWTH + \alpha_{11} ISSUE + \\ & \alpha_{12} SIGMA + \alpha_{13} CAPIN + \alpha_{14} LISTAGE + \alpha_{15} BIG10 + Industry\ Dummies + \\ & Year\ Dummies + \mu \end{aligned} \tag{5.4.1}$$

式(5.4.1)中，被解释变量是企业环境信息透明度的标准化得分(EIT)，解释变量则是 GB，具体指代境外董事存在与否的虚拟变量(GBD)和境外董事的比例(GBR)。对于式(5.4.1)而言，如果 GB 的系数(即 α_1)显著为正，则假设 5.4.1 就被经验证据所支持。

为了检验假设 5.4.2，即“弱将来时态表述的语言能否强化境外董事与企业环境信息透明度之间的正关系”，本节构建如下 OLS 模型[式(5.4.2)]：

$$\begin{aligned} EIT = {} & \beta_0 + \beta_1 WFTR + \beta_2 SFTR + \beta_3 FIRST + \beta_4 INST\_SHR + \beta_5 DUAL + \\ & \beta_6 BOARD + \beta_7 INDR + \beta_8 SIZE + \beta_9 LEV + \beta_{10} ROE + \beta_{11} GROWTH + \\ & \beta_{12} ISSUE + \beta_{13} SIGMA + \beta_{14} CAPIN + \beta_{15} LISTAGE + \beta_{16} BIG10 + \\ & Industry\ Dummies + Year\ Dummies + \mu \end{aligned} \tag{5.4.2}$$

式(5.4.2)中，被解释变量依旧是企业环境信息透明度的标准化得分(EIT)，解释变量则是 WFTR(包括 WFTR_DUM、WFTR_RATIO)和 SFTR(包括 SFTR_DUM、SFTR_RATIO)。对于式(5.4.2)而言，如果 WFTR 的系数(即 β_1)显著为正且 SFTR 的系数(即 β_2)不显著，则假设 5.4.2 就为经验证据所支持。

四、实证结果

（一）描述性统计

表 5.4.2 报告了本节主要变量的描述性统计结果。EIT 的均值是 0.186，这意味着大部分企业的环境信息透明度远远低于同行业的领先者，环境信息的披露情况在各个企业之间存在较大的差异。GBD、WFTR_DUM、SFTR_DUM 的均值分别是 0.055、0.048、0.006，说明仅有 5.50%的样本企业聘请境外董事，并且境外董事来源国的官方语言大多为弱将来时态表述。GBR 的描述性结果揭示，国有企业董事会的国际化程度很低，境外董事平均而言只占 0.70%，远低于以美国为代表的发达国家（Masulis et al.，2012），但是也有个别企业境外董事的比例高达 40%。其余变量的描述性统计如表 5.4.2 所示。

表 5.4.2 描述性统计

变量	观测值	均值	标准差	最小值	1/4 分位数	中位数	3/4 分位数	最大值
EIT	6 499	0.186	0.243	0.000	0.000	0.091	0.750	1.000
GBD	6 499	0.055	0.227	0.000	0.000	0.000	0.000	1.000
GBR	6 499	0.007	0.035	0.000	0.000	0.000	0.000	0.400
WFTR_DUM	6 499	0.048	0.214	0.000	0.000	0.000	0.000	1.000
SFTR_DUM	6 499	0.006	0.080	0.000	0.000	0.000	0.000	1.000
WFTR_RATIO	6 499	0.006	0.030	0.000	0.000	0.000	0.000	0.375
SFTR_RATIO	6 499	0.001	0.016	0.000	0.000	0.000	0.000	0.333
FIRST	6 499	0.394	0.155	0.113	0.267	0.389	0.508	0.770
INST_SHR	6 499	0.185	0.189	0.000	0.036	0.118	0.282	0.768
DUAL	6 499	0.095	0.293	0.000	0.000	0.000	0.000	1.000
BOARD	6 499	2.224	0.195	1.609	2.197	2.197	2.398	2.708
INDR	6 499	0.366	0.053	0.286	0.333	0.333	0.375	0.571
SIZE	6 499	10.499	5.766	1.000	5.000	10.000	15.000	20.000
LEV	6 499	0.249	0.174	0.000	0.103	0.237	0.375	0.668
ROE	6 499	0.060	0.166	−0.941	0.024	0.070	0.125	0.462
GROWTH	6 499	0.169	0.467	−0.569	−0.036	0.101	0.253	3.196
ISSUE	6 499	0.296	0.268	0.000	0.086	0.245	0.429	1.409
SIGMA	6 499	0.048	0.016	0.020	0.036	0.045	0.057	0.105
CAPIN	6 499	0.124	0.185	0.001	0.022	0.059	0.147	1.168
LISTAGE	6 499	2.426	0.541	0.693	2.197	2.565	2.773	3.091
BIG10	6 499	0.493	0.500	0.000	0.000	0.000	1.000	1.000

（二）分组差异分析

根据境外董事存在与否，样本企业被分成聘请境外董事（GBD=1）和未聘请境外董事（GBD=0）两类。进一步，本节通过均值差异的 t 检验、中位数差异的 z 检验分析两个子样本的企业在各个主要变量上是否存在显著差异,具体结果如表 5.4.3 所示。可以看出,企业环境信息透明度标准化得分(EIT)的均值、中位数在两个子样本之间都存在显著差异,符合本节假设 5.4.1 的预期。

表 5.4.3 分组差异分析

变量	(1)			(2)			(3)	
	GBD=1(N=355)			GBD=0(N=614 4)				
	均值	中位数	标准差	均值	中位数	标准差	t 检验	z 检验
EIT	0.349	0.243	0.327	0.177	0.087	0.233	13.23***	10.74***
FIRST	0.439	0.415	0.162	0.391	0.386	0.154	5.70***	5.09***
INST_SHR	0.242	0.215	0.182	0.182	0.112	0.189	5.80***	8.02***
DUAL	0.144	0.000	0.351	0.092	0.000	0.289	3.21***	3.21***
BOARD	2.267	2.197	0.189	2.222	2.197	0.195	4.25***	4.27***
INDR	0.376	0.364	0.061	0.365	0.333	0.052	3.78***	3.70***
SIZE	14.282	16.000	5.607	10.280	10.000	5.699	12.87***	12.71***
LEV	0.21	0.199	0.141	0.252	0.240	0.175	−4.36***	−3.86***
ROE	0.099	0.095	0.099	0.058	0.069	0.169	4.47***	5.75***
GROWTH	0.119	0.083	0.312	0.172	0.101	0.474	−2.08**	−1.30
ISSUE	0.238	0.183	0.241	0.300	0.248	0.269	−4.20***	−4.54***
SIGMA	0.046	0.043	0.015	0.048	0.045	0.016	−2.72***	−2.52**
CAPIN	0.107	0.059	0.136	0.125	0.059	0.187	−1.74*	1.11
LISTAGE	2.225	2.398	0.674	2.438	2.565	0.530	−7.22***	−5.17***
BIG10	0.645	1.000	0.025	0.485	0.000	0.006	5.90***	5.88***

注:***、**、* 分别表示在 1%、5%、10% 的水平上显著。

(三)Pearson 相关系数

表 5.4.4 列示的是本节主要变量之间的 Pearson 相关系数。从表 5.4.4 可知:(1)境外董事存在与否的虚拟变量(GBD)、境外董事的比例(GBR)都和 EIT 在 1%的统计水平上显著正相关,初步支持假设 5.4.1。(2)WFTR_DUM 和 EIT 在 1%的统计水平上显著正相关,但是 SFTR_DUM 和 EIT 之间的相关系数不显著,符合假设 5.4.2 的预期。此外,WFTR_RATIO 和 SFTR_RATIO 都和 EIT 在 1%的统计水平上显著正相关,上述二者对于 EIT 的影响是否存在差异还有待多元回归的检验。(3)控制变量方面,第一大股东持股比例(FIRST)、机构投资者持股比例(INST_SHR)、董事会规模(BOARD)、独立董事比例(INDR)、公司规模(SIZE)、资产负债率(LEV)、净资产收益率(ROE)、融资状况(ISSUE)、资本支出(CAPIN)和外部审计(BIG10)对 EIT 都有显著为正的影响,而收益的波动性(SIGMA)、上市年限(LISTAGE)与 EIT 之间的相关系数显著为负,这意味着多元回归中控制上述变量是有必要的。此外,变量之间两两相关系数大多远小于 0.50,多元回归时不大可能存在严重的多重共线性问题。

表 5.4.4　Pearson 相关系数

	变量	(1)	(2)	(3)	(4)	(5)	(6)	(7)	(8)	(9)	(10)	(11)	(12)	(13)	(14)	(15)	(16)	(17)	(18)	(19)	(20)	(21)
(1)	EIT	1.000																				
(2)	GBD	0.162***	1.000																			
(3)	GBR	0.136***	0.878***	1.000																		
(4)	WFTR_DUM	0.164***	0.936***	0.809***	1.000																	
(5)	SFTR_DUM	0.020	0.336***	0.326***	−0.018	1.000																
(6)	WFTR_RATIO	0.140***	0.839***	0.888***	0.896***	−0.016	1.000															
(7)	SFTR_RATIO	0.036***	0.348***	0.522***	0.093***	0.738***	0.072***	1.000														
(8)	FIRST	0.152***	0.071***	0.051***	0.063***	0.032***	0.053***	0.011	1.000													
(9)	INST_SHR	0.077***	0.072***	0.057***	0.072***	0.010	0.066***	0.002	−0.035***	1.000												
(10)	DUAL	−0.002	0.040***	0.030**	0.045***	−0.007	0.030**	0.010	−0.083***	−0.004	1.000											
(11)	BOARD	0.138***	0.053***	0.046***	0.051***	0.014	0.034***	0.036***	0.018	0.072***	−0.067***	1.000										
(12)	INDR	0.053***	0.047***	0.024*	0.043***	0.019	0.029**	−0.001	0.080***	−0.001	0.023*	−0.289***	1.000									
(13)	SIZE	0.362***	0.158***	0.138***	0.151***	0.045***	0.130***	0.058***	0.290***	0.083***	−0.057***	0.238***	0.127***	1.000								
(14)	LEV	0.027**	−0.054***	−0.036***	−0.054***	−0.010	−0.052***	0.019	−0.038***	−0.041***	−0.006	0.124***	0.006	0.291***	1.000							
(15)	ROE	0.115***	0.055***	0.052***	0.054***	0.013	0.059***	0.003	0.105***	0.117***	−0.013	0.035***	−0.001	0.183***	−0.201***	1.000						
(16)	GROWTH	−0.011	−0.026***	−0.023*	−0.021*	−0.017	−0.017	−0.018	0.064***	0.044***	−0.019	0.017	0.077***	−0.015	0.208***	1.000						
(17)	ISSUE	0.033***	−0.052***	−0.057***	−0.049***	−0.016	−0.064***	−0.004	−0.008	0.009	0.003	0.064	−0.001	0.199***	0.555***	−0.049***	0.224***	1.000				
(18)	SIGMA	−0.089***	−0.034***	−0.034***	−0.030**	−0.016	−0.032***	−0.015	−0.016	0.021*	0.006	−0.048***	−0.031**	−0.199***	−0.005	−0.038***	0.078***	0.066***	1.000			
(19)	CAPIN	0.035***	−0.022*	−0.021*	−0.027**	0.011	−0.024*	−0.001	−0.030**	0.062***	−0.034***	0.120***	−0.043***	0.109***	0.174***	0.001	−0.010	0.137***	−0.061***	1.000		
(20)	LISTAGE	−0.098***	−0.089***	−0.068***	−0.077***	−0.048***	−0.075***	−0.008	−0.170***	−0.077***	0.010	−0.089***	−0.024*	0.058***	0.091***	−0.061***	−0.030**	0.029**	−0.042***	−0.130***	1.000	
(21)	BIG10	0.124***	0.073***	0.074***	0.078***	−0.003	0.081***	0.010	0.094***	0.055***	−0.001	0.072***	0.043***	0.207***	0.012	0.031**	−0.004	0.024*	−0.064***	−0.005	−0.007	1.000

注：***、**、* 分别表示在 1%、5%、10% 的水平上显著。

(四)多元回归

1.境外董事和企业环境信息透明度：假设 5.4.1 的检验

本节构建了 OLS 回归模型[式(5.4.1)]对假设 5.4.1 进行检验，即境外董事可以促进企业的环境信息透明度。相关的回归结果列示在表 5.4.5 的第(1)、(2)列，所有回归模型的 F 检验都在 1%的统计水平上显著，拒绝了回归模型中所有自变量系数都为 0 的零假设。此外，两个回归模型调整之后的 R^2 分别为 22.12%、21.96%，这意味着回归模型具有一定的解释力。

表 5.4.5 的第(1)列揭示，EIT(企业环境信息透明度的标准化得分)和 GBD(境外董事存在与否的虚拟变量)在 1%的统计水平上显著正相关(0.077，$t=2.73$)，即 GBD 的回归系数显著大于 0。相比于未聘请境外董事的企业，聘请境外董事企业的环境信息透明度较高。进一步，聘请境外董事(GBD 取值从 0 变为 1)会使得 EIT 增加 0.077，大约是 EIT 均值(0.186)的 41.40%。第(2)列揭示，EIT(企业环境信息透明度的标准化得分)和 GBR(境外董事的比例)在 1%的统计水平上显著正相关(0.402，$t=2.58$)，说明境外董事的比例越高、企业披露的环境信息越多。类似地，本节求得 GBR 每变动一个单位的标准差(0.035)，EIT 相应提高 0.014，约占 EIT 均值(0.186)的 7.53%。上述结果支持了假设 5.4.1。

控制变量在表 5.4.5 的第(1)、(2)列保持相对一致：(1)第一大股东持股比例(FIRST)、董事会规模(BOARD)，以及十大会计师事务所审计(BIG10)的回归系数显著为正，反映出第一大股东、董事会以及外部审计在企业环境信息披露方面的监督作用；(2)公司规模(SIZE)、净资产收益率(ROE)的回归系数同样显著为正，说明规模较大、盈利能力较好的企业更有能力积极地承担环境责任；(3)销售收入变化(GROWTH)的回归系数显著为负，也就是说高速发展的企业缺乏对于环境问题的重视；(4)公司年龄(LISTAGE)的回归系数显著为负，说明年轻的企业更需要通过披露环境信息快速地建立起合法性；(5)财务杠杆(LEV)的回归系数显著也为负。以上结果与前期研究(Clarkson et al.，2008；Du et al.，2014；Khan et al.，2013)一致。

2.不同语言时态的调节作用：假设 5.4.2 的检验

本节在 OLS 模型[式(5.4.2)]中将境外董事拆分为弱将来时态表述语言(WFTR)、强将来时态表述语言(SFTR)两类，从而检验假设 5.4.2，即境外董事来源国的官方语言属于弱将来时态表述时，他们对企业环境信息透明度的促进作用更突出。相关的回归结果列示在表 5.4.5 的第(3)、(4)列，所有回归模型的 F 检验都在 1%的统计水平上显著，拒绝了回归模型中所有自变量系数都为 0 的零假设。此外，两个回归模型调整之后的 R^2 分别为22.22%、22.00%，这意味着回归模型具有一定的解释力。

表 5.4.5 的第(3)列揭示，EIT 和 WFTR_DUM(弱将来时态表述的境外董事存在与否)在 1%的统计水平上显著正相关(0.090，$t=2.92$)，然而 SFTR_DUM(强将来时态表述的境外董事存在与否)的回归系数并不显著。类似地，第(4)列揭示，EIT 和 WFTR_RATIO(弱

将来时态表述的境外董事比例）在 5%的统计水平上显著正相关（0.500，$t=2.35$），但是 SFTR_RATIO（强将来时态表述的境外董事比例）的回归系数则不显著。这意味着，弱将来时态表述的语言使得境外董事更担忧未来、对环境问题更加重视。这些结果支持了本节的假设 5.4.2。

表 5.4.5　境外董事与企业环境信息透明度的回归结果

变量	被解释变量：EIT							
	假设 5.4.1				假设 5.4.2			
	（1）		（2）		（3）		（4）	
	系数	*t* 值	系数	*t* 值	系数	*t* 值	系数	*t* 值
GBD	0.077***	2.73						
GBR			0.402***	2.58				
WFTR_DUM					0.090***	2.92		
SFTR_DUM					−0.019	−0.32		
WFTR_RATIO							0.500**	2.35
SFTR_RATIO							0.098	0.62
FIRST	0.067*	1.82	0.068*	1.85	0.067*	1.82	0.068*	1.84
INST_SHR	0.033	1.35	0.035	1.40	0.032	1.32	0.034	1.37
DUAL	0.008	0.58	0.009	0.66	0.008	0.54	0.009	0.65
BOARD	0.056**	2.07	0.057**	2.11	0.055**	2.05	0.057**	2.12
INDR	0.023	0.27	0.030	0.35	0.023	0.27	0.030	0.35
SIZE	0.017***	13.68	0.017***	13.80	0.017***	13.59	0.017***	13.69
LEV	−0.069**	−2.00	−0.074**	−2.17	−0.068**	−1.97	−0.073**	−2.14
ROE	0.051***	3.14	0.051***	3.03	0.051***	3.15	0.050***	3.04
GROWTH	−0.023***	−4.31	−0.023***	−4.44	−0.023***	−4.32	−0.023***	−4.42
ISSUE	0.001	0.01	0.001	0.04	−0.001	−0.01	0.001	0.05
SIGMA	−0.286	−1.47	−0.285	−1.45	−0.295	−1.49	−0.289	−1.45
CAPIN	0.001	0.01	−0.001	−0.04	0.001	0.04	−0.001	−0.02
LISTAGE	−0.037***	−3.97	−0.038***	−4.10	−0.037***	−4.02	−0.038***	−4.05
BIG10	0.022**	2.45	0.022**	2.44	0.021**	2.39	0.021**	2.40
常数项	0.086	0.97	0.083	0.93	0.089	1.00	0.082	0.92
行业	控制		控制		控制		控制	
年度	控制		控制		控制		控制	
观测值	6 499		6 499		6 499		6 499	
Adj_R^2	22.12%		21.96%		22.22%		22.00%	
F	46.02***		45.59***		45.21***		44.63***	

注：***、**、* 分别表示在 1%、5%、10% 的水平上显著；所有 *t* 值经过公司与年度的双重聚类调整（Petersen，2009）。

（五）敏感性测试

1.改用 EIT_RAW 作为被解释变量

本节采用 EIT_RAW（企业环境信息透明度的原始得分）作为被解释变量，重新对表 5.4.5进行回归。由于相当大一部分样本企业完全没有披露环境信息，EIT_RAW 取值为 0 的观测值占比很大，本节改用 Tobit 模型进行回归。重新回归之后，本节表 5.4.5 的结论依旧保持不变，具体的回归结果参见表 5.4.6。

表 5.4.6 敏感性测试的回归结果——改用 EIT_RAW 作为被解释变量

变量	被解释变量：EIT_RAW							
	假设 5.4.1				假设 5.4.2			
	(1)		(2)		(3)		(4)	
	系数	z 值	系数	z 值	系数	z 值	系数	z 值
GBD	1.908***	2.90						
GBR			10.217***	2.61				
WFTR_DUM					2.216***	3.17		
SFTR_DUM					−0.429	−0.23		
WFTR_RATIO							11.787**	2.18
SFTR_RATIO							5.180	0.89
控制变量	控制		控制		控制		控制	
常数项	−2.084	−0.84	−2.183	−0.87	−2.237	−1.00	−2.417	−1.07
行业	控制		控制		控制		控制	
年度	控制		控制		控制		控制	
观测值	6 499		6 499		6 499		6 499	
Pseudo R^2	7.76%		7.73%		7.78%		7.73%	
Log likelihood	−15 196.48		−15 200.54		−15 193.03		−15 199.89	
LR Chi^2	2 555.31***		2 547.19***		2 562.23***		2 548.50***	

注：***、**、*分别表示在1%、5%、10%的水平上显著；所有 z 值经过公司与年度的双重聚类调整(Petersen，2009)。

2.改用定义更为宽泛的境外董事变量

前文把移民境外进而取得居住国国籍的华人排除在境外董事之外，此处将其加回并利用一系列定义更为宽泛的境外董事变量（包括 GB_B_DUM、GB_B_RATIO、WFTR_B_DUM、SFTR_B_DUM、WFTR_B_RATIO 以及 SFTR_B_RATIO）对表 5.4.5 进行重新回归，表 5.4.7 的研究结论与表 5.4.5 基本类似。

表 5.4.7　敏感性测试的回归结果——改用定义更为宽泛的境外董事变量

变量	被解释变量:EIT							
	假设 5.4.1				假设 5.4.2			
	(1)		(2)		(3)		(4)	
	系数	t 值	系数	t 值	系数	t 值	系数	t 值
GB_B_DUM	0.077***	2.75						
GB_B_RATIO			0.383**	2.41				
WFTR_B_DUM					0.090***	2.90		
SFTR_B_DUM					−0.005	−0.10		
WFTR_B_RATIO							0.451**	2.08
SFTR_B_RATIO							0.182	1.18
控制变量	控制		控制		控制		控制	
常数项	0.085	0.96	0.083	0.93	0.088	1.00	0.083	0.93
行业	控制		控制		控制		控制	
年度	控制		控制		控制		控制	
观测值	6 499		6 499		6 499		6 499	
Adj_R^2	22.13%		21.95%		22.22%		21.96%	
F	46.04***		45.57***		45.19***		44.55***	

注：***、**、* 分别表示在 1%、5%、10% 的水平上显著；所有 t 值经过公司与年度的双重聚类调整(Petersen，2009)。

3.进一步控制实际控制人性质

本节进一步控制实际控制人性质(NUO_OD)进行敏感性测试，NUO_OD 是境外实际控制人的虚拟变量，如果企业的实际控制人是中国境外的法人或自然人，赋值为 1，否则为 0。控制了实际控制人性质(NUO_OD)以后，本节的假设 5.4.1、假设 5.4.2 依然被经验证据所支持，具体回归结果参见表 5.4.8。①

① 进一步，本节在回归模型中加入境外董事和实际控制人性质的交乘项，借此检验境外实际控制人是否会加强抑或者减弱境外董事的效应。理论而言，境外实际控制人既有可能加强境外董事对企业环境信息披露的正向影响，也有可能减弱境外董事的效应。一方面，境外实际控制人可能会促使境外董事更多地关注环境方面的问题，进而加强境外董事对企业环境信息披露的监督；另一方面，境外董事和境外实际控制人也可能存在一定的社会关系，这将导致境外董事的独立性下降，他们甚至可能协助境外实际控制人掩盖企业在环境方面存在的问题，不利于境外董事监督职能的发挥。未报告的回归结果显示，无论是境外董事虚拟变量和实际控制人性质的交乘项(GBD× NUO_OD)，还是境外董事比例变量和实际控制人性质的交乘项(GBR× NUO_OD)，它们的回归系数都在 5%的统计水平上显著为负。这意味着，境外实际控制人调节了境外董事对企业环境信息透明度的正向影响。

表 5.4.8 进一步控制实际控制人性质(NUO_OD)的回归结果

变量	被解释变量:EIT							
	假设 5.4.1				假设 5.4.2			
	(1)		(2)		(3)		(4)	
	系数	t 值	系数	t 值	系数	t 值	系数	t 值
GBD	0.079***	2.84						
GBR			0.421***	2.74				
WFTR_DUM					0.092***	3.04		
SFTR_DUM					−0.016	−0.29		
WFTR_RATIO							0.522**	2.49
SFTR_RATIO							0.114	0.73
NUO_OD	−0.101	−1.38	−0.105	−1.46	−0.101	−1.32	−0.107	−1.43
控制变量	控制		控制		控制		控制	
常数项	0.087	0.98	0.083	0.94	0.090	1.01	0.082	0.92
行业	控制		控制		控制		控制	
年度	控制		控制		控制		控制	
观测值	6 499		6 499		6 499		6 499	
Adj_R^2	22.15%		21.98%		22.25%		22.02%	
F	45.01***		44.59***		44.24***		43.68***	

注：***、**、* 分别表示在 1%、5%、10% 的水平上显著；所有 t 值经过公司与年度的双重聚类调整(Petersen，2009)。

4.包括非国有企业样本

对于样本选择的问题，本节把非国有企业样本包括在内进行了敏感性测试。重新回归以后，本节的假设 5.4.1、假设 5.4.2 依旧能够被经验证据所支持，具体回归结果如表 5.4.9 所示。

表 5.4.9 将非国有企业样本包括在内的回归结果

变量	被解释变量:EIT							
	假设 5.4.1				假设 5.4.2			
	(1)		(2)		(3)		(4)	
	系数	t 值	系数	t 值	系数	t 值	系数	t 值
GBD	0.038**	2.34						
GBR			0.107*	1.85				
WFTR_DUM					0.054***	2.98		
SFTR_DUM					−0.057	−1.30		
WFTR_RATIO							0.179***	2.86

续表

变量	被解释变量:EIT							
	假设 5.4.1				假设 5.4.2			
	(1)		(2)		(3)		(4)	
	系数	t 值	系数	t 值	系数	t 值	系数	t 值
SFTR_RATIO							−0.153	−0.76
SOE	0.022***	2.66	0.022***	2.59	0.022***	2.61	0.022**	2.52
控制变量	控制		控制		控制		控制	
常数项	−0.039	−0.70	−0.044	−0.78	−0.036	−0.65	−0.044	−0.79
行业	控制		控制		控制		控制	
年度	控制		控制		控制		控制	
观测值	13 375		13 375		13 375		13 375	
Adj_R^2	17.83%		17.71%		18.07%		17.83%	
F	70.11***		69.51***		69.59***		68.47***	

注：***、**、* 分别表示在 1%、5%、10% 的水平上显著；所有 t 值经过公司与年度的双重聚类调整(Petersen,2009)。

(六)内生性测试

企业是否聘请境外董事和环境信息的披露可能同时受到公司层面的第三方因素影响。虽然本节控制了行业、年度固定效应和一些其他变量，但是仍然不能保证没有遗漏相关变量。因此，本节通过倾向得分匹配法(PSM)，同时也利用境外董事人数减少的子样本对可能存在的内生性问题加以控制。

1.利用倾向得分匹配法控制内生性

本节使用境外销售收入(OSP)和公司注册地 100 千米范围内国际机场的数量(AIRPORT)估计企业聘请境外董事的概率。企业的境外销售收入占总销售收入的比例越高，则越有可能从境外(包括中国港澳台地区)引进境外董事；Masulis 等(2012)指出，交通便利性是决定境外董事是否愿意到企业任职的关键因素。表 5.4.10 的 Panel A 报告了 PSM 第一阶段的回归结果，GBD(境外董事存在与否)与 AIRPORT 在 5%的统计水平上显著正相关(0.122，z=2.45)，OSP 的回归系数为正并且在 15%的统计水平上边际显著(0.376，z=1.54)，这些结果符合本节的理论预期。根据 PSM 第一阶段的回归结果并且限定倾向得分差距不高于“百分之一”进行配对后，本节得到包括 710 个公司—年度观测值的配对样本。

表 5.4.10 的 Panel B 报告了平衡性检验的结果：全样本范围内，OSP、AIRPORT、FIRST、BOARD、INDR、SIZE、LEV、ROE、GROWTH 等变量的均值在两个子样本(GBD=1 或者 GBD=0)间存在显著差异；配对样本范围内，上述变量的均值在两个子样本间则不存在显著差异。

表 5.4.10 的 Panel C 报告了 PSM 第二阶段的回归结果，本节的假设 5.4.1、假设 5.4.2

依然得到了经验证据的支持。

表 5.4.10 利用倾向得分匹配法控制内生性的结果

Panel A:第一阶段的回归结果

变量	被解释变量:GBD	
	系数	z 值
OSP	0.376	1.54
AIRPORT	0.122**	2.45
FIRST	0.158	0.41
BOARD	0.420*	1.75
INDR	1.002	1.03
SIZE	0.069***	4.12
LEV	−1.317***	−3.43
ROE	0.484	1.53
GROWTH	−0.260***	−3.34
常数项	−7.420***	−8.72
行业、年度	控制	
观测值	6 160	
Pseudo R^2	14.05%	
Log likelihood	−1 166.91	
LR Chi^2	381.45***	

Panel B:平衡性检验

观测值	全样本					配对样本				
	GBD=1 (N=355)		GBD=0 (N=5 805)			GBD=1 (N=355)		GBD=0 (N=355)		
	均值	标准差	均值	标准差	t 检验	均值	标准差	均值	标准差	t 检验
OSP	0.115	0.187	0.089	0.173	2.76***	0.115	0.187	0.115	0.192	0.01
AIRPORT	1.423	1.136	1.091	0.943	6.34***	1.423	1.136	1.346	1.055	0.92
FIRST	0.439	0.162	0.393	0.153	5.51***	0.439	0.162	0.443	0.156	−0.28
BOARD	2.267	0.189	2.220	0.194	4.47***	2.267	0.189	2.272	0.195	−0.35
INDR	0.376	0.061	0.365	0.052	3.75***	0.376	0.061	0.372	0.061	0.79
SIZE	14.282	5.607	10.289	5.732	12.76***	14.282	5.607	14.369	4.948	−0.22
LEV	0.210	0.141	0.254	0.175	−4.63***	0.210	0.141	0.212	0.157	−0.13
ROE	0.099	0.099	0.057	0.170	4.52***	0.099	0.099	0.102	0.129	−0.45
GROWTH	0.119	0.312	0.171	0.473	−2.05**	0.119	0.312	0.135	0.266	−0.70

续表

Panel C：第二阶段的回归结果								
变量	被解释变量：EIT							
	假设 5.4.1				假设 5.4.2			
	(1)		(2)		(3)		(4)	
	系数	*t* 值	系数	*t* 值	系数	*t* 值	系数	*t* 值
GBD	0.087***	2.96						
GBR			0.353**	2.16				
WFTR_DUM					0.093***	2.96		
SFTR_DUM					0.044	0.74		
WFTR_RATIO							0.396*	1.80
SFTR_RATIO							0.242	1.06
控制变量	控制		控制		控制		控制	
常数项	−0.289	−1.12	−0.284	−1.07	−0.287	−0.97	−0.290	−1.09
行业	控制		控制		控制		控制	
年度	控制		控制		控制		控制	
观测值	710		710		710		710	
Adj_R^2	32.73%		31.64%		32.77%		31.58%	
F	10.33***		9.87***		10.09***		9.61***	

注：***、**、* 分别代表在1%、5%、10%的水平上显著；表格中报告的 *t*/*z* 值都是根据经过公司和年度聚类调整后的稳健标准差计算而得。

2.利用境外董事人数变化的子样本控制内生性

借鉴 Du 等(2017)，本节构建了一个董事会换届导致境外董事人数减少的子样本(167个公司—年度观测值)，和一个境外董事人数增加的子样本(144 个公司—年度观测值)，分别探究同一家企业的环境信息透明度是否会随着境外董事人数变化而降低或者提高。GB_DEC(GB_INC)是一个虚拟变量，境外董事离职(增加)以后的年度，赋值为 1；境外董事离职(增加)以前的年度，赋值为 0。此外，本节根据境外董事来源国的官方语言，将 GB_DEC(GB_INC)进一步拆分为 WFTR_DEC(WFTR_INC)和 SFTR_DEC(SFTR_INC)。

表 5.4.11 报告了子样本的回归结果。Panel A 的第(1)列揭示，EIT 和 GB_DEC 显著负相关，第(2)列揭示，EIT 和 WFTR_DEC 显著负相关，SFTR_DEC 的回归系数尽管为负但是并不显著。Panel B 的第(1)列揭示，EIT 和 GB_INC 显著正相关，第(2)列揭示，尽管 EIT 和 WFTR_INC、SFTR_INC 都显著正相关，但是 WFTR_INC 的回归系数显著更大。这些

结果同样支持了本节的假设 5.4.1、假设 5.4.2。[①]

表 5.4.11 利用境外董事人数变化的子样本控制内生性的回归结果

Panel A:境外董事减少的子样本				
变量	被解释变量:EIT			
	(1)		(2)	
	系数	t 值	系数	t 值
GB_DEC	−0.170***	−2.71		
WFTR_DEC			−0.171**	−2.61
SFTR_DEC			−0.170	−1.57
控制变量	控制		控制	
常数项	0.954***	3.05	1.068***	2.70
行业	控制		控制	
年度	控制		控制	
观测值	167		167	
Adj_R^2	56.30%		55.90%	
F	11.66***		11.36***	
Panel B:境外董事增加的子样本				
变量	被解释变量:EIT			
	(1)		(2)	
	系数	t 值	系数	t 值
GB_INC	0.110***	3.42		
WFTR_INC			0.215***	4.15
SFTR_INC			0.099**	2.45
控制变量	控制		控制	
常数项	0.954***	3.05	1.068***	2.70
行业	控制		控制	
年度	控制		控制	
观测值	144		144	
Adj_R^2	48.04%		49.55%	
F	4.89***		5.01***	
系数测试:WFTR_INC 与 SFTR_INC 进行比较			3.00*	

注:***、**、*分别表示在 1%、5%、10% 的水平上显著;所有 t 值经过公司与年度的双重聚类调整(Petersen,2009)。

① 按照规定,独立董事的连任时间不得超过 6 年。本节的样本范围内,一共存在 12 起境外独立董事任期满 6 年被强制轮换的事件,基于以下原则进行 1∶1 配对:(1)同行业;(2)同年度;(3)总资产和总资产收益率相差均不超过 20%;(4)总资产规模最接近。本节得到包含 14 个公司—年度观测值的配对样本,其中 7 个公司—年度观测值发生境外独立董事的强制轮换,另外 7 个公司—年度观测值没有发生境外独立董事的强制轮换。ΔEIT 是环境信息透明度的变化值,等于当年环境信息透明度与上一年环境信息透明度的差额。未报告的实证结果发现,强制轮换组 ΔEIT 的均值为−0.056,说明境外独立董事强制轮换以后环境信息透明度下降了。进一步,强制轮换组 ΔEIT 的均值为在 10%的统计水平上(单尾)显著低于非强制轮换组,这意味着环境信息透明度的下降不是时间趋势影响的结果,而是境外独立董事离职所导致的,这一结果再次支持了本节的研究结论。

（七）进一步测试

1.考虑时区和投资者保护指数

境外董事强化了董事会的监督职能，从而有助于改善企业的环境信息透明度，这是他们发挥作用的机制。境外董事来源国的制度环境以及时差都会对监督效果产生影响（Du et al.，2017；Masulis et al.，2012）。如果本节提出的机制成立，来自时差较大、制度环境较弱的国家（或地区）的境外董事则不会影响企业的环境信息披露。GB_TZ_DUM（GB_NTZ_DUM）定义如下：如果至少有一名境外董事来自法定工作时间和中国的股票交易时间（不）存在重叠的国家或地区，赋值为1；否则为0。此外，GB_TZ_RATIO（GB_NTZ_RATIO）是类似的比例变量。GB_HIGH_DUM（GB_LOW_DUM）定义如下：根据世界银行发布的《营商环境报告》，如果至少有一名境外董事来自投资者保护指数高（低）于中国的国家或地区，赋值为1；否则为0。GB_HIGH_RATIO（GB_LOW_RATIO）则是类似的比例变量。

表5.4.12的第（1）、（2）列揭示，EIT和GB_TZ_DUM、GB_TZ_RATIO分别在1%、5%的统计水平上显著正相关（0.095，$t=2.89$；0.485，$t=2.18$），GB_NTZ_DUM、GB_NTZ_RATIO的回归系数都不显著；第（3）、（4）列揭示，EIT和GB_HIGH_DUM、GB_HIGH_RATIO分别在1%、5%的统计水平上显著正相关（0.095，$t=3.04$；0.502，$t=2.19$），GB_LOW_DUM、GB_LOW_RATIO的回归系数都不显著。上述结果符合本节的理论预期。

表5.4.12 考虑时区和投资者保护指数的回归结果

变量	被解释变量：EIT							
	(1)		(2)		(3)		(4)	
	系数	t 值	系数	t 值	系数	t 值	系数	t 值
GB_TZ_DUM	0.095***	2.89						
GB_NTZ_DUM	−0.009	−0.18						
GB_TZ_RATIO			0.485**	2.18				
GB_NTZ_RATIO			0.153	0.69				
GB_HIGH_DUM					0.095***	3.04		
GB_LOW_DUM					0.010	0.17		
GB_HIGH_RATIO							0.502**	2.19
GB_LOW_RATIO							0.217	1.07
控制变量	控制		控制		控制		控制	
常数项	0.091	1.03	0.083	0.93	0.091	1.02	0.082	0.92
行业	控制		控制		控制		控制	
年度	控制		控制		控制		控制	
观测值	6 499		6 499		6 499		6 499	
Adj_R^2	22.25%		21.98%		22.22%		21.98%	
F	45.28***		44.59***		45.20***		44.59***	

注：***、**、*分别表示在1%、5%、10%的水平上显著；所有 t 值经过公司与年度的双重聚类调整（Petersen，2009）。

2.考虑法律体系

虽然一般情况下，境外董事都来自发达地区或发达国家，但是 La Porta 等(1998)指出公司治理情况会受到不同法系的影响，相比于大陆法系国家，英美法系国家对投资者的法律保护往往更强。基于此，来自不同法系国家的境外董事对环境信息披露的态度很可能存在差异。为了使研究结论更有说服力，本节尝试将境外董事的国别进行法系的区分，检验是否英美法系更倾向于环境信息披露。GB_COMMON_DUM(GB_CIVIL_DUM)定义如下：如果至少有一名境外董事来自英美法系(大陆法系)的国家或地区，赋值为 1；否则为 0。此外，GB_COMMON_RATIO(GB_CIVIL_RATIO)是类似的比例变量。具体回归结果如表 5.4.13 所示，EIT 和 GB_COMMON_DUM、GB_COMMON_RATIO 分别在 1%、5%的统计水平上显著正相关(0.107，$t=3.45$；0.450，$t=2.57$)，GB_CIVIL_DUM、GB_CIVIL_RATIO 的回归系数都不显著。上述结果和本节的理论预期一致。

表 5.4.13 考虑法律体系的回归结果

变量	被解释变量：EIT			
	(1)		(2)	
	系数	t 值	系数	t 值
GB_COMMON_DUM	0.107***	3.45		
GB_CIVIL_DUM	0.023	0.50		
GB_COMMON_RATIO			0.450**	2.57
GB_CIVIL_RATIO			0.089	0.38
控制变量	控制		控制	0.38
常数项	0.088	1.00	0.081	0.91
行业	控制		控制	
年度	控制		控制	
观测值	6 499		6 499	
Adj_R^2	22.35%		21.98%	
F	45.53***		44.58***	

注：***、**、* 分别表示在 1%、5%、10% 的水平上显著；所有 t 值经过公司与年度的双重聚类调整(Petersen，2009)。

3.区分“真实环境保护行为”和“掩盖性环境行为”

有一部分企业进行环境信息披露不是客观地想要更“合法”，而是为了掩饰自身的财务过失带来的社会声誉的降低。在这种情况下，企业环境信息的披露很可能无法带来长期经济利益的提高。根据本节提出的境外董事对企业环境信息披露的影响机制，境外董事应当只会对“真实环境保护行为”产生促进作用，对“掩盖性环境行为”则不会产生显著的影响。本节尝试通过企业是否发生财务错报行为(MIS_DUM)、是否存在会计违规(SANCTION)以及深圳证券交易所的信息披露评级(RATING)三个指标来区分“真实环境保护行为”和“掩盖性环境行为”，如果企业发生财务错报、存在会计违规或信息披露评级未达到良好，此时的环境信息披露在一定程度上可以看作是“掩盖性环境行为”，反之则是“真实环境保护行为”。MIS_DUM 是财务错报虚拟变量，当公司财务报表在以后年份错报（损益相关事项）时赋值为 1，否则赋值为 0；SANCTION 是公司财务违规的虚拟变量，若上市公司当年发生财务违规[包括虚构利润、虚列资产、虚假记载（误导性陈述）和重大遗漏]则取值为 1，否则为 0。RATING 是信息披露评级的虚拟变量，如果深圳证券交易所对企业的信息披露评级为“良好”或者“优秀”，赋值为 1，否则为 0。分组回归的结果符合本节的理论预期，具体的回归结果如表 5.4.14 所示：(1)按照 MIS_DUM 分组，境外董事的虚拟变量（GBD）和比例（GBR）都在非财务错报组显著为正，在财务错报组不显著；(2)按照 SANCTION 分组，境外董事的虚拟变量（GBD）和比例变量（GBR）都在非会计违规组显著为正，在会计违规组不显著；(3)按照 RATING 分组，境外董事的虚拟变量（GBD）和比例变量（GBR）都在信息披露评级高组显著为正，但在信息披露评级低组不显著。上述结果与本节的理论预期相符。

表 5.4.14　区分“真实环境保护行为”和“掩盖性环境行为”的回归结果

Panel A：按照 MIS_DUM（财务错报的虚拟变量）分组

变量	被解释变量：EIT							
	MIS_DUM＝1				MIS_DUM＝0			
	(1)		(2)		(3)		(4)	
	系数	t 值	系数	t 值	系数	t 值	系数	t 值
GBD	0.057	0.53			0.076***	2.69		
GBR			−0.040	−0.06			0.406**	2.57
控制变量	控制		控制		控制		控制	
常数项	0.661**	2.00	0.664**	1.98	0.035	0.40	0.031	0.36
行业	控制		控制		控制		控制	
年度	控制		控制		控制		控制	
观测值	289		289		6 210		6 210	
Adj_R^2	18.12%		17.94%		22.65%		22.50%	
F	2.59***		2.57***		45.34***		44.96***	

Panel B：按照 SANCTION（会计违规的虚拟变量）分组

变量	被解释变量：EIT							
	SANCTION＝1				SANCTION＝0			
	(1)		(2)		(3)		(4)	
	系数	t 值	系数	t 值	系数	t 值	系数	t 值
GBD	−0.011	−0.30			0.082***	2.78		
GBR			0.172	1.20			0.442**	2.43
控制变量	控制		控制		控制		控制	
常数项	0.113	0.61	0.122	0.66	0.074	0.77	0.068	0.71

续表

变量	被解释变量:EIT							
	SANCTION=1				SANCTION=0			
	(1)		(2)		(3)		(4)	
	系数	t 值	系数	t 值	系数	t 值	系数	t 值
行业	控制		控制		控制		控制	
年度	控制		控制		控制		控制	
观测值	762		762		5 737		5 737	
Adj_R^2	23.03%		23.14%		22.48%		22.28%	
F	6.69***		6.73***		41.57***		41.11***	

Panel C:按照 RATING(信息披露评级的虚拟变量)分组

变量	被解释变量:EIT							
	RATING=1				RATING=0			
	(1)		(2)		(3)		(4)	
	系数	t 值	系数	t 值	系数	t 值	系数	t 值
GBD	0.086**	2.33			−0.064	−1.01		
GBR			0.579***	2.59			−0.213	−0.56
控制变量	控制		控制		控制		控制	
常数项	0.019	0.12	0.012	0.07	0.231	1.14	0.227	1.14
行业	控制		控制		控制		控制	
年度	控制		控制		控制		控制	
观测值	2 174		2 174		412		412	
Adj_R^2	28.49%		28.44%		39.54%		39.31%	
F	22.64***		22.59***		7.56***		7.49***	

注:***、**、*分别表示在1%、5%、10%的水平上显著;所有 t 值经过公司与年度的双重聚类调整(Petersen,2009)。

五、总结及政策性建议

近年来,中国企业开始尝试着从经济更为发达的国家(或地区)引进优秀人才以助力企业的长远发展。面对日益恶化的生态环境,政府和社会公众不断向企业施加压力,期望企业能够积极地履行环境责任。本节以2008—2014年沪深两市A股国有上市公司为样本,研究境外董事能否对企业的环境问题进行监督,进而帮助企业维持合法性地位。相关的实证结果揭示:(1)境外董事的存在、比例都和企业环境信息透明度显著正相关;(2)当境外董事来自官方语言属于弱将来时态表述的国家(或地区)时,境外董事和企业环境信息透明度之间的正关系更突出。本节不仅发现境外董事有助于强化董事会的监督职能,还指出语言通过影响人们对未来的重视程度，可以促使个人乃至企业更多地从事未来导向的活动（例如环境保护）。本节通过改变企业环境信息透明度和境外董事的度量方法，进一步控制实际控制人性质，将非国有企业样本包括在内进行了多项敏感性测试，也得到类似的结论。对于实证结果中可能存在的内生性问题，本节则采用倾向得分匹配法（PSM）以及基于境外董事离职的子样本加以控制，发现结论依然成立。此外，本节还发现来源国所在的时区、制度环境是否完善以及法律体系等因素也会影响境外董事对企业环境问题的监督效果。

本节研究的政策效应可能在于：(1)党的十九大报告指出，“必须树立和践行绿水青山就是金山银山的理念，坚持节约资源和保护环境的基本国策，像对待生命一样对待生态环境”。企业的经营活动依赖于自然环境，反过来也对自然环境产生巨大影响，只有引导企业在经营过程中积极履行环境责任，才能使中国真正走上生态良好的文明发展道路。本节针对境外董事在企业环境问题方面的监督作用展开初步的研究，相关结论可以为监管部门（诸如国务院国有资产监督管理委员会、中国证券监督管理委员会）制定相应的环境监管政策提供理论依据，对改善企业的环境信息质量、促进绿色发展具有积极作用。(2)弱将来时态表述的语言使得人们更加担忧未来、更愿意投身于着眼于未来的活动。汉语是典型的弱将来时态表述，我们的祖先早在千年以前就意识到保护环境的重要性，例如孟子主张不要过分捕捞鱼鳖、按照时令进山伐树。国务院资产管理委员会自 2004 年开始在国有企业中建立规范的董事会，以解决“内部人控制”问题，但由于种种原因，中国董事或沦为“花瓶”或成为“内部人”，在环境问题上不能形成监督，无法发挥出汉语使用者在相关方面的优势。本节的发现对促进国有企业董事会制度进一步改革、激发中国董事（作为弱将来时态表述语言的使用者）在环境方面潜在的监督作用也具有重要的启示。(3)随着经济全球化的不断深入，越来越多的中国企业开始参与到国际竞争之中。在国际化扩张的过程中，中国企业对于当地的文化传统、法律法规、政府政策等往往缺乏深入了解，他们亟须通过境外董事的咨询作用来降低境外扩张面临的风险（Giannetti et al.，2015）。在人才强国战略的指导下，中国政府逐步制定了一系列吸引境外优秀人才的优惠政策，习近平总书记还提出了“改革人才引进各项配套制度，构建具有全球竞争力的人才制度体系”的战略目标。此外，日益便利的交通也为境外优秀人才进入中国企业的董事会工作创造了条件。截至 2014 年底，本节 7.71%的样本企业聘请了境外董事（不包括移民境外，进而取得居住国国籍的华人）。如果把移民境外进而取得居住国国籍的华人包括在内，这一比例达到 10.03%。本节考察了境外董事在企业环境信息披露方面的监督作用，相关结论有助于监管部门全面了解境外董事在公司治理过程中可能发挥的监督作用，对完善中国的董事会制度具有一定的启示。

本节的研究存在如下局限性可供未来的研究进一步进行拓展：本节根据境外董事的国籍来区分他们所使用的语言是强将来时态表述还是弱将来时态表述，基于此检验语言对企业环境信息透明度的影响，该做法具备一定的合理性，已经被以往的研究所采纳（Chen et al.，2017；Liang et al.，2014）。然而，本节无法排除境外董事更换国籍（例如美国人加入德国籍）以及境外董事同时掌握多种语言的情况，上述度量方法依然存在一定的瑕疵，它的准确性可能不如问卷调查或者实地访谈，所以未来的研究可以通过发放调查问卷或者实地访谈境外董事的方式搜集相关数据，进而分析语言对境外董事监督职能可能造成的影响。其次，环境信息披露只是公司行为的一个方面，未来的研究可以进一步发掘和拓展境外董事对公司其他行为，如管理层薪酬—业绩敏感性、管理层—股东代理成本、大股东资金占用等的监督作用。

参考文献

毕茜，彭珏，左永彦，2012. 环境信息披露制度、公司治理和环境信息披露[J]. 会计研究，7：39-47.

陆瑶，胡江燕，2014. CEO 与董事间的“老乡”关系对我国上市公司风险水平的影响[J]. 管理世界，3：131-138.

沈洪涛，冯杰，2012. 舆论监督、政府监管与企业环境信息披露[J]. 会计研究，2：72-78.

沈洪涛，黄珍，郭肪汝，2014. 告白还是辩白——企业环境表现与环境信息披露关系研究[J]. 南开管理评论，17(02)：56-63.

王霞，徐晓东，王宸，2013. 公共压力、社会声誉、内部治理与企业环境信息披露——来自中国制造业上市公司的证据[J]. 南开管理评论，16(02)：82-91.

肖华，张国清，2008. 公共压力与公司环境信息披露——基于“松花江事件”的经验研究[J]. 会计研究，5：15-22.

杨熠，李余晓璐，沈洪涛，2011. 绿色金融政策、公司治理与企业环境信息披露——以502 家重污染行业上市公司为例[J]. 财贸研究，22(05)：131-139.

BERRY M A，RONDINELLI D A，1998. Proactive corporate environmental management：a new industrial revolution[J]. The academy of management executive，12(2)：38-50.

CHEN M K，2013. The effect of language on economic behavior：evidence from saving rates[J]. The american economic review，103(2)：690-731.

CHEN S，CRONQVIST H，NI S，et al，2017. Languages and corporate savings behavior[J]. Journal of corporate finance，46：320-341.

CLARKSON P M，LI Y，RICHARDSON G D，et al，2008. Revisiting the relation between environmental performance and environmental disclosure：an empirical analysis [J]. Accounting，organizations and society，33(4-5)：303-327.

DAHL Ö，2000. Tense and aspect in the languages of Europe[M]. Berlin：Mouton de Gruyter.

DEEGAN C，2002. Introduction：the legitimizing effect of social and environmental disclosures：a theoretical foundation[J]. Accounting，auditing & accountability journal，15(3)：282-311.

DEEGAN C，RANKIN M，1996. Do australian companies report environmental news objectively? an analysis of environmental disclosures by firms prosecuted successfully by the environmental protection authority[J]. Accounting, auditing & accountability journal, 9(2): 50-67.

DOWLING J, PFEFFER J, 1975. Organizational legitimacy: social values and organizational behavior[J]. Pacific sociological review, 18(1): 122-136.

DU X, 2015. How the market values greenwashing? Evidence from China[J]. Journal of business ethics, 128(3): 547-574.

DU X, 2019. Does ceo-auditor dialect sharing impair pre-IPO audit quality? Evidence from China[J]. Journal of business ethics, 156(3), 699-735.

DU X, JIAN W, ZENG Q, DU Y, 2014. Corporate environmental responsibility in polluting industries: does religion matter? [J]. Journal of business ethics, 124(3): 485-507.

DU X, JIAN W, LAI S, 2017. Do foreign directors mitigate earnings management? Evidence from china[J]. The international journal of accounting, 52(2): 142-177.

GIANNETTI M, LIAO G, YU X, 2015. The brain gain of corporate boards: evidence from china[J]. The journal of finance, 70(8): 1629-1682.

GRAY R, OWEN D, ADAMS C, 1996. Accounting and accountability: changes and challenges in corporate and social reporting[M]. London: Prentice Hall.

IBRAHIM N A, HOWARD D P, ANGELIDIS J P, 2003. Board members in the service industry: an empirical examination of the relationship between corporate social responsibility orientation and directorial type[J]. Journal of business ethics, 47(4): 393-401.

JAGGI B, FREEDMAN M, 1992. An examination of the impact of pollution performance on economic and market performance: pulp and paper firms[J]. Journal of business finance & accounting, 19: 697-713.

KHAN A, MUTTAKIN M B, SIDDIQUI J, 2013. Corporate governance and corporate social responsibility disclosures: evidence from an emerging economy[J]. Journal of business ethics, 114(2): 207-223.

LA PORTA R, LOPEZ-DE-SILANES F, SHLEIFER A, et al, 1998. Law and finance[J]. Journal of political economy, 106(6): 1113-1155.

LIANG H, MARQUIS C, RENNEBOOG L, et al, 2014.Speaking of corporate social responsibility[Z]. Working paper, Available at SSRN: https://ssrn. com/abstract=2411482.

MASULIS R. W, WANG C, XIE F, 2012. Globalizing the boardroom—the effects of foreign directors on corporate governance and firm performance[J]. Journal of accounting and economics, 53(3): 527-554.

MCWILLIAMS A, SIEGEL D, 2001. Corporate social responsibility: a theory of the firm perspective[J]. Academy of management review, 26(1): 117-127.

PETERSEN M, 2009. Estimating standard errors in finance panel data sets: comparing approaches [J]. The review of financial studies, 22(1), 435-480.

PÉREZ E O, TAVITS M, 2017. Language shapes people's time perspective and support for future - oriented policies[J]. American journal of political science, 61(3): 715-727.

POST C, RAHMAN N, RUBOW E, 2011. Green governance: boards of directors' composition and environmental corporate social responsibility[J]. Business & society, 50(1): 189-223.

RUIGROK W, PECK S, TACHEVA S, 2007. Nationality and gender diversity on swiss corporate boards [J]. Corporate governance: an international review, 15(4): 546-557.

SRINIVASAN S, 2005.Consequences of financial reporting failure for outside directors: evidence from accounting restatements and audit committee members[J]. Journal of accounting research, 43(2): 291-334.

STAPLES C L, 2007. Board globalization in the world's largest TNCs 1993—2005 [J]. Corporate governance: an international review, 15(2): 311-321.

WALKER K, WAN F, 2012. The harm of symbolic actions and green-washing: corporate actions and communications on environmental performance and their financial implications[J]. Journal of business ethics, 109(2): 227-242.

WALLEY N, WHITEHEAD B, 1994. It's not easy being green[J]. Harvard business review, 72(3): 46-52.

WEI Z, SHEN H, ZHOU K Z, LI J J., 2017. How does environmental corporate social responsibility matter in a dysfunctional institutional environment? Evidence from china [J]. Journal of business ethics, 140(2): 209-223.

WHORF B L, CARROLL J B, CHASE S, 1956, Language, thought and reality: selected writings of Benjamin Lee Whorf[M]. Cambridge: MIT Press.

WILMSHURST T D, FROST G R, 2000. Corporate environmental reporting: a test of legitimacy theory[J]. Accounting, auditing & accountability journal, 13(1): 10-26.

WINAWER J, WITTHOFT N, FRANK M C, et al, 2007. Russian blues reveal effects of language on color discrimination[J]. Proceedings of the national academy of sciences, 104(19): 7780-7785.

第五节 审计师的境外经历与审计质量

摘要:审计师作为外部治理机制,在改善会计信息质量方面发挥着重要作用。利用沪深股市A股非金融行业上市公司为研究样本,手工搜集审计师的境外学习经历信息,采用STATA软件,使用OLS回归、倾向得分匹配方法实证检验上述研究问题。研究结果表明,审计师的境外经历与盈余管理显著负相关,说明境外经历增强了审计师的专业胜任能力和独立性,从而降低了公司的盈余管理,提高了审计质量。进一步分析发现,审计师的境外经历对审计质量的正向影响在重要性程度低的客户公司、国内非十大会计师事务所中表现得更强,表明客户重要性和会计师事务所规模负向调节了审计师的境外经历与审计质量的正相关关系。此外,使用倾向得分匹配、传统配对方法克服潜在的内生性问题后,结果保持不变。而且,采用更换主要变量度量方法、控制会计师事务所固定效应、控制公司省份固定效应进行稳健性检验,上述结论依然成立。

一、引言

审计作为重要的外部监督机制,在保证财务报告质量等方面发挥着关键的作用(DeFond,Zhang,2014),一直以来备受关注。个体审计师作为审计工作的实际执行人和质量控制人,其个体特征会影响审计结果(Nelson,Tan,2005)。因此,深入研究审计师个体特征对审计质量的影响颇具意义(DeFond,Francis,2005;Church et al.,2008)。然而,由于目前只有少数几个国家和地区(澳大利亚、欧盟国家、英国、中国大陆和中国台湾地区)要求披露个体审计师的信息,相关的研究较为匮乏。中国上市公司审计报告披露审计师个人姓名以及中国注册会计师协会网站(http://www.cicpa.org.cn/)提供审计师个人特征查询(Gul et al.,2013),这为研究审计师个体特质提供了数据支持。

随着中国改革开放的不断深入和经济全球化的不断推进,回国的境外人才越来越受到重视,逐步成为经济发展和创新的中坚力量(陈怡安,杨河清,2013)。与本土成长的个体相比,具有境外经历的个体往往拥有完善的知识储备、先进的管理经验、较为前沿的思维理念,日益受到资本市场的青睐。相关的研究也逐步展开,主要集中于探讨高管团队的境外经历对公司业绩(刘柏,郭书妍,2017;Liu et al.,2010)、创新(罗思平,于永达,2012;刘凤朝 等,2017)、国际化程度(周泽将 等,2017)、社会责任(文雯,宋建波,2017)、治理效率(Giannetti et al.,2015)等的影响。会计师事务所是一种典型的以“人和”为主的专业服务组织,人力资本是其关键资源。因此,作为审计师个体特征的重要方面——境外经历对审计质量的影响机制是一个重要的研究课题。目前对这一问题尚未进行探讨。鉴于此方面研究的缺失,本研究借鉴前期文献,拓展审计师个体特征的研究维度,分析审计师的境外经历影响审计质量的作用机理。

二、相关研究述评

(一)审计师个体特征

DeFond 和 Zhang(2014)指出，审计质量是由客户公司的需求、审计师的供给和监管干预共同影响的。具体到审计师方面，审计发挥作用的关键在于审计师能否发现并报告错报或漏报，这取决于审计师的专业胜任能力与独立性(De Angelo，1981)。现有文献围绕着审计师的专业胜任能力与独立性，集中于研究会计师事务所、分所层面的相关特征，如任期(陈信元，夏立军，2006)、规模(Becker et al.，1998；Lennox，Pittman，2010)、行业专长(刘文军等，2010；Carcello，Nagy，2004)、经济依赖(陈波，2013；Sharma et al.，2011)等对审计质量的影响。审计在很大程度上是一种专业判断，在审计过程中，个体审计师负责评估客户公司的风险水平、制订审计计划、执行审计程序、出具审计意见，并对最终结果负责。Nelson 和 Tan(2005)指出审计师在能力、独立性、认知、道德标准等方面存在着差异，而这些差异影响着审计工作的进行。Gul 等(2013)以中国上市公司为研究样本，实证检验了审计师个体特质对审计质量的重要影响。因此，不少学者建议应该将研究拓展到审计师个体层面(DeFond，Francis，2005；Church et al.，2008)。近年来，为回应这一呼吁，越来越多的研究在可获得数据的基础上实证检验了审计师个体特征对审计质量的重要影响，主要表现在性别、任期、行业专长、客户数量、客户重要性等方面。Ittonen 等(2013)、Hardies 等(2016)研究发现，女性审计师的审计质量更高，表现为更低的盈余管理水平，出具的持续经营审计意见更多。在任期方面，Chen 等(2008)发现个体审计师的任期与盈余管理显著正相关，表明个体审计师的任期越长，其独立性越差。行业专长是影响审计质量的重要因素，当个体审计师具备行业专长时，能够有效降低财务舞弊发生的概率，提高审计质量(Chin，Chi，2009)。Sundgren 和 Svanström(2014)发现个体审计师审计的客户公司越多，对每个客户公司投入的时间与精力就会越少，从而导致审计质量越低。有关客户重要性的研究表明，相比于分所层面的客户重要性，审计师个体层面的客户重要性对独立性起着主要作用(Chen 等，2010)。进一步，Chi 等(2012)发现对个体审计师越重要的客户，其财务报告质量越差。此外，个体审计师与公司高管之间的关系对审计质量的影响也受到了关注，Guan 等(2016)发现个体审计师与公司高管之间的校友关系降低了审计师的独立性，导致审计质量更低。类似地，Du(2019)发现当个体审计师与公司 CEO 属于同一方言区时，IPO 前的审计质量更差。可见，审计师的个体特征是研究审计质量不容忽视的重要因素。

(二)境外经历

近几年，随着中国经济的不断发展以及人才强国战略的实施，海归群体不断壮大，同时也引起了学术界的关注。相关的文献主要基于高管层面，探讨高管或董事会的境外经历对公司决策与行为的影响，主要围绕业绩表现、创新能力、国际化程度、社会责任、公司治理等维度进行。已有文献表明境外学习的经历优化了个体的知识结构，为个体积累了独特的信息资源和关系网络资源(Liu et al.,2010)。因此，刘柏和郭书妍(2017)研究表明董事会成员的境外经历有利于提高公司业绩。罗思平和于永达(2012)、刘凤朝等(2017)研究发现具有境外背景的高管凭借人力资本优势和社会资本优势显著提高了公司的创新能力。而且，境外经历培养了个体先进的管理理念和国际化的视野。所以，周泽将等(2017)发现董事的境外经历促进了公司的国际化程度。文雯和宋建波(2017)发现具有境外经历的高管团队有着更强烈的社会责任观念和意识，从而提高了公司的社会责任表现。此外，具有境外经历的董事会成员更能够发挥监督作用，从而提高公司的治理效果，改进公司的管理实践(Giannetti et al.,2015)。然而，不可忽视的是，海归人才作用的发挥也存在一定的限制。一方面，海归人才对于国内环境的新变化可能缺乏足够的认识；另一方面，海归人才较难进入或建立关系网络(Li et al.,2012)。因此，正如 Lin 等(2014)发现，海归领导的企业比本土人才领导的企业表现出更差的业绩。由此可见，个体的境外经历所产生的经济后果是值得关注的一个重要方面。

综合以上分析，有关审计师个体特征对审计质量的影响日益受到关注，然而由于受到数据的限制，相关的研究依然极为有限。目前的文献主要探讨了个体审计师的人口统计学特征(性别、任期、行业专长等)对审计质量的影响。境外经历作为个体的重要特征之一，其所带来的影响也逐渐受到关注，目前的研究主要集中在公司高管团队的境外经历对公司决策与行为的影响。鉴于此，本研究在前期文献的基础上，进一步拓展审计师个体层面的研究维度，探讨审计师的境外经历能否以及如何影响审计质量。

三、理论分析和研究假设

已有研究指出，审计质量是审计师的专业胜任能力与独立性的联合函数(De Angelo,1981)。境外求学对个体而言是一段重要的人生经历，不仅增加了知识储备，而且更新了思维模式和行为观念。故此，本研究认为境外经历的特殊优势有利于增强审计师发现错报的能力以及报告错报的动机，从而有利于提高审计质量。

一方面，境外经历优化了审计师的知识结构，提高了审计师的信息处理能力，从而有利于审计师的专业胜任能力的提高。拥有境外经历的个体往往具有优质的教育水平、丰富的经验知识、较高的个人能力(杜勇 等,2018;Duan,Hou,2015)。Liu 等(2010)、Giannetti 等(2015)指出境外经历带来的最大优势之一是优化了知识和经验的建构。Yuan 和 Wen(2018)发现具有境外经历的管理层因其积累的专业技能、管理经验等能有效地促进公司的创新。审计是一项复杂且需要大量专业判断的工作，通常涉及不同的领域与学科知识，如果审计师没有具备充分的知识和较高的信息处理能力，那么可能会带来审计效率的低下和审计质量的降低(刘笑霞,李明辉,2016)。相比于新兴市场国家，发达国家的审计理论知识和实践建设相对较为成熟，境外学习经历可以有效帮助审计师学习完备的审计专业知识，在审计过程中可以更加准确且高效地作出判断，及时地发现客户公司的盈余操纵行为。而且，审计师在境外接受的高质量教育可以帮助其提高认知能力和信息处理能力(杜勇 等,2018),从而提高其对客户公司复杂的环境、经营问题等的理解能力,准确地发现客户公司财务报告中存在的违规问题(刘笑霞,李明辉,2016),进而带来审计质量的提高。正如杜勇等(2018)发现境外学习经历提高了CEO会计判断和估计的准确性,从而有效降低了公司的盈余管理。因此,本研究可以合理推测,审计师的境外经历提高了其专业胜任能力,可以更好地发现客户公司存在的重大错报或漏报,从而提高审计质量。

另一方面,境外经历增强了审计师的独立性。众所周知,中国是一个关系型社会,人情关系是人与人之间的交往法则。中国人的思维模式强调仁义、感情,首先考虑的是人情关系,然后才是规则、条例。而与之相反,西方人具有规则意识,首先考虑的是规则、条例,然后才是人情(杨家祚,2005)。Du等(2017)的研究指出外籍董事较少受人情关系的束缚,坚持按规则办事,因此可以更好地发挥监督作用。Giannetti等(2015)指出境外归来的董事监督力度更强,公司的盈余管理程度更低。审计师的境外经历,带来其思维模式的转变(文雯,宋建波,2017),使其更好地按规则条例办事,减弱人情观念对自身的影响,从而在执业时保持应有的独立与谨慎,避免与客户公司管理层的合谋,提高审计质量。而且,发达资本市场通常具有较高的投资者保护水平和较完善的法律体系,对信息质量的要求较高,在这样的价值理念的熏陶下,具有境外经历的审计师会更倾向于维护利益相关者的权益(杜勇 等,2018),更有动机抑制客户公司管理层的机会主义行为,从而带来审计质量的提高。

综合以上分析,具有境外经历的审计师因其所学习的完备知识和接受的高质量教育,能够及时识别客户公司财务报告所存在的问题,提高发现错报或漏报的能力。同时,境外经历培养了审计师按规则办事的思维模式和注重利益相关者的价值理念,在执业时更能保持独立与应有的怀疑精神。可以说,境外经历提高了审计师的专业胜任能力和独立性,从而提高了审计质量。

据此,本研究提出假设:

H5.5.1:相对于没有境外经历的审计师,拥有境外经历的审计师的审计质量更高。

审计师为客户提供审计服务并从客户手里获得收入,审计师与客户之间存在经济依赖,为了挽留客户,有动机牺牲独立性而向客户公司妥协,这种动机与客户重要性有关(De Angelo,1981)。Chen等(2010)的研究表明审计师个体层面的客户重要性影响着审计独立性。Chi等(2012)发现面对重要客户,审计师的独立性会降低,由此引致审计质量的下降。客户重要性影响着审计师的独立性,从而影响着审计师的境外经历与审计质量的关系。本研究分析认为,审计师的境外经历对审计质量的影响在不同的客户重要程度下存在明显差异。在一个竞争激烈的审计市场中,客户资源是会计师事务所生存与发展的关键所在,尤其是重要客户。对个体审计师而言,客户资源更是其在会计师事务所中获得职位晋升和扩大影响力的基础(王良成 等,2014)。面对重要客户的财务造假行为,如果审计师出具非标准审计意见,那么审计师可能会失去重要客户,被置换签字权(Chen et al.,2016)。若丧失一个重要客户,审计师不仅会失去客户资源、经济收入与晋升机会,甚至可能面临职业危机;而留住一个重要客户可以为自身带来收入增加、职业晋升等诸多收益。而且,面对低质量的审计需求和低成本的审计失败，个体审计师坚持职业操守独立且谨慎执业的动机往往不足(Chen et al.,2016)。因此，在经济依赖动机占主导地位的情况下，当客户公司对审计师比较重要时，审计师往往会"不道德执业"，形成有利于客户公司的激进的财务报告。在这种情况下，审计师的境外经历所形成的独立性优势就会被弱化，对审计质量的正向影响就会减弱。因此，本研究提出假设：

H5.5.2：与重要性程度高的客户公司相比，审计师的境外经历对审计质量的正向影响在重要性程度低的客户公司中表现得更强。

会计师事务所的声誉和规模是影响审计质量的重要因素(Becker et al.,1998；Lennox，Pittman,2010)。不同规模和声誉的会计师事务所，在维护声誉的动机、影响力、人力资本等方面存在明显的差距。由此，本研究认为审计师的境外经历对审计质量的影响在十大与非十大会计师事务所之间存在差异。首先，十大会计师事务所具有更强的声誉保护动机，因此，保持独立性的动机更强，审计质量更高；其次，规模大的会计师事务所对单个客户公司的依赖性较低，更容易保持应有的独立与谨慎，拒绝参与管理层的财务信息操纵行为；最后，相比于其他事务所，十大会计师事务所对审计师进行更多的人力资本投资，提供更丰富的职业教育培训以及更专业的行业知识。综合以上分析，本研究认为审计师的境外经历所形成的人力资本优势和独立性优势在十大会计师事务所中被弱化，因此，本研究提出假设：

H5.5.3：与在中国十大会计师事务所的审计师相比，在非十大会计师事务所的审计师的境外经历对审计质量的正向影响表现得更强。

四、研究设计

(一)研究样本和数据来源

本节研究选取 2001—2016 年中国沪深两市 A 股上市公司作为初始研究样本。在初始样本的基础上，本节研究参照已有研究的做法对初始样本进行如下筛选：(1)剔除金融保险行业的公司样本；(2)剔除 ST、* ST、PT 的公司样本；(3)剔除数据缺失的公司样本。最终，本研究得到有效年度观察样本共计 21 042 个。

本节研究从中国注册会计师协会网站中手工搜集了审计师个体特征以及十大会计师事务所数据，市场化程度变量来自王小鲁等(2017)，其他相关数据均来自 CSMAR 数据库。

(二)变量定义和度量

1.因变量：审计质量

审计质量通常难以直接观察和测度，因此需要借助一些可观察到的替代指标(De Angelo,1981)。审计质量的衡量可以分为输出型替代变量和输入型替代变量。基于输出型的代理变量是从审计结果的角度来度量审计质量，如财务报告质量等；而基于输入型的代理变量是根据可观测到的投入指标来衡量审计质量，如审计投入时间、审计费用等（张宏亮，文挺，2016）。

盈余管理是目前研究中普遍使用的衡量审计质量的重要指标（Guan et al.，2016）。高质量的审计可以有效提高会计信息的真实性可靠性，抑制盈余管理，即盈余管理程度越低，意味着审计质量越高（Du，2019）。盈余管理可以捕捉到在会计准则允许范围内的盈余操纵，而这些盈余操纵会严重影响投资者的判断和会计信息质量，这也是审计准则赋予审计师的责任，即保证财务报告真实反映公司的经济活动（Gul et al.，2013）。而且，虽然盈余管理并不能直接刻画严重的错误重述，但盈余管理和重大错报重述密切相连，从而增加了捕捉到更多严重错误重述的可能性（DeFond，Zhang，2014）。再者，盈余管理是一个连续变量，可以很好地刻画出审计质量的变化。即使在较小的样本中，盈余管理作为审计质量的替代指标也可以有效地使用（DeFond，Zhang，2014）。张宏亮和文挺（2016）检验了中国资本市场中审计收费、事务所规模、盈余管理等六个指标对审计质量的替代效果，结果发现，会计师事务所规模和盈余管理对审计质量的替代性最好。因此，本节研究采用可操纵性应计（DA_CF）作为审计质量的替代指标，参考 Ball 和 Shivakumar（2006），计算公式如下：

$$
\begin{aligned}
TA_{i,t}/Asset_{i,t-1} = {} & \gamma_1 \times (1/Asset_{i,t-1}) + \gamma_2 \times \Delta REV_{i,t}/Asset_{i,t-1} + \gamma_3 \times \\
& PPE_{i,t}/Asset_{i,t-1} + \gamma_4 \times \Delta CF_{i,t}/Asset_{i,t-1} + \gamma_5 \times \\
& D\Delta CF_{i,t} + \gamma_6 \times (\Delta CF_{i,t}/Asset_{i,t-1}) \times D\Delta CF_{i,t} + \mu_{i,t}
\end{aligned}
\tag{5.5.1}
$$

在式（5.5.1）中，i 代表公司，t 代表年度，γ_1—γ_6 为估计系数，$\mu_{i,t}$ 为残差项。TA 表示总应计，使用营业收入与经营现金流量的差值衡量。Asset 代表资产总额。ΔREV 表示收入的变化。PPE 表示固定资产价值。ΔCF 代表经营现金流量的变化。DΔCF 是一个虚拟变量，当经营现金流量的变化小于 0 时赋值为 1，否则赋值为 0。首先，本节研究使用式（5.5.1）分行业、年度进行回归；其次，计算 DA_CF，总应计值减去估计的非操纵性应计。可操纵性应计值越大，代表盈余管理越多，审计质量越差。

此外，DeFond 和 Zhang（2014）指出在衡量审计质量时应该结合使用输入型变量和输出型变量，弥补各自的劣势。为此，参考已有文献（赵艳秉，张龙平，2017；Aobdia，2019），本研究在稳健性测试中使用会计违规（包括 SANCTION、SANCTION_NUM）、小额微利（SP）作为审计质量输出型方面的进一步衡量变量，使用审计费用（AUD_FEE）、审计投入（LNARL）作为审计质量输入型方面的衡量变量，以此增加结果的说服力。会计违规是指若上市公司当年发生财务违规[包括虚构利润、虚列资产、虚假记载（误导性陈述）和重大遗漏]被处罚（SANCTION）以及处罚次数（SANCTION_NUM）。小额微利是指当每股盈余在（0，0.02）区间则赋值为 1，否则赋值为 0。审计费用使用会计师事务所收取的审计费用的自然对数来衡量。审计投入使用资产负债表日到审计报告日之间的日历天数的自然对数衡量。当公司发生会计违规时，表明审计质量较低。小额微利通常可以看作是公司进行向上的盈余管理，当存在小额微利时，说明审计质量较低。而审计费用越高，审计时间越多，意味着审计师在审计过程中有更多投入，也更加努力，从而带来更高的审计质量。

2.自变量：审计师的境外经历

借鉴周泽将等（2017）、文雯和宋建波（2017），以及 Giannetti 等（2015），本节研究将审计师的境外经历（FOR）定义为审计师曾在中国境外的国家或地区有过学习经历。文雯和宋建波（2017）、Giannetti 等（2015）指出中国港澳台地区与中国内地/大陆在制度背景等方面存在较大差异，故将审计师在中国港澳台地区的求学背景也算作境外经历。本研究从中国注册会计师协会网站中手工搜集了审计师的毕业学校信息，根据学校信息判断审计师是否有过境外经历，若审计师的毕业学校为境外高校则赋值为 1，否则赋值为 0。

3.调节变量

为了检验假设 H5.5.2 和 H5.5.3，本节设计了两个调节变量。（1）客户重要性。Chen 等（2010）发现审计师个体层面的客户重要性对审计质量的影响更大，因此本研究使用审计师个体层面的客户重要性（CI_AUD），将其定义为某一客户公司的审计费用除以审计该公司的所有审计师审计的全部客户公司的审计费用之和，计算公式为：$FEE_j^{IA}/(\sum_{k=1}^{m}\sum_{j=1}^{n}FEE_j^{IA})$，其中，FEE 代表审计费用，IA 代表审计师个体，J 代表在特定年度审计师 k 审计的客户公司，m 代表负责审计客户公司的审计师数量。一般而言，中国上市公司的审计报告由 2～3 名审计师签署（Gul et al.，2013）。为了更好地区分不同程度的客户重要性水平，本研究进一步设置了一个客户重要性强度哑变量（CI_HIGH），当目标公司的 CI_AUD 值高于按行业和年度计算的中位数时赋值为 1，否则赋值为 0。（2）十大会计师事务所（BIG10）。本研究对会计师事务所的分类是基于中国注册会计师协会发布的《会计师事务所综合评价前百家信息》（中国注册会计师协会每年根据会计师事务所收入、注册会计师人数等特定指标对会计师事务所进行评价并排名）。本研究通过手工搜集中国注册会计师协会每年发布的会计师事务所排名数据获取十大会计师事务所数据。当公司聘请的事务所为十大会计师事务所时赋值为 1，否则赋值为 0。

4.控制变量

已有研究发现审计师特征（会计师事务所层面和审计师个体层面）（Gul et al.，2013）、公司财务特征（Du，2019；Guan et al.，2016）、公司治理特征（李文洲 等，2014；袁建国 等，2016）、外部监督机制（袁建国 等，2016）、外部制度环境（杜勇 等，2018）会影响盈余管理水平。因此，本研究还控制了以下变量：（1）审计师个体特征：性别（GENDER_AUD）、学历（EDU_AUD）、专业（MAJOR_AUD）、年龄（AGE_AUD）；（2）会计师事务所特征：事务所层面的客户重要性（CI_FIRM）、事务所组织形式（LIMIT）、事务所行业专长（IND_SPEC）；（3）公司财务特征：公司规模（SIZE）、资产负债率（LEV）、销售收入收益率（ROS）、账面市值比（BM）、审计复杂度（COMPLEX）；（4）公司治理特征：所有权性质（STATE）、第一大股东持股比例（FIRST）、管理层持股比例（MAN_SHR）、董事会规模（BOARD）、独立董事比例（INDR）；（5）外部监督机制：机构投资者持股（INST_SHR）；（6）外部制度环境：市场化程度（MKT）。此外，为了控制行业和年度固定效应的影响，本研究在回归模型中加入了行业和年度虚拟变量。具体的变量定义和度量如表 5.5.1 所示。

表 5.5.1 变量定义

变量名称	变量符号	变量定义
审计质量	DA_CF	基于 Ball 和 Shivakumar(2006)调整的琼斯模型计算的考虑经营活动现金流的可操纵性应计
	DA	基于修正琼斯模型(Dechow et al.,1995)计算的可操纵性应计
	REM	使用真实盈余管理总量模型计算的真实盈余管理
	SANCTION	公司财务违规的虚拟变量，若上市公司当年发生财务违规[包括虚构利润、虚列资产、虚假记载(误导性陈述)和重大遗漏]则赋值为 1，否则为 0
	SANCTION_NUM	公司当年发生会计违规的数量
	SP	若每股盈余处于(0,0.02)区间，则赋值为 1，否则为 0。每股盈余等于息税前利润除以公司股数
	AUD_FEE	审计费用的自然对数
	LNARL	资产负债表日到审计报告日之间的日历天数的自然对数
审计师的境外经历	FOR	若审计师的毕业学校为境外高校(包括中国港澳台地区)则赋值为 1，否则赋值为 0
	FOR_NET	若审计师的毕业学校为境外高校(不包括中国港澳台地区)则赋值为 1，否则赋值为 0
	FOR_LEVEL	若审计师从境外学校(包括中国港澳台地区)获得学士学位或硕士学位，则赋值为 1；若审计师从境外学校获得博士学位，则赋值为 2；否则赋值为 0
审计师层面客户重要性	CI_AUD	审计师层面的客户重要性，等于某一客户公司的审计费用除以审计公司的所有审计师审计的全部客户公司的审计费用之和
客户重要性的强度	CI_HIGH	若审计师个体层面的客户重要性程度高于全样本中位数(按年度、行业)赋值为 1，否则赋值为 0
十大会计师事务所	BIG10	会计师事务所虚拟变量，当公司聘请前十大会计师事务所(中国注册会计师协会年度排名)审计师赋值为 1，否则赋值为 0
审计师性别	GENDER_AUD	审计师性别的虚拟变量，若签字审计师为女性，则为 1，否则为 0
审计师学历	EDU_AUD	审计师教育水平的虚拟变量，若审计师获得本科及以上学历，则为 1，否则为 0
审计师专业	MAJOR_AUD	审计师专业背景的虚拟变量，若审计师的专业为会计、财务、审计，则赋值为 1，否则赋值为 0
审计师年龄	AGE_AUD	审计师的年龄
会计师事务所层面客户重要性	CI_FIRM	会计师事务所层面的客户重要性，等于会计师事务所审计某一客户的审计费用与会计师事务所审计的所有客户的审计费用加总的比值
会计师事务所组织形式	LIMIT	事务所组织形式，若会计师事务所为合伙制则赋值为 1，不是合伙制则赋值为 0

续表

变量名称	变量符号	变量定义
会计师事务所行业专长	IND_SPEC	会计师事务所行业专长的虚拟变量，若按两位数证监会行业分类的客户资产计算，会计师事务所拥有的市场份额等于或大于10%，则赋值为1，否则赋值为0
公司规模	SIZE	公司规模，公司总资产的自然对数
资产负债率	LEV	财务杠杆，公司总负债与总资产的比值
销售收入收益率	ROS	销售收入收益率，等于净利润与销售收入的比值
账面市值比	BM	账面市值比，等于公司账面总资产与股票总市值的比值
审计复杂度	COMPLEX	审计复杂程度，存货与应收账款之和与总资产的比值
最终控制人性质	STATE	最终控制人性质，若公司的最终控制人是中央或地方政府、政府控股公司则赋值为1，否则赋值为0
第一大股东持股比例	FIRST	第一大股东持股比例，第一大股东持有股份与公司总股份的比值
管理层持股比例	MAN_SHR	管理层的持股比例
董事会规模	BOARD	董事会规模，等于董事会总人数的自然对数
独立董事比例	INDR	独立董事比例，独立董事人数与董事会总人数的比值
机构投资者持股	INST_SHR	机构投资者的持股比例
市场化程度	MKT	省级市场化指数，衡量我国省际制度发展与投资者保护的指标

（三）计量回归模型

为了检验本研究所提出的假设 H5.5.1，设计如下的回归模型进行 OLS 多元回归分析：

$$\begin{aligned} DA\_CF_{i,t} = {} & \alpha_0 + \alpha_1 FOR_{i,t} + \alpha_2 CI\_AUD_{i,t} + \alpha_3 BIG10_{i,t} + \alpha_4 GENDER\_AUD_{i,t} + \\ & \alpha_5 EDU\_AUD_{i,t} + \alpha_6 MAJOR\_AUD_{i,t} + \alpha_7 AGE\_AUD_{i,t} + \alpha_8 CI\_FIRM_{i,t} + \\ & \alpha_9 LIMIT_{i,t} + \alpha_{10} IND\_SPEC_{i,t} + \alpha_{11} SIZE_{i,t} + \alpha_{12} LEV_{i,t} + \alpha_{13} ROS_{i,t} + \\ & \alpha_{14} BM_{i,t} + \alpha_{15} COMPLEX_{i,t} + \alpha_{16} STATE_{i,t} + \alpha_{17} FIRST_{i,t} + \\ & \alpha_{18} MAN\_SHR_{i,t} + \alpha_{19} BOARD_{i,t} + \alpha_{20} INDR_{i,t} + \alpha_{21} INST\_SHR_{i,t} + \\ & \alpha_{22} MKT_{i,t} + \text{Industry Dummies} + \text{Year Dummies} + \varepsilon_{i,t} \end{aligned} \tag{5.5.2}$$

其中，i 为公司，t 为年度，α_0 截距项，$\alpha_1 \sim \alpha_{22}$ 为各变量的回归系数，$\varepsilon_{i,t}$ 为随机误差项。若 FOR 的回归系数 α_1 显著为负，则支持 H5.5.1，即审计师的境外经历提高了审计质量。为检验假设 H5.5.2，本研究根据审计师个体层面的客户重要性是否高于样本中位数（按照年度、行业取中位数），将总样本划分为高客户重要性组（CI_AUD 高于中位数，即 CI_HIGH=1）和低客户重要性组（CI_AUD 低于中位数，即 CI_HIGH=0），并利用式（5.5.2）进行回归分析。为了检验假设 H5.5.3，本研究将样本公司按照是否选择十大会计师事务所审计划分为两个子样本，即选择十大进行审计的公司子样本（BIG10=1）和选择非十大进行审计的公司子样本（BIG10=0），据此进行分组回归检验。此外，本研究对所有连续性变量都进行上下 1%的缩尾处理。

五、实证结果分析

(一)描述性统计分析

本研究的描述性统计见表5.5.2。由表5.5.2可知,盈余管理的均值为0.001,最小值为−0.217,最大值为0.227,说明中国资本市场上公司的盈余管理程度差别比较大。审计师的境外经历的均值为0.031,说明具有境外经历的审计师依然占少数。审计师个体层面的客户重要性的均值为0.321。十大会计师事务所的均值为0.447,说明约有44.700%的样本上市公司选择十大会计师事务所进行审计。女性审计师的均值为0.510,说明约有一半的公司选择女性审计师进行审计。审计师的学历的均值为0.891,说明审计师的学历在本科及本科以上的占89.100%。审计师的专业均值为0.715,说明约有71.500%的审计师所学专业为会计、审计、财务。审计师年龄的均值为44.612。会计师事务所层面的客户重要性的均值为0.030。会计师事务所组织形式的均值为0.550,说明超过一半的会计师事务所的组织形式为合伙制。会计师事务所行业专长的均值为0.190。财务特征方面,公司规模的均值为21.902、资产负债率的均值为0.466、销售收入收益率的均值为0.074、账面市值比的均值为0.549。审计复杂度的均值为0.274,说明上市公司的存货与应收账款之和占总资产的比例平均为27.400%。所有权性质的均值为0.554,说明超过一半的样本上市公司为国有控股公司。第一大股东持股比例的均值为0.371。管理层持股比例的均值为0.025,表明中国上市公司的管理层持股比例较低。董事会规模的均值为2.183,表明上市公司的董事会平均有9人。此外,独立董事比例的均值为0.352、机构投资者持股比例的均值为0.203、市场化程度的均值为8.432。

表5.5.2 描述性统计结果

变量	观测值	均值	标准差	最小值	1/4分位	中位数	3/4分位	最大值
DA_CF	21 042	0.001	0.071	−0.217	−0.037	0.001	0.038	0.227
FOR	21 042	0.031	0.173	0.000	0.000	0.000	0.000	1.000
CI_AUD	21 042	0.321	0.271	0.029	0.128	0.227	0.419	1.000
BIG10	21 042	0.447	0.497	0.000	0.000	0.000	1.000	1.000
GENDER_AUD	21 042	0.510	0.500	0.000	0.000	1.000	1.000	1.000
EDU_AUD	21 042	0.891	0.312	0.000	1.000	1.000	1.000	1.000
MAJOR_AUD	21 042	0.715	0.451	0.000	0.000	1.000	1.000	1.000
AGE_AUD	21 042	44.612	6.353	32.000	40.000	44.000	48.000	63.000

续表

变量	观测值	均值	标准差	最小值	1/4 分位	中位数	3/4 分位	最大值
CI_FIRM	21 042	0.030	0.043	0.001	0.005	0.015	0.037	0.276
LIMIT	21 042	0.550	0.497	0.000	0.000	1.000	1.000	1.000
IND_SPEC	21 042	0.190	0.392	0.000	0.000	0.000	0.000	1.000
SIZE	21 042	21.902	1.215	19.559	21.029	21.742	22.589	25.660
LEV	21 042	0.466	0.199	0.050	0.318	0.474	0.618	0.886
ROS	21 042	0.074	0.157	−0.654	0.019	0.061	0.133	0.577
BM	21 042	0.549	0.249	0.091	0.351	0.528	0.735	1.104
COMPLEX	21 042	0.274	0.175	0.007	0.141	0.248	0.376	0.764
STATE	21 042	0.554	0.497	0.000	0.000	1.000	1.000	1.000
FIRST	21 042	0.371	0.159	0.090	0.244	0.351	0.490	0.758
MAN_SHR	21 042	0.025	0.085	0.000	0.000	0.000	0.001	0.554
BOARD	21 042	2.183	0.209	1.609	2.079	2.197	2.197	2.708
INDR	21 042	0.352	0.076	0.063	0.333	0.333	0.375	0.571
INST_SHR	21 042	0.203	0.210	0.000	0.034	0.124	0.316	0.814
MKT	21 042	8.432	2.105	3.250	7.000	8.760	9.870	11.800

（二）Pearson 相关性分析

表 5.5.3 列示了本研究变量的 Pearson 相关性分析。由表 5.5.3 可知，审计师的境外经历与盈余管理在 5％的水平上显著负相关，与假设 H5.5.1 一致，初步支持了本研究的假设。审计师的专业与盈余管理在 5％水平上显著正相关。十大会计师事务所、事务所的组织形式与盈余管理显著负相关，说明规模大、采用合伙制的会计师事务所有利于审计质量的提高。公司规模、资产负债率、账面市值比与盈余管理显著负相关。销售收入收益率、审计复杂度与盈余管理显著正相关。国有性质与盈余管理负相关，说明国有企业的盈余管理程度更低。第一大股东持股比例、管理层持股比例、市场化程度与盈余管理显著正相关。此外，控制变量之间的相关系数都在 0.500 以下。而且，本研究还进行了方差膨胀因子检验，方差膨胀因子（VIF）均值为 1.300，最大为 2.220，说明并不存在明显的多重共线性问题。

表 5.5.3 Pearson 相关性分析结果

变量	DA_CF	FOR	CI_AUD	BIG10	GENDER_AUD	EDU_AUD	MAJOR_AUD	AGE_AUD	CI_FIRM	LIMIT	IND_SPEC	SIZE	LEV	ROS	BM	COMPLEX	STATE	FIRST	MAN_SHR	BOARD	INDR	INST_SHR	MKT
DA_CF	1																						
FOR	−0.014 **	1																					
CI_AUD	−0.005	0.019 ***	1																				
BIG10	−0.023 ***	−0.019 ***	0.008	1																			
GENDER_AUD	−0.008	0.021 ***	0.032 ***	0.027 ***	1																		
EDU_AUD	−0.007	0.058 ***	−0.036 ***	0.001	0.015 **	1																	
MAJOR_AUD	0.015 **	−0.018 **	−0.054 ***	−0.007	0.027 ***	0.014 **	1																
AGE_AUD	−0.002	0.048 ***	−0.027 ***	0.011	0.036 ***	−0.080 ***	0.050 ***	1															
CI_FIRM	0.0002	0.039 ***	0.256 ***	−0.391 ***	−0.006	−0.022 ***	−0.012 *	−0.043 ***	1														
LIMIT	−0.020 ***	−0.031 ***	−0.012 *	0.384 ***	0.018 ***	0.038 ***	−0.010	0.159 ***	−0.313 ***	1													
IND_SPEC	−0.009	0.003	0.027 ***	0.416 ***	0.032 ***	0.010	−0.020 ***	0.028 ***	−0.173 ***	0.214 ***	1												
SIZE	−0.012 *	0.034 ***	0.268 ***	0.244 ***	0.013 *	0.056 ***	−0.031 ***	0.024 ***	0.051 ***	0.224 ***	0.213 ***	1											
LEV	−0.137 ***	0.013 *	0.159 ***	−0.017 **	−0.027 ***	0.007	−0.019 ***	0.003	0.130 ***	−0.091 ***	0.022 ***	0.388 ***	1										
ROS	0.329 ***	0.002	−0.021 ***	0.031 ***	0.022 ***	0.019 ***	0.004	−0.035 ***	−0.029 ***	−0.021 ***	0.020 ***	0.111 ***	−0.311 ***	1									
BM	−0.072 ***	0.033 ***	0.133 ***	−0.026 ***	−0.014 **	0.016 **	−0.020 ***	−0.051 ***	0.148 ***	−0.126 ***	0.031 ***	0.483 ***	0.416 ***	−0.113 ***	1								
COMPLEX	0.124 ***	0.017 **	−0.004	−0.029 ***	−0.001	0.006	−0.013 *	−0.001	0.021 ***	−0.010	−0.038 ***	−0.037 ***	0.273 ***	−0.134 ***	0.040 ***	1							
STATE	−0.054 ***	0.031 ***	0.122 ***	−0.075 ***	0.022 ***	0.005	−0.019 ***	−0.078 ***	0.145 ***	−0.227 ***	−0.020 ***	0.201 ***	0.205 ***	−0.029 ***	0.275 ***	−0.093 ***	1						
FIRST	0.018 ***	0.040 ***	0.050 ***	0.003	0.018 ***	0.015 **	−0.002	−0.084 ***	0.074 ***	−0.102 ***	0.017 **	0.194 ***	0.035 ***	0.115 ***	0.129 ***	−0.013 *	0.286 ***	1					
MAN_SHR	0.051 ***	−0.025 ***	−0.086 ***	0.080 ***	−0.004	0.014 **	−0.005	0.026 ***	−0.131 ***	0.159 ***	0.028 ***	−0.124 ***	−0.211 ***	0.063 ***	−0.157 ***	0.026 ***	−0.312 ***	−0.084 ***	1				
BOARD	−0.008	0.017 **	0.080 ***	−0.019 ***	−0.021 ***	−0.001	−0.020 ***	−0.071 ***	0.107 ***	−0.143 ***	−0.005	0.193 ***	0.126 ***	0.024 ***	0.195 ***	−0.087 ***	0.261 ***	0.051 ***	−0.132 ***	1			
INDR	−0.005	0.004	0.080 ***	0.149 ***	0.002	0.032 ***	0.008	0.116 ***	−0.154 ***	0.236 ***	0.077 ***	0.159 ***	0.007	−0.0003	0.020 ***	0.001	−0.172 ***	−0.080 ***	0.117 ***	−0.326 ***	1		
INST_SHR	−0.003	0.017 **	0.020 ***	0.105 ***	0.014 **	0.006	−0.016 **	0.040 ***	−0.058 ***	0.187 ***	0.068 ***	0.186 ***	−0.0005	0.067 ***	−0.097 ***	−0.038 ***	0.003	−0.008	−0.075 ***	0.014 **	0.080 ***	1	
MKT	0.013 *	0.020 ***	−0.010	0.185 ***	0.020 ***	0.065 ***	0.054 ***	0.013 *	−0.161 ***	0.123 ***	0.098 ***	0.081 ***	−0.060 ***	0.077 ***	−0.023 ***	0.092 ***	−0.201 ***	−0.060 ***	0.178 ***	−0.098 ***	0.247 ***	0.024 ***	1

注：***、**、* 分别表示在 1%、5%、10% 的水平上显著。

（三）多元回归分析

1.审计师的境外经历与审计质量

为检验假设 H5.5.1，本研究采纳式(5.5.2)进行 OLS 回归，并控制了年度和行业的固定效应。本研究中报告的所有 t 值均经过了异方差稳健标准误(Huber-White)调整(White，1980)。

表 5.5.4 给出了审计师的境外经历对审计质量的回归结果。从表 5.5.4 的结果来看，审计师的境外经历的系数为−0.006，在 1%的水平上显著为负，这意味着审计师的境外经历降低了公司的盈余管理程度，提高了审计质量，支持了假设 H5.5.1。

表 5.5.4　审计师的境外经历与审计质量的回归结果

变量	因变量:DA_CF	
	系数	t 值
FOR	−0.006***	−2.612
CI_AUD	0.004**	2.258
BIG10	−0.003**	−2.431
GENDER_AUD	−0.002**	−2.128
EDU_AUD	−0.002	−1.051
MAJOR_AUD	0.002**	2.373
AGE_AUD	0.0002**	2.086
CI_FIRM	−0.006	−0.429
LIMIT	0.0003	0.208
IND_SPEC	0.001	0.405
SIZE	0.002***	2.710
LEV	−0.036***	−10.743
ROS	0.156***	37.337
BM	−0.005*	−1.776
COMPLEX	0.096***	25.511
STATE	−0.003**	−2.258
FIRST	−0.008**	−2.379
MAN_SHR	0.016***	2.589
BOARD	0.004	1.499
INDR	0.002	0.179
INST_SHR	−0.003	−1.056
MKT	−0.001***	−3.594
常数项	−0.051***	−3.865
年度/行业	控制	
观测值	21 042	
Adj_R^2	0.160	

注：***、**、* 分别表示在 1%、5%、10% 的水平上显著；所有 t 值均经过了异方差稳健标准误(Huber-White)调整。

由表 5.5.4 可知,审计师层面的客户重要性与审计质量显著负相关,说明客户公司越重要,审计师的独立性越低(Chi et al.,2012)。十大会计师事务所与盈余管理显著负相关,说明大规模会计师事务所审计师的审计质量更高(Becker et al.,1998;Lennox,Pittman,2010)。女性审计师的系数为负,说明女性审计师提高了审计质量(Hardies et al.,2016;Ittonen et al.,2013)。审计师的专业与盈余管理呈正相关的关系(Du,2019)。审计师年龄与盈余管理显著正相关(Sundgren,Svanström,2014)。公司规模的系数显著为正,表明公司规模越大,盈余管理程度越高(Guan et al.,2016)。资产负债率的系数显著为负,表明资产负债率与审计质量正相关(Church et al.,2008)。销售收入收益率与盈余管理在 1%的水平上显著正相关(Church et al.,2008)。账面市值比与审计质量呈现正相关的关系(Church et al.,2008)。审计复杂度的系数显著为正,表明审计复杂度提高了盈余管理水平(Ittonen et al.,2013)。国有企业与盈余管理显著负相关,说明国有性质降低了盈余管理程度(Guan et al.,2016)。第一大股东持股比例的系数显著为负,表明第一大股东持股比例越高,审计质量越高(Aobdia,2019)。管理层持股比例与盈余管理程度呈现正相关关系(陈沉 等,2016)。市场化程度与审计质量显著正相关(杜勇 等,2018)。

2.按照客户重要性、十大会计师事务所分组:审计师的境外经历与审计质量

表 5.5.5 列示了分别按客户重要性、会计师事务所规模分组回归的结果。第(1)列和第(2)列给出了按客户重要性分组回归的结果,按十大会计师事务所分组回归的结果列示于第(3)列和第(4)列。结果表明,在低客户重要性水平的组中(样本量为 10 592),审计师的境外经历的系数为−0.011,显著性水平为 1%;在高客户重要性水平的组中(样本量为 10 450),FOR 的系数为−0.002,但不具有统计显著性。此结果意味着审计师的境外经历与盈余管理的负向关系在低客户重要性组中表现得更强,H5.5.2 得到支持。与 H5.5.3 的预期一致,在非十大会计师事务所的子样本中(样本量为 11 634),FOR 的系数为−0.007,显著性水平为 5%,而在十大会计师事务所的子样本中(样本量为 9 468),FOR 的系数为−0.004,但在统计上不显著,支持了假设 H5.5.3,说明与十大会计师事务所相比,审计师的境外经历与盈余管理的负向关系在非十大会计师事务所中更强。

表 5.5.5 按照客户重要性和十大会计师事务所分组检验的回归结果

变量	因变量:DA_CF			
	CI_HIGH=0	CI_HIGH=1	BIG10=0	BIG10=1
	系数 (t 值)	系数 (t 值)	系数 (t 值)	系数 (t 值)
FOR	−0.011*** (−2.768)	−0.002 (−0.589)	−0.007** (−2.075)	−0.004 (−0.963)
CI_AUD	0.006 (0.551)	0.005* (1.795)	0.005* (1.843)	0.004 (1.256)
BIG10	−0.004** (−2.396)	−0.003 (−1.505)		

续表

变量	因变量:DA_CF			
	CI_HIGH=0	CI_HIGH=1	BIG10=0	BIG10=1
	系数 （t 值）	系数 （t 值）	系数 （t 值）	系数 （t 值）
常数项	−0.088*** （−3.978）	−0.063 （−1.572）	−0.130*** （−4.695）	−0.040* （−1.880）
控制变量	控制	控制	控制	控制
年度/行业	控制	控制	控制	控制
观测值	10 592	10 450	11 634	9 408
Adj_R^2	0.159	0.163	0.162	0.162

注：***、**、* 分别表示在1%、5%、10% 的水平上显著；所有 t 值均经过了异方差稳健标准误（Huber-White）调整。

（四）稳健性检验

1.倾向得分匹配法

审计师的境外经历与审计质量之间可能存在内生性问题，例如，会计信息质量好的公司更倾向于选择具有境外经历的审计师。为更好地解决两者之间的内生性问题，本研究采用倾向得分匹配法来控制审计师的境外经历与审计质量的潜在内生性问题。具体地，本研究借鉴前期文献（文雯，宋建波，2017；周泽将 等，2017；Giannetti et al.，2015），选取以下影响公司选择具有境外经历的审计师的变量进行第一阶段的回归：公司所在地是沿海地区（SEA_FIRM）、会计师事务所所在地是沿海地区（SEA_ACC）、外资持股比例（FORSHR）、公司规模、资产负债率、销售收入收益率、审计复杂度、账面市值比、所有权性质、市场化程度。公司所在地是沿海地区定义为若公司所在省份为沿海地区（包括天津、上海、河北、辽宁、山东、江苏、浙江、福建、广西、广东、海南），则赋值为1，否则赋值为0。会计师事务所所在地是沿海地区定义为若会计师事务所所在省份为沿海地区，则赋值为1，否则赋值为0。外资持股比例使用外资持股数量与总股本的比值衡量。未列示的结果表明，公司所在地为沿海地区、会计师事务所所在地是沿海地区、公司规模、账面市值比与选择具有境外经历的审计师显著正相关。资产负债率、销售收入收益率与公司选择具有境外经历的审计师显著负相关。本研究将选择境外经历审计师的公司与未选择境外经历审计师的公司进行一对一的匹配，匹配阈值为0.005。配对完成后，有648个对照组的观测值与648个控制组的观测值成功配对，得到1 296个观测值。在配对前，控制组与处理组之间存在显著差异，而在配对后，控制组与处理组不存在显著差异，说明本研究的配对是成功的。表5.5.6列示了匹配后样本的回归结果，结果表明审计师的境外经历与盈余管理显著负相关，且两者之间的负向关系在低客户重要性组、非十大会计师事务所组中表现得更强，与H5.5.1、H5.5.2和H5.5.3的预测一致，说明在控制了审计师的境外经历与审计质量之间的内生性问题之后，本研究的结论依然成立。

表 5.5.6 稳健性检验:使用倾向得分匹配方法的回归结果

变量	因变量:DA_CF				
	全样本	CI_HIGH=0	CI_HIGH=1	BIG10=0	BIG10=1
	系数 (*t* 值)	系数 (*t* 值)	系数 (*t* 值)	系数 (*t* 值)	系数 (*t* 值)
FOR	−0.010** (−2.519)	−0.014*** (−2.621)	−0.003 (−0.559)	−0.009* (−1.801)	−0.007 (−1.186)
CI_AUD	0.012 (1.542)	−0.007 (−0.352)	0.018 (1.593)	0.024** (2.077)	−0.001 (−0.108)
BIG10	−0.004 (−0.771)	−0.001 (−0.121)	−0.014* (−1.728)		
常数项	−0.033 (−0.663)	−0.049 (−0.638)	−0.028 (−0.376)	−0.042 (−0.558)	−0.098 (−1.117)
控制变量	控制	控制	控制	控制	控制
年度/行业	控制	控制	控制	控制	控制
观测值	1 296	707	589	743	553
Adj_R^2	0.158	0.149	0.172	0.144	0.186

注:***、**、* 分别表示在 1%、5%、10% 的水平上显著;所有 *t* 值均经过了异方差稳健标准误(Huber-White)调整。

2.传统配对方法

由于本研究的自变量——境外经历的数量较少,仅占本研究样本的 3.089%(650 个样本观测值)。为增加本研究结论的可靠性,本研究借鉴杜勇等(2018),针对有境外经历审计师的样本按照年度、行业、资产规模相近的原则与无境外经历的审计师样本进行一对一配对,最终得到 1 300 个样本观测值。表 5.5.7 列示了相关的回归结果,结果表明有境外经历的审计师审计的公司的盈余管理水平更低,而且两者之间的负向关系主要存在于低客户重要性组和非十大会计师事务所组中,进一步支持了假设 H5.5.1、H5.5.2 和 H5.5.3。

表 5.5.7 稳健性检验:使用传统配对方法的回归结果

变量	因变量:DA_CF				
	全样本	CI_HIGH=0	CI_HIGH=1	BIG10==0	BIG10==1
	系数 (*t* 值)	系数 (*t* 值)	系数 (*t* 值)	系数 (*t* 值)	系数 (*t* 值)
FOR	−0.009** (−2.385)	−0.013** (−2.173)	−0.007 (−1.329)	−0.010* (−1.850)	−0.006 (−1.005)
CI_AUD	0.010 (1.303)	−0.004 (−0.152)	0.016 (1.384)	0.030*** (2.653)	−0.013 (−1.204)
BIG10	−0.003 (−0.571)	−0.003 (−0.380)	−0.008 (−1.110)		
常数项	−0.049 (−0.953)	−0.108 (−1.242)	−0.052 (−0.745)	−0.037 (−0.485)	−0.112 (−1.325)
控制变量	控制	控制	控制	控制	控制
年度/行业	控制	控制	控制	控制	控制
观测值	1 300	650	650	777	523
Adj_R^2	0.180	0.161	0.230	0.179	0.182

注:***、**、* 分别表示在 1%、5%、10% 的水平上显著;所有 *t* 值均经过了异方差稳健标准误(Huber-White)调整。

3.使用衡量盈余管理的其他指标

本研究使用调整后的JONES模型计算可操纵性应计(DA)(Dechow et al.,1995)，重复表5.5.4与表5.5.5的回归。表5.5.8列示了回归结果，结果表明具有境外经历的审计师审计的公司有更低程度的盈余管理，审计师审计质量更高，进一步支持了假设H5.5.1。而且，审计师的境外经历与盈余管理的负向关系主要存在于低客户重要性组和非十大会计师事务所组中，假设H5.5.2、H5.5.3得到进一步支持。

表5.5.8 稳健性检验：使用可操纵性应计其他指标的回归结果

变量	因变量：DA				
	全样本	CI_HIGH=0	CI_HIGH=1	BIG10=0	BIG10=1
	系数 (t 值)	系数 (t 值)	系数 (t 值)	系数 (t 值)	系数 (t 值)
FOR	−0.009** (−2.572)	−0.017*** (−3.127)	−0.002 (−0.344)	−0.010** (−2.080)	−0.006 (−1.106)
CI_AUD	0.004 (1.380)	−0.020 (−1.288)	0.005 (1.326)	0.004 (1.284)	0.003 (0.821)
BIG10	−0.004** (−2.409)	−0.005** (−2.346)	−0.002 (−0.704)		
常数项	−0.146*** (−7.884)	−0.225*** (−7.445)	−0.063 (−1.209)	−0.231*** (−6.742)	−0.110*** (−3.849)
控制变量	控制	控制	控制	控制	控制
年度/行业	控制	控制	控制	控制	控制
观测值	21 042	10 592	10 450	11 634	9 408
Adj_R^2	0.133	0.133	0.137	0.129	0.140

注：***、**、*分别表示在1%、5%、10%的水平上显著；所有t值均经过了异方差稳健标准误(Huber-White)调整。

进一步，本研究借鉴Roychowdhury(2006)、陈克兢和李延喜(2016)，使用真实盈余管理来衡量盈余管理。本研究分别计算了异常销售操控(RM_CFO)、异常生产操控(RM_PROD)和异常费用操控(RM_DISEXP)，计算REM=RM_PROD− RM_CFO− RM_DISEXP，重复表5.5.4与表5.5.5的回归，表5.5.9的结果与前文的结果一致，进一步支持了相关的假设。

表5.5.9 稳健性检验：使用真实盈余管理的回归结果

变量	因变量：REM				
	全样本	CI_HIGH=0	CI_HIGH=1	BIG10=0	BIG10=1
	系数 (t 值)	系数 (t 值)	系数 (t 值)	系数 (t 值)	系数 (t 值)
FOR	−0.034** (−2.495)	−0.091*** (−4.291)	0.016 (0.941)	−0.044** (−2.448)	−0.013 (−0.605)
CI_AUD	−0.029*** (−2.964)	−0.108* (−1.785)	−0.009 (−0.627)	−0.011 (−0.832)	−0.041*** (−2.814)
BIG10	−0.019*** (−3.217)	−0.004 (−0.464)	−0.027*** (−3.102)		

续表

变量	因变量:REM				
	全样本	CI_HIGH=0	CI_HIGH=1	BIG10=0	BIG10=1
	系数 (t 值)	系数 (t 值)	系数 (t 值)	系数 (t 值)	系数 (t 值)
常数项	−0.171** (−2.386)	−0.521*** (−4.485)	−0.046 (−0.433)	−0.898*** (−6.467)	−0.055 (−0.499)
控制变量	控制	控制	控制	控制	控制
年度/行业	控制	控制	控制	控制	控制
观测值	21 042	10 592	10 450	11 634	9 408
Adj_R^2	0.310	0.298	0.328	0.282	0.343

注：***、**、* 分别表示在 1%、5%、10% 的水平上显著；所有 t 值均经过了异方差稳健标准误(Huber-White)调整。

4.使用衡量审计师境外经历的其他指标

鉴于中国港澳台地区在地域、文化等方面与中国境内相近，为更好地衡量审计师的境外经历，本研究进一步缩小境外经历的定义范围，排除审计师毕业于中国港澳台地区的高校，将 FOR_NET 定义为在中国以外的国家或地区的求学经历。表 5.5.10 列示的相关结果表明审计师的境外经历与盈余管理显著负相关，且二者之间的负向关系在低客户重要性组、非十大会计师事务所组中表现得更强，进一步支持了本研究的假设。

表 5.5.10 稳健性检验:使用审计师境外经历其他指标的回归结果

变量	因变量:DA_CF				
	全样本	CI_HIGH=0	CI_HIGH=1	BIG10=0	BIG10=1
	系数 (t 值)	系数 (t 值)	系数 (t 值)	系数 (t 值)	系数 (t 值)
FOR_NET	−0.011*** (−3.247)	−0.017*** (−3.093)	−0.006 (−1.349)	−0.012*** (−2.633)	−0.008 (−1.462)
CI_AUD	0.004** (2.272)	0.006 (0.493)	0.005* (1.804)	0.005* (1.840)	0.004 (1.255)
BIG10	−0.003*** (−2.773)	−0.004** (−2.372)	−0.002 (−1.490)		
常数项	−0.056*** (−4.087)	−0.087*** (−3.971)	−0.064 (−1.592)	−0.131*** (−4.726)	−0.040* (−1.887)
控制变量	控制	控制	控制	控制	控制
年度/行业	控制	控制	控制	控制	控制
观测值	21 042	10 592	10 450	11 634	9 408
Adj_R^2	0.161	0.159	0.163	0.162	0.162

注：***、**、* 分别表示在 1%、5%、10% 的水平上显著；所有 t 值均经过了异方差稳健标准误(Huber-White)调整。

考虑到境外学习经历对个体的影响，本研究进一步根据审计师的学历重新定义审计师的境外经历，将 FOR_LEVEL 定义为若审计师从境外学校获得学士学位或硕士学位则赋值为 1，若审计师从境外学校获得博士学位则赋值为 2，否则赋值为 0。表 5.5.11 的结果表明审计师的境外经历与盈余管理显著负相关，且二者之间的负向关系主要体现在低客户重要性组、非十大会计师事务所组中，假设 H5.5.1、H5.5.2 和 H5.5.3 得到了进一步支持。

表 5.5.11　稳健性检验：考虑审计师教育水平的回归结果

变量	因变量：DA_CF				
	全样本	CI_HIGH＝0	CI_HIGH＝1	BIG10＝0	BIG10＝1
	系数 （*t* 值）	系数 （*t* 值）	系数 （*t* 值）	系数 （*t* 值）	系数 （*t* 值）
FOR_LEVEL	−0.005** （−2.244）	−0.010*** （−2.594）	−0.001 （−0.337）	−0.005* （−1.823）	−0.004 （−0.993）
CI_AUD	0.004** （2.318）	0.007 （0.580）	0.005* （1.790）	0.004* （1.788）	0.004 （1.258）
BIG10	−0.003** （−2.428）	−0.004** （−2.390）	−0.003 （−1.505）		
常数项	−0.060*** （−4.363）	−0.087*** （−3.940）	−0.063 （−1.565）	−0.102*** （−5.140）	−0.040* （−1.877）
控制变量	控制	控制	控制	控制	控制
年度/行业	控制	控制	控制	控制	控制
观测值	21 042	10 592	10 450	11 634	9 408
Adj_R^2	0.160	0.159	0.163	0.159	0.162

注：***、**、* 分别表示在 1%、5%、10% 的水平上显著；所有 *t* 值均经过了异方差稳健标准误（Huber-White）调整。

5.控制会计师事务所固定效应

为更好地检验审计师个体层面的作用，本节在控制了年度、行业固定效应后，进一步控制了会计师事务所的固定效应，即根据会计师事务所生成一系列的虚拟变量。由表 5.5.12 可知，加入会计师事务所固定效应后，FOR 的系数依然显著为负，且二者之间的负向关系在非十大会计师事务所组和低客户重要程度组中表现得更强，与表 5.5.4 和表 5.5.5 的结果一致，表明在控制了会计师事务所的固定效应以后，相关结论依然成立。

表 5.5.12　稳健性检验：控制会计师事务所固定效应的回归结果

变量	因变量：DA_CF				
	全样本	CI_HIGH＝0	CI_HIGH＝1	BIG10＝0	BIG10＝1
	系数 （*t* 值）	系数 （*t* 值）	系数 （*t* 值）	系数 （*t* 值）	系数 （*t* 值）
FOR	−0.005* （−1.871）	−0.011*** （−2.630）	0.002 （0.558）	−0.007** （−2.128）	−0.001 （−0.169）
CI_AUD	0.004** （2.325）	0.001 （0.109）	0.006** （2.182）	0.006** （2.191）	0.003 （0.989）
BIG10	−0.001 （−0.933）	−0.003 （−1.237）	0.001 （0.329）		
常数项	−0.076*** （−5.089）	−0.092*** （−3.032）	−0.080* （−1.915）	−0.118*** （−4.191）	−0.126*** （−5.085）
控制变量	控制	控制	控制	控制	控制

续表

变量	因变量:DA_CF				
	全样本	CI_HIGH=0	CI_HIGH=1	BIG10=0	BIG10=1
	系数 (t 值)	系数 (t 值)	系数 (t 值)	系数 (t 值)	系数 (t 值)
年度/行业	控制	控制	控制	控制	控制
会计师事务所	控制	控制	控制	控制	控制
观测值	21 042	10 592	10 450	11 634	9 408
Adj_R^2	0.164	0.161	0.170	0.166	0.165

注:***、**、* 分别表示在 1%、5%、10% 的水平上显著;所有 t 值均经过了异方差稳健标准误(Huber-White)调整。

6.控制公司省份的固定效应

周泽将等(2017)指出地理位置影响着对境外人才的选择。为更好地控制遗漏变量的问题,本研究控制了公司所在地的固定效应,表 5.5.13 的结果表明,在控制了公司省份的固定效应后,审计师的境外经历与盈余管理显著负相关,且二者之间的负向关系主要存在于低客户重要性组、非十大会计师事务所组中,与前文的结果一致。

表 5.5.13 稳健性检验:控制公司省份固定效应的回归结果

变量	因变量:DA_CF				
	全样本	CI_HIGH=0	CI_HIGH=1	BIG10=0	BIG10=1
	系数 (t 值)	系数 (t 值)	系数 (t 值)	系数 (t 值)	系数 (t 值)
FOR	−0.005** (−2.151)	−0.010** (−2.451)	−0.0001 (−0.036)	−0.007** (−2.005)	−0.004 (−1.003)
CI_AUD	0.004* (1.865)	0.006 (0.510)	0.004* (1.694)	0.004* (1.694)	0.002 (0.705)
BIG10	−0.003** (−2.151)	−0.004** (−2.246)	−0.002 (−1.242)		
常数项	−0.066*** (−4.387)	−0.091*** (−3.771)	−0.082* (−1.925)	−0.103*** (−4.875)	−0.055** (−2.259)
控制变量	控制	控制	控制	控制	控制
年度/行业	控制	控制	控制	控制	控制
公司所在省份	控制	控制	控制	控制	控制
观测值	21 042	10 592	10 450	11 634	9 408

注:***、**、* 分别表示在 1%、5%、10% 的水平上显著;所有 t 值均经过了异方差稳健标准误(Huber-White)调整。

7.使用衡量审计质量的其他指标

本研究使用公司因会计违规被处罚的概率和次数、小额微利、审计费用、审计投入替代盈余管理(具体结果见表 5.5.14)。实证结果发现,具有境外经历的审计师降低了客户公司发生会计违规的概率和次数,降低了小额微利,提高了审计费用和审计投入,说明具有境外经历的审计师提供的审计质量更高,为本研究的结论提供了进一步的支持。需要说明的是,在第(2)列中，Cut1、Cut2、Cut3 为辅助参数。当 SANCTION_NUM<－1.234时，则公司因会计违规被处罚的次数为 0；－1.234<SANCTION_NUM<0.984 时，则公司因会计违规被处罚的次数为 1；0.984<SANCTION_NUM<2.557 时，则公司因会计违规被处罚的次数为 2；SANCTION_NUM>2.557，则公司因会计违规被处罚的次数为 3。

表 5.5.14　稳健性检验：使用审计质量其他指标的回归结果

变量	SANCTION	SANCTION_NUM	SP	AUD_FEE	LNARL
	系数 (t 值)	系数 (t 值)	系数 (t 值)	系数 (t 值)	系数 (t 值)
FOR	－0.718* (－1.705)	－0.720* (－1.708)	－0.479* (－1.727)	0.123*** (6.044)	0.023** (1.987)
CI_AUD	0.170 (0.856)	0.166 (0.841)	－0.139 (－0.892)	0.227*** (17.620)	0.005 (0.682)
BIG10	－0.060 (－0.501)	－0.063 (－0.528)	0.111 (1.256)	0.185*** (24.851)	0.009* (1.851)
常数项	1.261 (0.888)		9.134*** (6.972)	3.733*** (39.859)	3.966*** (66.944)
Cut1		－1.234 (－0.861)			
Cut2		0.984 (0.689)			
Cut3		2.557* (1.748)			
控制变量	控制	控制	控制	控制	控制
年度/行业	控制	控制	控制	控制	控制
观测值	21 042	21 042	21 042	21 042	20 817
Pseudo R^2	0.065	0.060	0.056		
Adj_R^2				0.678	0.104

注：***、**、* 分别表示在 1%、5%、10% 的水平上显著；所有 t 值均经过了异方差稳健标准误（Huber-White）调整。

六、结论

目前文献较少从个体审计师的背景特征视角探讨审计质量的影响因素，且尚无文献研究审计师的境外经历对审计质量的影响机制。本研究以 2001—2016 年中国 A 股上市公司为研究样本，手工搜集了审计师的背景特征数据，实证分析了审计师的境外经历对审计质量的作用机理。研究结果发现，与没有境外经历的审计师相比，具有境外经历的审计师所审计公司的盈余管理程度更低，表明审计师的境外经历有助于提高审计质量。进一步，本研究发现，与高客户重要程度组相比，审计师的境外经历对审计质量的积极影响在低客户重要程度组中表现得更强，说明当审计师面对重要客户时，其独立性会下降，从而弱化了境外经历对审计质量的正向影响。而且，当审计师所在的会计师事务所为十大会计师事务所时，境外经历所带来的积极影响就会减弱，即审计师的境外经历与审计质量的正向关系在非十大会计师事务所中表现得更强。此外，为了增强研究结果的可靠性和稳健性，本研究采用倾向得分匹配法、传统配对方法控制审计师的境外经历与审计质量之间潜在的内生性问题。同时，本研究还进行了一系列的稳健性测试，如使用其他方法衡量主要变量、控制会计师事务所的固定效应、控制公司所在地的固定效应，研究结论依然成立。

本研究的可能贡献主要有：(1)本研究立足于审计师个体特征，从境外经历这一独特的视角分析审计师个体特征对审计质量的影响，拓展并丰富了审计师个体特征的研究。已有学者从审计师的性别、年龄、任期等方面进行研究，但尚无研究关注审计师的境外经历对审计质量的影响。而且 DeFond 和 Francis(2005)、Church 等(2008)建议审计的研究拓展到审计师个体层面，本研究回应了 DeFond 和 Francis(2005)、Church 等(2008)的呼吁，并为审计师个体特征影响审计质量提供了进一步的经验证据。(2)目前文献较多地关注公司高管团队的境外经历对公司行为的影响，主要的结论为境外经历提高了高管团队的人力资本优势和社会资本优势。而本研究将境外经历的研究拓展到审计领域，为前期文献提供了支持，且拓展了有关境外归国人才带来的经济后果的研究。(3)Chen 等(2010)发现审计师个体层面的客户重要性影响着审计师的独立性。本研究发现审计师的境外经历与审计质量的正向关系在低客户重要性组中表现得更强，为该结论提供了进一步的支持，丰富了有关客户重要性的研究文献。(4)本研究发现当审计师来自十大会计师事务所时，其境外经历对审计质量的正向影响就会减弱。前期研究表明规模较大的会计师事务所在独立性、人员培训等方面具有显著优势(Becker et al.,1998;Lennox,Pittman,2010)，本研究的结论支持了此方面的文献。

本研究结论主要有以下三点研究启示：(1)目前境外归国群体日益受到重视，且其规模不断壮大。本研究发现海归人才在审计市场中发挥着重要的作用，为政府制定与完善相关的外派留学机制、人才引进政策提供了一定的支持和依据。(2)既然客户重要性是影响审计独立性的重要因素，一方面，对于会计师事务所来说，应该合理进行人员配备，尽量避免审计师对某个客户的过度依赖，同时，加强质量控制措施；另一方面，对于监管部门来说，应该要求会计师事务所公布重要客户名单，以此作为重点监督对象。(3)会计师事务所规模是影响审计质量的重要方面，因此，注册会计师协会应该进一步鼓励会计师事务所做大做强，以此来保证审计作用的发挥。

本研究的局限之处在于，采用盈余管理、会计违规、小额微利、审计费用等衡量审计质量，未来研究可以使用审计质量的其他衡量方法，如审计意见等进行检验。此外，前期管理学的文献将境外经历定义为在境外学习或工作的经历，然而，本研究无法获得审计师是否在境外工作过的数据，因此后期的研究可以采用调查问卷等方法完善审计师境外经历的衡量，进一步进行研究。

参考文献

陈波,2013. 经济依赖、声誉效应与审计质量:以会计师事务所分所为分析单位的实证研究[J]. 审计与经济研究,28(5):40-49.

陈沉,李哲,王磊,2016. 管理层控制权、企业生命周期与真实盈余管理[J]. 管理科学,29(4):29-44.

陈克兢,李延喜,2016. 媒体监督与法治环境约束盈余管理的替代效应研究[J]. 管理科学,29(4):17-28.

陈信元,夏立军,2006. 审计任期与审计质量:来自中国证券市场的经验证据[J]. 会计研究,1:44-53.

陈怡安,杨河清,2013. 海归回流对中国技术进步的影响效应实证[J]. 经济管理,35(4):82-93.

杜勇,张欢,陈建英,2018. CEO 境外经历与企业盈余管理[J]. 会计研究,2:27-33.

李文洲,冉茂盛,黄俊,2014. 大股东掏空视角下的薪酬激励与盈余管理[J]. 管理科学,27(6):27-39.

刘柏,郭书妍,2017. 董事会人力资本及其异质性与公司绩效[J]. 管理科学,30(3):23-34.

刘凤朝,默佳鑫,马荣康,2017. 高管团队境外背景对企业创新绩效的影响研究[J]. 管理评论,29(7):135-147.

刘文军,米莉,傅倞轩,2010. 审计师行业专长与审计质量:来自财务舞弊公司的经验证据[J]. 审计研究,1:47-54.

刘笑霞,李明辉,2016. 会计师事务所人力资本特征对审计延迟的影响[J]. 经济管理,38(1):116-126.

罗思平,于永达,2012. 技术转移、"海归"与企业技术创新:基于中国光伏产业的实证研究[J]. 管理世界,28(11):124-132.

王良成,董霖,杨达理,等,2014. 性别差异,职业阶段与审计独立性[J]. 审计与经济研究,29(6):32-41.

王小鲁,樊纲,余静文,2017. 中国分省份市场化指数报告(2016)[M]. 北京:社会科学文献出版社:8-31,214.

文雯,宋建波,2017. 高管境外背景与企业社会责任[J]. 管理科学,30(2):119-131.

杨家祚,2005. 东西方思维方式:差异,渊源,趋势[J]. 国际关系学院学报,23(6):36-40.

袁建国,程晨,后青松,2016. 政府失业治理,劳动力成本与企业盈余管理[J]. 管理科学,29(4):2-16.

张宏亮,文挺,2016. 审计质量替代指标有效性检验与筛选[J]. 审计研究,4:67-75.

赵艳秉,张龙平,2017. 审计质量度量方法的比较与选择:基于我国 A 股市场的实证检验[J]. 经济管理,39(5):146-157.

周泽将,刘中燕,伞子瑶，2017. 海归背景董事能否促进企业国际化？[J]. 经济管理,39(7):104-119.

AOBDIA D，2019. Do practitioner assessments agree with academic proxies for audit quality? Evidence from PCAOB and internal inspections[J]. Journal of accounting and economics，67(1)：144-174.

BALL R，SHIVAKUMAR L，2006. The role of accruals in asymmetrically timely gain and loss recognition[J]. Journal of accounting research，44(2)：207-242.

BECKER CL，DEFOND M L，JIAMBALVO J，et al，1998. The effect of audit quality on earnings management[J]. International reviews of immunology，15(1)：1-24.

CARCELLO J V，NAGY A L，2004. Client size，auditor specialization and fraudulent financial reporting[J]. Managerial auditing journal，19(5)：651-668.

CHEN C Y，LIN C J，LIN Y C，2008. Audit Partner tenure，audit firm tenure，and discretionary accruals：does long auditor tenure impair earnings quality? [J]. Contemporary accounting research，25(2)：415-445.

CHEN F，PENG S，XUE S，et al，2016. Do audit clients successfully engage in opinion shopping? Partner-level evidence[J]. Journal of accounting research，54(1)：79-112.

CHEN S，SUN S Y J，WU D，2010. Client importance，institutional improvements，and audit quality in China：an office and individual auditor level analysis[J]. The accounting review，85(1)：127-158.

CHI W，DOUTHETT E B，LISIC L，2012. Client importance and audit Partner independence[J]. Journal of accounting and public policy，31(3)：320-336.

CHIN C L,CHI H Y，2009. Reducing restatements with increased industry expertise [J]. Contemporary accounting research，26(3)：729-765.

CHURCH B K，DAVIS S M，MCCRACKEN S A，2008. The auditor's reporting model：a literature overview and research synthesis[J]. Accounting horizons，22(1)：69-90.

DEANGELO L E，1981. Auditor size and audit quality[J]. Journal of accounting and economics，3(3)：183-199.

DECHOW P M，SLOAN R G，SWEENEY A P，1995. Detecting earnings management[J]. Accounting review，70(2)：193-225.

DEFOND M L，FRANCIS J R，2005. Audit research after Sarbanes-Oxley[J]. Auditing：a journal of practice & theory，24(s-1)：5-30.

DEFOND M，ZHANG J，2014. A review of archival auditing research[J]. Journal of accounting and economics，58(2)：275-326.

DU X，JIAN W，LAI S，2017. Do foreign directors mitigate earnings management?

Evidence from China[J]. The international journal of accounting, 52(2): 142-177.

DU, X, 2019. Does CEO-auditor dialect sharing impair pre-IPO audit quality? Evidence from China[J]. Journal of business ethics, 156(3): 699-735.

DUAN T, HOU W, 2014. The curse of returnee CEOs[Z]. University of edinburgh business school, Working paper.

GIANNETTI M, LIAO G, YU X, 2015.The brain gain of corporate boards: evidence from China[J]. The journal of finance, 70(4): 1629-1682.

GUAN Y, SU L, WU D, et al, 2016. Do school ties between auditors and client executives influence audit outcomes? [J]. Journal of accounting and economics, 2016, 61(2-3): 506-525.

GUL F A, WU D, YANG Z, 2013. Do individual auditors affect audit quality? Evidence from archival data[J]. The accounting review, 88(6): 1993-2023.

HARDIES K, BREESCH D, BRANSON J, 2016. Do(fe)male auditors impair audit quality? Evidence from going-concern opinions[J]. European accounting review, 25(1): 7-34.

ITTONEN K, VÄHÄMAA E, VÄHÄMAA S, 2013. Female auditors and accruals quality[J]. Accounting horizons, 27(2): 205-228.

LENNOX C, PITTMAN J A, 2010. Big five audits and accounting fraud[J]. Contemporary Accounting Research, 27(1): 209-247.

LI H, ZHANG Y, LI Y, et al, 2012. Returnees versus locals: who perform better in China's technology entrepreneurship? [J]. Strategic entrepreneurship journal, 6(3): 257-272.

LIN D, LU J, LIU X, CHOI S, 2014. Returnee CEO and innovation in Chinese high-tech SMEs[J]. International journal of technology management, 65(1-4): 151-171.

LIU X, LU J, FILATOTCHEV I, BUCK T, et al, 2010. Returnee entrepreneurs, knowledge spillovers and innovation in high-tech firms in emerging economies[J]. Journal of international business studies, 41(7): 1183-1197.

NELSON M, TAN H T, 2005.Judgment and decision making research in auditing: a task, person, and interpersonal interaction perspective[J]. Auditing: a journal of practice & theory, 24(s-1): 41-71.

ROYCHOWDHURY S, 2006. Earnings management through real activities manipulation[J]. Journal of accounting and economics, 42(3): 335-370.

SHARMA V D, SHARMA D S, ANANTHANARAYANAN U, 2011. Client importance and earnings management: the moderating role of audit committees[J]. Auditing: a journal of practice & theory, 30(3): 125-156.

SUNDGREN S, SVANSTRÖM T, 2014. Auditor-in-charge characteristics and going-concern reporting[J]. Contemporary accounting research，31(2)：531-550.

WHITE H，1980. A heteroskedasticity-consistent covariance matrix estimator and a direct test for heteroskedasticity[J]. Econometrica：journal of the econometric society，48(4)：817-838.

YUAN R，WEN W，2018. Managerial foreign experience and corporate innovation[J]. Journal of corporate finance，48(2)：752-770.